가슴네트워크 기획
대중음악 무크지 시리즈

대중음악
SOUND

all around music Vol.5

all around music 대중음악
SOUND
vol.5 | 한국 대중음악 엔터테인먼트산업

{ 커버스토리 }

대중음악SOUND 분석

한국 대중음악 엔터테인먼트산업

한국 대중음악 엔터테인먼트 100년 역사, K-POP, 대중음악 엔터테인먼트기업

Ⅰ. 엔터테인먼트산업 총론

Ⅱ. 한국 대중음악 엔터테인먼트 100년

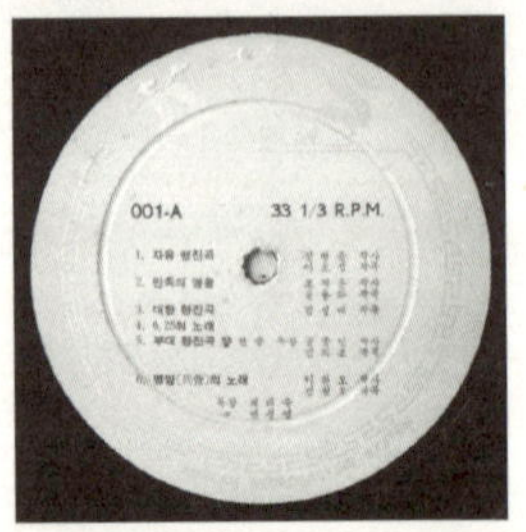

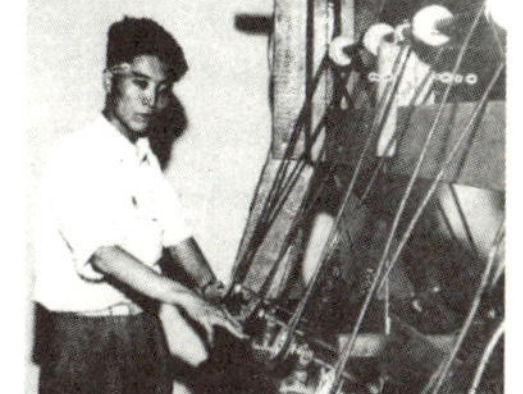

IV. 대중음악 엔터테인먼트기업 대표 인터뷰

{ 특집 }

대중음악SOUND 기획조사
대중음악 전문인력 수요조사

음악산업 각 분야(기획, 경영, 연구, 정책, 무대기술 등) 전문인력 양성 학제(가칭 '대중음악학과' 또는 '음악산업학과')를 새롭게 만들기 위한 기획조사

I. 대중음악 전문인력 수요조사 설문/응답자

II. 대중음악 전문인력 수요조사 설문 분석

III. 대중음악 기획, 경영, 정책, 무대기술 관련 인터뷰

{ 기획 }

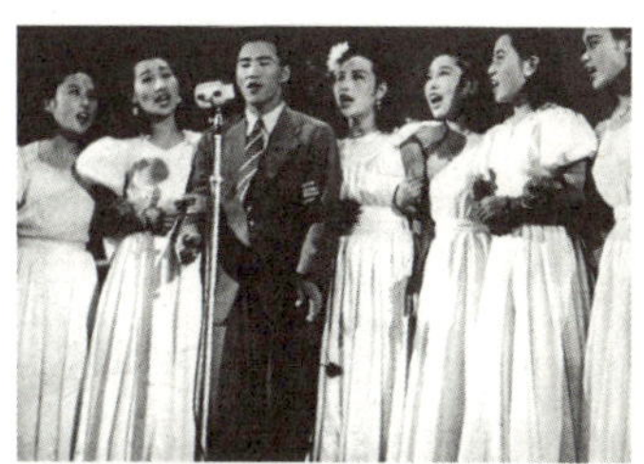

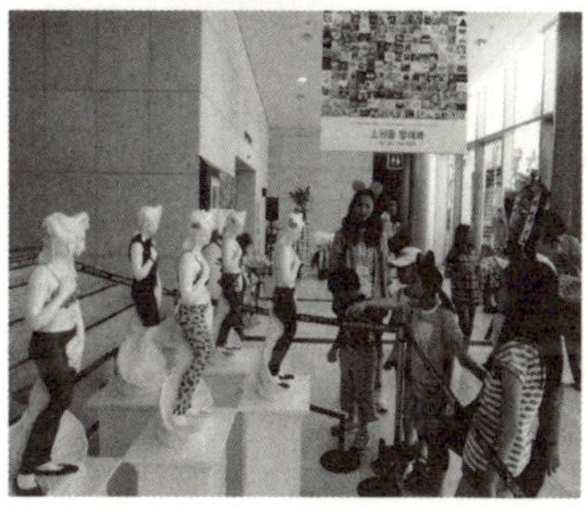

뉴스

공지

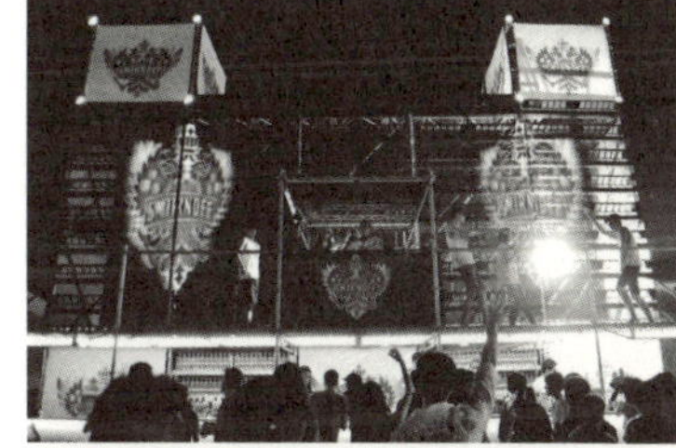

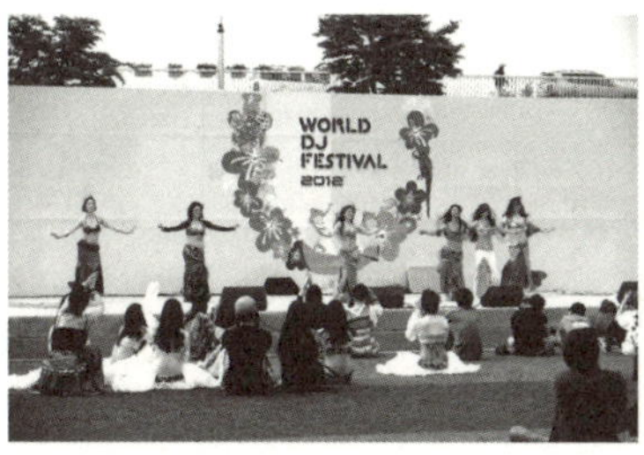

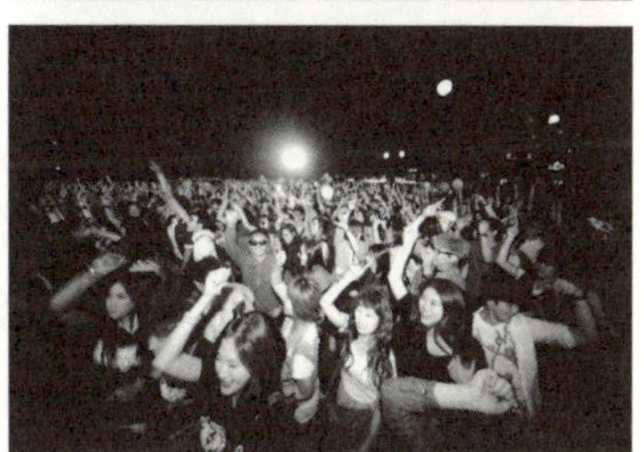

대중음악진흥위원회,
대중음악SOUND 연구소

1

대중음악계의 오랜 숙원사업 중에 하나가 '대중음악진흥위원회' 설립이었는데, 올해 들어 대중음악 관련 협회들 중심으로 중지가 모아져서 현재 '설립 추진위원회'(추진위원장 신상호 한국음악저작권협회장)가 결성되었다. 8월 말에 관련 토론회가 있었고, 9월 12일 국회 헌정 기념관에서 '대중음악진흥위원회 추진위원회' 발족식을 가질 예정이다. 그리고 국회 문방위 소속의 남경필, 최재천 의원이 공동 발의하여 가을 정기국회 때 관련 법안을 상정할 계획으로 논의되고 있다. 개인적으로는 2003년 무렵부터 '대중음악진흥위원회' 설립을 주장했으니까, 대략 9년만에 국회에 관련 법안이 상정되는 것이고, 순조롭게만 진행된다면 2014년 초에 대중음악진흥위원회가 설립될 수도 있을 것이다. 물론 이는 아주 순조롭게 진행될 경우 그렇게 된다는 것이지만, 위원회가 대중음악계 내에서 처음으로 가시화되고 있다는 점이 무척 고무적이다. 잘만 진행되면 대중음악계도 영화계의 영화진흥위원회처럼 독립적인 '정책기획' 기구를 갖는다는 의미이고, 이건 단지 대중음악계에서 가져다 쓸 수 있는 정부예산이 상당히 늘어난다는 점만 의미하는 것이 아니라 대중음악계 스스로가 본인들의 활동 환경을 결정짓는 '정책기획'을 할 수 있음을 의미한다. 그동안 계속적으로 요구되었던 '현장의 목소리'가 정책에 반영될 수 있는 구조가 생기는 것이다.

▶ 그간 대중음악진흥위원회 관련 논의

– 2003년부터 '대중음악 개혁을 위한 연대' 중심으로 한국 대중음악의 문제점 개선과 인프라 구축을 위해서 문화부에 대중음악진흥위원회 설립 검토 요청
– 2012년 1월, 대중음악SOUND 4호의 커버스토리에서 '대중음악 대선공약 100대 과제 제안'을 다루었고, 여기서 이에 대한 실행기관으로 '대중음악진흥위원회'가 필요함을 역설함

대중음악진흥위원회가 근본적으로 필요한 이유는 현재 한국 대중음악 산업&정책은 '문제점만 반복적으로 환기'되는 구조인데, 이에 대한 구체적인 대안을 마련하고 실행할 기구가 필요하기 때문이다. 개인적으로는 2003년에 '대중음악 개혁을 위한 연대'(대개련) 활동을 1년 동안 했던 기억이 있다. 한국에서 대중음악산업의 구조적인 문제점은 1990년대 이래로 현재까지 그리 개선된 것 같지 않은데, 2002년 무렵 그런 구조적인 문제점을 '대중음악 정책' 차원에서 개선할 수 있을 것이란 기대를 안고 '대개련' 활동에 2003년 1월부터 참여를 했다.
대개련에서는 2003년에 '대중음악 개혁을 위한 월례 포럼'을 10차례 가까이 열었고, 여기

에서는 거의 매월 음반시장, 음원시장, 공연시장, 유통, 저작권, 인디레이블, 라이브클럽, 매체 등의 독립적인 주제를 잡아서 포럼을 진행했다. 내 기억으로는 2003년 당시 열렸던 대개련 월례 포럼에서 한국 대중음악산업의 문제점들을 거의 노출시켰던 것으로 생각하고, 나름대로 대안 제시도 했던 것으로 여긴다.

하지만 2010년 9월에 대중음악SOUND 창간호 커버스토리로 '2010년 대한민국 대중음악의 현주소'를 기획하면서 생각해보니, 2003년 당시나 2010년 당시나 '한국 대중음악 인프라' 부분은 크게 달라진 것이 없는, 열악한 상황 그대로였던 것 같다. 분명히 그간 많은 분들이 한국 대중음악시장의 여러 문제점들을 지적해왔고, 나름 대안들도 제시한 것으로 아는데, 개선이 이루어진 것은 별로 없는 것 같았다. 한마디로 말해서, 한국 대중음악시장/정책의 가장 큰 문제점은 '문제점이 개선되는 시스템이 없이, 반복적으로 환기만 되는 구조'였던 것이다. 현재의 문화부 시스템에서는 대중음악의 현황과 인프라 둘 다 개선하기가 쉽지 않다는 판단이다. 이는 근본적으로 사람의 문제가 아니라 시스템의 문제라고 생각한다. 그렇다면 현재의 문화부 체제에서는 왜 대중음악의 정책적인 대안이 나오기 어려울까? 대략 다음과 같은 이유가 있을 것이다.

▶ 대중음악의 경우 문화예술위원회에서는 '상업적'이란 이유로 지원 대상에서 소외를 받고, 한국콘텐츠진흥원에서는 조직 개편 후 '음악산업팀'이 없어짐. 즉, 대중음악은 현재 예술적인 지원 대상과 콘텐츠적인 측면에서의 진흥 대상 모두에게서 정책적인 소외를 받는 구조임

▶ K-POP을 중심으로 한 한류 붐이 일기 시작 후, 2011년 9월 문화부 내에 '대중문화산업팀'이 신설되었지만 대중음악은 이 팀에서 다루는 한 장르에 불과하기 때문에 정책적인 대안을 마련하는 데 있어 한계가 있음

▶ 예산 문제만 하더라도, 연간 영화진흥위와 같은 독립적인 기구에서 쓸 수 있는 예산과 대중문화산업팀 내에서 대중음악에 쓸 수 있는 예산에는 현격한 차이가 있음

▶ 대중음악의 구조적인 문제점이나 인프라에 관련된 것들은 대개 장기적으로 논의되고 그 방안이 마련되어야 하는 유형인데, 기본적으로 문화부 사업은 연간 단위 사업추진 방식임. 이에 '장기적으로/전문적으로/독립적으로' 논의하고 방안을 마련할 시스템이 필요함. 대중음악진흥위원회는 바로 이점어 가능하다는 점 때문에 '문제점을 개선할 수 있는 시스템'으로 얘기되는 것임.

대중음악진흥위원회가 설립되는 것 자체는 매우 반가운 일이지만, 사실 우려가 되는 점도 없지는 않다. 왜냐하면 대중음악계는 1980~90년대 영화계처럼 연대해서 목소리를 내본 경험도 없고, 그 과정에서 업계 사람들이 모여 서로를 이해하는 과정을 체험해본 적도 없으며, 결정적으로 대중음악진흥위원회를 설립&운영하기 위한 대중음악 기획, 정책, 연구 전문인력풀이 사실상 부족하다. 대중음악진흥위원회를 설립하고 운영하는 모든 과정에 수반되는 작업은 문화부가 아닌 대중음악계 안에서 자체적으로 기획되고 진행되어야 한다는 점

이다. 대중음악 전문인력풀이 빈곤한 문제 때문에 이번호에서 '대중음악 전문인력 수요조사'를 바탕으로 대중음악/음악산업 학제를 만들어야 한다고 주장하고 있지만, 당장 학제가 만들어지더라도 음악산업계에 긍정적인 영향을 미칠 수 있는 것은 5~10년 뒤라는 점을 명심해야 할 것이다.

내 나름 '대중음악진흥위원회' 설립 시 고려점을 제시해보려 한다. 어떤 조직을 만들 때 중요한 점으로 조직의 철학과 정체성 확립, 이를 바탕으로 치밀한 정책기획을 통한 비전 제시를 꼽을 수 있을 것이다. 결국 대중음악진흥위원회를 어떻게 끌고 가야할지에 대한 명확한 비전 제시 없이 진행이 되면, 이벤트/건물 중심의 사업만 나열될 공산이 크기 때문이다.

▶ 대중음악진흥위원회 추진위 안에 '정책기획 위원회' 운영 필요

– 대중음악진흥위원회의 철학과 비전, 세부 사업계획을 사전에 세워야 하고, 이에 대한 대중음악계 전반의 공감대를 이끌어내야 함

▶ 영화진흥위원회의 설립 과정과 위원회 운영방안 등을 참고할 필요

– 1999년에 설립된 영진위는 그간 운영상에서 여러 시행착오 끝에 현재에 이르고 있음. 영진위의 운영과 공과를 참고하여 대중음악진흥위원회 '운영원리'를 만들 필요가 있음

▶ 초기사업은 음악산업 인프라를 구축하는 것에 초점을 맞출 필요성 있음

– 현재 한국 대중음악 내수시장이 성장을 멈춘 것은 '음악산업 인프라' 미비와도 연관이 있어 보임 : 10~40대 '음악소비자'를 음악시장에 끌어 들일 수 있는 다양한 콘텐츠 기획, 경영 전문 인력 필요

– 인디부터 메이저까지, 대중음악산업 내에서 활동하는 모든 부류의 사람들이 원활하게 활동할 수 있는 기반 조성에 관한 연구와 정책기획 전문 인력 필요

11월 말에 발행될 예정인 대중음악SOUND 6호에서는 커버스토리를 '대중음악진흥위원회'로 정했다. 향후 대중음악진흥위원회 설립을 상정하고 '위원회 사업'에 대한 구제적인 개발을 통해 대중음악진흥위원회의 설립 당위성을 역설하려 한다. 아울러 대중음악 인프라로 얘기되는 기관과 시설 조성 계획(기획안, 건립안, 운영안 등)도 해보려고 한다.

2

이번호부터 대중음악SOUND 기획, 제작진행 방식에 새로운 시스템을 도입했다. 바로 '대중음악SOUND 연구소'와 'SOUND연구원' 제도이다. 한국에 실질적으로 운영되고 있는 '대중음악연구소'가 없다는 점 때문에 가슴네트워크에서는 대중음악SOUND라는 매체를 매개로 대중음악연구소를 운영하려고 한다. 상근자가 없이 운영되는 방식이고, 연구결과물은 대중음악SOUND를 통해서 발표하는 방식을 택했다. 물론 기관의 연구용역을 받는 것도

고려는 하고 있다. 현재는 매체를 통한 연구소 운영방식이기 때문에 대중음악SOUND의 커버스토리, 특집과 관련된 '기획조사'에 집중할 예정이다.

이번호에서 진행된 '대중음악 전문인력 수요조사'는 음악산업 각계에서 어떤 전문인력을 필요로 하고, 그 인력을 어떻게 양성해서 수혈할 것인지에 관한 것으로 산업계에서는 가장 기초적인 연구조사에 속한다. 하지만 이 또한 대중음악계에서는 실질적으로 처음 진행한 기획조사일 것이다. 만약 대중음악학제를 바탕으로 한 대중음악연구소가 있었다면, 이미 오랜 전에 연구했을 법한 아이템이다. 역설적이게도, 결국 이 기획조사를 바탕으로 대중음악학과/음악산업학과의 설치 당위성을 얘기하게 되었다.

이번 조사에서는 음악산업 각계의 대표, 부서장급 22명을 심층 인터뷰했는데, SOUND연구원 시스템을 가동하지 않았다면 단기간에 하기에는 불가능했을 것으로 보인다. 현재 연구원은 충원되어 총 7명이고, 6호에서는 '대중음악진흥위원회' 기획조사에 참여할 것이다.

3

만약 대중음악SOUND 1~5호를 모두 갖고 계신 분들이라면, 1~5호를 순서대로 같이 세워 놓았을 경우 '책 등판'에 어떤 그림이 새겨져 나오는 것을 좀 더 확실하게 보실 수 있을 것이다. 대중음악SOUND를 처음 기획할 당시인 2010년 9월에 생각했던 것은, 힘들어도 '적어도 10권'은 만들어 보자였다. 그래서 기획했던 것이 10권을 다 만들어서 세워 놓을 경우 완성된 그림이 나오는 것이었고, 이는 10권을 모두 구입한 분들에게만 드리는 특별한 선물이라고 생각했다. 물론 대중음악SOUND '10권 한 세트' 자체가 '콜렉터스 아이템'이 되기를 바라는 마음도 조금은 있었다. 한 가지! 10호가 나올 것으로 예상되는 2014년은 가슴네트워크 15주년이고, 관련해서 기념행사를 하고 싶다.

4

대중음악SOUND를 만들어 가면서 점점 크게 느끼는 바, 참여하는 필자와 도움을 주시는 분들에게 정말로 고맙다는 생각이다. 또한 인터뷰에 응해주신 25분에게도 감사드린다. 그래서 이번호부터는 크레딧에 '컨트리뷰터' 항목을 추가했다. 마지막 글을 쓰는 이 시점에서 드는 생각은, 책 빨리 만들어서 참여 필자와 컨트리뷰터들에게 드리고 싶다는 것이다.

SOUND

박준흠 | 편집인

커버스토리

SOUND
all around music

대중음악 연구는
전문인력, 자료, 시간, 예산
그리고 애정 모두가 필요한 작업

원래 이번호 커버스토리는 '음악산업에 대한 인식의 문제'에서 출발했다. 개인적으로 한국 대중음악 시장에 없는 '네 가지'는 '아티스트/작품에 대한 개념, 스테디셀러 음반[1], 30대 이상 음악소비자, 2000년대 음반시장 붕괴에 대한 정확한 원인 분석'이라고 생각한다. 그래서 커버스토리를 기획하면서 다음과 같은 질문들을 던지면서 시작했다.

1. 한국 음악시장이 영미권, 일본 음악시장과
근본적으로 다른 점은 무엇인가?

● '아티스트'와 '작품'에 대한 개념이 희박한 이상한 한국 대중음악 시장

● 20세기 영화와 함께 가장 중요한 대중예술인 대중음악이 아직도 엔테테인먼트 영역 안에서만 인식되는 문제 : 이번 런던올림픽 개폐막식에서 보았듯이 대중음악은 단지 영국이 내놓을 수 있는 가장 중요한 국가적 아이템을 넘어서서 20세기 이후 가장 중요한 '인류의 문화유산'에 속함. 비틀즈, 지미 헨드릭스, 데이빗 보위, 레너드 스키너, 오지 오스본, 오아시스 등의 음악은 바하나 베토벤의 음악처럼 수백 수천년 동안 사람들에게 감동을 줄 것이란 점. 또한 중요한 점은 아직도 '가장 광범위하게 현재적인 창작'이 이루어진다는 점. 런던올림픽 개폐막식 예술감독을 맡은 대니 보일은 바로 이런 점들을 얘기하고 싶은 것으로 보였음. 대중음악시장 규모에서 전세계 상위권에 속하고, K-POP을 한류의 중요한 아이템으로 생각하는 한국에서만 이를 제대로 인식하지 못하고 있다는 느낌임

---

1 영미권 음악시장의 경우, 1960년대에 발매된 비틀즈, 롤링스톤즈, 밥딜런 등의 음반이 현재도 꾸준히 판매가 이루어지고 있다. 뿐만 아니라 이들의 원래 작품이 끊임없이 새로운 버전으로 리메이크되어 또 다른 작품으로 재생산되고 있고, 이 또한 상품성을 획득하는 사례가 다반사이다. '음악경영' 측면에서 봤을 때, 초기 제작비용만으로 지속적으로 고수익을 올리는 아주 효과적인/효율적인 마케팅 방안이다.

2. 왜 한국에는 '스테디셀러 음반'이 없을까?

● '아티스트'와 '작품'에 대한 개념이 희박함으로써 스테디셀러가 생기지 않고, 음악기획사 입장에서는 장기적으로 고수익을 올릴 수 있는 방안이 없음

3. 왜 한국에서는 '30대 이상의 뮤지션'이 활동하기가 어려울까?

● 대중음악의 동세대 소비 특성 : 영화 등과 달리 대중음악 소비에서 가장 특이한 점은 음악 생산자와 소비자의 '연령대'가 비슷하다는 점임(영화의 경우 40~50대 감독의 작품도 10~20대가 소비한다.)

● '아티스트'와 '작품'에 대한 개념이 희박하고 대중음악 시장에 스테디셀러 음반이 없는 한국의 경우 이 '동세대 소비' 경향이 더 심함. 전형적인 아이돌음악 시장의 특징임

● 한국의 경우 2000년대 들어 음악소비자가 10대 중심으로 재편되었음. 게다가 영미권, 일본과 달리 동세대 소비 특징이 지배적인 한국에서는 30대 이상의 뮤지션이 활동하기가 근본적으로 어려움

4. 2000년대 들어 한국에서 음반시장이 괴멸된 원인이 과연 'MP3/음원 불법다운로드' 문제가 다일까? 정말 다른 이유는 없을까?

● 음반시장은 '아티스트/작품 시장'을 의미함 : 음원과 달리 음반은 '아티스트'에게 있어 '작품'을 발표하는 의미임.[2]

---

[2] '작품' 발표를 중요하게 여기는지 여부는 아티스트와 엔터테이너를 가르는 기준이 되는데, 이는 옳고 그름의 문제가 아니라 활동 방식의 차이다. 즉, 뛰어난 아티스트는 뛰어난 작품을 발표하는 사람을 지칭하지만, 뛰어난 엔터테이너는 꼭 작품이 그 기준이 되지는 않고, 활동 영역에 작품이란 개념이 들어가지 않을 수도 있다. 사실 아이돌 영역에 작품 개념을 넣는 것은 부적절하다.

● 음반시장이 감소한다는 의미는 아티스트가 작품을 발표해도 팔릴 가능성이 적어진다는 의미이므로, 아티스트에게 가장 치명적임. 엔터테인먼트 계열의 아이돌과 달리 앨범(작품 개념의 음반)을 발표하는 뮤지션들의 주 수입원은 음반과 공연 수입임. 즉, 음반시장이 작아진다는 의미는 앨범 발표를 주요한 활동으로 생각하는 뮤지션들이 더 이상 설 자리가 없음을 의미함

● 1990년대 말부터 타격받기 시작한 '아티스트/작품' 시장 환경이 음반시장을 감소시키고, 감소한 음반시장은 또 다시 '아티스트/작품' 시장 환경을 더 열악하게 만드는 식으로 악순환을 함. 그렇다면 여기서 무엇으로 인해서 '아티스트/작품' 시장 환경이 타격을 받았을까?[3]

● 같은 시기에 영미권과 일본 음반시장의 감소 추이는 한국과 근본적으로 차이가 있다는 점(감소된 시기, 감소폭, 음반시장 매출 등)을 항상 간과해 왔는데, 이제는 이에 대한 정밀한 분석을 해야 할 시점임. 이런 분석 작업이 선행되어야, 제대로 된 음악시장 활성화 정책이 나올 수 있고, K-POP의 영미권 진출이 근본적으로 가능해질 것으로 보임

5. 근본적으로 '아티스트/작품 시장'은 포화된 아이돌 음악시장에 이은 대안적인(추가적인) 음악시장이 아닐런지?

● 음악시장에 20대 이상의 음악소비자들을 유입시키는 방안은 아닐런지?

하지만 위 질문들은 단박에 정확한 답변을 내놓기 어려운 근본적인 질문들이기 때문에 지금은 '문제의식' 수준으로 얘기할 수 밖에 없을 것 같다. 질문에 대한 내 나름의 생각은 있지만, 나 또한 그게 옳은지에 대한 검증 작업을 하고 있는 와중이기 때문이다. 사실 위 질문들에 대한 대답이 구체적으로 나왔다는 얘기는 대중음악 산업/정책 연구 작업이 어느 정도 이루어지고 있다는 얘기이고, 대중음악SOUND 연구소나 미래 대중음악진흥위원회의 정책연구실이 제 기능을 하고 있을 때 가능할 것이다. 또한 위 질문들은 우리

---

3 여기에는 문화적인 문제 뿐만 아니라 교육, 노동의 문제까지 복잡하게 얽혀있기 때문에 언젠가 정밀한 분석이 필요하다. 이는 단지 대중음악에만 국한된 문제가 아니라 한국의 문화예술 전반이 침체된 원인과도 연관이 있을 것으로 보인다. 결국 이에 대한 분석과 대안이 나오지 않으면 근본적으로 대중음악을 포함한 문화예술 전반이 부흥하기 어렵다고 생각한다.

음악산업의 문제점을 짚는 근본적인 질문일 수는 있겠지만, 음악산업 전체로 봤을 때는 지엽적인 문제일 수도 있다. 그래서 지난 3호 커버스토리인 '한국 대중음악 100년'에서 미처 다루지 못한 부분을 포함해서 '한국 대중음악 엔터테인먼트산업'으로 이번 5호 커버스토리를 정했다.

1부에서는 음악산업을 중심으로 엔터테인먼트산업 총론을 다루었고, 2부에서는 '한국 대중음악 엔터테인먼트 100년 역사'를 시기별로 나눠서 기술하는 방식을 택했다. 지난 3호 '한국 대중음악 100년'이 뮤지션과 작품 중심으로 다루었다면, 이번에는 기획(자), 제작(자), 매니지먼트, 매체, 출판, 홍보마케팅 등을 중심으로 다루었다. 그 결과 일반적인 대중음악사와는 또 다른 '음악산업 역사' 기술이 등장하여 개인적으로 매우 흥미롭다. 일례로 최규성 씨가 여러 대중음악 사료 조사 끝에 '한국에서 LP음반 발매 시점'을 1958년으로 결론 낸 과정을 보면 대중음악 연구라는 것이 전문인력, 자료, 시간, 예산 그리고 애정 모두가 필요한 작업임을 깨닫게 한다. 음악산업이 음반 등 음악매체를 기반으로 발전한다는 점을 생각한다면, 이는 한국 음악산업 성장에서의 원년을 밝힌 중요한 연구 결과이다.

3부 'K-POP의 범주와 지속가능성'에서는 "K-POP이란 무엇인가?", 세계 주요 국가 대중음악시장 규모와 환경 분석, K-POP의 해외진출 사례별 성과 및 지속성 예측, 경쟁력 유지 전략 등을 다룬다. 이는 일반적으로 K-POP을 바라볼 때 갖는 민족적인 자긍심, 장미빛 환상에서 벗어나 객관적인 시각에서 분석을 시도한 이색적인 사례가 될 것이다. 소비자 분석이 부족한채로 해외진출을 시도하는 K-POP과 관련된 음악기획사와 매체, 정부에 대한 문제제기이다.

마지막으로 4부 '대중음악 엔터테인먼트기업 대표 인터뷰'는 '음악산업 각계의 균형 있는 성장에 관한 방법론'에 대해 소통할 수 있는 가능성을 생각했기 때문에 진행했다. 즉, 음악시장에서의 큰 회사들이 움직이지 않는다면 실행이 배제된 의미론적인 이야기밖에 할 수 없기 때문이다. **SOUND**

박준흠 ┃ 편집인

엔터테인먼트산업
총론

음악산업은 엔터테인먼트산업 중에서 '미디어 엔터테인먼트산업'에 속한다. 음반, 휴대폰, 스마트기기 등 다양한 미디어를 통해 음악이 전송되기 때문에 미디어 엔터테인먼트산업에 소속되어 있으며, 영화 등 타 미디어 엔터테인먼트산업에 비해 일찍부터 발전해온 분야이다. 음악산업이란 용어가 사용되기 전에는 일반적으로 '음반산업'이란 용어가 더 많이 사용되었다. 음반산업은 LP, CD, 카세트 테이프와 같은 음반의 제작·배급·출판과 관련된 산업을 총칭한다. 그러나 최근 들어 음반산업은 온라인과 모바일의 등장으로 중요성이 반감되면서 음악산업이라는 개념으로 새롭게 정의할 필요성이 나타났다. 따라서 음악산업을 음원의 기획 및 제작, 음반 제작 및 유통과 같은 산업이라 정의하고, 디지털음악은 온라인 및 모바일 등 디지털 매체를 통해 음원을 제작, 유통하는 모든 분야의 산업으로 정의하여 이원화된 개념을 가지고 있다. 또한 음악산업은 음악의 제조뿐만 아니라 점차 서비스의 영역을 강조하면서 작곡, 출판, 저작권, 공연, 매니지먼트, 음반, 방송, 광고, 영화음악, 노래방 등을 모두 포함하는 광의로 해석하기에 이르렀다. 우리나라에서도 음악산업은 CD 등 음반을 중심으로 하는 음반산업, 인터넷, 모바일을 매체로 하는 디지털음악산업, 음악공연산업, 노래방산업 등으로 분류되고 있다.

총론
엔터테인먼트산업(음악산업을 중심으로) _ 현재 음악산업은 조정과정에서 필연적으로 나타나는 '혼란기'
고정민(한국창조산업연구소 소장, 홍익대학교 문화예술경영학과 교수)

엔터테인먼트산업
(음악산업을 중심으로)

현재 음악산업은 조정과정에서 필연적으로 나타나는 '혼란기'

K-Pop이 미국에 진출하기 위해서는 '점진적이고 풀(pull)형' 진출이 필요하리라 본다. 즉, 미국시장 진출은 치열한 경쟁, 콘텐츠의 경쟁력, 문화적 장벽 등 난관이 많아 점진적이고 장기적인 전략이 필요하다. 미국시장에서 자연스럽게 한국콘텐츠에 대한 팬 층이 형성되게 하는 풀형 진출이 성공가능성이 높다. 미국의 K-Pop 팬들은 미국에서 한국콘텐츠를 확산시키는데 구전전파자의 역할을 하기 때문에 한국 콘텐츠물에 대한 마니아층의 확보는 중요하다. 일본의 재패니메이션과 영국의 팝이 미국에 진출할 때에도 풀형이었고, 한국드라마 한류가 해외에서 처음 나타날 때 우리가 모르는 사이에 팬들이 형성되었던 풀형 진출이었다. 여건이 성숙되지 않았는데도 우리의 콘텐츠를 미국시장에 푸쉬(push)하는 전략은 한계가 있다. 이는 과거 K-Pop이 미국에 진출해서 성공하지 못한 이유이지만 최근 SNS 등으로 풀형 진출 여건이 서서히 조성되고 있어 그나마 다행이라 하겠다.

고정민 | 한국창조산업연구소 소장, 홍익대학교 문화예술경영학과 교수

현 영화진흥위원회 부위원장, 삼성경제연구소 서비스산업 팀장(1986~2009), 삼성영상사업단 기획팀장(1995~1999) 등을 역임했다. 저서로 『문화콘텐츠 경영전략』(2007), 『창조지구, 문화생산의 전위』(2009)가 있다.

엔터테인먼트산업이란

엔터테인먼트라고 하면 많은 사람들이 '즐긴다', '재미있게 논다'라는 의미로 받아들인다. 그러나 선진국들은 이러한 엔터테인먼트를 산업화해서 많은 돈을 번다. 미국의 경우 엔터테인먼트산업은 미국을 먹여 살리는 산업 중의 하나로 할리우드로 대변되는 문화가 전세계를 지배하고 있다고 해도 과언이 아니다. 이와 같이 엔터테인먼트는 우리나라에서는 그다지 좋지 않은 의미로 사용되고 있으나 선진국에서는 일찍부터 산업화하여 국가성장동력으로 기여하고 있다.

그렇다면 엔터테인먼트산업이란 무엇인가? '엔터테인먼트산업의 경제학'이라는 책을 쓴 미국의 보겔은 "엔터테인먼트 분야에서 유사한 기술적 생산구조를 갖거나 상품, 서비스 혹은 대체할 수 있는 수익원을 생산 제공하는 상당규모의 기관들 또는 기업들을 말한다"라고 정의하고 있다. 이는 곧 엔터테인먼트산업은 엔터테인먼트업을 하는 기업의 합이면서 가치사슬상 생산과 서비스 등 모든 영역을 포함하고 있음을 의미한다. 이러한 엔터테인먼트산업은 크게 두 분야로 나누어진다. 하나는 미디어의존형 엔터테인먼트산업, 또 하나는 체험형 엔터테인먼트산업이다. 미디어 엔터테인먼트산업은 영화, 음악, 방송, 인터넷 등과 같이 미디어의 성격을 가지거나 미디어의 유통망을 통해 소비자에게 전달되는 특성을 가지고 있는 반면, 체험형 엔터테인먼트는 스포츠, 공연, 테마파크처럼 생산자와 소비자가 같은 장소에서 대면하여 서비스가 이루어지고, 소비자들은 이를 중간 매개 없이 직접적으로 즐길 수 있는 특징을 가지고 있다.

최근 우리나라 소비자들은 주5일제가 보편화되고 소득이 증가하면서 오락, 문화를 향유하는 시간적으로나 금전적으로 풍요로워져, 엔터테인먼트산업은 크게 발전하고 있다. 나아가서는 우리나라에서도 선진국처럼 엔터테인먼트의 산업화를 통해 한계성장률에 봉착한 경제의 활력을 되찾으려는 시도가 이루어지고 있다. 이와 같이 소비면에서나 산업면에서 엔터테인먼트산업의 중요성은 시간이 지나면서 증가하고 있다.

---

1 문화콘텐츠산업의 통계를 인용했는데, 실제로 문화콘텐츠산업과 엔터테인먼트산업은 동일한 의미로 사용되고 있다.

엔터테인먼트산업의 중요성을 구체적으로 보면, 첫째, 엔터테인먼트산업은 21세기 '창조경제 시대'의 성장동력(growth engine)이라는 점이다. 국내 엔터테인먼트산업[1]은 2000년대 이후 매년 7%이상의 고속성장을 하고 있고, 수출은 이보다 훨씬 빠른 성장률을 보이고 있다. 향후에도 스마트TV, 스마트패드 등 신규미디어의 탄생으로 시장은 지속적으로 증가할 것으로 예상된다. 더구나 라이선스 판매 등을 통해 이익률과 부가가치가 높은 산업으로서 매출액 대비 높은 실질적 가치가 창출되는 산업이다. 실제로 규모의 경제 실현으로 매출이 증가하면 할수록 이익률이 확대되어, 대형 온라인게임 및 인터넷 포털업체의 매출액 이익률이 50%를 넘는 업체도 많다.

둘째, 국내 서비스산업 글로벌화의 성공적인 모델(success model)이라는 점이다. 국내 엔터테인먼트산업은 수출을 통한 해외시장 개척의 선두주자로서 국내 서비스산업 글로벌화의 모델이 되고 있다. GDP의 57%를 차지하고 있는 국내 서비스산업은 내수시장을 기반으로 성장하고 있어 제조업 관련 서비스업을 제외하고는 해외진출이 극히 제한적이다. 그러나 엔터테인먼트산업의 경우에는 온라인 게임업체의 해외 매출비중이 50%에 이르고, 해외에서 한류붐이 형성되는 등 국내 서비스산업 글로벌화의 개척자라 할 수 있다. 이러한 점 때문에 엔터테인먼트산업이 국내 서비스산업의 해외진출에 벤치마킹이 되고 있다. 요약하면 대표적인 창조산업으로서의 엔터테인먼트산업은 물적 자원이 부족한 우리나라가 세계시장을 선도할 수 있는 유망 분야로서 국내시장에 머물러 있는 서비스산업의 수출확대에 성공적인 모델이라고 할 수 있다.

셋째, 국가브랜드 제고에 촉매제(catalyst)라는 것이다. 90년대 중후반부터 한류형성으로 해외에서 한국에 대한 높은 인지도 및 긍정적인 이미지가 정착되고 있다. K-Pop이 프랑스 공연에서 대성공을 거두는가 하면 이란에서 대장금의 시청률이 약 85%를 기록한 바 있고, 한류로 인해 중앙아시아, 남미 등으로까지 한국에 대한 붐이 확산되고 있으며 일본에서는 겨울연가 방영으로 한국에 대한 이미지가 크게 제고된 바 있다. 이와 같이 엔터테인먼트산업은 수출을 통해 한국을 좋아하는, 이른바 친한(親韓) 외국인을 확보할 수 있는 분위기를 조성하고, 미래의 소비계층인 청소년들의 마음을 사로잡을 수 있어, 한국의 일반상품 수출이나 한국의 이미지 제고에 긍정적인 작용을 한다.

넷째, 문화콘텐츠산업은 21세기 키워드인 '창의성'을 타산업에 확산시키는 전도사(ambassador)역할을 하고 있다. 향후에는 지적창의성이 제품의 부가가치를 높이고 경쟁력을 향상시키는데 핵심적인 역할을 할 것이다. 그런데 창의성은 엔터테인먼트산업에 필수적인 역량이기 때문에 이 산업이 발전하면 타산업에 창의성이 자연스럽게 확산(diffusion, spin-off)되는 효과를 가져온다.

다섯째, 국민의 삶의 질 향상 및 문화향수에 최적(suitable industry for income increase)이라는 점이다. 엔터테인먼트산업은 문화와 여가를 추구하는 산업으로 소득증가에 따라 증가하는 예술문화와 놀이문화의 수요에 대응할 수 있고, 재미와 문화를 전달하는 매개체로서 문화적 정체성 확립과 다양성 확보에 있어서 중요한 역할을 하는 산업이다. 즉, 다원화·다문화사회에서 국민의 문화정체성 확립과 다양한 여가활동을 통해 삶의 질을 높이고 글로벌 시민사회 형성에 기여할 수 있다는 것이다.

미디어 엔터테인먼트산업에서의 음악산업

요즘 음악을 듣기 위해 음반을 사는 사람이 얼마나 있을까? 음반을 구입하는 사람은 음악을 정말 사랑하는 사람일 것이다. 그러나 대부분의 사람들은 음반구매가 아니라 인터넷에서 음악을 다운받아 MP3로 듣는다. 인터넷이나 모바일을 통해 음악을 듣다보니 집 근처 골목길 음반가게에서 나오는 음악을 감상하는 정취를 느낄 수 없는 아쉬움이 남는다. 디지털의 물결에 의해 음반가게는 사라지고 대신 고등학생들이 귀에 리시버를 꼽고 MP3나 스마트폰을 통해 음악을 듣는 광경만 흔히 목격된다. 이제 음반의 시대는 가고 음악의 시대, 음원의 시대가 도래한 것이다. 음반은 LP에서 시작되어 카세트레코드, CD로 발전하였으나 명을 다하고, 이젠 라디오에 이어 DMB 등의 방송매체뿐만 아니라 휴대용 플랫폼인 MP3와 인터넷, 스마트폰을 통한 음악다운로드 및 스트리밍을 통해 음악을 듣고 있다. 음악산업의 본질이 변하고 있는 것이다.

음악은 우리 인간의 원초적인 감성의 발로이다. 고대로부터 우리 인간은 노동요를 불렀고, 중세에는 교회음악이 유행하였으며, 지금은 MP3를 들으면서 생활하고 있다. 음악은 우리의 심장이 뛰는 비트에서부터 시작되었다고도 한다. 이와 같이 음악은 우리 인간생활의 일부로서 삶 그 자체와 밀접하게 연결되어 있다.

이러한 음악산업은 엔터테인먼트산업 중에서 '미디어 엔터테인먼트산업'에 속한다. 음반, 휴대폰, 스마트기기 등 다양한 미디어를 통해 음악이 전송되기 때문에 미디어 엔터테인먼트산업에 소속되어 있으며, 영화 등 타 미디어 엔터테인먼트산업에 비해 일찍부터 발전해온 분야이다. 음악산업이란 용어가 사용되기 전에는 일반적으로 '음반산업'이란 용어가 더 많이 사용되었다. 음반산업은 LP, CD, 카세트테이프와 같은 음반의 제작·배급·출판과 관련된 산업을 총칭한다. 그러나 최근 들어 음반산업은 온라인과 모바일의 등장으로 중요성이 반감되면서 음악산업이라는 개념으로 새롭게 정의할 필요성이 나타났다. 따라서 음악산업을 음원의 기획 및 제작, 음반 제작 및 유통과 같은 산업이라 정의하고, 디지털음악은 온라인 및 모바일 등 디지털 매체를 통해 음원을 제작, 유통하는 모든 분야의 산업으로 정의하여 이원화된 개념을 가지고 있다. 또한 음악산업은 음악의 제조뿐만 아니라 점차 서비스의 영역을 강조하면서 작곡, 출판, 저작권, 공연, 매니지먼트, 음반, 방송, 광고, 영화음악, 노래방 등을 모두 포함하는 광의로 해석하기에 이르렀다. 우리나라에서도 음악산업은 CD 등 음반을 중심으로 하는 음반산업, 인터넷, 모바일을 매체로 하는 디지털음악산업, 음악공연산업, 노래방산업 등으로 분류되고 있다.

음악산업의 가치사슬을 전통적인 음반산업과 디지털음악산업으로 나누어 설명하면, 음반의 가치사슬은 음반의 기획 및 제작 관련 산업과 음반의 유통 관련 산업이 포함되어 있으며, 생산 단계 → 유통 단계 → 소비 단계의 가치사슬을 가지고 있다.[2]

첫째, 생산 단계는 창작, 녹음 및 녹음 매체로의 임가공 단계를 포괄하는데 창작은 음반 업체가 실력 있는 가수를 발굴하고 이에 적절한 프로듀서, 작곡가, 연주자 등과 다양한 방식의 계약을 체결하는 단계이다. 녹음 및 녹음 매체로의 임가공은 녹음을 거친 음원을 기존 유형의 음반 혹은 디지털 형태의 무형 매체로 제작하는 단계를 일컫는다.

둘째, 유통 단계는 일반적으로 유통회사 → 도매상 및 소매상 → 소비자의 구조로 이루어진다. 국내 음반유통 구조의 특징은 서울과 지방으로 분리되어 있으며 매우 복잡한데, 서울의 경우 제작사 → 도매상 → 소매상의 단계를 거치는 반면, 지방에서는 도소매상을 연결하는 중간 도매상의 단계가 있어 복잡성을 더하고 있다. 또한 선진국과 달리 무자료 거래로 인하여 유통의 투명성이 떨어지는 등 국제경쟁력에서 뒤지고 있는 실정이다.

디지털 음악산업 구조는 전통적인 음악산업의 가치사슬 구조(생산-유통-소비)와 크게 다르지 않으나 콘텐츠 유통사가 다양화되고, 음원 대리 중개업과 같은 새로운 산업 주체가 발생하였으며, 물리적 저장 매체가 아닌 디지털 파일을 통하여 대형 포털, 음악 포털, 단말기 제조사, 이동통신사, CP 등을 통하여 소비자에게 전달되는 구조를 특징으로 하고 있다.

음악산업의 발전과정과 전망

음악산업은 역사적으로 '도전과 반응'의 과정을 거치면서 발전해왔다. 즉, 음악산업은 1900년대 이후 과학기술의 발전이 가져온 새로운 환경의 충격에 따라 변화하고 적응하며 성장해왔다. 이러한 변화로 인한 충격을 크게 3가지로 볼 수 있는데, 라디오 방송(1차 충격), TV 방송(2차 충격), 디지털매체의 등장(3차 충격)이 바로 그것이다. 이러한 충격에 대응하면서 음

---

[2] 문화관광부, 디지털 융합에 따른 문화콘텐츠산업의 가치사슬 변화에 대한 연구, 2007.

악산업은 업계구조의 변화, 지적재산권을 둘러싼 갈등과 해소, 새로운 장르의 개발 등을 통해 진화 발전해 왔다.[3]

음악은 축음기의 등장 이전까지는 재현이 불가능한 공연의 형태로 존재하였다. 이후20세기 초 에디슨이 축음기를 발명한 이래 축음기 및 레코드가 대량복제 가능한 원반형으로 바뀌면서 비로소 음반산업의 역사가 본격적으로 시작되었다. 당시 콜롬비아, 빅터 등의 음반기업이 탄생하였고, 미국에서만 200개에 달하는 회사가 매년 약 1억 개의 레코드를 출시했다. 그러나 1920년에 시작된 라디오 방송은 음반사업에 커다란 위협을 주는 충격으로 다가왔다. 당시의 축음기 보다 더 좋은 음질로, 또한 무료로 들려주는 라디오방송의 등장으로 레코드 업계는 극심한 불황에 봉착하게 되었고, 설상가상으로 대공황을 만나 레코드의 판매는 급전직하하였다.

하지만 이러한 환경에 적응하는 과정에서 라디오 방송과 음반산업은 공생의 관계로 발전할 수 있었다. 라디오를 통해 음악을 소개하고 유행시켜, 라디오가 음반을 판매를 촉진하는 효과적인 마케팅 수단이 되었던 것이다. 또한 라디오 방송국이 연주와 방송의 대가로 저작권료를 지불하면서 방송국과 음반업계의 갈등요인이었던 지적재산권 문제도 수습되었다. 이는 새로운 미디어가 등장할 때마다 항상 유발되었던 저작권 분쟁을 음반업계와 슬기롭게 타협해 나가는 선구적 예

가 되었다.

음악산업의 역사에서 두 번째 충격은 텔레비전 방송의 등장이다. 2차 세계대전 이후 본격적으로 시작된 TV방송으로 소비자들의 관심이 음악보다도 텔레비전 프로그램에 쏠려 일시적으로 음반산업의 매출이 줄어드는 현상이 나타났다.[4] 하지만 이에 대응해서 음반업계는 레코드를 저속으로 회전시켜 장시간 음악을 재생하는 LP(Long Playing)레코드를 개발하여 음반 수요를 확대시켰다. 소비자의 관심이 라디오에서 텔레비전으로 바뀌면서 라디오산업에도 위기가 오자, 라디오 방송사는 시청자의 취향에 맞는 새로운 프로그램을 개발하는 동시에 음반을 적극적으로 활용하여 제작비가 저렴한 프로그램을 제작하게 되었다. 이는 음반에 대한 마케팅 효과로 연결되어 음반수요를 증가시키는 결과를 가져왔고, 또한 당시에 개시되었던 지역국의 개별방송과 FM 라디오 방송도 음악콘텐츠의 매출 증가를 더욱 가속화시켰다. 또한 음반회사와 라디오방송국·영화회사와의 합병 등으로 인한 업계구조개편이 일어나는가 하면, R&B, 록뮤직 등 새로운 장르의 음악이 등장하여 신규음반회사와 선구적 음악프로덕션이 탄생하기도 하였다. 이후 과학기술의 발전에 따라 음반의 형태가 LP → 테이프 → CD로 바뀌자 음악의 소비 형태도 변화되었다. 즉, 소형 카세트테이프 플레이어와 CD 플레이어의 등장으로 '실내에서 공동으로' 향유되던 음악을 '개인이 이동 중에도' 들을 수 있게 된 것이다.

음악산업의 세 번째 충격은 지금 우리가 겪고 있는, 인터넷과 모바일로 대표되는 디지털화의 충격이다. 디지털화 충격으로 인해 전통적 음반산업은 급격한 침체를 보인 반면, 온라인 음악의 새로운 시장이 탄생했으며 모바일의 디지털 음원 서비스 시장도 급속히 성장하고 있다. MP3의 등장으로 주고객인 10대와 20대가 인터넷 음악을 이용하면서 온라인 음악산업의 수익모델이 만들어지지 않은 채 블랙마켓이 먼저 성행하게 되었다.

----

3 고정민, 문화콘텐츠 경영전략, 2007

4 1947년 미국의 음반 매출액 2억2000만 달러 → 1948년 1억 8000만 달러 → 1949년 1억 6000만 달러

이와 같이 음악산업의 역사는 환경의 변화와 조정과정을 거치면서 발전해왔다. 현재 음악산업은 조정과정에서 필연적으로 나타나는 '혼란기'라 볼 수 있다. 작금의 환경 변화의 원인제공자는 디지털화이고, 혼란의 주역은 바로 불법복제이다. 과거 1, 2차 충격을 벗어나면서 그러했듯이 이러한 불법복제의 문제가 해결하면서 음악시장은 'Z자형'으로 성장할 수 있을 것이다. 즉, 디지털 충격으로 불법 다운로드가 급증하는 등 수익에 부담이 컸지만 휴대폰, 인터넷음악, 스마트기기 등 새로운 사업이 등장하면서 다시 Z자 성장을 할 것으로 보인다.

한국음악산업 발전을 위한 과제

우리나라 음악산업이 발전하기 위해서는 국내적인 시장확대와 해외에서의 시장확대가 필요하다. 국내 시장확대를 위해서는 고질적으로 음악산업을 괴롭혔던 불법다운로드가 근절되고 통신사와 콘텐츠업자들간의 수익분배 문제가 해결되어야 한다. 해외에서의 시장확대는 특히 미국시장에서의 승부수이다. 미국은 우리 K-Pop이 궁극적으로 가야할 곳이다. 미국시장 진출을 여하히 할 것인가가 한국음악의 발전에 가늠쇠가 될 것이다. 이 둘에 대해서 보기로 하자.

지적재산권의 보호 및 분배문제

2000년대 초 우리나라에서는 저작권 문제가 뜨거운 논란의 대상이 되었다. 당시 논란은 카피라이트(copyright), 즉 저작권을 중시할 것인가, 아니면 카피레프트(copyleft), 즉 정보의 자유로운 이용을 중시할 것인가로 집약된다. 저작권을 주장하는 음반업계에서는 소리바다의 무료 다운로드가 저작권 침해를 방조 또는 조장함으로써 음반업계에 막대한 피해를 주었다는 것이다. 한편, 카피레프트(정보의 자유이용)를 주장하는 네티즌들은 인터넷과 정보화 사회의 발전을 촉진시키기 위해서 자유로운 정보공유가 허용되어야 한다는 주장이었다.

카피라이트와 카피레프트 문제는 인터넷 보급으로 인해 디지털정보가 대량으로 그리고 쉽게 전송되면서 더욱 첨예한 대립을 보였다. 그러다가 급기야 2001년 7월 음악파일을 무료로 다운받을 수 있었던 미국의 냅스터에 대해, 법원은 저작권침해라는 판정을 내리기에 이르렀고, 한국의 대표적인 P2P사이트였던 소리바다3가 2005년 복제권 침해 및 전송권 침해 등에 의한 사용정지 처분을 받음으로써 적어도 음악다운로드에 대해서는 두 진영 간의 싸움이 일단락되었다고 볼 수 있다. 두 진영 간의 논리다툼 이전에, 불법복제는 음악사업자들에게 시장의 위축에 따른 채산성악화로 이

Napster Protocol

● 출처 http://www.howstuffworks.com/

어지고 더 이상 음악을 만들 수 없는 상황에 이르게 하여 음악산업 자체의 극심한 위축을 초래한다. 즉, 음악불법다운로드는 음악산업의 생존의 문제와 직결되어 있다. 지속적인 단속으로 불법유통이 많이 줄어들었으나 여전히 블로그나 카페 등에서 불법 음악파일이 공유되고 있고, 자신이 이용하는 온라인 사이트에 음원파일 업로드하는 것이 매우 용이하다. 2009년 기준으로 인터넷 이용자 1인당 1달 평균 45곡을 불법적으로 다운로드 하거나 스트리밍 등의 불법서비스를 이용하고 있다. 최근에는 토렌트 등 새로운 파일다운로드 방식에 의해 불법다운로드가 교묘하게 불법소비자에게 접근하고 있고, 개방형이 아닌 폐쇄형으로 운영하면서 회원들에게 무제한의 음악 불법서비스를 행하고 있다. 뿐만 아니라 해외에서도 불법다운로드로 인해 모처럼 형성된 한류가 실익이 약화되고 있다. 2010년 저작권위원회에 의하면 드라마, 영화 등의 한류 콘텐츠의 저작권 침해상황은 중국 41.5%, 태국은 98.1%에 이르고 있다.

또한 국내 음악산업이 발전하기 위해 해결해야할 과제 중의 하나는 음원 수익에 대한 분배구조이다. 국내 음악 유통사의 수익배분율은 40~61.5% 수준으로 해외의 30%에 비해 높은 수준이다. 따라서 저작자와 음반사에 대한 배분비율의 적정한 배분으로 음악의 사용자, 제공자, 생산자 모두가 상생할 수 있는 시장구조를 형성해야 한다. 특히 콘텐츠 제공업자들이 자생력을 확보하여 양질의 콘텐츠를 제작할 수 있도록 음원권리자에 대한 적정수익배분이 필요하다. 이를 통해 유통과 제작이 상생하면서 선순환 구조를 형성하도록 건전한 생태계를 조성할 수 있을 것이다.

K-POP의 미국진출

최근 K-Pop을 중심으로 미국시장 진출이 활발하다. 원더걸스는2012년 미국시장 재공략을 위해 한국과 미국에서 동시에 음악을 발표했다. 2009년 원더걸스는 〈Nobody〉로 미국의 음반시장에 진출하여 빌보드 핫100차트 78위까지 등극한 바 있다. 또한 소녀시대는 한국어 노래에 영어 노래를 섞은 스페셜 앨범을 유니버설 뮤직의 산하 레이블을 통해 발표한 바 있다. 이를 위해 미국 3대 방송사 CBS(데이비드 레터맨 쇼), ABC(Live! with Kelly), NBC(Extra TV)에 출연하였다.

그러나 이러한 K-Pop의 미국진출이 성공할 수 있을까. 과거 해외국가들의 미국음악시장 진출에 대해 살펴보아 그 가능성을 타진해 보자. 첫째는 비틀즈의 브리티시 인베이젼(British Invasion)이다. 영국가수 비틀즈는 R&B에 컨트리 뮤직이 혼합된 미국 남부의 대중음악을 통해 미국시장에 진출했다. [Please Please Me] 앨범의 성공으로 비틀즈는 영국음악의 신으로 부상하였고, 1964년 2월 4일, 〈She Loves You〉와 〈I Want To Hold Your Hand〉로 미국의 인기프로그램 에드설리번 쇼에 출연하여 시청자수 약 7천 3백만 명을 기록하였다. 1964년 4월 4일에는 빌보드 싱글차트 1~5위를 모두 비틀즈의 곡으로 채우면서 'British Invasion' 시대를 알렸다. 영국식 로큰롤은 British Pop이라는 명칭으로 세계 음악시장의 중심으로 부상한 것이다. 비틀즈는 발표하는 앨범마다 대중과 평론을 만족시켰으며 그 파급력은 전 세계로 미쳤다. [Sgt. Pepper's Lonely Hearts Club Band]의 경우, 빌보드 차트에서 무려 15주간 1위를 기록하였다. 비틀즈의 성공 이후 롤링스톤즈, 오아시스 등이 미국시장에서 성공하여 미국시장은 물론 세계 음악시장에 British Pop의 위치를 공고히 한 바 있다.

둘째는 중남미 라틴음악의 미국시장 진입이라 할 수 있다. 20세기 초반부터 중남미 음악(Latin Music)이 미국시장에 진출하여 수요계층을 형성하였다. 자메이카, 쿠바, 브라질 등 중남미 국가의 음악장르인 삼바나 레게 등 전통음악이 미국시장에서 인지도가 상승하였다. 자메이카가 영국에서 독립(1962)한 후, 1969년 밥 말리(Bob Marley)가 미국시장에 레게라는 장르로 진출하였다. 또한 이후'보사노바' 열풍을 통해 미국 음악시장을 강타하였다. 보사노바는 1960년대 초 브라질에서 생긴 새로운 리듬의 음악으로 삼바(samba)에 모던재즈(modern jazz)가 더해진 형식으로 19세기 말~20세기 초에 미국 남부 뉴올리언즈에서 시작된 재즈와 음악적 기원의 유사성이 높아 미국 관객들에게 친근감을 형성하였다. 스탄게츠(Stan Getz)의 앨범으로 보사노바 열풍이 시작된 이후 브라질에서 활동하던 안토니오 카를로스 조빔, 자반 등의 뮤지션이 미국

시장에서 성공하였다.

이러한 미국에서의 성공적인 음악진출을 볼 때 K-Pop이 미국에 진출하기 위해서는 '점진적이고 풀(pull)형' 진출이 필요하리라 본다. 즉, 미국시장 진출은 치열한 경쟁, 콘텐츠의 경쟁력, 문화적 장벽 등 난관이 많아 점진적이고 장기적인 전략이 필요하다. 미국시장에서 자연스럽게 한국콘텐츠에 대한 팬 층이 형성되게 하는 풀형 진출이 성공가능성이 높다. 미국의 K-Pop 팬들은 미국에서 한국콘텐츠를 확산시키는 데 구전전파자의 역할을 하기 때문에 한국 콘텐츠물에 대한 마니아층의 확보는 중요하다. 일본의 재패니메이션과 영국의 팝이 미국에 진출할 때에도 풀형이었고, 한국드라마 한류가 해외에서 처음 나타날 때 우리가 모르는 사이에 팬들이 형성되었던 풀형 진출이었다. 여건이 성숙되지 않았는데도 우리의 콘텐츠를 미국시장에 푸쉬(push)하는 전략은 한계가 있다. 이는 과거 K-Pop이 미국에 진출해서 성공하지 못한 이유이지만 최근 SNS 등으로 풀형 진출 여건이 서서히 조성되고 있어 그나마 다행이라 하겠다. SOUND

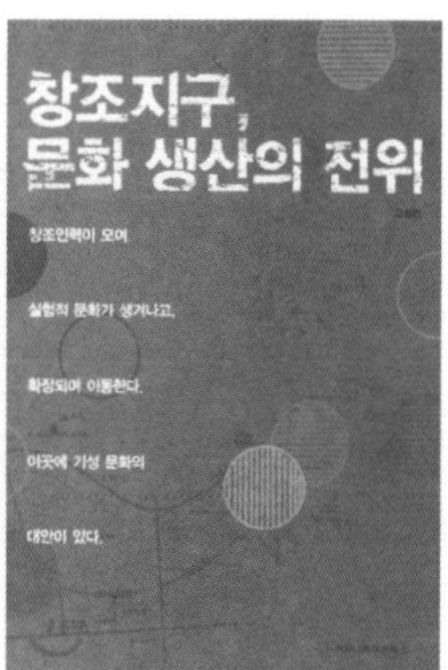

한국의 대중음악 엔터테인먼트 100년

'한국 대중음악 엔터테인먼트 역사'를 총7명의 필자가 시기별로 나눠서 기술했다. 대중음악SOUND 3호 커버스토리인 '한국 대중음악 100년'이 뮤지션과 작품 중심으로 다루었다면, 이번에는 기획(자), 제작(자), 매니지먼트, 매체, 출판, 홍보, 마케팅 등을 중심으로 다룬다. '한국 대중음악 엔터테인먼트 100년'은 음악매체(음반, 라디오)의 등장과 함께 대중음악이 성장한 시기(1907~1945), 1958년 LP음반 발매를 시작으로 음악산업 성장의 기틀이 마련된 시기(1946~1959), LP음반 발매의 본격화로 음반시장 급성장과 아티스트/작품 개념이 등장한 시기(1960~1979), 컬러TV 방송 시작으로 쇼 엔터테인먼트의 변화가 도래한 시기(1980~1991), 서태지의 등장으로 아이돌스타 시스템이 본격화되고, 10대 중심의 음악소비자층이 형성된 시기(1992~1994), SM엔터테인먼트 연습생육성 제도와 아이돌 가요 생산 시스템이 완성된 시기(1995~2000), 음반시장 붕괴와 K-Pop 브랜드로 해외진출을 시도한 시기(2001~2012)로 나눌 수 있다.

1907~1945
음반 기획과 제작의 태동기를 돌아보다 _ 1907~1945년까지의 음반 회사를 중심으로
장유정(단국대학교 교양기초교육원 교수)

1946~1959
해방 이후 1950년대 한국 대중음악 엔터테인먼트산업 _ 전쟁으로 황폐화된 음반산업은 1958년 LP음반 발매를 시작으로 성장의 기틀 마련
최규성(대중문화평론가)

1960~1979
1960~70년대 한국 대중음악 엔터테인먼트산업 _ 한국 음악산업의 기반이 다져지고 융성의 발판을 이룬 시기
최지선(대중음악평론가)

1980~1991
1980년대 한국 대중음악 엔터테인먼트산업 _ 컬러TV 방송 시작과 팝송의 영향력 하에서 음악시장의 내용들도 세분화, 다양화 됨
성우진(대중음악평론가, 방송작가)

1992~1994
본격적인 대중음악 엔터테인먼트산업의 시작 _ 서태지의 등장과 아이돌스타 시스템 시작, 10대 중심의 음악소비자층 형성
김경진(대중음악평론가)

1995~2000
SM엔터테인먼트 출범과 아이돌 시스템의 명암 _ 연습생육성 제도 시작, '아이돌 가요 생산 시스템'의 완성
원종우(딴지일보 논설위원)

2001~2012
음반시장 붕괴와 K-POP 브랜드로 해외진출 시도 _ 이제, 음악산업이 균형 있게 성장하기 위해서 필요한 환경을 정책적으로 고민할 때
권석정(유니온프레스 기자)

음반 기획과 제작의 태동기를 돌아보다

1907~1945년까지의 음반 회사를 중심으로

음반 회사와 더불어 이 시기에 중요한 구실을 한 것은 바로 문예부장으로 있던 사람들이다. 빅타 음반 회사의 초창기 문예부장으로 있었던 이기세가 아니었다면 오늘날 우리나라 대중음악의 역사는 지금보다 짧았을지 모른다. 또한 포리돌 회사의 문예부장을 역임한 왕평은 조선 배우학교 1기생으로 영화에도 출연하고 대중가요 작사도 하는 등 다방면의 활약을 하였다. 그리고 오케 회사의 지점장으로 있던 이철은 조선악극단을 조직하여 해외 순회공연을 통해 우리나라 문화를 세계에 알리기도 하였다. 오늘날과 마찬가지로 해당 음반 회사를 주도적으로 이끌어가던 뛰어난 인물이 있었기에 당시에도 대중음악이 당대인의 호응을 얻을 수 있었다.

장유정 | 단국대학교 교양기초교육원 교수

단국대학교 교양학부 교수. 서울대학교 대학원 국어국문학과 문학박사. 2009년 인천문화재단 플랫폼 문화비평상 음악 부문 수상. 「오빠는 풍각쟁이야 – 대중가요로 본 근대의 풍경」, 「다방과 카페, 모던 보이의 아지트」 등의 저서와 다수의 소논문.

들어가는 말

※ 이 글은 장유정, 「20세기 전반기 음반회사의 마케팅 전략에 대한 일고찰」, 『한국음반학』제14호, 한국고음반연구회, 2004; 장유정, 『오빠는 풍각쟁이야−대중가요로 본 근대의 풍경』, 민음in, 2006; 장유정, 「이 땅에서 '별'로 산다는 것은−대중가수의 탄생에서 귀환까지」, 『역사비평』, 역사문제연구소, 2010 등을 종합적으로 참고해서 작성하였음을 밝혀둔다.

19세기 말에 유성기가 전래된 이래로 20세기 전반기는 우리나라에서 본격적의 의미의 음반사(音盤史)가 시작된 시기이다. 전통가요를 담고 있는 우리나라의 첫 상업 음반은 1907년에 미국 콜럼비아사가 제작한 것이다. 애초부터 유성기를 '가정의 오락기' 내지는 '가정 단란의 매개체'로 광고하기는 했으나 유성기가 대중화되기까지는 시간이 더 필요하였다. 1926년에 발매된 윤심덕의 〈사의 찬미〉는 윤심덕이 노래를 녹음하고 자신이 사랑하던 남자 김우진과 현해탄에 정사(情死)하는 바람에 당시 많은 반향을 불러 일으켰다. 그러면서 자연스럽게 유성기를 대중에게 알리는 계기가 되기도 했다.

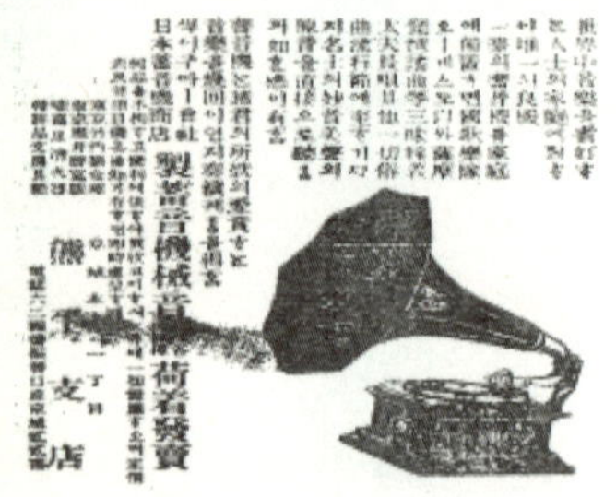

● 유성기를 '가정의 오락기'로 선전한 신문 광고(『매일신보』 1911년 9월 28일)

지금과 비교하면 대단해 보이지 않겠지만, 1928년에 도입된 전기 녹음은 당시로서는 획기적인 음질의 개선을 이룩하는데 기여했다. 이때부터 유성기를 통한 음악의 향유가 보다 활성화되었다. 물론 다소 고가(高價)의 유성기를 모든 가정이 구비할 수는 없었다. 하지만 악기점이나 다방과 카페 등에서 틀어놓은 유성기의 소리는 담을 넘어 수많은 사람들의 귀 속을 파고들었다. 한마디로 내 의지와 상관없이 때때로 대중은 유성기 소리에 노출되었던 것이다. 그 때문에 『매일신보』 1930년 6월 14일자에도 "13도 방방곡곡 '에디슨'의 선물에 귀를 기울이지 못한 불행한 조선의 남녀노소는 없게 되었다"는 기사가 실리기도 했다.

당시는 일제강점기였기 때문에 우리나라 자본으로 이루어진 코리아(뉴코리아) 정도의 회사를 제외한 대부분의 음반 회사가 일본 음반 회사의 지점으로 존재하였다. 그렇다고 해서 한국 내 음반 회사가 일본 본사의 절대적인 관여와 관섭 아래 놓여있었던 것은 아니다. 음반 회사의 일차적인 목표는 이윤을 남기는 것이었기에 당대 대중의 기호와 선호가 무엇보다 중요하였다. 그러한 이유로 음반 회사 관계자들은 당대 대중의 기호를 알기 위해 부심하였으니, 각 음반 회사의 관계자들이 모여 종종 벌였던 좌담회가 이를 반증한다.

한편, 당시 대중에게 대중음악을 전달하는 매체는 크게 네 가지였다. 공연, 노래책, 음반, 라디오가 그것이다. 음반 산업이 활성화되기 훨씬 전부터 노래책이나 공연을 통한 노래의 전파와 향유가 이루어졌다. 물론 이때 향유된 노래들은 오늘날 우리가 전통가요라 일컫는 잡가나 통속민요, 그리고 판소리가 대부분이었다. 음반 산업이 개화하고 본격적인 의미의 대중음악이 형성·유통되면서 상대적으로 음반을 통한 대중음악의 향유가 점차 활성화 되었다.

1927년에 경성방송국이 정식으로 개국하면서 시작된 라디오 방송이 일제의 관영적인 성격을 지니고 있다면, 경제적인 지배 원리 아래에 놓여 있던 음반 산업은 보다 역동적으로 전개되었다. 특히 1930년대는 광복 이전을 통틀어서 음반 산업이 호황을 누리고, 음반 회사들 간의 경쟁도 치열해 '음반의 황금시대'로 일컬어진 시기이다. 그러므로 이 글도 주로 1930년대 음반 회사를 중심으로 전개될 것이다.

음반 회사와 문예부

미국 콜럼비아 회사(1907년)와 미국 빅타 회사(1908년)에서 시작된 우리나라의 음반 산업은 1910년대부터 일본 음반 회사의 주도 아래 음반 산업이 전개되었다. 대표적인 회사로 주식회사 일본 축음기 상회(일축), 일동 축음기 주식회사(일동), 합동 축음기 주식회사(합동)를 들 수 있다. 이들 회사들은 1910년대부터 1928년에 전기 녹음 기술이 도입되기 전까지 우리나라 음반 산업을 주도한 회사들이다.

1911년부터 음반을 발매한 주식회사 일본축음기상회(일축)는 원래 유료로 유성기를 들려주고 판매하던 일본의 삼광당(三光堂)이란 유성기 판매 상점에서 출발하였다. 1928년, 일축은 미국 콜럼비아사와 합작하여 일본 콜럼비아 축음기 주식회사를 발족시켰다. 콜럼비아사는 1943년까지 우리나라에서 가장 많은 음반을 발매한 대표적인 음반 회사였는데, 이는 콜럼비아사가 기존에 있던 일축의 조직과 판매망을 그대로 계승하였기 때문에 가능했던 일이다.

다음으로 콜럼비아사와 마찬가지로 우리나라에서 음반을 많이 발매한 빅타(Victor)사는 미국 빅타가 1927년 9월에 일본 현지 법인으로 세운 음반회사이다. 빅타 회사의 공장은 요코하마(橫濱)에 있었지만 본사는 미국이고 자본도 미국계였다. 1928년부터 한국어 음반을 발매하였는데, 빅타에서 조선 이왕직아악부의 음악을 녹음한 것은 특기할 만하다.

콜럼비아사와 빅타사 외에 대표적인 음반 회사로는 포리돌, 시에론, 오케, 태평이 있었고, 밀리온, 쇼지꾸, 돔보(잠자리표), 디어, 고라이 등의 군소 음반 회사들이 있어 서로 공존하고 경쟁했다. 이 중 대중음악 음반을 상당수 발매한 오케 회사는 대중 취향의 선곡과 저가 정책으로 큰 성공을 거두기도 했다. 광복 이전 시기를 통틀어서 1930년대는 '레코드의 홍수' 내지는 '레코드의 황금시대'라는 말이 나올 정도로 음반 산업이 호황을 누렸던 시기인데, 다음의 인용문을 통해서도 그러한 사실을 확인할 수 있다.

레코드의 홍수(洪水)이다. 레코드 예술가의 황금시대이다. 레코드 외에는 오락을 갖지 못한 중산 가정에서는 찾는 이 레코드뿐이다. 콜럼비아와 빅타만이 접전(接戰)을 하던 때는 그야말로 한 옛날 이야깃거리로밖에 남지 않게 되었다. 전 조선에 삼백 개가 넘는 대소 축음기 가게에서 매달 각 음반회사가 적어도 50종에 가까운 신보(新譜)를 내놓는데, 그것이 한 종류에 천 매, 이천 매가 손쉽게 팔려나간다. (중략) 여섯 회사에서 한 달에 600종의 신보가 나오는데, 1종에 5000매, 1개월에 300만 매, 1년에 3,600만 매에 달한다. 한 장에 1원씩만 쳐도 3,600만 원이란 큰 시장의 점탈전(占奪戰)이다. 경쟁이 백열화(白熱化)하지 않을 수 없겠다(「6대 회사 레코드 전(戰)」, 『삼천리』 1933년 5월호)(현대어역은 인용자, 이하 동일).

위의 인용문은 구체적인 수치를 제시하면서 음반 시장이 호황을 누리고 있는 상황을 보여준다. 물론 호황이라고 해도 오늘날과는 비교가 안 될 것이고, 자료에 대한 신빙성을 제기할 수도 있다. 실제로 당시 신문이나 잡지에 따라 음반 산업과 관련된 수치가 조금씩 다른 것도 사실이다. 그렇더라도 이러한 인용문을 통해서 1930년대 음반 산업이 매우 활성화된 것만은 짐작할 수 있다.

그렇다면 당시 음반 산업은 어떻게 전개되고 음반 회사는 어떤 식으로 운영되었을까? 각 음반 회사에는 문예부가 있어서 이곳에서 노래의 선곡에서 홍보까지를 모두 담당하였다. 문예부에는 문예부장을 필두로 전속 작사자, 전속 작곡자, 전속 가수가 소속되어 있었다. 문예부는 음반 제작에 대한 기획을 위시하여 매월 신보를 배정하고 판매부에 넘기기까지의 모든 일을 담당하는 부서였다.

그 구체적인 내용을 보면, 가수의 입선(入選), 작사·작곡·편곡의 선정과 배정, 재래 조선 음악과 극각본(劇脚本) 등을 선정(選定)하고, 이를 마치면 가수의 연습, 취입 예산과 여정(旅程)의 편성(編成), 취입(吹入) 디렉터, 취입 후에 매월 신보 선정 문구(新譜選定文句) 카드, 월보 편집(月報編輯), 선전 방법(宣傳方法), 검열(檢閱) 등을 담당하였다. 한 마디로 문예부는 문예부장의 지휘 아래 음반 제작과 관련된 총괄적인 업무를 보았던 곳이다.

당시 음반 회사들은 대체로 전속 제도를 사용하였다. 오늘날과 마찬가지로 당시에도 좋은 가수를 영입하기 위한 경쟁이 치열했고 종종 계약과 관련된 문제가 발생하기도 했다. 예를 들어, 당시 포리돌 회사의 문예부장이었던 왕평은, 가수 왕수복이 콜럼비아사와 전속 계약을 맺기 전에 자신이 먼저 계약하려고 그녀를 잠시 숨게 하였다. 또 오케의 지점장이었던 이철은 우연히 이난영의 목소리를 들은 후, 이미 태평과 전속 계약을 맺기로 한 그녀를 데려오기 위해 갖은 수단을 동원했다고 한다. 오케의 모든 직원들이 변장을 하고 밤중에 태평 회사를 포위하고 자동차 추격전을 벌이기도 했던 것이다. 그런가 하면 전속 계약을 잘 몰랐던 황금심이 오케 회사와 빅타 회사에 이중 계약을 하는 바람에 오케와 빅타의 싸움이 법정에까지 가기도 했다.

한편 1934년 당시 『삼천리』라는 잡지에 소개된 6대 음반 회사의 문예부장과 그 소속 가수는 다음과 같다.

음반사	문예부장	소속가수
콜럼비아	안익조	채규엽, 김선초, 박헌익, 김선영, 최명주
빅타	이기세	이애리수, 강석연, 최남용, 전옥, 강홍식
포리돌	왕평	왕수복, 김용환, 신일선
시에론	이서구	김연실, 나선교, 김영환, 최향화, 남궁선
태평	민효식	이난영
오케	금릉인	신불출, 전춘우, 신은봉, 서상석, 백화성

(「6대회사(六大會社)레코드 전(戰)」, 『삼천리』, 1934년 12월호)

당시 가수들의 급료는 월급을 주고 음반을 취입할 때마다 수당을 주는 방식으로 지불되었다. 그 액수는 가수에 따라 달랐는데, 대체로 갑·을·병·정의 네 등급으로 나누어서 회사마다 조금씩 다르게 취입료를 지불했던 것으로 보인다. 1935년 당시 노래 2곡을 취입하고 받는 취입료는 갑이 100원, 을이 60원, 병이 30원, 정이 20원 정도로 책정되어, 갑과 정이 받는 취입료의 차이가 큰 것을 알 수 있다. 1935년 당시 '레코드 가수 인기투표'에서 1위를 차지하는 등 최고 인기를 구가했던 왕수복의 경우, 많이 벌 때는 한 달에 700~800원을 벌었다고 하니 당시에도 인기 가수는 부와 명예를 한 번에 거머쥐었던 것을 알 수 있다.

1934년에 이어 1939년에 나온 다른 자료에 따르면, 포리돌 회사의 왕평을 제외하고 각 음반 회사의 문예부장이 모두 교체된 것을 알 수 있다. 1939년 당시 각 음반 회사의 문예부장과 음반 회사의 위치를 제시하면 다음과 같다.

음반회사	본점	주소	문예부장
콜럼비아	주식회사일본축음기상회	앵정정(櫻井町) 1정목(현재의 인현동 1가) 31번지	구완회
포리돌	일본포리돌축음기주식회사	본정 2정목(현재의 충무로 2가) 30	왕평
빅타	일본빅타축음기주식회사	장곡천정(현재의 소공동) 112번지	유영국
오케	제국축음기주식회사	남대문통 1정목(현재의 남대문로 1가)	이철
태평	대일본축음기주식회사	종로 6정목(현재의 종로 6가) 276	박영호

(인문사편집부 편, 『소화14년판 조선문예연감』, 인문사, 1939년)

1939년 당시 콜럼비아사의 전속 작곡자로는 이용준과 김해송이 있었고, 포리돌사
에는 김교성과 김준영, 빅타 회사에는 전수린과 형석기가 포진하고 있었다. 또한 빅
타의 전속 작사가로는 이부풍이 있었다. 이러한 전속 작사·작곡자와 함께 각 음반 회
사는 서로 경쟁하면서 인기 있는 대중음악을 만들기 위해 노심초사한 것이다. 그렇
다면 이들 음반 회사들은 당시 어떤 식으로 음반 홍보를 하였을까? 다음 장에서는
음반 회사들이 사용한 음반 홍보 전략을 알아보기로 한다.

음반 회사의 홍보 전략

● 콜럼비아 신보 책자(1929년)에 소개된 콜
럼비아 취입소 전경

● 일제강점기 음반가게 풍경(『모던의 유혹,
모던의 눈물』, 이종학 사진, 생각의 나무, 136
쪽)

당시의 각 음반 회사들은 오늘날의 기획사와 마찬가지로 다양
한 방식의 홍보 전략을 내세워 음반을 판매하는데 열을 올렸다.
새로운 음반이 나오면 음반 가게 앞에는 가사지가 잔뜩 쌓여있고
사람들은 가사지를 들고 스피커를 통해 나오는 노래를 따라 부르
기도 했다. 그러다가 순찰 나온 일본 순사의 호루라기 소리에 놀
라 해산하기도 한 것이 당시 풍경 중 하나였다.

음반 회사가 음반 홍보를 위해 활용한 재미있는 전략으로는 '얼
굴 없는 가수'라는 신비주의 마케팅 전략을 들 수 있다. '얼굴 없
는 가수'라고 하면 보통 〈투 헤븐(To heaven)〉을 부른 가수 조성
모를 떠올리지만 이러한 전략은 음반사 초기에도 이미 사용되었
던 것이다. 당시에 나온 음반 가사지를 보면 눈만 하얗게 칠해진
가수의 사진을 종종 발견할 수 있다. 게다가 가수 이름이 '미스
코리아', '미스터 콜럼비아', '미스 리갈' 등으로 심상치 않았으니,
이는 대중의 호기심을 자극하기 위한 방편이었다.

전일(前日) 신보(新譜)로 금강산에 숨은 마의태자의 사적을 노래
한 명곡절창반(名曲絶唱盤)을 발매하여 레코드계에 일대 센세
이션을 야기한 우리의 미스코리아는 다시 시인 유도순씨의 금강
예찬을 신민요조로 불러 공전절후(空前絶後)의 호화반(豪華盤)
을 만들었습니다. 날로 인기가 비등(沸騰)하는 미스코리아가 과
연 누구일까 하는 의문은 경향(京鄕) 각지에 커다란 화제가 되었
을 뿐만 아니라 그 신비로운 목소리에 침을 흘리는 청년들이 보
내는 꽃봉투가 매일 쇄도하니 레코드를 통한 선전이 얼마나 큰
것인지를 미루어 추측케 합니다. 미스코리아, 그 귀한 성명 석
자는 머지않아 대현상(大懸賞)에 부치겠지만 다시 이 금강 예찬

의 노래를 듣는다면 알아낼 수 있을까? 아니요, 그는 금강산에 숨어 있다 레코드계에 봉화(烽火)를 들고 나온 천사입니다. 들으면 들을수록 새롭고 정다운 그 목소리, 꿈속에 들려오는 연인(戀人)의 선명한 목소리같이 영원히 미련을 남기고야 말 것입니다.

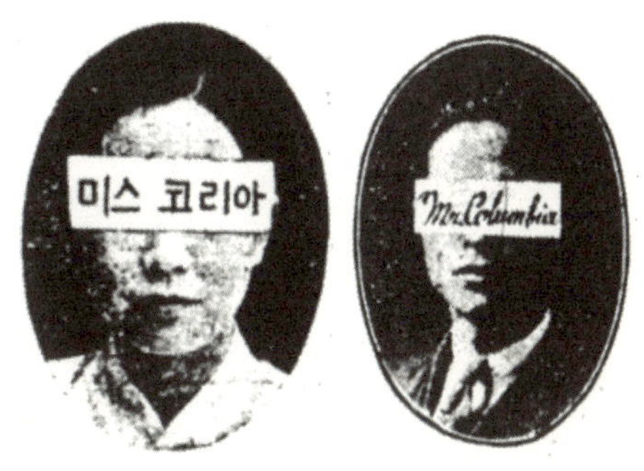

● 신비주의 마케팅 전략을 활용한 '미스코리아'와 '미스터 콜럼비아'

위의 인용문은 미스코리아가 부른 〈금강산이 좋을시고〉(유도순 작사, 김준영 작곡, 미스 코리아 노래, 콜럼비아, 1934년)의 선전 문구이다. 감정적이면서도 과장된 표현을 통해 〈금강산이 좋을시고〉와 그 노래를 부른 미스코리아를 선전하고 있다. "신비로운 목소리에 침을 흘리는 청년"이나 "금강산에 숨어 있다 레코드계에 봉화를 들고 나온 천사", 그리고 "꿈속에 들려오는 연인의 선명한 목소리"같은 표현이 당시 음반 광고의 실상을 보여준다.

음반 회사에서는 매월 신보가 나오면 신보 소개 책자를 내곤 하였다. 이때 각 음반 회사에서는 대부분 과장법과 영탄법을 활용해서 소개 문구를 작성하였는데, 오케 회사에서 사용한 광고 문구를 몇 개만 모아보면 다음과 같다.

1. 히트 〈포구의 인사〉

단연 무서운 인기로 엄청난 판매율을 올리고 있다. 과연! 오케 시대는 왔다! 모름지기 남인수군의 금년도 최대 걸작이요, 오케의 일대 수확일게다. 업계의 화제도 무리는 아니다!

2. 이난영의 〈낭낭제(娘娘祭)〉

정(正)히 이난영은 가신(歌神)이다. 이 〈낭낭제〉에서 이난영의 매력풍(魅力風)은 장안을 또 한 번 뒤흔들게다!

3. 오케 신보 소개글

파죽지세!! 가요(歌謠)의 총본영(總本營)!! 오케의 사자후(獅子吼), 위용(威容)을 자랑하는 금월(今月)의 걸작(傑作)!!"

4. 〈앵화춘〉 광고

귀재(鬼才)! 삼인(三人) 콤비의 돌현(突現)!! 박시춘 군의 경이곡(驚異曲)! 조명암 군의 우수시(優秀詩)! 김정구 군의 열창(熱唱)! 요즈음 화제는 오케! 〈앵화춘〉에 있다!!

5. 가요비극 〈역마차〉 광고

노래 〈역마차〉는 히트다!! 근년(近年)의 최대걸작(最大傑作)이다! 이것은 여러분이 다 같이 부르짖은 솔직한 고백(告白)이었습니다. 여기 또(歌謠悲劇)으로 꾸민 〈역마차〉가 나왔으니 여러분은 반드시 흥분(興奮)하실 줄 믿습니다.

위에서 볼 수 있듯이, 당시 음반 광고문은 주로 과장법과 영탄법을 활용해서 작성되었다. 이는 대중의 이성보다 감정에 호소하기 위해서였다. '오케 시대'라는 표현이나 '가신(歌神)' 이난영의 "매력풍이 장안을 흔들 것이다"라는 표현, 그리고 〈역마차〉 음반을 소개하면서 "여러분은 반드시 흥분하실 것이라 믿습니다"와 같은 표현에서, 당시의 음반 광고가 대중의 감정에 호소하는 차원에서 이루어진 것을 알 수 있다.

과장법과 영탄법을 활용한 광고문을 사용하는 것 외에도 대중이 음반을 구매하도록 유도하기 위해 '판매 촉진'도 활용하였다. 이 시기 음반 회사들은 판매를 촉진시키기 위해 가격 할인과 현상 과제, 혹은 경품 등을 활용하였다. 오케 회사의 경우는 1933년 2월부터 1원짜리 음반을 발매하여 저가 정책(低價 政策)으로 성공하였다. 오케의 저가 정책에 맞서서 콜럼비아 회사는 80전짜리 리갈 대중반을 만들어서 판매하기도 하였다.

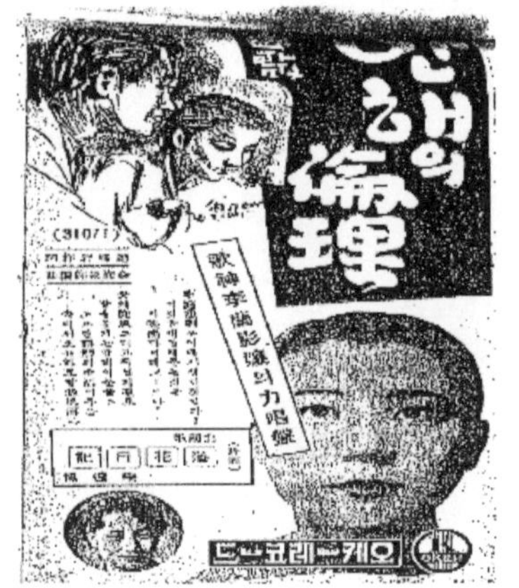

● "가신(歌神) 이난영의 역창반(力唱盤)"이라 소개한 음반 광고

● '연주자(演奏者) 지명(指名) 대현상(大懸賞)' 광고(『동아일보』 1933년 12월 30일)

광고문이나 저가 정책 외에, 현상 과제나 경품을 통해 구매를 촉진시키기도 했다. 위의 이미지는 『동아일보』 1933년 12월 30일자에 실린 현상 광고이다. 유행가 〈떠도는 신세〉와 〈봉자의 노래〉를 연주한 사람이 누구인가를 묻는 문제를 내고, 정답자는 선착순 20명에게 레코드를 증정하고 연주자의 브로마이드와 사인을 증정하겠다고 했다. 〈봉자의 노래〉와 〈떠도는 신세〉를 부른 연주자(가수)는 당대 인기 가수 채규엽이다. 그런데 이 노래의 음반이 1934년 1월에 발매되었으니, 음반이 발매되기 전인 1933년 12월에 이러한 현상 광고를 통해 음반에 대한 대중의 관심을 환기시키려 했던 것을 알 수 있다.

이러한 광고는 종종 찾을 수 있으니, 당시 음반 회사들이 음반을 판매하기 위해 얼마나 경쟁적으로 치열하게 노력했는지를 알 수 있다. 때로 이러한 광고는 성공하기도 하고 실패하기도 했다. 때로 어떤 곡은 열렬한 홍보에도 불구하고 판매 성적이 부진한가 하면, 또 어떤 곡은 홍보에 상관없이 입소문을 타고 많은 이들에게 알려져 상당한 판매율을 올리기도 했던 것이다.

1938년 당시 포리돌 음반회사의 문예부장으로 있던 김준영은 「문예부장의 제작 고심기」(『조광』 1938년 2월호)라는 글에서 히트 음반 제작의 어려움을 호소하면서, "진정한 의미의 히트반이란 히트반이 히트반을 만드는 것으로 도저히 인위적으로는 불가능하다는 결론에 도달하고 맙니다"고 하였다. 결국 당시에도 음반 회사의 홍보 전략에 상관없이 예측할 수 없었던 대중의 기호와 선호를 짐작할 수 있다.

나오는 말

이상에서 살펴본 바와 같이, 당시의 음반 회사들은 다양한 방법을 활용하여 대중음악을 제작하고 홍보하고 판매하였다. 물론 일제강점기였기 때문에 그에 따른 제한이나 제약이 많았던 것도 사실이다. 특히 1941년에 발발한 태평양전쟁 이후에는 일제가 음반 회사들을 강제적으로 정리했고, 각 음반 회사들은 의무적으로 '군국가요' 음반을 제작해서 발매해야 했다. 조선어 음반도 제작하기 어려웠고 영국이나 미국이 일본의 적성국이라는 이유로 재즈송과 같은 곡을 발매할 수도 없었다. 또한 일제강점기 내내 '검열'로 인한 가사의 제약도 많았던 것이 사실이다.

만약 우리나라가 일제강점기를 거치지 않았다면 초창기 우리나라 대중음악의 모습은 분명히 다르게 존재했을 것이다. 하지만 역사에서 '만약'은 성립하지 않으니, 그 '만약'의 모습을 상상하는 일은 소모적인 일에 불과할 것이다. 중요한 것은 초창기에 성립된 여러 가지 대중음악계의 관행이 긍정적이든 부정적이든지 오늘날까지 이어지고 있다는 것이다. 그리고 당시 대중음악이 현대 대중음악의 모태로 작용했다는 것이다. 결국 이 시기 대중음악의 기획과 제작, 판매 등을 살펴보는 일은 현대 대중음악을 잘 이해하기 위해 필수적으로 짚고 넘어가야 할 일이기도 하다.

음반 회사와 더불어 이 시기에 중요한 구실을 한 것은 바로 문예부장으로 있던 사람들이다. 빅타 음반 회사의 초창기 문예부장으로 있었던 이기세가 아니었다면 오늘날 우리나라 대중음악의 역사는 지금보다 짧았을지 모른다. 또한 포리돌 회사의 문예부장을 역임한 왕평은 조선 배우학교 1기생으로 영화에도 출연하고 대중가요 작사도 하는 등 다방면의 활약을 하였다. 그리고 오케 회사의 지점장으로 있던 이철은 조선악극단을 조직하여 해외 순회공연을 통해 우리나라 문화를 세계에 알리기도 하였다. 오늘날과 마찬가지로 해당 음반 회사를 주도적으로 이끌어가던 뛰어난 인물이 있었기에 당시에도 대중음악이 당대인의 호응을 얻을 수 있었다.

대중음악은 애초부터 상품이자 예술로서의 성격을 동시에 지니고 있었다. 당시 음반 회사의 문예부장들이 벌인 좌담회의 내용을 보면 그들이, 음반이 문화 창달에 중요한 노릇을 하고 있음을 인식하면서도 '이윤'이라는 현실적인 문제 앞에서 대중에게 영합하거나 대중과 타협하기도 했음을 알 수 있다. 대중음악은 예나 지금이나 상품과 예술 사이에서 아슬아슬한 줄다리기를 하고 있다. 그렇다면 결국 이 모든 것에서 중요한 것은 대중의 선택이 아닐까? 대중이 어떤 음악을 어떤 마음으로 선택하느냐에 따라 대중음악의 미래는 달라질 수 있다.

대중음악은 그야말로 대중이 향유하는 음악이다. 아무리 예술적으로 뛰어나더라도 대중이 외면한 음악을 대중음악이라 하기 어렵듯이, 아무리 상품으로서의 성격이 강할지라도 대중이 좋아하고 즐긴다면 그 또한 나름대로의 의미가 있을 것이다. 대중음악에서 나름대로 의미를 찾는 것은 중요하다. 그러나 적어도 내 취향만이 절대적이고 옳은 것이라 믿는 것은 바람직하지 않다.

음반 기획과 제작의 태동기를 통해, 당시 음반 회사를 둘러싼 다양한 풍경을 엿볼 수 있었다. 오늘날과 다르지 않은 이야기, 그러면서도 오늘날과 다른 이야기들. 세월이 가고 사람도 갔으나 노래는 남아 우리에게 옛 이야기를 들려준다. 상품이든 예술이든, 중요한 것은 예나 지금이나 누군가가 대중음악을 기획하고 만들었고 그 노래가 있어 때로 우리는 삶을 견딜 수 있었다는 것이다. 그리고 그건 일제강점기라고해서 크게 다르지 않았다. 왜냐하면 그것이 대중음악의 본질이니까 말이다. **SOUND**

해방 이후 1950년대 한국 대중음악 엔터테인먼트산업

1946~1959

전쟁으로 황폐화된 음반산업은
1958년 LP음반 발매를 시작으로
성장의 기틀 마련

한국 대중음악 역사에서 해방 이후부터 1950년대까지를 쇠퇴기로 보는 시각은 강력하다. 사실 해방 이전보다도 자료보존이 빈약하기에 이 시기의 대중음악 연구는 마치 달나라 여행처럼 미지의 여행을 하는 느낌이다. 1차 자료에 접근하기조차 힘든 현실도 넘기 힘든 벽이지만 더 심각한 문제는 당대의 음악 엔터테인먼트 산업을 증언해 줄 음악인들 상당수가 이미 세상을 떠났거나 생존해 계신 분들도 이미 90을 바라보는 고령인지라 정확한 증언하기엔 기억력이 현저하게 떨어져 있다는 점이다.

그런 점에서 50년대의 중요 음반제작사였던 오아시스레코드를 창립한 봉철선생과 도미도레코드 창립자 한복남의 장남 하기송선생과 인터뷰는 오아시스 같았다. 그 분들을 통해 새롭게 확인된 레이블 탄생비화와 당대 연예산업 이야기는 흥미롭지만 역시나 당대의 대중음악 엔터테인먼트 산업 전체를 아우르기엔 부족하다. 황무지처럼 방치된 1946년부터 50년대까지 15년의 대중음악 엔터테인먼트 산업을 더듬기 위해 소장한 자료를 꼼꼼하게 찾고 제한적으로 이루어진 연구 자료를 참조했지만 역시나 부족했다. 이 시기의 대중음악 연구는 더 이상 미뤄 둘 잠시의 여유조차 없기에 대중음악 연구가들의 분발이 요구된다.

최규성 | 대중문화평론가

한국일보 편집위원을 역임한 최규성은 국내 최초로 발간된 한국 인디뮤지션사진집의 사진작가이면서 동덕여대, 성공회대, 서울시민대학, 서울미지 청소년문화센터와 기업체에서 대중문화와 보도사진 강의는 물론 여러 지상파 TV와 라디오에서 대중음악프로그램을 진행하는 방송인이다. 아울러 한국방송대상 본선심사위원, 한국대중음악상 선정위원, 서울드라마어워즈 장편부문 심사위원, 문화체육관광부, 한국콘텐츠진흥원 대중문화 자문위원으로 활동하며 중요 신문잡지와 각종 사보에 대중문화관련 칼럼을 연재하는 대중문화평론가로 활동하고 있다.

해방 이후 한국 대중음악 엔터테인먼트산업

1940년대부터 해방까지 대중음악계는 태평양전쟁으로 인해 순수 대중가요 음반 제작은 거의 중단되었고 전쟁을 독려하는 군국가요만이 울려 퍼졌다. 강압적인 분위기 속에서 발표된 노래들로 인해 현재 친일 음악인으로 낙인찍혀 곤혹을 치르는 당대의 대중음악인들은 상당하다. 1945년 광복의 기쁨도 잠깐. 국내 음반산업을 주도했던 일본 레코드사들이 모두 철수하면서 대중음악계는 황무지로 변했다. '조선레코드문화협회'와 '대중음악협회'가 발족한데 이어 1946년 조선레코드회사가 설립되었으나 음반을 제작할 장비와 물자 부족으로 성과는 거의 없었다. 척박한 환경이었지만 서울 종각 바로 앞에 있었던 4층 건물 한청빌딩 녹음실에서는 원시적인 왁스 판에 수록한 해방가요 1호 〈사대문을 열어라〉가 취입되었다. 이후 물자와 기술이 턱없이 부족한 척박한 환경 속에서도 음반사들이 서울과 지방에서 하나 둘 생겨나 해방의 감격을 담아낸 대중가요들이 발표되기 시작했다.

첨예했던 좌우익 이데올로기 충돌은 땅덩어리 뿐 아니라 대중음악까지 남북으로 분단시키는 혼란을 조성했다. 강홍식, 박영호, 이면상, 조명암 등이 월북하고 계수남, 김동진, 전오승, 한정무, 한복남 등이 남하하는 혼란 속에서 월북 작가의 곡들은 한동안 남쪽에선 금기시 되었다. 음반 제작이 사실상 불가능했던 이 무렵 가극단과 쇼단을 중심으로 한 공연단체들이 대중음악산업을 이끌었다. 1946년 8월 악극협회가 결성되었고 1947년 6월 서울중앙방송국에서 전속경음악단(박시춘, 손목인 등 지휘)이 태동한데 이어 전속가수제도가 실시되었다. 1947년 11월, 전국가극협회가 결성되었고 서울과 지방에서 새로운 음반회사가 탄생되며 숨통이 트이기 시작했다. 그리고 1948년 대한가수협회가 결성되어 초대회장에 가수 남인수가 선출되었다. 흥미로운 변화가 있다. 청계천 너머 명동과 충무로 일대에 살던 일본인들이 물러가면서 서울의 중심은 북촌 종로에서 남촌으로 이전되기 시작했다. 그 결과, 해방 이전에는 찾아보기 힘들었던 남촌 지역을 소재로 한 노래들이 등장하기 시작했다. 또한 국내에 주둔하기 시작한 미군들로 인해 명동 미도파 백화점 자리에는 미24사단 장교클럽이 생겨나면서 대중음악 엔터테인먼트산업에 부활의 기운이 조성되었다.

1. 1935년 건립된 종합공연장 부민관 1945년 모습
2. 1945년 서울 남산의 태극기 게양
3. 1945년 해방 후 중앙청 앞
4. 1945년 해방 후 중앙청 앞 국기게양

해방 이후 전국의 극장에서는 영화 상영과 함께 노래와 연극이 함께하는 가극단, 악극단의 극장 쇼 공연이 성황을 이뤘다. 가극단 무대는 보통 1부 신파악극, 2부 버라이어티쇼로 구성되었다. 정치, 사회적으로는 혼란과 무질서가 난무했지만 약초가극단, 제일악극대, 신협악극대, 김길자악극부, 라미라가극단과 신향, 성보, 반도, 경성, 선일, 동아여자악극단 등 20여 개에 달하는 기존의 악극단들과 더불어 남대문, 백조, 태평양, 무궁화, 새별, 대도회, 청춘부대, 장미, 현대, KPK악극단 등이 새롭게 탄생하며 생기 잃은 대중음악 엔터테인먼트산업에 활기를 불어넣었다. 악극무대인들은 가극협의회까지 구성해 악극경연대회를 열기도 했다. 가극과 악극 공연에는 상당수의 순수연극인도 참여했고 한국전쟁 후까지 기세를 떨쳐, 창공, 프린스, 은향악극단 등의 창단으로 이어졌다.

엔터테인먼트산업이 불안정했기에 생계를 위해 대중음악인들이 공연단체를 만들었지만 한 번의 공연 후 해산되는 일도 비일비재했다. 황문평, 김형래의 장미악단은 뮤지컬과 세미클래식을 시도했지만 창단 1년도 되지 못해 사라졌다. 김해송의 KPK악극단, 손목인의 CMC 악극단, 조춘영, 이재춘의 OMC악극단은 나름 흥행에 성공을 거두며 명맥을 유지했고 김호길의 뉴코리아 악단은 영화 '자유만세'의 음악연주를 맡아 전국을 순회했다.

● KPK악단

해방 무렵 김해송은 아내 이난영을 비롯해 남인수, 박향림, 홍청자, 최병호 등과 함께 조선악극단을 떠나 약초극장(若草劇場:스카라극장 자리) 전속의 약초가극단에 들어갔다. 1944년 6월 조선악극단 이철사장이 갑작스런 사망하면서 조선악극단이

● 1946년 KPK악극단 좌부터 장세정 윤부길 신카나리아 김해송 이난영 이봉룡

● 1948년 KPK악단 연주 김해송 지휘

사실상 해체상태가 되면서 김해송은 해방 후 조선 악극계의 강력한 파워맨으로 우뚝 서며 대중음악협회의 창단총회에서 초대회장으로 선출되었다. 1945년 12월 백은선(무용가), 김정환(무대미술가)과 함께 자신들의 성 이니셜을 딴 KPK악단을 설립해 미군무대에서 경음악과 재즈연주로 환호를 이끌어냈다. 기존의 김해송 사단에 조선악극단의 장세정과 오케음악무용연구소 생도 출신 강윤복 등이 합류했다. 국도극장 공연 때는 1회에 5천명이 넘는 관객이 입장하는 소동이 빚기도 했다. 당시 이난영은 가수로서의 존재감에다 의상, 소품까지 손수 제작하는 열정으로 'KPK악단의 대모'로 불렸다. 조선악극단을 계승한 KPK악단은 구멍가게 수준의 공연단체들이 난립한 당대 대중음악계에서 독보적인 존재로 군림했다.

미군무대와 일반무대에서 버라이어티쇼 중심으로 시작해 가극단 전성시대를 주도한 김해송은 1947년 '남남북녀'부터 1950년 6월 마지막 작품 '자매와 수병'까지 음악극의 비중을 높였다. 한국전쟁 때 김해송이 납북되어 살해되자 이난영은 작곡가인 오빠 이봉룡과 함께 KPK 쇼단 재건에 나섰다. 이난영은 아홉 자녀들에게 회초리를 들고 하루 5시간이상 노래공부를 시켜 김씨스터즈, 김보이스를 결성, 미8군과 일반무대에서 활동시켰고 미국무대로 진출시켰다. 현미도 가수 데뷔 이전 KPK 쇼단의 간판 김씨스터즈와 함께 김진걸 무용연구소에서 춤을 배운 인연으로 쇼단의 무용수로 활동했다.

● 성보악극단

1942년 우에노 음악 학교(현 동경예술대)를 졸업하고 귀국한 현인은 성악 교수가 되려 했지만 여의치 않아 성보악극단의 음악 교사로 들어갔다. 1943년 징용을 피하기 위해 박단마, 황해, 진방일 등과 악극단을 구성해 중국 천진으로 떠났다. 1945년 귀국길에 올랐지만 일본군을 위한 위문 공연을 했다는 이유로 북경 비밀 형무소에 수감이 되어 고초를 겪었다. 귀국 후 바이올린 연주가인 이장백, 김광수 씨와 탱고를 전문으로 하는 고향경음악단을 조직, 1947년 최초의 나이트클럽인 충무로 신문회관의 '뉴스맨스' 클럽무대에 섰다.

● 태평양 악극단

해방 후 김정구는 영화 '눈물젖은 두만강'에 출연해 인기를 이어 갔지만 형 김용환과 함께 결성한 태평양가극단의 지방순회공연이 실패해 재산을 몽당 날리는 좌절을 겪었다.

● 40년대 성보악극단 명동 시공관 극장쇼 리플렛

● 반도가극단

1939년 빅타레코드 소속 연주자 박구(본명 박창석)가 조선 최초로 히비끼 재즈오 케스트라를 창단했다. 이듬해 운영이 부실한 빅타가극단을 서민호와 함께 인수해 반 도가극단으로 개칭하였다. 창단 년도는 1940년대 초로 보인다. 클래식을 전공한 성악 가를 중심으로 연출가 서항석, 음악가는 형석기, 김희조, 소속 배우로는 백성희, 양 석천, 김희갑, 허장강이 있었다. 당시 최고의 가극단으로 북한 지역과 만주, 상해 홍 콩 등지에서 공연을 했다. 반도가극단은 일제 강점기 말에 라미라가극단과 더불어 조선어로 시대극을 공연하는 단체로 유명했다. 광복 후에도 서항석의 '조국'을 무대에 올리는 등 활발하게 활동했지만 1956년 해체했다. 이후 반도영화사를 창업하여 감독 겸 제작자로 '자유부인'을 비롯한 30여 작품을 남겼다.

● 백조가극단

1927년 '낙원을 찾는 무리들'이란 영화로 데뷔한 전옥(본명 전덕례)은 태양극장, 예 원좌, 라미라가극단을 거쳤다. 첫 남편인 가수 강홍식과 이혼한 뒤 재혼한 최일과 함 께 남해예능대를 설립해 전국 순회공연을 했다. 해방 후 1945년 9월 남해예능대를 백 조가극단으로 개편해 인천·애관극장에서 첫 무대를 올려 큰 인기를 끌었다. 한국 전 쟁 당시 전옥은 '눈물의 여왕'으로 불릴 정도로 비극 연기에 재능을 보였다. 악극단이 몰락하기 시작한 1950년대 후반에는 남편 최일과 함께 창립한 백조영화사를 창립해 악극시절의 히트작 '항구의 일야'와 '눈 나리는 밤'을 빅히트시켰다.

● 남대문악극단

해방 후 운수사업을 한 안경선이 반야월과 함께 만든 악극단. 멤버는 조덕성, 최 성호, 문일화, 지휘는 김교성, 음악담당은 김부해와 피아노 천년수, 아코디언 은영남, 피아노 천년수 등. 국보 1호 남대문 앞에서 악단 창설 때 김부해 작곡의 〈남대문악극

● 40년대 반도가극단 제일극장 전단지

● 40년대 백조가극단 뒷줄 우부터 박응수 박옥초 한사람 건너 전옥 이종철 김윤심

단 단가〉로 합창하며 고사를 지냈다고 한다. 1945년 10월 중앙극장에서 첫 작품 '오리정 사건'을 선보였다.

● 무궁화악극단

가수 최남용은 해방 직후 수도극장에서 한국 최초의 직업가수 채규엽 돕기 공연을 성공시킨 후 무궁화악극단을 조직했다. 50년대 연예산업계의 제왕으로 군림했던 정치 깡패 임화수는 이 시절 최남용의 심부름꾼에 불과했다. 한국전쟁 직전 최남용은 너무 비싼 공연 입장료로 악극단 유지가 힘들어지자 서울 을지로 계림극장에서 입장료 '10원'짜리 공연을 열어 우려와는 달리 대성공을 거뒀다. 당시 10원 이하의 공연 입장료에는 세금도 부과하지 않아 돈을 가마니에 발로 다져가며 넣었을 정도라 한다.

음반사

고사 직전이었던 음반시장이 재가동되면서 대중음악 엔터테인먼트산업이 미세하게 숨을 쉬기 시작했다. 서울에는 해방 이후 최초의 음반사 고려레코드가 탄생했고 아세아, 럭키, 서울레코드가 연이어 탄생했다. 해방 이전 이철이 운영했던 오케레코드가 아닌 김해송이 창립한 동명의 음반사도 탄생했다. 1946년 부산에서 탄생한 코로나는 김인숙의 〈부산 블루스〉를 발매했고 1947년 대구에서도 오리엔트레코드가 창설되었다.

소자본으로 탄생한 이 시기의 음반사들은 너무도 쉽게 도산했다. 당시는 음반을 찍어낼 프레스가 없어 기름 짜는 기계를 개조해 사용했고, 일제 때 고물 유성기음반을 숯불에 녹여 하루 50장 정도의 레코드를 만들기도 버거웠다고 한다. 그래서 히트곡의 경우 한 달 전에 예약을 해야 구입할 수 있었을 정도로 팔고 싶어도 음반을 제작하지 못해 못 팔 던 시절이었다. 하지만 어렵게 구한 음반은 쉽게 닳아 몇 십 번 듣다 보면 듣기가 힘들었고, 중고 일본판을 녹여서 만든 재생음반은 완벽하게 녹지 않은 부분에서는 난데없이 일본 노래가 튀어 나오는 촌극을 연출했다. 실제로 당시 라벨이 벗겨진 유성기 음반들을 보면 일본음반 라벨이 그대로 드러나 있다.

● 고려레코드

일본 오사카에 있던 기꾸(국화)레코드사에서 서울 영등포에 지

● 1948년 남인수 가거라 삼팔선 고려레코드

● 40년대 전설각 아리랑 고려레코드

점을 두기위해 취입기계를 설비하던 중 해방이 되었다. 그렇게 남은 국내에 단 하나 뿐인 음반 취입기계는 충무로에서 음악사를 경영했던 피아니스트 최성두가 인수받아 마장동에 공장을 지어 1946년 해방 후 처음으로 고려레코드사를 창설했다. 기계시설을 갖췄지만 그동안 레코드 취입은 일본 기술자들이 했던지라 녹음과 음반을 제작할 한국인 기술자가 거의 없었다. 고려레코드는 어깨너머로 보아온 지식과 자체 연구를 통해 취입과 제작에 성공했다. 당시는 릴 녹음테이프가 나오기 전이라 원반에다 직접 취입을 했고 일제강점기 중고 음반을 숯불에 녹여 수작업으로 하루 10장 정도의 재생음반을 겨우 만들었다고 한다. 창설 1호 음반은 1947년 [애국가]와 [대한의 노래]. 1948년 이데올로기 대립을 노래한 남인수의 [가거라 삼팔선]은 국산 레코드 제작 소문을 듣고 돈을 미리 맡겨놓았을 정도로 대히트를 기록했다고 한다.

● 아세아레코드

고려레코드에 이어 1946년 탄생한 지금의 아세아레코드와는 다른 동명의 음반사다. 작곡가 이봉룡이 제작을 맡고 가수 남인수가 합작했다. 창립음반으로 당대의 혼란했던 사회상을 담은 남인수의 [달도 하나 해도 하나]를 발표했다. 남인수는 치밀한 계산, 과감한 투자로 '돈인수'로 불리며 성공적인 비즈니스 수완까지 발휘했다. 해방 후 이북에서 월남해 양복가게를 운영한 한복남은 단골손님이었던 남인수의 주선으로 아세아레코드를 통해 1947년 김해송 곡 〈저무는 충무로〉로 데뷔했고 자작곡 〈빈대떡 신사〉를 히트시켰다.

● 40년대 장세정 울고웃는 처녀몽 아세아레코드

● 서울레코드

이인표가 창설한 서울레코드는 충무로 3가 옛 폴리돌레코드 자리에 녹음실을 만들어 장세정의 명곡 〈울어라 은방울(해방된 역마차)〉 등을 발표했다. 작곡가 김교성이 작사가 반야월과 함께 가요콩쿠르를 개최해 신인가수 박재홍을 선발했다. 당시 레코드 취입가수 발굴 작업으로 음반회사들은 신인가수 선발 경연대회를 주최했는데 포스터마다 '심사위원장 김교성'이란 문구가 빠지지 않았을 정도로 김교성은 '콩쿠르의 대왕'이라 불렸다.

● 나애심 해떠러지기 전에 서울레코드

● 오리엔트레코드

1947년 대구에서 작곡가 이병주가 옛 자유극장 건너 송죽극장 앞 건물에 건립한 대구 최초이자 당시 레코드 공장을 보유했던 국내 유일의 레코드회사다. 악기점을 운영했던 그가 설립한 이 레코드사는 해방 이후부터 한국전쟁을 거치며 전국적인 명성을 떨

● 40년대 이인권 귀국선 오리엔트레코드

● 50년대 백년설 마음의 고향 오리엔트레코드

● 50년대 심연옥 아내의 노래 오리엔트레코드

● 50년대 이인권 미사의 노래 오리엔트레코드

● 50년대 현인 이별의 탱고 오리엔트레코드

● 중고판을 이용해 제작한 유성기 음반 오리엔트레코드

쳤다. 전쟁 통에 쟁쟁한 음악인재들이 피란지 대구로 몰려들자, 작사가 강사랑, 작곡가 이재호, 박시춘, 가수 남인수, 현인, 신세영, 이난영, 금사향 등을 영입해 전성기를 꽃피웠던 것. 현인의 〈굳세어라 금순아〉, 〈전우여 잘 있거라〉, 신세영의 〈전선야곡〉, 금사향의 〈님 계신 전선〉 등은 오리엔트에서 배출한 대표적 노래들이다. 당시 1, 2층 100㎡(30여평) 건물에 들어선 녹음실은 방음시설로 군용담요를 몇 겹으로 얽은 게 전부인지라 한밤중에 작업을 했다.

오리엔트는 신인 가수의 등용문이었다. 1951년, 대구극장에서 제1회 오리엔트레코드 주최 전속가수 선발 경연대회가 열렸다. 당시 경산고 3학년 재학생 방운아(본명 방창만)가 까까머리에 교복 차림으로 출전해 입상했고, 계성고 학생 도미(본명 오종수)도 함께 입상했다. 이병주는 전속가수가 된 방창만에게 방태원이란 예명을 지어주었다. 전속가수 선발 이후 이렇다 할 성과를 거두지 못하던 방태원은 작곡가 백영호를 만나 미도파레코드사 소속 전속가수가 되면서 예명을 방운아로 다시 바꾸면서 히트곡을 냈다. 1958년 대구 남문시장네거리에 있던 대도극장에서 열린 오리엔트 레코드 취입가수 선발대회에서는 대건고 재학생 남일해가 발굴되었지만 LP시대가 열리면서 오리엔트는 문을 닫았다.

● 럭키레코드

　　1948년 외식업을 했던 강운영이 박시춘, 유호와 손을 잡고 설립한 레코드회사. 서울 명동에 녹음실을 갖추고 현인의 [신라의 달밤]을 1호 음반으로 발매하자 충무로 입구의 본정 악기점에 몰려 든 시민들이 노래를 따라 부르고 배우는 빅히트가 터졌다. 뒤를 이어 〈고향만리〉. 현인의 〈비 내리는 고모령〉, 〈럭키 서울〉도 연속 히트를 기록했다. 작곡가 박시춘과 작사가 조명암이 심사를 본 럭키레코드사 주최 전국 가

● 40년대 현인 럭키서울 럭키레코드

● 50년대 황정자 살랑춘풍 유성기 럭키레코드

● 1949년 현인 신라의 달밤 유성기 럭키레코드

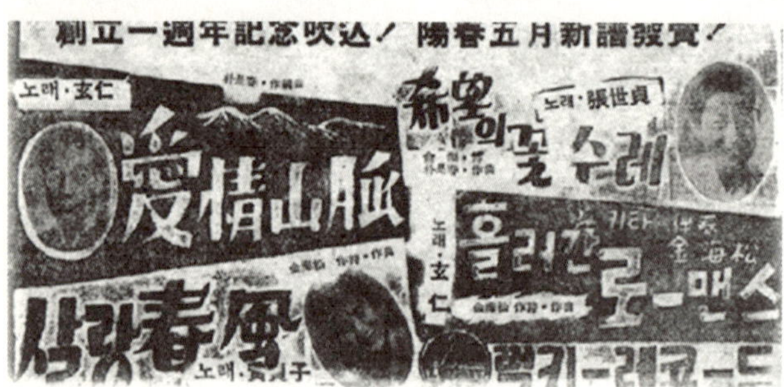

● 1949년 럭키레코드 신보 광고

● 40년대 럭키레코드 전속예술가무단 신작발표회

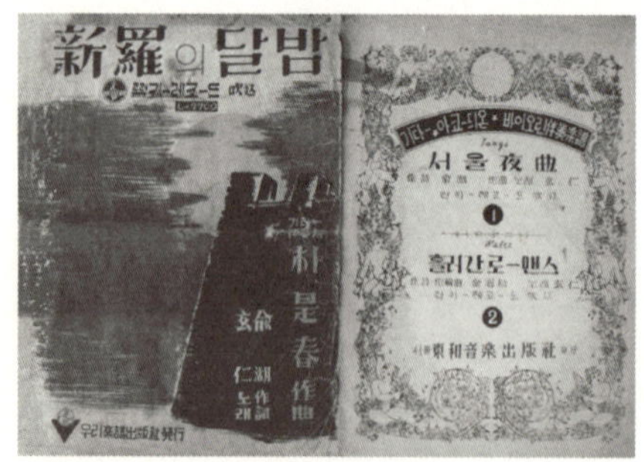

● 1949년 신라의 달밤 악보 럭키레코드

● 1949년 7월 럭키레코드 전속 가수 홍보지

수선발 경연대회를 개최해 1등은 박재홍, 2등에 19살 평양 출신 여가수 금사향이 입상하며 서울중앙방송국의 전속가수가 되었다. 한국전쟁 전까지 전성기를 구가했던 럭키레코드는 전쟁 이후 사실상 폐업상태가 되었다.

방송

해방 이후 방송에 파견된 미군정의 고문관들로 인해 정시방송제가 이뤄졌다. 1946년 '근로자의 시간'이라는 프로그램을 통해 간간히 경음악과 대중가요가 방송되었다. 1947년 6월에는 중앙방송국 전속 경음악단이 결성되었다. 마스터는 섹소폰연주자 서영덕이었고 상임 지휘과 작편곡은 작곡가 박시춘과 손목인이 맡았다. 전속가수로 이예성, 김백희, 송민도, 옥두옥, 원방현, 이계원 등이 있었다. 매주 일요일 저녁 대중가요와 경음악이 방송되기 시작했다. 1948년이 되면서 왜색 가요 일소와 우리 가요 보급을 위해 작곡가들에게 의뢰해 신작가요들을 발표했고 전속가수를 모집해 금사향, 심연옥, 이갑돈이 선발되었다. 전속합창단도 결성되었다. 이때 KBS레코드란 이름으로 작곡가 손목인(당시 손봉이란 별명 사용)이 [자유종] 유성기 음반을 발표했지만 음질이 좋지 않아 널리 보급되지는 못했다.

잡지 노래책

광복 직후부터 1948년 정부수립 당시까지 각 분야에 걸쳐 우후죽순처럼 잡지가 쏟아져 나왔다. 1946년 1월 잡지 '신천지'가 창간해 문화계에 기여했지만 본격 대중문화 잡지는 등장하지 않았다. 하지만 낙동서관을 시작으로 대양출판사, 영인서관, 정교사 등이 대중가요 노래책 발행하기 시작했다. 1946년 조선국민음악연구회에서 '해방

● 1946년 신천지 창간호

● 1946년 해방이후 발행된 노래책들

기념 애국가집', 오선사에서는 '건국학도가' 노래책을 발행을 했다. 1947년엔 '대중가요 명곡집', '최신 유행가요집' 등 대중가요 노래책이 발간되면서 대중음악 엔터테인먼트산업에 인쇄매체가 가담하기 시작했다. 당시 노래책들은 가사 내용에 따라 수작업으로 그린 삽화가 수록되었다.

미군무대

미군주둔 이후 전국 각지 미군부대에는 댄스홀이 생겨나면서 재즈밴드가 필요해졌다. 당연 미군부대 주변을 배회하는 많은 경음악단들이 많았지만 자금난과 흥행 부진으로 사라진 경우가 허다했다. 해방 후 최초로 풀 멤버로 조직되었던 '이 안드레아 탱고 오케스트라'는 사재 2000만원을 떨어 명동 시공관에서 무대를 올렸지만 흥행참패로 사라졌다. 50년대 이전 미8군 무대에서 활동한 악단들은 일정한 조직이나 회사가 없어 통역관이나 밴드 마스터가 미군 주둔지를 찾아다니며 공연을 했다. 개런티는 현금대신 미군 물자로 받아 남대문 시장에 내다 팔아 단원들에게 분배해 근근히 악단을 운영했다.

1950년대 한국 대중음악 엔터테인먼트산업

한국전쟁은 분단된 땅덩어리처럼 대중문화 역시 분단의 아픔을 겪었다. 당시 월북이든 납북이든 북으로 넘어간 모든 문인과 대중 문화인들의 작품은 내용과 상관없이 금지의 철퇴가 내려졌다. 또한 서구문화와 음악이 무차별 유입되며 '춤바람 열풍'과 함께 맘보, 탱고 등 경쾌한 리듬의 곡들이 유행하며 댄스홀이 등장했다. 박신자의 〈댄서의 순정〉, 현인의 〈서울야곡〉과 정비석의 소설 '자유부인'은 필터링 없이 무분별하게 미국 대중문화를 유입해 가치관의 혼란과 갈등을 겪었던 당대 한국사회의 자유분방함과 문란함을 증명한다.

한국전쟁의 여파로 음반제작과 공연활동이 극도로 위축되었다. 무대도 없었지만 대중음악인들은 '군번 없는 용사'가 되어 전쟁터를 누볐다. 당시 국방부 정훈국 직속으로 문예중대 2개 소대가 조직되었다. 제1소대는 '신협'으로 순수극단이었고, 남인수, 금사향, 신카나리아, 송민도, 심연옥, 박시춘, 황문평 등이 소속된 제2소대는 '가협'이라 통칭하여 전후방 공연활동을 펼쳤다. 당시 최고의 인기가수 남인수는 제2소대의 중추멤버로 활약했다.

휴전 후에도 가극단, 악극단 활동은 계속되었지만 엔터테인먼트산업은 더욱 황폐

1. 1950년 한국전쟁 한강대교
2. 50년대 명동 시공관 앞
3. 50년대 유명가수 소개 자료

화되었다. 부산과 대구에서는 '올스타 쇼'란 이름으로 공연이 활발했고 댄스 경음악과 다양한 가요 음반이 꾸준하게 제작되었다. 1950년대 중반 이후 전력공급이 어느 정도 안정적으로 제공되면서 라디오방송의 영향력이 확대되었다. 1956년 '청실홍실'의 성공으로 촉발된 라디오 드라마의 인기는 동명의 영화제작으로 이어졌다. 영화 자유부인의 대히트 이후 악극과 가극의 인기는 하향 곡선을 그렸고 영화가 연예산업의 중심으로 급부상했다. 이에 대중음악 관계자들은 화려하고 규모가 대형 무대로 반전을 시도했다. 1958년 7월 고복수의 은퇴공연이 명동 시공관에서 성대하게 열렸다. 당대 탑 클라스 가수들은 물론이고 모든 악극인들이 총출동하며 악극 전성시대의 정점을 찍었지만 시대의 흐름을 돌리지는 못했다.

1958년 가수들의 친목 도모 및 권익을 보호하기 위해 대한가수협회가 창립되었다. 백년설이 회장으로 선출되어 서울 명동 시공관에서 축하공연을 열었다. 같은 해 방송발전과 더불어 건전가요를 보급하려는 공보실의 지원 하에 서울 정동 서울방송국에 국내 최초로 LP제작시설이 설치되었다. 음반 미디어가 유성기(SP)에서 LP로 대체되는 혁명적 전환을 통해 한국 대중음악산업은 획기적 발전의 토대를 마련했다. 또한 미8군 출신 가수들의 일반무대 활동이 시작되면서 수많은 음반사가 등장하기 시작했다. 이에 충무로 수도극장(후에 스카라극장) 등 극장 쇼 무대가 본격적으로 시작되었고 음악인을 양성하기 위한 음악학원들이 생겨났다. 전쟁 후 명동 인근지역에는 동화백화점(지금의 신세계) 4층에 음악 감상실이 들어왔고, 조선호텔의 투모로우, 그리고 국제호텔(현재 KAL빌딩)에는 미군장교클럽 불루룸과 레인보우 등 나이트클럽이 들어서기 시작했다. 용산의 미8군 캠프와 여의도, 이태원에는 수많은 미8군 클럽들이 생겨나 소위 미8군 무대가 생성되기 시작했다. 미8군 무대는 당대 대중음악 엔터테인먼트산업의 뜨거운 감자로 급부상했다.

미8군 무대

한국전쟁 후 확대된 미24사단으로 인해 생성된 미8군 무대는 국내 음악인들에게 꿈의 무대였다. 1950년 10월 4일 맥아더장군의 인천상륙작전 부대를 따라온 미군 방송요원이 AFKN 라디오 전파를 발사했고 1957년 8월에는 TV방송을 시작했다. 1955년 7월 26일 미8군 사령부가 일본에서 서울 용산으로 이전하면서 소속 군인과 군무원들의 여흥을 위한 쇼 무대는 확대되었다. 미국 본토에서 냇킹콜, 쟈니 마티스, 앤 마가렛, 마릴린 먼로 같은 세계적인 슈퍼스타들이 포함된 USO 공연단이 내한했다. 하지만 경비절감을 이유로 미8군 무대는 한국인에게 맡겨졌다. 당시 미군이 한국 연예인들의 쇼 공연단에 지불하는 금액은 년 간 120만 달러에 육박했다. 한국의 연간 수출 총액과 맞먹는 엄청난 금액이었다.

1957년 미8군 쇼 무대에 한국 연예인들의 공급을 체계적으로 관리하는 연예기획사가 탄생했다. 가수와 악단들이 미8군 무대에 모여들어 '일자리'를 찾게 되었고 수많은 쇼 단체가 난립하며 클럽 수는 264개에 이르렀다. 미8군 쇼 단체는 상공부에 정식 등록한 '용역불 수입업자'라는 자격획득이 필요했다. 최초의 용역업체는 베니 쇼를 이끌어 '미8군 쇼의 대부'로 군림했던 베니 김(김영순)이 안인옥과 함께 설립한 화양흥업이었다. 이어 유니버셜, 삼진, 공영, 대영 등이 뒤를 이었다.

미8군 무대는 출연 연예인들의 품질 관리를 위해 오디션 제도가 있었다. 국내 연예기획사의 오디션은 가수, 코미디언 등 개별적 심사로 진행되었지만, 미8군의 오디션은 쇼 프로그램 전체를 선발하는 형식이었다. 6개월마다 시행된 등급 재조정 오디션을 통과하기위한 경쟁은 치열했다. 음악수준에 따라 AA, A, B, C로 등급이 매겨져 개런티가 차등 지불되었다. 미8군 뮤지션들은 각 부대에서 보내온 차량에 승차하여 전국에 흩어진 클럽으로 보내졌다.

● 50년대 미군기지클럽

● 50년대 AFKN 건물

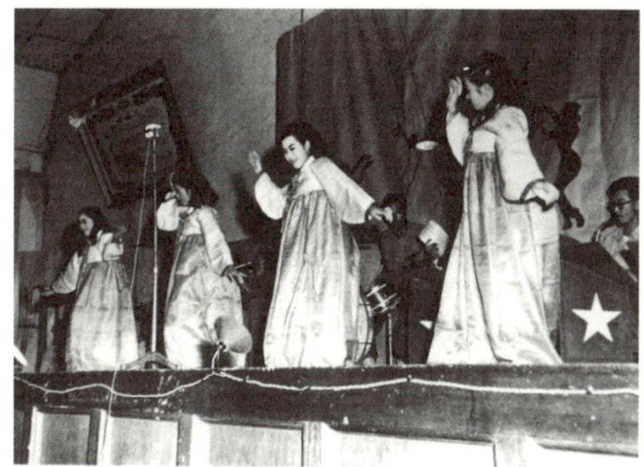

● 1950년 9월 13일 UN군 위문 특별 쇼 한국무용

● 50년대 미8군 무대 클럽 공연 모습

음반산업의 변화

1950년대는 영세한 음반회사가 난립했다. 한국전쟁 이후 등장한 음반사는 70개가 넘는다. 한국전쟁 당시 한국 음반산업의 중심은 부산과 대구였다. 대구에는 기존의 오리엔트와 김연중과 백년설이 만든 서라벌과 유니온레코드가 창설되었고 부산에는 제물포 악기점을 경영하던 김홍산이 출자하고 손영준이 제작한 스타레코드사가 탄생했다. 스타는 부산 HLKB(부산방송국) 녹음실을 이용해 야간작업을 했다. 1950년대는 한국전쟁으로 인해 제작 여건이 더욱 열악했다. 원반을 만드는 녹음기술과 원반을 대량복제하는 프레스공정이 불가능해 옛 일본판들을 녹여 만든 재생음반이 주를 이뤘다. 그래서 녹음만 국내에서 하고 음반제작은 여전히 일본에 맡기는 경우도 있었다. 황금심의 〈삼다도 소식〉, 박단마의 〈슈샨보이〉를 발매한 스타레코드가 그랬고 정부 차원에서 제작한 문교부공인 교육용레코드도 일본 요코하마에 있던 빅타레코드에서 제작해 국내로 들여왔다.

또한 도미도는 라라, 한나라로, 미도파는 빅토리로, 신세기는 신신, 오리엔트는 스파르타 상표로 한 음반회사가 여러 상표를 사용한 경우도 많았다. 음반회사의 난립은 영세화와 관련이 있었다. 1950년대 중반 이후 녹음이나 음반제작 기술 수준이 향상되기 시작했지만 1959년까지 녹음스튜디오를 갖춘 곳은 오아시스, 유니버살, 킹스타 세 곳 뿐이었다고 한다. 당시 영세한 음반회사들은 비교적 제작이 손쉬운 품질이 떨어지는 재생음반만 생산했다. KBS가 LP레코드 프레스기를 도입해 직접 LP레코드를 제작하기 시작하면서 한국 대중음악 엔터테인먼트산업은 획기적인 전환기를 마련하기 시작했다.

국내 최초 LP음반 제작

LP음반은 1948년 미국 콜롬비아레코드에서 개발했다. 1950년대 중반 국내에서도 어느 정도 LP보급이 이루어졌지만 100% 수입음반들이었다. 국내에는 제작할 기계와 기술도 없었다. 사실 한국 대중음악계는 지금까지 국내 최초의 LP음반이 어떤 노래인지 모르고 있다. 추측할 수 있는 정황은 있지만 기본 팩트에서 오류투성이인지라 정확하게 최초의 음반으로 인증하기가 쉽지 않다. 일단 최초 LP제작 사진과 더불어 비교적 상세한 정황을 전하는 1993년 한국방송사료보존회에서 발간한 '사진으로보는 한국방송사'에 따르면 "1957년 4월 30일 KBS가 LP레코드 프레스기를 도입하여 레코드제작을 시작했다. LP 레코드의 등장으로 가요의 대량생산이 이루어졌다… 이에 대한 부작용으로 저속가요 시비가 사회적인 물의를 일으켰다… 이에 공보실에서는 가요정화의 한 방안으로 건전가요를 보급해…. 나온 건전가요로는 반야월작사 박

시춘작곡 '금수강산에 백화가 만발하고' 등이 있고 이승만대통령 탄신 82회 탄신기념
행사로 열린 창경원의 경축음악회, 세종로의 3군 합동분열식 중계방송이 2장의 축하
LP레코드로 제작되었다."고 기록하고 있다.

1975년 세광출판사에서 발간한 '한국가요'에 기고한 하중희의 칼럼을 보면 "LP레
코오드가 생산된 것은 1957년 오아시스레코오드사(당시 경영자 봉철씨)에서 시도한
것으로 가요는 손석우작사, 작곡인 '검은 장갑'(손시향노래), 손로원작사, 박시춘작곡
'비내리는 호남선'(손인호노래)이 처음으로 LP에 취입되어 가요계에 일대 혁신을 가져
왔다."고 기술하고 있다. 하중희는 KBS 가요심의위원, 공연윤리심의위원회 전문심의
위원으로도 활동했고 한국음악저작권협회 이사와 가요작가협회 부회장을 지냈고 남
일해의 〈빨간구두 아가씨〉, 김상희의 〈코스모스 피어있는 길〉 등 60~70년대에 히트
곡을 다수 발표한 당대의 유명 작사가다.

두 자료에 의하면 KBS와 오아시스레코드로 최초 LP제작 주체가 다르지만 공통
적으로 1957년을 한국에서 최초로 LP 제작이 시작된 원년이라 말하고 있다. 오아시
스 창립자 봉철은 필자와의 인터뷰 때 "KBS가 LP를 제작한 것은 처음 듣는다. 나이
가 들어 그 부분에 대한 기억이 솔직히 흐릿하지만 음반사로는 오
아시스가 최초로 LP를 제작한 것만은 분명하다."고 증언했다. 사
실 봉철선생은 1973년 동아일보와의 인터뷰를 통해 최초 LP에 대
해 언급한 적이 있다. 당시 동아일보 기사는 "오아시스에서 1956년
제작한 손인호의 '비내리는 호남선'이 LP시대의 막을 연 일번타자"
라고 썼다. 1956년 주장 자료가 발견되기는 이번이 처음이지만 이
모든 걸 뒤엎는 확실한 자료가 있다. 1958년 7월 28일 방송된 공보
실 제작 대한뉴스 제174호는 최초의 LP제작에 대해 "7월 23일 서
울 정동 서울방송회관에 마련된 국내 최초의 LP제작소가 개소식
을 했다."고 보도했다. 이 자료들은 그동안 국내 최초로 LP가 제작
되기 시작한 년도가 전문가들 사이에 혼선을 빚었던 이유다. 하지
만 매주 정기적으로 보도했던 공보처의 대한뉴스가 가장 신빙성
있는 기록으로 여겨진다.

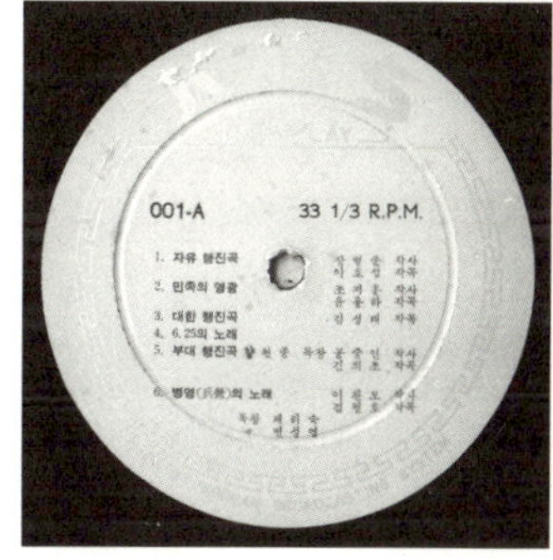

● 1958년 최초로 추정되는 KBS레코드 음반
번호001 건전가요집 A면

대한뉴스의 동영상과 자료에 게재된 4장의 스틸사진을 살펴보
면 개소식 장소와 참석 인물들의 의상까지 정확하게 일치하다. 또
한 대부분의 등장인물들이 반팔 의상을 착용한 점으로 미뤄 계절
적으로도 한국방송사료보존회의 4월 30일 기록은 오기로 보이고
대한뉴스의 7월 23일 기록이 설득력이 있다. 또한 한국방송사료보
존회는 1957년에 모든 팩트를 끼어 맞추려다 보니 치명적 오류를
범했다. '이승만대통령 82주년 탄신 기념음반을 냈다'는 설명과는
달리 실제로 제작된 음반은 84회 탄신 기념음반이기 때문이다. 이

● 1959년 이승만대통령 84회 탄신기념 음반

승만대통령이 1875년 3월 26일생이니 1959년에 발매된 것이 정확하다. 또한 고로 한국 최초의 LP는 대한뉴스에서 전하는 1958년 7월 23일이 정확할 것으로 추정된다.

KBS와 KBC(Korean Broadcasting Corporation) 레코드로 제작된 LP음반은 KBC 시리즈가 No.12, KBS레코드는 NO.3까지 실체를 확인했는데 더 많은 제작가능성이 크다. 국내 최초로 제작한 KBS의 LP음반은 건전가요, 민요, 국악, 가곡을 담은 음반 중에 하나일 가능성이 크다. 음반들의 시리즈 넘버나 음반번호를 통해 확인된 1호 음반은 음반번호 '001'로 표기되어 있는 〈자유행진곡〉, 〈6.25의 노래〉 등이 수록된 KBS의 건전가요 음반으로 추정된다. 대한뉴스 방송화면으로는 한옥 처마가 나오는 한국적 이미지의 재킷으로 보인다. 그런데 그동안 50년대는 10인치 LP를 발매한 것으로 일반화되어 있는데 KBS레코드는 12인치 LP란 점에서 또 다른 의문점이 생겨난다. 의문을 확실하게 설명하는 기사가 있다.

동아일보 1959년 10월 9일자 기사는 이미 50년대에 10인치와 12인치 LP를 동시에 제작했음을 증명한다. "공보처 LP 제작소에서 국내 최초로 한국가곡집이 수록된 레코드를 만들어내기 시작하면서 국내 음반사들로 급속도로 LP 제작을 연구하기 시작했는데 오아시스는 이미 3개월 전부터 30여종을 발매했고 미도파에서는 2개월 전부터 10인치, 12인치 두 가지로 10여종의 LP를 발표해 왔으나 외국 곡의 복사판에 그치고 우리나라에서 직접 취입한 원판은 없었는데 킹스타에서 지난 10월 3일 개천절을 기해 한국민요, 한국고전무용곡 각 2장씩 총 4장을 직접 핸드메이드 과정으로 커팅하여 300환, 500환 정도의 가격으로 발매해 레코드 업계에 화제를 모으고 있다. 한편 유니버샬, 도미도, 신세기도 LP 제작을 적극 추진하고 있다고 알려짐으로써 국내 레코드 경쟁은 LP권으로 전진하고 있다." 이보다 앞선 동아일보 1959년 5월 25일자는 "유니버샬레코드는 2개월 전부터 도너스 LP판을 발매하고 있다"고 기록하고 있다.

고로 50년대에 이미 도너스, 10인치, 12인치 LP가 다 제작되었음이 분명하고 상업적 이유로 외국 복사판과 민요가 먼저 제작되었고 국내에서 커팅 제작된 가요 LP는 1959년에야 10인치로 발매된 것으로 추정된다.

한국 최초의 LP 제작과 LP에 대한 수수께끼 같은 봉인을 풀 수 있는 인물은 국내 최초의 LP 제작에 참여했던 오아시스의 기술책임자 이성희와 녹음기사 진백림이다. 최초 LP 제작 사진과 동영상에 등장하는 오아시스 녹음기사 진백림은 동판제작기술자가 아닌지라 개소식 때 사진모델을 한 것으로 보이며 이미 10여 년 전에 세상을 떠났다. 유일하게 증언이 가능한 음반제작기술자 이성희

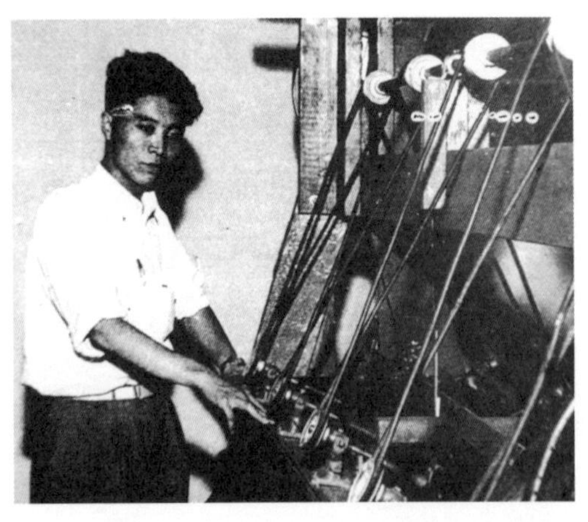

● 1957년 오아시스레코드 이성희 기사 국내 최초의 LP 제작자

는 몇 년 전부터 숙환으로 외부인과의 만남을 극도로 꺼리는지라 이 부분의 마지막 화룡첨정은 숙제로 남겨둔다. 여하튼 KBS의 LP 제작으로 시작된 국내 제작 LP음반의 보급은 한국 음반산업에 이정표가 되었다. 이후 오아시스, 유니버샬, 킹스타, 오아시스, 미도파, OM 등 민간 음반사들이 10인치 LP음반 제작을 본격화하며 대중음악 엔터테인먼트산업은 방송과 더불어 급팽창하기 시작했다.

1950년대 중요 음반회사

● 오아시스레코드

50년대에 창설된 음반사 중 지금까지 생존한 음반사는 오아시스레코드가 유일하다. 회사연혁에 의하면 1952년 4월에 설립되었고 1958년 4월에 얼마 전 작고한 손진석 대표가 취임했다고 한다. 회사설립 시점과 최초 음반 발매 시점 사이의 괴리는 창립 당시에 대한 기록 오류 때문이다. 대중음악SOUND는 창립을 주도한 공동주주 봉철(奉喆)과의 인터뷰를 통해 오아시스의 태동부터 손진석에게 회사를 넘기게 된 과정을 처음으로 파악했다. 1930년생인 봉철선생의 연세는 우리나이로 83세다. 인터뷰를 요청하는 전화 통화 때 그는 "나이가 들어 기억력이 흐릿해 정확한 년도를 기억하지 못할 수 있기에 기록으로 남는 공식 인터뷰가 부담스럽다"는 말을 했다. 그래서 그의 기억회복을 돕기 위해 필자가 소장하고 있는 오아시스에서 발매한 유성기음반과 초장기 10인치 LP 실체들을 가져가 인터뷰를 진행했다.

오아시스레코드 창립자 봉철 인터뷰

일시 : 2012년 7월 7일(토)
장소 : 서울 명보극장 인근 소재 지원다방
대담 : 봉철(오아시스레코드 설립자) VS 최규성(대중음악SOUND 편집위원)
배석 : 장유정(단국대 교수)

● 봉철 오아시스레코드 창립자

최규성 어떻게 오아시스레코드사 창립에 참여하게 되셨는지 궁금합니다.
봉철 저는 20대 젊은 시절 서울 청계천에서 레코드 가게를 했습니다. 당시는 미군문화 영향으로 춤에 미친 시대였어요. 그래서 사람들이 춤출 수 있는 춤곡이 들어 있는 음반을 많이들 찾았는데 턱없이 모자랐습니다. 당시는 일본인들이 만든 경음악 음반 밖에 없어 수요는 넘쳐나는데 음반이 없고 잘 나오지도 않아 장사하기가 힘들었습니다. 그래서 내가 직접 춤을 출

수 있는 경음악 판을 만들어 봐야겠다는 생각을 하게 되었습니다. 그때 대구 오리엔트에서 나온 〈아내의 노래〉, 〈전선야곡〉이 나와 히트를 치고 있었죠. 그래서 가게로 오리엔트 음반을 가지고 오는 영업사원에게 이병주 사장을 좀 만나게 해 달라고 했습니다. 그래서 서울 북창동 골목에 있는 다방에서 만나 이야기하는데 옆에 럭키레코드 강운영사장이 함께 나왔습니다. 그땐 누군지도 모르고 만났습니다. 저는 음반을 찍을 재료를 대줄테니까 제작을 해달라고 했죠. 그런데 면담이 끝난 후 이병주사장 옆에 있던 남자가 '나 좀 보자'고 따라 나와 "나하고 그 사업하자"고 했는데 알고 보니 럭키레코드 사장 강운영이더군요.

최규성 운명적 만남이네요. 그렇다면 댄스음반을 직접 제작하기위해 오리엔트 이병주사장이 아닌 럭키레코드 강운영사장과 음반 사업을 함께 하시게 되었다는 말씀인가요?

봉철 당시 럭키레코드는 꽤 유명했어요. 처음 이병주사장과 사업을 하려고 생각했는데 생각해보니 멀리 대구에 있는 오리엔트보다는 서울에 있는 럭키레코드가 여러모로 사업하기에 좋겠다고 판단했습니다. 그런데 강운영사장과 함께 회사를 가보았는데 유명한 회사이니 크게 보았는데 사무실도 그렇고 장충동 공장도 공장이냐 싶을 정도로 형편 없었습니다. 당시 럭키레코드에는 음반을 찍는 프레싱기계가 3대 있었는데 소모량이 적어서인지 거의 판을 찍지도 못하고 있었어요. 결과적으로 음반을 찍지 못했어요. 제작을 못한 거죠. 당시 럭키레코드는 망한 상태나 다름없었어요. 돈이 필요하니 저에게 제작이 된다고 일종에 현혹을 한 거죠. 강운영씨는 외식집을 해 돈을 벌어 작곡가 박시춘과 회사를 차린 겁니다. 레코드제작에 대해서는 잘 모르는 사람이었습니다.

● 50년대 남인수 걸작선 제1집, 오아시스레코드

● 50년대 경음악 물방아 도는 내력, 오아시스레코드

최규성 그럼 오아시스는 언제 어떻게 누구와 함께 창립하시게 된 것인가요? 지금까지 알고 있는 기록으로는 초대 사장은 고려레코드 부사장을 지낸 원지복이었고 봉철선생님은 영업부장을 맡았다고 알고 있습니다.

봉철 지금 와서 생각인데 그때 오리엔트 이병주사장과 일을 했다면 제 인생도 변했을 것이라 생각합니다. 당시 대구에 있었지만 오리엔트는 국내에서 녹음과 판 프레싱 제작을 다할 수 있는 유일한 곳이었거든요. 다 운명이라 생각합니다. 여하튼 럭키레코드는 음반 제작을 할 수 있는 상황이 아니어서 프레스 기계 3대만 인수했습니다. 그게 1953년입니다.

최규성 그렇다면 독자적으로 오아시스를 창립하셨다는 말씀인가요?

봉철 그렇죠. 제가 회사 이름을 오아시스라 짓고, 낙타타고 가는 회사로고는 서울신문 문선과에 다니셨던 아버지(봉대성)가 직접 도안을 해주셨어요. 그런데 원판을 제작할 수 있는 사람이 필요해 고려, 럭키, 서울레코드를 통해 여기저기 수소문을 했습니다. 당시 고려레코드도 사실상 문을 닫다시피 한 상태였습니다. 그런데 고려레코드 원판실에 있었던 이성희란 분과 선배 두 사람이 원판을 제작할 줄 안다고 하더군요. 수소문을 해보니 이성희씨는 육군소위로 재직하고 있어 원판을 만들려 한다고 교섭해 둘이서 사업을 시작하기로 합의했습니다. 그런데 소식을 들은 고려레코드 간부들이 자기들도 같이 하자고 찾아왔어요. 이왕이면 크게 하는 게 좋을 것 같아 같이 하기로 했습니다. 당시 저는 25살인데 그 분들은 50을 넘기신 아버지뻘 되시는 분들이었어요.

장유정 왜 회사이름을 오아시스라 지으셨는지 궁금합니다.

봉철 인생은 황폐하고 삭막한 사막과 같다고 생각했기에 음악을 통해 사람들에게 오아시스를 제공하겠다는 마음으로 그렇게 회사이름을 지었습니다. 그런데 낙타가 왜 두 마리냐? 이성희하고 나하고 낙타타고 오아시스를 찾아간다는 의미로 2마리를 그렸어요 (웃음).

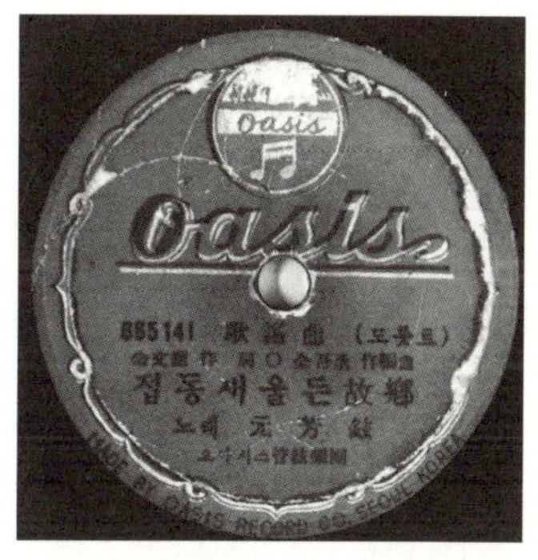

● 50년대 원방현 접동울던 고향, 오아시스레코드

최규성 그런 과정을 통해 드디어 오아시스가 탄생되었네요. 창립 초기에 회사 자금은 어떻게 조성했고 운영과 역할은 어떻게 분담했는지 궁금합니다.

봉철 그러니까 고려레코드 출신 네 사람과 제가 팀을 만들었는데 회사 창립 자금은 똑같이 1/5씩 공동출자해 지분을 가지는 주식회사로 만들었습니다. 그게 1955년일 겁니다. 일단 나이가 제일 많은 고려레코드 상무 원지복을 사장으로 앉혔어요. 저는 영업부장과 문예부장을 겸했는데 가수와 작곡가를 접촉해 신곡을 맺어주고 취입하고 음반을 판매하고 방송국 홍보하는 일까지 도맡아 했어요. 이성희는 기술직 주주 참여해 음반 제작 일을 했고 영감님들은 사무 일을 주로 했습니다.

● 현인 나포리맘보 10인치 LP, 오아시스레코드

최규성 처음 일을 시작하셨을 때 오아시스의 사무실은 어디에 있었나요?

봉철 일단 혜화동에 있는 원지복 사장 집 뜰에다 간이 사무실을 만들었습니다. 일을 시작하니 음반을 못 만들어서 못 팔정도로 사업이 잘되었습니다. 그래서 회사가 커지면서 남대문에 있던 일요신문 사 옆에 고무공장하던 자리를 얻어 옮겼습니다.

최규성 당시는 물자가 부족하던 시기인데 음반 재료는 어떻게 조달하셨나요?

봉철 제가 레코드가게를 했잖아요. 완전 고물상이었어요. 일반 가정집에서 나오는 중고 일본판들을 모아 스팀을 넣고 가운데 동판을 양쪽에 대고 열을 올려 유성기음반이 녹으면 프레스로 찍었습니다. 그런데 판이 완전하게 녹아야 하는데 덜 녹은 부문은 노래가 없어지지 않아 음반을 틀어보면 잘 가다가 일본노래가 갑자기 튀어나오기도 했습니다(웃음). 공장을 만들어 사무실을 옮긴 후부터는 고판을 재료로 쓰지 않고 신 재료를 사용해 제대로 판을 만들기 시작했습니다. 그 점에선 기술을 개발한 이성희씨가 한국 레코드 발전에 크게 공을 세웠고 큰 기여했다고 생각합니다. 뭐 우리가 처음 신 재료로 음반을 만들기 시작했지만 다른 음반사들도 금방 따라왔지요. 당시 음반업계는 너무 빈약했어요. 기업이라 하기엔 민망하고 대부분 구멍가게 수준이었습니다. 그땐 정말 회사들이 엄청 많이 나오고 사라지고 회사 이름만 바꿔서 운영한 곳도 많았어요.

최규성 당시 오아시스의 유성기 음반 제작 규모는 일제강점기 음반회사에 비교해도 발매 규모가 작지 않았는데 당시 음반을 제작할 때 보통 몇 장정도 찍으셨나요?

봉철 회사를 처음 시작했을 때는 보통 한번 찍을 때 200~300장 정도 찍었습니다. 혜화동에서 공장을 남대문으로 옮긴 다음에 400~500장정도로 찍었던 기억이 납니다. 당시는 나라 경제가 붕괴된 시기인지라 축음기를 가진 사람이 얼마 되지 않았어요. 잠시 뒤 LP를 제작할 때도 사정은 비슷했어요.

최규성 유성기 음반에서 LP로 제작 방식이 변했을 때 가수들이 다시 녹음을 하셨나요?

봉철 아닙니다. 나중에는 릴 테이프로 녹음했기에 그걸 마스터로 사용해 LP제작을 했습니다.

최규성 LP음반 제작이야기가 나왔으니 유성기음반에서 LP음반으로 넘어가던 시점과 LP제작에 대한 질문 몇 가지를 드리겠습니다. 당시 오아시스에서 기술 파트를 맡으셨던 이성희선생님에 대해 질문도 포함됩니다. 1973년 선생님의 동아일보 인터뷰 기사를 보면

● 50년대 명국환 백마야 울지마라, 오아시스레코드

● 50년대 백일희 걸작집, 오아시스레코드

최초 LP제작 시기가 1956년이고 한국방송사료보존회 자료는 1957년, 세광출판사 발행 단행본 '한국가요'에 게재한 작사가 하중희의 칼럼도 1957년으로 명기했습니다. 그런데 1958년 7월 28일 대한뉴스 제174호는 그해 7월 23일로 보도하고 있습니다. 무엇이 진실인가요? 그런데 KBS의 LP프레스 기계 작업을 하시는 분이 바로 오아시스 이성희선생님이라는 사실을 이번에 발견했습니다. 그러니까 국내 최초로 LP를 제작하신 분이 확실하다는 증거지요.

봉철 그건 처음 듣는 이야기네요. 하지만 이성희씨가 당시 국내 음반제작 기술자 중 가장 기술이 앞섰고 그 사람 때문에 오아시스레코드가 가장 먼저 LP를 제작했습니다. 나이가 들어서 오아시스의 첫 LP에 어떤 가수의 노래를 수록했는지는 기억이 잘 나지 않네요. 명국환이던가. 아마도 이성희씨와 만나보면 그 부분에 대한 궁금증을 풀어줄 것이라 생각합니다.

최규성 알겠습니다. 그럼 사진 속에 동판작업을 하는 진백림이란 분을 혹 아시나요?

봉철 진백림? 그 사람이 동판작업을 하는 사진이라니 말이 안 됩니다. 그 사람은 오아시스의 녹음기사인데 어찌 동판작업을 하는 사진이 있나요? 동판작업은 문외한인 사람입니다.

최규성 아마도 개소식 때 사진모델로 연출한 것 같군요. 그렇다면 오아시스 전속 1호 가수는 누구였고 유성기 1호 음반과 LP 1호 음반은 어떤 가수가 주인공이었는지 궁금합니다.

봉철 오아시스레코드의 첫 가요음반 주인공은 1955년에 전속 1호 가수가 된 명국환입니다. 가져오신 이 판을 보니 또렷하게 생각이 나네요. 당시 경음악 춤곡 음반을 만들려고 연주가이면서 작곡가인 전오승을 만나게 되었는데 그때 노래를 배우던 제자 명국환도 알게 되었지요. 가수가 노래한 오아시스 첫 음반은 명국환이 분명합니다. LP도 명국환이었던 것 같은데 기억이 가물가물하네요. 그때 전오승의 동생인 나애심과 박경원, 원방현, 백일희, 이해연도 오아시스로 데리고 왔지요.

최규성 당시 음반 가격은 어느 정도였나요?

봉철 당시 2곡 들어가는 유성기 음반은 한 장에 40환이었는데 8곡 들어가는 10인치 LP는 가격이 무려 380환이었는데도 가요음반이 나오면 정말 잘 팔렸어요. 우리가 LP를 만드니까 다른 회사들이 LP를 제작하며 따라왔었지요.

● 50년대 손석우 경음악선, 오아시스레코드

● 50년대 박재란 영화주제가 떠나지 않는 꿈, 오아시스레코드

최규성 오아시스는 음반도 많이 제작했으니 회사에 전속 가수나 작곡가 많았을 것 같습니다.

봉철 박춘석, 이봉조, 이재호, 손석우, 김호길 등 당시 실력 있는 작곡가들 모두 다 내 밑에 전속으로 있었습니다. 당장 돈을 벌겠다는 것 보단 음악적으로 회사를 계속 발전시키겠다는 욕심이 더 컸습니다.

장유정 가수와 작곡가 대우는 어떻게 하셨고 작사가는 어떻게 관리하셨나요?

봉철 기본적으로 월급을 줬는데 곡을 취입하면 곡당 얼마씩 보너스가 나갔어요. 가수와 작곡가는 대우를 비슷하게 줬어요. 작사가는 전속이 없었어요. 왜냐면 작사가는 보통 작곡가들이 접촉했고 가사를 가져오면 작사료를 적지 않게 주었는데 그 바람에 제가 돈이 없었어요. 사업을 하려면 경제적으로 밸런스를 잘 맞춰야하는데 힘들었습니다.

최규성 작곡가들 사이에 경쟁의식은 없었나요?

봉철 왜 없었겠어요. 박춘석과 이봉조는 서로 라이벌 의식이 강했어요. 인기는 비슷했습니다. 음반판매는 박춘석이 좀 앞섰는데 공연은 이봉조의 활약이 좀 앞섰던 것으로 기억합니다. 두 사람은 라이벌 의식이 강해 한 영화의 음악 작업을 해도 같이 경쟁을 시켰습니다. 둘 다 음악감독하고 곡들을 제작해 오면 제작비는 손해를 봐도 모두 다 취입시켰어요.

최규성 당시는 영화 인기가 대단했던 시절인지라 주제가 음반 작업이 많았을 것 같습니다. 어떤 식으로 영화주제가 음반들은 기획하고 제작하셨는지 궁금합니다.

봉철 그땐 음반회사에서 영화 주제가 제작을 기획하지 않았어요. 작곡가가 영화사에서 일을 따와서 음반사에 가져오는 시스템이었습니다. 주제가 노래가 만들어지면 영화사나 영화감독이 노래를 들어보고 정해서 영화에 넣었어요.

● 50년대 박춘석 작곡집　10인치 LP, 오아시스레코드

최규성 당시 음반 재킷에 들어가는 가수들 사진은 어떤 식으로 제작했는지 궁금합니다. 회사에 전용 사진 스튜디오가 있었나요? 아님 시내 유명 사진관과 계약을 하고 촬영을 하는 시스템이었나요?

봉철 당시 음반에 들어간 재킷사진은 가수들이 알아서 찍어왔습니다. 노래분위기에 맞게 가수 스스로 어떻게 촬영할지는 정해 의상과 표정까지 알아서 결정했습니다. 그땐 잡지사 사진부 기자들이 사진을 많이 찍었습니다. 잡지사 기자들이 가수들을 하루 종일 따라다녔던 시절이니 친분이 있는 사진기자에게 부탁하는 경우가 많았지요. 시내 사진관에서 알아서 찍어오는 가수들도 있었습니다.

최규성 당시 음반이 나왔을 때 홍보는 어떤 식으로 했나요?

봉철 처음에는 음반회사가 별로 없어서 방송국에서 음반을 보내달라고 요청하는 전화가 왔어요. 그런데 회사가 많이 생기니까 나중엔 음반 홍보하러 직접 판을 가져가서 노래를 틀어달라고 사정을 할 정도로 상황이 변했지요. PD들에게 약간의 대접도 했습니다. 당시 가수는 작곡가에게 매달리는데 작곡가들이 도제식으로 제자처럼 자기 전속을 만들어 키우는 시스템이었습니다.

최규성 일제강점기 음반회사들은 자체적으로 공연단체를 운영했었는데 오아시스는 어땠나요? 50년대는 극장에서 가극단, 쇼단 공연이 참 많았잖아요.

봉철 당시 레코드회사들은 별도로 공연단 운영을 하지 않았습니다. 그저 방송국에서 공개방송을 한다고 가수를 보내라 하면 판 PR을 위해 출연시키는 정도였습니다. 가수들은 방송에 나가는 걸 엄청 원했지요. 당시 공연 쪽은 우리 음반 쪽하고는 전혀 다른 분야였어요. 주로 연극하고 공연하는 단체들과 악단들이 맡아서했는데 회사 규모는 아니고 행사가 있을 때 마다 쇼단을 조직하는 형태였어요. 조선악극단도 있었어요. 저는 음반 홍보를 위해 인기가 많았던 후라이보이 곽규석을 사회를 보게 하고 박춘석을 악단장시켜 딱 한 번 명동 시공관에서 공연을 했었습니다. 〈단장의 미아리고개〉로 유명했던 이해연과 친동생인 백일희도 출연했었지요. 그땐 회사에 사업부가 따로 있어 제작비를 대주고 공연을 하고 나중에 정산을 했습니다. 그런데 악단하는 사람들과 저는 성격에 맞지 않았어요. 골치 아픈 일이 한 두 개가 아닌지라 공연을 내가 할 일은 아니라고 생각했습니다.

최규성 음반 유통과 배급은 어떤 식으로 하셨나요? 당시에도 전국 배급망을 가진 도매상이 있었는지 궁금합니다.

봉철 지방마다 도매상 서너개씩은 있었습니다. 오아시스도 전속 도매상 대리점이 있었는데 다른 회사 음반들도 취급을 했었죠. 결재는 10일이나 5일에 한번 씩 했습니다.

최규성 한동안 음반 사업이 잘 된 것 같은데 왜 그만두게 되신 건지 궁금합니다.

봉철 사업이 너무 잘되니 우리 공장을 짓고 싶다는 욕심이 생기더군요. 그게 문제였어요. 나이든 주주들은 그냥 수익금을 나눠 배분하자고 했는데 저는 회사의 미래를 생각해 음반공장을 만들고 싶었습니다. 생각이 다르니 당연 갈등이 생겼습니다. 그래서 제가

● 50년대 손인호 하룻밤 풋사랑, 오아시스 레코드

빚을 얻어 주주들 지분을 다 인수해버렸습니다. 그런데 1961년에 갑자기 5.16혁명 터져 경기가 죽어버려 사업이 어려워졌습니다. 회사를 인수하려고 빚까지 얻었는데 갚을 길이 없어 결국 회사를 넘기게 되었습니다. 그때 인수한 사람이 바로 손진석사장입니다.

최규성 그렇게 되었던 거군요. 그런 손진석사장은 오아시스를 인수하기 전에 무슨 일을 하시던 분이었나요? 음반제작 사업과 연관이 있으셨나요?
봉철 음반 사업을 했던 사람은 아닙니다. 손진석사장은 근해에서 생선을 잡아 일본에 수출하는 무역회사의 영업부장으로 일했던 사람입니다. 가까운 사람이 그 회사와 잘 알아서 회사 돈을 쓰게 되었는데 제가 수표를 써 그 회사에서 현금으로 바꿔 사용했었습니다. 사실 처음엔 손진석과 뜻을 모아 다시 주식회사를 만들었는데 성격이 맞지 않아 결국 혼자 하라고 내줘버린 거지요.

최규성 손진석사장님은 성격이 어떤 분이셨어요?
봉철 (한참을 머뭇거리시다가) 기자들이 회사에 오면 회사이야기를 혼자서 잘난 체했다고 할까. 처음 일을 시작한 손사장보다 기자들이 나하고 가까우니 손사장이 한 이야기를 저에게 다 전해줬어요. 완전 사람 병신 되는 기분이 들더군요. 그래서 회사를 떠났습니다.

최규성 장시간 소중한 말씀 큰 도움이 되었습니다. 감사합니다, 선생님.
봉철 연구하시는데 도움이 되었다니 다행입니다.

● **도미도레코드**

가수이자 작곡가였던 한복남(본명 한영순)이 1951년 부산 아미동 2가 99번지에서 설립한 음반사다. 한복남은 리베라, 암펙스와 같은 미제 녹음기를 구해 왁스판 방식이 아닌 자기테이프 방식으로 동회사무실을 빌려 쌀가마니와 미국담요를 둘러 방음을 하고 밤을 새워 녹음을 했다. 전시 중인지라 음반재료와 생산기계를 구하기가 어려워 고물음반 1천장과 압축기를 사들였고 서울서 원판시설을 구해 음반을 제작했다. 정식 음악교육을 받지 못한 한복남은 많은 히트곡을 만들어 냈다. 금사향, 한정무, 손인호, 현인, 김정애, 황금심, 박재홍, 황정자, 남백송, 심연옥 등 1950년대를 대표하는 인기가수들 대부분이 이곳을 거쳤다. 음반 상표는 도미도 외에도 라라, 한나라, 신태양이 더 있었다. 도미도는 70년대까지 LP음반을 꾸준하게 제작했고 80년대 초까지 대한레코드로 이어졌다. 도미도레코드의 탄생 과정을 정확하게 기록하기 위해 창립자 한복남의 장남인 작곡가 하기송과 인터뷰를 했다.

작곡가 하기송 인터뷰

일시 : 2012년 6월 21일(목)
장소 : 서울 상상마당 6층 카페
대담 : 하기송(도미도레코드 창립자 한복남의 장남, 작곡가) VS 최규성(대중음악 SOUND 편집위원)

● 60년대 작곡가 하기송

최규성 반갑습니다. 부친이신 한복남 선생님이 도미도레코드를 창립하기 전 하기송선생님의 어린 시절 가족 이야기부터 들어보고 싶네요.
하기송 아버님은 제 고향인 평안도 안주에서 직원 20명이 넘는 큰 양복점을 운영하셨습니다. 어머니 성함은 김숙현으로 평범한 주부셨습니다. 두 분은 3남 2녀를 두셨는데 1940년에 태어난 제가 장남이고 막내 한정호도 60년대에 가수로 활동했었습니다. 부친은 노래를 좋아하셨고 잘 부르셨는데 어릴 때 집에서 김해송이 부른 유성기 음반을 들으며 성장했습니다. 안주에서 평양으로 이사를 가 2년 정도 살았는데 아버지가 남쪽에 다녀온 후 월남을 했습니다. 해방 후 7살 때인 1947년 인천에 도착하니 미군들이 꿀꿀이죽을 주는데 맛이 기가 막혔던 기억이 납니다. 서울 종로3가 와룡동에 정착해 서울 교동국민학교를 다녔는데 남으로 내려와서도 아버님은 양복점을 여셨는데 김해송, 박시춘, 남인수등 연예인들이 단골손님이었습니다.

최규성 아버님이 가수데뷔는 어떻게 하시게 되었나요?
하기송 예전에 양복기술자들은 다 노래를 좋아했습니다. 노래를 잘 부르셨던 아버님은 작곡가 박시춘선생에게 곡을 받아보려 노력하셨는데 주지 않았죠. 그래서 해방 직후 김해송선생에게 받은 〈저무는 충무로〉를 지금의 아세아레코드가 아닌 남인수선생이 운영했던 아세아에서 1947년에 취입을 해 가수로 데뷔를 하셨습니다.

최규성 한복남 선생님의 대표곡인 〈빈대떡 신사〉는 언론 기사나 인터넷 포털에 소개된 것을 보면 1943년에 발표한 데뷔곡이라 되어있는데 선생님 말씀을 들으니 데뷔곡과 발표 년도까지 완전

● 50년대 한복남 하기송 부자 도미도레코드

틀리네요. 그럼 〈빈대떡 신사〉는 언제 어느 음반사에서 발표하신 건가요?

하기송 〈빈대떡 신사〉는 1946년에 아버지가 만드신 곡인데 1947년에 〈저무는 충무로〉에 이어 아세아레코드를 통해 취입했습니다. 당시 가수들이 곡을 쓴다하면 건방지다는 분위기가 있어 음반에는 작사 작곡을 트럼펫 연주가인 양원배 이름으로 발표했습니다. 한복남으로 되어 있는 친필 악보가 있습니다. 당시 주변 작곡가들은 〈빈대떡 신사〉 노래를 아버님이 만든 것을 다 압니다. 저작권 개념이 없던 당시에 주변 작곡가들이 많이 집에 찾아와 자기 이름으로 발표하자고 했는데 아버지가 허락하지 않으셨습니다. 여하튼 아세아레코드에서 판을 낸 아버지는 김해송이 운영한 KPK악단에 들어가 인기가수로 활발하게 활동하셨습니다. 당시 아버님은 무대에 한 번 서면 팬들이 요청하는 앙코르곡을 모두 불러 후배가수들의 뒤 순서에 출연하기를 꺼렸을 정도로 열정적이셨습니다.

최규성 그런데 아버님은 한씨고 장남인 선생님은 하씨인데… 예명인가요?

하기송 아버지의 본명은 한영순입니다. 영순이란 이름이 '여자같다'고 생각하시어 직접 한복남이란 예명을 지으셨어요. 하기송 역시 아버님이 지어주신 예명인데 제 본명은 한정남입니다. 그런데 호적에는 음악활동하기에 좋다며 한정일로 바꾸셨지요. 저는 이름 바꾸고 일이 풀리지 않아 망했습니다. 이름에 일자가 들어가서인지 평생 고독한 삶을 살았습니다.

최규성 부산엔 전쟁 때문에 가족 모두 피난 가신게 맞지요?

하기송 1951년 1.4후퇴 그러니까 제가 11살 때 부산 아미동으로 피난을 갔습니다. 아버님은 국제시장에서 유성기 바늘을 팔아 큰돈을 벌어 집을 구했습니다. 가족에게 유성기 바늘을 팔아오라고 시켰다는 말이 있던데 사실 무근입니다. 축음기 바늘은

● 1953년 한복남 부산 도미도레코드 공장 앞

● 1953년 한복남 부산 도미도레코드 시절

● 최규성, 작곡가 하기송

일본에서 수입상이 가져다주었습니다. 피란 당시에 아버님이 동회 동사무실에 녹음실을 만들어 허민의 〈페르샤의 왕자〉, 〈백마강〉 같은 노래를 녹음하시는 것을 구경한 적이 있습니다.

최규성 회사 이름은 누가 지었고 어떤 의미인가요?

하기송 아버님이 도레미파솔라시도 악보를 생각하시고 도미도라 이름을 직접 붙이셨어요. 그리고 회사 설립 초기에는 음반 제작 기술자가 없이 직접 프레싱을 해 음반을 제작하셨죠.

최규성 전쟁 무렵 음반 홍보는 어떤 식으로 했나요?

하기송 당시는 가수가 음반이 나오면 샌드위치맨이 되어 스스로 음반을 홍보하러 방송국과 다방 그리고 거리로 돌아 다녔습니다. 참 힘든 시절이었죠.

최규성 기장 기억에 남는 음반은?

하기송 : 김정구선생의 〈눈물 젖은 두만강〉 음반은 도미도 회사 를 살려주었을 정도로 팔렸죠.

최규성 언제 가족들이 서울로 다시 왔고 도미도레코드 사무실은 어디에 있었나요?

하기송 휴전 후 바로 올라오지는 않고 1954년에 서울로 올라왔습 니다. 도미도레코드는 별도의 공장이나 사무실은 없었고 서울 성 동구 왕십리 426번지 집을 사무실로 사용했습니다. 녹음은 남대 문에 있는 오아시스 녹음실을 이용했습니다.

최규성 하선생님은 어떻게 음악 일을 하시게 되었나요?

하기송 (한동안 깊은 회환에 빠진 듯 말이 없다가) 저는 공부를 잘해 서울중고를 다녔습니다. 음악 일을 할 생각은 없었고 서울 의대로 진학하고 싶었는데 아버님이 가업을 이으라고 하셔서 가 곡 〈선구자〉를 만드신 조두남선생님에게 음악을 4~5년 정도 사사 받아 윤일로가 노래한 〈내가 울던 파리〉를 처음으로 발표했습니 다. 이후 〈정열의 차차차〉, 〈회전의자〉, 〈나룻배처녀〉, 〈내가 울던 파리〉 등을 작곡했지만 〈회전의자〉 외에는 히트곡을 많이 내지 는 못했습니다. 아버님은 1300여곡을 작곡하셨고 저도 800곡정도 작곡했습니다. 당시 발표한 도미도 음반은 거의 없지만 친필로 쓴

● 50년대 금사향 홍콩아가씨, 도미도레코드

● 50년대 김정구 눈물젖은 두만강 10인치, 도미도레코드

● 50년대 김정애 모녀, 도미도레코드

● 50년대 한정무 로맨스 수첩, 도미도레코드

● 50년대 황정자 처녀뱃사공, 라라레코드

● 한복남 경음악1집 10인치LP, 신태양레코드

악보는 다 보관하고 있습니다.

최규성 그럼 회사에서 음반 제작 기획이나 문예부 활동을 하셨나요?
하기송 작곡을 하기 전까지 기획이나 제작, 녹음 같은 중요한 일은 아버님이 다 하셨고 저는 음반이 나오면 방송국에 노래 틀어달라고 홍보하러 다녔습니다.

최규성 한복남 선생님은 어떤 분이셨나요?
하기송 아버지는 돌아가시기 직전까지도 나이가 들면 고음이 나오지 않는다며 날마다 두세 시간씩 발성연습을 하셨던 분이셨어요.

● 유니버살레코드

1953년 창립한 이 음반사는 김재창이 대표로 있는 영창산업주식회사였다. 영창산

● 1953년 남인수 이별의 부산정거장 SP, 유니버샬레코드

● 50년대 백설희 이별의 연인, 유니버샬레코드 SP

● 50년대 유성기커버 전국제3회 국산품전람회 문교부장관특상, 유니버샬레코드

● 59년대 남인수고향의그림자 SP, 유니버샬　　● 깨지지않는레코드 LP 유니버샬 광고

업은 서울 중구 다동 99번지에 본점이 있었고, 성동구 마장동 366번지에 지점이 있었다. 1954년 9월에 발매된 유니버살레코드 제1회 신보 광고에는 공장 주소가 성동구 마장동 366번지인데 이는 고려레코드 공장 주소와 일치한다. 이는 광복 이후 최초로 국산음반을 생산해 낸 고려레코드의 맥을 잇고 있음을 의미한다. 1956년 11월 당시 유니버살의 총지배인 김재환은 음질이 뛰어난 국산음반을 생산해 냈다. 이는 일본 도쿄에 있는 영창산업 일본 지사 대표였던 김재영이 음반 제작과 더불어 무역을 통해 일본의 기술과 설비를 도입했을 가능성이 크다. 1958년 영화 주제가 픽쳐 유성기 음반을 발표해 각종 전람회에서 우수상품으로 상을 싹쓸이 한 것은 그 결과일 것이다.(대중음악SOUND 이번 호 기획연재 기사 참조)

● 미도파레코드

1954년에 부산에서 설립된 미도파는 빅토리(Victory)라는 자매상표가 있다. 회사를

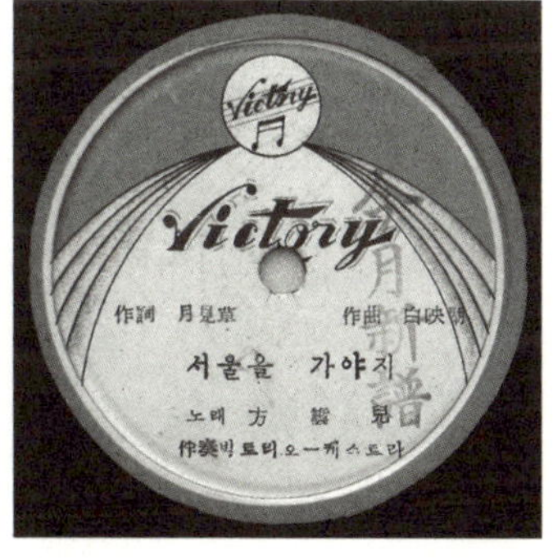

● 50년대 남인수 이별의부랫트홈 SP, 미도파 빅토리레코드　　● 방운아 서울을 가야지 SP, 미도파 빅토리레코드　　● 백설희 영화 가거라 슬픔이여 주제가 유성기, 미도파 빅토리레코드

● 50년대 반야월 무역선 사랑 음반
홍보 팜플렛 킹스타레코드

설립하고 운영한 사람은 임정수고, 김능억이 공동운영자로 참여했다. 미도파레코드는 임정수가 지구레코드로 독립을 하며 갈라졌고 오아시스와 60~70년대 메이저 음반사 시대를 주도했다. 임정수사장은 미군부대에서 방송용으로 쓰던 LP판들이 쓸데없다고 모두들 외면했을 때 10환하던 음반을 5환에 구입했다. 그래서 국내 LP제작을 시작했을 때 LP를 제작할 비닐 재료가 부족해 미국중고 LP값이 50~60환으로 급등해 엄청난 이익을 보았다고 한다.

● 킹스타레코드

서울 하월곡동에서 임창덕이 운영한 킹스타(KingStar)레코드는 1954년 이후 음반을 제작 발매한 것으로 추정된다. 킹스타레코드는 유성기음반과 LP시절에도 많은 음반을 제작했다.

● 신세기레코드

1954년 말이나 1955년 초에 설립된 신세기는 원래는 신신레코드였지만 1956년 말이나 1957년 초 무렵 신세기레코드로 이름을 바꿨다. 사장은 설립 당시부터 강윤수가 맡았고 1960년 여름에 자체 스튜디오를 서울 신당동에 설치했다. 신세기레코드에서는 1963년 말, 1964년 초 무렵까지 유성기음반을 낸 것이 확인된다.

● 50년대 양석천 오길래 서울구경, 킹스타
레코드

● 남인수 울리는 경부선, 킹스타레코드

● 50년대 송민도 서울의 지붕밑, 킹스타레
코드

● 50년대 유성기 윤일로 눈물젖은 서울역, 신세기레코드

● 50년대 유성기 충청남도 재건의 노래, 신세기레코드

● 50년대 황금심 들장미, 신세기레코드

● **서라벌레코드**

한국전쟁 직전 대구에서 고아원을 설립했던 백년설이 전쟁 이후 이재호, 김교성, 반야월의 컴백 권유로 창립한 음반사. 가수 심연옥과 결혼한 그는 '다이아몬드 쇼단' 의 대표로 악극단 무대에서 활발한 활동을 벌여 1963년 한국연예단장협회 초대 회장 에 선출되었다.

● 박신자 땐사의 순정, 신세기레코드 10인치

● 50년대 박재홍 인생수첩, 신세기레코드

● 50년대 진방남 청춘요트, 서라벌레코드

공연단체

해방이후 각광을 받은 가극, 악극단의 인기는 50년대 중반 이후 엔터테인먼트산업의 중심에서 퇴조하기 시작했다. 공연단체들은 대부분 미8군 무대를 중요 수입원으로 삼았고 OMC악단은 북진열차에 동승해 평양까지 갔다가 되돌아왔다. 박노홍, 김석민 등이 임화수의 도움으로 자유가극단을 창설해 대형 버라이어티 가극 무대로 재건에 몸부림쳤지만 새로운 연예산업의 총아로 급부상한 영화와 방송의 거센 기운을 극복하기엔 역부족이었다.

● 50년대 무궁화악극단 가을대공연 전단지

● 낙랑악극단

혜은이의 아버지 최성택이 단장이었고 막강한 인기를 구가한 지방 쇼 단체다. 1951년 12월 원맨쇼의 일인자 윤부길은 당돌하게 손가락에 상처를 내며 무대에 세워달라는 떼를 쓰는 딸 윤복희를 낙랑악극단의 중앙극장 무대에 세웠다. 윤복희는 낙랑악극단을 따라 '윤부길과 천재 소녀 윤복희'란 간판을 내세우고 전국을 누비는 방랑생활을 했다. 그때 윤부길은 경남 함안 악양나루터에서 나룻배를 젓던 처녀뱃사공의 애절한 사연을 전해 듣고 노랫말을 작사했고 한복남이 곡을 붙여 황정자가 노래한 〈처녀뱃사공〉이 탄생했다.

● 박단마 그랜드 쇼

일제강점기부터 〈나는 17살이에요〉, 〈슈사인 보이〉 등을 히트시켰던 박단마를 전면에 내세운 인기 쇼 단. 미8군 무대에서도 화려하고 섹시한 프로그램으로 인기가 높았다. 한국 최초의 댄스가수 이금희는 부산에 내려온 '박단마 그랜드 쇼'에서 현인, 남인수, 곽순옥, 백일희 등 당대 스타가수들이 부르는 유행가에 매료되며 대중가수의 꿈을 품었을 정도.

● 50년대 박단마 미8군 그랜드 쇼 공연

● 쇼보트

1958년은 악극단 무대가 사양길에 접어들고 극장 쇼 무대가 막 인기를 얻기 시작했던 시기. 스카라 극장 앞은 쇼 연예 단장들과 무명 가수들의 집합소였다. 그때 쟈니리는 스카라 극장 조명 기사의 도움으로 '발라이데이 쇼' 무대에 올랐다. 단장은

1. 1952년 한국전쟁 당시 지방특별이동선전대 거리공연
2. 1953년 한국전쟁 당시 창공가극단 부산극장 공연신문광고
3. 1953년 현대가극단 부산극장 공연신문광고
4. 1953년 한국전쟁 때 명동시공관 공연
5. 1955년 백조가극단 신작대공연 동보극장
6. 1955년 자유가극단 창립대공연 극도극장
7. 1955년 11월 10일 자유가극단 제2회 국도극장 쇼 팜플렛

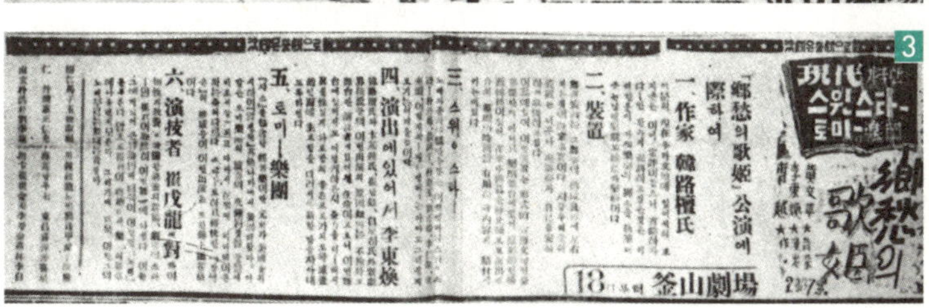

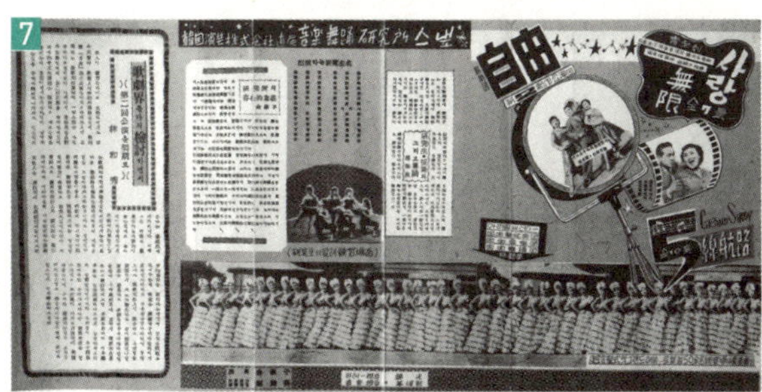

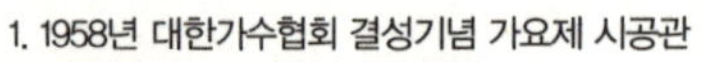

1. 1958년 대한가수협회 결성기념 가요제 시공관
2. 1958년 국도쇼가극단 국도극장
3. 1958년 쇼보트가극단 서울키네마극장
4. 1958년 현대 그랜드쇼 팜플렛 국도극장
5. 1959년 거성 그랜드 인기스타쇼 수도극장
6. 1959년 뉴스타가극단 극장쇼 흑태양 시공관
7. 1959년 미8군 전속 쇼단체 팝송 콤과 그 악단 수도극장
8. 1959년 서울가극단 거성쇼 시공관
9. 1959년 은방울씨스터즈 은방울쇼 수도극장

신창견. 그가 쇼 단체 '쇼 보트'를 창설하면서 단원이 되어 여수, 춘천, 이리, 군산, 부산, 대전 등 전국을 순회했다. 당시 쇼보트에는 안다성, 배삼룡, 백금녀, 현인 등 기라성 같은 스타들이 소속되어 있었다. 1957년, 서울대 장기 자랑 대회에서 법대 대표로 나간 최희준은 김광수 악단의 반주로 〈고엽〉 등 외국 노래를 불러 입상하면서 미8군 쇼 밴드 마스터 파피에게 소개되어 쇼 보트 쇼 단에 소속되어 가수 활동을 시작했다. 이 쇼 단은 1961년 미8군 무대로 진출했다.

● 뉴스타쇼

미8군 쇼단 화양이 운영했던 일반무대 쇼. 가수의 꿈을 키웠던 이금희는 큰오빠의 친구인 인기가수 송민도가 부산에 내려오자 아버지 몰래 무작정 따라나섰다. 송민도는 자신의 동생인 KBS 방송악단장 송민영을 그녀에게 소개해 즉석 노래 테스트를 시원한 목소리로 팝송을 불러 통과해 KBS 라디오 쇼프로그램에 출연했다. 그녀는 미8군 무대에서 유명했던 베니 김(본명 김영순)의 눈에 들어 면서 '뉴스타 쇼'에 출연을 시작했다.

● 자유가극단

자유가극단은 이정재와 더불어 동대문파의 2인자로 무소불위의 폭력을 휘둘러 50년대 영화대부이자 연예계의 대통령으로 군림했던 정치깡패 임화수가 운영했던 당대 최대 규모의 쇼 단체다. 라디오와 영화의 급부상으로 악극과 가극 공연산업이 시들해겼던 1955년 11월 임화수는 신문광고까지 내며 대형 가극무대를 개최했다. 가극무대의 부활을 내건 제2회 자유가극단 무대엔 화려한 서구적 의상을 입은 50여명의 댄서가 등장해 장안의 화제를 몰고 왔지만 시대의 흐름을 돌려놓지는 못했다.

방송

1950년 1월 KBS 직속으로 방송문화사가 설립되었다. 음악, 방송국, 전속악단, 가수와 순수 연극인까지 포함한 대규모 조직으로 노병철이 대표였다. 이들은 한국전쟁 전인 4월에 명동 시공관에서 대규모 '10용사' 음악극을 개최했다. 한국전쟁으로 암흑기를 맞이했던 방송은 지방방송국에서 대중음악의 명맥을 이어주었다. 부산방송국은 이재호를 중심으로, 대구방송국은 이병주, 그리고 마산방송국은 반야월을 중심으로 대중음악 방송이 진행되었다. 특히 반야월은 마산방송국에서 문예부장을 맡아 신인가수를 육성하면서 〈마산엘레지〉, 〈눈 내리는 마산항〉 등 지역 노래를 부르며

● 1950년대 말, KBS 제작 레코드

● 1958년 KBS레코드 노란 음반봉투

가수 진방남으로 활동했다.

환도 후 KBS의 첫 스튜디오는 서울 정동의 방송회관에 마련되었다. 1954년 CBS 개국과 함께 KBS와 드라마경쟁이 대단했다. 1956년 라디오 드라마에 대중가요가 주제가로 등장했다. 조남사작 〈청실홍실〉이다. 인기 라디오드라마는 동명의 영화로 제작되었고 주제가 또한 동반 히트되며 대중음악 엔터테인먼트산업의 새로운 총아로 각광받기 시작했다. 1954년 7월 KBS는 서울시민들에게 활기를 넣어주고자 명동성당 유치원 강당을 빌려 노래자랑 프로그램을 신설했다. 반응이 대단하자 1955년 서울 동화백화점 5층으로 옮겨 공개방송을 진행했다. 지방방송들도 아마추어 노래자랑대회를 개최해 인기를 끌었다.

드라마와 영화주제가를 가장 많이 취입한 이미자는 1957년 KBS 라디오 노래자랑대회에서 1등을 했다. 1956년 중앙방송국은 건전한 대중가요를 보급해 국민의 재건의욕을 북돋기 위해 대중가요를 공개모집해 매주 화요일 밤 9시부터 HLKA 주파수를 통해 30분간 소개했다. 1956년 최초 TV방송국 HLKZ-TV가 서울 종로2가에 개국했고, 1957년 인기가 높았던 OB쇼에 원맨쇼의 선구자 윤부길과 딸 윤복희가 출연해 주목받았다. 여고 졸업을 앞둔 1958년 최초의 민영TV 방송 HLKZ의 '예능 로터리'에 출전해 최고상을 받았다.

영화

50년대의 한국 영화는 대중문화의 꽃이었다. 한국영화는 당시까지 엔터테인먼트산업을 주도했던 악극과 가극 무대의 종말을 불러왔다. 그 중심엔 당대의 춤바람문화를 대변했던 영화 '자유부인'이 있었다. 라디오 드라마가 히트하면 영화제작으로 이어지는 도도한 흐름을 따라 대중음악계도 영화주제가를 통해 생존을 길을 찾았고 적극적으로 영화산업에 참여했었다. 영화 '자유부인'엔 백설희가, 작곡가 박시춘과 김시스터즈는 1956년 한영모감독의 뮤지컬 영화 '청춘쌍곡선'에서 간호사역으로 출연해 공식집계 관객 10만 명을 기록하는 히트를 기록했다. 박시춘은 1957년 오향영화사를 설립해 영화 '딸 7형제', '5부자의 노래', '육체의 길'을 제작해 흥행에도 성공했다. 영화 '3등 과장'은 박시춘이 직접 감독까지 한 영화다.

1. 1956년 김시스터즈 출연 한국 최초 뮤지컬 영화 청춘쌍곡선 포스터
2. 1956년 영화 백치아다다 포스터
3. 1957년 영화 자유부인 광고
4. 1957년 영화 청실홍실 포스터
5. 1958년 영화 목포의 눈물 전단지
6. 1958년 영화 눈 나리는 밤 광고
7. 1959년 영화 가는 봄 오는 봄 광고
8. 1959년 영화 과거를 묻지 마세요 광고
9. 1959년 영화 타향사리 광고

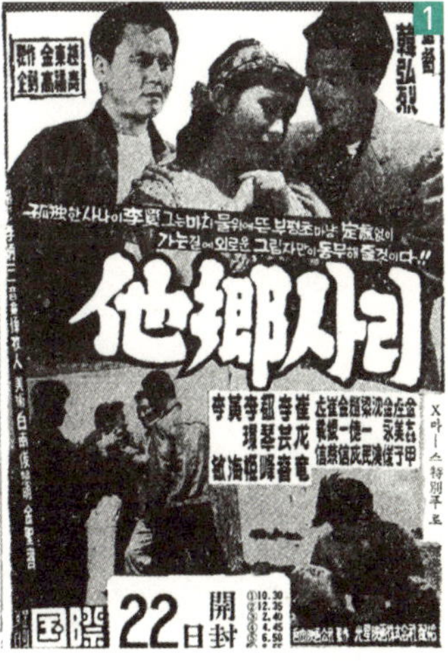

나애심도 영화 '백치 아다다', '초설'의 주제가를 부른 가수는 물론 최초의 글래머 배우로 각광받았다. 최무룡과 문정숙도 이 시기에 가수와 배우 겸업으로 인기가 높았다. 이에 동화예술학원을 운영했던 고복수는 1959년 자신의 히트곡을 소재로 한 동명의 영화 '타향살이'를 제작했다. 당시로서는 어마어마한 거금인 3천 6백만 환을 투자해 광화문 국제극장에서 개봉된 이 영화는 3일 만에 간판을 내리며 흥행에는 실패했다.

음악학원

고복수는 1959년 동화백화점 5층에 동화예술학원을 개설해 이미자, 〈대전블루스〉의 안정애, 최초의 어린이가수 하춘화 등을 배출했다. 서수남은 한국전쟁 후 서울 종로 6가로 이사를 와 서울공고로 진학했을 때 집 근처 종로2가 세기음악학원에서 3개월간 기타 교습을 받았다. 고등학교를 중퇴한 신중현도 종로에 있는 기타학원의 선생이 되었고 을지로에 이인성음악학원 등 전국 각지에 음악학원들이 생겨나기 시작했다.

잡지 노래책

50년대에는 전쟁 이후 작은 사이즈의 노래책들을 다량 발행되며 음악 엔터테인먼트 사업의 한 축이 되었다. 명문당, 대동사, 세창서관, 세광출판사, 대동문화사 등이 군가와 가요 명곡, 민요 그리고 당대에 인기가 높았던 영화주제가들을 노래책으로 다양하게 엮어냈다. 잡지계는 더욱 활기를 띠어 '여원', '주부생활' 등 여성지와 '아리랑', '국제영화', '청춘', '야담과 실화', '명랑', '희망' 등 대중오락지가 잇달아 발행되며 호황을 누렸다.

음악감상실, 다방

50년대에는 음악다방과 감상실이 등장하며 엔터테인먼트 사업의 한 축을 담당하기 시작했다. 서울 충무로 스카라 극장 건너편 국제다방이나 이제는 작고한 가수 신카나리아가 운영하던 모나미다방은 무명가수들의 집합소였다. 일거리를 찾는 가수와 악사들이 하루 종일 이곳에서 진을 쳤었다. 이대 앞 파리다방 역시 추억의 명소다. 이곳을 자주 찾은 사람들은 삐걱거리는 나무 계단을 따라 올라간 2층 다방에는 자주색 카펫이 깔렸었다고 말한다. 1957년 문을 연 파리다방은 1980년대까지 문학인들

● 50년대 대중오락 잡지 모음

● 1950년대 대중가요 노래책들

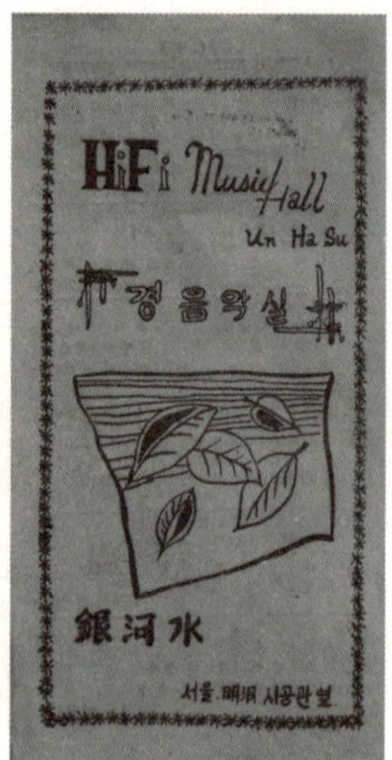

● 50년대 명동 은하수 다방

● 50~60년대 서울대중가요 극장쇼 음악감상실 입장권 신청곡용지

과 예술인들이 애용했고 대학로 학림다방도 1956년에 문을 열었다. 이후 60년대는 음악감상실과 다방이 공연공간으로 변신하며 한국 대중음악 엔터테인먼트산업의 핵심으로 떠오르기 시작했다. **SOUND**

※ 참조자료
– 가요반세기, 1968년 성음사
– 한국가요, 1975년 세광출판사
– 가요백년사, 1985년 지구오디오비디오
– KBS 15주년 가요무대 자료집, 2001년 김점도
– 반야월 회고록 불효자는 웁니다, 2005년 도서출판 화원
– 예술사 구술 총서 001 박용구, 2011년
– 1950년대 유성기음반사(史) 연구 논문 – 6대 음반회사를 중심으로, 이준희
– 김해송 무대음악 활동 초탐(初探) 논문, 이준희
– 일제부터 해방 후까지 한국 음반의 역사, 2005년 컬쳐뉴스 기사 김형찬

1960~70년대 한국 대중음악 엔터테인먼트산업

한국 음악산업의 기반이 다져지고 융성의 발판을 이룬 시기

이 시기의 대중음악산업을 크게 세 가지 면에서 서술하려 한다. 첫 번째로, 새로운 음반 형태인 LP가 일반화된 시기로, 이를 매개로 대량 판매가 이루어지기 시작했다는 점을 들 수 있다. 이를 통해 음반(레코드)과 관련된 부문이 음악산업의 핵심 영역으로 등극하면서 LP는 그 이후로도 수십 년 동안 지배적인 매체가 되었다. 두 번째로, 이 시기에 이르러 방송을 통한 음악의 생산과 감상이 중요하게 자리잡기 시작했다. 심야 라디오 프로그램이나 텔레비전 '쇼' 프로그램 등이 개발되면서 새로운 수용층을 확보하고 생산자들을 매개하는 확고한 통로가 되었다. 마지막으로, 기존의 무대와 새로운 공간들이 변화 또는 생성되면서 음악의 생산과 소비에 영향을 끼쳤다. '미8군 무대'로부터 나온 '일반 무대'가 극장 쇼나 리사이틀 형식을 통해 계승된 반면, 음악인들이 생계를 유지하고 경력을 쌓아나가는 구심점 역할을 점차 음악 살롱이나 고고 클럽 등이 담당하게 된 것이다.

최지선 | 대중음악평론가

대중음악 웹진 '웨이브' 필진으로 대중음악평론가로 활동 중이며, 여러 매체에 글을 기고하고 있다. 저서로 [오프 더 레코드, 인디 록 파일](공저, 1999), [한국 팝의 고고학 1960] 및 [한국 팝의 고고학 1970](공저, 2005), [한국의 영화음악: 1955~1980](2007) 등이 있다.

1960년대와 1970년대는 한국 대중음악 산업의 기반이 다져지고 융성의 발판을 이룬 시기이다. 당연한 것이겠지만 이 두 시기는 보기에 따라 차이가 존재한다. 예를 들어 문화산업적으로 1960년대보다 1970년대가 쇠퇴했다고 보는 경향이 존재한다. 그 이유에 대해서는 뒤에서 일부 상술될 것이다. 그렇지만 어느 시기가 전성기이고 쇠퇴기인가의 여부는 논쟁적일 수 있다. 또한 10년 단위의 편의적인 시기 구분 역시 때로는 적합하기도 하지만 문제적일 수 있다. 가령 '음반법'이 시행된 1968년은 음반 산업에 중요한 영향을 미친 시점이며, 특히 대마초 파동이 터진 1975년은 이 지점에 따라 시기 구분이 가능할 정도로 대중음악 산업과 역사에서 중요한 기점이 될 수 있다. 이러한 사항을 염두에 두면서 이 시기의 대중음악산업을 크게 세 가지 면에서 서술하려 한다.

첫 번째로, 새로운 음반 형태인 LP가 일반화된 시기로, 이를 매개로 대량 판매가 이루어지기 시작했다는 점을 들 수 있다. 이를 통해 음반(레코드)과 관련된 부문이 음악산업의 핵심 영역으로 등극하면서 LP는 그 이후로도 수십 년 동안 지배적인 매체가 되었다. 두 번째로, 이 시기에 이르러 방송을 통한 음악의 생산과 감상이 중요하게 자리잡기 시작했다. 심야 라디오 프로그램이나 텔레비전 '쇼' 프로그램 등이 개발되면서 새로운 수용층을 확보하고 생산자들을 매개하는 확고한 통로가 되었다. 마지막으로, 기존의 무대와 새로운 공간들이 변화 또는 생성되면서 음악의 생산과 소비에 영향을 끼쳤다. '미8군 무대'로부터 나온 '일반 무대'가 극장 쇼나 리사이틀 형식을 통해 계승된 반면, 음악인들이 생계를 유지하고 경력을 쌓아나가는 구심점 역할을 점차 음악 살롱이나 고고 클럽 등이 담당하게 된 것이다.

이 세 가지 부문을 통해 1960, 70년대 대중음악 산업은 확대와 성장을 거듭했지만, 음악 산업 자체의 여러 환경뿐 아니라, 음악 산업 외부의 힘에 영향을 받으며 부침을 겪기도 했다.

LP 시대의 도래와 음반산업의 팽창

1960, 70년대는 무엇보다 음반산업이 형성, 확장되기 시작한 시기이다. 단적으로 말하면 1960년대 음반산업은 'LP의 도래'로부터 시작되었다. 이전 시기에 소구되던 SP 음반(short playing record)은 1960년 말 무렵 10인치 LP로 대체되었으며 1962년 무렵이 되면 12인치 LP 음반(long playing record)으로 이행하게 되었다. 이렇게 향후 30년 동안 주도하게 된 LP 음반의 시대가 개막되었다. 1964년 무렵부터는 시험적인 수준이지만 스테레오 음반도 등장했다. LP 형태보다 더 오래, 그리고 폭넓게 사랑받은 카세트 테이프(cassette tape)도 1970년대 무렵에 이르러 대중화되었다. 물론 음반을 재생하기 위한 가정용 오디오 시스템이 대중적이고 보편적으로 소구된 것은 그 이후 시

기가 되겠지만, 이를 이용한 감상이 중요해지는 시대가 도래했다는 점은 분명해 보인다. 이렇게 이 시대 이후 수십 년 동안 검은 비닐(vinyl) 음반과 카세트 테이프는 지배적인 음반 매체로 군림하게 되었다.

이를 통해 음반산업이 점차 양적으로 크게 증가했지만, 합리적이고 정연하게 정착하는 데에는 시간이 필요했다. 원래의 음반을 그대로 복제하는 이른바 '빽판'이나, 여러 음반의 수록곡들을 자의적으로 편집한 음반 등 불법 음반이 횡행했다는 사실은 이를 잘 드러내준다. 당시까지 저작권법[1]이 국내에서 '제대로' 시행·정착하지 못했기 때문에 해외의 음반은 물론 많은 음반들이 불법으로 복제되고 유통되었다. 말할 필요도 없이 음반 판매량도 정확히 계량화, 통계화되기 어려웠다. 때문에 음반 산업이 합리적으로 개선되고 정착되는 데에는 많은 세월이 필요했다. 역설적으로 이런 현상들은 음반산업이 정착하고 성장해가는 절차의 산물이라고 볼 수도 있을 것이다.

음반을 제작하던 음반회사 역시 난립하는 상황을 겪었다. 청계천을 중심으로 수십여 개의 음반상들이 있었는데 대개 이들은 영세했다. 이들은 1968년 '음반법(음반에 관한 법률)' 시행을 계기로 10여 개 정도로 줄어들게 되었고[2] 이에 따라 음반산업은 위축될 수밖에 없었다. 이 법에 따르면 음반회사들이 공식적으로 활동하기 위해 일정한 조건과 설비를 갖추어야했다. 즉, 레코딩 및 프레스 설비를 갖추고 전속 계약을 통해 일정 정도의 작곡가와 가수를 보유하여 제작과 배급 등을 수행할 수 있는 회사들만이 '정식' 등록이 가능했다. 이런 과정을 거치면서 1970년대 무렵 음반회사의 구도는 오아시스레코드와 지구레코드의 양강 체제로 편성되었고, 성음, 아세아, 신세계, 히트(나중에는 태광) 등의 기존 음반업체에, (1970년대 중후반 이후) 서라벌, 서울음반, 현대음향, 한국음반 등이 가세했다.[3]

반면 설비를 제대로 갖추지 못한 소규모 제작자들은 정식 등록한 기존 음반사의 상호를 '빌리는' 이른바 대명제작(貸名製作) 방식을 통해 음반을 제작하게 되었다. PD 메이커로도 불린 이러한 개별 제작자나 프로덕션은 음반사의 상호와 시설 등을 빌려 제작하고 배급까지 모두 직접 수행했다.[4] 이러한 중소 프로덕션이 활약하는 경

---

1 저작권법이 제정된 것은 1957년이고, 한국저작권협회가 창립된 것은 1964년이지만, 저작권 단체가 제대로 기능하기 시작한 것은 문화공보부(현 문화체육관광부)로부터 신탁관리업 허가를 취득한 1988년 이후로 알려져있다. 그런 점에서 30년이 넘은 세월 동안 저작권의 실질적인 발효가 이루어지지 않았던 셈이다. 한국저작권협회의 연혁에 대해서는 다음을 참고하면 된다. http://www.komca.or.kr/int/int_contents_02_02.jsp

참고로 음반산업계와 관련된 이익 단체로는 1964년 대한레코드제작자협회가 설립되었고, 1967년에는 한국음반협회로 개칭되었다. 지금은 음반산업이 쇠퇴하면서 한국음악콘텐츠산업협회가 일부 기능을 대신하고 있다.

2 1968년 음반법이 발효된 직후 문화공보부에 등록된 음반업체로는 지구, 신세기, 성음, 대도, 삼화, 유니버살, 그랜드, 신향, 신진, 도미도, 오스카 등이 있었다.

3 1960년대 말부터 1970년대에 이르는 시기에 해외의 메이저 음반회사와 라이센스 계약도 이루어졌다. 성음은 폴리돌(서독), 데카(영국), 필립스(네덜란드) 등과, 지구가 RCA(미국), CBS소니(미국), 오아시스가 EMI(영국), 포니캐년(일본) 등과 체결했다.

4 이는 1980년대에 정착되는 음반 제작 시스템과는 좀 다른데, 기획사가 선급금을 받고(이른바 '마이낑을 땡김'), 음반사가 홍보와 배급을 모두 대행한 뒤 음반 판매량에 따라 계약 사항에 의거해 수익을 분배했다.

● 1969년 신중현과 덩키스가 녹음 중인 마장동 스튜디오

우도 생겼는데 이런 예로 킹 레코드(대표: 박성배)와 오리엔트 프로덕션(대표: 나현구) 등을 꼽을 수 있다. 킹 레코드는 유니버살 레코드를 통해 음반을 제작했는데 1960년대 후반부터 신중현에 의해 길러진 소울 가수들이나 그룹 사운드의 음반을 제작해 히트를 기록했다. 성음, 대도, 신세계 등의 음반사를 통해 음반을 발표했던 오리엔트 프로덕션은 이장희, 송창식, 김세환, 윤형주, 김의철, 양병집, 4월과 5월, 투 코리언스, 현경과 영애 등 음반을 다수 제작해 1970년대 포크 및 포크 록의 기수가 되었다.

한편, 1960년대 이후 녹음 스튜디오는 장충동 스튜디오와 마장동 스튜디오가 대표적이었다. 장충동 스튜디오는 신세기, 지구, 오아시스, 아세아, 그랜드 같은 '주요' 음반사들이 이용했는데, 당시 많은 히트곡들이 이 곳을 통해 녹음되었다. 그 이외에 나머지 군소 회사들은 유니버살 스튜디오로 불린 마장동 스튜디오를 많이 이용했는데, 그중에서도 많은 소울, 또는 포크 음반들이 이 곳을 통해 탄생했다. 장충동 스튜디오의 엔지니어였던 최성락이 1970년대 중반 이후 서울 스튜디오를 이촌동에 만들면서 이곳이 1990년대 초 무렵까지 한국 녹음 스튜디오의 메카가 되기도 했다.

스튜디오에서의 녹음 환경 역시 지금과 비교하면 열악하기 그지없었다. 1960년대 중후반 이후 스테레오 방식으로 녹음 방식이 변화해갔지만, 지금과 같은 멀티 채널이 아니라 대개 2트랙 채널 정도로 녹음되었다. 말하자면 반주 한 트랙, 노래 한 트랙을 담는 방식인데 연주나 노래도 대개 원테이크(one take)로 녹음되었고 여기에 경우에 따라 한 차례 정도 오버더빙(overdubbing)되는 정도였다. 이 때문에 음반 녹음은 (마치 라이브 공연에서의 합주와 비슷하게) 단 시간에 실수 없이 합주를 끝낼 수 있는 숙련된 연주 테크닉이 중시되었다.

레코딩 작업에서 주도적인 인물은 작곡가였다. 이들은 작곡과 편곡을 했을 뿐 아니라 악단장(밴드 마스터)으로서 가수의 레코딩을 주도했다. 어떤 경우 당시까지 명확히 존재하지 않았던 프로듀서의 역할도 수행했다. 그렇지만 1970년대 포크 음악을 위시하여 점차 작·편곡가 대신 가수나 밴드 자신의 주도권이 강화되는 양상도 나타나게 된다. 작곡가는 가수와 마찬가지로 한 음반사에 귀속되어 활동했다. 작곡가나 가수는 이른바 '전속제'를 통해 일정액의 선금을 받고 일정 기간 또는 일정 숫자의 음반을 발표했다. 음반의 판매량을 가늠할 수 없었기 때문에 인세제를 채택하는 것은 어려웠는데, 1970년대 말부터 이를 도입해야한다는 주장이 종종 제기되기도 했지만[5] 여

---

5 클래식 라이센스에 독보적이었던 성음이 인세제를 추진하고 있다는 기사는 1977년 3월 18일 《동아일보》에 실린 '탈바꿈하는 음반업계' 기사를 참고하면 된다.

러 가지 제약으로 인해 시행하기 쉽지 않았다. 더불어 소수의 전속 작곡가가 대량으로 곡을 생산하게 됨으로써 장기적으로는 음악산업이 발전하는 데 장애가 되었다.

이렇게 영세하고 열악한 환경에서 만들어진 음반들은, 하나의 작품으로서 전체적으로 기획되고 구성되는 '정규 앨범'과는 거리가 멀었다. 앨범 아티스트 역시 한동안 존재하지 않았다. 싱글이라는 형식은 없었지만, 앨범보다는 곡 단위가 더 중시되었다는 점에서 음반은 대개 싱글 모음집 또는 컴필레이션 음반의 성격을 띠는 경우가 많았다. 때문에 한 곡이 여러 음반에 동시에 실리는 일이 비일비재했고, '진본' '원본'에 대한 인식도 희박했다. 물론 컴필레이션 음반 중에서도 의미 있는 시도들이 존재했다. 중소 프로덕션들에 의해 발표된 몇몇 컴필레이션 시리즈(가

● 신세기레코드 음반 속 포장지에 담긴 음반 제작 과정. 중간 사진은 장충동 스튜디오로 추정

령 애플 레코드의 'Young Festival' '별밤에 부치는 노래 시리즈' 등이나 오리엔트 프로덕션의 'Golden Folk Album' 시리즈 등)들은 여타의 관행처럼 히트곡 모음집의 역할을 수행하기도 했지만, 어디에도 실리지 않은 신곡을 수록하여 일종의 '샘플러' 역할을 수행하기도 했다.

여러 가수의 노래들이 실린 편집 음반이 아니라 한 가수만의 노래를 담은 '독집' 형태들도 있었지만, 상황은 비슷했다. 게다가 가수가 음반사를 이적할 때마다 새로 '전속 1집'으로 명기되는 일이 많았다. 앨범의 형태는 1970년대 후반부터 나타나기도 했는데 이는 메이저급 음반사보다는 중소 음반사에서 주로 시도되기 시작했다.

방송 시대로의 진입

1960년대는 방송국이 다수 개국하며 방송산업이 점차 확대되기 시작한 시기이다. 이전 시기에 개국한 국영 KBS 라디오, 주한미군 대상의 AFKN 라디오, 그리고 종교 채널인 기독교방송(CBS) 정도가 존재했다면 1960년대에는 여러 민간 라디오방송국(이른바 민방)이 등장하게 된다. 1961년 문화방송(MBC), 1963년 동아방송(DBS), 1964년 동양방송(TBC) 등이 차례로 개국하면서 라디오는 대중적이고 주도적인 방송 매체가 되었으며, 이를 매개로 음악 소비가 확장되기 시작했다. 1960년대 초·중반까지 라디오는 '건전가요'('방송가요')를 틀어주는 국영방송(KBS), '유행가'를 틀어주는 민영방송, 그리고 '팝송'을 틀어주는 AFKN으로 구분할 수도 있을 텐데 특히 팝송과

● 연예 쇼 프로그램의 대명사 쇼쇼쇼의 1968년 200회 기념 특집 방송 모습. 맨 앞은 조영남

히트가요를 방송하는 민간방송이나 AFKN은 진지한 음악 감상자들에게 주요한 음악 공급처가 되었다.

특히 청소년 대상의 프로그램이 심야에 편성되면서 크게 반향을 일으켰다. TBC의 '밤을 잊은 그대에게', MBC의 '밤의 디스크쇼', '별이 빛나는 밤에' 등 심야 프로그램은 오랫동안 장수하기도 했다. 이따금 이러한 라디오 프로그램은 공개방송을 열어 공연 무대를 마련하고 이를 방송하기도 했지만, 대개 음반을 틀어주는 형식이었기 때문에 음반이 중요한 문화, 산업적 매체로 자리잡는 데에 일익을 담당하게 된다.

시간이 흐를수록 방송 채널이 증가하면서 청취자의 선택권이 확대되었을 뿐 아니라 음악인을 포함해 연예인의 수요도 증가했다. 음악감상실 DJ들이 방송에 진출해 '스타 라디오 DJ'로 각광받으면서 라디오 팝송 프로그램의 인기는 더욱 가속되었다. 방송국별로 전속 악단과 전속 가수제를 마련하여 신인을 발굴하고 필요 인력의 수요를 충당하는 시스템도 시도되었다. 이를 통해 미8군 무대 출신 가수와 연주인이 방송 무대로 직접 진출할 수 있게 되었다. 방송 무대는 또한 음악인들이 나름의 음악적 시도를 할 수 있는 장이 되기도 했다.

방송에서 필요한 음악 연주는 각 방송사의 전속 악단이 담당했다. 이는 교향악단과 경음악단으로 구분되었는데 경음악단이 특히 대중음악 관련 연주를 위해 대동되었다. KBS의 경우 김광수, 김강섭 등이, TBC TV에서 이봉조, TBC 라디오에서 김인배가, MBC에서는 김호길, 여대영 등이 각 방송사의 전속 악단을 지휘했다. 앞서 이야기했던 것처럼, 음반의 레코딩 스튜디오에서 작곡가이자 프로듀서 역할을 수행한 이들이 방송 무대에서는 전속 악단을 지휘했으며, 그 외의 여러 공연 무대에서는 악단장(밴드마스터)의 역할을 맡았다.

한편 1960년대에는 TV 방송도 시작되어 방송 미디어 환경이 변화하기 시작했다. KBS가 1961년, TBC가 1964년, MBC가 1969년 텔레비전 방송국을 개국하면서 방송 미디어가 보다 다양해졌다. 그중에서도 TBC는 본격적인 TV 민영방송의 시대를 열었는데, 국영 또는 공영 방송국인 다른 두 방송국과 달리 연예·오락 프로그램들을 부각시킬 수 있었다. 특히 TBC의 개국과 함께 시작한 '쇼쇼쇼'는 TBC-TV의 간판 프로그램으로, KBS에 통합된 1980년대 초 이후에도 계속 방송되면서 연예 쇼 프로그램의 대명사가 되었다. MBC에서 만든 'OB 그랜드 쇼' 역시 1980년대까지 '토요일 토요일은 즐거워'로 이어지면서 오래도록 장수한 쇼 프로그램으로 남았다. TV 수상기 보급률은 이때까지도 크지 않았으므로 1970년대까지도 라디오가 더 큰 영향을 끼쳤지만,

1970년대를 지나 TV 수상기 보급이 대중화6되면서 TV는 막강한 영향력을 행사할 기반을 다지게 되었다.

이처럼 전국적이고 보편적인 미디어로 급부상한 방송은 한편으로 국가의 홍보 및 선전 수단으로의 역할을 수행하기도 했다. 방송에서 나오는 음악이 '밝고 건전'해야 한다는 시각은 대개 정부 차원의 입장인 경우가 많았지만 음악인 중에서도 저속하고 상업적이며 퇴폐적인 노래들을 '정화'해야 한다는 입장을 견지하는 경우도 있었다. 이른바 '건전한 가요' 또는 '방송가요'를 보급하려는 집단적인 움직임도 있었다. 그렇지만 이런 시도들은 음악적인 흥미가 반감되었을 뿐 아니라 국가의 통제 정책과 맞물려 그렇게 큰 호응을 받지는 못했다.

● 제1회 mbc 대학가요제 음반의 앞면

보다 대중적으로 성공한 시도들도 있었다. 가령 1975년 대마초 파동 이후 방송사에서 마련한 하나의 돌파구로 1970년대 말 대학생이 출연하는 가요제들이 탄생했다. 1977년부터 시작된 MBC '대학가요제'가 크게 성공하자, 이를 모델로 한 대학생 가요제들도 줄을 이었다. 1978년부터 TBC-FM이 개최한 '해변가요제'(이후 '젊은이의 가요제'로 개칭), 1979년부터 MBC-FM이 개최한 '강변가요제', TBC-TV가 개최한 '전국대학축제경연대회'가 연이어 시작되었다. 이러한 행사 이후에는 '실황'이라는 타이틀을 건 음반이 발매되었고 뒤를 이어 수상 가수의 앨범도 발표되었다. 물론 대학생 가요제가 관제 행사라거나 상업화된 문화라는 비판도 존재했지만, 캠퍼스 그룹 사운드를 포함해 청년 음악(인)들을 주류 음악계에 수혈하면서 대중음악계에 신선한 청량제 역할을 담당하기도 했다.

각종 공연 무대의 활황과 부침

1960년대 즈음이 되면, 이전 시기 성행했던 악극단을 중심으로 한 극장 쇼는 물론이고, 특수한 수요를 양산했던 미8군 무대는 차츰 쇠퇴하거나 변화가 생겼다. 한편으로 1960년대 이후 여러 형태의 업소(특히 '밤무대')가 양산되었는데, 많은 가수와 연주자들은 이들을 기점으로 활동하다가, 이를 발판으로 점점 중요 매체로 부상하던 라디오나 TV의 방송에 출연하고, 나중에는 공식적인 음악 콘서트 등을 개최하는 식

---

6 TV 수상기는 1960년대 말에 50만대였던 것이, 1973년을 넘어서면서 100만대로 증가되었고, 컬러 텔레비전 방송이 시작되는 1980년대 무렵에는 600만대로 폭증했다. 최현철 · 한진만 지음, 《한국 라디오 프로그램에 대한 역사적 연구》, 한울아카데미, 2004, 175~177쪽

의 경로도 마련되었다.

　여기서 가장 먼저 거론할 음악 공간은 음악감상실이다. 음악다방이나 뮤직홀로도 불렸던 음악감상실이 발달한 것은 당시 음악 소비 환경 때문이기도 하다. 1960년대 무렵까지는 음악을 감상하기 위한 하드웨어('전축')와 소프트웨어(LP)가 가정 내에 구비되지 못하는 경우가 많았기 때문에, 음악 수용자들(특히 청소년)이 레코드 음악을 보다 편하고 자유롭게 경험할 수 있는 공간은 가정 외부에 존재할 수밖에 없었다. 그중에서도 (최근 과거 대중음악의 아이콘으로 각광받기도 한) 음악감상실의 대명사였던 세시봉을 들 수 있는데, 이곳은 충무로에서 출발해 1963년 무렵 무교동(실제로는 서린동)에 자리를 잡았다. 그 외에도 디쉐네(종로 YMCA 건물 뒤편), 뉴 월드(관철동), 아카데미(태평로의 아카데미 극장 2층), 시보네(명동극장), 메트로와 아폴로(광교 근처) 등이 있었으며, 낙원동 근처의 르네상스 등은 클래식 중심의 음악감상실이었다. 명동, 종로, 충무로 등 서울의 도심에 집중적으로 발달했던 이러한 '대형' 음악 감상실은 1960년대 중반 전성기를 맞으며 음악의 감상과 소비에 중요한 영향을 미쳤다.

　음악감상실 DJ를 통해 성공을 거둔 몇몇 인물들은 이후 라디오 DJ를 필두로, 텔레비전 쇼 PD, 언론사의 문화부 기자, 팝 칼럼니스트, 음반회사의 문예부장 등의 역할을 맡으면서 1970년대 이후 대중음악 산업과 문화를 움직이는 주요한 배후가 되었다. 디쉐네 출신의 최동욱은 라디오 스타 DJ로 이름을 날렸고, 세시봉의 '지배인'이던 조용호는 라디오 PD를 거쳐 TBC-TV에서 쇼 PD로 활약했으며, 아카데미 출신의 지명길은 신세기 레코드의 작사가, 오리엔트 프로덕션의 문예부장 등의 활동을 통해 음악 생산에 직접적인 영향을 미쳤다. 이종환이나 박원웅 역시 음악감상실 DJ를 거쳐 라디오에 입성하였고 직접 음악 공간을 운영하는 등 한 시대를 풍미했다. DJ 출신은 아니지만 이백천과 서병후는 각각 포크와 그룹 사운드의 막후 후원자가 되었다.

　이후에는 음반을 재생하는 음악감상실에서 한 걸음 더 나아가 음악을 직접 연주하는 공간들도 탄생하게 된다. 이른바 '생음악 살롱'으로 불린 공간이 그것인데 당시 대중음악에 종사했던 가수나 밴드, 연주자들의 라이브 연주 공간으로 자리잡았다. 생음악 살롱은 1960년대 후반 무렵에 이르러 크게 성행했는데, 1964년 무렵 미도파 살롱은 그 선두주자로 손꼽힌다. 이후에는 '젊은이의 성지'로 추앙되었던 오비스 캐빈(코스모스 살롱)을 필두로 포 시즌스, 라스베이거스, 실버 타운, 샌프런시스코 등이 서울 명동, 소

● OB's Cabin과 Four Seasons의 광고

공동, 무교동 등지에 밀집했다. 그 외에도 라틴 쿼터, 아마존, 가자가자, 가젤, 나라니, 나하나, 뗏목, 또또와, 로즈가든, 바캉스, 벌판, 빠삐용, 오라오라, 이브, 원두막, 웨스턴, 파노라마, 파랑새, 프린스, 팽고팽고, 해피타운 등 수많은 살롱들이 창궐하여 1970년대 중반까지도 문전성시를 이루었다.

한편, 1970년대 초 급부상한 새로운 음악 공간은 고고 클럽이다. 고고 클럽은 한 마디로 '생음악이 연주되는 댄스클럽'이다. 라이브 연주를 바탕으로 춤을 출 수 있는 공간이라는 점에서 일반 나이트클럽(또는 카바레)과 유사하지만 이는 중장년층 중심의 공간이었던 반면, 고고 클럽은 청년이 주축이 된 공간이었다. '최초의' 고고 클럽이라 하면 조선호텔 투모로우를 언급할 수 있겠지만, 외국인들이 주로 출입하는 공간이었기 때문에 한국인을 대상으로 했던 최초이자 '본격적인' 고고 클럽은 닐바나라 할 수 있다. 서울 회현동의 오리엔탈 호텔에 1971년 개장한 이 곳에 대해서는 영화 '고고 70'(2008)에 묘사되어 있는데, 가

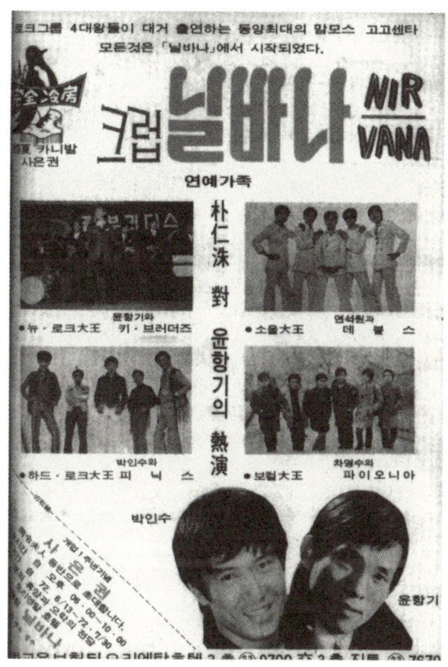

● 고고 클럽 닐바나의 광고

상과 허구를 기반으로 하고 있기는 하지만 이를 통해 그때의 감흥만은 상상해 봄직하다. 그 뒤를 이어 풍전호텔(인현동), 로열호텔(명동), 타워호텔(장충동), 센트럴호텔(을지로 3가), 라이온스호텔(무교동) 등에 많은 고고 클럽들이 탄생하면서, 이 곳에서 연주하던 '그룹 사운드'라 불린 밴드들과 함께 한 시대를 풍미했다.

이상의 공연 무대들을 통해 알 수 있는 것은 당시 음악 산업에서 '레코딩'보다는 '실연'이 실제로 더 중시되었다는 점이다. 가장 많은 이력을 쌓은 음악인의 최후 경로가 음반 발매이기는 했지만, '밤무대'를 위시한 공연 업소에 비해 음반을 통한 수익은 별로 많지 않았다. 이는 음반 레코딩과 관련된 제도와 산업 등이 아직 발전하지 않은 상황의 반영이기도 했다.

그렇지만 생음악 살롱이나 고고 클럽은 1970년대 중반 이후 정부의 주기적 단속과 법률적 규제로 인해 점차 쇠퇴하게 되었다. 디스코의 시대로 들어서면서 그룹 사운드가 연주하는 '밤무대'들도 급격히 사라져갔다. 1979년 제2차 석유파동은 이에 일침을 가하는 수순이었다. 이제 몇몇은 성인용 나이트클럽이나 카바레로 업종을 변경하거나, 밴드의 라이브 연주가 아니라 DJ가 음반을 재생하는 디스코텍으로 변모했고, 그룹 사운드와 그들이 섰던 '밤무대'들은 역사 속으로 퇴장하게 된다(상징적이게도 1979년 오비스 캐빈이 문을 닫았다).

끝의 시작

1970년대 중반은 정치적으로 '긴급조치', 경제적으로 '석유파동'으로 인해 위축된 시기였다. 가요정화운동으로 검열과 규제가 난무하던 끝에 1975년 대마초 파동은 대중음악 산업에 큰 타격을 입혔다. 사전검열 제도가 퇴폐와 불온 등의 명목 하에 수많은 음악과 음악인들이 작품 활동을 금지했는데 여기에 대마초 파동은 음악인의 활동 자체를 금지해버린 것이다.[7] 요약하면 정부의 규제와 억압적 정책, 경제적 침체로 인해 음반, 공연, 방송 등이 위기에 처한 반면, 전자산업이 발달하고 TV나 오디오 등 하드웨어 보급이 증가하였으며 음악을 둘러싼 테크놀러지가 변화하면서 음악산업은 새로운 국면을 맞이하게 된 것이다.

이후 그룹 사운드의 생존자들 일부는 안타 프로덕션을 통해 이른바 트로트 고고 노래들을 발표하면서 공전 상태가 된 방송이나 공연 무대를 장악했다. 대학생 그룹 사운드들은 대학생 가요제 같은 방송사의 행사를 발판으로 주류에 진출하기 시작했다. 반면 포크 생존자들의 일부는 1975년 이후 대중적인 활동에 제약을 받자 김도향과 윤형주의 서울오디오, 강근식의 강프로덕션 등처럼 광고 음악 회사를 차리거나 이를 위한 작곡을 통해 대중음악산업 언저리에서 활로를 모색하기도 했다. 이는 점차 급증하고 있던 방송 매체의 영향력과, 상품 개발 및 판매 시장의 형성과 맞물린 결과이기도 하다. 또한 이장희는 반도패션 매장을 운영하면서 락컴퍼니와 랩스튜디오에 공을 들여 후배 뮤지션들을 양성하는 데 큰 역할을 했다. 양병집은 신촌 지역에 음악 관련 업소를 열어 후배들이 설 공간을 마련했다. 이처럼 열악한 환경 속에서도 한국의 음악산업은 흥망성쇠를 거듭하며 또 다른 시작을 예비하고 있었다. **SOUND**

---

7 이러한 정치·사회적 상황은 한국 대중음악산업에 큰 반향을 일으킨 중대한 요인이었음에는 틀림없다. 물론 1966년 시작된 예술윤리위원회(예륜), 1976년 시작된 공연윤리위원회(공륜) 등 국가 권력에 의해 시행된 통제적 정책과 억압적 제도만을 강조하게 되면, 수난사적인 관점으로 대중음악 산업과 역사를 바라보게 되면서, 여러 다른 것들을 놓치게 될 여지가 있다. 그런 점에서 이 당시의 산업을 바라볼 때 정치, 사회, 문화, 경제 등 다방면의 잣대로 살펴야할 것이다.

1980년대
한국 대중음악
엔터테인먼트산업

컬러TV 방송 시작과 팝송의 영향력 하에서 음악시장의 내용들도 세분화, 다양화 됨

80년대 당시의 대중음악계는 지금과는 달리 아무래도 소위 '팝송(Popular Music)'이라 불린 외국의 히트곡들과 팝 스타 및 밴드들의 영향력이나 인기가 대중적으로도 최고조에 달하던 시기였다. 마침 80년대 새로운 문화와 변화를 대변하는 매체인 MTV가 1981년 8월 1일에 역사적인 개국을 하며 듣는 음악에서 보는 음악으로의 획기적인 변화를 주도한 시기였기 때문에 우리의 대중음악계 역시 그 영향력에서 자유로울 수는 없었다. 80년대의 초의 팝 음악계는 크게 본다면 '댄스 뮤직(Dance Music)'과 '뉴웨이브 뮤직(New Wave Music)'의 시대'라고 볼 수 있는데, 70년대 중반에 시작되어서 전 세계를 집어삼켰던 '디스코(Disco)'가 급격히 수명을 마치게 되면서 그 핵심은 80년대풍의 댄스 뮤직에 편입됐다. 뉴웨이브 장르의 경우는 역시 70년대 후반 전성기를 보낸 펑크 록(Punk Rock)이 소멸에 가까운 행보를 보이게 되자 아예 이름도 바꾸고 스타일도 확장해서 전자음악 양식까지 받아들인 새로운 80년대형 펑크 밴드들이 뉴웨이브 사조를 이끌었다고 봐도 무방할 것이다. 팝송의 영향력 하에서 우리 대중음악시장의 내용들도 세분화 되고 다양해지기 시작한 시기가 바로 80년대라 볼 수 있다. 컬러시대를 맞은 음악 팬들에게는 선택의 폭이 넓어진 셈이었고, 가수나 밴드들에게는 개성이 뚜렷하게 부각되며 새로운 시도를 할 수 있는 적기이기도 했다.

성우진 | 대중음악평론가, 방송작가

Led Zeppelin 팬클럽, 음악동호회 Swan Song Club 회장 출신. 팝칼럼니스트, 음악평론가, 방송작가, 공연기획자, 대학교 강사 등으로 활동 중. 대중음악/팝 전문지 F.A.M.O.U.S., Music Land, Hot Music, MIX, World Pops, Rockit, Sub 편집장 역임. 로큰롤 코리아, 부산국제록페스티벌 등 음악 페스티벌 및 공연을 기획/진행했고, 2005년부터 건국대학교 예술학부 전공선택 'Rock 음악의 이해' 강사를 맡고 있다. 사단법인 라이브음악문화발전협회 감사와 한국대중음악상 운영위원을 맡고 있다.

제5공화국의 문화정책과 '국풍' 행사

　1979년 1026사건과 1212사태, 1980년 517쿠데타에 이은 518광주민주화운동 등 사회적으로 극심한 혼란과 동요가 있은 가운데 '제5공화국'은 출범하게 됐고, 전두환은 제 11대 대통령이 됐었다.

　오로지 수출 지향 정책 속에서 이미 1977년부터 컬러TV를 만들어서 수출하고 있었던 대한민국이었고, 아울러 방송사들도 컬러텔레비전 방송을 할 수 있는 능력은 있었지만 박정희 대통령의 반대로(과소비 조장 및 계층 위화감 조성을 이유로 반대했다는 설과 컬러TV 관련 부품들이 대부분 수입품이라서 무역 역조를 우려한 것이라는 견해도 있다) 미뤄두고 있다가 1980년 12월 1일에 KBS 1TV에서 처음 시험방송을 한 컬러TV 방송은 1980년 12월 22일부터는 KBS 2TV와 MBC로까지 확대됐다. 이후에 완전한 컬러텔레비전 방송은 1984년에 할 수 있었지만 일단 그 시작은 제5공화국이 내세운 '3S정책'과 맞물려 펼쳐졌다고 봐야 할 것이다. '3S'는 스포츠(Sports), 섹스(Sex), 스크린(Screen)을 그 내용으로 하며, 제5공화국 정부가 국민들의 관심을 스포츠와 엔터테인먼트 쪽으로 돌리게 만들어서 반정부적인 성향이나 불만거리, 정치와 사회적 문제 제기를 약화시킬 목적으로 시행한 여러 가지 우민화(愚民化) 정책들을 아울러 이르는 표현이라고 이해하면 된다.

　정말 놀라울 정도로 체계적, 연속적이며 교묘하게 진행됐다고 봐도 좋을 정도인 이 80년대의 '3S정책'은 우선 '스포츠(Sports)' 쪽에서는 1981년에 1988년 하계 올림픽과 1986년 아시안게임을 서울에 유치시키며 나라를 경축 분위기로 몰아갔다. 바로 이어 1982년에는 프로야구 출범, 계속해서 프로축구 출범(1983), 프로씨름 출범

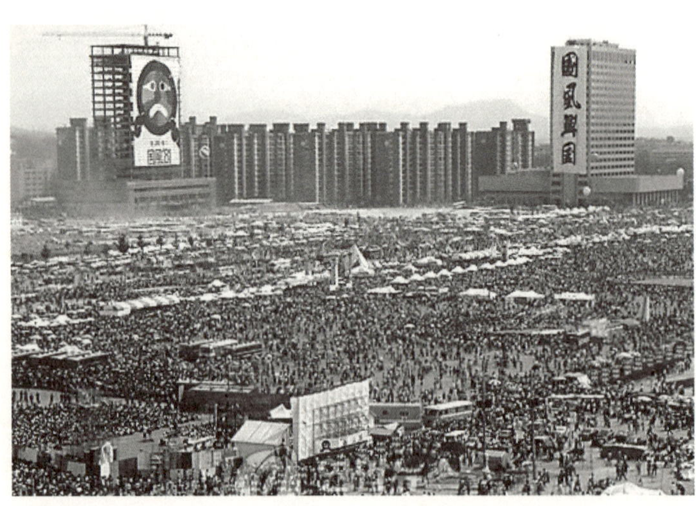

● 국풍81 여의도광장

● 국풍81 포스터

(1983), 이어 농구대잔치 출범(1983)까지 이어지게 된다. 이어 두 번째 '섹스(Sex)' 항목으로는 1982년에 야간 통행금지가 시행된 지 무려 37년 만에 해제시켰지만 이로 인해 성매매 업소들과 선정적이고 퇴폐적인 고급유흥주점들이 늘어나는 부작용이 늘게 된다. 게다가 VCR플레이어와 포르노 테입들이 대중들에게 전파되었다. 1980년 컬러텔레비전 방송이 전국적으로 시작된 것을 필두로 하는 '스크린(Screen)' 항목에서는 1982년에 그 첫 편이 제작되어 흥행에도 성공을 거둔 에로 영화물 시리즈의 대명사가 된 '애마부인'을 비롯한 비슷한 유형의 시리즈 영화들도 빼놓을 수 없을 것이다.

거기에 같은 맥락의 정책 및 조치들이 확장되어 '6S 정책'으로 불리기도 했는데, 그 추가된 내용으로는 'Sake(이익이라는 의미지만 이기주의를 뜻한다)', 'Speed(빠르게 발전하는 기술 및 변화하는 문화에 빠져 정치적 관심을 멀게 함)', 'Service(러브호텔, 안마방 등 여러 유형의 향락 서비스를 뜻함)'가 있다. 여기에 그 하이라이트 격은 518광주민주화운동 1주년을 맞아 일어날지도 모를 반정부 운동이나 시위 등을 차단하고 대중들의 관심을 돌리기 위해 여의도에서 대대적으로 벌어졌던 '국풍81'이라는 대형 야외 문화행사였다.

1980년 언론 통폐합이 시행된 후, 1979년 동양방송(TBC)에서 주최했던 '제1회 전국 대학생 축제 경연대회'를 KBS로 옮기게 되면서 그 두 번째 행사를 추진하다가 당시 청와대 정무1비서관 허문도의 지시로 작은 방송사 축제가 '국풍'이라는 이름을 달고 대규모 행사로 확대된 것이다. "새 歷史(역사)를 創造(창조)하는 것은 靑年(청년)의 熱(열)과 意志(의지)의 힘이다"라는 캐치프레이즈를 내걸고 여의도광장과 한강둔치 일대에서 5일 밤낮동안 행사가 진행되었는데, 여의도 일대는 차 없는 거리로 지정되었고, 행사기간 동안에는 특별히 야간통행금지도 일시 해제됐을 정도였다. 이 행사에는 전국 198개 대학의 6천여 명 이상의 학생들과 일반인 7천여 명이 참가해서 민속문화를 중심으로 한 각종 공연, 대회, 장터 등이 마련되었다. 이 행사에 동원된 인원은 16만 명이었다고 기록되어 있으며, 그 5일간 행사를 보기 위해 여의도를 찾은 인원은 6백만 명(행사본부 측 추산으로는 1,000만 명으로 집계됨)에 달했다고 한다. 겉으로 내세운 민속문화 보다는 역시 저녁시간에 펼쳐졌던 가요제가 큰 인기를 끌었는데 〈바람이려오〉라는 곡으로 수

● 국풍81 음반 1

● 국풍81 음반 2

● 프로야구 개막 1982년

상한 이용은 국풍이 배출한 대중적 스타가 되어 이후 80년대를 대표하는 가요계 스타들인 조용필, 이선희 등과 더불어 어깨를 겨룰 정도의 인기를 누릴 수 있게 된다.

컬러TV 방송 시작에 이은 엔터테인먼트산업의 변화와 달라지는 대중음악계

놀라움과 감탄이 섞인 탄성들과 이야깃거리들이 쏟아져 나오며 1980년 12월 1일 대한민국 전 지역 전자제품 매장의 쇼윈도 너머 주변에는 많은 인파들이 운집하게 된다. KBS1에서 이날 오전 10시 30분부터 '수출의 날' 기념식을 국내 최초의 컬러 방송으로 송출했기 때문이었다. 이후부터 KBS1에서는 하루에 세 번씩 시험방송을 실시했다. 이어 12월 말에는 각 방송사 프로그램의 80% 이상이 컬러로 바뀌게 된다.

이렇게 시작된 우리나라의 컬러TV 방송은 세계적으로는 상당히 늦은 편이었던 81번째로 시행된 것이었고, 상대적으로 북한보다도 6년이나 늦은 상황이었다고 한다.

● 컬러TV방송 개시 1980년

● MTV

당연히 흑백화면에 길들여져 있던 대다수의 시청자들은 거의 충격에 가까운 '색채의 혁명'을 경험하게 되었는데, 집에서 천연색으로 영화와 쇼, 코미디 등을 볼 수 있게 되었기 때문에 극장들이 문을 닫게 될 것이라는 분석들도 나올 정도였다고 전해진다. 도입 초기에 컬러TV의 영향은 산업적인 면을 뛰어넘어서 일반적인 생활 전반에도 '컬러화'라는 신조류를 만들어내며 생산과 소비를 모두 변화시킨 것으로 평가받는다. 즉, TV 프로그램들과 광고 등에 등장하는 상품이나 출연자들의 옷과 장신구, 메이크업이 컬러 방송 화면에 맞게 화려해지고 다양해졌기 때문에 평범했던 국민들의 생활에도 대대적인 컬러 바람과 유행이 불기 시작했던 것이다. 결국 고급화와 다양화로 컬러TV의 영향력은 확산되기 시작했다.

80년대 당시의 대중음악계는 지금과는 달리 아무래도 소위 '팝송(Popular Music)'이라 불린 외국의 히트곡들과 팝 스타 및 밴드들의 영향력이나 인기가 대중적으로도 최고조에 달하던 시기였다. 마침 80년대 새로운 문화와 변화를 대변하는 매체인 MTV가 1981년 8월 1일에 역사적인 개국을 하며 듣는 음악에서 보는 음악으로의 획기적인 변화를 주도한 시기였기 때문에 우리의 대중음악계 역시 그 영향력에서 자유로울 수는 없었다. 80년대의 초의 팝 음악계는 크게 본다면 '댄스 뮤직(Dance Music)'과 '뉴웨이브 뮤직(New Wave Music)'의 시대'라고 볼 수 있는데, 70년대 중반에 시작되어서 전 세계를 집어삼켰던 '디스코(Disco)'가 급격히 수명을 마치게 되면서 그 핵심은 80년대풍의 댄스 뮤직에 편입됐다. 뉴웨이브 장르의 경우는 역시 70년대 후반 전성기를 보낸 펑크 록(Punk Rock)이 소멸에 가까운 행보를 보이게 되자 아예 이름도 바꾸고 스타일도 확장해서 전자음악 양식까지 받아들인 새로운 80년대형 펑크 밴드들이 뉴웨이브 사조를 이끌었다고 봐도 무방할 것이다. 남성들의 진한 메이크업이나 거의 여성들의 의상에 가까운 패셔너블한 파격 등이 외국에서는 트렌드이자 조류였지만 우리나라에서는 당시의 정치적 상황이나 사회통념상, 그리고 방송사들의 다소 딱딱한 분위기 속에서는 '뉴 로맨틱스(New Romantics)' 사조라든지 전자악기를 중심으로 한 파격적인 '신스팝(Synthpop)' 계열의 밴드들이 등장하기엔 무리가 있었다. 팝송의 영향력 하에서 우리 대중음악시장의 내용들도 세분화 되고 다양해지기 시작한 시기가 바로 80년대라 볼 수 있다. 컬러시대를 맞은 음악 팬들에게는 선택의 폭이 넓어진 셈이었고, 가수나 밴드들에게는 개성이 뚜렷하게 부각되며 새로운 시도를 할 수 있는 적기이기도 했다.

뉴웨이브 시대를 맞아 록 밴드들이나 스타일들은 보다 대중적이면서 다양하게 진화되었고 댄스 뮤직 계열의 발전은 실로 눈부신 편이었다. 70년대에 비한다면 사운드 및 녹음기술 면에서도 놀라운 발전을 거듭했고 음악이 다양해지다 보니 가수들도 제각각의 개성을 발휘할 수 있었다. 바로 이 시기부터 가수들은 노래만 부르는 사람들이 아닌 하나의 상품이자 대중적 스타로 인식되기 시작했다고 볼 수 있다. 그저 가수는 노래만 잘 부르면 최고라는 인식은 사라지고 시각적인 측면은 물론이고 댄스 실력과 의상 컨셉 및 패션도 부각되기 시작했다.

80년대부터 가수나 그룹, 밴드의 이름은 각각 브랜드 역할을 했고 마케팅 방법과 홍보 개념이 연구되며 이전의 주먹구구식 매니지먼트에서 일부 탈피를 하기 시작했다고 보여진다. 게다가 요즘에는 흔히 '빠순이'로 표현되기도 하는, 체계적 팬덤의 시초이자 '오빠부대'로 불린 대규모에 조직적인 면을 갖춘 팬클럽 문화가 본격적으로 태동했던 시기이기도 하다. 그야말로 '오빠'의 대명사인 조용필을 필두로 전영록, 이용 등의 가수가 등장하면서 오빠부대가 생성되기 시작했고, 이어서는 그야말로 꽃다운 오빠들이었던 〈스잔〉의 김승진, 그리고 라이벌 격으로는 〈경아〉의 박혜성 등이 이 '오빠부대' 열기를 이어가게 된다. 이런 사이에 역시 어린 나이에 댄스 스타로 자리매김한 김완선이 '한국의 마돈나'라는 표현으로 불리게 된다. 그리고 국내 아이돌 댄스 그룹의 시초라 볼 수 있는 소방차가 1987년에 데뷔하며 절정에 이르는 가운데 이어 남성 댄싱머신이란 칭호를 얻은 박남정도 그 인기 대열에 합세했다. 그야말로 완벽하게 보여주는 매력이 더 강한 가수들과 그룹들이 앞으로 가요계에 펼쳐질 새로운 변화를 예고했다고도 볼 수 있을 것이다.

한편으로는 강변가요제 출신으로 보이시한 매력까지 겸비했던 이선희와 이상은 같은 경우는 여성 팬들에게도 인기가 많아 '언니부대'를 몰고 다닌 특별한 경우라 할 수 있으며 70년대 김추자의 가창력과 무대 매너, 댄스 실력 등을 이어가는 여성 스타들로는, 록과 뉴웨이브 스타일 등을 과감하게 접목해냈던 여성 트로이카 이은하, 윤시내, 나미가 80년대에 그 절정기를 맞았었다고 평가할 수 있을 것이다. 외국에서도 겨우 시작되어 자리잡아가기 시작하던 뮤직비디오의 존재와 역할이 더욱 생경할 수밖에 없는 국내 상황 속에서도 공중파 방송의 쇼 프로그램들을 중심으로 각 가수들의 히트곡 가사를 바탕으로 하는 그야말로 솔직하고 원초적인 뮤직비디오 형태들이 만들어져 선보여지기도 했다. 직접 해당 가수들이 출연하고 노래 가사의 내용과 거의 맞춰서 촬영되는 그 내용들은 지금 생각해도 약간 손발이 오글거리며 웃음을 터뜨리게 만들었던 것 같다. 하지만 미국 MTV에서 방영되는 뮤직비디오들도 어색한 표정과 몸짓으로 직접 가수들과 밴드들이 출연하는 뮤직비디오들이 많았으니 지금과는 참 많이 다른 시기이기도 했다.

다양성의 시대 – 음악전문지, 음악전문방송, 음악성 중심의 레이블들

음악전문지

컬러TV 시대가 개막되며 비주얼이 중심이 되기도 하는 음악들이 대중들에게 어필하기도 했으나 아직 PC통신이라든지 인터넷은 전혀 없던 순수 아날로그 시대가 바로 80년대이다.

지금 우리나라의 음악전문지들은 거의 사라지고 웹진 형태로 이어지며 존재하고 있지만 80년대에 음악 좀 좋아하고 듣는다는 팬들에게 있어 가장 전설적인 인기와 영향력이 있었던 매체는 70년대에 이어 꾸준히 동대문구 용두동 사무실에서 발행된 '월간팝송'이었다. 특히 80년대 초에는 음악 팬들 사이에서는 거의 연예인 못지않은 지명도와 인기를 누리던 스타 팝칼럼니스트 전영혁이 편집장이던 시절이다. 80년대 들어 세 차례나 판형이 바뀌며 발행됐고 1987년에 폐간될 때까지 당시 Led Zeppelin의 국내에서의 위상이라든지 프로그레시브 록의 국내 열풍, 들국화와 김광석 등 라이브 위주 뮤지션들의 활동, 그리고 국내에 헤비메탈 장르가 자리 잡는 데에도 지대한 영향을 끼쳤다. 당시의 통신란을 통해서 많은 음악 팬들과 뮤지션들이 교류했음은 물론이고 각 밴드들의 멤버 모집, 음악 동호회나 팬클럽 등의 회원 모집은 월간팝송 지면을 통해 이뤄질 수 있었다. 아마도 이 월간팝송이 아니었다면 오늘날 우리가 알고 있는 많은 국내 록 밴드의

● 월간팝송

결성 과정이나 멤버들이 달라질 수도 있었으며 '음악아카데미연구회', '하모니', '스완송' 등의 영향력 있던 음악동호회들도 창단될 수 없었거나 유지가 힘들었을지도 모를 일이다. 그리고 월간팝송을 마음에 품고 음악 일에 뛰어들 꿈을 갖기 시작한 현재의 많은 대중음악평론가들이나 음악전문 기자들의 진로도 바뀌었을지 모른다. 게다가 내한공연이나 프로모션 방문조차 흔하지 않던 그 시절에 파고다예술관에서 월간팝송사 주최로 벌어지던 레이저디스크 감상회는 그야말로 가뭄의 단비 같은 존재로 내한콘서트 부재의 공백을 메워주기도 했었다.

골수 음악 팬들에게는, 거대 매체가 작은 음악잡지 시장에 뛰어들어 결국 월간팝송을 폐간 시킨 원흉으로 기억이 되기도 하지만 중앙일보사 계열 잡지로 창간된 '음악세계(이후 판형이 바뀌면서 이름도 Music City로 바뀌게 된다)'는 한동안 라이벌 관계로 월간팝송과 대결을 펼쳤다. 하지만 내용 면에서는 이후에 '핫뮤직'과 'GMV'의 차이와 관계처럼, 음악세계는 표지에서부터 그 차별성을 확실히 두었다. 주로 대중적인 팝 스타와 비주얼이 강한 팝 스타일 뮤지션들이 주로 다뤄지는 가운데 일부 마니아적인 기획기사 및 코너들이 주목을 받는 형태였다. 서로 지향점이 확실했다고나 할까. 그 외에 가요전문지들은 국내 가요 기사들을 위주로 편집되고 팝이 구색처럼 채워지는 '뮤직라이프'의 독주 속에서 가수들의 멋진 사진과 화보들이 중심이 되는 '포토뮤직'이 뒤늦게 창간되기도 했었는데, 이 잡지는 당시 '하이틴' 등 중고 여학생들을 대상으로 하는 잡지 등과 경쟁을 하며 새로운 시장을 개척하고 확대해 나가기도 했었다.

중앙일보사에서 발행하던 'Music City' 마저 폐간되고 나서는 국내에 마땅히 대표성을 띄며 내놓을 만한 전문음악지가 부재하던, 음악 마니아들에게 있어서는 마치 암흑기와 같았던 시기가 있었다. 그런 가운데 음악동호회에서 내놓던 마스터 인쇄의 열악한 상태의 회지들이 잡지를 대신하던 때도 80년대이다. 하세민을 중심으로 발행되던 '하모니'와 '뮤직피플'과 스완송 클럽의 회지였던 'The Song Remains The Same' 그리고 하세민이 시작은 했지만 이내 여상관이 물려받아 발행하게 된 K.H.M.C.의 'Metal News' 등이 그랬었다. 이후 하세민 측근과 필자의 측근이 합쳐져 신나라레코드의 지원으로 컬러 인쇄라는 획기적인 방식으로 발행되던 'F.A.M.O.U.S.(For All Mania Of Underground Sound)'는 3호까지 발행한 이후 재정난으로 사라지게 된다.

이후 정식 음악전문지로써 그것도 획기적으로 '음악을 직접 하는 이들과 뮤지션을 위한 잡지'임을 표방하며 일본의 음악전문지 그룹인 리토 뮤직과 제휴를 맺은 'Music Land'가 만들어져 유지되다가, 우여곡절 끝에 당시 뮤직랜드의 주요 편집진들이 모두 당시의 서라벌 그룹으로 옮겨 가서 창간하게 된 국내 최장수 전문음악지였던 '핫

● 뮤직피플

뮤직(Hot Music)'은 1990년 11월호를 그 첫 호로 창간하게 된다. 이후 핫뮤직을 함께 만들던 조성진이 다시 돌아가 편집장을 맡아서 뮤직랜드는 더 발행되기도 했으며, 그런 와중에 하세민의 뮤직피플도 정식 잡지로 창간되었었지만 오래 유지되지는 못 했었다.

음악전문방송

현재 대한민국 내에서 팝 음악을 위주로 방송되는 대표적인 음악 프로그램은 '배철수의 음악캠프'이지만 80년대에는 공중파 방송을 통해서도 더욱 실험적이고 다채로운 전문 음악 방송들을 포함하여 팝송 전문 프로그램들이 인기를 끈 시기였고, 대체적으로 팝 음악의 방송 빈도가 현저하게 높은 편이었다. 가장 범 대중적인 프로그램으로는 MBC 라디오의 '별이 빛나는 밤에'가 있던 시절이지만 지금처럼 애매하게 표준FM이라는 주파수 개념이 아니라 확실하게 AM과 FM 구별이 있은 시기였다. 현재도 라이벌로 불리기도 하지만 각기 오후 2시라는 골든 시간대를 지킨 DJ들은 김광한과 김기덕이었다. '김광한의 팝스 다이얼'과 '김기덕의 2시의 데이트'는 워낙 프로그램의 인기도 대단했지만 각 DJ와 프로그램 이름을 내걸고 얇은 책자 형태로 인쇄되어 배포되던 무가지 개념의 정보지들은 잡지 이상의 역할을 톡톡히 해냈었다. 각기 금강제화 대리점과 인켈 대리점을 통해서 배부되던 이 무가지들이 발행되는 날에는 그 두 대리점마다 줄이 늘어서는 진풍경이 연출되기도 했었다.

그리고 저녁시간의 인기 진행자로는 아나운서 출신의 황인용을 빼놓을 수 없다. DJ 황인용과 음악전문 PD로 불리던 이진규 그리고 매일 번갈아가며 초대되는 이양일, 전영혁, 이강열 등 당시의 팝 전문가들이 골라서 들려주는 곡들을 듣기 위해 팝 마니아들은 이 '황인용의 영팝스'라는 프로그램에 집중했었다. 게다가 DJ 황인용이

● 전영혁의 음악세계

직접 광화문의 전문 레코드점에서 구입해서 주는 상품이었던 원판(오리지널 LP)은 상당히 매력적이었다(필자 역시 '엽서 DJ'라는 코너에서 월장원을 차지하며 당시에 받았던 두 장의 오리지널 LP를 아직도 소중히 간직하고 있으며, 그 일로 인해 지금의 직업을 갖는 데 큰 용기와 확신마저 가질 수 있었다).

그 외에 좀 더 획기적인 전문 프로그램으로는 MBC-FM에서 주최한 전국대학생 DJ 콘테스트 1회 대회에서 '복수했습니다!~'라는 인상적인 수상소감

과 함께 대상을 차지하며 심야의 전문방송 진행을 하게 된 성시완이 진행한 '성시완의 음악이 흐르는 밤에'를 꼽을 수 있다. 이 프로그램을 통해 음악 마니아들은 그 희귀한프로그레시브 록/아트 록 음반들의 매력에 빠져들 수 있었다. 그리고 결정적으로 1986년 4월에는 전영혁이 KBS 2FM을 통해 '25시의 데이트'로 시작한 상징적인 심야 전문방송은 이후 '전영혁의 음악여행' 등으로 이름이 바뀌다가 '전영혁의 음악세계'로 오랫동안 사랑받으며 음악 마니아들은 물론이고 뮤지션 및 뮤지션 지망생들의 필청 프로그램이 되었다. 현재 '한국 대중음악 100대 명반'에 오른 주요한 앨범들과 하드 록, 헤비메탈, 프로그레시브 록, 재즈 등 다양한 장르들의 국내 뮤지션 및 밴드들도 이 프로그램을 통해 소개되고 알려지며 지금에 이를 수 있는 초석을 쌓았던 것만은 분명하다.

역시 전문 음악프로그램 진행자답게 성시완은 이후에 'Art Rock'이라는 정식 전문지의 초석이 되는 'Underground Papyrus'를 비매품으로 발간하기도 했었고, 전영혁 역시 '음악세계'에서 인기를 얻은 곡 순위와 앨범들이 담긴 비정기 인쇄물을 배포해서 좋은 자료 역할을 하게 해주었다.

음악성 중심의 레이블들

한편으로 음악성과 앨범의 가치에 우선 하는 전문 레이블들도 빼놓을 수 없을 것이다. 광화문을 중심으로 도매상 역할까지 하던 광화문 레코드, 박지영 레코드와 크게 연관 관계를 갖고 있던 동아기획은 현재의 구세군회관 근처에 독특한 외관의 예쁜 사무실을 열어놓고 있었다. 확실하게 앨범 재킷 디자인 및 그 내용 면에서도 주관이나 그 질적 내용이 우선이었던 동아기획의 발매작들은 잘 아시다시피 대한민국 대중음악 역사를 좌지우지 하는 명반들이 가득하다. 우수한 컴필레이션 [우리노래전시회]를 비롯해 김현식, 들국화, 김현철, 봄여름가을겨울, 시인과 촌장, 김두수, 이원재 등 일일이 꼽기에도 벅찬 뮤지션들의 음반들이 동아기획을 통해 발굴되고 음반화됐었다. 상대적으로 동아기획의 라이벌로 불리기는 하지만 역시 만만치 않은 앨범들이 나오던 '하나뮤직'은 그야말로 뮤지션들이 본위이고 중심이 되던 형태의 이상적인 레이블이었다. 국내의 역량 있는 포크 뮤지션들의 대표 집단이었던 하나뮤직은 조동진, 조동익, 조원익이 중심이 되어 만들어졌기 때문에 일부 뮤지션들은 동아기획과 공유되거나 섞이기도 하지만 초기 시절을 대표하는 3장의 [하나 옴니버스] 앨범들과 후반기에 주로 신인 발굴을 위주로 발매된 [하나 Project 옴니버스]에 참여한 이름들을 살펴보면 이 레이블의 성격을 파악할 수 있게 된다. 대한민국 싱어송라이터들의 산실이자 등용문이라 할 수 있는 '유재하음악경연대회'를 주관해온 중심이 바로 이 하나뮤직이라는 것도 이해에 도움이 될 것 같다.

여기에 더해 마니아들과 음악 관계자들에게는 흔히 '송 스튜디오'로 불려온 (주)송홍섭스튜디오도 **빼놓**을 수 없다. 명 프로듀서이자 조용필의 위대한 탄생 등에서 활약했던 베이시스트인 송홍섭이 1991년에 음반 제작을 겸하는 녹음 스튜디오로 출범시킨 회사였는데, 유앤미 블루의 1집과 2집 그리고 신윤철의 솔로 앨범 2집과 3집, 그리고 삐삐밴드의 앨범 등 만만치 않은 내공과 실적을 지닌 레이블이자 음악가 집단이었다.

얼굴 없는 가수들과 라이브 중심 팀들

일반적인 대중들에게는 막강한 영향력을 발휘하게 된 컬러TV는 가수(뮤지션)들을 이분화 시켜버렸다. 주로 텔레비전을 통해 자주 선보여지는 스타급 뮤지션들과 3S정책과 맞물려 나이트클럽, 카바레 및 가라오케 등 향락업소들의 번창으로, 이 당시부터 전통적으로 자주 사용되었고 사랑받아온 단음계 대신에 장음계 주를 이루고 인상적인 혹이 가미된 전자음악이 사용되었고, 주요 리듬도 고고나 디스코의 춤곡 형태로 바뀌게 된다. 대중들이 따라 추는 국민적인 유행 춤도 이때부터 대중들에게 파고든다(그 내면에는 마이클 잭슨, 마돈나 등 대형 팝 스타들과 당시의 유로 디스코 영향도 컸다). 방송의 전면에는 나미와 박남정, 김완선, 소방차 등 장악을 했지만, 상대적으로 '얼굴 없는 가수'가 될 수밖에 없었던 부류들은 알음알음 전문 매체와 입소문을 타고 퍼지면서 알려지게 된다. 그야말로 콘서트 중심의 가수 및 그룹, 언더그라운드 가수 및 밴드가 활약했던 때도 80년대이다.

당시 엄격했던 텔레비전 방송들의 규제와 제약은 비주얼적이지 않은 가수들이나 밴드들에게는 분명 굴레나 참견처럼 다가왔는데, 그런 덕분에 제대로 된 방송 한번 없이 엄청난 앨범 판매고와 라이브 콘서트가 소문이 나기 시작한 들국화는 전설 그 자체가 될 수 있었다. 들국화 외에도 동물원, 그리고 동물원에서 솔로로 독립한 김광석, 정태춘과 기타리스트이자 포크 가수인 유지연, 그리고 산울림의 김창완을 중심으로 최성수, 임지훈 등이 합세한 꾸러기들, 거기에 시대상으로 얼굴 없는 가수가 될 수밖에 없었던 노래를 찾는 사람들과 이후 여행스케치 등에 이르기까지 소극장을 중심으로 하는 장기공연이 성행되기도 했다. 특히 '100일 콘서트'라는 타이틀을 앞세운 김광석과 꾸러기들은 좋은 본보기와 흥행 실력을 이어가기도 했다.

80년대 초반 각종 대학생 가요제를 바탕으로 등장했던 작은거인과 마그마 뿐만 아니라 해외파로 구성된 무당 등에 이어 본격적인 헤비메탈 밴드들이 앨범을 내놓은 1986년 이후 마치 봇물처럼 터지기 시작한 하드 록/헤비메탈 열기는 수많은 밴드들을 탄생시키며 또 하나의 대중과는 유리된 집단을 형성시키게 된다. 종종 방송에서도 볼 수 있었던 시나위, 부활, 백두산 외의 정통 라이브 지향 헤비메탈 밴드들은 방송 환경에 맞추고 MR을 하느니 더 자유롭고 알찬 무대를 원해 라이브 콘서트로 승부를 하게 된다. 이미 어느 정도 흥행 보장을 받았던 들국화나 김현식, 김광석 등은 주로 체육관을 채울 수 있을 만큼 그 규모가 커졌고 대관에 있어서도 우위에 설 수 있었지만 헤비메탈 밴드들의 사정을 그와 달랐다. 무대만 주어진다면 놀이동산에서 벌어지는 부대행사에도 큰 반응을 받지 못 하며 서는 일이 다반사였고 잦은 멤버 교체와 이합집산 속에서도 록 음악을 위주로 하는 핫뮤직 등의 전문지들이 다시 등장하는 시기까지 꿋꿋이 버티게 된다. 일부 공연장 등에서는 기물 파손과 고출력, 팬들의 복장이나 태도 불량 등 온갖 이유를 대며 대관을 불허했던 가운데 그나마 성지로 불린 파고다예술관을 중심으로 숭의음악당, 인켈아트홀, 연강홀, 신나라 라이브홀 등에서 어렵사리 연합 콘서트나 단독 콘서트를 이어가게 된다. 한때는 그나마 대관을 해주던 장소들조차 난색을 표하며 콘서트 개최가 어렵게 되자 록 콘서트는 거의 파고다예술관으로 집중이 됐었는데 이마저도 문을 닫게 되어 한때 헤비메탈 유형의 공연들은 이태원의 비바 아트홀에서 열리거나 아예 대형화 되어 페스티벌 형식으로 치러지는 형태로 변모하게도 된다.

전문 음반 판매점들과 직배사의 등장

80년대의 음악 마니아들이나 음반 수집가라면 그 누구라도 광화문 원판 가게들에 대한 추억과 세운상가를 중심으로 하는 소위 '빽판'이라 불리던 부틀렉 음반에 대한 에피소드 하나 쯤은 있을 것이다. 광화문 일대에는 흔히 당대의 팝칼럼니스트들이나 전문 방송 DJ들도 드나들던 소규모 형태의 원반 전문점이 꽤 있었다. 대표적으로 트로피 같은 물건도 같이 취급하던 '예음튼튼사'라든지 마니아들과 전문가들의 사랑방 구실을 해주던 '메카' 그리고 높은 가격의 음반들이 많아 원성과 아쉬움을 모두 가져야 했던 '디스크9' 등이다. 그리고 주로 프로그레시브/아트 록 음반을 취급하던 남영동의 '리지' 같은 곳은 이후 성시완 씨가 직접 운영하는 전문 레코드점이 문을 열게될 때까지 악명을 높이고 있었고, 성균관대 입구에는 그 유명한 쌍둥이 형제가 운영하는 레코드점이 알려지던 때이다. 이렇게 광화문 일대나 회현동 지하상가 등의 원반 가게를 드나들 수 있는 것은 일부골수 마니아들이나 어느 정도 형편이 되거나 구두쇠 짓을 해서 음반 값을 확보한 이들이나 가능했었고, 사실 대다수의 음악 팬들이나 학생들은 세운상가 등지의 빽판 가게를 애용했다. 세운상가의 경우, 곳곳에 유혹의 호객 행위와 눈뜨고 보기 힘든 도색잡지와 포르노 테입 판매점들이 마치 지뢰처럼 깔린 비좁은 길을 지나 몇 개의 빽판 가게에 들어갈 수 있었다. 그런 우여곡절과 과정 끝에 확보하고 구한 음반들이니 더 애지중지하며 아꼈던 것은 사실이었고, 그나마도 귀찮거나 굳이 수집 욕구가 없던 이들은 종로와 명동, 신촌, 영등포 등 전문음악다방과 음악감상실에 갔다. 이들은 많이 사라지기는 했지만 80년대까지는 나름

곳곳에 자리하고 있어서 차 한 잔 값이나 맥주 먹을 돈 정도가 있으면 실컷 신청곡을 청해 들을 수 있었다.

그리고 이때까지 정식 라이센스 앨범들로는 지구레코드사에서 CBS와 RCA 레이블의 앨범들을 그리고 라이벌격인 오아시스 레코드사를 통해서는 EMI와 Warner Music 계열의 앨범들이 그리고 성음을 통해서는 Polydor, Mercury, A&M 등 현재의 유니버설 뮤직 계열의 앨범들이 출시되었다. 그러다가 예음에서는 Virgin 및 Chrysalis 레이블의 음반들이 출시되며 Gary Moore, Mike Oldfield, Michael Schenker 등의 앨범 등이 선보여졌고 이후 서울음반이 라이센스 앨범을 내면서는 다시 RCA 레이블을 비롯해 헤비메탈 전문 레이블이었던 Noise의 Helloween 등이 출반되었다.

그러다가 정식으로 직배 체제로 음반사가 국내에 들어온 것은 1989년 5월경 Warner Music Korea가 팝칼럼니스트이자 서울음반 등의 문예부장을 두루 거쳤던 강인중을 대표로 하여 국내에 가장 먼저 자리를 하게 된다. 이어 미국 아이비리그 출신의 대표였던 윤여을 사장을 앞세워 Sony Music이 두 번째로 직배 체제를 가동했고, 다음은 국내의 계몽사와 합작 형태로 특유의 색동무늬 라인이 라이센스 앨범에 인쇄되어 원성이 자자했던 EMI가 강남 계몽사 건물에 들어오게 된다. 이어 BMG와 Universal은 다른 회사 보다는 좀 행보가 늦은 편이었고 이어 삼화비디오와 손을 잡아 '삼포니'로 배급되던 일본의 Pony Canyon 레이블도 직배에 들어가게 된다.

사실 직배 초기에는 여러 가지 내부 사정이나 곡절 속에서 시행착오도 많이 겪었지만 그 중 국내 가요 시장에 가장 먼저 전담 팀을 꾸려 손을 댄 곳은 워너 뮤직이었다. 나름 음악적인 행보로 김광민, 잭리 등의 재즈/뉴에이지 음반을 출시한 데 이어 정경화, 모노 등 다채롭게 가수 및 밴드들과 계약을 맺어 음반 출시가 이어지긴 했지만 이때까지만 해도 LP에서 CD로 넘어가는 과도기인 데다가 팝 음악의 판매가 워낙 좋게 이어지던 때이기도 했고, 팝과는 다른 마케팅과 홍보 방식에 난색을 표한 본사의 입장 등과 부딪혀 국내 대중음악에 대한 계약과 음반 발매는 매우 소극적으로 보이는 상황이 이어졌었다. SOUND

본격적인 대중음악 엔터테인먼트산업의 시작

서태지의 등장과 아이돌스타 시스템 시작, 10대 중심의 음악소비자층 형성

서태지와 아이들의 음악 외적 측면에서 가장 주목되는 부분은 서태지와 아이들(의 성공)이 가져다 준 '음악 시장에 대한 체계화 된 산업적 분석'과 '음악 제작/매니지먼트/팬덤 시스템에 대한 본격적 고찰'이라 할 수 있다. 음악 사업자의 입장에서 난데없는 공룡과도 같은 이들의 등장은 제작 방향 및 시스템에 대한 깊은 고민을 불러 일으켰다. 90년대 초입까지만 해도 우리나라 음반 시장의 주 고객은 10대와 20대를 중심으로 중/장년층까지 아우르는 넓은 연령층이었다. 그런데 신세대가 문화 소비의 중심에 자리하게 된 후 서태지와 아이들이라는 거대한 아이콘이 판세를 뒤집어버렸다. 즉 음악의 주 소비 계층이 중고등학생 중심의 10대로 고착화 된 것이다. 초등학생이 음반을 구매하고 서태지의 브로마이드를 모으는 모습 또한 낯선 풍경이 아니었다. 그야말로 양지에서 컬트적 숭배를 받는 '아이돌'이 탄생한 것이다. 이제 음반 제작자들의 미션은 확고해졌다. 본격적인 아이돌 그룹을 제작하는 것. 전에 없이 높아진 가요의 위상과 스타의 영향력 확산, 그리고 거대해진 자본의 흐름은 자연스럽게 기획사 중심의 제작 시스템의 확립으로 이어졌다. 각 기획사들은 자체 오디션을 통해 신인들을 발굴했고 신세대들의 감각을 손쉽게 매혹시킬 수 있는 비주얼과 자극적인 춤, 밝고 가볍고 즐거운 음악으로 무장된 아이돌 스타들을 만들어내기 시작했다.

김경진 | 대중음악평론가

불어불문학 전공. 약 17년 간 음반사에서 일하며 해외 록/팝/월드뮤직 앨범들을 국내에 발매했고 다양한 국내 가요 앨범들에 대한 투자 및 제작을 담당했다. 음반 해설지와 다양한 지면 매체에 국내/외 대중음악에 대한 글을 썼으며 FM 프로그램에서 세계 각국의 월드뮤직을 소개했다. 더 많은 사람들에게 '좋은 음악'을 소개하는 일을 사명으로 생각하고 있다. 현재 네이버 오늘의 뮤직 필진으로 참여 중이다.

90년대, 변화의 시작

어느 한 '시대'가 지니는 고유의 색채와 향기라는 게 존재한다. 역사책이나 소설, 영화 등에서 보아온, 어른들에게 들었던, 그리고 직접 경험했던 시대 중 유독 어떤 시기에 대한 기억이 마음속에서 강렬한 향취로 남아 있는 경우가 있다. 내게 있어 '1990년대'가 그러하다. 물론 이 시기가 나의 20대와 온전히 일치하기 때문일 수도 있지만 이는 추억에 따른 아련한 그리움이나 '좋았던 시절'에 대한 막연한 동경과는 또 다른 감정이다. 내가 겪은 90년대는 군 생활과 복학, 졸업과 취업, 그리고 음악 업계의 일원이 되어 온 몸을 가득 채우던 열정과 사명감을 지닌 채 한껏 꿈을 꾸었던 시기다. 동시에 때로 포근하고 때로 거칠게 나를 감쌌던 이 특별한 시대는 X세대와 오렌지족으로부터 시작되어 삐삐와 노래방, 소주방, 록 카페, 해외 여행과 어학 연수, 컴퓨터와 PC통신, CD, 일본 애니메이션, 컴퓨터 그래픽과 특수효과, 한국 영화의 진보, 인디 음악, 테크노, 민주주의의 시작, IMF 등을 거친 후 휴대폰의 보급과 '인터넷'으로 방점을 찍으며 모든 것이 달라지게 될 21세기의 준비를 마친 시기로 기억된다.

아주 특수한 정치/사회적 상황 속에서 80년대를 보낸 후 정신 없이 맞이한 대한민국의 90년대를 가득 채운 기운은 누리지 못한 개인적 자유를 만끽하고자 하는 움직임이었다. 부모 세대와 달리 경제적 곤궁함과 거리가 멀었던 청소년과 젊은이들은 본격적인 소비를 시작했고, '민주화'를 외칠 필요가 없어진 시대의 분위기는 학생들에게 사회과학과 철학, 사상과 이념 대신 놀이와 유희, 그리고 신자유주의적 꿈을 강요하고 있었다. 문민정부 출범 이후 학생운동의 자연스러운 소멸, 민간 상업방송 및 케이블 채널의 자리매김과 더불어 선정적이고 자극적으로 진화한 영상매체, 그리고 영화와 음악, 책, 스포츠 등으로 대표되었던 '즐길 거리'의 급속한 발전과 확대가 그러한 분위기에 큰 역할을 하고 있었음은 물론이다. 나이키와 프로스펙스, 청자켓 등으로 대변되던 '패션'의 스펙트럼은 한계를 지니지 않은 채 확장을 이루었고 기존의 문화적 감성과 질서는 세련미와 개성으로 포장된 새로운 가치에 자리를 내주었다.

그 핵심은 '나만의 것'이다. 오랜 군부 독재 체제 속에서 개인보다는 집단의 가치에, 다양성보다는 최선으로 포장된 통일성(획일성)의 가치에 내 이성과 감성을 희생해야 했던 이전 세대와 달리, 90년대의 신세대들은 '나'를 내세울 수 있는 숱한 표출 방식들이 허용되는 시대를 살고 있었다. 어린 시절 길을 가다가도 울려 퍼지는 애국가에 발을 멈추고 천천히 내려오는 국기를 향해 경례를 했던, 야간 통행금지와 등화관제 훈련, 싸리비를 들고 동네 청소를 위해 나서 새벽 공기를 호흡해본 경험을 지닌 젊은이들이 머리를 노랗게 염색하고 찢어진 청바지와 요란한 장식을 한 채 거리를 활보하기 시작했다. 상업적 의도로 시작된 '남들과 다른 나'라는 가치는 90년대를 대표하는 철학과도 같았다. 그들의 꿈은 저 높은 구름 위 또는 형이상학적 세계가 아닌 손을 뻗으면 닿을 수 있는 곳에 물질의 형태로 있었고 그 가치를 위한 소비의 규모는 나날이 커져만 갔다. 기술의 진보, 의식의 변화와 함께 시대는 급속히 진화하고 있었고 사고와 가치 역시 오래 된 옷을 벗고 있었다.

이런 새로운 분위기 속에서 우리의 대중음악 역시 크게 변화할 수밖에 없었다. 80년대의 가요 시장을 채우고 있던 건 편히 들을 수 있는 한국식 발라드와 포크, 단조로운 댄스 음악과 설익은 록 음악, 그리고 트로트가 거의 전부였다. 그러나 정형화된 패턴과 관습적 스타일에서 크게 벗어나지 않았던 단조의 멜로디 중심의 '가요'는 90년대에 들어서며 확연한 진보를 이루었다. '새로운 것'을 받아들이는 대중의 태도 및 적응 속도의 진화, 새로움에 대한 끊임없는 욕구에 의한 결과로 음악은 과거 어느 때보다도 큰 폭의 변화를 필요로 했다. 이러한 시대의 요구는 적어도 우리의 대중음악사에서 가장 큰 음악적 파격과 문화적 파급 효과를 이끌어낸 아이콘의 등장을 가능케 했다. 그리고 우리나라의 음악 업계는 비로소 '산업'의 형태로 안정된 틀을 갖추어가기 시작했다.

서태지와 아이들, 혁명

'1990년대 초반'이라는 시대 상황을 구성하는 바탕은 마치 냄비 속에서 세차게 끓어오르며 뚜껑을 들썩이게 하는 뜨거운 물과도 같았다. 이는 개인에게는 '개성의 표출'과 '자유의 향유'를 위한 의지, 기업의 입장에서는 금광과도 같은 새로운 사업 영역으로 개인들을 끌어들이기 위한 풍요로운 들판이었다. 그 냄비 안에는 당연히 음악도 포함되어 있었다. 기존의 음악이란 것이 동시대인들의 즐거움을 북돋고 아픔을

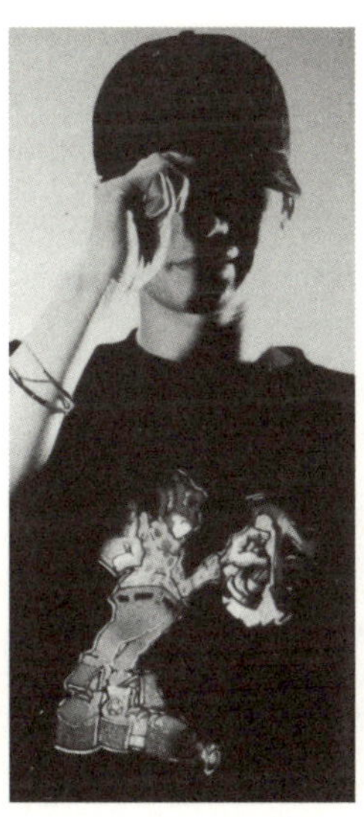

감싸고 치유해주거나 많은 이들이 지닌 공통된 정서를 대변하여 카타르시스를 전해주는 등 순수문학과 유사한 기능에 머물렀다면, 신세대의 음악은 이를 뛰어넘어 대중의 욕구 충족을 기반으로 전에 없던 소비 성향과 맞물린 사업적 확장성을 지니고 있었다. 그런 만큼 많은 이들은 기존의 '가요'와 다른, 뭔가 세련되고 독특한 감각과 개성을 지닌 새로운 음악에 목말라했다. 그 즈음 등장한 이들이 바로 서태지와 아이들이다.

화려한 뮤직비디오와 더불어 대중문화의 중심에 서 있던 팝과 뉴웨이브, 젊은 에너지의 폭발적 분출을 이룬 강렬한 사운드의 헤비메탈의 시대를 거쳐 머라이어 캐리를 필두로 뛰어난 가창력을 내세운 팝, 엠씨 해머 등의 인기와 함께 사회의 어두운 면을 노래한 힙합과 랩, 너바나와 사운드가든, 앨리스 인 체인스로 대표된 얼터너티브와 그런지 등 다양한 음악의 모습이 주류 음악계를 뒤흔들던 해외의 상황과 달리 우리나라에서 음악 신에 변화의 조짐은 보이지 않았다. 90년대에 들어서도 발라드는 조금 더 세련된 옷을 입은 채 여전히 대중을 매혹하고 있었지만 이것이 기존 음악과 차별을 이룬 건 아니다. 본격적인 변화, 한국 대중음악계의 코페르니쿠스적 전환은 신인 그룹 서태지와 아이들이 거둔 엄청난 성공으로부터 비롯되었다.

물론 서태지와 아이들을 신격화 내지 우상화하여 전에 없던 모든 것을 이 천재 집단이 완성했고, 그 막강한 영향으로 결국 우리 대중문화의 위상이 모습을 달리했다는 식으로 호들갑을 떨 필요는 없다. 1992년, 이들의 데뷔 전후로 기존의 것과 확연히 다른 여러 음악들이 모습을 드러냈고 크든 작든 이후의 대중음악과 패션, 그 소비 패턴에 영향을 주었으니 말이다. 이들이 행한 새로워 보이는 음악적 시도들은 서양의 것(랩, 힙합, 메탈, 하우스 등)을 잘 가져와 적절하게 배치하고 '한국적 감성'을 제대로 버무려낸 것에 불과하다는 비판 역시 여러 주목할만한 사실들 앞에서 그다지

의미를 가지지 않는다. 서태지와 아이들은 90년대 한국 대중음악의 흐름을 발라드에서 댄스로 바꾸는 데 크게 기여했고 비주류에 머물러 있던 댄스 음악을 '가요를 대표하는 음악 장르'로 자리매겼다. 또한 〈난 알아요〉와 〈환상 속의 그대〉의 대 히트 이후 댄스곡에서 랩 파트가 빠지지 않게 되었다. 매 앨범마다 행한, 메인스트림 신의 어느 누구도 하지 않았던 실험적 시도만으로도 이들은 찬사를 받을 만했지만, 음악 외적 측면에서 가장 주목되는 부분은 서태지와 아이들(의 성공)이 가져다 준 '음악 시장에 대한 체계화 된 산업적 분석'과 '음악 제작/매니지먼트/팬덤 시스템에 대한 본격적 고찰'이라 할 수 있다.

　음악 사업자의 입장에서 난데없는 공룡과도 같은 이들의 등장은 제작 방향 및 시스템에 대한 깊은 고민을 불러 일으켰다. 90년대 초입까지만 해도 우리나라 음반 시장의 주 고객은 10대와 20대를 중심으로 중/장년층까지 아우르는 넓은 연령층이었다. 그런데 신세대가 문화 소비의 중심에 자리하게 된 후 서태지와 아이들이라는 거대한 아이콘이 판세를 뒤집어버렸다. 즉 음악의 주 소비 계층이 중고등학생 중심의 10대로 고착화 된 것이다. 초등학생이 음반을 구매하고 서태지의 브로마이드를 모으는 모습 또한 낯선 풍경이 아니었다. 그야말로 양지에서 컬트적 숭배를 받는 '아이돌'이 탄생한 것이다. 이제 음반 제작자들의 미션은 확고해졌다. 본격적인 아이돌 그룹을 제작하는 것. 전에 없이 높아진 가요의 위상과 스타의 영향력 확산, 그리고 거대해진 자본의 흐름은 자연스럽게 기획사 중심의 제작 시스템의 확립으로 이어졌다. 각 기획사들은 자체 오디션을 통해 신인들을 발굴했고 신세대들의 감각을 손쉽게 매혹시킬 수 있는 비주얼과 자극적인 춤, 밝고 가볍고 즐거운 음악으로 무장된 아이돌 스타들을 만들어내기 시작했다.

　팬덤의 모습 또한 달라졌다. 80년대의 '오빠부대'는 집단으로서의 결집력과 무관한 개인적 취미 활동 영역에 머물러 있었다. 같은 뮤지션을 좋아하는 친구들이 삼삼오오 모여 공개방송을 관람하거나 팬레터 보내기, 엽서나 스티커 사 모으기 등 수동적이고 제한적인 행위를 벗어나기 어려웠다. 서태지와 아이들은 본격적으로 팬클럽을 운영하고 관리하기 시작했다. 예상을 뛰어넘는 탄탄한 응집력과 적극적인 활동력을 바탕으로 제도권에 대한 권력을 행사하기도 했던 이들 이후, 기획사 주도의 팬클럽 설립, 조직적 활동, 팬미팅 활성화, 팬픽, 사생팬 등 등장, 팬클럽 간의 경쟁

구도 심화 등 팬덤과 관련한 여러 양상들이 이어지게 된다.

소비 패턴의 변화, 다양성

80년대 우리 대중음악에서 가장 큰 비중을 차지한 음악은 서정시의 정형에 바탕을 둔 정제되고 지적인 노랫말과 아름다운 선율을 기본으로 한 발라드였다. 그 외에 대학가요제와 강변가요제로 대표되었던 캠퍼스 밴드와 건전하기 짝이 없는 청년 음악, 발라드에 강렬한 리듬이 결합된 형태의 댄스 음악, 더욱 단순해진 트로트 등이 주류 신에 자리하고 있었다. (이 모든 요소들을 통폐합했던 조용필의 거대한 존재감은 예외로 하자.) 물론 언더그라운드와 주류를 오갔던 포크와 록, 그리고 확고한 마니아층을 바탕으로 공연 중심의 시장을 확보했던 헤비메탈 역시 빼놓을 수 없다. 이 하나하나가 이후의 음악에 커다란 자양분이 됐을 터이다. 그런데 그렇지 않았다. 90년대의 음악(서태지 이후의 음악)은 오랜 세월 쌓여온 과거 음악과의 완전한 단절에서 비롯되었다. 서태지 이전의 음악은, 조금 극단적으로 단순하게 말하자면 '서양 대중음악의 완전한 습득과 내 것으로 만들기 위한 노력의 흔적 및 결과'라 할 수 있다. 즉 60년대 말부터 80년대까지 우리 대중음악은 각기 이전 세대의 우리 음악에 빚을 지고 있는 것이 아니라는 의미다. 그와 별개로 영국과 미국의 팝/록 음악의 방법론과 스타일을 기반으로 우리의 정서와 아티스트 각자의 감성을 실어 완성한 형태가 한국의 가요였던 것이다. 다만 이미 우리에게 체질화 된 음악의 스타일과 외형, 감정선, 친근한 향기만이 줄곧 이어져 왔을 뿐이다.

애초부터 이 모든 것들과의 연결고리와 무관한 출발을 이룬 서태지와 아이들이 후배들에게 새로운 패러다임을 제공한 건 사실이다. 하지만 이들의 역할 외에 변화의 숱한 촉매제가 동시 다발적으로 고개를 내밀고 있었다. 앞서 언급했던 '새로움'에 대한 갈망과 필요에 의한 결과였다. 신세대들에게 깊은 고민과 성찰, 절제와 진지함은 지난 시대의 고리타분한 덕목이었다. 겸손함의 미덕 대신 보다 멋진 '나'를 내세우고 내면보다 외형의 아름다움을 중시하고 욕망의 솔직한 드러냄에 거리낌이 없는 젊은이들의 정서에 부합하는 음악은 서태지만이 아니었다. 듀스와 현진영, 노이즈, 잼, 철이와 미애 등이 업그레이드 된 댄스 음악 스타일을 완성하는 데 기여했으며, 이후 대중음악계에서 오랫동안 영향력을 발휘하게 될 역량 있는 신인들이 이 시기에 등장했다. (김건모, 넥스트, 듀스, DJ DOC, 룰라, 김종서, 강산에, 윤도현, 조관우, 전람회, 더 클래식 등 쟁쟁한 이들이 1992년부터 1994년 사이에 데뷔 앨범을 발표했으며, 공일오비, 이현우, 윤종신, 신효범, 김현철, 신성우, 한동준, 봄여름가을겨울 등이 화려한 꽃을 피웠다.)

철학과 깊은 사유 또는 변별력과 센스 없는 '개성의 강조'가 결국은 '어설픈 몰개성', 또 다른 형태의 전체주의에 불과하다는 사실은 너무도 쉽게 드러났다. 군부 독재를 등에 업은 파워맨들의 의지와 정책에 강제로 끌려 다니던 우리의 과거는 매스 미디어와 광고와 다양한 상업적 프로파간다에 의지를 내어주며 자발적으로 종속되는 모습으로 새롭게 부활했다. 소비 지상주의와 결합된 가벼운 사유와 장식용 철학, 트렌드(라는 환상)에 이끌리는 많은 젊은이들의 모습은 고스란히 시대를 대변하고 있었다. 즉 외형은 풍요롭지만 내면은 빈곤하고 허탈한 이율배반의 시기, 음악 역시 새로이 고착화 된 소비 패턴의 흐름을 타야 했다. 전에 없이 달콤하고 현란한 외피를 두른, 때로 편안한 감흥을 선사하는 예쁜 노래들은 신세대의 정서를 반영했다. 감성의 표면을 쉽게 자극하는 감각적이고 직설적인 음악이 꾸준히 등장했고 사랑을 받았다. 물론 그런 노래들이 나쁘다는 게 아니다. 오히려 이 시기의 노래들 중 뛰어난 멜로디를 지닌 작품들이 많으며 전반적 사회 분위기는 음악적 다양성의 형성에 도움을 주었다. 김건모의 〈핑계〉가 크게 히트하며 시작된 레게의 열풍이 아니었으면 마로니에의 〈칵테일 사랑〉, 임종환의 〈그냥 걸었어〉 등과 같은 명곡이 나올 수 있었을까? 트렌디 드라마의 원조 격인 '질투'와 유승범의 멋진 주제곡이 전한 감동을 누가 거부할 수 있을까? ('질투'를 비롯한 드라마의 OST와 삽입곡, 영화 OST 등이 대중적인 인기를 끌기도 했다. 말 그대로 '국민 드라마'라 할 정도로 인기를 끌었던 주말연속극 '사랑이 뭐길래'의 삽입곡으로 사용된 김국환의 〈타타타〉나 장현철이 부른 미니시리즈 '걸어서 하늘까지'의 주제가, 장동건이 부른 '우리들의 천국'의 주제가인 〈너에게로 가는 길〉, 김민교의 '마지막 승부' 주제가, 그리고 김현철과 이소라가 부른 영화 '그대 안의 블루'의 주제가 등이 많은 이들의 사랑을 받았다.)

서태지와 댄스 음악, 발라드와 트렌디 음악의 반대편에서는 어

떤 이들이 여전히 타협과 거리가 먼 음악적 고집을 담은 사운드로 많은 사람들의 감성을 사로잡고 있었다. TV를 통해 모습을 드러내지 않았던 넥스트, 공일오비, 푸른 하늘, 강산에, 김광석, 안치환, 유앤미블루, H2O 등과 같은 소위 '언더그라운드' 아티스트들이 그들이다. 사실상 여기 언급한 이들은 대부분 방송 출연과 관계없이 상업적으로도 커다란 성과를 거두었기에 일반적 의미로서의 언더그라운드 음악과는 다른 선상에 자리한다. 이 시기 신세대의 소비 성향과 생활 패턴에 한없는 부러움이 생기는 지점이기도 하다. 즉 그들 문화생활의 중심에 '음악'이 자리하고 있었다는 사실이다. 히트 가수의 '유행가'든 아티스트의 색채가 담긴 '감상용 음악'이든 소비자들에게는 가치 있는 음악이었고 사람들은 음반을 구매했다. 특히 신세대를 위한 송가와도 같은 〈신 인류의 사랑〉이 수록된 공일오비의 4집과 듀스의 2집이 거둔 100만 장 판매 기록은, 서태지나 김건모, 신승훈의 성적이나 이후의 조성모, GOD, HOT 등이 거둔 밀리언셀러와는 다른 배경을 지니고 있어 더욱 의미 있는 성과라 할 수 있다.

물론 이러한 구도는 얼마 가지 못했다. 80년대의 들국화나 어떤 날, 부활, 시나위 등 언더그라운드 음악이 오버그라운드를 넘나들며 그 경계를 모호하게 만들었듯 90년대 초반의 음악 시장에서 언더와 오버의 구분은 그다지 의미를 지니지 않는다. 하지만 1994년 LP 생산이 중단되고 본격적인 CD 시대로 접어든 이후, 소비자들의 음악을 대하는 진지한 태도가 퇴색되어 갈수록 둘의 외적/내적 격차는 한없이 벌어질 수밖에 없었다. 자본과 주류 매니지먼트의 수혜와 무관한, 아티스트의 명쾌한 의식을 바탕으로 표현하고자 하는 대상에 대한 확고한 태도가 담긴 음악을 행한 언더그라운드 아티스트들은 홍대의 클럽을 중심으로 활동을 펼쳤고, 이후 활짝 개화하며 사회적 관심을 받은 90년대 후반 '인디 음악 붐'의 주역이 되었다.

거대 자본 투입의 성과

소위 '예의 없고 버르장머리 없는 요즘 젊은 것들'의 대명사로
자리한 신세대의 자유로운 생활 방식과 사고, 전에 없던 개인주
의와 소비주의가 횡행했던 90년대 초반의 분위기는 산업으로서의
음악계가 향후 약 10년 간 누리게 될 전성기의 시작을 알리고 있
었다. 하지만 이 화려한 양지의 그늘에서 벌어지는 부작용은 산
업의 '산업화'를 방해하고 있었던 게 사실이다. 서태지와 아이들을
비롯하여 신승훈, 김건모, 듀스, 공일오비 등이 밀리언셀러를 기
록하는 등 가요 시장의 가시적이고 화려한 성장에 따라 여러 대
기업들이 음반 사업에 뛰어들기 시작했다. 이미 1987년 음반 사업
을 시작한 SKC 외에 제일기획과 삼성전자(이후 삼성영상사업단),
두산(오리콤), 현대, LG, 대우(세음미디어), 롯데(대홍기획) 등이
1993년 전후로 음반사/기획사를 설립하여 치열한 경쟁을 벌이기
시작했다. 하지만 그 결과는 안타깝기 이를 데 없었다. 시스템과
데이터가 아닌 사람(인맥)과 직관에 의존하는 비즈니스일 수밖에
없는 엔터테인먼트/흥행사업의 특성, 그리고 기본적 질서와 규칙
의 부재 및 비용 지출의 불투명함 등 대기업이 적응할 수 있는 여
지는 존재하지 않았다. 결국 위에 언급한 모든 회사들이 몇 년 버
티지 못하고 막대한 부실을 떠안은 채 철수하고 말았다.

이들 대기업 산하의 회사들이 터무니없는 투자 방식(소위 '마이
킹'으로 불리는, 무담보/무보증 선수금)을 통한 무분별한 투자의
남발로 곪아가고 있는 동안 일부 제작자와 매니저, 투자 담당자
들은 개인의 배를 불리고 있었고, 이러한 '눈 먼 돈'을 얼마나 받
아내느냐가 업계에서 제작자의 위상과 역량을 가름하는 척도로
자리하기도 했다. 기획/제작사와 투자/유통사의 역할과 책임, 권
리와 의무 등이 명확해진 건 이 즈음부터였지만 허술한 계약서,
합리성과 논리가 배제된 투자금 산정, 저작권, 저작인접권, 실연
권, 초상권 등 다양한 원천/파생 권리에 대한 이해 부족, 그리고
무엇보다도 음악과 시장 자체에 대한 애정과 이해도, 통찰력의 부
재 등으로 주먹구구식의 후진적 사업 전개가 지속될 수밖에 없었
다. (이러한 구조적 문제가 제대로 체계화 되고 개선되기 시작한
것은 디지털 음원 시장이 본격화 된 2000년대 중반에 이르러서
다.)

당시 여러 대기업들이 동시 다발적으로 시장에 진입하고 오래지

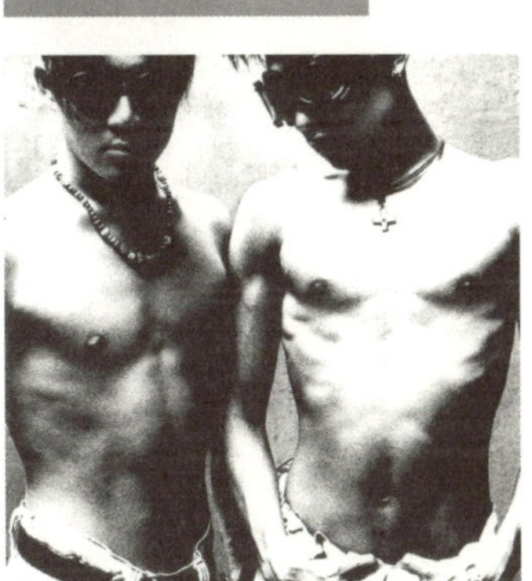

않아 패퇴(敗退)한 이유는 너무도 명백하다. 20년 전, 대중문화 시장에서 할리우드 블록버스터 영화 외에 사업적 가치를 지닌 콘텐츠는 단연 대중음악이었다. 직배사의 등장으로 진입이 불가능해진 팝 시장에 군침을 흘릴 필요도 없다. 대세는 이미 가요로 넘어갔고 핑크빛 꿈을 꿀 수 있게 하는 매력적인 시장이 탐스러운 열매처럼 널려 있는 것처럼 보였다. 실제로 그러했다. 대중성과 음악성의 애매한 경계를 사이에 두고 이토록 많은 아티스트들이 이 정도로 탁월한 음악을 생산해냈고 그것이 시장 내에서 가지는 위상과 가치는 어느 때보다도 높았으니 말이다. 거대한 슈퍼스타들이 동시 다발적으로 여기저기서 각기 다른 화려한 빛을 내뿜고 있었고, 때 묻지 않은 감성을 쥐락펴락 하는 다양한 뮤지션들의 음악이 귀와 영혼을 정화시키고 있었다. 대기업의 논리는 간단했다: 일정 수준 이상의 선구안(또는 이를 지닌 사람)만 갖추면 이 좋은 흐름을 얼마든지 탈 수 있을 것이다. 막강한 자본을 바탕으로 인적 네트워크 및 제작/홍보 인프라, 유통망 등에 대한 헤게모니를 가지게 되면 그 다음에는 가만히 앉아 굴러 들어오는 걸 챙기기만 하면 된다.

허망한 꿈은 꿈으로 끝났다. 자본과 논리만으로 접근한 자체가 문제였다. 이 예측 불가능하고 때로 상식적으로 납득할 수 있는 일들이 비일비재한 카오스 투성이의 음악 사업이라는 세계는 앨리스가 토끼를 따라 내려가 맞닥뜨린 하트의 여왕이 지배하는 세계와 다를 바 없으니까. 이들 대기업의 참여는 오히려 부실 가능성 높은 선급금 투자 방식의 관례화, 작품자들의 몸값 및 홍보비 상승, 자본의 흐름에 기생하는 삼류 제작자 양산 등 부정적 결과를 낳은 꼴이 되었다. 이토록 화려하고 역동적이었던 시기도 지나고 새로운 모습과 양상이 펼쳐졌다. 그리고 그로부터 약 20년 후, 두 거대기업이 우리나라의 음악시장에서 큰 영향력을 행사하게 되었다. 상당 부분 체계화 된 이들의 노련함의 바탕에는 오랜 세월 동안 겪은 독자적 경험과 시행착오를 통한 학습 효과가 자리하고 있고 꽤나 안정적인 모습을 보이지만, 이제 다시 가장 근본적이고 원론적인 이야기를 하지 않을 수 없다: 음악사업의 본질은 '음악' 자체이고 그걸 만들고 이끄는 것은 '사람'이며, '음악을 닮은 사람'이 많아질수록 이 업의 생명력은 길어질 것이라는 사실을. **SOUND**

SM엔터테인먼트 출범과 아이돌 시스템의 명암

연습생육성 제도 시작, '아이돌 가요 생산 시스템'의 완성

단기적 비지니스의 마인드로만 보자면 '창조성'은 비용과 노력을 낭비하도록 만드는 불필요하고 불안정한 무엇일 수 있다. 그러나 창조성의 저변이 담보되지 않은 분야는, 그것이 꼭 대중음악이나 기타 예술 분야가 아니더라도, 진정한 발전을 이룰 수 없다는 것은 상식에 속한다. 예컨대 너바나(Nirvana)의 커트 코베인(Kurt Cobain)은 록 뮤지션들 중에서도 특히 불안정하고 예측할 수 없는 인물이며 27세의 젊은 나이에 권총 자살로 생을 마쳤다. 그가 활동하고 성장한 곳은 스타시스템과는 가장 멀다고 할 북서부 시애틀의 인디 씬이었다. 그러나 그의 천재성이 전 세계에 끼친 음악적 영향, 그리하여 새로 창출된 시장의 규모는 환산이 불가능할 정도다. 물론 그의 비극적인 삶을 미화하거나 반대로 폄하할 생각은 없고, 이런 비지니스적인 효과의 관점에서 바라봐야만 한다는 것은 아니다. 단지 그것이 현실이었을 뿐이다. 지금과 같은 TV − 아이돌 시스템의 천편일률적 구조로는 당장에 얼마나 높은 수익을 내던 결국 조만간 한계에 부딪히고 만다.

원종우 | 딴지일보 논설위원

필명 파토. 1995년 인디레이블 이론가로 음악평론계 데뷔 및 음반 [배드 테이스트] 발매. 1997년 홍대앞 '개방적 클럽 연대' 위원. 1999년 딴지일보 입사 및 음악섹션 '딴따라딴지' 책임자로 활동하며 많은 대중음악 관련 글을 남김. 현 딴지일보 논설위원으로 음악, 문화, 정치, 과학, 역사 등 다방면에 걸친 많은 글을 쓰고 있음.

전통적인 가수 발굴/데뷔 방식 – 우연, 인맥, 지원

1990년대 초반까지 가수의 가요계 데뷔는 주로 우연과 인맥, 지원이라는 세 가지의
비(非)조직적인 형태로 이뤄지고 있었다.

가장 흔하고도 일반적인 상황은 아마추어, 언더그라운드 가수나 일반인을 제작자
나 기획자가 우연찮은 기회로 발견, 발굴하는 방식이었다고 할 것이다. 될성싶은 재
목이 라이브 업소나 학교 등 소규모 공연장에서 연주하는 현장이 관계자의 눈에 띄
어서 픽업되는 경우인데, 이런 사람들을 찾기 위해 제작자들이 소위 헌팅을 나가는
경우도 많았다. 비슷한 예지만 지인이나 업계 관계자를 통해 알음알음, 노래 잘 하거
나 스타성이 있는 무명을 소개받는 일도 흔한 편이었다. '친구 동생이 노래 잘하니 한
번 만나보라'는 식의 아주 개인적인 상황도 적지 않았고 이런 류의 데뷔에는 운과 우
연의 요소가 크게 작용하고 있었다. 한편 미8군 무대 같이 나름대로 규모와 알짜배
기 실력을 인정받던 쪽에서 이미 유명해진 음악인들이 국내 음악씬으로 유입되는 경
우도 꽤 있었고, 이들의 경우는 이미 실력이 검증되어 있기 때문에 국내 시장에서의
적합성 여부만 확인되면 안정적인 흥행이 보장되었다. 60년대 윤복희, 패티김, 신중
현, 최희준, 하춘화 등에서 70년대 중반 조용필에 이르기까지 이렇게 데뷔한 가수들
은 많다.

한편 길거리 캐스팅은 1990년대 외모 위주의 가수 발굴을 위해 주로 쓰였던 방법이
다. 당시 트렌드의 중심지였던 압구정동 등에서 지나가는 젊은 남녀에게 명함을 주면
서 회유하는 방식인데, 매니저 사칭 등 관련 폐해도 많았지만 이런 방식으로 실제 데

뷔해 스타가 된 경우도 적지 않고 지금도 드물지 않게 벌어지고 있다. 다만 음악적 재능이나 노래 실력 등이 무시된 접근이고 충분한 트레이닝을 거치는 것도 아니다보니 향후 립싱크 등 각종 부작용을 양산하는 원인이 되기도 한다.

그 밖에 가수를 꿈꾸는 사람이 직접 기획사에 연락해 가수가 되겠다고 나서는 경우도 많았다. 이때는 반주 없이 노래만 달랑 녹음된 테잎을 보내거나 일단 찾아가고 보는, 말 그대로 '맨땅에 헤딩' 방식부터 시작해서 완벽한 편곡과 고음질의 반주가 실린 프로페셔널한 데모테잎을 준비하고, 외모와 스타일까지 완성된 경우에 이르기까지 그 스펙트럼은 무한하다고 할 수 있다. 그러나 이런 방식으로 실제 가수로 데뷔하고 인기를 끄는 것은 현실적으로 쉬운 일이 아니었다.

일견 서로 구별되어 보이는 이 방식들의 공통점은 다분히 운과 우연, 주먹구구식 마인드에 지배받는다는 한계, 그리고 무엇보다 시스템화 되기 어려운 형태라는 점이었다. 더불어 제작자의 주관적 감각이나 개인적인 선호도, 인간적인 관계에 크게 의존되며 이 과정에서 가수와 제작자 사이에 갖가지 형태의 상납과 유착이 일어날 가능성도 크다. 또 비지니스적 측면에서 성공 확률에 대한 합리적인 예측이 대단히 어렵기도 하다.

제작자들 역시 이런 한계를 몰랐던 것은 아니지만 그들 입장에서는 다른 선택이 없었다. 당시에는 가수를 발굴할 수 있는 합리적인 구조는 물론 공급 자체도 지금에 비해 태부족했기 때문이다. 가수라는 직업이 지금처럼 선호되던 때가 아니고 '학사가수' 운운하는 표현이 말해주듯 학력이 부족하거나 사회적으로 낮은 계급의 '딴따라'라는 이미지에 따른 멸시가 지금보다 훨씬 심했던 시대다.

그리고 경제 규모나 소득 수준이 낮았던 시대적 한계에 따라 뮤직 비지니스의 규모도 영세했고 구조도 열악하다보니 합리적인 시스템을 만들 수 있는 여건 자체가 구비되어 있지 않았다. 따라서 90년대 초 '서태지와 아이들'조차 실은 이런 옛날 방식을 거쳐 데뷔할 수밖에 없었다.

이런 한계의 대안으로 존재했던 것이 대학가요제, 강변가요제 등의 아마추어 컨테스트였다. 지금의 슈퍼스타K, 탑밴드 같은 서바이벌 방식과는 많은 차이가 있지만 참신한 새 얼굴과 목소리를 발굴해서 음악계의 자극과 전환을 노려본다는 점에서는 상당히 성공적인 이벤트들이었다. 그러나 이런 방식

디지털 음반업계의 '뉴 프론티어'

그의 책상 위에 있는 물건 중에 가장 먼저 눈에 띈 건 아이팟(iPod), MP3 플레이어였다. 지금까지 만나본 음악인사들의 대부분은 저 물건(?)에 대한 '증오'로 이글이글 불타올랐었다. 철을 모르고 불황의 늪 속으로 빠져드는 음반시장의 원흉이라고 부르짖으며, '당연히 있어야죠. 요즘 우리가 가장 시급하게 해결해야 할 문제가 이건데요.'
이렇게 대답하는 SM엔터테인먼트의 이수만 이사는 한 발 앞서가는 탁월한 사업가적 기질을 발휘해 왔다. 한국은 물론 중국에까지 그 아성이 뻗어간 H.O.T와 범 아시아 스타로 자리를 굳힌 보아 신화를 탄생시킨 장본인이 아니던가.
'한류는 이미 예견됐던 현상이에요. 경제학·역사학자들의 예견을 음반시장에 어떻게 접목시킬까 고민하고 실천했을 뿐이죠.'
그리고는 '베세토 벨트, 즉 베이징과 서울, 도쿄를 잇는 축이 아시아의 중심이 될 것이다. 중국 마켓과 한국의 기술력, 일본의 풍부한 자본과 마케팅이 줄 잇어 떨어진다면 삼국을 중심으로 한 아시아는 세계 문화의 중심으로 거듭날 것이다. 이제 우리는 '한국적 색깔'을 아시아의 중심으로 만드는 작업에 집중해야 할 때'라고 덧붙인다.

디지털 음반 유통에 앞장서

최근 이효리, 성시경, 이수영, 신화, 장나라, 휘성, 세븐, 김진표, 자두 등이 디지털 싱글 발표를 선언하고 나섰다. 디지털 싱글이란 인터넷과 모바일로만 음악을 들을 수 있는 음반업계의 새로운 유통방식으로 이수만 이사는 이들에 앞서 2003년 9월부터 디지털 음반 유통을 시작했다.
강타, 이지훈, 신혜성이 모여 만든 프로젝트 그룹 'S'의 정규앨범 발매 전 신곡을 판당고 코리아 아이라이크팝(www.ilikepop.com)에서 인터넷과 모바일로 먼저 유통시키면서 큰 반향을 일으킨 것. 이들은 정식 음반이 나오기까지 한 달 동안 100만 플레이(유료회원 30만 플레이)와 다운로드 5만건(건당 800원)이라는 양호한 성적을 냄과 동시에 오프라인 음반 판매량 15만장 이상(2003년 한국음반산업협회 통계)을 기록하며 디지털 유통에 대한 가능성을 입증했다.
음반 유통 시장의 재편 움직임 속에 가장 큰 걸림돌은 디지털 음원에 대한 저작권 논란. 이 논란으로 1년을 넘게 허비하고 있는 상황에 대해 그는 '자본주의의 자유경쟁 시상을 지향하는 한국에서 모든 음원을 한데 모아 획일적인 이용료를 적용시켜 통제하겠다는 건 말도 안되는 논리다. 게다가 '유료화'만 하면 불법 다운로드도 용서하겠다는 건 더욱 말도 안된다'고 주장한다.
'MP3로 듣겠다는 소비자나 공짜로 다운로드할 수 있게 하겠다는 사이트를 무조건 막자는 게 아니라 합법화를 하자는 겁니다. 돈을 받아낼라는 게 아니라 내가 가진 물건을 팔고 안팔고는 내가 결정하겠다는 거죠.'
그리곤 격앙된 목소리로 '어떻게 하면 더 좋은 음질의 음악 파일을 만들어 좀더 빠른 속도로 다운로드할 수 있게 할 것인지에 대해 고민해야 할 이때에 세월을 허비하고 있다'고 답답함을 토로한다.
그는 마지막으로 불법 다운로드에 대해 곡당 10만 달러라는 벌금을 부과하거나 정부가 앞장서 디바이스 제조업체, MP3 다운로드 사이트와의 협의를 통해 MP3 불법 다운로드를 할 수 없게 하고 있는 미국과 일본의 예를 들며 '이제 우리도 필요한 법은 제정하고 제대로 된 협의를 통해 유통 질서를 바로 잡아야 할 때'라고 정리한다.
이성적이고 냉철할 거라고 생각했던 그는 시종일관 열성적으로 공격적(?)이라고 느껴질 정도로 자신의 주장을 토로하는 사람이었다. 이처럼 한국 가요계 부흥에 열정을 불태우고 있는 그는 끊임없이 정보통신부, 문화관광부 그리고 불법 MP3 다운로드 철폐 시위 현장으로 발길을 돌린다. 한없이 나락의 길을 걷고 있는 음반 시장을 살리기 위해.

글. 혜미선 기자·사진 김창주

이 음악계의 메인 캐스팅 시스템으로 자리하기에는 한계가 있었고 단지 대안적인 접근이었을 뿐이다.

SM엔터테인먼트의 가수 발굴/데뷔 방식
– 정기 오디션을 통한 연습생들의 확보

그러던 중 1990년대로 오면서 상황은 드디어 바뀌기 시작한다. 70년대 포크 가수 출신으로 이후 주로 방송에서 MC로 활약하던 39세의 이수만은 1989년 자신의 이름을 딴 'SM기획'을 설립해 가수 매니지먼트 사업에 뛰어들었다. 1990년 기본적인 트레이닝을 거쳐 약관 19세의 현진영을 국내 최초의 힙합 가수로 성공적인 데뷔를 시켰고, 언더그라운드 포크가수 한동준과 이후 작곡가로도 명성을 떨친 김광진, 유영진 등 음악성 위주의 아티스트들의 음반을 발매했다.

그러나 이들 소속가수들의 면면에서 보듯 그의 사업방식도 초기에는 기존의 형태와 크게 다를 것이 없었고, 보이/걸 밴드를 위주로 한 본격적인 스타 시스템과는 상당한 거리가 있었다.

그랬던 SM이 지금과 같은 면모를 갖추기 시작한 것은 1995년 'SM엔터테인먼트'로 개명하고 1996년 국내 최초의 틴에이저 보이밴드인 H.O.T를 데뷔시키면서부터다. 당시 고교생이던 H.O.T의 멤버들은 다양한 경로로 캐스팅되어 댄스와 무대 퍼포먼스 등 전문적인 트레이닝을 받고 집중적인 투자와 철저한 비지니스 전략 속에서 완성된 '기획 상품'으로 등장했다.

인기 절정에서 마약 등 자기관리 부실로 내리막길을 탔던 현진영 때보다 훨씬 시스템화된 접근을 통해 준비된 그들은, 데뷔 이전은 물론 이후에도 철두철미한 관리로주로 10대 소녀인 소비자층에 완벽히 특화된 이미지를 창출하고 유지할 수 있었다.

이런 SM의 새로운 접근의 모델이 된 것은 물론 미국의 보이밴드들이었다. 80년대의 뉴 키즈 언더 블락(New Kids on the Block), 90년대의 백스트리트 보이즈(Back Street Boys) 등 4,5인으로 구성된 기획 보이밴드가 증명한 상업적 파괴력과 매니지먼트의 용이함을 국내 시장에서도 구현해 보려는 시도였던 것이다.

우리 가요계에서 음악 비지니스가 구멍가게적 즉흥성과 영세성을 넘어 과학적인 비지니스가 된 시점(좋은 의미에서든 아니든)

은 이때부터라고 할 수 있을 것이다. 어떤 분야에서건 비지니스의 핵심적인 목표는 최소한의 위험성을 통해 최대한의 이윤을 창출하는 것이다. 그러나 뮤직/쇼 비즈니스는 그런 측면에서 태생적인 불안함을 안고 있다. 많은 돈을 투자해 만든 음반과 어려운 과정을 통해 데뷔시킨 가수의 성공 여부도 극히 불확실하거니와 성향상 아티스트가 흔히 드러내곤 하는 심리적, 성격적 불안정함이나 즉흥성을 감수해야 하는 경우도 있다.

요컨대 뮤직 비즈니스는 투자금 손실의 위험성이 높은 반면 상존하는 '대박'의 가능성을 보는 일종의 도박에 가까운 사업이다. 일단 물건을 내 놓고 대중의 선택을 기다려야 한다는 점에서 정치판에서의 선거와 비슷한 속성도 있다.

**시장의 요구에 부응하는 언터테인먼트 상품의 제작,
이를 TV 방송과의 긴밀한 연계 속에서 판매,
그리고 상품성을 지속하기 위한 유지 관리라는
구조화된 접근 방식**

이런 불확실성과 불안함을 최대한 해소하고 비지니스의 목적을 달성하기 위해서는 어떻게 해야 할까? 일단 '쌈빡한' 제품의 생산은 기본 전제다. 여기서 쌈빡하다는 표현을 쓰는 이유는 이 관점에서는 그 가치기준이 아트(art)가 아닌 '엔터테인먼트'로 맞춰져 있기 때문이다. 음악적 창조성이나 감성의 밀도 등 예술적 요소보다는 한 눈에 들어오는(귀보다는 눈이라는 점에 주목하자) 대중적, 상업적인 요소들의 실현과 전면 배치가 가장 중요하다. 이 요소들은 시장의 특정 타겟에 어필하는 음악의 장르, 외모, 춤, 멜로디, 가사, 비디오 등 다양한 면면을 포괄하며, 나아가 그 모든 요소들의 결합을 통해 상품이 독자적인 개성과 세련미를 갖도록 만드는 작업, 즉 엔터테인먼트적 완성도가 요구된다.

실제 H.O.T 1집을 성공시킨 SM엔터테인먼트는 1996년에 자체 녹음실을 만들고 종합 엔터테인먼트 회사로서의 면모를 갖추기 시작했다. 이어 매주 토요일 국내 정기 오디션을 실시하고 중국과 태국 등 H.O.T가 인기 있는 지역에서 해외 오디션도 개최하기 시작한다. 이렇게 많은 양질의 연습생을 확보하는 것은 H.O.T 이후를 위해 꼭 필요한 준비였고 아시아 시장을 향한 포석이기도 했다.

높은 경쟁률을 뚫고 정식 연습생으로 선발된 소년소녀들은 5년 정도의 기간 동안 노래와 춤은 물론 스테이지 매너 등 아이돌 가수가 되기 위한 다양한 개인 트레이닝을 받는다. SM은 이렇게 오랜 기간 준비하며 데뷔를 기다리는 다양한 개성의 연습생들을 통해 향후 가요계 트렌드나 시장의 상황에 맞는 상품을 내놓을 준비를 상시적으로 갖출 수 있었다.

그 다음에는 이 제품을 대중에게 알리는 방식의 안정적인 확보다. 지금도 대동소이하지만 우리나라 음악계에 있어서 대중음악의 홍보 수단은 공중파 TV에 철저히 의존되어 왔다. 라디오나 라이브 공연 등의 비중이 높은 구미와는 달리 지역 방송이나 공연 씬이 활성화되어 있지 않은 우리나라 대중음악계의 지형도 속에서 TV 출연이 가진 영향력과 확산력은 절대적이기 때문이다.

그러나 TV 노출 여부를, 특히 초기에, 결정하는 것은 대중의 선호나 음악성 등이 아니라 해당 프로그램 제작 책임자들의 선택이며 여기에서 권력관계가 형성된다. 따라서 이 권력관계 속에서 힘을 가진 쪽과 유착하거나 공존, 공생하는 구조가 안정적으로 만들어져야 비지니스의 성공 공식이 생겨나게 된다. 방송가에서 가수와 MC로 오랫동안 활동해와 많은 인맥을 이미 확보하고 있던 이수만에게 이 부분은 일반사업자적 관점으로 접근한 사람들에 비해서는 훨씬 용이할 수 밖에 없었다.

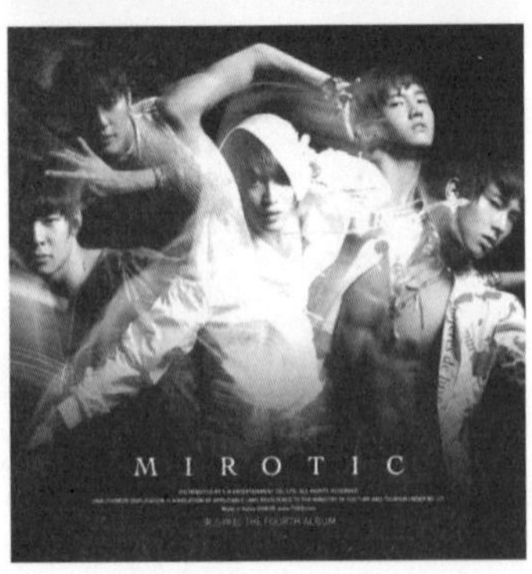

그 다음에는 재생산에 대한 확신이 필요하다. 일단 가수가 알려지고 인기를 끌게 된 후에는 처음 데뷔시킬 때에 비해 부대비용이나 불확실성의 부담, 그 외 비즈니스 상의 각종 불안요소가 훨씬 줄어든다. 그러나 일단 한번 '떴다'고 해서 어영부영 비슷한 것을 반복해서 되는 일은 아니다. 팬들이 원하는 것이 무엇인지 파악해서 그 이상을 던져줘야 하기 때문이다. 이를 위해서는 음악과 영상 등 기본적인 요소들의 강화는 당연한 것이지만, 더욱 중요한 것은 가수와 팬이라는 '사람'을 영리하게 관리하고 방송과의 관계를 적절히 유지하는 것이다.

앞에 제시한 현진영의 예처럼 SM기획은 이미 이 부분에서 쓴맛을 본 적이 있었다. 일단 성공해서 음반을 많이 팔고 스타가 되면 당장의 목적은 달성한 것이지만, 그렇다고 많은 투자를 한 이 상품을 한번 쓰고 말 것은 아니다. 그러나 일단 유명해지고 나면 그 사람 주변의 모든 것이 달라지며 그 속에서 다양한 종류의 많은 유혹이 생겨날 수밖에 없다.

구미와는 달리 사회적인 잣대가 훨씬 보수적인 우리나라에서는 술, 마약, 여자, 기행 등으로 대변되는 '팝스타'적 삶의 방식은 용인되기 어렵다. 더욱이 주 활동 무대가 온 가족이 같이 보는 공중파 방송이라는 점에서 그 제한성은 더욱 두드러지게 된다.

이런 풍토 속에서 현진영의 경우는 지속가능한 이윤 창출이라는 측면에서 한계를 드러낸 것이다.

이 부분은 해당 가수 팬층의 성격과도 깊이 관련되어 있다. 예컨대 10대 후반이나 20대 초반의 보이밴드라면 팬덤은 대개 10대 소녀들로 형성된다. 우리나라 소녀 팬들은 자신들이 좋아하는 아이돌의 사생활에 아주 예민하게 반응하는데, 이는 구미에서는 찾아보기 어려운 우리나라 특유의 현상이라고 할 수 있다. 특히 성문제, 혹은 이성교제 문제와 관련하여 아이돌 팬덤의 배타적 예민함은 상식적 차원을 넘어서는 경우도 있다. 따라서 이런 부분에 대한 관리가 소홀한 경우에는 일껏 성공시켜 놓은 상품의 가치가 급전직하해 낭패를 보게 되는 것이다.

이상을 정리하면 시장의 요구에 부응하는 언터테인먼트 상품의 제작, 이를 TV 방송과의 긴밀한 연계 속에서 판매, 그리고 상품성을 지속하기 위한 유지 관리라는 구조화된 접근 방식이 완성된다. SM은 국내 음악계에서 바로 이 시스템을 만들고 정착시켰던 것이다. 그 결과 실제로 H.O.T는 5년간의 활동기간 500만장 이상의 앨범 판매고를 기록하며 가히 청소년의 우상으로 군림했다. 그러나 그들의 인기와 영향력은 단지 앨범 판매고를 기준으로 논할 수 있는 차원을 훨씬 넘어섰다. 수십만 명의 정규회원을 거느리고 일사불란한 체제를 자랑하는 팬클럽, 공연 당일 지하철 연장 운행

및 각급 학교 조퇴 금지 등 국내는 물론 국제적으로 전례가 드문 일들이 벌어졌다.

신드롬이라고 할 만한 이런 현상들은 회사가 주도하는 기존의 마케팅과는 전혀 다른 차원의, 자체의 생명력을 가지고 꿈틀거리는 마케팅 생물의 탄생을 의미한다. 이 생물을 어느 정도 선에서 컨트롤할 수만 있다면 엄청난 비용과 노력을 절약하고 그 이상의 효과를 낼 수 있음은 두말 할 나위 없다.

'성공의 등식'으로 보인 SM엔터테인먼트의 기획 방식

이런 H.O.T의 거대한 성공에 고무된 SM이 이듬해 내놓은 두 번째 상품은 비슷한 포맷의 여성 3인조 그룹 SES였는데, 이런 그들의 행보는 마케팅적 관점에서 상식적으로 유추 가능한 것이었다. SES는 젊은 여성 트리오라는 성격에 어울리게 주로 귀여움을 테마로 하고 있었고 주 대상층은 10대 후반부터 30대까지의 남성으로 H.O.T보다 연령층이 다소 높았다. SES 역시 총 350만장이 넘는 앨범을 판매하며 H.O.T에 못지않은 히트를 기록한다.

이후 SM의 진로는 성공가도 그 자체다. 1998년 신화, 98년 Fly to the Sky, 2000년 보아, 2003년 동방신기, 2005년 수퍼주니어, 2007년 소녀시대, 2008년 샤이니, 2009년 f(x) 등에 이르기까지 향후 15년에 걸쳐 보이밴드와 걸밴드의 전성시대를 리드하며 막대한 부를 거머쥐게 되고, SM 엔터테인먼트는 연예기획사로는 처음으로 코스닥 상장에 성공해 거대한 회사 가치를 보유하게 된다.

이런 SM의 성공이 대중음악계 전반에 미친 영향은 지대했다. 보장된 성공의 등식이 수립된 듯 하자 기존의 기획자나 새로운 제작사 할 것 없이 너도나도 비슷한 기획에 달려들게 되었기 때문이다. 1997년 대영AV는 은지원을 필두로 한 6인조 보이밴드 젝스키스를 데뷔시켜 활동기간 내내 H.O.T와 첨예한 라이벌 구도를 이루게 된다. 1999년에는 박진영이 설립한 JYP를 통

해 앞의 두 팀과는 조금 다른 칼라를 가진 G.O.D가 데뷔한다.

바야흐로 아이돌 전성시대가 시작된 것이다.

아이돌 그룹과 TV의 공생관계, 장기적인 경쟁력 상실, 콘텐츠 창조성 결여

그러나 이런 시스템에는 또한 많은 부작용이 있었다. 첫째는 당시부터 줄기차게 제기되었던 음악 자체의 질과 관련된 문제다. 이들 보이밴드와 걸밴드는(특히 초기의 경우) 음악성 보다는 외모와 춤 등 시각적 이미지가 훨씬 중요했다. 고급스러운 음악적 능력은 고사하고 가수의 기본이라고 할 노래 자체를 못하는 경우가 많았고, 따라서 무대에서의 립싱크 의존도가 대단히 높았다. 이런 것은 아무리 엔터테인먼트의 관점에서 대중음악을 본다고 해도 비판받아 마땅하다.

그리고 창작 윤리의 문제. 접근하는 관점 자체가 상업성에 치중해 있다 보니 돈을 벌기 위해선 어떤 짓을 해도 좋다는 유혹에 빠지기 쉽다. 그래서 표절 문제가 심각하게 대두되었다. 표절을 판정하는 것은 현실적으로 쉽지 않은 일이고 잣대도 모호하지만 당시 H.O.T를 포함한 아이돌 밴드들에서 표절 혐의가 짙은 경우들이 많았던 것은 부인할 수 없다. 허나 이 문제들은 2000년대에 들어서며 SM 자체와 YG, JYP 등 아이돌 스타를 거느린 제작사들의 자체 노력에 의해 서서히 해결되어 갔다. 연습생들의 노래 연습이 강화되어 립싱크 없이 무대에서 노래할 수 있는 실력이 보유가 일종의 기본이 되었다. 그리고 이들 보이밴드나 걸밴드들이 발표하는 곡의 수준도 한층 높아져 엔터테인먼트적인 세련됨의 수준이 90년대와는 비교하기 어려울 정도로 향상된 것은 부인할 수 없다.

그러나 이 시스템 하에서는 여전히 풀리지 않는 문제들이 남아 있다. 일단 여전히 절대적인 TV에 대한 의존도이다. 원래도 공중파 의존도가 높았던 우리 대중음악계였던 데다가, SM식 아이돌 스타시스템 자체가 TV와 제작사의 필요가 맞아 떨어진 지점에서 생성되고 번성한 것이기 때문이다.

TV는 음악을 방송하는 주요 매체이긴 하지만 언제나 영상을 동반해야 하며 그 영상을 어떻게 잘 만들어 넣느냐는 것은 프로그램 제작자들에게 영원한 숙제다. 이때 '영상'에는 배경이나 효과 등과 함께 등장하는 사람이 중요한 역할을 차지하는 것은 말할 것도 없다. 그렇게 종합된 영상이 얼마나 매력적이냐에 따라 시청자의 호불호가 결정되고, 이것이 시청률과 광고수주로 연결되는 것이 상업방송의 이익 창출 구조다.

그런 점에서 아이돌 가수들은 말 그대로 화려할 볼거리를 제공한다. 비주얼이라는 측면에서 수려한 외모와 현란하고 섹시한 댄스는 강렬한 오디오의 리듬비트와 꽉 찬 사운드와 함께 TV 방송에 더할 나위 없이 어울리는 엔터테인먼트이기 때문이다. 그리고 확실한 팬덤이 구축되기 때문에 녹화장에서의 성황은 물론 시청률도 어느 정도는 기본으로 확보될 수 있다. 아이돌 가수들의 출연만으로 보장되는 요건들이 아주 많은 것이다.

그리고 거대 매니지먼트사의 철저한 감독 하에 있는 이들 아이돌 가수들은 그렇지 않은 경우에 비해 문제를 일으킬 가능성이 훨씬 적다. 합숙을 통한 사생활과 스케줄 관리, 기계적인 생활 사이클에 정기적인 건강검진에 이르기까지 철저하고도 종합적인 관리 시스템 하에 있는 이들이 불안정한 개별 가수들이나 예술가 성향의 변덕스러운 아티스트들에 비해 방송 프로그램 제작에 용이하다는 점은 두말할 나위도 없다.

이런 관점들을 따르다 보면 이미 증명된 성공 공식으로의 아이돌 시

스템을 차용하는 것은 제작사들로서는 단지 선택의 차원을 넘어 필수적인 것으로 인식된다. 이처럼 서로 이익이 되다 보니 아이돌 그룹과 TV의 공생관계는 이전보다 더 공고해졌고, 한편으로 대중음악이 TV를 벗어나 설 자리는 더욱 줄어들고 말았다.

또 한 가지는, 단일화되다시피 한 가수 양산 시스템으로 인해 당장의 편의와는 별개로 장기적인 경쟁력을 상실하게 될 가능성이 높다는 점이다. 이는 비지니스와 예술 두 가지 관점에서 공히 적용된다.

비지니스적 관점에서의 문제는 보이/걸 밴드로 대변되는 아이돌 가수의 생산에 분명한 한계가 있다는 점에서 비롯된다. 꽃미남형, 야수형, 초식남형, 소녀형, 섹시형 등 이미 상상 가능한 대부분 형태의 보이밴드와 걸밴드가 출현해 있다. 따라서 참신함을 보여줄 수 있는 새로운 아이돌의 가능성은 점점 줄어든다.

또한 중국 등 대자본을 앞세운 새로운 세력들의 약진을 무시할 수 없다. 아직은 아시아권 가수들이 우리나라 아이돌의 외적, 음악적 세련미에 미치지 못하지만 따라잡히는 것은 단지 시간문제일 뿐이다. 일단 비슷한 지점에 도달하고 나면 중국이 가진 엄청난 인적 자원과 문화적 전통을 고려할 때 경쟁은 우리 쪽이 힘겨워진다. 이를 위해서 다른 음악적 자원을 키워가지 않는다면 한국의 대중음악산업은 물론 한류 자체도 큰 위기에 봉착할 것이다.

다른 한 가지 문제는, 역시 위의 것들과 무관하지는 않지만, 음악의 진정한 창조성 담보 측면이다. 단기적 비지니스의 마인드로만 보자면 '창조성'은 비용과 노력을 낭비하도록 만드는 불필요하고 불안정한 무엇일 수 있다. 그러나 창조성의 저변이 담보되지 않은 분야는, 그것이 꼭 대중음악이나 기타 예술 분야가 아니더라도, 진정한 발전을 이룰 수 없다는 것은 상식에 속한다.

예컨대 너바나(Nirvana)의 커트 코베인(Kurt Cobain)은 록 뮤지션들 중에서도 특히 불안정하고 예측할 수 없는 인물이며 27세의 젊은 나이에 권총 자살로 생을 마쳤다. 그가 활동하고 성장한 곳은 스타시스템과는 가장 멀다고 할 북서부 시애틀의 인디 씬이었다. 그러나 그의 천재성이 전 세계에 끼친 음악적 영향, 그리하여 새로 창출된 시장의 규모는 환산이 불가능할 정도다. 물론 그의 비극적인 삶을 미화하거나 반대로 폄하할 생각은 없고, 이런 비지니스적인 효과의 관점에서 바라봐야만 한다는 것은 아니다. 단지 그것이 현실이었을 뿐이다.

지금과 같은 TV - 아이돌 시스템의 천편일률적 구조로는 당장에 얼마나 높은 수익을 내던 결국 조만간 한계에 부딪히고 만다. 따라서 이 공생 관계는 굳이 탈법의 요소를 가진 유착적인 면은 별개로 하더라도 대중음악에 장기적인 도움

을 주는 형태는 아닌 것이다.

　하지만 2012년 현재의 기준으로 볼 때 이 시스템은 비즈니스적 관점에서 매우 효과적으로 작동하고 있다는 점은 부인할 수 없다. 이렇게 향후 15년 이상을 좌지우지할 21세기 한국형 뮤직 비즈니스의 뼈대는 이미 1995년 SM엔터테인먼트와 H.O.T의 성공을 통해 자리 잡혔던 것이다. 원했던 아니던. SOUND

음반시장 붕괴와 K-POP 브랜드로 해외진출 시도

이제, 음악산업이 균형 있게 성장하기 위해서 필요한 환경을 정책적으로 고민할 때

2000년대 들어 아티스트와 음반의 지위가 점점 하락하고, 전체 음악시장이 급격히 축소되면서 이미 설 자리를 잃은 기존 가수들 외에 잘 나가던 아이돌 그룹까지 음반 판매에 비상이 걸리게 된다. 이로써 SM엔터테인먼트를 필두로 한 대형 기획사들이 해외 진출을 도모하게 된다. 즉, K-Pop 한류는 붕괴된 국내 음반시장을 넘어 새로운 시장을 찾기 위해 시작된 셈이다.

권 석 정 | 유니온프레스 기자

음악을 듣고 음악잡지를 읽으며 자랐다. 현재 '재즈피플' 필진, '핫트랙스' 컨트리뷰터로 활동하며 음악 관련 글을 쓰고 있다. 2006년부터 홍대 등지의 라이브클럽에서 브라운 리틀 퍼시(Brown Little Pussy)의 기타리스트로 활동하다 현재 잠정 휴지기에 들어갔다. 2009년 '참여와 혁신'에서 기자 생활을 시작했고 현재 '유니온프레스'에서 음악담당 기자로 근무하고 있다.

‘케이팝 열풍’ 이전에 ‘음반시장 붕괴’가 있었다. 최근 연일 보도되고 있는 케이팝의 세계시장 진출은 자국 음반시장의 붕괴, 즉 음악으로 돈을 벌 수 없는 구조에서 이익을 양산할 수 있는 방법을 마련하기 위한 자구책에서 시작됐다. 2000년 이후 음반시장은 지속적인 하락세를 보였다. 이에 SM엔터테인먼트를 중심으로 한 소수의 기업형 엔터테인먼트들은 여러 시행착오 및 악전고투 끝에 해외에서 수익을 거둘 수 있는 모델을 마련해나갔다. 그리고 그 모델들 중 일부는 현재 여러 가지 성공사례로 이어지고 있으며, 언론에 집중 보도되고 있다. 이러한 상황에 비춰 보건데 2000년 이후의 한국 대중음악 엔터테인먼트는 훗날 한류 열풍으로만 회자될지도 모르겠다. 하지만 우리가 먼 미래에 한류 열풍으로만 점철된 역사기록을 보게 된다면, 그것은 업계가 맞닥뜨리고 있는 현실과 너무도 동떨어진 방종의 증거일 것이다. 실제로 최근 몇몇 대형 기획사가 거둔 해외 진출의 성과에 비해 2000년 이후 내수시장의 붕괴의 정도는 너무나 참혹할 정도다. ▲ 뮤지션이 TV 방송에 의존하는 시스템 ▲ 아이돌 그룹의 방송 점령 ▲ 음반 구매층이 10대 중심으로 재편 ▲ 기획사의 무책임한 덤핑 판매 등의 악순환으로 인해 2000년대 들어 뮤지션과 음반의 가치는 바닥으로 떨어졌다. 음반시장은 온라인시장으로 옮겨갔고, 새로운 판매 창구가 된 온라인 음원사이트는 음원을 헐값에 팔아치우는 무제한 스트리밍 및 다운로드로 운영되면서 제작사

가 투자비용을 거둬들이지 못하는 지경에까지 이르게 된다. 이것이 2000년 이후의 한국 대중음악 엔터테인먼트의 현실이다. 지금 우리는 소수 대형 기획사가 일본에서 거둔 음반판매 매출이 국내 음반판매 전체 매출에 근접한 양극화의 시대에 살고 있다.

이 글에서는 2000년 이후 한국 대중음악 엔터테인먼트가 쇠퇴해가는 과정을 심층적으로 살펴본다. 이후 벌어진 케이팝의 음악적 발전 및 해외 진출을 다양한 층위로 살펴보고, 해외 시장에서의 소비 영역 및 지분에 대해서도 파악해본다. 이 글에는 한류에 대한 무조건적인 찬양도, 내수시장에 대한 막연한 희망도 없다.

아티스트와 음반의 영향력 쇠퇴로 인한 음반시장 붕괴

2000년대의 한국 대중음악은 90년대와 정반대의 양상을 보였다. 90년대의 한국 대중음악계는 가요 장르의 다양화 및 질적 성장을 이루고, 나아가 판매량 등의 산업 규모로는 가요 역사를 통틀어 정점을 찍었다. 서태지와 아이들을 필두로 김건

모, 신승훈 등 가수들이 엔터테인먼트산업에서 차지하는 지위는 단연 최고였다. 이외에 015B, 신해철, 윤상 등 싱어송라이터임과 동시에 프로듀서의 자질을 가진 아티스트형 뮤지션들도 대중들에게 큰 사랑을 받았다. 하지만 이러한 황금기는 2000년대로 들어서면서 여러 개의 암초를 만나며 암흑기로 변하게 된다. 음악산업백서에 따르면 국내 음반시장은 2000년에 4,104억원 시장으로 최고치를 기록하고 이후 급격한 하락세를 보이게 된다. 앨범 판매량은 급격히 하락해 90년대에 흔하던 '100만 장짜리 음반'은 2000년에 4장, 2001년 3장을 거쳐 2002년부터 영영 사라지게 된다. 이러한 시장 축소에 대해서는 흔히 IMF로 인한 경제 악화 및 MP3 파일을 통한 불법음원 유포가 가장 큰 이유로 제시돼왔다. 하지만 그 이면에는 '아티스트'와 '음반'이 가지는 영향력 자체가 쇠퇴했다는 사실이 근원적인 이유로 자리하고 있다.

한국의 대중음악은 엔터테인먼트산업의 등장과 함께 그 일부로서 다뤄져 왔다. 음악이 대중과 만나는 가장 큰 창구인 TV에서 뮤지션은 노래하는 가수임과 동시에 연예인으로서 다뤄져 왔다. (여기에 동참하지 않고 독립적으로 자신들의 음악을 해나간 대표적인 움직임이 70년대 포크, 80년대 언더그라운드, 90년대 인디신이다.) 특히 90년대 초중반 댄스뮤직 붐 이후에는 뮤지션들이 단순히 쇼프로그램에 출연하는 수준을 넘어 예능인으로 두각을 나타내기 시작했다. 1992년 서태지와 아이들, 현진영의 빅히트 이후 1993~1994년 사이 잼, 노이즈, 잉크, 룰라, 투투, 쿨 등 이른바 댄스그룹들이 대거 등장하게 됐고, 이들은 예능 프로그램의 패널로 출연하며 10대들 사이에서 선풍적인

인기를 끌었다. 이러한 '가수=예능인' 양상은 90년대 중후반 난립하기 시작한 10대 아이돌 댄스 그룹들에 가서 더욱 심화됐다. 10대 연습생들을 선발해 조련 후 데뷔시키는 시스템으로 탄생한 H.O.T., 영틱스클럽, S.E.S. 핑클, 젝스키스, 태사자, NRG, god 등 대표적인 아이돌 그룹들은 음악 프로그램 뿐 아니라 예능 프로그램에서도 단골로 출연하며 지명도를 높여 나갔다. 비주얼을 중심으로 하는 아이돌 댄스 그룹들은 TV에 최대한 많이 나가 얼굴을 비춰야만 했고, 방송국은 시청률을 위해 이들이 필요했다. 이러한 연결고리는 일종의 카르텔을 형성했고, 이는 여타 장르 음악에 대한 배제 현상을 가져왔다. (이때부터 음악프로그램이 MR 위주로 구성되면서 록을 비롯한 밴드음악의 非대중화는 점점 심해졌다.)

이러한 아이돌 그룹의 유행과 함께 미성숙한 어린 가수들이 TV로 데뷔하면서 노래 실력의 하향평준화가 일어났다. 이로써 그간 쉬쉬됐던 립싱크가 도마 위에 올랐고 가요의 '규격화' 및 '획일화' 양상이 더욱 심해졌다. 뮤지션이 예능인으로 전락하면서 퍼포머와 창작자가 역할을 분담하는 경향도 더욱 커졌다. 이로써 가요계에서 싱어송라이터의 설 자리는 점차 줄어들게 된다. 이러한 배제가 가속화되면서 기존에 주류시장에서 소비되던 음악들마저 인디신으로 재편되는 현상이 벌어진다. (만약 지금 시점에서 015B, 윤상과 같은 아티스트가 새로 등장한다면, 에피톤 프로젝트와 같이 인디신으로 분류될 것이다.) 대중들로는 항상 TV에 등장하는 아이돌 그룹의 비슷비슷한 음악을 굳이 돈 주고 구입할 필요가 없었다. 아이돌 그룹은 조직화된 팬클럽을 중심으로 10대 연령층의 팬들에게 음반 판매를 의지했다. 이와 동시에 음반 구매층이 10대를 중심으로 판이 짜이면서 '틴 팝' 계열의 아이돌 음악이 차지하는 포션이 극대화된다. 이러한 악순환들은 최종적으로 아티스트와 음반의 영향력 쇠퇴로 귀결됐다.

아티스트와 음반의 영향력이 쇠퇴한 이유를 다시 한 번 정리해보면 ▲ 뮤지션이 TV 방송에 의존하는 시스템 ▲ 아이돌 그룹의 방송 점령 ▲ 음반 구매층이 10대를 중심으로 재편된 것을 제시할 수 있다. 여기에 ▲ 기획사의 무책임한 덤핑 판매도 이유로 들 수 있다. 대표적인 것이 GM뮤직의 김광수 대표가 2001년에 기획한 편집앨범 박스세트 [연가]다. 2001년은 앨범 판매량이 상승에서 하강으로 꺾인 해다. 과거의 히트곡 68곡을 네 장의 CD에 담은 [연가]는 그 당시 168만 장을 팔아치우며 그 해 판매량 1위를 기록했다. [연가]의 빅히트는 마케팅 성공사례로 꼽히는 한편 당시 업계에서 '덤핑 끼워 팔기'를 퍼트렸다는 질타를 받기도 했다. (발라드가 중심으로 선곡된 [연가]의 메가 히트는 아이돌 댄스 음악에 질린 대중의 반작용 때문이기도 했다.) 이후 [연가]의 뒤를 잇는 편집앨범들이 부지기수로 등장하면서 음반의 가치는 점점 바래져 갔다. 김광수 대표는 조성모의 〈To Heaven〉을 시작으로 블록버스터급 뮤직비디오를 유행시키며 음반 전체 제작비를 천정부지로 올라가게 한 장본인이기도 하다. 이후 음반시장은 점점 축소됨과 동시에 온라인 시장으로 넘어가게 된다. 그리고 온라인 음원 사이트는 무제한 정액제로 운영이 되면서 제작사가 투자비용을 거둬들이지 못하는 최악의 지경에까지 이르게 된다.

음반시장 붕괴로 시작된 K-POP 한류

아티스트와 음반의 지위가 점점 하락하고, 전체 시장이 급격히 축소되면서 이미 설 자리를 잃은 기존 가수들 외에 잘 나가던 아이돌 그룹까지 음반 판매 비상이 걸리게 된다. 이로써 SM엔터테인먼트를 필두로 한 대형 기획사들이 해외 진출을 도모하게 된다. 즉, 케이팝 한류는 붕괴된 국내 음반시장을 넘어 새로운 시장을 찾기 위해 시작된 셈이다.

한류라는 용어가 널리 쓰이기 시작한 것은 H.O.T.가 2000년 2월 베이징 공연에서 약 1만2천명의 관객을 동원한 이후로 알려져 있다. 케이팝 한류가 처음부터 지금과 같은 성과를 거둔 것은 아니다. 90년대 후반 한류 초창기에는 라인기획 김창환 대표가 키워낸 클론, 박미경을 비롯해 NRG, 베이비복스, 유승준 등 국내 인기 뮤지션들의 앨범이 대거 중국에 발매됐으며, 이외에 안재욱과 같은 탤런트가 드라마의 인기를 등에 업고 가수로서 인기를 얻기도 했다. 이 중 중국 한류를 꾸준하게 추진할 수 있었던 것은 SM 엔터테인먼트 소속 가수들이었다. 특히 국내 최초의 공식 중국발매 앨범인 [행복]은 한 달 만에 5만여 장이 팔려나갔고, 이는 한국어 가창 가요가 외국에서 소비된 거의 첫 번째 사례로 기록됐다.

그러나 당시 국내 가수들의 중국 진출은 불법음반 등으로 인해 내수시장에 비해 그다지 큰 이윤을 가져다주지 못했다. 이로써 중국에서의 케이팝 한류는 공연시장에 집중될 수밖에 없었다. 하지만 외국 기획사의 공연에 대한 중국정부의 제약이 만만치 않았다. 당시 중국 진출은 불법복제의 난립, 중국정부의 자국 문화 보호 정책, 그 외 법률적인 문제 등으로 많은 어려움을 겪었다. 이 같은 폐쇄적인 환경을 감수하고 중국 진출을 이어 갈 수 있었던 이들은 자본과 기획력을 지닌 대형 엔터테인먼트들이었고, 대표적인 것이 기업형 매니지먼트 시스템을 가진 SM엔터테

인먼트다. SM의 경우 중국 현지 법인을 추진하는 한편 꾸준한 공연으로 지역화 전략을 노렸다. SM은 2001년 12월 'SM 사대천왕 콘서트(강타, 문희준, S.E.S., 신화, 플라이 투 더 스카이)'를 시작으로 독자적인 중국 공연을 계속 해나갔다. 이와 같은 꾸준한 진출로 인해 SM 산하 가수들은 중국에서 팬덤을 형성하게 됐고, 이는 공연수익으로 이어졌다. 중국은 한류의 시작점으로, 동남아시아 한류 진출의 거점이자 최종 목적지로 꼽힌다. 이러한 중국 공략의 성과, 즉 중화권에 대한 노하우를 닦은 SM의 기획력은 볼 수 있다.는 최근 보도된 바 있는 슈퍼주니어의 동남아 진출 성공사례로 이어진다.

일본 한류는 보아의 성공 사례 이후 현재로 이어지고 있다. 2002년 3월 〈ID : Peace B〉로 한국인 최초로 오리콘 싱글차트 1위에 오른 보아는 이후 2004년까지 정규 및 싱글앨범을 통해 약 472만장의 앨범 판매를 기록하고 CF 등 수입 등으로 약 1,043억의 이윤을 거뒀다. 데뷔 때부터 철저히 일본 시장을 겨냥한 교육을 받은 보아는 일본의 전설적인 프로듀서 고무라 테츠야가 설립한 에이벡스(Avex)에서 앨범을 발매하고 일본 최고의 TV프로덕션 요시모토 그룹의 막후 지원 하에 안정적인 일본 활동을 펼쳐나갔다. 현지 작곡가들을 통한 곡 조달 및 현지 음반사를 통한 프로모션, 공중파 버라이어티쇼를 통한 홍보 등의 노하우는 이후의 동방신기, 초신성 등의 일본 현지화 전략에 그대로 적용된다.

일본 K-POP 한류의 확장

2011년에 일본 시장에서 큰 성과를 거둔 카라와 소녀시대의 경우 현지화 전략을 시도한 보아, 동방신기와 달리 국내에서의 음악을 그대로 일본으로 가져가 히트시켰다는 점에서 주목할 만하다. 보아, 동방신기의 경우는 철저한 현지화 전략을 취했기 때문에 온전한 한류라고 정의하기보다는 제이팝(J-Pop)의 일부로 보는 것이 타당하다. 이들과 달리 카라와 소녀시대는 국내에서의 노래, 의상, 퍼포먼스를 일본으로 가져가 거의 그대로 재현했다. 또한 일본어 번안곡으로 먼저 인기를 얻은 후 한국어 가창 버전까지 오리콘 차트 상위권에 올려놨다.

2011년에 일본에서 활약한 것은 카라와 소녀시대 뿐만이 아니다. 2011년 오리콘 연말결산 차트를 살펴보면 카라와 소녀시대가 연간 종합매출액 순위에서 나란히 4위(49억2600만엔, 한화 약 732억원), 5위(40억4900만엔, 한화 약 601억원)에 올랐으며 이는 2010년에 비해 4~5배 상승한 성적이다. 2011년 오리콘 연말결산 차트 신인 부문에서는 2PM이 9억9000만엔(한화 약 129억원)으로 2위, 샤이니가 8억7000만엔(한화 약 129억원)으로 3위에 이름을 올렸다. 이 두 보이밴드가 올해 거둔 성적은 2010년에 카라와 소녀시대가 올린 매출과 비슷한 수준으로 새로운 가수들이 한류에 투입되는 양상을 보여준다. 같은 해 동방신기는 앨범과 싱글로 60만장 가까운 판매고를 올렸으며 이외에 장근석, 빅뱅, 티아라, 김현중, 비스트, 엠블랙, 씨앤블루 등이 오리콘 일간차트의 반짝 인기를 넘어서 주간차트 상위권에 오르는 호조를 보였다. 이와 같이 일본에서는 기존의 매머드급 아이돌 그룹이 인기를 확장시키고 있는 가운데 후발주자들도 하나둘 좋은 성적을 거둔 것이다.

이제 일본 한류는 '열풍'이 아닌 '일상'이 됐다. 소녀시대는 지난해 6월 현지에 발매한 일본 첫 정규앨범 [Girl's Generation]으로 최근 약 1년 만에 100만 장의 판매고를 돌파했다. 오리콘 2012년 상반기 결산차트 50위권에는 소녀시대, 카라, 슈퍼주니어, 동방신기, 빅뱅, 2PM, 김현중, 씨앤블루 등이 올랐다. 이는 작년 오리콘 상반기 결산차트와 대동소이한 성적이다. 이것은 두 가지로 해석해볼 수 있다. 케이팝 일본 한류가 안정화에 이르렀음을 보여주는 것, 다른 한편으로는 한류가 SM, YG, JYP 소속 뮤지션들, 그리고 장근석, 김현중과 같이 드라마로 인지도를 높은 연예인들에게 머물러 있다는 것이다.

K-POP의 예술성과 해외시장에서의 소비가능성

작품성 측면에서의 K-Pop 분석 : K-Pop의 정통성

사실 케이팝이라 불리는 아이돌 댄스 장르('아이돌 댄스'라는 장르는 존재하지 않지만 편의상 이 용어를 사용하도록 한다)는 평론의 영역에서 도외시돼왔다. 이는 90년대 중후반의 아이돌 댄스가 일정한 공식에 따라 거의 재생산되다시피 하며 쏟아져 나왔기 때문이다. 아이돌 댄스는 평가의 대상이 된다 하더라도 동시대 영미일 댄스 뮤직과 비교되면서 혹평에 시달리기 일쑤였다. 실제로 케이팝의 작품성을 논하는 데 있어서는 영미일 음악을 잣대로 하는 경향이 강했고, 좋은 평이 나올 리 만무했다. 이제는 케이팝을 독립된 시각으로 보고 평가하는 시각이 필요하다.

현재 세계적으로 통용되는 케이팝이라는 용어는 국내 아이돌 그룹이 하는 댄스·일렉트로니카 장르를 지칭한다. 더 정확히는 소녀시대, 카라, 동방신기, 원더걸스, JYJ, 슈퍼주니어, 투애니원, 빅뱅 등 주요 보이밴드·걸그룹이 하는 음악을 가리킨다고 볼 수 있다. 이들 음악의 뿌리를 거슬러 올라가보면 멀리는 90년 초반의 현진영, 서태지와 아이들, 가까이는 H.O.T., 영턱스클럽을 만날 수 있다. 이주노가 키운 영턱스클럽은 트로트와 댄스가 결합된 〈정〉으로, H.O.T.는 파워풀한 랩과 댄스가 담긴 〈전사의 후예〉와 버블검의 전형인 〈캔디〉로 각각 돌풍을 일으키며 트렌드를 장악해 나갔다. 〈정〉을 만든 작곡가 윤일상의 트로트+댄스와 SM 소속 작곡가 유영진, 장용진의

작법은 히트 공식으로 자리했다. 특히 H.O.T.의 1집 이후 파워풀한 군무와 자극적인 노래(SMP; SM Music Performance라 일컬어짐. 대표적인 곡이 〈전사의 후예〉)로 이목을 끌고 달콤한 멜로디(캔디)로 인기를 이어가는 방식은 아이돌 그룹의 팬덤을 양산하는 안전한 방법으로 자리하며 지금까지도 이어지고 있다. 그리고 현재에 이르러서는 'SM사운드'. 'JYP사운드', 'YG사운드'라고 말해도 별 무리가 없을 만큼 각 기획사 나름의 색이 존재한다. 당시 3사 외에 예당의 아이돌 그룹 샵은 박근태가 만든 밴드 사운드에 기반을 둔 세련된 음악(〈Sweety〉, 〈내 입술… 따뜻한 커피처럼〉 등)을 선보이기도 했다. 하지만 이러한 스타일은 출중한 악곡에도 불구하고 트렌드로 이어지지 않았다.

SM엔터테인먼트는 일찍이 소속 가수였던 현진영부터 시작해 H.O.T., S.E.S.를 통해 일정 수준 이상의 음악을 만들어냈다. (조금 잔인한 비교일지 모르겠지만 당시 라이벌로 여겨졌던 젝스키스, 핑클 등의 여타 아이돌 음악과 함께 들어보면 그 차이를 명확하게 알 수 있다.) SM은 보다 구체화된 트레이닝 시스템 외에 자체 프로듀서, 작곡 팀, 세션 팀을 모두 구비하고 가수에 대한 철저한 관리 하에 결과물을 양산해냈다. R&B, 힙합, 그리고 메탈에 이르기까지 여러 장르를 'SM식'의 노하우로 해석한 결과물들은 현재 통용되는 케이팝의 원조로 봐도 무방하다. SM은 전속 작곡가인 유영진, 켄지 외에 필요에 따라 미국, 일본의 작곡가들, 그리고 이트라이브, 히치하이커, 황성제, 황현 등을 기용해 소속 가수에게 딱 들어맞는 곡과 사운드를 만들어냈다. 이 중 롤러코스터 출신인 히치하이커(지누)가 만들어낸 에프엑스의 〈피노키오〉, 소녀시대의 〈Visual Dreams〉, 샤이니의 〈Electric Heart〉는 악곡, 사운드 면에서 기존 'SM사운드'에서 한걸음 진보된 모습을 보였다. 히치하이커는 한국 아이돌 댄스 성장의 증거물로 꼽히는 브라운아이드걸스의 〈Abracadabra〉를 만들기도 했다.

양현석의 YG엔터테인먼트, 박진영의 JYP엔터테인먼트 역시 나름의 스타일을 확립하며 케이팝에 확고한 지분을 형성했다. YG는 양현석과 이현도가 손잡고 만들어낸 지누션의 데뷔앨범을 통해 힙합을 선보인 후 그 노선을 꾸준히 발전시켜나갔다. YG도 SM과 마찬가지로 페리, 마스터우, 테디 등 전속 작곡가 및 프로듀서 팀을 뒀다. 여기에 멤버 각각의 개성을 살린 빅뱅을 통해 기존 아이돌 그룹의 관성을 바꿔놨다는 평가를 받았다. 투애니원 역시 기존 걸그룹의 히트 공식을 따르지 않음으로써 단연 특별한 위치를 점하게 된다. YG의 음악은 힙합을 베이스로 하고, 미국 트렌드에 근접한 음악을 들려준다는 점에서 블랙아이드피스를 연상케 하기도 한다.

JYP는 god의 성공으로 이미 90년대 후반에 아이돌의 관성을 살짝 바꿔 놨다. H.O.T. 이후 사운드의 과잉으로 흘렀던 아이돌 신에서 박진영은 god를 통해 드럼과 베이스로 베이직을 깔고 스트링을 가미한 미니멀한 사운드로 차별화를 시도했다. 이후 박진영은 전속 작곡가인 권태은, 방시혁과 함께 하며 비를 최고의 인기 가수로 성장시켰으며, 원더걸스에 이르러서는 '복고 코드'와 '후크송'을 유행시키게 된다. JYP의

魁！
音楽番付
SPECIAL
ヒップダンスが話題のKARAに
現地 韓国で突撃インタビュー!!
このしゃべってる感じ勝手に訳して
字幕で出しといたらええんちゃうん！
韓国No.1グループ
超人気！KARA
人となり を 知りたい
Gmarket

특징이라면 회사의 수장인 박진영 본인이 해왔던 음악, 자의식을 소속 뮤지션에게 불어넣는 성향이 강하다는 것이다. 이것이 이수만, 양현석과 다른 점이었다. 한편 3사 외에도 큐브엔터테인먼트, 내가네트워크, 울림엔터테인먼트 등이 과거보다 양질의 아이돌 댄스를 양산해내고 있다. 이들 케이팝은 미국, 영국의 틴 팝, 일본의 제이팝과 다른 잣대로 바라봐야 하는 나름의 개성을 지닌 음악이 됐다.

세계 대중음악에서의 케이팝 분석 : 소비영역 및 시장지분은?

케이팝이 해외 대중음악시장에서 어떤 소비 영역에 속하는지는 아시아와 미국, 유럽시장을 나눠서 살펴봐야 한다. 위 챕터에서 설명한 과정을 통해 만들어진 케이팝은 주지하다시피 일본, 중화권에서 선풍적인 인기를 얻고 있다. 아이돌 댄스 장르를 중심으로 한 현재의 케이팝 한류는 일본, 중화권 시장을 중심으로 안정된 공연 수익을 올리고 있으며, 특히 일본에서는 엄청난 음반 판매 수익도 거두고 있다. 일례로 2011년에 한국 뮤지션들이 일본 음악소프트(싱글 CD, 앨범 CD, 음악 DVD, 음악 블루레이 디스크)시장에서 거둔 점유율은 7.8%를 차지했으며 약 244.7억엔의 매출을 거둔 것으로 집계됐다. 이는 한화로 약 3,529억원에 달하는 금액으로써 국내 전체 음반시장과 전체 디지털음원 시장을 모두 합한 추정치인 3,800~4,000억원 시장과 별 차이가 나지 않는 것으로 드러났다. 한편 JYJ는 국내에서 열린 팬 박람회 '2012

JYJ 멤버십 위크'에 일본 팬 7,024명을 동원하기도 했다. 이는 한류 단일 행사로는 최다 입국 기록으로 한류의 인기가 관광 인바운드 사업으로 확장될 수 있는 가능성을 보여준 사례다.

이러한 성공의 원인은 기본적으로 일본의 아이돌을 벤치마킹한 현지화 전략에서 찾을 수 있다. 케이팝이 일본시장에 상륙할 수 있었던 이유는 쟈니스 출신의 아이돌과 일정부분 닮아있으면서도, 색다른 매력을 지니고 있었기 때문이다. 하지만 소비되는 층위에 있어서는 분명히 차이가 존재한다. 가령 보아가 완전한 제이팝으로 승부를 걸었다면, 소녀시대는 제이팝과 차별화된 음악과 퍼포먼스로 승부수를 띄웠다. 일본시장에서 1, 2위를 다투는 카라와 소녀시대도 역시 다른 층위에서 바라봐야 한다. 일본에서 최고의 인기를 구가하고 있는 카라는 제이팝과 매우 닮은 음악을 구사하며 친숙함으로 지명도를 쌓았다. 반면 소녀시대는 SM 특유의 견고한 퍼포먼스를 선보이며 주목받았다. 빅뱅, 투애니원의 경우 제이팝 트렌드보다 미국 팝의 트렌드에 맞닿아있기 때문에 카라, 소녀시대보다는 마니악한 인기를 끌고 있다. 이에 대해서는 단순히 인기의 상하를 따지기보다는, 다른 층위로 소비된다고 보는 시각이 필요하다. 주목해야할 점은 중국을 비롯한 대만, 베트남, 싱가포르 등 중화권시장에서는 'SM 사운드'를 필두로 한 케이팝이 아시아 첨단의 음악으로 받아들여지고 있다는 것이다. 아시아 시장에서는 이제 한국의 슈퍼주니어가 일본의 엑스재팬보다 더 잘 팔리는 콘텐츠로 떠올랐다.

남미 지역에도 케이팝 팬덤이 존재한다. JYJ와 큐브엔터테인먼트의 패밀리콘서트인 '유나이티드 큐브'는 각각 칠레와 페루, 브라질에서 공연을 펼쳤으며 수천 명의 현지 팬들을 동원했다. 흥미로운 것은 현지 관객들이 국내 팬덤과 마찬가지로 인터넷 커뮤니티를 통해 움직인다는 점이다. 가령 브라질 팬들은 온라인 커뮤니티를 통해 케이팝에 대한 정보를 공유하고, 팬클럽을 꾸리는 것으로 나타났다. '유나이티드 큐브'가 상파울로 공연을 가질 때도 현지 팬들은 온라인 커뮤니티를 통해 지역 팬들을 모집하고 대형버스를 대절해 공연장에 모였다. 즉, 수천 명 단위의 적극적인 케이팝 팬 층이 존재하며, 그 팬덤 확산의 모양새는 흥미롭게도 국내 팬클럽과 닮아있다. 최근 들어 국내 아이돌 그룹은 아시아 외에 미주, 유럽, 중동까지 프로모션을 펼치고 있다. 이 중 단순히 프로모션 수준이 아니라 공연 집객에서 실질적인 성과를 보여준 것은 JYJ다. JYJ는 지난해 4월 월드투어를 시작해 미주, 유럽, 남미 15개 도시를 돌며 무려 약 20만 명의 관객을 동원한 것으로 소속사 씨제스엔터테인먼트 측은 밝혔다. 씨제스엔터테인먼트 측은 해외에서의 인기를 증명이라도 하듯 JYJ의 칠레공연에 국내 대규모 기자단을 대동했다. JYJ의 성적은 SM엔터테인먼트 스타들이 총출동하는 'SM 타운 라이브', 큐브엔터테인먼트의 '유나이티드 큐브' 등의 패밀리콘서트와 달리 단독 공연으로 이루어졌다는 점에서 주목할 만하다.

케이팝은 아시아 시장에서 영미권의 팝 못지않은 매력적인 음악으로 사랑받고 있다. 하지만 미국에서의 인기는 아직 미미한 수준이다. 원더걸스의 경우 2009년에 〈Nobody〉로 빌보드 싱글차트 76위에 오르고 빌보드 선정 '21세 이하 팝 스타 21인 (21 Under 21: Music's Hottest Minors)' 중 16위에 랭크됐지만, 사실상 이는 미국의 10대 저연령층에 집중된 인기였다. 'SM타운 라이브'가 뉴욕 매디슨 스퀘어 가든 공연을 매진시킨 것도 아직은 지역적인 인기로 보는 것이 맞다. SM은 소녀시대를 올해 1월 미국의 유명 토크쇼 '데이비드 레터맨 쇼'에 출연시킴으로써 현지 대중들에게 가까이 다가갈 수 있는 교두보를 마련하고, 곧바로 소녀시대 유닛 그룹 태티서의 앨범 [Twinkle]을 빌보드 앨범차트에 126위에 올리는 수완을 보였다. 이외에 현아의 〈Bubble Pop〉이 미국 음악잡지 '스핀'이 선정한 '2011년 베스트 팝 싱글'에서 3위를 차지하고, '피치포크'에서 케이팝에 대해 호의적인 평가를 하는 등 현지 평단에서의 관심은 존재한다. 소소하게나마 미국시장에서 SM, YG, JYP의 음악, 그리고 신사동 호랭이, 용감한 형제, 테디와 같은 작곡가들에게 관심을 갖는 것도 필시 특기할만한 사항이다. 실제로 미국 몇몇 제작자들은 케이팝에 관심을 표명하기도 했다. 뉴키즈 온 더 블록, 백 스트리트 보이스, 엔싱크, 조나스 브라더스 등 세계적인 보이밴드의 매니지먼트를 해온 자니 라이트 라이트엔터테인먼트 회장은 작년 내한한 자리에서 케이팝의 인재들을 미국에 데려가 현지 시스템으로 트레이닝하고 싶다는 의사를 밝혔다. 레이디 가가를 제작한 멜빈 브라운 컨빅 뮤직 대표는 국내 걸그룹 JQT와 계약을 하고 트레이닝을 시도하기도 했다.

이와 같은 미국 관계자들의 관심은 여러 가지로 해석이 가능하다. 현재 미국 아이돌 틴팝의 세계적인 점유율이 낮아지고 있는 가운데 케이팝을 하나의 돌파구로 활용할 가능성도 배제할 수 없다. 또한 미국 내에 일본인, 화교 등 아시아인의 세력이 점점 커지고 있는 가운데 그들을 포괄할 장르를 케이팝으로 판단하고 있다고도 볼 수 있다. 즉, 미국에서의 케이팝은 저스틴 비버, 조나스 브라더스와 같은 틴 팝의 일부이거나, 아시아인을 위한 특화된 콘텐츠로 소비될 가능성이 크다. 하지만 멜빈 브라운과 계약한 국내 걸그룹 JQT는 올해 초 해체하면서 사실상 미국 진출이 유야무야됐다. 이는 케이팝에 관심을 가진 멜빈 브라운이 실패 시 위험부담이 적은 걸그룹을 데려다 미국 시장 성공 가능성을 타진해본 것으로 해석해볼 수 있다. 즉, 케이팝이 아시아에서 성공을 거둔 것처럼 미국에서도 활약할 수 있을지의 가능성은 아직 높지 않다. 미국 제작자들이 케이팝 콘텐츠를 가져다 자국에서 소비할지, 아니면 재단장해 아시아로 되팔지의 여부는 곧 드러날 것이다. 어떤 행보에 대해서든 잠재력은 존재한다.

K-POP 한류의 한계 : 소수 기획사의 장악구도

사실 케이팝 해외진출을 통해 수익을 올리는 구조는 오랫동안 한류를 진행하며 시행착오를 겪은 소수의 기업형 엔터테인먼트에게나 해당되는 이야기다. 위 챕터에서 언급한 일본에서 거둔 음반 판매량 약 244.7억엔(한화 약 3,529억원)의 매출 역시 소수 기업의 몇몇 아티스트들을 통해 거둔 것이다. 즉, SM, YG, JYP를 필두로 한 소수의 기획사가 일본에서만 거둔 음반판매 매출이 국내 음반판매 전체 매출과 비슷한 양극화의 상황인 것이다. 최근 각종 언론을 통해 쉬지 않고 일본, 중화권 공연의 매진 소식이 들려오지만 중규모 기획사의 경우 각종 부대비용으로 인해 수익 면에서 별 재미를 보지 못하는 경우가 대부분인 것으로 알려졌다. 이 같은 상황에서 큐브엔터테인먼트, 스타제국엔터테인먼트, FNC뮤직, 제이튠엔터테인먼트, 정글엔터테인먼트, 아메바컬쳐 6개 기획사들은 2011년에 한류의 행보를 안정화하기 위해 해외시장에 지사와 인맥을 지닌 거대 엔터테인먼트 기업 CJ E&M와 MOU를 체결했다. 이후 6개 기획사 소속 뮤지션들은 CJ E&M을 통해 기존보다 현지 기업의 스폰서 및 제휴를 이룸으로써 해외진출의 부대비용을 줄이고 미국, 유럽, 남미, 중동 등에서 공연했다. CJ E&M이 한류 테이블에 본격적으로 발을 담그면서 앞으로 케이팝 한류는 다른 양상을 띨 것으로 보인다. CJ E&M은 해외 네트워크를 통해 협약기업에 대해 체계적인 지원 시스템을 마련한다는 방침이다. 이러한 행보는 케이팝 해외 판로의 '개척 내지 선점'으로 풀이된다. 업계 관계자들은 CJ E&M이 이번 투자로 인해 향후 한류가 이루어지는 거대한 플랫폼을 얻게 될 것으로 예상하고 있다.

내수시장 회복이 우선

전술했듯이 케이팝의 해외진출은 내수시장의 붕괴에서 시작됐다. 현재 케이팝은 해외 시장에서 성과를 거두고 있지만, 이는 3대 기획사 및 소수의 매머드급 아이돌 그룹에 머물러 있는 것이 현실이다. 지금은 일부가 점유하고 있는 한류시장보다는 내수시장 회복에 더 역점을 둬야 할 시점이다. 내수시장이 붕괴한 가장 큰 이유 중 하나는 음악을 판매하는 플랫폼인 온라인 음원사이트가 무제한 정액제로 운영되면서 음원을 헐값에 팔아치우는 무제한 스트리밍 및 다운로드가 일반화됐기 때문이다. 이를 타개하기 위해 지난 7월 10일 광화문에서는 메이저와 인디를 아우르는 수백 명의 음악인들이 모여'온라인 음악산업 정상화를 위한 음악생산자 한마당'을 열고 온라인 음원사이트의 무제한 정액제 및 음원 덤핑 판매를 반대하는 시위를 벌였다. '온라인 음악산업 정상화를 위한 음악생산자 한마당'에는 인디뮤지션들 외에 김창환 KMP홀딩스 대표를 비롯해 김형석, MGR, 신사동호랭이 등 인기 작곡가들이 참여해 사

태의 심각성을 실감케 했다. 이는 현재 내수시장이 누구에게도 안전하지 않음을 방
증하는 사례다. 바닥을 치고 있는 내수시장이 회복되지 않는다면 국내 대중음악계
는 해외시장 진출이 가능한 대형 기획사 소속 매머드급 아이돌 가수와 자생적으로
활동하는 인디뮤지션 두 부류로 더욱 양극화되는 극단의 상황을 치달을 수 있다.

SOUND

K-POP의 범주와
지속가능성

지난해에는 '유튜브'가 K-POP 카테고리를 추가함으로써 큰 화제를 불러일으키기도 했지만 과연 어떤 음악을 'K-POP'으로 불려야할지 고민스럽다. 혹은 실제 정의와 구분이 가능한 개념일까? 혹시 음악이 아닌 산업적인 구분은 아닐까? 이에 'K-POP의 범주와 정의'에 대해 분석해 본다. 디지털 음악시장의 성장, 음반 상품의 진화, 가정용 디지털 디바이스의 진화, 실연권 시장의 지속적 성장 등으로 얘기할 수 있는 '세계 주요 국가 대중음악시장'을 분석해 본다. 신한류로 대변되는 K-POP의 지속 가능한 경쟁력 분석을 위하여 K-POP에 대하여 두 가지 개념으로 접근하였는데, 그 하나는 K-POP의 지속적인 확산 방안이고, 두 번째는 K-POP을 통해 발생하고 있는 다양한 후광효과에 대한 분석이다. 그리고 마지막으로 "향후 해외 대중음악시장에서 K-POP의 소비가능성"에 대해서 얘기해 보았다. 즉, K-POP의 '지속가능성' 분석인데, 이는 커버스토리 3부의 메인 이슈이기도 하다. 실제 성패 사례와 현지 소비자/업체 등의 인터뷰를 통해 예측해 보았다.

K-POP의 범주와 속성에 관한 소고(小考)
음악적인 장르라기보다는 오히려 '지리정치학'적이며 '미디어친화'적이며 특정 세대를 일컫는 사회적 맥락에 산업적인 특성도 함유
정호재(동아일보 기자)

세계 주요 국가 대중음악시장 규모, 환경 분석 및 시사점
디지털 음악시장의 성장, 음반 상품의 진화, 가정용 디지털 디바이스의 진화, 실연권 시장의 지속적 성장 등
김영수(한국콘텐츠진흥원 통계정보팀 선임연구원)

K-POP의 지속가능한 경쟁력 유지 전략
국가별 K-Pop 진출에 대한 전략 및 성과
김재범(성균관대학교 경영대학 교수), 양승규(경기콘텐츠진흥원 연구원)

K-POP의 해외진출 사례별 성과 및 지속성 예측
실제 성패 사례와 현지 소비자/업체 등의 인터뷰를 통한 성과 판별 및 예측
홍정택(대중음악평론가)

K-POP의 범주와 속성에 관한 소고(小考)

음악적인 장르라기보다는 오히려 '지리정치학'적이며 '미디어친화'적이며 특정 세대를 일컫는 사회적 맥락에 산업적인 특성도 함유

케이팝(K-Pop)이란 용어가 국내 미디어에 회자된 지도 4~5년이 흘렀다. 케이팝이란 분명 외국인들이 '한국대중가요'에 붙인 용어지만 이제는 한국인들도 자국 가요를 케이팝이라고 부르는 일마저 왕왕 일어난다. 심지어 '한류'와 '케이팝'까지도 구분 없이 사용될 정도다(한국의 팝송을 넘어 팝컬처라는 의미로 쓰이는 셈이다). 아무런 정체성 논의 없이 케이팝이란 용어가 활용되다 전문가들 사이에서도 도대체 케이팝은 모호한 개념이다. 지난해에는 '유튜브'가 케이팝 카테고리를 추가함으로써 큰 화제를 불러일으키기도 했지만 과연 어떤 음악을 '케이팝'으로 불려야할지 고민스럽다. 혹은 실제 정의와 구분이 가능한 개념일까? 혹시 음악이 아닌 산업적인 구분은 아닐까? 조금 폭넓은 오지랖과 과도한 추측을 활용해 뜨거운 감자인 '케이팝'의 범주와 정의에 대해 분석해 본다.

정 호 재 | 동아일보 기자

1974년생. 잠시 대중문화를 취재한 적은 있지만 전업으로 취재한 적은 없음. 오히려 인터넷 미디어와 아시아가 주된 취재 영역. 태국의 '탁신'과 말레이시아의 '마하티르'에 대한 책을 번역했음.

1980년대에도 대한민국 대중음악을 이끌던 중심 미디어는 여전히 '라디오'였다(물론 TV의 영향력은 날이 갈수록 성장하고 있었다). 김광한의 '팝스다이얼'과 김기덕의 '2시의 데이트'가 대중음악 소비자들의 충실한 입문자 노릇을 하고 있었고, 심야시간대에는 이종환의 '디스크쇼'와 이문세의 '별이 빛나는 밤에'가 가난한 청소년들의 영혼의 동반자가 되어주었다. 쎄시봉을 기억하고 있던 젊은이들은 많지 않았지만 여전히 그 시절의 디제이(DJ) 황인용과 박원웅의 위력은 대략 감은 잡던 시절이었다. 가장 인기 있는 프로그램은 대개 미국의 빌보드 순위를 알려주는 시간이었다. 당시엔 팝의 순위를 활자로 전파하던 미디어가 극히 드물었던 시대다.

TV엔터테인먼트 시장도 꾸준하게 시장을 확대하고 있었다. MBC '토요일토요일은 즐거워', KBS의 '가요톱텐' 등이 인기를 얻기 시작하면서 1980년대 중반부터 우리나라에서도 전영록, 김완선, 소방차 등의 비디오형 가수들이 본격적으로 인기를 끌고 청소년들의 우상이 되기 시작했다.

우선, 크게는 한국의 대중가요가 존재한다. 이것을 보통 가요라고 불러왔다. 두 번째는 영미계 팝송이 있다(팝송은 무엇보다 영어인 점이 중요했다). 해외 팝 뮤직 가운데 영어가 아닌 음악을 대개 '월드뮤직'이라는 범주로 불렀다. 일본가요와 홍콩가요도 가끔씩 인기를 얻었지만 그렇다고 제대로 따라부를 수 있는 아이는 적었다.

최신가요에도 대략적인 구분법이 있었다. 우선 TV에 등장하는 '최신가요'가 있고 어르신들이 좋아하는 '뽕짝(트로트)'이 존재했다. 최신가요를 세분하면, 발라드와 댄스음악 그리고 시끄러운 록 음악이 있었고, 다시 댄스음악에도 공중파에 등장할 수 있는 '합법적'인 음악이 존재하며 재야(무도회장)에서만 등장하는 '탈법적' 음악도 존재한다. 팝송이라면 장르보다는 시기적으로 구분하는 게 편리했는데 '올디스 벗 굿디스(Oldis but goodis)'인 올드팝이 존재하며, 마이클잭슨이나 마돈나 같은 최신 비디오형 가수가 존재한다 정도.

대중문화를 교과서나 현장에서 배울 수 있는 것이 아니었고 출판이나 전파미디어를 통해서 간접 체험하는 것이 고작이었던 관계로 아마도 가난한 청소년들이 이정도가 가질 수 있었던 구분 개념의 일반적이지 아닐까 싶다.

케이팝(K-Pop)의 등장

[케이팝] 한국의 대중가요를 K-Pop(Korean Pop 또는 Korean Popular Music)이라 한다. 한편 일본의 대중가요는 J-Pop, 중국의 대중가요는 C-Pop이라고 불린다. K-Pop은 넓게는 한국의 모든 대중음악을 통칭하는 말이지만, 좁게는 1990년대 이후의 한국 대중음악 중 댄스·힙합·R&B·발라드·록·일렉트로닉 음악 등을 일컫는 말로 사용된다. 〈네이버백과사전〉

그런데 이 같은 고전적 카테고리의 구분방식은 21세기 진입을 전후해 크게 흔들리기 시작한다. 일단 장르도 다양해졌다. R&B, 댄스, 발라드, 록, 힙합, 재즈, 소울 등의 서구장르가 본격 등장하기 시작한 것이다. 시스템도 판이하게 달라졌다. 일견 일본 아이돌시스템의 영향을 받은 보이-걸 그룹들이 다수 등장한 것. 결정적으로 한국가요계의 실력이 급성장하면서 팝송시장을 크게 잠식했다. 하지만 보다 근본적으로는 엠피쓰리(MP3)와 같은 기술의 변화와 혹은 인터넷이라는 네트워크 혁신, 그리고 세계화라는 환경의 변화도 크게 작용하기 시작했다.

그리고 한류붐이 사그라지던 무렵 스리슬쩍 케이팝의 시대가 찾아왔다.

필자가 '케이팝'에 대해 관심을 갖고 취재를 시작한 2009년만 해도 '케이팝(K-pop)'이란 단어는 언론에서 널리 쓰이던 공인용어가 아니었다. 이는 당연하게도 이는 외국인 관점[1]에서 만들어진 단어로 우리가 우리가요를 케이팝이라고 부를 이유는 전무했다. 간간히 '케이팝'이란 표현을 쓰기 위해서는 '케이팝(K-Pop). 외국인들이 한국대중가요를 부르는 명칭)'이라고 친절한 설명을 덧붙여야했다.

그리고 2010~2011년 동방신기와 소녀시대 등의 신세대 한류스타들의 미국 유럽 일본 등지로 거세게 진출하기 시작하며 '케이팝'이란 용어가 한국에서도 자연스럽게 받아들여지기 시작했다. 이제는 '케이팝 스타'라는 공중파 프로그램이 제작됐으며, 일개 기획사의 홍보용 콘서트를 2시간 가까이 거의 실시간으로 방영할 정도가 됐다. 정치인들이나 사회 저명인사들까지도 앞 다퉈 '케이팝이라는 강력한 문화수출품'을 갖고 있다는 사실에 흥분하고 자랑스러워했다. 이 밖에도 케이팝이 단순히 신조어를 뛰어넘어 21세기를 대표할만한 문화현상으로 떠올랐음을 증명하는 사례들은 이루

---

1 케이팝이란 용어의 어원을 따라 가보면 이점은 보다 분명해 진다. 한국 대중가요가 해외에서 인기를 끌기 시작하면서 여기에 이름을 붙이기 시작한 것이다. 코리안 팝송이니, 자연스레 케이팝이라는 명칭이 붙었다는 것은 확실하다. 실제 2005년 이후에는 '케이팝'이라는 이름을 붙인 정보웹사이트들도 다수 등장하게 된다. 이 가운데 가장 유명한 사이트가 2007년에 등장했던 '올케이팝닷컴'이란 사이트였다. 조니 노라는 한국계 미국인이 운영하는 사이트로, 그는 "너무도 자연스럽게 케이팝이라고 이름을 붙일 수밖에 없었다"고 설명했다. 케이팝이란 명칭이 어찌됐건 한국 밖에서는 표준적인 어휘였던 셈이다.

헤아릴 수 없을 정도로 방대하다.

하지만 문제는 따로 있다. 바로 '케이팝'이란 용언 자체가 상당한 골칫거리로 떠오른 것이다. 도대체 어디서 어디까지가 케이팝인지에 대한 상호간의 합의된 내용이 전무했기 때문이다. 우리나라의 대중음악은 100여년 가까이 유구한 명맥을 갖고 상당히 탄탄한(?) 내수시장을 확보해 왔다. 그런데 영원히 내수시장에 만족할 것 같았던 한국의 대중가요들이 21세기를 기점으로 글로벌화하기 시작하더니, 갑작스럽게 케이팝이라는 왕관을 쓰고 환골탈태한 것이다. 이 같은 케이팝이란 칭호는 우리가 이제까지 접해온 대중가요와 어떤 차이점이 있는 것일까?

활동 시점의 문제

1994년 대만에 진출한 김완선은 케이팝?
2001년에 일본에 진출한 보아는?

● 김완선 _ 1990년대 중반 이미 대만에서 큰 인기를 얻음

케이팝의 열풍의 중심지인 일본에서는 최근 2~3년 사이에 케이팝 분석 프로그램이 한창 제작됐다. 일본어에 능숙한 한국 네티즌에게 이 대목은 무척이나 자랑스러운 일이었다. 일본의 다큐멘터리를 완전하게 번역해 수많은 사이트들에 공개하기도 했다.

상당 부분 케이팝에 대한 분석은 국내 미디어가 아닌 일본 언론들에서 분석한 틀을 사용하고 있는 것도 흥미롭다. 예를 들어 '후크송' '탄탄한 기획사 시스템' '합숙' '군무' '탁월한 외모' '팀워크' '작사−작곡가 시스템'의 장점을 집중 분석한 것도 일본 미디어들이었다.

필자가 일본의 케이팝 다큐멘터리에서 가장 흥미롭게 바라본 케이팝의 연원을 거시적으로 바라보고 있는 대목이었다. NHK 2011년 다큐물로 기억하는데, 그들은 소녀시대를 만나기 전 일단 패티김과 조용필을 소개하는 것으로 케이팝의 저력을 설명하고 있었다. 즉, 한국 대중음악이 일전에 일본에서 유행했던 적이 있으며, 오랜 시간 경쟁력을 쌓아왔다는 설명이었다. 물론, 패티김은 인터뷰에서 '일본 활동 당시 한국예능인에 대한 차별과 서러움'을 토로하는 어색함을 선보였지만 말이다.

오늘날 패티김과 조용필이 케이팝 가수가 아니라는 점은 명확하다. 그렇다면 그 시점을 도대체 언제까지로 잡아야 하는 것일까? 비근한 예로 1997년경에 대만에서 대히트를 기록했던 클론의 〈꿍따리 샤바라〉와 한국에서의 생활을 잠시 접고 1990년대 대만에 활동했던 김완선(활동명 진웬쉔)씨를 떠올릴 수가 있을 것이다. 과연 이들도

● SM엔터테인먼트 파리공연 장면 (SM엔터네인먼트 제공)

● YG엔터테인먼트

케이팝의 범주인가? 상당수가 아니라고 답할 것이다. 이 질문에 대한 해답은 비교적 명쾌한 편에 속한다.[2] 2000년대 이후에 데뷔해 주로 활동한 가수들로 한정해야 한다는 것. 널리 인식된 대로 "케이팝이란 21세기적인 현상"이니 말이다. 2000년대 이후 데뷔해서 왕성히 활동한 가수들에게 한정해야 할 것이다.

'케이팝 = 기획사 음악'인가?

SM음악은 모두 케이팝인가? 그렇다면 YG도 마찬가지인가?

한국인은 물론이고 해외 케이팝 팬들의 인식으로도 '케이팝 = SM, JYP, YG 등 기획사의 아이돌 음악'이란 등식을 갖고 있을 듯싶다. 그런데 정반대로 "21세기에 등장한 한국의 기획사 아이돌 음악이 모두가 케이팝이냐?"고 묻는다면 고개가 갸우뚱해진다. 그렇게 칼로 자를 수 있는 문제는 아닐 것이다.

SM엔터테인먼트의 이수만 대표가 공식적으로 언급한 적은 없지만 간접적으로나마 'HOT를 케이팝의 원조'로 보는듯한 발언을 한 적이 있다. 기획형 아이돌그룹 가운데 최초이자 최대 성공작 가운데 하나인 HOT는 1997년경 한국에서 인기의 정점에 올랐던 이들이다. 그런데 1999년경 한국의 인기를 바탕으로 아시아 최대(?)의 대중음악 시장인 중국에서 선풍적인 인기를 끌기 시작한 것이다. 2000년을 전후한 시점에 당시

---

2 물론 생각만큼 간단하게 선을 그을 수 있는 문제는 아니다. 앞서 언급한 HOT와 클론도 마찬가지다. 이들은 1996년도에 데뷔해서 2001년도에 활동을 중단하게 됐다(HOT는 공식 해체, 클론은 강원래 씨의 교통사고). 그렇다면 이들은 케이팝으로 분류할 수는 없지만 후배 케이팝 스타들과 음악적으로나 스타일적으로 크게 다른 점도 없다. 또한 2000년대 초중반에 꾸준하게 해외진출을 모색하던 쥬얼리(스타제국)나 신화(SM엔터)는 또 어떤가? 이들 또한 케이팝이란 타이틀을 붙이기도 또는 배제하기도 애매하다.

중국 공산당 간부들은 한국 대중가수를 따라서 머리를 노랗게 염색하는 중국 청소
년들에 대해서 상당한 우려를 표시했을 정도였다. 물론 의도한 일은 아니었다. 당시
는 저작권 개념 없이 한국의 방송 콘텐츠가 아시아에서 제멋대로 유통되던 시절이었
다. 하지한 제대로 된 홍보 없이도 중국 청소년들의 열광을 확인한 이수만 대표는 보
다 적극적인 해외진출을 모색할 수가 있었다. 그리고 한 투자회사 CF 내레이션처럼
그는 케이팝의 선구자가 됐다.

당시 HOT 방식으로 일국에서 인기를 끌었던 한류가수들은 적지 않았다. 베이비
복스는 태국과 베트남까지 일찌감치 진출을 했고, 일본에는 조용필이 있었고, 중국
에는 안재욱, 대만에는 클론도 있었다.

하지만 SM의 기획사 시스템은 철저하게 '아시아의 10대'에 집중한 점이 특기할만하
다. 빠른 비트와 화려한 군무 그리고 첨단 유행을 앞세운 문화상품으로 포장해 새로
운 구매력을 지닌 집단으로 떠오른 '아시아 10대'의 마음을 사로잡은 것이다.

때문에 아이돌 그룹 HOT를 케이팝의 시발점으로 본다는 이 회장의 관점은 상당
히 설득력이 있을 뿐만 아니라 케이팝이란 범주에 많은 시사점을 준다. 동시에 케이
팝의 중심흐름이 개개인의 뮤지션이 아닌 SM엔터테인먼트를 위시한 기획사로 그 주
체를 바꾸었다는 점도 특기할 만하다.[3] 이후 동방신기나 소녀시대의 인기를 고려하면
케이팝의 주체와 발화시점은 SM JYP YG등의 기획사형 가수들의 등장을 고려에 두
어야한다.

한국의 공중파 가요순위 프로그램의 중요성

일본에서 활동하는 초신성은 어째서 케이팝 스타가 아닐까?

태국의 한 한국게스트 하우스에 딸린 식당. 이 식당에는 한식을 주로 파는데 비싼
가격에도 상당한 태국 현지 젊은이들이 몰려온다. 비단 한국음식 때문이 아니다. 이
곳에서 프로젝트를 통해 방영해주는 한국의 공중파 가요순위 프로그램 때문이다.

케이팝의 중심무대는 어디쯤일까? 대형 기획사의 연습실인가? 아니면 대형 콘서트
가 열리는 잠실이나 아니면 아시아 주요 도시의 아레나 스타디움인가?

2년 전 한 TV인터뷰에서 JYP의 정욱 대표는 의미심장한 말을 한 적이 있다. "해외
시장이 보다 중요해지면서 해외 각국 현지 활동도 중요해졌지만 오히려 한국에서의
입지나 성과가 중요했다는 것을 느낀다. 그만큼 서울이 케이팝의 중심지가 되었다는

---

3 물론 예외도 없지 않다. 바로 YG엔터테인먼트다. 이 기획사는 최근 싸이, 거미, 타블로 등 실력파 솔로가수들을 대거 보유하게
된 것이다. 그렇다면 이런 가수들은 과연 케이팝인지 하는 의문을 가져볼 수 있다.

점이 중요하다." 여기서 말하는 그 '서울'이란 다름 아닌 '공중파 방송시스템'을 말하고, 더 정확하게는 매주 고정적으로 편성된 '순위 프로그램'을 지칭한다.

KBS 뮤직뱅크(금), SBS 인기가요(일), MBC 음악중심(토)

3대 공중파의 가요(순위) 프로그램은 실질적으로 케이팝의 중심으로 활동해왔다. 거의 모든 케이팝 가수들은 이들 3대 가요프로그램을 통해 새 노래 출시를 알리고 정규활동을 벌이며, 정기적인 휴식기를 시청자들에게 통보한다. 나아가 이들 프로그램을 통해 선보인 무대는 전 세계 팬들에 의해 적절하게 쪼개져 유튜브를 통해 유통된다. 아예 전체를 매주 상영하는 케이팝 클럽들도 상당수다. 가장 저렴하면서도 유일무이한 케이팝 원전(原典)인 셈이다.

더 놀라운 점은 이들의 정규방송 (국내)시청률은 3~5%에 불과하다는 사실이다. 하지만 절대로 이들 프로그램은 시청률이 관건이 아니다. 오히려 케이팝 가수들은 이 프로그램에 고정멤버처럼 출연하는 것을 최대의 목표로 삼는다. 아예 소녀시대, 카라 등 인기 걸그룹의 멤버들이 MC를 도맡을 정도다. 이른바 이곳이 메이저리그인 셈이다.

2000년대 초반만 해도 해외활동이란 현지 기획사와 제휴를 맺고, 음반을 발매하고 현지 CF출연을 하고 공중파 예능에 등장하는 것을 현지 진출이라고 하는 경우가 많았다. 하지만 이제 그런 관점은 가진 뮤지션이나 기획사는 거의 없다.

이 글을 쓰는 시점인 7월 셋째 주 3대 순위프로그램에 등장한 출연진의 면면은 70%이상이 중복된다. 3가지 가운데 하나 정도만 시청해도 대략 케이팝의 흐름을 파악할 수 있다는 얘기다.

- 에프엑스, 슈퍼주니어(섹시 프리 &싱글), 티아라(데이바이데이), 시스타(러빙유), 애프터스쿨(미스터 뱅뱅), 조권(애니멀) 등이 여름 신곡을 갖고 몇주째 연속 등장했고
- NS윤지, 글램, 달샤벳, BAP, 장우영(섹시레이디) 등도 오랜만에 복귀 무대를 가졌다.
- A-JAX, 달샤벳, NU'EST, N-Train 등의 신인가수들도 소속사 덕분에 이름을 얹었다.

● 공익 캠페인에 참여한 아이돌 소녀시대_케이팝 진영의 아이돌들은 CF는 물론 예능과 공익홍보까지 도맡으며 영향력을 키워갔다.

흥미로운 점은 이들 거의 대부분이 기획사 소속이라는 점이다. 공중파 섭외력이나 기획력과 무대 퍼포먼스가 중요한 것이 사실이다. 하지만 슈퍼스타를 보유한 소속사를 통해 데뷔하는 신예일수록 공중파를 통한 케이팝 중심으로의 진입이 보다 수월한 편이다. 기획사들 역시도 톱스타에서 신인에 이르는 포트폴리오를 구축한다는 점에서 결국 활동 범위의 문제는 자연스럽게 정리가 된다. 즉 케이팝 가수란 '공중파 3사 음악순위프로그램을 통해 신곡을 발표하고 활동을 정례화한 이들'이라는 사실이다.

즉, 한국을 무대로 활약하는 2PM의 '닉쿤'이나 F(x)의 '빅토리아'는 케이팝이지만, 일본을 무대로 활약하는 한국인 '초신성'이나 기타 언더가수들은 케이팝 가수가 아니라는 점이다. 또한 2000년대 이후 지속적으로 앨범을 내고 활동하는 박지윤 등의 수많은 가수들이 케이팝이란 이름으로 불 릴 수 없는 이유이기도 하다.

음악성의 관점, 케이팝은 음악성과 무관?

기획사 소속 아이유는? 오디션 출신 버스커버스커?

2년 전 작곡가 방시혁 씨와 짧은 인터뷰를 한 적이 있다. 당시 그는 MBC의 오디션 프로그램인 '위대한 탄생'의 심사위원으로 큰 인기를 끌던 시점이었다. 더구나 그는 백지영, 2AM 등 수많은 발라드 및 댄스가수에게 곡을 제공한 히트곡 제조기로 이름을 날리고 있었다.

당시 케이팝과 관련된 필자의 관심은, '케이팝 스타'의 등용문이 될 수도 있는 오디션 프로그램의 심사위원을 주로 신승훈, 이승철 등의 '가요톱10' 시절의 대선배들이 맡았다는 점이었다. 오디션 프로그램의 인기를 통해 새로운 케이팝 스타도 발굴하고, 동시에 과거 가요시대의 가수들의 부활이란 점에서 긍정적인 흐름으로 바라본 것이다. 즉, '케이팝 = 한국 대중가요'란 등식으로 질문을 던져 본 것이다.

하지만 작곡가 방시혁은 이런 생각에 전혀 동의하지 않았다. "오히려 이들 오디션 프로그램들은 케이팝 소비되는 시장과 대척점에 서 있어요. '케이팝'이란 눈으로 보는 겁니다, 캐릭터 중심의 시장이며 '음악'이란 케이팝의 맨 나중에 있는 셈이에요. 성능 좋은 소녀시대가 결코 음악성으로 승부한 것은 아니거든요. 신승훈, 김태원, 이승철은 케이팝과 완전히 다른 겁니다. 질문에 동의를 할 수가 없어요."

이점에서 필자는 조금 놀랐다. 그가 운영하는 빅히트 엔터테인먼트는 2AM을 선두로 아시아 시장으로 빠르게 진출하고 있었고 신예 여성 그룹인 글램(GLAM)을 막 준비하던 시점이었다. 수없이 많은 히트곡을 제조한 그조차도, 노래하는 가수와 케이팝용 가수를 구분해서 시장에 대응하고 있다는 의미이기도 했다. 그가 생각한 케이팝이란 음악성의 맥락과 무관하게 탄생한 '비디오형' '기획사형 아이돌 그룹'을 해외에서 부르는 표현이었고, 진짜가수의 등용문인 '오디션' 출신 가수를 지칭하는 표현이 아니었던 것이다.

작곡가 방시혁의 '좁은 의미'의 케이팝과 필자의 '넓은 의미'의 케이팝 사이 어디쯤에 케이팝의 정의가 존재할 텐데, 그렇다면 현재 기획사 시스템의 성공모델인 '아이유'와 언더와 오디션에서 출발한 '버스커버스커'를 예로 들어 케이팝에 접근해 보기로 하자.

일단 아이유는 가장 전형적인 케이팝 스타의 성공사례를 달리는 가수 가운데 하나다. 그녀는 어린 시절부터 무척 가수가 되고 싶었다. 그녀가 JYP오디션[4]에서 탈락했다는 진작부터 화제였다. 그녀는 주로 라디오 게스트를 통해 자신의 실력을 보여주고, 성시경 같은 가요파와 아이돌과의 듀엣을 통해 존재감을 드러내고, 로엔(LOEN)이라는 거대 회사를 통해 자연스럽게 초특급 케이팝 스타로 거듭 날 수 있었다. 그녀는 자연스레 공중파 3사 음악프로그램의 단골손님이 되었고 나아가 MC가 되기도 했다. 인기드라마 조연으로 출연했을 뿐만 아니라 이를 바탕으로 각종 해외 케이팝 공연의 고정 게스트가 되었다. 최대 음반시장인 일본에도 성공적으로 진출하며 이제는 케이팝 스타로 통한다. 그녀는 음악성과 예능감을 동시에 갖춘 몇 안 되는 자원으로 꼽힌다. 그럼에도 케이팝이란 범주에서 제외할 이유가 하나도 없다.

● YG오디션 이미지

---

4 장난스러운 네티즌들 사이에서는 "JYP 오디션 팀장이나 스카우트 담당자의의 안목에 문제가 있다"고 조롱하기도 했다.

● 원더걸스 월드투어

버스커버스커 사례는 아이유와는 정반대다. 특히 신예 장범준은 최근의 오디션 프로그램의 위력을 널리 알린 뮤지션 가운데 하나다. 익히 알려진 대로 그들은 오디션 출신이긴 하지만 탄탄한 언더 시절을 거친 오디오형 가수다. 일단 방송출연에는 야박하지만 그렇다고 회피하는 것도 아니다[5]. 통상적 연예기획사 출신은 아니지만 대형 미디어회사인 CJ를 통해 탄탄한 앨범과 마케팅 능력을 과시하기도 했다. 그런데도 이들 버스커버스커는 케이팝 스타라고 불리기에는 조금 찜찜하다. 케이팝을 가늠할 또 다른 요소가 있는 것이 분명하다.

유튜브 등 인터넷 마케팅의 관점

해외 시장에 대한 적극성을 갖고 있는가?

필자가 생각하는 '케이팝'을 규정짓는 최대 관건은 '유튜브 활용도'다. 해외 유저들이 케이팝이라 명명한 만큼 어찌됐건 최대 소비자는 해외에 있기 때문이다. 그 통로는 첫째가 국내 공중파이지만 이것만으로는 부족하다. 효과적으로 뮤직비디오와 관련 콘텐츠를 안정적으로 공급할 수 있는 통로가 필요했다. 바로 '유튜브' '페이스북' 등의 소셜 플랫폼이다. 오래 전부터 대형 기획사들은 최고의 인터넷 마케팅 전문가를 고용해 치밀하게 유튜브 마케팅을 진행해 온 것은 비밀도 아니다.

유튜브 마케팅의 장점은 언제, 누가, 어디서, 어떤 노래를 어느 정도 소비했는지를 정확하게 알 수 있다는 점이다. 2010년 케이팝이 약 8억 회가 재생됐다는 통계가 있었다. 유튜브 하위 카테고리에 '케이팝'을 신설할 정도로 붐을 이루었던 2011년은 12억 회 이상으로 늘었다는 내용 역시 이 같은 인터넷 기반 마케팅의 장점이라고 표현할 수 있겠다.

한 가지 흥미로운 사실은 공짜 플랫폼인 '유튜브' 관점으로 음악산업을 바라본다면 케이팝의 인기가 절대로 허무맹랑한 소설은 아니라는 점이다. 실제로 최근까지만 해도 케이팝의 인기가 거품인지 아닌지에 대한 논쟁이 전문가들 사이에서도 분분할 정도였다. 예를 들어 방송사 카메라가 유럽의 음반매장을 찾아가 소녀시대나 슈퍼주니

---

5 CJ계열인 슈퍼스타K와 Mnet 출신이기 때문에 공중파에 못나오는 것인지는 몰라도, 어찌됐건 준 메이저 프로그램인 Mnet 순위 프로그램에는 얼굴을 비췄기 때문이다.

어 음반이 실제로 잘 팔리는 지를 살펴보는 방식으로 '환상'을 깨라는 조언이 횡행했다. 실제 유럽 음반 매장에서 한국 가수들이 그리 잘 팔릴 수는 없는 일이다. 하지만 유튜브 통계에서는 유의미한 숫자가 나오고 있다. 우선 국내적 히트 기준인 100만[6]과, 세계적인 히트의 기준이란 1000만 클릭으로 본다면 절대 다수가 (아시아에서는) 케이팝이 다수를 점하고 있기 때문이다[7]. 현재 케이팝 최대 히트곡 의 클릭 수를 보면 케이팝의 위상을 가늠할 수가 있다.

*** 유튜브 최다 조회 M/V (2012년7월30일 기준)**
- 소녀시대 〈Gee〉 8200만 〈Mr Taxi〉 5900만, 〈Oh!〉 5300만
- 슈퍼쥬니어 〈The Mr. Simple〉 5000만
- 원더걸스 〈Nobody〉 5700만
- 2NE1 〈I'm the Best〉 5300만

"에브리데이 아임셔플인" 셔플 댄스 열풍을 불러온 곡 LMFAO의 〈Party Rock Anthem〉이란 곡은 약 4.5억 회, 아델(Adele)의 초대형 히트곡 〈Rolling in the Deep〉은 3억 회를 돌파하기도 했다. 하지만 이를 아주 예외적인 현상으로 보는 것이 속이 편할 것이다. 조금 더 평범하게 비욘세(Beyonce)의 〈Run the world〉 1.4억 회를, 전 세계 10대 청소년들의 마음을 사로잡은 저스틴 비버(Justin Bieber)의 뮤직비디오는 대개 2억 회를 기록 중이다.

즉, 세계적인 메가히트의 기준 '유튜브 조회 수 1억 회'를 상정할 수 있고, 어느새 케이팝 노래들도 이 기준에 상당 부분 근접했다는 것이다. 한마디로 케이팝이 많이 성장했고, 세계시장도 그리 멀지 않다는 통계의 방증이다.

두 번째는 우리나라 기획사들의 유튜브 마케팅 능력이다. 과거 해외 뮤직비디오를 베끼는 수준은 이미 90년대에 극복했고, 이제는 높아진 영상제작능력을 활용해서 독창적이고 압도적인 제작과 마케팅 능력을 선보이고 있다는 점이다. 사례는 빅뱅과 투애니원, 소녀시대 등을 들 수가 있다. 이들은 앨범과 싱글 유튜브 뮤직비디오 상호보완 마케팅의 대가(大家)로 꼽을 수 있을 것이다.

결국 케이팝 가수란, 유튜브를 무대로 활약할 수 있을 정도의 기획력을 갖고 있어야 한다는 점이다. 이는 언더 가수들에게는 불가능하다 싶을 정도로 어려운 고지가

---

6 인터넷 비즈니스를 경험해본 사람이라면 100만 클릭의 위력이 얼마나 큰지를 알 수가 있다. 100만 클릭은 이른바 국내히트의 기준선이라고 해도 과언이 아니다. 우리나라 3000만 네티즌 가운데 실제로 유튜브를 이용하는 이들은 몇 되지 않는다. 그리고 100만 이상 클릭이 나오기 위해서는 절대로 한국 유저만으로는 불가능하다는 것이다. 또한 1000만 클릭이 이상이 나왔다면 글로벌 히트했다고 표현을 쓸 수가 있다. 최근 케이팝의 규모는 1000만 클릭을 얼마나 단축하는지가 관건이 됐다.

7 유튜브는 같은 IP의 중복 클릭을 인정하지 않는다. 때문에 상당히 정확한 수치다. 이 밖에 가요프로그램 출연이나 유사 비디오 클릭수까지 합친다면 이 숫자는 두 세배로 늘어날 수가 있지만 이는 어차피 통계에 포함되는 것이라고 가정해보자.

● 케이팝 후발주자인 한 걸그룹_기획사를 기반으로 한 이들은 서로를 끌어주며 성장한다.

되며, 결국엔 기획사 소속 가수들이 절대적으로 유리하다는 것이고, 그 기획력이 케이팝 시장을 확장해 가는 원동력이 되고 있다는 것으로 귀결된다.

예능, CF, 이벤트 등 음악 외적인 활동의 관점

결국은 케이팝 인더스트리에 속해 있나 벗어나 있나?

2010년 전후로 한 케이팝 시장의 특징은 2000년 무렵의 한국의 벤처붐과 무척이나 흡사했다. 우선 자본을 중심으로 수많은 플레이어들이 이합집산을 거듭한 것이다. 그리고 인맥과 기획능력을 바탕으로 수많은 벤처 기획사들이 대거 등장한 점도 특징으로 꼽을 수가 있다.

이런 흐름을 가장 대표적으로 활용한 기획사가 아마도 '시크릿'을 배출한 TS엔터테인먼트(대표 김태송)가 아닐까 싶다. 여성 4인조 시크릿은 대표적인 케이팝 스타 가운데 하나다. 귀에 착착 감기는 가사와 간드러진 율동을 무기로 지난 3년간 가장 빠르게 성공하고 해외에서도 인지도를 높일 수 있었다. 그런데 2010년만 해도 이들에게는

'반지하돌'이란 닉네임이 따라다녔다. 그런데 불과 수년 만에 합숙소가 아닌 사옥을 옮길 정도로 급성장에 성공했다. 연예계 매니저로 시작한 김태송 대표는 시크릿을 기획함으로써 케이팝 벤처 시대에 의미 있는 성공을 일궈낸 주역이 됐다.

여기서 중요한 대목은 시크릿의 성공을 발판으로 여러 아이돌 그룹을 기획했다는 사실이다. 힙합아이돌 언터처블이 불미스러운 사건으로 곤욕을 치르기도 했지만 이내 B.A.P라는 남성 6인조그룹을 성공시켰다. 이들은 선배 시크릿과 상부상조할 수 있는 최적의 대체물이자 보완재인 셈이다.

결국 이런 기획사형 가수들이 군집을 이루고, 방송시스템과 예능시스템을 중심으로 모여든 것이 하나의 '케이팝 인더스트리'를 형성하게 된다. 시크릿만 해도 KBS 아이돌 예능인 '청춘불패'를 통해 얼굴을 알리며 케이팝의 주요 멤버로 성장할 수 있었다. 케이팝 가수란 1990년대 출생을 전후한 20대 초중반 이들이 하나의 세대적인 특징일 수도 있다는 얘기다.

사실 이런 기획사의 케이팝 스타 제조 시스템의 원조는 우리가 다 알고 있듯 SM, YG, JYP 등의 대형 엔터테인먼트회사들이다. 기획사의 능력은 시장의 흐름에 맞게끔 전략 상품을 적절하게 보유하는 것이고, 이들을 톱니바퀴처럼 굴려가면서 마치 방송사 CP와 같이 끊임없이 신곡을 배출하는 것이고, 이를 통해 작곡가, 작사, 제작자, 안무가, 무대장치, 패션, 뷰티 등 관련 산업을 효율적으로 회전시키는 것이다. 이른바 이윤을 극대화하는 방식으로 케이팝의 대표적인 '비즈니스 구조'로 정착한 셈이됐다.

또한 이런 기획사들은 소속 가수들에게 가수 외적인 활동을 강제하기도 한다. 즉, 예능+CF+해외이벤트+홍보대사 등의 활동에 치우치는 것이다. 이는 '케이팝'의 주된 특징으로 자리 잡았다. 그것이 기획사의 수익을 위한 것이라면, 다시금 케이팝이란 음악에 대한 카테고리라기보다는 산업에 대한 카테고리라고 해야 할 수도 있지만, 변화된 21세기의 뮤직 엔터테인먼트 모델이라고 한다면 그 또한 그렇게 틀린 변명은 아닐 것이다.

결론

케이팝이란 대략 4가지 조건 가운데 2가지는 충족시켜야 한다

위의 논지를 종합해 볼 때 '케이팝'이란 한국에서 생산된 대중음악 상품 가운데 해외마케팅을 고려해, 특히 공중파 가요프로그램과 유튜브를 중심으로 전파돼 외국인들에게 비교적 널리 알려진 2000년 대 이후의 '이지팝(easy-pop)'을 지칭하는 용어일 수 있다.

  '케이팝'이란 음악적인 장르라기보다는 오히려 '지리정치학'적이며 '미디어친화'적이며 특정 세대를 일컫는 사회적 맥락에 산업적인 특성도 갖고 있는 애매모호한 구분이다. 오히려 여전히 의미가 형성중인 열린 가능성의 어휘라고 해야 옳다. 때문에 이런 제안을 해본다. 4개 조건 가운데 2개 이상만 일치하면 '케이팝'이라고 부를 수 있는 것이 아닐까?

① 한국의 3대 공중파 순위방송에 고정 출연하며, 연말 가요대상과 방송사 주최의 해외 케이팝 콘서트에 초청을 받는다.
② 유튜브에서 최소 100만 건 이상의 조회수를 기록하는 뮤직비디오를 지속적으로 출시하며, (해외)현지 음반을 제작해 유통한다.
③ '소녀시대' '빅뱅' '2PM' 등의 메이저 아이돌과 업계 동료로서 '오빠 동생'으로 불리는 등의 친분을 쌓고 같은 무대에 오른다.
④ 한국을 기반으로 활약하는 기획사에 속해서 지속적으로 트레이닝을 받으며 위의 조건을 충족하는선배들의 후원 속에 고정팬을 확보하고 있다.

  꼭 한 가지를 더 추가해야 한다면, 다름 아닌 "한국어가 가능해야 한다"라고 꼽고 싶다. 그것이야 말로 가장 기본적인 요소가 되는 시점이 곧 찾아올 지도 모를테니 말이다. **SOUND**

세계 주요 국가 대중음악시장 규모, 환경 분석 및 시사점

디지털 음악시장의 핵심 동인, 음반 상품의 진화, 가정용 디지털 디바이스의 진화, 실연권 시장의 지속적 성장 등

2011년은 디지털 음악시장 성장의 원년으로 관련 사업자들이 디지털음악 유통 환경 조성에 집중한 시기이다. 이와 같이 디지털 음악시장이 발전할 수 있었던 배경에는 첫째, 기존 디지털 음악 사업자들이 신규 서비스를 적극적으로 유치했으며 둘째, 신규 사업자들이 시장에 관심을 보이며 진입을 서둘렀다. 셋째, 파트너십(제휴 등) 구현 넷째, 가입형 서비스의 진보 등을 꼽을 수 있다. 더불어 디지털음악 유통을 위한 합법적인 환경조성과 스마트폰 등과 같은 디지털 디바이스의 출현이 디지털 음악시장 발전을 견인했다. 이를 토대로 디지털 음악시장은 이용자로 하여금 서비스의 편의성과 저비용을 실현하여 궁극적으로는 이용자 중심의 소비환경을 조성할 수 있을 것으로 기대된다. 디지털 음악시장의 성장은 대형 디바이스 및 SNS 서비스 기업인 Apple, Facebook 등이 주요 음반사들과 다양한 형태의 파트너십 구축에서 비롯된다.

김 영 수 | 한국콘텐츠진흥원 통계정보팀 선임연구원

한국외국어대학교 대학원 신문방송학과 석사졸업하고, 박사수료했다. 2006. 8~2009.4 한국방송영상산업진흥원 연구원을 역임했고, 2009. 5~현재 한국콘텐츠진흥원 선임연구원으로 재직중이다.

세계 음악시장 현황

개요

IFPI(2012)에 따르면, 2011년 세계 음악시장 규모는 167억 달러로 2010년 대비 2.9% 하락했다. 분야별로 살펴보면, 음반 판매(physical sales)는 2010년 13.8% 하락에 이어 2011년에도 8.7% 하락하여 102억 달러인 반면, 디지털 음원 판매(digital sales)는 2010년 48억 달러였으나 2011년에는 8.4% 성장하여 52억 달러를 기록했다. 분야별 비중은 디지털 음원은 2010년 전체의 28%에서 2011년에는 31%를 차지했고, 실연권(performance rights) 수익도 9억 달러로 상대적으로 작은 규모이지만 전년 대비 4.9% 성장했다. IFPI(2012)는 올해 들어 처음으로 배경음원(synchronisation) 수익을 시장 규모에 포함했다. 그 이유는 TV, 영화, 광고, 브랜드 파트너십, 게임 등에 이용되는 빈도가 높아짐에 따라 시장규모도 커지고 있기 때문으로 풀이되며 배경음원 판매는 음원 제공사의 수익에 큰 도움이 되고 있다. 2011년 배경음원 시장은 전년 대비 5.7% 성장하여 3억 4,200만 달러이며 전체 음악시장의 2%를 점유하고 있다.

세계 음악시장의 분야별 규모 및 추이(백만 달러)

구분	2010	2011	증감율(%)
오프라인	11,145	10,172	−8.7
온라인	4,839	5,247	+8.4
실연권	862	905	+4.9
배경음원	324	342	+5.7
합계	17,170	16,666	−2.9

출처: IFPI(2012)

연도/분야별 글로벌 음악시장 비중 추이

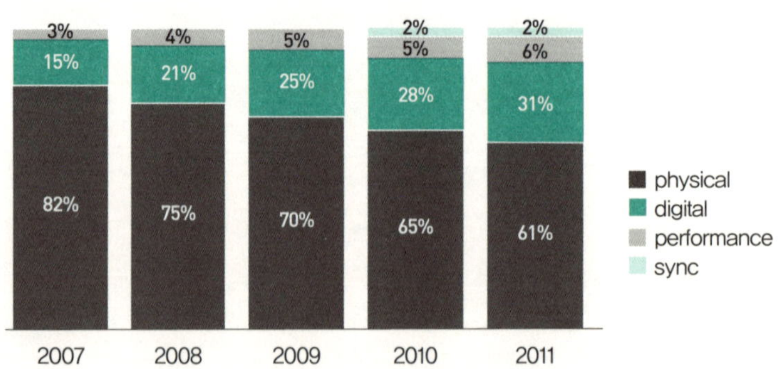

　세계 음악시장은 해를 거듭할수록 하락세를 지속하여 2011년의 경우, 지난 2004년의 시장규모와 비슷한 수준이다. 국가별 시장규모에서 미국(1위)과 독일(3위)은 전년과 비슷한 시장규모를 보였고 시장규모 상위 20개국 가운데 7개국인 캐나다(+2.6%), 스웨덴(+3.0%), 인도(+6.2%), 한국(+6.4%), 브라질(+8.6%), 멕시코(+5.5%), 호주(+5.7%) 시장만이 성장을 기록했다. 세계 음악시장에서 미국은 1위 자리를 고수한 가운데 상위 5개국의 순위는 2010년에 이어 변동이 없었다. 한편, 호주는 캐나다를 추월한 가운데 6위에, 브라질은 이탈리아, 네덜란드를 앞질러 8위에 랭크되었다.

　2011년에는 특히, 실연권 분야도 순위에 있어 뚜렷한 변화가 있었다. 미국(2010년 4위)은 전 세계적으로 실연권 시장이 가장 큰 영국을 추월했고 호주와 브라질도 10위권 내에 진입했으며 같은 시기 캐나다, 이탈리아도 괄목할만한 성장을 이루었다. 배경음원 분야에서도 미국은 영국, 일본, 프랑스, 캐나다와 더불어 전체 시장규모의 절반 이상을 차지했다.

글로벌 음악시장 Top 20

순위	국가	(무역액)시장규모		분야별 시장 비중				(내수소비)시장규모
		백만달러(US$)	증감율(%)	오프라인(%)	온라인(%)	실연권(%)	배경음원(%)	백만달러(US$)
1	미국	4,378.9	+0.0	42	51	3	4	6,493.0
2	일본	4,087.7	−7.0	75	22	2	1	5,545.5
3	독일	1,473.7	−0.2	78	15	6	1	2,017.6
4	영국	1,433.7	−3.1	58	32	8	2	1,904.2
5	프랑스	1,002.2	−3.7	71	19	8	2	1,391.5
6	호주	475.2	+5.7	55	38	5	2	658.9
7	캐나다	434.0	+2.6	54	38	4	4	535.2
8	브라질	262.6	+8.6	74	17	8	1	365.9
9	네덜란드	240.2	−12.1	71	14	15	0	286.2
10	이탈리아	239.9	−6.4	68	20	9	3	304.5
11	대한민국	199.5	+6.4	44	54	1	1	388.0
12	스페인	190.0	−3.3	56	24	19	1	203.1
13	스위스	158.3	−16.2	72	23	5	0	199.4
14	스웨덴	155.3	+3.0	45	44	10	1	240.8
15	멕시코	141.2	+5.5	70	28	1	1	203.8
16	인도	141.2	+6.2	41	46	8	5	227.7
17	벨기에	140.5	−10.2	75	13	12	0	208.5
18	오스트리아	118.9	−7.3	70	18	11	1	195.8
19	노르웨이	115.1	−0.7	43	45	11	1	156.6
20	남아프리카공화국	102.0	−18.7	93	6	0	1	152.9
	합계	16,666.1	−2.9	61	31	6	2	23,357.5

출처: IFPI(2012)

세계적인 시장규모를 자랑하는 미국은 2011년 음악산업 전반의 육성을 위하여 정부 차원의 지원을 아끼지 않았다. 특히, 시장성장의 긍정적 효과를 거두기 위한 몇 가지 요인을 꼽을 수 있는데 첫째, 디지털 음원 유통분야의 성장(음악시장 매출의 50% 이상 차지)으로 Sportify 또는 Muve Music과 같은 신규 음원 서비스가 대거 진입하고 있다는 점이다. 둘째, 페이스북의 음악서비스 제공 그리고 iTunes Match의 런칭 등 디지털 통합 서비스 제공 셋째, 스마트폰의 대중화 넷째, LimeWire의 셧다운제 도입 다섯째, 실연권 시장의 성장 여섯째, 경제위기로 부터의 회복 일곱째, 오프라인에서 판매되는 음반의 판매 증가 등을 꼽을 수 있다.

2011년 디지털 앨범 다운로드 분야는 전년 대비 23% 성장했다. 이러한 성장 배경에는 패키징 음반 비즈니스 강화, 디지털 앨범의 적극적인 마케팅, 마니아층 확보를 위한 앨범 선주문 방식의 도입 등을 꼽을 수 있다. 특히, 다양한 콘텐츠의 확보, 유연한 가격 정책을 토대로 iTunes의 Complete My Album은 큰 인기를 끌고 있다.

디지털 앨범 다운로드 서비스 수요 추이

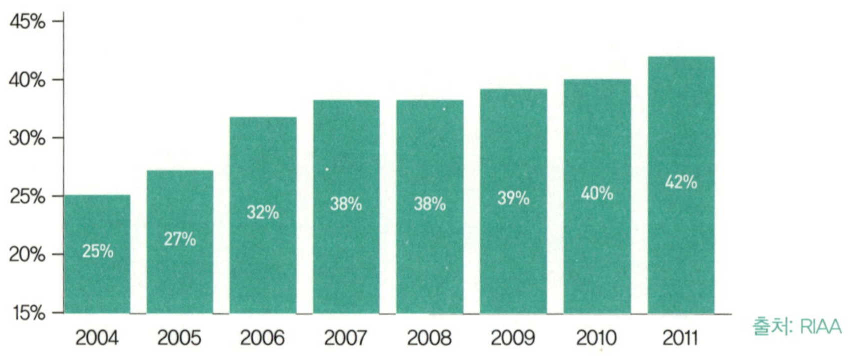

최근 미국에서는 가입형 음악 서비스가 주목을 받고 있는 가운데 Sportify와 Muve Music 등의 서비스가 시장 성장을 주도했다. 또한, iTunes와 기타 브랜드의 알라카르떼(a-la-carte) 서비스는 디지털 음악분야의 성장에 일대 혁신을 가져온 계기로 평가된다.

2011년 유럽의 디지털 음악시장은 전년 대비 25.2% 성장한데 반해 음반시장은 11.8%, 실연권 시장은 2.8% 각각 하락하여 전체 음악시장 규모는 4.7% 감소했다. 독일은 음반시장 매출 비중이 절대적인 국가로 2011년 78%의 비중을 기록했다. 특히, 크리스마스 시즌 CD 판매 호조, 불법 다운로드 감소, TV 뮤직쇼의 성공은 시장을 안정적으로 유지하는 원동력으로 작용했다.

독일 상위 100위 디지털 음원 형태별 판매 비중 추이

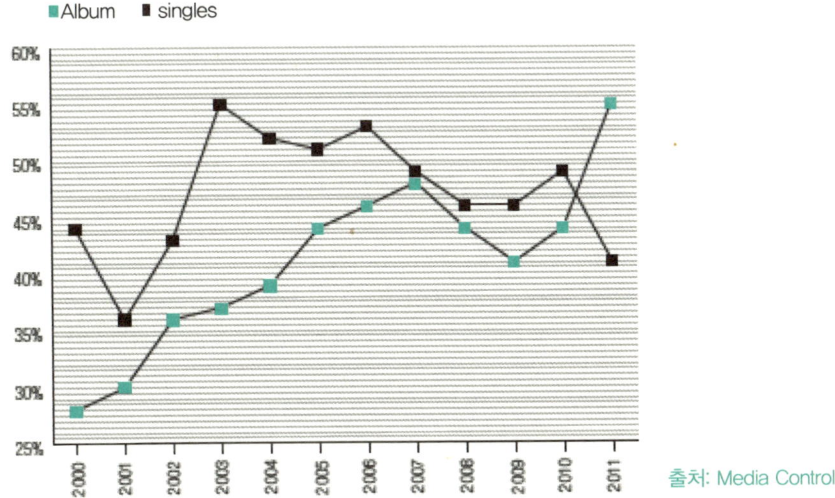

2011년 독일의 디지털 음반시장에서 앨범 형태의 매출액은 전년 대비 21.4% 급증한 반면 싱글트랙의 판매는 급감했다. 이처럼 독일의 디지털 음악시장이 크게 성장했지만 영국시장에 비해서는 절반 규모에 불과하다. 영국과 독일은 온라인 불법행위도 유사하고 초고속인터넷, 모바일인터넷 보급율도 유사하면서도 독일의 디지털 음악시장 비중이 낮다는 것은 납득하기 어려운 부분이다. 반면 독일은 음반상품 소유에 보다 큰 가치를 느끼는 것으로 나타나 음반시장 매출액과 비중이 상대적으로 높았다. 이와 같은 결과는 온라인 이용환경과 수준에서 그 이유를 찾을 수 있는데 독일의 인터넷 이용자는 유럽 다른 국가에 비해 온라인 이용시간이 현저히 적고 개인정보, 온라인 결제 시스템에서 신용카드 이용에 상대적으로 소극적이라는 조사결과도 이를 뒷받침하고 있다.

2011년 영국의 오프라인 매출액은 음반판매가 집중되는 크리스마스 시즌에 연간 오프라인 음반 판매의 23%가 집중되었음에도 불구하고 전년 대비 14.1% 하락했다. 영국도 크리스마스 CD 판매에 힘입어 음반시장 규모가 확대되었는데 4분기 전체 CD 판매의 약 49%가 크리스마스 관련 CD였다. 디지털 음악 매출의 경우도 전년 대비 24.7% 성장한 가운데 특히 디지털 앨범은 싱글트랙 판매에 비해 판매 비중이 월등히 높았으며 가입형 서비스 매출액도 47.5% 성장했다.

2011년 프랑스 음악시장은 전년 대비 –3.7% 하락한 가운데 오프라인 음반 시장은 10.4% 하락한 반면 가입형 서비스 성장에 힘입어 디지털 음악시장은 25.7% 성장했다. 유럽 국가들 중 프랑스는 가입형 서비스가 매우 발달했다. 프랑스의 대표적 음악

서비스인 Deezer는 가입형 음악 서비스 분야에서 독보적인 지위를 점하고 있다. 프랑스의 가입형 서비스는 전체 디지털 음원 시장의 23%를 점유하고 있어 영국의 9%, 독일의 5%를 크게 상회하고 있다. 반면, 디지털 앨범은 전체 앨범 판매의 13%에 불과해 미국의 31%, 영국의 24%에 비해 매우 낮은 것으로 나타났다.

아시아 음악시장은 해당 국가의 문화, 통화, 사회 인구학적 요인, 종교적 배경에 따라 매우 다른 양상을 보이고 있다. 싱가포르, 일본, 대한민국은 전 세계적으로 초고속인터넷 보급이 활성화된 국가이다. iTunes, 가입형 음악 서비스를 제공하는 세계적 메이저 디지털 관련 기업들은 아시아 시장 진입을 계획하고 있고 대만과 홍콩의 KKBOX는 2011년 말 60만 가입자에서 2012년까지 100만 가입자를 초과할 것으로 예상하고 있다. 이와 같이 성장하게 된 배경에는 스마트폰 이용자의 급증에 의한 것으로 KKBOX 이용자의 52%가 스마트폰을 통해 음악 서비스를 이용하고 있는 것으로 나타났다.

2011년 6월, 일본의 음악 기업 RecoChoku는 휴대전화 통신사업자인 KDDI와 제휴하여 가입형 음악 서비스인 'LISMO Unlimited'를 출시하고 KKBOX와 런칭을 준비 중인 것으로 알려졌다. 일본 음악시장은 아시아에서 가장 큰 시장으로 아시아 음악 판매량의 85%를 점유하고 있다. 2011년 일본 시장 매출은 약 7.0% 감소한 가운데 디지털 음악 다운로드 서비스 활성화에도 불구하고 전체 매출은 하락했다.

우리나라는 2011년 글로벌 음악시장에서 매우 성공적인 실적을 기록했다. 특히 지난 2005년 우리나라의 음악시장 규모는 전 세계 33위에 불과했으나 지금은 10위권에 거의 근접할 만큼 눈부신 성장을 기록했다. 최근에는 일본, 중국, 북미, 유럽 국가에서 K-pop 가수들에 크게 열광하고 있다.

"K-pop은 아시아를 관통하는 하나의 폭발적 현상으로 이러한 현상이 전 세계로 확산되는 것은 시간문제이다. K-pop의 눈부신 활약은 음악산업의 발전을 견인하고 있고 합법적 음악 서비스가 점차 정착되고 있어 음악산업의 전망을 보다 밝게 해 주고 있다. 아울러 불법 행위(piracy) 근절을 위한 정부의 정책 의지와 관련법 시행은 오늘날 음악산업이 견실하게 성장하기 위한 제1의 담보 조건이다."(Rob Wells, President, Global Digital Business, Universal Music Group)

호주 음악시장도 2010년 대비 5.7% 성장했으며 디지털 음악은 전체 매출의 38%를 차지했다. 특히 다운로드 서비스 매출액이 디지털 음악 분야의 84%를 점유하는 것으로 나타났다. 한편, 호주에서도 Sportify, Deezer, Rdio 등 다수의 가입형 음악 서비스가 시장을 견인할 것으로 전망된다. 그러나 과거 10년 전만 하더라도 불법 다운로드 등 비인가 온라인 서비스 이용자가 전체 인터넷 이용자의 1/4 이상에 달해 매출 손실이 상당했다.

2011년 들어 남미지역은 내수소비 비중 증가에 힘입어 9.6% 성장하여 다른 권역 대비 가장 큰 성장률을 보였다. 이와 같은 실적을 기록하게 된 배경에는 브라질과 아르헨티나 음악시장의 선전이 한 몫을 했다. 디지털 음악 분야는 2010년 대비 약 2배 시장규모가 확대된 가운데 가장 두드러진 국가는 멕시코였다. 멕시코에서는 iTunes가 2010년 서비스를 시작했고 2011년 후반 들어 브라질과 15개 남미 국가로 영역을 확장했다. 브라질은 남미 최대의 음악시장으로 전체 시장규모는 2010년 대비 8.6% 성장했다. 이 같은 성장 배경에는 경기부양에 따른 중산층의 확대, 디지털 디바이스 이용, 광대역 및 모바일 가입서비스 가입 증가 등의 요인은 향후 음악시장 전망을 밝게 하고 있다. 오프라인 음반 매출은 전 세계적인 디지털 매출 신장세에도 불구하고 전체 음반 매출의 74%를 차지하고 있다. 브라질에서 디지털 음악 분야는 초고속인터넷 보급에 힘입어 시장 성장이 기대되는 가운데 다운로드 서비스 이용자는 2005년에 비해 3배가량 증가했다. 그러나 음악 다운로드 행위는 초기 불법적인 경로를 통하는 경우가 많았다. 특히 저연령층 이용자들에게 불법 음원시장은 합법적인 음원 시장에 비해 유인 효과가 더욱 컸기 때문에 상대적으로 디지털 음원시장의 매출 규모는 작을 수밖에 없다.

세계 음악산업 주요 이슈 및 동향

디지털 음악시장의 성장

2011년은 디지털 음악시장 성장의 원년으로 관련 사업자들이 디지털음악 유통 환경 조성에 집중한 시기이다. 이와 같이 디지털 음악시장이 발전할 수 있었던 배경에는 첫째, 기존 디지털 음악 사업자들이 신규 서비스를 적극적으로 유치했으며 둘째, 신규 사업자들이 시장에 관심을 보이며 진입을 서둘렀다. 셋째, 파트너십(제휴 등) 구현 넷째, 가입형 서비스의 진보 등을 꼽을 수 있다. 더불어 디지털음악 유통을 위한 합법적인 환경조성과 스마트폰 등과 같은 디지털 디바이스의 출현이 디지털 음악시장 발전을 견인했다. 이를 토대로 디지털 음악시장은 이용자로 하여금 서비스의 편의성과 저비용을 실현하여 궁극적으로는 이용자 중심의 소비환경을 조성할 수 있을 것으로 기대된다. 디지털 음악시장의 성장은 대형 디바이스 및 SNS 서비스 기업인 Apple, Facebook 등이 주요 음반사들과 다양한 형태의 파트너십 구축에서 비롯된다.

글로벌 디지털 음악시장의 두 가지 대표적인 비즈니스 모형이 있는데 첫째, 알라카르떼(a-la-carte, 이용자의 기호에 따라 음원 트랙 또는 앨범을 구매하는 형태)이다. 디지털 음원과 앨범 판매는 전 세계적으로 급격한 성장세를 보이는 가운데 전년 대비 싱글트랙 다운로드 서비스는 13%, 디지털 음악은 26% 각각 성장했으며 이 두 가지 형태의 서비스는 약 37억 개의 디지털 음원 트랙 판매분에 해당하고 2010년 대비 약 19% 성장을 기록했다. 둘째, 가입형서비스 모형으로 음원 스트리밍을 무제한 액세스 할 수 있는 서비스를 의미하며 패키지 형식의 무료 서비스를 제공하고 프리미엄 서비스에 한해 유료로 제공하고 있다. 이와 같은 가입형서비스가 성공하기 위해서는 음악서비스를 초고속인터넷 상품이나 휴대전화 가입상품 등과 함께 제공하는 비즈니스가 도입되고 있다. 예컨대 프랑스의 대표적인 음원 사이트인 'Deezer'는 통신사 Orange와 파트너십을 구축하고 가입형서비스를 공급한 대표적인 성공사례로 꼽히고 스웨덴의 'Sportify'도 Telia와 파트너십을 토대로 전체 통신서비스 가입자의 약 25%를 흡수하는데 성공했다.

한편, 최근 가입형서비스는 SNS 등 신규 서비스의 등장에 따른 새로운 전환기를 맞이하고 있다. 특히, Facebook의 음악서비스 통합제공은 Sportify, Deezer, MOG, Rdio, Rhapsody, VEVO 등과 같은 다양한 음원 서비스와의 제휴를 통해 서비스 영역을 확장하고 있다. 스마트폰의 대중화에 따라 애플리케이션을 통해 지인이 감상하고 있는 목록을 공유할 수 있고 Facebook 이용자들도 음원의 상호 공유가 가능하다. 이와 같은 Facebook 파트너십은 해당 서비스 검색과 이용 시간을 증대시켜 무려 8억 명에 달하는 이용자들에게 가입형 음악서비스를 보다 쉽게 소개할 수 있는 계기가 되었고 런칭 6개월 시점에는 약 50개국의 이용자들이 음악을 공유하여 음원 재생기록이 무려 50억 번에 달했다.

또한 메이저급 규모의 IT 기업들은 그동안 가입형 음악서비스에 지속적으로 투자했다. 예를 들어 Research in Motion은 BBM Music을 런칭하고 약 4,500만 이용자를 보유한 BBM 소셜 네트워크에 투자하면서 서비스를 블랙베리 폰에 적용, 부가 가치를 극대화했다는 평가를 받고 있다. 이 서비스를 활용하여 이용자는 요금을 지불하고 보유한 디바이스에 자신만의 음원 라이브러리를 구축하고 음원을 공유할 수 있다. IFPI(2012)는 2011년 기준, 전 세계적으로 유료 음악서비스 가입자가 1,340만 명에 달할 것으로 추정하고 있으며 이 가운데 35% 가량이 2011년 이후의 가입자이다.

앞서 논의한 두 서비스 모델(a-la-carte & 가입형 서비스)이 공존하는 가장 큰 이유는 바로 각기 다른 이용자 그룹에서 음원보유와 액세스에 서로 다른 니즈와 매력이 구분되는 것으로 해석할 수 있다. 이러한 현상은 한 조사의 연령대별 이용결과에서도 확인할 수 있다. Research in Sweden은 스웨덴에서 가입형 음악서비스인 Sportify를 매일 이용하는 12~15세 그룹 이용자의 1/3, 26~35세 그룹 이용자의 2/3가 유료 이용 경험이 있는 것으로 조사되었다.

스웨덴의 인터넷 이용 연령대별 음원 구매 경향(가장 높은 비중 제시)

형태	대표 연령대
CD 구매	46-65세
PPS(pay-per-song)	36-45세
가입형	26-35세
Sportify 이용	16-25세
파일공유	16-25세

출처 : Internet Infrastructure Foundation in Sewden, 'Swedes and the Internet 2011'

지난 10년간 초고속인터넷의 확산은 디지털 음원 판매의 구심점이 되었고 오늘날 디지털 디바이스의 확산에도 크게 기여했다. 특히 스마트폰과 같은 디바이스의 보급은 관련 신규시장의 성장을 견인했고 모바일 초고속인터넷 이용이 가능한 환경을 조성했다. 이에 따라 저가의 보급형 스마트폰 판매가 본격화되어 2012년에는 전 세계적으로 스마트폰 이용자가 5억 명 이상이 될 것으로 예상된다.

한 조사결과에 따르면, 모바일 디바이스는 음원 구매의 주요 윈도우로 활용되고 있다. 2011년 8월까지 1년 동안 미국내 모바일 분야에서 가장 큰 성장을 이룬 것은 바로 음악 분야로 전년 대비 약 41% 성장했다. 영국의 한 조사결과에서도 모바일 디바이스를 통해 구입한 가장 인기 있는 아이템이 바로 음악이었고 'Deezer' 신규 가입자의 60% 이상이 모바일 디바이스를 통해 가입한 이용자인 것으로 나타났다.

디지털 음악시장은 글로벌 서비스 확산을 통해 전환기를 맞고 있다. 이는 메이저급 음악 서비스(iTunes, Deezer, Sportify 등)의 신규 진출실적에서도 확인할 수 있는데 지난 2010년 23개국 이용에 불과하던 것이 2011년에는 68개국으로 대상이 확대되었다. 이러한 현상은 미래 음악시장 수익 구도가 지리적인 여건에 따른 제한으로부터 자유로워 졌음을 시사하는 것이다.

디지털 음악시장의 핵심 동인

2011년 이후 디지털 음악 분야는 전체 음악시장에서 핵심 성장분야로 도약하고 있고 이에 따라 관련 기업들은 다양한 형태의 비즈니스 기회를 맞고 있다. Apple은 iCloud와 iTunes Match 서비스를 런칭하고 이용자로 하여금 모든 콘텐츠를 Apple 디바이스에서 이용하도록 했으며 iTunes Match를 통해 연간 25달러로 이용자는 클라우드 상에 자신만의 음악 라이브러리를 구성하고 이용할 수 있는 서비스를 개시했다. 이러한 서비스 변화는 모바일 환경에서 이용자의 경험을 증강시키고 디지털 콘텐츠 소비가 디바이스를 통해 비롯되었음을 알리는 계기이다. Apple은 또한 2011년 디지털 콘텐츠 이용에 따른 지불시스템을 구축하여 iTunes Store를 유럽의 주요 12개국(불가리아, 키프로스, 체코, 에스토냐, 헝가리, 라트비아, 리투아니아, 몰타, 폴란드, 루마니아, 슬로바키아, 슬로베니아)과 남미 16개국(아르헨티나, 볼리비아, 브라질, 칠레, 콜롬비아, 코스타리카, 도미니카공화국, 에콰도르, 엘살바도르, 과테말라, 온두라스, 니카라과, 파나마, 파라과이, 페루, 베네수엘라)에 서비스를 시작하여 2012년 현재 전 세계적으로 50개국 이상에서 이용이 가능하다. 같은 시기 'Sportify'는 미국, 오스트리아, 벨기에, 덴마크, 스위스, 2012년 초 독일, 뉴질랜드에서 음원 스트리밍 서비스를 개시하여 현재 14개국에서 이용이 가능하다(영국, 스웨덴, 핀란드, 노르웨이, 프랑스, 스페인, 네덜란드 포함). Sportify는 다양한 디지털 디바이스 제작 업체와 ISP 사업자들과의 제휴를 통해 유료 가입자 수가 2010년 대비 약 3배 이상 증가한 300만 명을 넘어섰다.

프랑스의 음원 스트리밍 서비스인 'Deezer'도 해외 이용자가 급증하여 2012년 3월 기준 유럽 46개국에서 서비스되고 있다. Deezer는 향후 중남미, 호주, 뉴질랜드, 아프리카, 캐나다 등으로 서비스를 확장할 계획이며 나아가 웹 기반의 서비스를 주요 핵심 서비스가 될 수 있도록 노력을 다하고 있다. 웹 기반의 서비스는 특히, 다운로드 애플리케이션이 활성화되지 않은 개발도상국의 이용자들을 유인하는 좋은 방법이 될 것이다. 또한, Deezer는 영국의 'Everything Everywhere(Orange)', 벨기에의 'Belgacom' 과 제휴를 맺고 서비스를 통합 제공하여 150만 명의 유료 가입자를 확보했다.

미국의 'Muvu Music'은 모바일 분야에서 성공을 거둔 가입형 음악 서비스로서 모바일폰 이용자들 가운데 음악 서비스를 빈번하게 이용하는 이용자들을 대상으로 서비스를 집중했다. 그 결과, 2011년에만 50만 명의 신규 가입자를 유인했으며 기존 통신 서비스 이용자들의 이탈률(churn rate)을 감소시켰을 뿐만 아니라 이용자당 평균 지출비용(ARPU)을 증가에도 영향을 미쳤다.

한편, 광고 기반의 뮤직비디오 서비스인 'VEVO' 서비스의 성장이 두드러진다. American Express, Walmart 등 메이저 기업을 포함한 600개 이상의 광고주를 보유한 VEVO는 다양한 음악, 영상콘텐츠를 보유하고 있고 모바일 서비스에도 영역을 확장하고 있다. 인터넷 라디오 'Pandora'도 2011년 3분기 기준, 4천만의 청취자를 확보, 전년 대비 약 65% 증가하여 미국 온라인 라디오 시장의 약 66%, 미국 전체 라디오 시장의 4.3%를 점유하고 있다. Pandora의 유료 서비스 가입자는 약 100만 명으로 추정되며 특히, Honda, BMW, Toyota 등 자동차 업계와 파트너십을 체결하여 링크-업(link-up) 서비스를 제공하고 있다.

음반 상품의 진화

　오늘날 음악 기업들은 온라인을 통한 디지털 유통상품 개발에 집중하는 한편 LP, CD 등 오프라인 매장을 통해 판매되는 음반 상품(physical product)의 유통방식 변화를 모색하고 있다. 지난 10년 동안 음반 상품 시장규모는 거의 1/3 수준으로 감소했으나 여전히 핵심 분야로서 소비자 니즈 변화에 대응하기 위해 끊임없이 진화하고 있다. 특히, 음반 기업들은 프리미엄 음반상품 제작, 음악공연 및 행사와 음반상품의 동시 판매하는 형식을 취하는 등 마케팅 방식을 적극 도입하고 있다.

1997~2010년 분야별 글로벌 음악시장 비중추이

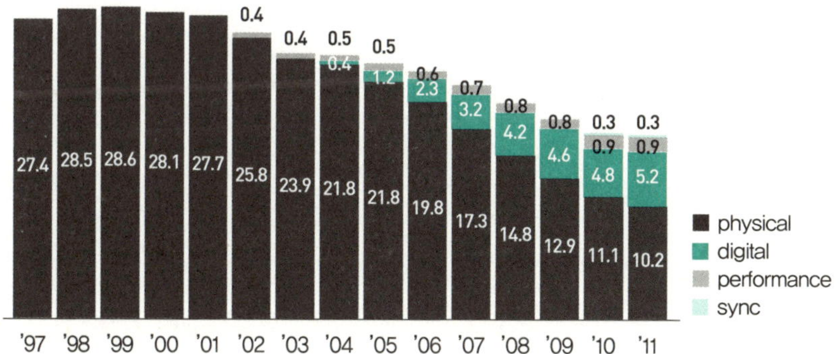

　이 같은 음반사의 노력과 그에 따른 결실은 최근 몇 년간 음악시장 내 LP(vinyl) 상품의 판매 등락에서 가장 잘 설명된다. 과거 LP 상품의 판매는 1980년대에 매출비중이 가장 높았으나 이후 MP3 등 디지털 음원의 출현으로 2000년 중반까지 비중이 감소하여 2006년 최저점을 기록했다. 그러나 앞서 논의했듯이 음반 상품의 지속적인 개발과 결합상품의 등장으로 2011년에는 총 1억 1,500만 달러로 전년 대비 28.8% 성장을 기록했다. 이로써 미국, 독일, 프랑스, 네덜란드 등의 LP 판매는 1997년 판매 규모를 회복했다.

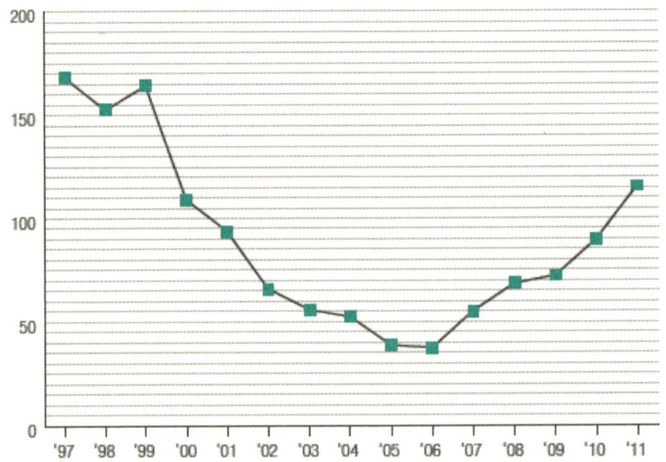

가정용 디지털 디바이스의 진화

지난해 글로벌 음악시장의 특징으로서 패키지형 음악상품(packaged music)의 중요성에는 모두 공감하는 모습이다. 그러나 음악시장의 소비패턴에서는 다소 차이를 보이고 있는데 특히, 음악 포맷은 연령층에 따라 각기 다른 소비양상을 보이고 있으며 고연령층 일수록 프리미엄 상품 구매에 대한 지불의사(willingness)가 높은 것으로 나타났다. 따라서 디지털 음악 서비스 이용이 확대되고 있는 시기에 이들 소비군 유인에 성공할 경우, 서비스 확산에 탄력을 받을 수 있을 것으로 보인다.

최근 음악시장은 전통형 음반시장과 이른바 음악의 디지털 전환(digital switchover)에 따른 디지털 음악시장이 공존하고 있으나 디지털 분야의 성장이 두드러진다. 여기에는 인터넷 네트워크 인프라 외에 MP3 등의 음악 재생이 가능한 MP3 플레이어, 스마트폰 등 개인용 디지털 디바이스가 디지털 음악시장 성장의 1등 공신이라고 할 수 있다. 뿐만 아니라 Denon, Pioneer, Philips, Sony, Yamaha 등의 기기 제작업체들은 홈네트워킹 솔루션과 인터넷 등 신기술을 대거 탑재한 고사양의 가정용 AV기기를 통해 이용자로 하여금 고음질, 고비용의 디지털 소비를 촉진하고 있다. 이로 인해 기존 단 기능의 디지털 오디오 이용이 아닌 영상과 음악을 동시에 향유할 수 있는 홈시어터 시스템 보급이 점차 증가하고 있어 미국과 서유럽 국가의 전체 가구 가운데 약 20%가 홈시어터 시스템을 보유하고 있다.

한편, 스마트폰과 같은 휴대용 디지털 디바이스를 도킹 스테이션에 결합하여 음악을 이용하는 층이 미국 전체 가구의 약 40%에 이르고 이용층도 점차 증가하고 있다. 또한, Sonos나 Squeezebox와 같은 네트워크 스트리밍 오디오 기기도 점차 인기를 얻고 있는 등 가정용 디지털 음악 이용은 매년 눈에 띄게 증가할 것으로 예상되어 향후 기기 제작업계와 디지털 음원 서비스 기업간의 파트너십도 보다 활발해 질 것으로 예상된다.

한정판 고급앨범의 부상

최근 2년 동안 음반사들은 소비자들의 니즈를 충족하고 나아가 소비 욕구를 자극하기 위해 한정판 고급앨범(Super Deluxe Box Set)을 제작하는 경향이 나타나고 있다. 대개의 경우, 한정판 앨범에는 대중적이면서도 인기가 검증된 노래만을 엄선하여 수록하고 미발표곡을 부록 형식으로 제공하는 경우가 많다. 아울러 음반 표지에는 고품질, 희소적 가치가 높은 이미지를 삽입하거나 아티스트의 에세이 또는 기념품을 함께 제공하기도 한다. 이와 같은 음반사들의 판매 전략에 대해 이용자들의 반응은 매우 좋아 종종 품귀현상이 발생하기도 하여 eBay 등과 같은 인터넷쇼핑 채널에서 고가에 재판매되기도 한다. 그리고 음반 라벨은 Facebook 등의 SNS를 통해 전파되거나 핵심 팬 그룹에게는 한정판 앨범 구성에 대한 음반사와의 커뮤니케이션 채널로 기능한다.

한정판 앨범 상품은 수량이 제한적이므로 희소가치가 높은 반면, 소매가가 200달러를 초과하는 경우가 많아 전체 음반시장 가운데 점유율이 크게 높지는 않지만 이러한 상품을 구매하는 연령층이 상대적으로 높고 고소득층이므로 부가적인 잠재 소비수요도 기대할 수 있다. 이 같은 한정판 앨범의 판매 촉진전략은 해당 아티스트를 보다 돋보이게 할 수 있고 긍정적인 부가가치를 거둘 수 있어 해당 아티스트의 디지털 음원 매출향상에도 도움이 된다. 때문에 아티스트들은 한정판 앨범 제작에 관심이 높고 앨범제작 전반의 과정을 상세히 설명하여 그들의 커리어를 지속 유지시키는 도구로도 활용하고 있다.

실연권 시장의 지속적 성장

2011년 공연 등의 실연권 사용 수익은 전년 대비 4.9% 성장하여 총 9억 5백만 달러 규모를 기록했다. 실연권 수익은 2011년 전체 음반사 수익의 6% 차지했으며 특히, 브라질, 호주, 미국 등의 국가에서 두각을 나타냈다.

전 세계에서 실연권 시장규모가 가장 큰 미국은 2011년 45.9% 성장했는데 이러한 성장은 미국 음악실연권 라이선싱 기업인 'SoundExchange'의 사업 운영방식 덕분이다. SoundExchange는 음악 이용자들로 하여금 공정한 지불 방식과 비즈니스 방식을 유지했으며 특히, Pandora, SiriusXM, 케이블TV, 인터넷 스트리밍 서비스 등을 통해 관련 서비스가 제공되었다.

2011년 전 세계 실연권 시장 상위 5개국 가운데 미국이 눈에 띄는 성장을 한 반면 영국은 전년 대비 0.6% 하락했고 일본도 동일본 대지진의 영향으로 1.8% 하락했다. 기타 유럽권 시장도 경기 침체로 시장에 적지 않은 영향을 받아 전년 대비 2.4% 하락했다. 한편, 중남미 시장은 글로벌 실연권 시장 평균을 상회하는 실적을 기록했는데 권역 전체로는 전년 대비 18.4% 성장했고 가장 시장이 큰 브라질의 경우 14.1% 성장했다. 아시아 국가중 말레이시아, 싱가포르, 대만, 태국 등은 전 세계 평균 이상 성장한데 반해 일본시장은 하락했다. 특히, 중국은 실연권 자체에 대한 인식 부족으로 시장성장이 저해받고 있는 실정이다.

불법 음원 다운로드에서의 성장 가속화

음원 관련기업들은 합법적인 음원 서비스제공 모형을 고안하고 저작권 보유자에게 합당한 비용지불과 권한 비즈니스를 제공하려 노력하고 소비자에게는 품질 좋은 서비스 제공을 위한 투자를 지속하고 있다. 이러한 상황에서 디지털 음원 불법 다운로드 등 저작권 침해 행위가 지속될 경우 서비스 제공이 점차 어려워지고 나아가 음악 산업 전체의 질서를 저해하는 등 산업성장의 가장 큰 걸림돌로 작용한다.

음악산업 분야에서 온라인 저작권 침해 방지를 위한 다양한 유형이 존재하는데 예를 들어 P2P사이트를 통한 불법 파일공유는 해당 사이트를 검색엔진에 등록하여 접근 및 견제하는 방안이 강구하는 등 불법 파일공유에 대한 경고 메시지나 행위를 근절하기 위한 대책을 확대하고 있어 침해사건과 관련하여 불법 사업자들에 대한 조사도 원활히 전개되고 있다. 과거에 비해 법적 환경이 개선되고는 있으나 전 세계적으로 만연되어 있는 불법행위를 근절하기 위해서는 보다 확실한 대책이 강구되어야 할 것으로 보인다.

프랑스의 경우, 2010년 10월 'Hadopi법'을 공포하고 음악 저작권 보호를 위한 구체적인 시스템을 마련, 시행하고 있다. 이 법은 저작물의 침해에 대한 단속과 처벌의 내용을 포함하고 있다. 2012년 2월까지 약 89만 건에 달하는 저작권 침해 경고 건수에 따라 전체 P2P 이용자의 약 10%를 상습적 저작권 침해자로 규정하고 165명을 기소했다. 이들 모두는 최대 1,500유로의 벌금형과 1개월간의 인터넷 이용정지 명령을 부과받았다.

Hadopi법 시행이후 프랑스의 P2P 사이트 이용자수 변화

위의 그래프에 따르면, Hadopi법 시행 이후 2010년 10월~2012년 1월까지 P2P 사이트 이용자는 약 26%, 200만 명이 감소하는 등 이용자 수가 급감한 것을 확인할 수 있다. 2011년 11월 Ipsos MediaCT의 조사결과에 따르면, 정부의 Hadopi법 시행 의지에 힘입어 P2P 사이트 이용자의 약 90%가 Hadopi법을 인지하고 있고 이들 중 32%가 저작권 침해 등 불법 행위를 할 생각이 없다고 답변했다.

우리나라의 경우, 정부 차원의 저작권 침해 방지를 위해 불법 침해 행위와 해당 웹사이트 차단 기술 등의 장치를 바탕으로 음악시장이 성장할 수 있는 긍정적 환경을 조성해 왔다. 그 결과 우리나라는 2009년 4월, 미 무역대표부(USTR)로부터 지난 20년간 분류되었던 지적재산권 감시대상국에서 탈피, 비로소 지적재산권 보호국가로 인정받게 되었다.

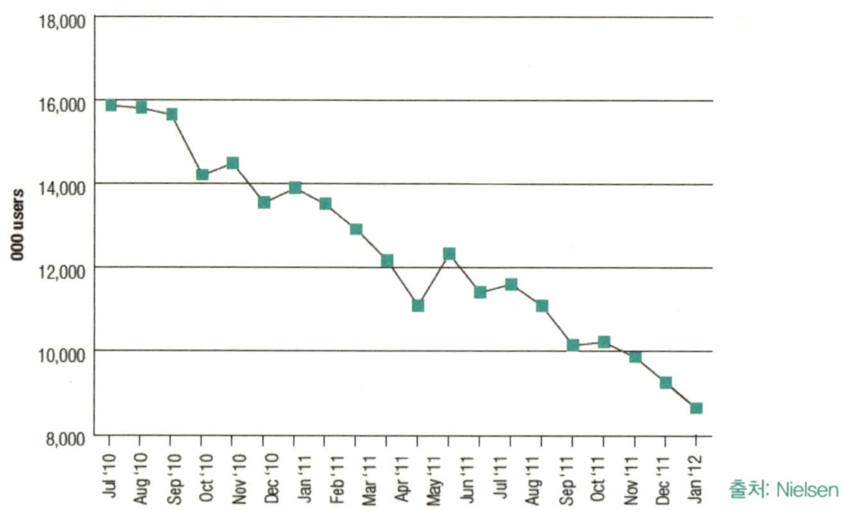

　　2011년 7월 미국은 온라인 불법행위 방지를 위한 새로운 법률을 공포했다. 이 법률에 따르면 메이저급 5개 ISP 사업자는 '저작권 보호 경고' 알림을 인터넷서비스 가입자에게 의무 전송하는 내용을 담고 있다. 이러한 경고 조치 이후에도 불법 행위가 지속될 경우, 인터넷 속도 저하, 초기화면으로 강제 이동, 일시적 인터넷 이용정지 등과 같은 제재를 가하고 있으며 2012년부터 시행되고 있다. 이탈리아, 벨기에, 인도, 말레이시아 등의 국가에서도 온라인 불법 해적행위를 방지하기 위한 또 다른 장치로 웹사이트 블로킹(website blocking)을 시행하고 있다. 이 장치는 특정 불법 행위가 지속 또는 의심되는 P2P 사이트의 접속 제한 권한을 ISP 사업자에게 부여하여 접근 자체를 차단하는 방법이다. 이러한 제도의 시행으로 불법 침해행위에 효과적으로 대응할 수 있어 저작물을 보호하고 나아가 음악산업의 건전한 유통질서 확립에 크게 기여하고 있다. 결국 음악산업은 장기적으로 불법행위 서비스에 맞서 보다 합법적인 시스템을 갖추었을 때 비로소 이익을 창출하고 시장의 견실한 성장을 담보받을 수 있다.

글로벌 베스트 셀링 음반

2011년 베스트 셀링 앨범은 Adele의 [21]으로 전 세계적으로 1,810만 장이 판매되어 지난 10년간 가장 많이 팔린 앨범으로도 기록을 세웠다. 디지털 앨범 부문에서도 Adele [21]의 판매비중은 전체의 25%를 차지했다.

2011년 글로벌 상위 50위권에 새로이 진입한 데뷔 앨범 수는 6개를 기록한 가운데 전년 대비 1개가 늘었고 2010년에는 진입하지 못했으나 2011년에는 상위 10위권에 2개의 데뷔 앨범이 랭크되었다. Bruno Mars의 [Doo-Wops & Hooligans]는 베스트 셀링 데뷔 앨범으로서 초기 5위에 진입했고 Adele의 [19]가 6위를 기록했다. 이 밖에 Mumford & Sons의 [Sigh No More] 13위, Jessie J의 [Who You Are] 26위, Scotty McCreery의 [Clear As Day] 39위, Foster The People의 [Torches] 41위를 기록했다.

2011년 디지털 음원 상위 10위

순위	가수	제목	판매량(백만)
1	Bruno Mars	Just The Way You Are	12.5
2	Bruno Mars	Grenade	10.2
3	LMFAO	Party Rock Anthem	9.7
4	Jennifer Lopez	On The Floor	8.4
5	Lady Gaga	Born This Way	8.2
6	Adele	Rolling In The Deep	8.2
7	Pitbull feat.Ne-Yo, Afrojack & Nayer	Give Me Everything	8.2
8	Black Eyed Peas	The Time(Dirty Bit)	7.3
9	Maroon 5	Moves Like Jagger	7.0
10	Bruno Mars	The Lazy Song	6.5

출처: IFPI. Period: 12 months to November 2011. Combines all versions of the same song.

2011년 디지털 음악 판매 1위는 Bruno Mars의 〈Just The Way You Are〉로서 전 세계적으로 1,250만 건이 판매되었으며 2010년 1위곡 판매분 대비 11% 이상이 판매되었다.

한편, 팝(Pop)은 Adele의 [21], 클래식/재즈(Classic/Jazz)는 Michael Bublé의 [Christmas], 락(Rock)은 Coldplay의 [Mylo Xyloto], 랩/힙합(Rap/Hip Hop)은 Lil

Wayne의 [Tha Carter Ⅳ], 컨트리(Country)는 Lady Antebellum의 [Own The Night], 컬렉션 앨범(compilation)은 [Now That's What I Call Music! 80]이 2011년도 장르별 베스트 셀링 앨범의 영예를 안았다. `SOUND`

2011년 장르별 베스트 셀링 앨범

구분	아티스트 – 앨범명
팝	Adele – 21
클래식/재즈	Michael Bublé– Christmas
락	Coldplay – Mylo Xyloto
랩/힙합	Lil Wayne – Tha Carter IV
컨트리	Lady Antebellum – Own The Night
컬렉션 음반	Now That's What I Call Music! 80

K-POP의 지속가능한 경쟁력 유지 전략

국가별 K-Pop 진출에 대한 전략 및 성과

본고에서는 新한류로 대변되는 K-Pop의 지속 가능한 경쟁력 분석을 위하여 K-Pop에 대하여 두 가지 개념으로 접근하였다. 그 하나는 K-Pop의 지속 확산이다. 즉, K-Pop이 단일 콘텐츠로 일시적 유행에 그치는 게 아니라 재구성 과정에서 새로운 가치 창출로 연계될 수 있도록 장기적 관점에서 경쟁력을 확보하는 전략이다. 특히 아시아지역을 중심으로 현재 유럽 등의 지역으로 확산되고 있는 K-Pop의 경쟁력을 분석하여 이런 현상을 지속 유지시키기 위한 대안을 마련해보고자 하였다. 두 번째는 K-Pop을 통해 발생하고 있는 다양한 후광효과에 대한 분석이다. 본고에서는 K-Pop을 통해 대중문화를 선도하고, 한국상품을 구매하는 일련의 과정이 궁극적으로 한국 브랜드 가치 제고에 긍정적 영향을 미칠 수 있다는 측면을 살펴보았다. 특히 같은 '한류' 현상이라 하더라도 문화적 상대성에 의하여 각 국가별로 인식하는 한류효과는 상이할 수 있다는 것은 중요한 시사점이라 할 수 있다.

김 재 범 | 성균관대학교 경영대학 교수

한국국제경영학회 상임이사, 문화산업연구원 원장. 전 스탠포드대학교 방문교수, 런던대학교 경영학과 조교수, 문화경제연구 편집위원 역임. 한국음악산업의 생태계 분석 등 문화산업에 대한 다양한 프로젝트 수행. 한국대중음악에 대한 논문을 미국의 PCA/ACA(미국 문화학회), SCMS(미국 연화미디어학회)등 학회에서 발표하고, 국내에서도 문화경제학회, 국제경영학회 등의 학회에서 발표.

양 승 규 | 경기콘텐츠진흥원 연구원

경기콘텐츠진흥원 경영지원팀 총괄. 연세대학교 정보대학원 디지털문화콘텐츠트랙 졸업. WBS 원음방송, 훈스미디어, 미디어 코리아 등 근무. 뮤지션으로도 활동함.(보컬, 작곡가, 작사가, 편곡자) 공저로 『만화콘텐츠와 미디어믹스』(2007, 북코리아), 『만화콘텐츠와 스토리텔링』(2007, 북코리아) 발표함.

서론

K-Pop 시장 다각화에 대한 그동안의 지속적인 노력은 눈부신 성과로 우리에게 보여지고 있다. K-Pop이 이끄는 경제적 파급효과는 2010년 5조원에 육박했으며, 2011년 중동지역 수출액이 처음으로 100억 달러를 넘었다.

2011년 K-Pop 가수들의 유튜브 영상 조회수는 23억 건이었다. 전 세계 180여 개 한류 팬클럽 330만 명은 영향력 높은 K-Pop 홍보인력이며, 유튜브에 가득한 K-Pop 콘텐츠를 이해하고 따라 부르기 위해 한국어를 배우는 외국인[1]도 급증했다. 세계 최대 소셜네트워크서비스(SNS)업체 페이스북과 구글도 K-Pop 페이지를 개설했다. 이곳에서 소녀시대, 카라, 빅뱅 등의 뉴스콘텐츠가 국문·영문으로 업데이트되면서 전 세계 팬들과 교류하는 창구가 된 셈이다.

전 세계 K-Pop 유튜브 동영상 조회수[2] 및 분포도

출처 : 삼성경제연구소, 2011

최근 중남미 지역에서 실시한 '한국에 대한 인식' 설문 조사에서는 응답자의 20%가 K-Pop이 가장 먼저 기억난다고 답했다(한국정책방송, 2012.7.19). 또한 미국의 한 언론매체가 K-Pop을 특집기사로 다루며, 휴대폰, 인터넷과 함께 한국을 대표하는 상품으로 보도하기도 했는데, 주요 내용으로는 2011년 K-Pop 수출액이 전년대비

---

[1] 미국 내 한국어 사용자는 최근 27년 사이 299% 급증, 한국어가 미국에서 7대 주요 언어로 자리 잡음(LA 중앙일보, 2010.5.2)
[2] 2011년 유튜브에서 K-Pop 동영상 조회수는 총 235개국 약 23억 회

112% 증가한 1억 8,000달러에 달했으며, 최근 4년 동안 80%의 연평균 성장이 진행 중이라는 내용이었다.

한국콘텐츠진흥원에서 지난 5월 발표한 자료에 따르면 K-Pop 수출이 100달러 증가하면, 휴대폰 등 IT제품 수출이 평균 395달러 늘어난다는 조사결과도 이를 뒷받침한다. 그럼에도 글로벌 대중문화의 핵심 주류인 유럽과 북미지역을 비롯하여 아시아 권역에 펼쳐진 K-Pop 진출·분포도를 보면 한류의 자국에서의 위상은 오히려 초라하다. 이러한 관점에서 K-Pop이 국가 브랜드 및 현재의 한류현상에 미치는 영향은 어떤 수준인지, 향후 지속가능한 K-Pop의 경쟁력은 무엇인지, 또 K-Pop이 향후 어떠한 방향으로 '한류문화'를 이끌어야 하는 지에 대한 분석이 필요한 시점이기도 하다.

본고에서는 新한류로 대변되는 K-Pop의 지속 가능한 경쟁력 분석을 위하여 K-pop에 대하여 두 가지 개념으로 접근하고자 한다.

아이돌 그룹의 新한류 열풍 일지

국가	일자	내용
일본	2011.6.1	소녀시대 앨범이 발매 첫날 오리콘 차트 1위 등극(현 100만장 돌파)
프랑스	2011.6.10	SM타운 월드투어 티켓이 예매 10분 만에 매진(관객 1만 4,000명)
영국	2011.6.19	샤이니가 애비로드 스튜디오에서 아시아 가수 최초로 공연
대만	2011.9.13	슈퍼주니어가 음악사이트 KKBOX 차트 사상 최장기간(63주) 1위
미국	2011.10.24	SM타운 가수들이 뉴욕 매디슨 스퀘어에서 공연(관객 1만 5,000명)
중국	2011.10.27	최대 포털 바이두의 한·일 가수 순위 Top 10을 K팝 가수들이 점령
스페인	2011.10.29	JYJ가 바르셀로나에서 K팝 가수 최초로 단독 공연
호주	2011.11.9	'K팝 뮤직 페스티벌'을 시드니에서 개최(관객 2만 명)
브라질	2011.12.13	비스트와 포미닛 등이 상파울루에서 공연 (관객 4,000명)
미국	2012.1.31	소녀시대가 미국 〈데이비드 레터맨 쇼〉(CBS)에 출연

출처 : 삼성경제연구소, 2011

첫 번째는 K-Pop의 지속 확산이다. 이 K-Pop이 단일 콘텐츠로 일시적 유행에 그치는 게 아니라 재구성 과정에서 새로운 가치 창출로 연계될 수 있도록 장기적 관점에서 경쟁력을 확보하는 전략이다. 특히 아시아지역을 중심으로 현재 유럽 등의 지역으로 확산되고 있는 K-Pop의 경쟁력을 분석하여 이런 현상을 지속 유지시키기 위한 대안을 마련해보고자 한다.

실제 K-Pop이 '新한류'를 견인하고 지속 확산되는 것에는 중요한 네 가지 현상이 있다. 이들 현상들을 정리해보면 △K-Pop 가수들의 높은 완성도, △K-Pop의 국제화 지향성, △K-Pop의 특수성, △디지털 미디어를 통한 K-Pop 콘텐츠 확산의 네 가지이다.

우선, △K-Pop 가수들의 높은 완성도 측면을 살펴보자. 한국의 연예기획사들은 국내만이 아니라 글로벌 시장을 대상으로 오디션을 통하여 인재를 선발하고, 이들 인재들을 길게는 5년에서 10년까지 집중적으로 훈련시킨다. 이렇게 트레이닝된 후보군들은 다시 정기적으로 내부 경쟁을 하고 이러한 내부 경쟁에서 생존한 인재들이 데뷔를 하게 된다. 이들의 데뷔에는, 세계적인 작곡가 및 안무가들이 참여하여 작품의 완성도를 높이게 된다. 예컨대, 소녀시대의 노래인 〈The Boys〉의 경우 작곡은 테디 라일리(美), 작사는 유영진(韓), 안무는 나카소네 리노(日)가 담당하였다.

△K-Pop의 국제화 지향성은 기획단계에서부터 세계시장을 염두에 둔 작업환경을 의미한다. 한국 음악산업의 내수시장을 고려하면 당연한 결과라고 볼 수 있다. 앞서의 사례인 소녀시대의 〈The Boys〉의 경우 미국, 일본, 한국의 합작품으로 국제화와 현지화를 동시에 추구하는 전략이 주효했다. 가수 보아의 경우 데뷔전부터 일본에 거주하면서 일본의 가정에서 일본의 언어와 문화를 배우고, 일본 현지 기획사의 네트워크를 이용하여 일본에서 성공한 점을 보면 국제화 지향성은 이미 10년 전부터 진행되고 있었던 셈이다.

△다음은 K-Pop의 특수성이다. 보편적으로 히트 가수들이 갖는 특징들을 살펴보면 좋은 곡과 가사, 가창력, 잘 생긴 비주얼, 세련된 안무 등을 들 수 있다. 그런데 K-Pop 가수들은 이들 특징과 더불어 '군무'라는 특징을 갖는다. K-Pop 그룹들의 일사분란한 군무는 전 세계에 커버댄스 경연대회를 만들어 낼 정도로 영향력을 생성해 내었다. 특히 유럽이나 미국에서의 소비자들은 적극적인 면이 있어서 이런 흐름에 직접 참여하는 경향이 컸고, 이에 큰 반향을 일으킨 것도 사실이다.

△마지막으로 디지털 미디어를 통한 K-Pop 콘텐츠의 확산이다. 기획사는 유튜브(YouTube), 페이스북(facebook)등에 소속가수의 뮤직비디오 및 안무연습영상 등을 업로드하였고, 이들을 통하여 세계 곳곳에서 K-Pop에 열광하는 팬덤이 형성되었다. 2009년 발매된 소녀시대의 〈Gee〉는 2012년 7월까지 약 8천만번에 가까운 조회수를 기록했다. 이러한 인기에 힘입어 유튜브 음악 카테고리에 'K-Pop'이 추가되었다는 점은 주목할만한 현상중 하나이다.

두 번째는 K-Pop을 통해 발생하고 있는 다양한 후광효과에 대한 분석이다. K-Pop을 통해 대중문화를 선도하고, 한국상품을 구매하는 일련의 과정이 궁극적으로 한국 브랜드 가치 제고에 긍정적 영향을 미칠 수 있다는 측면이다.

김재범 등(2011)이 분석한 「'한류'에 대한 태도가 서비스 구매의도에 미치는 영향」이라는 논문을 보면 '한류'의 형성이 他산업에 미치는 영향에 대한 분석이 잘 나타나 있다. 이 논문의 중요한 내용으로는 같은 '한류' 현상이라 하더라도 문화적 상대성에 의하여 각 국가별로 인식하는 한류효과는 상이할 수 있음을 나타냈다.

이와 유사한 맥락에서 삼성경제연구소(2005)의 보고서는 국가별 한류 확산 단계를 대중문화 유행 → 파생상품 구매 → 한국상품 구매 → 한국선호의 단계로 나누고, 한류가 단계적으로 발전되어 왔음을 보여준다. 이 과정에서 과거 드라마를 중심으로 한 한류 문화의 유행이 현재 K-Pop을 중심으로 확산되고 있고, 현재 문화 파생상품 구매 단계를 넘어 한국상품 구매단계에 이른 것으로 나타나고 있다.

한류확산단계

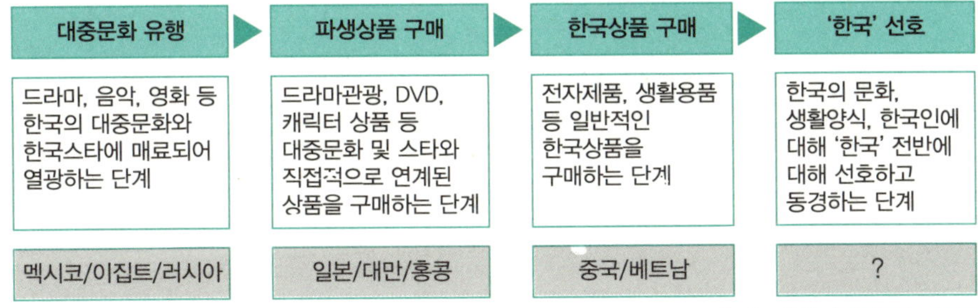

출처 : 삼성경제연구소, 2005

'한류' 효과 역시 한국 브랜드를 개선시키며 다양한 서비스산업 및 제조업 등의 수출에 긍정적 효과를 가져왔다. 이러한 긍정적 효과는 Han(1989)의 '후광(halo)효과'에서 그 이론적 배경을 찾을 수 있다. 이 후광효과가설은 두 가지 이론적 시사점을 가지고 있는데, △첫째, 소비자들은 국가이미지로부터 제품품질에 대한 추론을 한다는 것이며, △둘째, 국가이미지가 소비자들의 제품속성에 대한 평가에 영향을 미친다는 점이다.

한류에 의한 국가이미지의 후광 효과

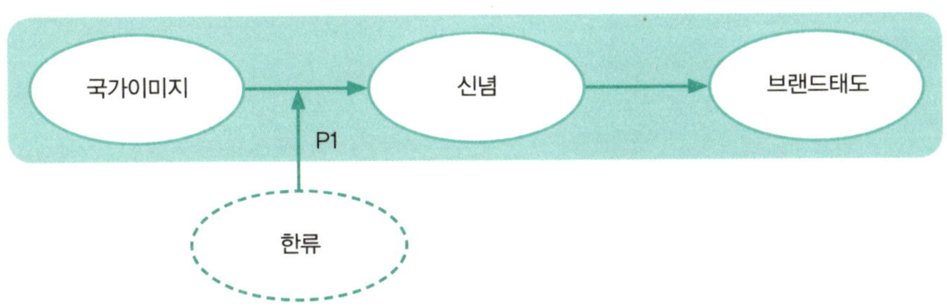

위 그림에서 나타나듯이 국가이미지는 제품속성에 대한 소비자의 신념에 직접적인

영향을 미치며, 이러한 신념을 통해 제품의 전반적인 평가에 간접적으로 영향을 미치는 구조를 볼 수 있다.

이와 같은 이론적 배경을 토대로 본 장에서는 기존 문헌들을 중심으로 국가별 K-Pop 진출에 대한 전략 및 성과를 정리해보고, 'K-Pop의 지속가능한 경쟁력 유지'를 위하여 현재 진출하여 있는 K-Pop 문화권별로 어떠한 전략이 필요한지 그 방안들을 간략하게 제시하고자 한다. 조사대상으로 하려는 주요 권역은 아시아 및 북미, 유럽권역이며, 보다 세부적으로 아시아권역의 경우 중국, 일본및 동남아지역을 그 대상으로 하였다.

사례조사 및 분석

최근 한국콘텐츠진흥원에서 조사한 '국가별 한류콘텐츠 수출동향과 한국 상품 소비인식 분석 리포트(2012.6.8)'에 따르면, 한류에 대한 관심도가 주로 K-Pop을 통해 형성되고 있음을 알 수 있다. 이러한 현상은 他상품 개발과 판촉에 도움이 되고 있는데, 이는 한국에 대한 인식, 관심도, 한국 상품 구매의도 등으로 연결되며 국가 브랜드 가치에 긍정적 인식을 심어주고 있는 것으로 나타났다. 이런 측면에서 K-Pop 스타를 통한 향후 마케팅 활동에 큰 기대감을 갖는 게 사실이다.

이런 관점에서 최근 삼성전자와 엘지전자의 행보는 눈여겨 볼 필요가 있다. 먼저 삼성전자는 YG엔터테인먼트의 '빅뱅'을 후원하여 진행하게 될 '빅뱅 월드투어(BIGBANG LIVE GALAXY TOUR 2012)'는 의미가 있다. 단발적 콘서트 후원계약을 넘어 아이돌그룹 '빅뱅'을 활용한 디지털 한류 확산을 통해 양사의 브랜드 가치를 높이겠다는 출사표이기 때문이다. 엘지전자의 경우 지난 4월 '슈퍼주니어와 함께하는 LG 옵티머스 슈퍼콘서트' 이벤트를 진행했고, 지난 6월 콜롬비아 최대 민영방송인 카라콜TV와 함께 'K-Pop 스타' 경연대회를 개최했다. 이어 7월에는 콜롬비아 주요 도시를 순회하는 'K-Pop by LG' 콘서트를 개최하며 K-Pop을 통해 남미에서 마케팅을 추진한다는 전략이다.

하지만 이는 시작을 알리는 신호에 불과하다. 향후 현대자동차, 기아자동차를 비롯해 글로벌 기업들이 K-Pop 스타들을 후원하게 된다면 재계의 새로운 수익모델이 됨은 물론이고, 현지 광고 효과[3]를 통해 대한민국과 기업의 글로벌 브랜드 가치 창출에 많은 기여를 할 수 있기 때문이다.

---

[3] 삼성전자가 영국 프리미어리그 첼시에 연간 수백억원을 지원하면서 유럽 내 브랜드 인지도가 급격히 상승. 매출이 2배 이상 성장, 유럽에서 평판 TV 시장점유율은 2007년 23.5%(1위)에서 2012년 1분기 기준으로 35.9%까지 상승, 독보적 1위 자리를 구축함.

본 장에서는 국가별 K-Pop 진출에 대한 전략 및 성과를 정리해보고, 'K-Pop의 지속가능한 경쟁력 유지'를 위한 간략한 시사점을 제안해본다.

중국

중국이 세계 최대의 문화시장이라는 것에 이견을 달 여지는 없다. 중국의 문화시장은 그 자체가 '글로벌화'의 중심에 있으며, K-Pop 마케팅의 현재와 미래의 중심에 있는 시장이다.

중국 정부는 자국의 문화정체성 및 문화산업을 보호하기 위하여 콘텐츠 수입에 대해 강력한 규제4를 실시하는 한편, 최근 글로벌화에 적극적으로 동참하고 있기도 하다. 이러한 배경으로는 △뉴미디어를 통한 콘텐츠의 디지털 유통 확산, △중국인들의 소득 증가 및 중산층 형성에서 비롯된 문화적 욕구 증가, △글로벌 문화자본에서 질적 우위를 확보한 콘텐츠에 대한 체험 욕구 확대 등을 주요 요인이라 할 수 있다.

앞서 얘기한 것처럼 중국 내 K-Pop 열풍은 디지털 방송과 인터넷으로부터 시작되었다. 과거에는 동방신기, 슈퍼주니어 등 소수의 아이돌가수들이 인기를 얻었지만 현재는 소녀시대, 빅뱅, 포미닛, 에프엑스, 티아라 등 대부분의 아이돌그룹들이 인기가 심화되는 단계이며 최근 빅뱅이 발매한 새 앨범의 경우 2~3곡이 동시에 중국 음원차트 상위권에 랭크되는 등 대단한 인기를 누리고 있다.

그럼에도 불구하고 중국 문화시장 내에서 K-Pop 자체가 확보한 경제적 효과는 어느 정도일까? K-Pop이 중국 내에서 국가브랜드와 다양한 산업들에게 긍정적인 후광효과를 주고 있는 반면, 중국 문화시장 내에서의 K-Pop 자체는 경쟁력 확보에 상당히 어려움을 겪고 있다. K-Pop의 고전 이유는 다음과 같다.

실제 중국은 K-Pop을 비롯한 콘텐츠산업분야에서 진입가능한 모든 경로를 보았을 때 측정 불가능한 변수가 많은 국가이다. 중국 문화시장은 1990년대 후반부터 지금까지 오프라인을 중심으로 현재의 웹, 모바일 기반의 음악, 영화, 게임을 비롯한 에듀테인먼트에 이르기까지 모든 콘텐츠 영역에서 불법복제 수준이 상당히 높다. 특히 음원시장의 경우 2009년 KTV 저작권료 징수를 위한 정부기관이 세워졌으나, 징수비율이 1% 미만으로 직·간접적으로 고정되어 있는 수익모델 확보는 사실 불가능한 수준이다. 이러한 측면에서 중국 문화시장 내에서의 K-Pop 영향력 확대는 리스크가 거의 없는 라이선스 모델 및 현지 리소스 투입 없이 시장 내에서 영향력을 확보할 수 있는 방향으로 설계되어야 할 것이다. 또한 K-Pop 자체의 경쟁력 보다는

---

4 2002년 '수입드라마 입안 강화에 대한 국가광전총국의 통지', 2004년 '해외 TV프로그램 수입 및 방송 관리 규정', 2012년 '경외 드라마 수입 및 방송 관리 강화에 대한 통지' 등

K-Pop을 통한 다양한 후광효과에 초점을 맞출 경우, 그 효과가 극대화 될 것으로 판단된다.

중국 문화시장에서 한국문화의 전파 사례는 일일이 열거할 수 없을 정도로 많다. 그리고 이와 같은 사례들이 시너지로 창출되어 다양한 산업들에 파급효과를 가져온 것도. 사실이다. 그럼에도 불구하고 중국 내에서의 K-Pop은 자체 경쟁력만으로 큰 수익을 창출하기 어려운 구조이다. 결국 중국에서의 K-Pop은 국가이미지를 높일 수 있는 조절효과로서의 역할을 하고 이를 통해 강화된 국가이미지가 他산업의 브랜드 태도에 영향을 미쳐 다양한 동종·이종산업 브랜드 강화에 지속적인 영향을 주는 방향으로 전략을 설계할 필요가 있다.

일본

한국의 아이돌 그룹, 그 중에서도 여성 그룹들이 일본 내에서 新한류를 견인했다는 점도 일본 문화시장 내 특성[5]을 반영한 일 중 하나일 것이다.

K-Pop의 첫 번째 일본 진출 주역은 '조용필'이었다. 1987년 NHK 홍백 가합전에 외국인 아티스트로 출연하기도 했다. 물론 계은숙, 문주란 등 한국의 트롯트 가수들이 일본 진출의 초석을 마련했다는 평가도 있다.

이후 2001년 SM엔터테인먼트 소속 가수인 '보아'의 일본 진출이 큰 성공을 거두었는데 실제 발표한 앨범들이 모두 1위를 차지하는 기염을 토하였다. 특히 ⟨Do The Motion⟩의 경우 아시아 가수로서 21년 만에 싱글부문 1위를 했고, 보아가 연말의 홍백가합전 무대에 5년 연속 출연했다는 점도 그 인기를 실감하게 해주는 예이다. 결국 K-Pop을 중심으로 한 新한류의 형성기에 있어 보아의 역할이 지대했다는 점에는 이견이 없다. 보아가 일본의 대형 기획사 에이벡스(AVEX)를 통하여 일본시장에 진출했다는 점 역시 이후 한국 아이돌 가수들의 일본진출 방식 선택에 있어 좋은 레퍼런스가 되었다.

최근 수 년 간 일본 내 新한류를 이끄는 걸그룹의 중심에는 '카라(KARA)'와 '소녀시대'가 있다. 카라의 경우 2010년 1월 7일 도쿄 아카사카(赤坂)의 브리츠(Blitz)에서 4,000명의 팬들을 앞에 두고 '카라 퍼스트 쇼케이스 인 재팬 2010(KARA First Showcase in Japan 2010)'이라는 공연을 시작으로, 오리콘에서 일본 주간 DVD 판매 1위를 기록했는데, 이는 마이클잭슨, 비틀즈, 레드제플린 등에 이어 외국인 가수로는 Top5에 해당하는 기록으로 남았다.

---

[5] 일본의 걸그룹들은 대부분 부드럽고 귀여운 이미지로 주로 중장년층에 어필하고 있지만 한국의 경우 일사분란한 군무와 가창력으로 젊은 세대들에게 인기가 많다.

소녀시대는 2010년 8월 25일 일본 첫 싱글 〈지니(Genie)〉의 발표를 앞두고 도쿄 아리아케 콜로세움(Ariake Colosseum)에 첫 쇼케이스를 열었으며, 이 자리에는 2만여 명의 팬들과 1,000명의 연예산업 관계자들이 참석했다. 소녀시대는 두 번째 싱글 〈Gee〉를 발표하며 싱글 주간 차트에서도 1위를 차지했는데 이는 영국 여성그룹 '놀란즈' 이후 여성그룹이 30년만에 이룬 쾌거로 이름을 올렸다[6].

지난 2012년 1월 개최된 일본 골드디스크 시상식(The Japan Gold AWARD 2012/롯본기)에서는 한국 가수들이 총 13개 부문에서 트로피를 수상했다. 평가방식은 지난 1년간 발매된 앨범과 음원을 대상으로 앨범 판매량과 다운로드, 심사위원 점수를 합산한 결과인데 이중 카라는 5관왕을 차지하는 기염을 토했다. 이처럼 국내 아티스트가 오리콘 차트에 진입하고, 연말 시상식에서 수상하는 사례는 비교적 쉽게 찾아볼 수 있게 되었다. 일본은 K-Pop의 필수 시장이고, 인기의 척도가 된 셈이다.

일본에서의 K-Pop 성공전략은 △가수들의 높은 완성도와 △국제화 지향성에 집중된다. 이미 J-Pop으로 우리보다 먼저 세계시장에 진출한 경험이 있는 일본시장의 눈높이에 비춰볼 때에도, 우리나라의 체계적인, 그리고 10년에 가까운 트레이닝 시스템을 통해 높은 완성도를 자랑하는 아이돌 그룹은 안성맞춤일 수 있다. 여기에 이미 일본의 유명 프로듀서들과의 협력작업이 일상화되어 있는 작업환경도 매우 중요하다.

그렇다면 향후 일본 내에서의 지속가능한 'K-Pop'성장을 위해 어떤 전략이 필요할까? 첫 번째, 지금까지 그래왔듯이 일본 내 최고의 기획사 AVEX를 비롯한 대형 메이저 기획사와 협력하여 변화하는 일본 시장 트렌드에 적극 대응하는 방안이 있다. 특히 변화하는 디지털 시대의 흐름에 맞춰 AVEX의 자회사인 'AVEX 통신 방송' 등과 협력하여 콘텐츠 유통 및 소비에 집중하는 방법도 고려할 수 있겠다. 그리고 일본 내 가장 많은 음원 콘텐츠를 확보한 '제일흥상'과 협력하여 MTV 등을 통한 콘텐츠 유통 전략도 생각할 수 있다.

두 번째, SM엔터테인먼트를 비롯한 대형 기획사들과의 협력을 통한 他장르 및 가수들의 일본 진출이다. K-Pop의 일본 진출은 실제 SM엔터테인먼트의 공이 크다. 보아를 시작으로 젊은 층에 어필하는 새로운 컨셉들을 제안하였으며, 해당 컨셉이 자리잡은 뒤 동방신기, 슈퍼주니어를 비롯한 대부분의 SM 아이돌 가수들이 일본 무대를 시작으로 진출했다고 해도 과언이 아니다.

실제 SM엔터테인먼트는 소속 가수들에게 일본 무대에서 일본어로 노래를 부르게 하였는데 이는 한국 가수들이 부르는 한국 노래가 J-Pop과 크게 다르지 않다는 점을 강조하였다. 즉 가사의 내용과 몇 가지 리듬패턴을 제외하면 아이돌 음악분야에

---

[6] '한일 대중음악 교류, 두 개의 현상과 두 개의 산업(신현준/2010)' 내용 발췌

서 J-Pop과 K-Pop은 거의 동질화되고 있는 게 사실이다. 이러한 성공 배경을 다양한 한국 음악과 가수들[7]의 성장에 활용하여 '윈윈'할 수 있는 전략을 수립한다면 미래 경쟁력 확보 측면과 新한류문화 지속 성장 측면에서 큰 도움이 될 수 있다.

동남아시아

동남아지역에서 K-Pop에 대한 경험은 앞서 소개한 중국, 일본의 그것과는 명확히 다른 관점에서 시작된다. 동남아 시장에 대한 접근은 다양한 해외 문화 및 문화상품들을 오랜 기간 동안 수용해온 동남아 지역의 다양하고 개방적인 문화지형을 이해하는 것에서 시작해야 한다. 물론 이러한 특성은 동남아 지역의 몇 십년, 몇 백년에 걸친 식민지 문화로서의 경험이 크게 작용한다. 예컨대, 베트남 TV에서는 1995년부터 24시간 프랑스어 방송 채널이 존재하고, 태국의 경우 식민지 경험이 없음에도 불구하고 수도 점령 전후로 일본과 정치적으로 밀접한 관계를 유지해오면서 일본 대중문화의 영향을 받아왔다. 이러한 지역적 특성은 K-Pop의 수용과정에서 한국 음악의 상이한 특성들을 부정하지 않으면서 자연스럽게 대중화 되는 것에 긍정적으로 작용했다.

하지만 여러 국가의 대중문화에 익숙한 동남아 수용자들은 외국에서 수입되는 대중문화의 인기를 유행의 흐름처럼 보기도 하는데, 아래의 사례는 이를 잘 설명해준다.

"몇 년 전에 비하면 현재 한국 드라마는 별로 인기가 높지 않은 것 같아요. 아마도 K-Pop도 그렇게 되지 않을까요? 몇 년 전에는 '동방신기'와 '슈퍼주니어'를 너도나도 말하니까 누구나 들여다보게 되었지만, 아마도 그 열기가 지나고 나면 다른 트렌드가 부상하리라고 봐요. J-Kop도 그랬거든요." (태국의 한 20대 남자 대학생 인터뷰 내용)

싱가포르의 경우 2007년부터 K-Pop의 인기가 높아져 한국 아이돌 가수들의 싱가포르 방문 공연이 잦아졌다. 1인당 국민소득 3만 달러의 구매능력을 가진 싱가포르는 협소한 국토 때문에 쇼핑과 수입공연 등을 통한 대중문화 소비가 국민들의 여가행위의 상당한 부분을 차지한다. 따라서 한국 연예기획사들이 동남아국가들 중에서도 특히 싱가포르의 시장가치를 상대적으로 높이 평가하며 적극적인 홍보 및 콘서트를 빈번하게 개최한다. 그리고 이것이 빠른 시간 내에 싱가포르에서 K-Pop을 자리잡게 하였다.

---

7 현재 아이돌을 제외한 비주류 가수들이 일본에 진출한 대표 사례로는 '장기하와 얼굴들', '크라잉 넛', '보드카 레인', '록 타이거스' 등이 있으며, 국내 인디밴드들이 他국가에서 음반 취입 및 공연활동을 하는 횟수는 증가하는 추세임

태국의 경우 한국 드라마 중심으로 형성된 인기가 최근들어 K-Pop으로 전이되는 중이다. 특히 태국 청소년들은 한국 가수들의 의상, 헤어스타일부터 춤까지 따라하는 경향을 보이며, 일부 커버댄스 그룹은 팬클럽이 있을 정도로 인기가 높다. 최근 몇 년 사이 개최한 소녀시대, 2PM 등의 현지 콘서트 사례는 매진사례를 기록하기도 했다.

베트남의 경우 한국 드라마 속 주제가를 통해 K-Pop을 접하기 시작했으며 최근에는 한국 스타나 음악 밴드의 이름을 모르는 사람이 거의 없을 정도로 K-Pop 열풍이 불고 있다.

인도네시아의 경우 태국에서와 같이 대중적 인기를 끌지는 못하고, 베트남에서 초기에 유행했던 것처럼 드라마의 주제곡들이 인기를 끄는 정도이다.

동남아 시장에서의 K-Pop의 경쟁력 확보는 어떤 방향으로 설계되어야 할까? 다양한 해외 문화를 수용하고 경험해 본 동남아국가들은 K-Pop 역시 하나의 흐름으로 인정하고 언젠가는 쇠퇴할 것으로 전망한다. 그렇기 때문에 동남아 시장에서도 K-Pop의 역할은 후광효과 창출에 더욱 집중할 필요가 있다. 그리고 어쩌면 이와 같은 흐름이 향후 K-Pop이 견뎌내야 할 중요한 흐름일 수도 있다. 어차피 문화와 트렌드는 반복적으로 소비되면서 변화를 겪지 않는가? 의연하게 대처하며 他산업으로의 발전·확대와 대한민국 국가 브랜드에 긍정적 영향을 미치는 것에 집중해야 할 것이다.

유럽

최근의 K-Pop은 새로운 단계에 진입했다. 기존 아시아 지역의 영향력을 뛰어 넘어 이제 유럽과 북미를 포함한 전 세계에 진출해있기 때문이다.

대부분의 대중문화가 선진국에서부터 전파되는 특성을 감안한다면 정말 놀라운 일이 아닐 수 없다. K-Pop이 이런 문화적 확산 배경을 형성한 중요한 이유에는 '디지털화(Digitalization)'와 '소셜 네트워크 서비스(SNS)'의 영향력이 중심에 있다. UCC 공유사이트인 유튜브와 페이스북, 트위터 등의 소셜 네트워크 서비스는 전 세계에 K-Pop을 전파하는 데 크게 기여했다. 파리의 한국 아이돌 그룹 공연 관람권은 15분 만에 매진되었고, 팬덤을 확보한 아이돌 그룹의 공연을 보게 해달라는 유럽 각국에서의 요청이 시위를 통해 이루어지고 있다. 런던의 트라팔가 광장에서는 한국 아이돌 그룹의 플래시몹이 벌어지고 수많은 아이돌 그룹 팬사이트를 통해 세계 각국의 다른 언어로 정보와 의견이 전달되고 교환된다. 이 모든 게 최근 5년 동안 벌어진 일들이다.

프랑스에서의 K-Pop 확산은 디지털 미디어의 일상화와 함께 시작되었다. 프랑스의 경우 '올드 보이'가 칸느영화제를 통해 알려지면서 박찬욱, 홍상수 감독 등의 영화들이 파리에서 상영되었는데, 이후로 한국 영화, 드라마 등을 찾아보면서 한국 음악에까지 관심을 갖게 되었다.

K-Pop에 대한 관심 역시 마찬가지다. '올드 보이'를 좋아하는 한 소비자가 유튜브에서 한국의 다른 영상 작품들(드라마, 뮤직비디오 등)을 보게 되고, 그 음악들을 듣게 되며 자연스럽게 한국 음악이 유튜브에 많이 업로드되어 있음을 알게 된 것이다.

이처럼 프랑스는 단순한 K-Pop 팬덤에서 시작한 게 아닌 한국의 영화, 드라마, 전통문화, 음식에 이르는 문화 전반에 걸친 이해를 증진시키는 것에 기인했다고 볼 수 있다. 그리고 이러한 한국 문화 홍보의 중심에는 '코리안 커넥션(Korean Connection)'이라는 단체의 역할도 중요했다.

[유럽 최대 한류 팬클럽, 프랑스 '코리안커넥션' 한국 방문]

▲ 프랑스 한류 팬클럽 코리안커넥션이 한국을 방문했다.

드라마로 시작된 한류 열풍이 이제 'K-POP' 열풍으로 확산되어 지난 한 해 국내에서 음악 수출로만 벌어들인 금액은 약 1억 8천만 달러, 우리 돈으로 2천억 원에 달한다. 이러한 K-POP의 파급력은 인접 국가뿐 아니라 전세계 각지에 전파되며 한류의 이름을 널리 알리고 있다(중략...).

한국에 방문한 90여 명의 '코리안커넥션(Korean Connection)' 회원들 또한 K-POP을 통해 한국에 관심을 갖게 된 이들이다. 춤과 노래 실력을 겸비한 한국의 K-POP스타들에 매료되어 한국의 음악은 물론 한국어와 한국 문화까지 알아가게 된 것이다...(중략)

이번에 한국을 방문한 코리안커넥션은 잠실 스타에비뉴에서 슈퍼주니어, 2PM 등 한류스타의 히트곡에 맞춰 커버댄스와 함께 립덥(Lip-dub) 뮤직비디오를 촬영하는 등 이색적인 플래시몹 행사를 진행하며 언론의 뜨거운 조명을 받았다(중략...) 이밖에 떡 만들기, 한복 입기체험, 김밥 만들기 등 다양한 체험 행사에 참가했으며, 공사 내에 K-STAR GALLERY 내에서 다시 K-POP 커버댄스를 선보이며 K-POP에 대한 애정을 나타냈다.

코리안 커넥션은 "지금 전세계에 전파되고 있는 한류의 흐름이 이번 행사를 통해 더욱 더 증폭되기를 기대한다"고 말했다. (출처 : e-Newstoday, 2012.6.4)

물론 유럽에서의 K-Pop 영향력의 중심에는 '새로움'이 있다. 과거 유럽에서의 대중가수는, 특히 프랑스에서의 '뮤지션'은 기본적으로 '노래'를 하는 사람이고, 비주얼과 안무 능력을 겸비한 경우는 좀처럼 찾아보기 어렵다. 이런 측면에서 프랑스 대중들의 시선은 '새로움'으로 무장한 K-Pop을 향했고, 자국 내 음악과는 달리 중독성이 강한 멜로디와 현란하고 역동적인 군무에 그 파급력이 더해졌다. 이는 분명 과거 프랑스에서 대중적으로 인기가 있었던 팝, 락, 힙합음악과는 다른 새로운 음악이라는 점에서 관심이 증폭되었던 것이다. 특히 군무를 활용하는 보이그룹 및 걸그룹들은 유럽에서는 찾아보기 어렵다.

"과거 프랑스에도 유치하고 엉성한 보이밴드가 있었지만 오래 가지 못했다. 슈퍼주니어나 샤이니처럼 완벽하게 춤을 추며 노래하는 아티스트들은 본 적이 없다"(인터뷰 내용 중)

이외에 K-Pop이 가지고 있는 개방성과 절제성에 대해서도 논의되고 있는데 동양적, 아시아적, 유교적 특성을 K-Pop을 통해 전달받고 있음을 알 수 있다. 영국과 미국을 중심으로 한 소위 팝송가사의 폭력성과 선정성에 비하여 실제 K-Pop의 노래 가사들은 많이 절제[8]되어 있다.

최근 K-Pop의 유럽 진출에 큰 영향을 미치고 있는 SM 타운 콘서트의 경우 '코리안 커넥션'과 한국문화원이 기획사들을 대상으로 접촉하던 중 SM과 협의가 이루어지며 진행된 결과이다.

독일의 경우, 현지에서 정기적으로 발행되고 있는 웹진 'K-Colors of Korea'에 의하면, 2011년 8월 20일에 베를린에서 '제1회 K-pop의 밤'이 개최되어 독일내의 K-Pop 열풍의 교두보 역할을 하였다는 기사 내용을 볼 수 있다. "'K-Pop을 베를린으로'라는 캐치프레이즈를 내걸고 커버댄스, 케이팝 노래방, 케이팝 퀴즈 등을 주요 프로그램으로 하여 독일에서 순전히 팬들의 이벤트를 구성한 첫 사례가 되었다. 위 이벤트를 주관한 이 웹진의 발행인인 Ester Klung씨는 '독일인들은 프랑스인이나 영국인 등과 달리 매우 보수적인 성향이 있어서 겉으로 표현하지 않을 뿐 K-Pop 팬이 급속도로 증가하여 이미 수백개의 팬클럽과 팬들이 독일에 있다'고 전하였다. 이러한 종류의 이벤트와 대도시에서의 플래시 몹이 일종의 청원운동이 되어 독일 베를린에서는 2011년 11월 7일 대표적인 K-Pop 아이돌그룹의 하나인 JYJ의 단독공연이 있었다. 이보다 앞서 열린 스페인 공연에 이어 베를린 공연에는 독일은 물론, 폴란드와 스웨덴 등 동유럽과 북유럽에서도 팬들이 몰려들어 3천개 좌석은 모두 매진되었다고 한다."[9]

이처럼 유럽시장에서도 큰 파장을 일으키고 있는 K-Pop의 경쟁력 확보는 어떤 방향으로 설계되어야 할까? 첫 번째로 유럽에서의 K-Pop은 한국의 문화(韓스타일)를 알리고, 다양한 한국의 콘텐츠(영화, 드라마, 방송연예프로그램 등)를 소개하는 데 중요한 역할을 해야 한다. 이를 통해 궁극적으로는 한국 방문과 체류 경험을 확산시키고, K-Pop 뮤직비디오와 O.S.T를 활용한 드라마 속 풍경 등을 홍보하여 직접 한국 사회와 분위기를 체험할 수 있도록 동기를 부여하는 역할이 중요하다.

두 번째는 코리안 커넥션 등의 집단 활동을 강화해서 유럽 내 한국 대중문화 팬덤

---

8 K-Pop은 다른 팝음악에 비해 폭력과 욕설, 섹스와 마약 등이 없으며, 복장이나 소품들도 대부분 귀엽고 단정하다. 유럽에서의 10대들이 듣기에 문제가 없는 수준이다. SM콘서트의 경우 10대, 20대가 주로 많았지만 그 중 어린 자녀들과 부모가 함께 온 가족 팬들도 상당수 있었다.

9 '유럽의 한류와 K-pop 팬덤 형성 과정과 그 의미 : Korean Connectin의 활동 사례를 중심으로(손승혜)' 내용 중 일부 발췌

을 온라인 밖으로 지속적으로 노출시키는 전략이다. 회원들이 적극적으로 K-Pop 공연을 추진해서 'SM 타운 공연'을 성사시킨 사례를 넘어 프랑스어 사용국가인 벨기에, 스위스는 물론 스페인, 이탈리아, 독일과 동유럽 국가에 거주하는 K-Pop 팬들도 비교적 쉽게 본 활동에 참여할 수 있도록 구심점 역할을 해주는 게 중요하다.

　다시 한 번 정리하자면, 향후 K-Pop을 통해 견인될 유럽에서의 新한류는 음반 판매량으로 측정할 수 있는 수준을 분명 넘어야 할 것이다. 지금은 '새로움' 때문에 각광받고 있지만 이후 다른 국가들에서 내놓은 음악들이 K-Pop과 유사하거나 더 세련된 '새로움'으로 다가올 경우 K-Pop 특수 현상은 급격하게 쇠퇴될 수도 있다. 이를 위해 유럽 각 지역에서의 다양한 문화와 융합하여 새로운 문화의 흐름을 만들어 내는 것에 주력해야 한다. 더 나아가 K-Pop의 원형이 한국적 문화의 결정체로 성장할 수 있는 배경을 만드는 것에 노력해야 한다. 그리고 글로벌 K-Pop 팬덤을 중심으로 전 세계의 문화를 아우르는 영향력을 행사해야 그 경쟁력을 이어갈 수 있을 것이다.

단계별 K-Pop 확산 추진전략

구분	지역	추진전략	사례
심화 지역	중국, 일본, 베트남, 태국 등	• 전통문화 등 한류 콘텐츠 다양화, 반한류 완화, 경제효과 극대화 추진 ⇒ "한국선호단계" 유도 • 게임, 애니메이션 등 다양한 장르의 콘텐츠산업과 K-Pop 상품 결합	한브랜드 사업, 쌍방향교류 확대, 저작권보호, K-Pop 전문 오픈마켓 설립 등
전략 지역	유럽, 북미 등	• FTA 체결 등 경제, 사회적 교류 활성화 여건을 반영한 한류콘텐츠 진출 확대 • 뮤지컬, 드라마 등 기존 콘텐츠에 K-Pop 노래 및 가수들을 활용, 해외시장 적극 개척 • 민간진출 적극 지원으로 한류붐 확대, 한국문화 바로 알리기 ⇒ "한국상품 구매단계" 정착	한류 이벤트, 한류 취재지원, 문화행사 개최 등 K-Pop을 테마로 한 공연관광상품 개발
잠재 지역	중남미, 중동, 중앙아시아 등	• 시장성 부족으로 민간이 진출하기 어려운 지역에 한류붐 기반 조성 적극 추진 ⇒ "한국 대중문화 유행" 유도	영화 · 드라마 · 게임 등 확산효과가 높은 콘텐츠 진출 지원

결어

본고에서는 新한류로 대변되는 K-Pop의 지속 가능한 경쟁력 분석을 위하여 K-Pop에 대하여 두 가지 개념으로 접근하였다.

그 하나는 K-Pop의 지속 확산이다. 즉, K-Pop이 단일 콘텐츠로 일시적 유행에 그치는 게 아니라 재구성 과정에서 새로운 가치 창출로 연계될 수 있도록 장기적 관점에서 경쟁력을 확보하는 전략이다. 특히 아시아지역을 중심으로 현재 유럽 등의 지역으로 확산되고 있는 K-Pop의 경쟁력을 분석하여 이런 현상을 지속 유지시키기 위한 대안을 마련해보고자 하였다. 이를 위하여 실제 K-Pop이 '新한류'를 견인하고 지속 확산시키는 네 가지 중요한 현상인 △K-Pop 가수들의 높은 완성도, △K-Pop의 국제화 지향성, △K-Pop의 특수성, △디지털 미디어를 통한 K-Pop 콘텐츠 확산에 대하여 살펴보았다.

그 결과 K-Pop의 영향력은 국가별/권역별로 심화지역, 확산지역, 잠재지역으로 구분되고 있으며, 각 단계별로 필요한 마케팅 전략을 수립하고 추진하는 게 K-Pop의 영향력을 높일 수 있는 중요한 전략으로 평가되었다. 실제 K-Pop이 심화되고 있는 지역은 '대한민국 브랜드 가치'를 높이는 것에 주력하고, K-Pop 확산지역은 한류마케팅 강화와 함께 '한국상품 구매 활성화'에 주력하고, 기타 잠재지역들의 경우 K-Pop을 통한 대중문화를 선도하는 전략 등으로 전개되어야 할 것이다.

두 번째는 K-Pop을 통해 발생하고 있는 다양한 후광효과에 대한 분석이다. 본고에서는 K-Pop을 통해 대중문화를 선도하고, 한국상품을 구매하는 일련의 과정이 궁극적으로 한국 브랜드 가치 제고에 긍정적 영향을 미칠 수 있다는 측면을 살펴보았다. 특히 같은 '한류' 현상이라 하더라도 문화적 상대성에 의하여 각 국가별로 인식하는 한류효과는 상이할 수 있다는 것은 중요한 시사점이라 할 수 있다. 단지 요즘은 K-Pop 자체에 대한 논의보다, K-Pop을 활용한 다른 대중문화 및 예술의 해외 전파에 논의 및 정책의 초점이 맞추어진 듯 하여 안타깝다.

K-Pop의 경쟁력에 대한 평가는 상기한 두자지 측면을 모두 고려해서 이루어져야 할 것이다. 그렇지 않을 경우, K-Pop에 대한 부풀려진 언론 보도나 K-Pop에 대한 폄하를 가져올 수 있다. 정책입안자, 실행자 및 기업 그리고 언론인들이 K-Pop에 대하여 보다 균형된 시각을 가지고, K-Pop에 대한 지속적인 관심과 드러나지 않는 그러나 의미 있는 정책적 지원을 지속적으로 해야 할 것으로 생각한다.

이런 측면에서 K-Pop이 각 국가별로 진출할 때 어떤 문화적/사회적 요소를 고려해야 하는지에 대한 선행연구가 필요하다. 이러한 연구결과는 정책결정자를 비롯하여 산업계와 함께 정보로서 공유되고, 실제 성공사례와 실패사례를 구분하여 K-Pop 연도별 DB로 구축되어 질 것이다. 또 하나는 현재의 K-Pop이 한국상품을 구매하고, 대한민국 브랜드 가치에 구체적으로 어떤 영향을 미치고 있는지, 이를 통하여 그릴 수 있는 미래 청사진에 대한 연구를 제안해본다. 이와 같은 연구를 통해 K-Pop의 이론적 기반을 정의해보고 파급효과를 극대화 할 수 있는 연관사업 아이템을 개발하는 등 적극적으로 정책을 개발하는 노력이 필요할 것이다. SOUND

K-POP의
해외진출 사례별 성과 및
지속성 예측

실제 성패 사례와 현지 소비자/업체 등의
인터뷰를 통한 성과 판별 및 예측

사례나 인터뷰 결과를 종합하면, 결국 현재의 'K-Pop 한류'는 전적으로 아이돌 음악에 한한 것임을 알 수 있다. 한국의 아이돌 음악이 세계적으로 경쟁력을 갖춘 콘텐츠로 인정받았다는 점은 분명 고무적이다. 그러나 결국 현재의 'K-Pop 한류'를 지지하고, 열광하는 이들이 '외국 음악을 듣는 이들 중에도 아이돌 음악에 관심 있는 일부 수요자'라는 사실에 대해 주목할 필요가 있다. 이들이 결국 시장의 주류가 될 것인지, 아니면 한 때의 일본 애니메이션이나 홍콩 영화처럼 소수의 매니악한 취향, 혹은 한 때의 뜨거웠던 추억거리가 될지는 알 수 없다. 그러나 분명한 것은, 현재의 'K-Pop 한류'가 보편적인 기대처럼 절대적인 상승세를 보이는 것도, 그 상승세가 지속된다고 장담하는 것도 모두 불확실한 무언가라는 점이다.

홍정택 | 대중음악평론가

B급 문화의 오묘한 냄새를 사랑하는 소심한 30대 회사원. 메탈리카와 핑클, 조용필과 조동진, 마이클 잭슨과 프린스가 공평하게 사랑받는 세상을 꿈꾸는 이상주의자. 가슴네트워크, 음악취향 Y, 네이버 및 몇몇 기고란에 음악 관련 글을 올리고 있음. 취미는 자전거 타면서 코러스만 따라 부르기와 걸그룹 멤버 이름 외우기. 신조는 '되는대로 열심히'.

대한민국의 자부심을 넘어, K-Pop 한류의 지금을 묻다

TV에서 보던 아이돌 그룹이 낯선 인상의 관객들 앞에 선다. 화면은 무대를 바라보는 해외 관객의 경외감에 찬 시선과 열광적인 함성을 분주히 담는다. 이 교차편집의 전후에는 설레는 마음으로 공연을 기다리는 모습, 이들의 공연에 열띤 흥분을 채 식히지 못한 모습, 이들을 좀 더 알기 위해 한글을 배우고 한국 문화에 다가선다는 발언 등이 이어진다. 성공적으로 패키징을 마친 이들의 이후 활동에는 '한류스타'라는 명칭이 뒤따른다. 성공적인 패키지를 다수 보유한 대형 기획사들은 코스닥 연예산업 분야의 대표주(株)로 부상한다. 증권가나 매체들은 이런 '한류스타'들의 활동과 성과를 'K-Pop의 해외 공습', 'K-Pop 한류'로 명명한다. 하이틴 잡지 표지에 주로 쓰이던 아이돌 그룹의 공연 사진은 이제 주요 일간지의 권두 컬러를 장식하며, 저명한 정, 재계 인사의 입을 빌어 K-Pop은 국가의 미래 먹거리, '문화 사업'으로 거론된다.

그러나, 'K-Pop 한류'에 대한 열광적인 소개와 비교해, 실제로 한국 대중음악 해외 진출 현황 및 득실에 대한 언급은 미흡한 것이 현실이다. 누가 어떤 평가를 받고, 또 실제로 얼마나 성과를 창출하고 있는지, 그리고 향후 'K-Pop 한류'가 어느 방향으로 흘러갈지에 대한 고민 같은 것들 말이다. 실제로 이는 지속 가능한 'K-Pop 한류'를 골몰하는 이들에게 극히 당연한, 본질적인 고민이다. 그러나 일부 사업 당사자를 제외하면, 아직 이를 고민하는 이들은 많지 않다. 2002년 월드컵 이후 한국 축구나 영화 '디워' 개봉 때처럼, 지금의 'K-Pop' 한류는 '대한민국'이라는 당위 아래 하나의 경로, 하나의 얼굴로만 접해지고, 받아들여지고 있다.

열광하지만 고민은 하지 않는, 이런 '묻지도 따지지도 않는' 피상적 소비의 반복은 대부분의 사람들에게 K-Pop 해외 진출이라는 주제가, 그 열광의 이면을 굳이 고찰할 필요가 없는 소재가 되었기 때문일지도 모른다. 하지만 우리 민족, 우리 산업이 지닌 본질적인 '잘남'이 오늘날의 성과를 이끌었다는, 자부심이거나 신앙일지도 모를 이런 뜨거움이 과연 'K-Pop 한류'에 순기능이 되고 있는 것일까. 똑 같은 'K-Pop 한류' 소개가 일상화되고 심심치 않게 반한류, 혐한류의 소식이 들리는 지금, 한국 대중음악이 그 허실과 상관없이 국가의 미래로 언급되고, 민족의 자부심으로 치환되어 소비되고 있지는 않은지 반문해 볼 필요가 있지 않을까.

본 글은 K-Pop의 수출이 어떠한 형태로 이루어져 왔으며, 또 현재의 K-Pop이 어떻게 해외에서 받아들여지고 있는지를 고찰하고자 한다. 앞선 기획 글에서 정량 자료를 중심적으로 유사 주제를 이야기했다면, 본 글은 실제 성패 사례와 현지 소비자/업체 등의 인터뷰를 통해 정성적인 측면에 보다 집중하고자 한다. 특히나 'K-Pop', '한류', 그리고 그 '성과'를 주제로 'K-Pop 한류'의 다양한 단면을 도출해 내기 위해 K-Pop과 정서적 친밀도에서 각각 상이한 위치에 있는 이들을 대상으로 3회의

FGI(Focus Group Interview) 및 관계자 인터뷰 결과를 활용했다. (※ 인터뷰 당사자 정보는 본인 요청에 의해 익명 처리되었다)

K-Pop의 해외진출, 어떻게 이루어지고 있는가

K-Pop의 해외진출은 진출의 전략적 방향, 그 중에서도 특히 현지화 수준에 따라 크게 3가지 모델로 구분된다. 첫째로는 기존 국내 히트 콘텐츠를 단순 번역/리메이크 해 수출하는 아티스트 수출 전략이 있다. 둘째로는 부분적으로 현지 활동을 위한 전용 콘텐츠를 가미하거나 현지에서의 집중적인 활동 기간을 둠으로써, 보다 현지 시장에 대한 공략을 본격화하는 로컬-해외 병행 전략이 있다. 마지막으로 주력 시장을 해외로 정하고 자국 시장에서의 기획/제작 역량을 접목하는 완전 현지화 전략이 있다.

K-Pop 해외 진출의 가장 기본적인 방법은 아티스트 수출이다. 이 방법은 아티스트와 원작에 대한 권리를 확보한 국내 기획사가 해외 시장에서의 아티스트 활동 전반에 관한 권리를 해외 현지 파트너사에 일임하는 것으로, 해외 자체 진출 역량이 미흡하거나 현지에 안정적인 파트너가 있는 경우, 혹은 해외 아티스트의 현지 시장 자체 진출 자체가 제한적인 경우 주로 이루어진다. 번안/개사, 안무나 스타일 등의 재정립 등 일부 수정 및 보완이 있기는 하지만, 전반적으로 단기간 내에 현지 진출이 가능한 방법이다. 유통/프로모션 역량을 지닌 파트너사를 현지 중개인/업체 등을 통해 연결 받아 진출하는 경우가 대부분으로, 상대적으로 진출이 용이하지만 파트너사의 역량과 의지에 의해 사업 성패 대부분이 좌우되며 중개인/업체의 역량 또한 검증이 어렵다는 한계가 있다. 2000년 전후로 일본, 대만 등에 소개되던 한국 대중음악 대부분이 이 모델을 통해 해외 시장에 진출했으며, 현재도 중소 기획사들이나 처음 해외 진출을 시도하는 기획사들이 주요 모델로 활용하고 있다. 최근 사례로는 〈좋은 날〉, 〈너랑 나〉 등을 일본어로 리메이크해 발표하며 일본 시장을 공략하고 있는 아이유(IU)가 있다.

기존의 아티스트 수출이 보다 현지 시장에 밀착되는 경우, 부분적으로 현지화된 콘텐츠가 접목된다. 이는 기존의 국내 시장용 콘텐츠 외에 현지 시장만을 위한 전용 콘텐츠나 현지 활동 기간을 설정하고 이에 따라 양 지역/국가 활동을 순차적으로 하는 형태로 이루어지는데, 현지 파트너사에는 현지 시장 공략의 의지를 어필할 수 있고, 해외 활동 성공 시 '한류스타'라는 브랜드로 국내 활동에 있어서도 시너지를 기대할 수 있다. 그러나 현지 시장에 맞는 콘텐츠 개발 역량이 갖춰지지 않거나, 홍보/유통 등의 역량 부족으로 소기의 성과를 거두지 못한 경우 국내외 모두에서 시장 기회를 잃을 위험 또한 있다. 동방신기나 보아를 통해 이런 부분적 현지화의 시너지를 체험한 SM엔터테인먼트는 현재 진출하는 모든 국가/그룹에 이런 부분적인 현지 전용 노래/무대 등의 현지화를 가미하고 있다. 빅뱅, 2NE1을 보유한 YG 엔터테인먼트 또한 일본 현지 전용의 음원/반을 발매했다.

완전 현지화는 기획/제작 단계서부터 국내가 아닌 해외 시장을 목표로 한다는 점에서 부분적인 현지화와 차별화된다. 초신성, 대국남아 등이 초기 국내 활동 이후 일본으로 주 무대를 옮긴 바 있으며, 실제 이들의 인지도나 성과는 국내보다 일본 시장에서 더 두드러지고 있다. 기존에 존재하는 그룹의 서브 유닛(Unit)이기는 하나 슈퍼주니어-M 또한 국내 슈퍼주니어와 다른, 추가 중국인 멤버 및 중국어로 된 신곡을 발표하고 활동하며 슈퍼주니어와는 다른, 중국에서의 독자적인 행보를 이어갔다. SM 엔터테인먼트는 최근 중화권 시장 공략을 본격화하며 중국과 한국에서 각 6명씩 유닛을 구성, 데뷔하는 형태로 총 12인조 그룹인 Exo를 데뷔시켰다. 한국(Exo-K)과 중국(Exo-M) 유닛으로 구성된 이 그룹에서 Exo-M은 주요 멤버를 중국인으로 구성하고 언어나 스타일 또한 Exo-K와 비교해 보다 중국 소비자의 성향에 맞춰 현지화하는 등 데뷔 때부터 중국 시장 공략을 본격화하는 형태로 기획/제작했다.

업체별 현황 : 3대 기획사의 명암, 그리고 그 밖의 K-Pop들

SM엔터테인먼트는 90년대 후반부터 지속적으로 해외 진출의 가능성을 타진해 왔으며, 축적된 성패의 연혁만큼이나 현재 K-Pop 한류를 대표하는 이름들 또한 다수 보유하고 있다. 이들의 주력 시장은 일본과 중화권이었으며, 각각의 선봉에는 보아/동방신기와 슈퍼주니어가 있었다.

일본의 경우 Avex, Universal 등 현지의 유력 유통/홍보 파트너들과 전략적 협업 관계를 맺고 단순 아티스트 수출서부터 부분적 현지화까지를 고루 수행하며 성패의 경험을 쌓았다. 이를 통해 한국인 아티스트 최초로 오리콘 차트 정상을 차지한 보아나 쟈니스로 대표되는 일본 남성 아이돌 시장에서 독자적인 입지를 구축한 동방신기 등의 성공 사례를 쌓을 수 있었다. 현재도 소녀시대, 샤이니(SHINee), 에프엑스(f(x)) 등 주력 아이돌 그룹의 일본 활동을 지속적으로 이어가고 있다.

중화권의 경우 대만에서 1년 이상 차트 정상을 차지한 〈쏘리 쏘리(Sorry Sorry)〉의 슈퍼주니어가 대표적인 성공 사례이다. 주걸륜, 왕리홍 등 중화권 전반에 걸친 인기를 누리는 아티스트를 다수 보유한 대만에서, 비중화권 가수가 차트를 50주 이상 석권한 것은 전례가 없던 일이었다. 이전부터도 중화권 멤버나 중화권 활동 전용 유닛(슈퍼주니어-M) 운용 등을 통해 지속적으로 중화권 시장 공략을 도모하긴 했지만, 슈퍼주니어는 〈쏘리 쏘리〉의 인기 이후 명실상부한 중화권의 정상급 인기 아티스트로 발돋움했다. 이후로도 SM은 보유 아티스트들을 통해 지속적으로 중화권 시장을 공략했으나 소녀시대 정도를 제외하면 슈퍼주니어의 뒤를 이을 정도의 인기 아티스트는 아직이라는 평가가 지배적이다. SM은 최근 데뷔한 Exo-M을 '한국 그룹'의 수출 사례가 아닌, 애초부터 '중국 그룹'으로 포지셔닝하며 보다 적극적인 해외 진출을 시도하고 있다.

SM엔터테인먼트의 해외 진출 단계별 성과

해외 진출 전략 방향		해외 단순 수출	현지 밀착 통한 일본 공략	현지화 Contents 강화로 중화권 공략	아시아 시장 전반에서 국내외 순차적 현지 활동
	Key Artist	S.E.S H.O.T	보아 동방신기	강타&바네스 슈퍼주니어 M, 장리인	소녀시대, f(x), 샤이니, Exo
주요 내용	활동 상세	• H.O.T 1집 중국 발매 ('98) → 1, 2집 총 14만 장 판매, 북경 콘서트 중 • S.E.S 일본 활동 ('98~) → 정규앨범 2집, 싱글 7집 발매	• 보아: '00년 국내 데뷔 후 '01년 데뷔 → 양국 활동 병행, 연 매출 1천 억 이상 달성 • 동방신기: '04년 국내 데뷔 → 정상급의 실력파 아이돌로 인정	• 강타&바네스 ('06): 한국-대만 합작 프로젝트로 데뷔, 중화권 음반차트 석권 • 슈퍼주니어M ('08): 중국인 멤버 중심 별도 유닛化→ '08~'09 중화권 차트 석권, 공연 회당 1만+ 관객동원 • 장리인: '06년 국내 데뷔, '08년 중국 데뷔 → 양국 모두 정상 차지	• 소녀시대, f(x), 샤이니: 국내 선 데뷔 후 일본, 중국, 기타 아시아 지역 순차적 활동 통해 공백기 최소화 • Exo('12~): 한국/중국에서 동일한 모그룹을 유닛化 → 동일하게 기획된 컨텐츠를 양국 시장에 동시 현지화/활동
	성과	• K-Pop의 진출 외 성과 미비 • 단순 License 및 1만 미만 규모 공연 • 직접적 PR 활동 미진 (Top Class 유통/ 기획 업체 협업 미흡) –S.E.S: VAP(유통), Skyplanning(기획)과 계약	• 오리콘 정상급 아티스트 배출하며 '한류' 소개 • Avex, 요시모토흥업 등 정상급 파트너 확보 • 아이돌 시장 포화기에 '실력파 아이돌' 어필	• 아티스트 전체, 부분 현지화 통한 육성/제작 기능 강화 – '06년부터 글로벌 오디션 통해 글로벌 인재 확보 노력 • 발표 초기부터 현지 컨텐츠로 포지셔닝 → 자국 문화 선호 강한 중화권 고객 공략 성공	• 한류 및 SM의 브랜드 가치 상승에 따른 프리미엄 향유 • 국내 제작 역량의 독보적 위상 확립되며 국내 데뷔 후 수출 – 선 현지화 모델 병행

JYP엔터테인먼트는 국내 시장에서의 성과를 기반으로 지속적으로 북미 시장 진출을 도모해 왔다. 그러나 상이한 음악적 취향과 한국 대중음악에 대한 인식 수준을 지닌 북미 시장의 공략은 원대한 기대만큼이나 쉽지 않았다. 〈Tell Me〉, 〈So Hot〉, 〈Nobody〉의 계속된 히트로 국내에서 정상급의 인기를 누리던 원더걸스는 1년 이상

국내 활동을 포기하고 미국 시장 진출을 도모했으나 빌보드 차트 내에 반짝 이름을 올린 것을 제외하면 아직 이렇다 할 성과는 올리지 못하고 있다. 이 외에 임정희, J-Soul 등의 가수들도 미국 시장 공략을 목표로 현지에서 기획/트레이닝 과정을 밟았으나 결실을 맺지 못하고 돌아와야 했다. 반면, 슈퍼주니어의 경우와 유사하게 현지인 멤버를 그룹 내에 영입하는 전략은 해당 국가에서 소기의 성과를 거둔 바 있다. 태국인 멤버 닉쿤을 포함한 2PM은 별도의 태국 내 집중적 활동 없이도 태국에서 인기 아티스트로서의 지위를 누릴 수 있었고, 그룹 내 두 명의 중화권 멤버가 포함된 미스 에이(Miss A) 또한 데뷔 초부터 중화권에서 보다 용이하게 인지도를 쌓을 수 있었다. 최근 JYP는 아시아 시장을 중심으로 소속 아티스트들의 해외 투어를 적극적으로 이어가고 있다.

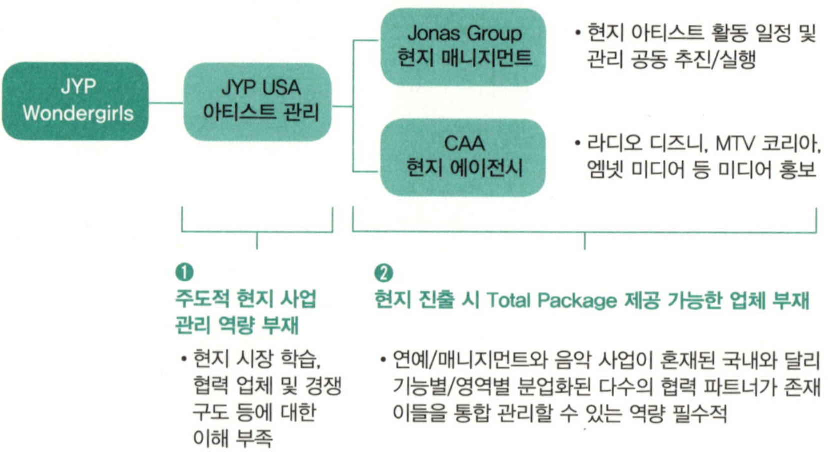

YG엔터테인먼트의 해외 활동은, 현지 전용 음원/반을 발매하는 일본 정도를 제외하면 아직 단발성 공연 개최나 라이선스 음원/반 발매 등으로 제한적으로 이루어지고 있다. 세븐(Se7en)이 일본 진출 이후 북미 시장 공략을 추진하기도 했으나 JYP의 경우와 마찬가지로 사실상 '실패'라는 평가와 함께 국내로 복귀해야 했다. 빅뱅이나 2NE1 등은 일본 시장 진출, iTunes를 통한 글로벌 음원 유통 외에도 다이시 댄스(Daishi Dance, 〈하루하루〉), 디플로(Diplo, 〈뻑이 가요〉) 등 일본, 미국의 유명 프로듀서들과 협업하는 형태로 글로벌 시장의 동시 공략을 위한 콘텐츠 경쟁력 확보를 도모하고 있다.

단계별 파트너십/목표 설정을 통한 해외 진출 사례 – YG 엔터테인먼트/FNC 엔터테인먼트

기타 주요 성공 사례로는 일본에서 성공한 카라(KARA, DSP 엔터테인먼트)나 장근석을 들 수 있다. 카라의 경우 〈미스터〉의 일본 히트 이후 국내보다 일본을 중심으로 활동하며 일본인들에게 '일본 그룹'으로 여겨지고, 소비되며 동방신기 이후 가장 현지화된 한국 아이돌 그룹으로 평가 받고 있다. 장근석, 그리고 20위권에 오른 류시원의 경우 드라마의 인기를 토대로 인지도를 쌓은 후 일본에서 가수로서의 경력을 쌓으며 인정받은 경우다. 이들 또한 〈미스터〉 이후의 카라와 마찬가지로 가수로서는 일본을 중심으로, 지속적으로 활동하고 있다. 초신성이나 대국남아 등도 이러한 일본 중심의 활동을 통해 국내에서의 인기나 인지도에 비해서는 일본에서 소기의 성과를 거두고 있다. (2010~2011 연간 기준 15,000~20,000장 내외의 음반 판매고 기록으로 K-Pop 아티스트 중 10위권 내외의 성과 기록.) 그 외 국내에서 한류스타로 이야기되는 2PM, 비스트(Beast), 엠블랙(MBLAQ), 포미닛(4Minute), 티아라(T-Ara) 등이 일본, 중화권, 동남아시아를 중심으로 '한류 스타'로 활동하고 있다.

단일 파트너와의 통합 파트너십 체결 통한 아시아 통합 진출 사례 – Cube Entertainment

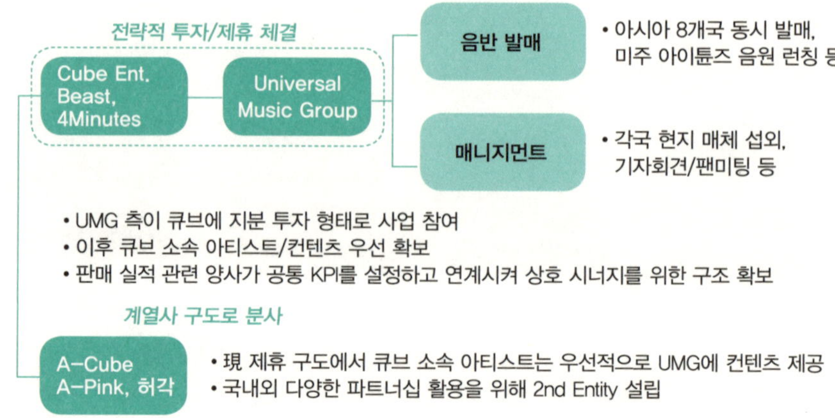

국가/지역별 아티스트 수출 모델 사례 – 코어컨텐츠미디어

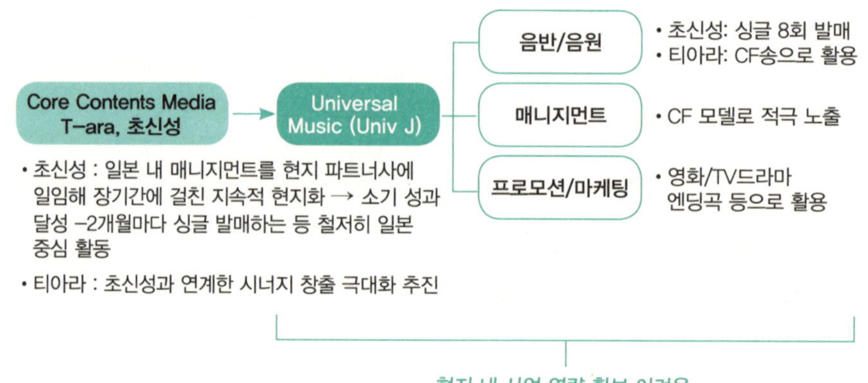

K-Pop의 현재에 대한 세 가지 시선, 알고 있는 것들과 모르던 것들

"현재의 K-Pop 한류에 대해 어떻게 생각하십니까?"

같은 주제, 같은 질문에 대해 K-Pop에 대해 각각 다른 위치/입장에 있는 이들을 대상으로 2차례의 FGI를 진행했다. 이하는 해당 인터뷰 중 1회의 내용을 요약/정리한 것이다.

인터뷰

A : 홍콩 남성, 27세, 소녀시대의 팬
B : 일본 여성, 25세, 한국 아티스트와 일본 기획사를 연결하는 현지 에이전트회사 직원
C : 필리핀 남성, 20세, 한국에 유학 온 대학생, 영미 록/밴드 음악을 좋아함

질문 1. K-Pop에 대해 알고 있는가?

A : 잘 알고 있다. 소녀시대의 팬이지만 원더걸스(Wondergirls), 빅뱅(Big Bang), 슈퍼주니어(Super Junior) 등도 인기가 많다. 최근 소개되고 있는 K-Pop 그룹들 또한 관심을 갖고 있다.

B : 보아 이후 동방신기나 카라처럼, 일본에서도 톱클라스의 인기를 누리는 그룹들은 누구나 다 안다. 그러나 이런 이들을 제외하면, 한국에서 '한류 스타'로 소개되는 대부분의 아이돌에 대해 일본 대다수의 대중들은 모르는 편이다. 그들의 현지 팬들이 있기는 하지만 극히 일부의 매니아층이라고 생각한다. 실제로 일본에서는 아이돌 음악 또한 대중음악의 일부일 뿐이기 때문에 록, 재즈, 힙합 등 다양한 장르 음악의 팬들이 존재하고 있고, 이런 장르 팬들은 더더욱 아이돌 일색인 K-Pop에 대해 관심이 없다고 본다.

C : 주변에 K-Pop을 좋아하는 친구들이 있는 것은 사실이다. 하지만 나는 한국에 오기 전까지 이들의 음악을 깊이 있게 들어본 적이 없고, 이는 내 주변의 친구들 또한 마찬가지다. 일단 영미 팝 음악과 비슷한 댄스 음악인 것 같기는 한데, 일단 언어도 다르고 유사한 음악을 영미 음악이나 필리핀 내에서도 쉽게 접할 수 있기 때문에 굳이 찾아 듣지는 않는다.

질문 2. 현지에서의 K-Pop의 인기에 대해 어느 정도라고 보는가?

A : 매일 한국의 아이돌이 출연하는 예능, 드라마, 가요 프로그램의 동영상이 방영 직후 자막이 입혀져 공유되는 사이트가 다수 존재한다. 주변에서는 'K-Pop'이라는 이유만으로도 일단 '비주얼/퍼포먼스/스타일 측면에서 완성된 음악'이라 생각하고 보다 높은 관심을 보인다. 쉽게 접할 수 없다 보니 보다 자주 방문해줬음 좋겠지만, 그게 안 된다면 인근 중국, 일본 혹은 한국으로 이들의 공연을 보러 다니기도 한다.

B : 한국에서 K-Pop의 해외 진출에 대해 대대적으로 보도하는 것을 보면, 맞는 이야기도 있지만 종종 필요 이상으로 이를 강조하는 것처럼 보이기도 한다. 사실 일본에서 동방신기나 카라는, 한국에서 오기는 했지만 2PM의 닉쿤이 그런 것처럼 본토 가수들과 동일하게 보인다. 동방신기나 카라는 일본어와 일본 문화에 능통하고, 일본인들과 함께 일본 예능에 출연한다. 그렇지 않은 K-Pop 아이돌의 인기는 한국에서 영미권 아티스트들의 인기와 크게 다르지 않을 것 같다. 팬들은 있지만, 결코 주류라고 할 수는 없다. 특히, 최근에는 한국에서도 인기가 정상급은 아닌 이들이 일본에 '한류 스타'로 소개되며 마치 스타인 양 활동하는 경우가 종종 있는데, 혹 돈만 벌러 오는 건 아닌지 의심하는 시선도 있다.

C : 확실히 최근 들어 많이 알려지긴 했지만 주변 친구들 중 몇 명을 제외하면 크게 관심을 갖지 않는다. 언어도 다르고, 음악 스타일도 다 똑 같은 것 같고, 자주 볼 일도 없지 않은가. 일본이나 홍콩, 대만에서는 일부 한국 가수들이 헐리우드 스타들과 동급으로 이야기되는 것 같기도 하지만 필리핀을 비롯한 대부분 국가에서 아직 한국 음악은 외국 음악의 하나라고 생각한다. 오히려 한국 가수들에 열광하는 현지 팬들을 보며 '쟤들이 왜 저러지' 하는 생각에 한국 음악에 관심을 갖는 이들도 적지 않다고 들었다.

질문 3. K-Pop을 어떻게 접하고 있는가?

A : 주로 인터넷이다. 실시간으로 공유되는 자막 자료를 통해 한국의 예능/드라마/가요 프로그램들을 접한다. 홍콩은 아이돌 가수들의 수나 질 모두 한참 모자라다고 생각하기 때문에 K-Pop 가수들을 보면 압도적이라는 인상을 받는다. 춤이나 스타일, 외모 모두 멋지다고 생각한다. 이들의 가사나 말을 이해하기 위해 한국어를 배우고, 이들이 좋아한다는 한국 음식이나 관광지 등에 관심을 가지는 이들도 적지 않다.

B : 역시 현지 매체를 통해서 아닐까. 인터넷을 통해 찾아 듣는 이들도 있겠지만 일

본에서는 아직 음악은 크고 작은 공연 무대나 TV, 혹은 음원/반 형태로 소개되는 게 대부분이다. 일본은 세계 2위의 음악산업 대국이기 때문에 정말 다양한 종류의 음악이 있다. 때문에 기존 국내 음악이나, 과거부터 꾸준히 소비되던 영미권의 팝 음악만으로도 새롭게 들을 음악은 차고 넘친다. 다만, 최근 새로움을 보여주지 못하는 아이돌 음악계에서 이미 '완성된' 모습을 보여주는 K-Pop 아이돌이 어필했을 거라는 생각은 한다. AKB48처럼 한 달 월급의 대부분을 바치는, 열성적 팬덤이 있는 아이돌 음악 팬들로서는 어설픈 모습에서 성장해 나가는 일본 아이돌과 달리 데뷔할 때부터 춤도 노래도 스타일도 완성되어 있는 K-Pop 아이돌의 모습이 차별적으로 보였을 거니까. 하지만, K-Pop을 현지 시장에 소개시키는 사람이 아니라면, 굳이 K-Pop을 찾아 듣는 수고를 하지는 않을 것 같다.

C : 한국 방송을 하는 채널에서 종종 음악 관련 프로그램이 나오면 본다. 그 외에도 한류와 관련된 뉴스가 가끔 TV나 신문 등에 나오기도 하는데, 그 외에 자세한 것들은 모르겠다. 주변에서 K-Drama나 예능 프로그램들을 찾아보는 이들도 있지만 이 또한 미국 드라마처럼 보는 사람만 보는 것 아닌가. 보여주지 않으면 딱히 찾아서 보고 싶을 정도는 아니다.

인터뷰를 진행하는 동안 인터뷰 대상들 또한 서로간의 의견 차이에 대해 적잖이 놀라는 모습을 보였다. 그만큼, 서로 다른 대상 간의 인터뷰를 통해 확인한 'K-Pop 한류'에 대한 시각 차이는 뚜렷했다. 2차례의 FGI에서 정리된, K-Pop을 바라보는 K-Pop팬과 그렇지 않은 이들 간의 차이는 다음과 같다.

	K-Pop 팬	일반 해외 청자
K-Pop 소비 행태	적극적으로 K-Pop 관련 콘텐츠를 찾아 소비함 K-Pop 관련 콘텐츠에 w높은 구매력 보임	현지 매체에서 소개해주는 이상 K-Pop을 듣지 않음 K-Pop 팬들의 행태를 보며 K-Pop을 인식하는 경우도 적지 않음 K-Pop 관련 콘텐츠 구매 시도 미비
K-Pop에 대한 평가	완성된 음악 → 퍼포먼스, 스타일에서 자국 및 여타 콘텐츠 압도	전에 본 적 없는 스타일이지만 획일적인 음악 → "K-Pop = 아이돌"
K-Pop의 미래에 대한 견해	타 국가 대비 경쟁 우위가 한동안 지속될 것 → 양과 질 측면에서 K-Pop을 압도하는 콘텐츠 없음	아이돌 외 음악 팬에 어필하는 것 어려움 → 언어 장벽, 음악 스타일의 획일성, 콘텐츠 퀄리티에 대한 회의 ("춤은 잘 추지만 노래는 못 한다", "아티스트라는 생각은 들지 않는다")

그렇다면 이런 시각 차이가 발생하는 이유는 무엇일까.

첫째로 현재 해외 진출하는 한국 대중음악의 획일성을 들 수 있다. 실제로 현재 해외에서 대대적으로 소개되고, 대다수 K-Pop 팬들이 선호하는 장르는 소위 '아이돌 음악'이다. 이들 음악은 기획사가 콘텐츠 기획 및 제작에 적극적으로 관여하는 특징을 보이는데, 다년 간에 걸쳐 춤, 노래, 스타일을 정립한 10~20대의 어린 아티스트들에게 별도의 내/외부 제작진이 협업해 만든 곡과 춤, 스타일을 입히고 단기간에 걸쳐 집중적인 노출을 통해 흥행 효과를 극대화한다. 활동 휴지기의 최소화를 위해 연기, 진행, 광고 등 음악 이외의 활동에도 적극적인, 이른바 '멀티테이너'적인 성향을 보이는 점 또한 특징이라면 특징일 수 있다.

90년대 중반 이후의 많은 시행착오를 토대로, 국내의 주요 아이돌 음악 기획사들은 아티스트 기획, 제작 및 매니지먼트에 있어 이미 정상급의 콘텐츠를 만들어내고, 관리하고 있다. 비슷한 시기 과거 국내 아이돌 음악이 벤치마킹 대상으로 삼았던 일본 아이돌 음악은 로컬 시장에서의 경쟁 과잉, 매니악한 니치시장(틈새시장) 공략 심화에 따른 대중적 호응 감소, 그리고 '어설프게 시작해 차차 발전해 나가는 모습을 함께 지켜보는' 특유의 팬덤 문화의 획일적 소비 행태가 반복되며 규모나 호응 면에서 정체되는 모습을 보였다. 영미권은 백스트리트보이즈(Backstreet Boys), 엔싱크(NSync) 등의 해체 이후 이들을 대체할 뚜렷한 하이틴 스타의 부재 속에 '아메리칸 아이돌(American 아이돌)' 류의 오디션 프로그램이나 '글리(Glee)' 같은 방송+음악 결합된 콘텐츠가 하이틴 스타의 주된 등용문이 된 반면, 과거 기획사 주도의 아이돌 아티스트는 그 수나 성과 측면에서 이전만 못한 모습을 보이고 있다.

20여 년 간 변함없이 지속되어 온 내수 시장의 아이돌 음악 선호 성향은 국내 아이돌 음악 기획사들이 세계 정상급의 역량을 쌓는 토대가 되어 주었지만, 그 반대로 이들을 제외한 다른 형태의 음악들은 인지도나 성과, 지속성 측면에서 정체 혹은 부진의 시기를 겪어야 했다. (이는 음악의 질적인 측면을 배제한, 가시적/재무적 성과에 한한 언급이다.) 때문에 최근 수 년간 해외 진출 및 활동을 위한 지속적 기획/투자 역량을 보유한 곳 또한 아이돌 음악 기획사들이었다. 비슷한 기획/제작 방향을 공유하는 이들 기획사를 중심으로 진출 및 소개되는 현재의 K-Pop이 해외의 일반적인 대중들에게 '똑 같은' 무언가로 보이는 것은, 이러한 관점에서 생각해보면 일견 당연한 현상이다.

둘째로 K-Pop 팬과 그렇지 않은 대중 사이의 상이한 성향에 있다. 인터뷰 과정에서 K-Pop 팬들을 매니악(maniac)하다고 지칭하는 경우가 종종 있었는데, K-Pop 팬을 자처하는 인터뷰 대상도 이런 언급에 대해 어느 정도는 수긍하는 태도를 보였다. K-Pop 팬들은 공통적으로 1) 퍼포먼스와 스타일이 어우러지는 '아이돌 음악'을 선호하며 2) 가수를 음악인을 넘어선 멀티 엔터테이너로 대하는 성향을 보였다. 이들이 '아이돌 멀티테이너'로서 기획, 제작된 K-Pop 아이돌에 우호적인 평가를 내리는 것은 이러한 K-Pop 팬 특유의 성향에 기인한 바가 크다. 인터뷰 대상 B의 경우 K-Pop 아이돌이 기존 일본 아이돌이 지니지 못한 것을 채워주며 시장에 진입한 점에 대해 이렇게 평했다.

"일본의 팬들은 어딘가 부족한 아이돌의 자연스러움과, 그런 그들이 성장해 나가는 모습을 함께 하는 데에서 즐거움을 느끼는 것이 보편적이다. 반면 동방신기의 경우는 이런 보편적인 형태와는 조금 달랐다고 생각한다. 처음 데뷔했을 때부터 이들은 전 멤버가 춤과 노래에 모두 월등한 기량을 보이며 주목 받았다. 처음부터 어느 정도 완성되어 있는 인상이었다."

반면, 아이돌 음악의 기준을 벗어나 평가되는 K-Pop에 대한 평가는 다소 비판적이다. 이들은 '아티스트가 존재하지 않는, 남들이 만들어 주는 음악', '춤과 스타일에 비해 노래 실력이 평이하다', '공식에 따라 만들어진 듯한 음악' 등의 이유로 K-Pop에 매력을 느끼지 못한다고 답했는데, 이런 대답을 한 이들은 공통적으로 아이돌 음악에 대해서도 그리 큰 관심을 보이지 않았다. 국내 대비 라이브 밴드 음악에 대한 선호가 뚜렷한 일본이나 동남아시아 일부 국가(필리핀, 인도네시아 등)에서는 K-Pop의 퍼포먼스에 대해서도 비판적인 의견이 있었다. C의 의견 중 일부를 빌리자면 다음과 같다.

"K-Pop 가수들이 보여주고자 하는 것이 무엇인지 종종 의문이 생긴다. 대학 축제에 유명 여성 그룹이 출연했을 때, 이들은 격한 춤을 추다 노래에서 호흡이 흐트러지거나 실망스러운 모습을 보였다. 하이힐을 신고 추는 춤은 종종 위태위태해 보였다. 완벽한 노래나 완벽한 춤, 둘 다 보여주지 못한 인상이었다."

마지막으로, K-Pop의 최근을 바라보는 시선에도 뚜렷한 차이가 존재했다. K-Pop 팬들은 최근 한류 스타의 해외 방문이 잦아진 데에 대해 '보기 힘든 스타를 현지에서 본다'는 점에서 고무적인 반응을 보였지만 그 외의 경우, 특히 K-Pop을 현지로 수입하거나 현지화하는 현지 기획사/에이전트들은 단발성으로 한정 기간 동안만 이루어지는 K-Pop 아티스트들의 현지 활동을 다음과 같이 비판하기도 했다.

"한국에서도 유명하지 않은 가수들이 'K-Pop'을 등에 업고 현지에서 스타인 듯 포지셔닝할 때, 한국 현지 사정을 잘 모르는 이들은 처음에는 혹 하는 것이 사실이다. 하지만 곧 부실한 춤/노래 실력이나 전혀 준비되지 않은 현지화 상태에 실망하게 된다. 너무 많은 아티스트들이 스스로를 '한류 스타'로 소개하고 있다 보니, 요새는 한류 스타에 대해 '국내 시장이 안 되니 일본으로 돈이나 벌러 오는 것 아니냐', '일본어도 못 하는 이들이 일본어로 번역한 노래 한 두 곡 들고 현지 시장 공략을 하다니…' 등의 비판론도 심심치 않게 들린다."

K-Pop 한류, 지금 이후의 대안

이상의 사례나 인터뷰 결과를 종합하면, 결국 현재의 'K-Pop 한류'는 전적으로 아이돌 음악에 한한 것임을 알 수 있다. 한국의 아이돌 음악이 세계적으로 경쟁력을 갖춘 콘텐츠로 인정받았다는 점은 분명 고무적이다. 그러나 결국 현재의 'K-Pop 한류'를 지지하고, 열광하는 이들이 '외국 음악을 듣는 이들 중에도 아이돌 음악에 관심 있는 일부 수요자'라는 사실에 대해 주목할 필요가 있다. 이들이 결국 시장의 주류가 될 것인지, 아니면 한 때의 일본 애니메이션이나 홍콩 영화처럼 소수의 매니악한 취향, 혹은 한 때의 뜨거웠던 추억거리가 될지는 알 수 없다. 그러나 분명한 것은, 현재의 'K-Pop 한류'가 보편적인 기대처럼 절대적인 상승세를 보이는 것도, 그 상승세가 지속된다고 장담하는 것도 모두 불확실한 무언가라는 점이다.

대중음악의 해외 진출은 규모와 성장 측면에서 공급을 따라잡는 데에 한계에 부딪힌 현재의 한국 대중음악계가, 지속적인 성장의 달성과 산업의 건전성을 도모하기 위해 필히 고민해야 하는 과제다. 이러한 해외 진출이 보다 지속적으로 성장하는 모습을 보이기 위해서는 지금, 다양성과 현지화에 대한 보다 깊은 고민이 필요하다. 현재의 아이돌 제작 및 관리 시스템이 타 국가 대비 우위에 있을지는 모르나, 한 때 일본의 아이돌을 우리가 벤치마킹했듯 중국이나 동남아시아 각국의 기획사들 또한 언제든 현재 한국의 그것을 벤치마킹할 수 있다.

또한, 본질적으로 현재의 아이돌 음악은 언어와 문화의 관점에서 결국 '외국인의 음악'이며, 대중음악의 다양한 범주 아래에서도 '아이돌 음악'이라는 하나의 수요층에만 소구할 수밖에 없는 태생적 한계를 안고 있다. 이 한계를 넘어서기 위해서는 '외국인의 음악'이 아닌, 현지의 대중음악으로 받아들여질 수 있을 만큼의 현지화 노력 및 아이돌 음악에 한정된 현재의 음악 콘텐츠 다각화가 병행되어야 한다. 현지화와 다양성 측면에서 반드시 아이돌 음악만이 정답일 필요는 없지 않은가. 일본에서 수백 회에 이르는 공연 활동을 통해 점진적으로 팬층을 넓혀간 인디 밴드 검엑스(GumX)나, 장르 안에서 내실 있는 콘텐츠를 만들어내며 해외에서 먼저 주목 받은 바세린(Vaseline), 예레미(Yeremy)처럼 아이돌 음악 외에서도 한국 대중음악이 지닌 'K-Pop 한류'의 성공 가능성은 입증된 바 있다. 현지 멤버 중심으로, 현지 시장을 대상으로, '현지 그

www.k-popworldfestival.org
K-POP
WORLD FESTIVAL
2011
"세계 16개국에서 선발된 21개 팀과
K-POP 아이돌 스타들이 함께하는 글로벌 축제 마당"
12. 07. (Wed), 19:00~21:00
행사장소
창원 실내강림장 내 특설 무대
특별출연
디오라, 싸이블루, 인피니트, 엠블랙
시스타, 틱소라, 케이윌 노이즈팩토리 등

World Music Festival in Okinawa
K-POP SPECIAL LIVE & OH JOON SUNG DRAMA CONCERT 2012
K-POP & OH JOON SUNG in OKINAWA
2012. 3. 4 SUN
開場★15:00 開演★18:00（雨天決行）
場所★沖縄セルラースタジアム那覇
www.kpopokinawa.jp

2011 New-Wave K-POP
출·연·진
김태우, 인피니트, 시스타, 재국학 아이들
달샤벳, 걸스데이, 코히프렌드, Block.B
· 일   자: 2011년 12월 10일
· 시   간: 오후 7시
· 장   소: 고려대학교 화정체육관

2011 K-POP MUSIC FEST. IN SYDNEY
12th NOVEMBER / ANZ Stadium
TICKET RELEASING
1st SEPTEMBER
LINEUP
TVXQ / SNSD / SHINEE / SECRET / MISS A
KARA / CNBLUE / B2ST / 2AM / 4 MINUTE
ADDITIONAL INFORMATION IS RELEASING SOON!
MICROSITE OF EACH MUSICIANS COMING UP SOON

22-8665-4691
Team
BIG BANG

Girl's Day
December
CODE-V
SDN48
ZERO
K-POP コンサート in Sendai
2011
12.15（木）
仙台サンプラザホール

K-POP All star
Live in Niigata

INFINITE
2012 INFINITE CONCERT
SECOND INVASION
JAPAN TOKYO
2/25（土）17:00・26（日）16:00
東京国際フォーラム
ホールA
1/23（月）19:00～29（日）23:59

룹'으로 시장을 공략하는 SM의 Exo나, 아예 기존 중국 가수에 한국의 제작 역량 및 투자를 결합해 현지 시장을 공략했던 CJ E&M의 Wei Chen처럼 보다 적극적인 현지화의 시도들 또한 이어지고 있다. 이들 성과에 대한 면밀한 분석 및 활용이 향후 'K-Pop 한류'가, 지나간 홍콩 영화나 일본 애니메이션의 선례를 극복할 수 있는 중요한 한 걸음이 되지 않을까. SOUND

Greater China Region

중국

음악 성향	• 가사가 주는　아름다움과 서정을 중시 • 대만 음악에　대한 영향 큼 　– 본토 음악 대비 '세련되고' 발음이나 가사 등이 아름답다는 평가 　– 대만과 인접한 상해 등 남부 지역일수록 영향력 더 큼 • 일반적으로 멜로디가 강조되는 발라드, R&B 장르에 대한 지속적인 선호 존재 • 트렌디한 음악을 좋아하는 1020 대상 댄스 음악 인기 상승 중			
Idol Trend	• K-Pop 아이돌을 벤치마킹한 그룹 등장, 활동 중 　– 슈퍼주니어 등 K-Pop 대비 외모/춤/노래　실력 떨어진다고 평가 　– Top 100 등 가요 차트에서 본토 출신　아이돌의 성과 상대적으로 저조 • 현재 인기는　상대적으로 낮으나 지속적 인기 상승이 전망됨 　– 2000년대 후반 데뷔한 Top Combine 등 1세대 이후 후발 주자 없어 신진에 대한　니즈 존재 　– Exo-M 등 K-Pop 기획력과 결합된 현지 아이돌에 대한 우호적 반응 　（→ 금년 말 CJ에서도 한-중 합작 그룹 데뷔 예정[1]）			
주요 아티스트	**Top Combine** **(5인조 남성)**	**MIC** **(5인조 남성)**	**Hit 5** **(5인조 남성)**	**Exo-M** **(6인조 남성)**
	• 친근/대중적 이미지 • 2008년 차트에서 호성적 거둠 • 20대 중반의 다소 많은 나이	• 댄스실력 뛰어남 • 근육질/마초 컨셉 • 퍼포먼스 외 차트 성적은 저조	• 만화적 미모 강조 • 멤버 간 분별력 약하고 아직 대형 히트곡 없음	• SM 기획력 + 중국 아티스트 접목 • '완성된', '색다른' 이미지로 좋은 반응 얻고 있음

1 CJ의 한-중 합작 그룹은 K-Pop의 기획력/브랜드를 접목하되 소년다운, 젊은 이미지를 강조해 기존 경쟁 그룹과 차별화 도모

Southeast Asian Region

필리핀

음악 성향	• 80년대 영미권 팝/록 음악 영향 큼 　– 팝: 어덜트 컨템퍼러리, 80년대 빅 발라드, R&B 등 　– 록: AOR, 모던락, 시애틀 그런지 등 　– 자국어 외 영어 이해도 높아 영미 아티스트의 인기 높음 • 상대적으로 댄스 음악의 인기 낮음 　– 영어 이해도 높아 영미권 댄스 음악 직접 소비 가능 → '굳이 로컬 댄스 음악 아니어도 된다' 　– 로컬 음악은 팝/록 중심 편중 뚜렷 • 한류는 K-Pop 아이돌의 '스타일' 선호 존재하나 아직 거대한 인기는 제한적 　– 스타일과 춤 실력이 '멋있다' 　– 선호하는 음악 스타일/장르가 분명해 다수는 아직 '일부 Niche 계층에 인기 있는' 음악으로 생각 　– 필리핀서 데뷔했던 산다라박의 경우 '노력을 통한 성공 사례[2]'로 인기

2 아메리칸 아이돌의 필리핀 Spin-off에서 '엉뚱하고 다소 둔하지만 성실하고 귀여운' 이미지로 사랑 받음. 이후 한국에서 2NE1으로 데뷔하자 '노력을 통해 세련되어졌다'는 평가와 함께 관심을 끌었으며, 그룹 2NE1까지 함께 인기를 얻음

| Idol
Trend | • 상대적으로 아이돌 그룹 수요 적음
  – 오디션 프로그램 통해 데뷔하는 솔로 남/녀 가수 중심 활동 → 1020 세대의 하이틴 스타로 도약
  – 활동하는 아이돌도 댄스보다는 발라드/R&B 등을 중심으로 활동
  – 댄스 아이돌의 수, 인지도 성과 저조
• 국내 제작되는 아이돌들은 K–Pop 표절 및 실력 미흡 등으로 현지 평가 낮음
• 최근 K–Pop 인기가 뚜렷하나 현지인들은 이를 댄스 음악 자체의 선호보다는 K–Pop의 스타일 선호
  – 실제 K–Pop 가수들의 노래 실력에 대해서는 비판적인 평가 존재
  – 내한공연에 열광적인 일부 팬덤 있으나 다수 대중은 동방신기, 소녀시대 등 일부 그룹을 인지하고 있는 정도
   (→ '알고 있지만 돈을 들여 사거나 공연을 보고 싶지는 않다.') | | |

인도네시아

음악성향	• 밴드 음악에 대한 뚜렷한 강세/선호 존재 　– 지역별로 다수의 로컬 밴드 존재하며 전국구 인기 누리는 탑 밴드도 다수 　– 주로 구사하는 음악은 필리핀과 유사 (8, 90년대 메인스트림 록 장르) → 최근에는 랩코어, 뉴메탈 등 　　2000년대 음악 활성화 　– '그룹 음악 = 밴드 음악'이라고 생각하는 경향 (걸그룹을 걸밴드로 부름) • 발리 민족 전통 음악을 현지화한 대중음악 장르의 인기 높음 (한국의 트로트와 유사) 　– 중장년층 외 젊은 세대에도 인기 높음 • 공연 중심의 음악 소비 뚜렷함 　– 중저가 공연 많고 다수의 카피 밴드 존재해 이들의 공연을 즐기는 문화 활성화되어 있음 　– 소득 수준 향상으로 자카르타 등은 영미 아티스트도 다수 방문/공연 • Niche Mania 중심으로 K-Pop 인기 있으며 점차 인기 상승세 　– 자카르타 등 발달된 대도시 중심으로 '세련된 스타일'의 K-Pop 선호
Idol Trend	• 상대적으로 아이돌 그룹 수요 적음 　– K-Pop 모방한 아이돌 일부 있으나 K-Pop 대비 촌스럽고 유치하다는 평가 　– 초등학생, 중학생 등 로우틴 대상으로 반응 있으나 고등학생 이상은 K-Pop을 더 좋아함 　– 댄스 아이돌의 수, 인지도 성과 모두 저조 • 제작되는 아이돌들은 K-Pop 표절 및 실력 미흡 등으로 현지에서의 성과 및 평가 낮음 • 한류는 댄스/스타일 중심으로 소비 　– '춤이 멋있고 옷이 멋있다'는 반응 　– 자카르타 10대 중심으로 K-Pop 커버댄스팀 다수 활동

주요 아티스트	Girlband Princess	The Tormented	HiTZ
	• 5인조 여성그룹 • 초등학생 대상 인기 (따라하기 쉬운 댄스곡으로 활동)	• 4인조 록밴드 • 수려한 외모로 인니의 씨앤블루 컨셉 • 음악은 다소 헤비함 (Korn, Evanescence 스타일)	• 3인조 남성그룹 • 한국인 1인, 인니 2인으로 구성 • K-Pop 스타일 댄스 음악 구사

대중음악 엔터테인먼트기업
대표 인터뷰

▶ 한국 음악산업의 문제점 중 첫 번째는 '(특히 내수시장에서) 성장의 한계'에 다다른 것이라고 애기하고 싶다. 근본적인 이유는, 전체적으로 '음악소비자의 숫자가 적고, 그나마 그 소비자들마저도 소비능력이 떨어진다는 데'에 있다. 달리 말하면 '음악시장이 10대 소비자들로 재편'된 문제다. 이는 90년대 중반부터 가요계가 이들을 타켓오디언스로 콘텐츠를 생산하면서 벌어진 일이다. 그리고 그 콘텐츠가 바로 '아이돌 콘텐츠'이다. 아이돌 콘텐츠의 퀄리티 문제를 얘기하는 것이 아니라, 현재 주류 음악 콘텐츠의 '단조로움'으로 인해 공연을 제외한 음악시장에 10대를 제외하고는 거의 들어오지 않는 점을 지적하는 것이다. 2000년대 들어 이런 악순환이 반복되고 있다.

▶ 대중음악SOUND의 중요 화두 중 하나는 '음악산업이 균형 있게 성장하는 것'에 대한 '방법론' 개발이다. 한 쪽만 성장하는 방식은 바람직하지 않다고 본다. CJ E&M이나 로엔엔터테인먼트 같은 1,2위 음악기업이 음악산업의 균형 있는 성장을 이끌어야한다. 자본이 움직여야 매체가 움직이고, 그래야 '음악소비자의 취향'도 같이 움직인다. 이렇게 가기 위해서는 CJ나 로엔과 같은 '거대 음악기업의 이익'이 '음악산업 각계의 균형 있는 성장'과 서로 접점이 있는 것이 중요하다. 거대 음악기업이 '음악산업의 균형 있는 발전'에 참여할 때 근본적으로 본인들의 수익 창출에도 도움이 된다는 인식이 필요하다.

▶ 대중음악SOUND에서 CJ E&M, 로엔엔터테인먼트, JYP엔터테인먼트와 같은 음악 쪽의 메이저 기업을 만나는 이유가 '음악산업 각계의 균형 있는 성장에 관한 방법론'을 소통할 수 있는 가능성을 생각했기 때문이다. 즉, 음악시장에서의 큰 회사들이 움직이지 않는다면 실행이 배제된 의미론적인 이야기밖에 할 수 없다. 일단 자본이 움직인다면 매체도 움직일 수밖에 없다고 본다. 결국 음악소비자(의 취향)를 움직이는 것은 매체라고 생각하는데, 매체의 방향성은 자본이 만들어 낸 논리로 갈 수밖에 없다는 생각이다. 물론 기업은 수익을 쫓기 때문에 적절한 합일점이 필요하고, 그게 '음악시장 파이 키우기'가 아닐까 한다.

CJ E&M 음악사업부문 안석준 대표
"아티스트에게 주는 기회, 장르에 대한 부흥과 노출 등을 통한 이슈화가 중요하다."

로엔엔터테인먼트 신원수 대표
"창조적인 사람은 비즈니스를 잘하는 사람과 결합해야 한다."

JYP엔터테인먼트 정욱 대표
"어렸을 때 음악의 세례를 받고 살았고, 음악이 생활을 윤택하게 해줬고, 지금도 그렇다."

CJ E&M 음악사업부문 안석준 대표

"아티스트에게 주는 기회, 장르에 대한 부흥과 노출 등을 통한 이슈화가 중요하다."

"버스커버스커를 '슈퍼스타 K' 끝나고 다 버리려고 했다. 하지만 버스커버스커가 될 수 밖에 없던 이유는 최근 트렌드가 '감수성, 감상용 음악'으로 가기 때문이다. (중략) 이를 통해 소비층을 넓히고 10대들에게 라이브 음악, 리얼 드럼 사운드를 보여줄 수 있는 부분이 있었다. 특정 장르에 대한 공감, 협업을 통해 일이 진행된다면 수익은 반드시 낼 수 있다고 생각한다. 이슈화가 되고 붐이 일어나면 당연히 사업적 수익이 따라온다. 이슈화가 되었는데 돈이 안 들어올 수는 없다. 이 부분에 공감을 해서 니즈를 만드는 것이 중요하다. 방송 제작, 미디어, 플랫폼 등이 있기 때문에 공감을 통해 결합한다면 사업적 부분을 추가하여 돈은 벌 수 있다. 옛날같이 모여서 공연 한 번 하고 끝나는 것은 아니라고 생각한다. 여기에 스토리를 만들어 대중들의 공감을 이끌어내고, 찾아가서 음악을 듣게 만들어 줄 필요가 있다고 생각한다. 또 당사자들도 이렇게 할 수 있도록 맡겨주면 붐도 만들고 노출도 시킬 수 있다."(안석준)

박준흠 | 서울종합예술학교 공연제작예술학부 교수

가슴네트워크 대표, 대중음악SOUND 발행인&편집인, 대중음악 기획자&연구자. 서브(1997~1999), 웹진가슴(1999~2007), 쌈넷/쌈지사운드페스티벌(2000~2001), 광명음악밸리축제(2005~2006), 광주청소년음악페스티벌(2008), 가슴네트워크축제(2009~), 인천펜타포트페스티벌(2010), 한국대중음악라이브홀릭(2011), 월드DJ페스티벌(2012) 등을 기획했다. 현재 가슴네트워크에서는 대중음악을 중심으로 한 축제, 공연, 전시, 매체, 출판, 아카이브, 아카데미 기획, 컨설팅을 진행하고 있다. 저서로는 『이 땅에서 음악을 한다는 것은』 『대한인디만세』 『축제기획의 실제』 『한국 음악창작자의 역사』 『한국 대중음악 100대 명반』 등 여러권이 있다.

안석준 CJ E&M 음악사업부문 대표는 1990년대 말 삼성영상사업단에 입사했다. 이후 한국문화콘텐츠진흥원 음악산업팀장, 2007년 워너뮤직코리아 부사장을 거쳐서 2009년에 CJ E&M 음악사업부문 본부장을 맡았고, 2012년부터 음악사업부문 대표를 맡고 있다. 혹자는 그에 대해 다음과 같이 말하기도 한다. "그는 삼성영상사업단에서 대기업시스템에 음악을 적용하는 첫 발걸음을 함께 뗐다. 이후 한국문화콘텐츠진흥원에서 국내 음악시장을 위한 정책이 무엇인지 생각했다. 워너뮤직코리아에서는 음원중심사업에서 아티스트 활용비즈니스로 패러다임을 바꿨다. K-POP이 물꼬를 튼 2000년대 초반부터 열풍에 이른 현재까지 모든 과정에 그가 있었다." 그는 현재 'K-POP 한류'를 넘어서서 'K-라이프스타일'을 얘기한다. 이전 인터뷰에서 "K-POP의 궁극적 목표는 'K-라이프스타일'로의 성장이다. CJ E&M이 tvN Mnet 온스타일 등 다양한 채널구축, 패션 음식 뷰티 등 다방면의 사업 활로를 개척한 만큼 현실이 될 수 있는 이상이다"라는 얘기를 했다. 이 얘기는 CJ E&M의 음악사업부문이 단순히 거대연계기획사가 아니라 사실은 CJ E&M의 전략기획에 따라서 움직이는 이전에는 없던 음악기업 유형이란 점을 방증한다. 어떤 면에서 CJ E&M은 외형은 커졌지만 구조화되지 않은 한국 음악산업계를 최소한 '산업 꼴'로 만드는 데 일조할 수 있을 것이란 생각도 갖는다. 그리고 이들이 움직이는 방향성이 '대중음악산업 각계의 균형 있는 성장'과 접점을 찾기를 바라고, 결국 그 방향성이 CJ E&M의 이익과도 맞아 떨어진다는 점을 인식하기를 바란다. 이제 한국 최대의 음악기업을 이끌고 있는 안석준 대표를 만나서 CJ E&M의 관심사뿐만 아니라 '한국 음악산업의 현황과 전망', 그리고 '음악시장 안에서 CJ E&M의 역할'도 같이 알아보겠다.

일시 2012년 7월 17일(화), 오후 3시
장소 논현동 임피리얼팰리스 서울호텔 로비라운지
대담 안석준(CJ E&M 음악사업부문 대표) VS 박준흠(대중음악SOUND 발행인)
글 박준흠(대중음악SOUND 발행인)
녹취 배수정(SOUND연구원)
사진 박창현(SOUND포토그래퍼)

M-LIVE, CJ E&M 안에서 음악부문의 역할

"지금은 판을 키워서 사람들이 돈을 더 벌게 해주면
우리도 돈을 벌 수 있다는 다른 개념으로 접근해야 한다.
기본적으로 플랫폼 사업을 하는 부분이 플랫폼 보다는 '
라이프 파트너'가 누구인지를 선별해주고 좋은 조건으로 계약을 체결하여
수익을 나누게 해준다. 또 당장 돈이 벌리지 않더라도 후에 크게 키워서
돈을 벌 수 있는 시점까지 자본력을 가지고 투자해 줄 수 있는지에 대한 접근이다."

박준흠 현재 CJ E&M에서 진행되는 여러 프로젝트로 무척 바쁘실 것 같다. 작년 11월에 런칭한 엠라이브(M-Live)는 어떻게 진행되고 있나?

안석준 중동, 남미, 미국 등 3회 공연으로 힙합, 아이돌, 록으로 반응이 좋다. 남미는 처음으로 음악시장을 진출했다는데 의미가 있다. 미국에서는 한국의 힙합과 록을 선보였는데 FT아일랜드와 씨앤블루에 대해서 대형공연 회사에서 한국식 록에 대한 새로움을 봤다고 평가하고 있다. 그래서 공통 투자를 하고 싶다는 제안이 와서 같이 진행하고 있다.

박준흠 앞서 얘기한 남미 공연은 작년 12월 14일 CJ E&M이 큐브엔터테인먼트와 공동으로 진행한 '유나이티드 큐브 콘서트 인 브라질' 공연이다. 어떤 성과를 얻었나?

안석준 우리가 할 때 MBC에서도 왔다. MBC에서 진행하려고 한다. 남미에 대한 가능성을 보여주었다고 본다. 올해는 JYJ도 간다. JYJ가 기본적으로 테스트 마켓을 했기 때문이다. 그 전에는 SM이 파리공연을 하면서 유럽 진출을 시도한 것이다. 이전에 남미에 진출하려 했지만 비용과 시장의 대한 정보가 없어서 그러지 못했다. 이러한 것을 M-Live가 손해를 감수하더라도 진행을 했

었다는 것에 의미가 있다.

박준흠 FT아일랜드 공연은 언제였나?

안석준 올해였다. 미국은 정글 엔터테인먼트, 타이거 JK, 리쌍으로 먼저 공연을 하고 그 후 FT아일랜드와 씨엔블루가 공연했다. 또 다이나믹 듀오와 쌈디로 3회째 하고 있다.

박준흠 프로젝트 수익성에 대한 이야기를 듣고 싶다.

안석준 스폰서를 제외하고 순수하게 티켓셀링으로 미국에서의 수익은 FT아일랜드와 씨엔블루가 최초로 냈다. 한국의 록과 힙합을 소개하는 개념이었다. 하지만 밴드 음악과 라이브 음악은 미국 시장에 먹히는 부분이 있다. 이때까지는 해외에서 독특하고 차별화된 군무, 기획된 아이돌만이 가능하다고 생각했다. 특히 아시아 부분으로만 생각했다. 유럽과 미주 지역은 버즈를 일으키는 것이 사업 쪽으로 힘들다고 생각했다. 하지만 음악의 대한 진정성이 통한 것 같다.

박준흠 단순히 CJ 같은 기업이 버즈만을 일으키려고 하지는 않을 것 같다.

안석준 우리의 생각은 예전에는 엔터테인먼트가

OSMU로 결합해서 사업의 극대화를 추구했지만 지금은 한 단계 더 나아가 라이프스타일로 진출해야 한다고 보고 있다. 현지 지역사람이 한국 음악이나 가수를 선호하는 것도 있지만, 이것을 통해서 한국의 패션, 메이크업 등을 선호한다는 것으로 나아가 '생활'로 이어질 수 있다. 이렇게 나가는 것이 옳다고 본다. 그래서 미국 시장에 먼저 가수로 진입했다고 한다면 올해는 조금 더 확대된 형태로 나가려고 한다. 콘서트에 드라마나 영화에 대한 부분, 먹거리 부분이 결합된 형태로 새롭게 콘서트를 진행하려 한다. 일종의 '컨벤션' 형태로 하반기에 미국에서 진행하려 한다.

박준흠 라이프스타일 관련된 콘텐츠 소스들은 CJ에서 가지고 있는 것을 활용하나?

안석준 그렇다.

박준흠 그렇다면 CJ 안에서의 음악사업은, 전체적으로 보면 CJ가 해외에서 진행하려는 사업 부분에서의 '선발대' 역할인가?

안석준 아니다. 지금 생각하는 '한류'를 어떻게 확대시키고 안착시켜 '지속화' 할 것인지에 대한 부분의 전략이라고 보면 된다. 어떤 가수, 노래를 만드는 것에서 더 나아가 확대시키고 지속시키기 위해 여러 가지 문화가 복합되어야 한다고 보는 것이다. '예능 선발대'로 나아가 음식을 팔겠다는 것은 아니다. 결합되어 가야만 조금 더 깊게 뿌리내리고 오래 갈 수 있으며 '흥미'를 유발시킬 수 있다고 본다.

박준흠 이러한 부분은 CJ에서 언제부터 고민한 것인가?

안석준 CJ E&M이 통합되고 난 후, CJ 그룹 자체가 '문화를 만든다는 개념'으로 컨셉이 잡히면서 시작됐다. 통합되면서 다른 문화 콘텐츠들의 결합

으로 전체 차원에서 시너지 효과를 내야만 해외에서 성장동력을 찾을 수 있다고 생각한 것이다.

박준흠 M-Live 쪽으로 다시 돌아가면 기존 엔터테인먼트 회사들과의 협력관계로 보인다. 해외시장에서 상생관계로 진행하는 것으로 알고 있다. CJ E&M과 다른 연예기획사들 간에는 분명 입장차이가 존재하는 것으로 보이는데, 오래 지속될 것인지에 대한 생각이 든다. CJ E&M은 해외 진출에서 플랫폼 역할을 하겠다는 것이고, 이와 달리 연예기획사들은 어떤 방식으로든 돈을 벌어야 한다. 왜냐하면 CJ E&M은 다른 쪽에서라도 매출을 올리게 되면 그룹 차원에서 성공한 것이기 때문에 상관이 없지만, M-Live에 참여한 연예기획사들은 실제로 돈이 벌리지 않으면 지속 가능하지 않은 사업이 된다. 이런 면에서 입장차는 없나?

안석준 별로 문제가 되지 않는다고 생각한다. 사업이라는 것이 돈을 벌지 못하면 사업을 영위할 수 없다. 그렇기 때문에 한 쪽이 돈을 벌더라도 다른 쪽이 벌 수 없다는 것이 아니다. 어떻게 하면 판을 더 키울 수 있을 것인지가 문제이다. 판을 키워야 같이 일하는 쪽의 수익성을 담보할 수 있다. 이때까지 한국의 엔터테인먼트 관련된 사업, 대기업이나 자본력이 있는 회사가 들어온 경우 여기에서의 목적은 사업 자체가 돈이 될 것 같아서, 사업성이 있을 것 같아서, 종사하는 업체들이나 아티스트를 활용해서 돈을 벌려는 것이 사업의 접근 목적이었다. 지금은 판을 키워서 사람들이 돈을 더 벌게 해주면 우리도 돈을 벌 수 있다는 다른 개념으로 접근해야 한다. 기본적으로 플랫폼 사업을 하는 부분이 플랫폼 보다는 '라이프 파트너'가 누구인지를 선별해주고 좋은 조건으로 계약을 체결하여 수익을 나누게 해준다. 또 당장 돈이 벌리지 않더라도 후에 크게 키워서 돈을 벌 수 있는 시점까지 자본력을 가지고 투자해 줄

수 있는지에 대한 접근이다. 예를 들어 고속도로를 만들어 주면, 통행료를 내면서도 고속도로에서 편하고 빠르게 갈 수 있는 방법이 있는 것이다. 혹자는 통행료를 굳이 낼 필요 없이 국도로 느리게 가더라도 세이브 할 수도 있다. 하지만 우리 입장에서는 고속도로를 만들어서 사람들에게 돈을 벌자는 것 보다는 생산적인 일을 빨리 만들어서 판을 키운다는 개념이다. 브라질도 그 누구도 못 갔다. 가게 된다면 불 보듯 마이너스가 될 것이고, 자본력이 없는 회사의 경우 회사가 어려워질 수 있는 부분이었다. 하지만 가능성을 보여주면서 여러 회사들이 같이 갈 수 있었다.

박준흠 터를 닦아놓으면 나머지 회사들의 자생력이 생기는 것이 가능하다고 보나?

안석준 그렇다.

박준흠 지난주에 로엔엔터테인먼트 신원수 대표를 만났다. 음악기업 중에서 '플랫폼'이라는 단어를 사용하는 기업은 로엔과 CJ이다. 로엔과 비교하면 어떻게 다르나?

안석준 민감한 사안이다. 플랫폼이라는 단어를 이야기 하지만 사업의 중심을 '콘텐츠'로 보느냐 혹은 '플랫폼'으로 보느냐. 그리고 플랫폼 비즈니스 사업을 영위하기 위해서 콘텐츠 사업을 하느냐, 콘텐츠 사업을 하기 위해서 플랫폼 사업을 하느냐의 차이인 것 같다. 그리고 기본적으로 장기적인 관점으로 산업을 키우는지 혹은 단기적인 수익을 보느냐의 차이인 것 같다.

박준흠 이 차이점의 한 쪽은 CJ이고 다른 한 쪽은 로엔인가?

안석준 그렇게 생각한다.

삼성영상사업단과 CJ E&M 음악사업의 차이

"두 가지가 다르다.
첫 번째는 있는 시장에서 사업을 하는 것과 시장을 키운다는 접근이 다르다.
두 번째는 당시 엔터테인먼트에 대한 시너지효과가 없었다.
있었으면서도 영화나 방송, 음악을 따로 사업부 별로 사업을 진행했다.
지금은 시너지를 많이 강조한다.
예를 들어 슈퍼스타 K처럼, 콘서트, 방송 식으로 다 같이 시너지를 생각해서 같이 결합한다."

박준흠 1990년대 말에 삼성영상사업단(1995년 발족)에 있었고, 당시 같이 있었던 사람이 현재 김병석 공연사업부문 대표다. 그리고 한국콘텐츠진흥원이 2002년에 설립되면서 첫 번째 음악산업팀장이 김병석 대표이고, 본인은 두 번째로 음악산업팀장을 맡았다. 이후 2007년에 워너뮤직 부사장으로 갔다가, CJ는 2009년에 들어왔다. 여태까지 삼성영상사업단, 한국콘텐츠진흥원, 워너뮤직에서 일을 한 이력이 현재 어떻게 실제적으로 도움이 되나?

안석준 삼성영상사업단에 있었던 것은 운이 좋았다고 생각한다. 엔터테인먼트 사업에 관심이 많았고 음악을 워낙에 좋아했다. 기획사에서 시작하지 않고 대기업에서 일을 시작한 것이 다른 것 같다. 음악을 좋아하고 사업에 관여되었지만 기본적인 대기업 시스템을 배웠다. 이 부분에서는 운이 좋았다 생각한다. 그리고 진흥원에 있을 때는 단기적인 손익과 일시적 성과보다는 내가 없더라도 후배들이 좋은 결과를 내줄 수 있게 장기적인 관점으로 사업을 판단, 결정할 수 있는 부분을 배운 것 같다. 워너뮤직에 있을 때는 글로벌 시장에 대한 구분을 배웠다. 당시 마돈나가 소속사였던 워너뮤직과 계약을 만료하고 라이브네이션과 계약하면서 워너 본사에서 말하는 '360도 비즈니스'에 대한 고려가 생겼다. 그 전까지 음반 사업이라고 하면 음반을 만들어서 팔고 마케팅 방법에 대한 것만 강조했는데, 패러다임이 바뀌어서 시장의 위기와 디지털 시장에 대한 생각이 많았다. 그리고 한 단계에 나아가 '음악이라는 콘텐츠는 아티스트'라는 것을 알았다. 아티스트의 중요성을 많이 배웠다. 또 시장을 확대해야 한다는, 한국 시장 뿐 아니라 메인스트림 시장에 진출해야 우리에게도 기회가 있을 것 같다는 것을 배웠다. 영상사업단에서는 시스템과 사고에 대한 논리적 접근을 배웠고, 진흥원에서는 산업적인 부분, 장기적인 관점에서 판단할 수 있는 시각을 배웠고, 워너에서는 글로벌 시장에 대한 필요성, 아티스트에 대한 중요성을 배웠다. CJ에서는 이런 것들을 접목시키려고 하는데 많은 도움을 준다.

박준흠 음악시장에서 필요한 음악기업 대표가 된 것 같다.(웃음)

안석준 사람들이 그렇게 생각해주기를 바란다.(웃음) 하지만 CJ의 음악사업 자체도 전환이 필요한 시점이었다. 시행착오를 많이 겪었다. 아티스트와의 제작과 기획에 대한 필요성을 느껴서 김광수나 김창환 등 외부 인력과 작업도 해봤다. 이때까지 메인 사업은 선급금을 지불하고 유통권을 확보하여 수수료를 받으면서 유통만 하는, 국내만

강조된 음악 사업이었다. 그리고 로엔과 비슷하게 음악 사이트를 활용한 플랫폼 사업이었다. 하지만 작년부터 글로벌 기획력과 상생부분, 여러 기획사와 판을 키우는 부분에 대해서 강조한다. 옛날에는 멜론과 엠넷닷컴이 많이 화두가 되었지만 요새는 CJ하면 엠넷닷컴 이야기를 많이 하지 않는다. 현재 우리는 빠르게 세계 패러다임에 맞게 따라가려 하고 있다.

박준흠 몇 년 전에 최성욱 씨가 대표로 있었던 좋은콘서트가 CJ쪽으로 편입되었다. 그리고 최성욱 대표는 현재 PMC네트웍스(올해 '슈퍼소닉' 등 런칭)로 갔다. 초기에는 음악사업, 공연사업을 외부에서 활발하게 활동하는 사람들과 함께 진행하다가 현재는 내부 인력으로 해결하는 것 같다.

안석준 외부에서 젊은 인력을 데려왔지만 이들의 역량이 내재화 되지 않았다. 이들 역시 바깥에서 했던 것 이상의, CJ 안에 있는 여러 사업군들을 결합시키는 시너지 효과를 내지 못하는 부분이 있었다. 그런 이유로 음악과 콘서트(대중음악 공연)가 분리되어 있었는데 합쳐졌다.

박준흠 그래서 지산밸리록페스티벌은 음악사업 부문에서 진행하나?

안석준 그렇다. 뮤지컬 이외는 다 우리 쪽에서 한다. 지산이나 M-Live 다 진행한다. 이렇게 진행하면서 시너지 효과가 나는 것은, 음악과 콘서트를 같이 투자하면서 투자받는 기획사의 파이가 커지고 우리 입장에서는 리스크를 줄일 수 있다는 것이다. 또 공연과 음반 출시 시점을 맞춰서 수익과 홍보 효과를 극대화 시킬 수 있다. 그리고 MD 상품을 만들어서 기획사에 부가적 수익도 만들어 줄 수 있다. 안을 들여다보며 도움이 될 수 있는 부분은 한다. 찾아가는 것이 아니라 기획사의 가수들이 우리를 찾아오게 한다.

박준흠 삼성영상사업단 이야기를 하자면, 사업단 같은 경우는 당시 대중음악 시장에서 특이한 사례이다. 대기업 시스템으로 음악시장에 진입한 첫 번째 사례 안에 속한다.[1] 삼성이 대중음악 시장에 들어왔을 때, 일부 사람들은 음악 시장의 지형을 바꿔놓을 것이라는 예상을 했다. 하지만 이렇다 할 성과 없이 1999년도 무렵에 사업을 정리했다. 그리고 CJ는 2003년부터 뮤지컬을 시작으로 다시 공연/음악 사업을 시작했다. 현재 CJ E&M은 예전 삼성영상사업단과 사업적으로 어떻게 다른가?

안석준 두 가지가 다르다. 첫 번째는 있는 시장에서 사업을 하는 것과 시장을 키운다는 접근이 다르다. 두 번째는 당시 엔터테인먼트에 대한 시너지 효과가 없었다. 있었으면서도 영화나 방송, 음악을 따로 사업부 별로 사업을 진행했다. 지금은 시너지를 많이 강조한다. 예를 들어 슈퍼스타 K처럼, 콘서트, 방송 식으로 다 같이 시너지를 생각해서 같이 결합한다.

박준흠 M-Live의 런칭을 보면서 예전과 다르다는 생각을 하긴 했다.

안석준 억압적인 갑과 을의 관계는 존재하지 않는다. 많은 기획사들도 CJ에 오면 CJ 사람들이 유하다고 한다. 강조하는 것은 '상생'이다. 그리고 지금 시점이 굉장히 중요하다. 한류라고 하지만 실질적인 수익이 나는 시장은 일본 비중이 크다. 진출하는 한정된 지역이 문제이고, 아이돌을 만들어서 수출하는 콘텐츠의 한계 등 이러한 부분이 빠른 시일 내에 다른 돌파구를 찾지 않으면 미래에 중화권 시장이 성장되면서 경쟁의 위협이 될 수 있다. 지금은 한류에 대해서 만족하면서 있을 때가 아니라 위기감을 느껴야 할 시점이라고 본다. 한류를 진화시키는 것에 초점을 두어야 한다.

---

1 "1987년 음반 사업을 시작한 SKC 외에 제일기획과 삼성전자(이후 삼성영상사업단), 두산(오리콤), 현대, LG, 대우(세음미디어), 롯데(대홍기획) 등이 1993년 전후로 음반사/기획사를 설립하여 치열한 경쟁을 벌이기 시작했다." (김경진, '1992~1994, 본격적인 대중음악 엔터테인먼트산업의 시작')

글로벌 음악사업의 현황과 전망

"현재 한국 아티스트는 인종, 언어적 문제를 가지고 메인스트림으로 가기에는 어렵다.
그렇다면 미국에서 인디 쪽으로 시작한다면 전국 라디오 방송과 공연을 돌아야한다.
하지만 한국과 아시아에서 기회 손실을 감수하면서 진출할 사람은 없다.
그렇기 때문에 다른 방식의 접근이 필요하다.
이러한 부분은 아티스트로 접근해야 할 지역이 있겠고
FI(Financial Investment, 재무적 투자)로 먼저 접근하여
SI(Strategic Investment, 전략적 투자)를 따내는 형태도 필요하다."

박준흠 해외 진출하는 케이팝 콘텐츠의 수익 발생이 동남아 시장, 특히 일본에 많다. 80%이상이 쏠려 있다. 반면 남미권을 포함하여 영미권 음악 시장에서 어느 정도 매출을 올릴 수 있을 것이라 생각하나? 영미권 문화 소비 지형이 어느 정도 분석이 되었고, 2012년 매출 예상을 어느 정도로 생각하는가? CJ의 경우는 다른 사업이 있기 때문에 총체적으로 판단할 수 없을지 모르지만, 음악 사업만 생각한다면 어떤 판단을 하는지가 궁금하다.

안석준 그래서 빨리 진화해야 한다는 것이다. 지금처럼 '기획된 아이돌'로 미국 시장 진출하려고 하면 갈 회사가 없다. 현재 아시아에서는 음반, 음원이 아닌 행사나 콘서트 수출이 주로 이루어진다. 또한 영미권 시장에서 버즈를 일으키는 것은 마케팅 차원에서 이슈를 일으켜 아시아 시장에서 도움을 받으려는 것이다. 영미권 시장에 가서 무언가를 해보겠다는 회사는 거의 없다. 그렇다면 국내 아티스트를 수출하는 것이 맞는지 혹은 다른 방식으로 시장에 접근하여 나오는 핫한 콘텐츠의 IP(정보제공자, 콘텐츠 저작권자)를 확보하고 그 후 (영미권) 콘텐츠가 아시아 진출할 때 사업권을 획득하여 진행하는 부분이 맞지 않는지에 대한 접근이 필요한 시점이다.

박준흠 콜라보레이션 부분을 말하는가?

안석준 한 단계 더 들어간다. 콜라보레이션도 버즈이다. 콜라보레이션에서 한국의 유명한 아티스트가 음반을 낸다 하더라도 영미권 시장에서는 전혀 의미가 없다. 한국에서 콜라보레이션을 냈다고 해도 아시아에서의 마케팅 차원의 한 부분이다. 여기에 한 단계 넘어선다면, 해외의 유명 아티스트와 같이 협력하여 작업하여 현지에서 아티스트가 유명해져 생기는 수익과 권리를 가져온다면 이 아티스트는 글로벌 시장에 진출한 것이다. 이 때 아시아에 진출할 때는 단순히 돈에 관한 투자가 아니라 SI 쪽으로, 전략적인 투자자가 되어 사업권을 획득하여 아시아에서 콘서트 진행 등을 하는 한 단계 진화된 비즈니스가 필요한 것이다. 영화로 따지면 과거에는 이병헌을 지아이조에 넣는 것으로 만족했다. 그래서 이병헌이 돈 많이 버는 것은 좋다. 하지만 이보다는 지아이조로 현지 파트너를 만들어서 수익을 같이 내고, 이에 대한 권리도 획득하여 아시아에서 상영될 때 상영권을 가져온다. 그리고 지아이조 3편에서 이병헌 자리에 장동권도 넣을 수 있는 것이다. 이런 식의 진화된 사업을 빨리 만들어야 된다고 생각한다.

박준흠 아티스트 수출이 필요하다고 생각한다.

하지만 정확하게 현지 소비 시장에서 원하는 아티스트 유형이나 콘텐츠 유형으로 접근하는 것인지에는 의구심이 든다.

안석준 현재 한국 아티스트는 인종, 언어적 문제를 가지고 메인스트림으로 가기에는 어렵다. 그렇다면 미국에서 인디 쪽으로 시작한다면 전국 라디오 방송과 공연을 돌아야한다. 하지만 한국과 아시아에서 기회 손실을 감수하면서 진출할 사람은 없다. 그렇기 때문에 다른 방식의 접근이 필요하다. 이러한 부분은 아티스트로 접근해야 할 지역이 있겠고 FI(Financial Investment, 재무적 투자)로 먼저 접근하여 SI(Strategic Investment, 전략적 투자)를 따내는 형태도 필요하다. 또 콜라보레이션으로 같이 하는 접근도 필요하다. 결국, 지역적, 차별화된 전략은 분명 필요하다.

박준흠 언론 보도를 통해 듣는 케이팝의 해외 진출에 관해서는 온통 장밋빛 이야기만 난무한다. 그래서 일반 사람들은 오해의 여지가 굉장히 많아 보인다. 아이돌 음악 류의 진출만 이뤄지면, 반대로 비아이돌 음악 류는 손해 보는 측면이 많다고 생각된다. 이 부분에 대해서도 이야기가 필요하다 생각한다. 또한 돈을 버는 방향이 정확한 것인지에 대해서도 냉정하게 논의되어야 한다고 본다.

안석준 아이돌만 만든다면 진정성을 가지고 음악을 하는 사람은 생존할 수 있는 방법이 없다. 정액제처럼 캡이 씌워진 시장에 빅뱅, 샤이니, 버스커버스커, 투애니원이 같이 나오는 상황에서는 어쩔 수 없다. 새롭게 들어올 부분이 없다. 또 음악 방송에는 아이돌만 나오기 때문에 프로모션 할 부분이 없다. 그래서 국내 환경도 여러 음악 장르가 공존할 수 있고 또 장르별로 탄탄한 팬덤이 생길 수 있도록 만들어줘야 생각한다.

박준흠 '현지화 전략' 부분을 이야기 하고 있다. 현지화 전략은 SM에서 먼저 했던 이야기이다. CJ는 어떻게 다른가?

안석준 기획사가 접근하는 현지화는 '갖고 있는 콘텐츠와 인프라'를 활용하여 현지에 콘텐츠를 내놓았다는 개념이고, 우리가 접근하는 현지화는 '현지에서 가장 잘하는 파트너를 지원'하여 가능성 있는 콘텐츠를 만드는 개념이다.

박준흠 SM의 경우는 일본에서 에이벡스(AVEX)와의 파트너십으로 진행한다.

안석준 규모가 다른 것 같다. 기획사들도 자회사를 만들어 진행한다. 우리가 계획하고 있는 것은 '글로벌한 회사', 프로젝트를 같이 진행하자는 것이다.

박준흠 자세히 말씀하기 곤란한가?

안석준 그렇다.(웃음) 진행 중이다. 규모면에서는 크다. 기획사는 '콘텐츠'에 더 포커싱이 되었다고 하면, 우리는 '공장'에 포커싱이 되는 것이다. 규모가 다르다.

매니지먼트, 미디어 사업

"만약 매니지먼트를 한다면 버스커버스커 같은 음악을 제대로 하는 팀들을 할 것 같다.
또는 아이돌이지만 한국과 아시아의 한류를 이끄는 것을 넘어
글로벌하게 움직일 수 있게 차별화 둔 매니지먼트를 생각 중이다."

박준흠 CJ는 2010년 9월에 '매니지먼트' 사업을 중단하겠다고 선언했다. 그러다가 작년에 '버스커버스커'부터 다시 시작한 것으로 보인다.

안석준 매니지먼트는 한다고 말하기가 그렇다. '슈퍼스타K' 1에서 서인국이 바로 젤리피쉬와 계약하고, 2에서 허각과 존박도 바로 기획사와 계약했다. 3에서는 공중파의 방해 때문에 기획사의 투자 한계가 나타났다. 또 기획사는 수익적 접근이 많기 때문에 아티스트에 대한 모든 것을 보여주고 포장하기에는 한계가 있는 것 같았다. 그래서 3부터는 방송 완료 후 6개월 정도 CJ에 있다. 연습실을 마련해서 보컬, 안무, 악기 트레이닝 등을 진행한다. 울랄라세션과 버스커버스커 같이 가능성이 있으면 앨범 발매도 한다. 나머지는 우리가 투자하는 OST에 참여하게 한다. 이를 매니지먼트라고 부를 수 있고 인큐베이팅이라고 볼 수도 있다. 우리는 인큐베이팅 시스템이라고 한다. 이들

을 어느 정도 올린 다음에 정당한 대우를 받으면서 각 기획사와 계약할 수 있는 시스템을 만들었다. 여기에는 장,단점이 있다. 오디션이 끝나자마자 다 이슈가 된다. 그래서 좋은 기획사에서 연락이 많은데 6개월이 지나면 정당한 대우를 받을 수 있는 아티스트는 그럴 수 있지만 이슈가 되지 않은 팀들은 잊혀져서 각 기획사와 계약하기 힘들다. 많은 사람들이 이를 보고 CJ가 매니지먼트 한다고 생각해서 수직계열화 한다고 생각한다. 사실은 매니지먼트를 생각중이다. 결정된 것은 아니지만, 만약 한다면 버스커버스커 같은 음악을 제대로 하는 팀들을 할 것 같다. 또는 아이돌이지만 한국과 아시아의 한류를 이끄는 것을 넘어 글로벌하게 움직일 수 있게 차별화 둔 매니지먼트를 생각 중이다. 아직 결정된 것은 없다. 자신감을 가진 것이 제작이라면 프로듀서만 믿고 있었지만, 현재는 음악 사업본부 전체가 제작에 대한 노하우나

성공 사례로 인해 자신감을 가지고 있다.

박준흠 매니지먼트 사업은 사업적으로 어떤 장,단점이 있다고 보나?

안석준 음악 사업 부분만 봤을 때는 아티스트가 있으면 우리가 하는 '360도 사업'을 확대시킬 수 있고 수익을 더 남길 수 있다. 지금은 지원만 하는 쪽이다. 그렇기 때문에 매출 규모는 크지만 수익률은 낮다. 하지만 자체적으로 아티스트를 확보한다면 수익률을 높일 수 있다. 단점은 상생부분에 대해서 많은 기획사들이 반발할 수 있다. 그래서 우리가 하는 다른 비즈니스에 영향을 줄 수 있을 것 같다. 공정성에 대한 문제가 이슈될 수 있다.

박준흠 CJ E&M 사업 중에 없는 것이 네이버나 다음과 같은 포털 종류다.

안석준 현재 미디어 포털로 글로벌 엠넷 닷컴을 운영중이다. 미디어 포털이 우리의 전략이다.

박준흠 지금 하고 있는 음원 유통 등이 진행되나?

안석준 '엠넷닷컴'은 국내의 뮤직 스토어이다. 한국 안에서만 운영한다. '글로벌 엠넷닷컴'은 글로벌 시장에서 한국 콘텐츠 중심으로 미디어 포털을 지향한다.

박준흠 네이버나 다음과 같은 포털 방식으로 진행하는 것은 생각해봤나?

안석준 안 해봤다. 우리는 콘텐츠에 강점이 있기 때문이다. 검색 위주는 아닌 것 같다.

박준흠 네이버나 다음이 검색 위주는 아니지 않나. 어떻게 보면 이제 '검색'은 오히려 부가사업 같은 느낌이다. 사실 '통합 언론사' 기능을 통해 파워를 가지는 것 같다. CJ E&M 사업영역 중 미디어도 있다. 그래서 네이버나 다음의 영향력이 크기 때문에 이와 같은 '포털'을 가지려는 시도를 했을 것이라 생각했다.

안석준 그것은 아니다. 임원진들 생각이지만 우리가 종편으로 접근은 하지 않는다. 미디어와 언론이 결합된 파워를 가질 것인지, 아니면 콘텐츠 사업에 집중할 것인지에 대한 입장에서 우리는 '콘텐츠'에 집중한다. 언론의 기능이 있는 미디어로써의 파워를 갖는 것에는 관심이 없다.

공연 사업, 뮤직페스티벌과 음악마켓에 대한 전망

"공연과 페스티벌을 비교하자면,
공연은 '티켓셀링' 파워가 있는 아티스트에 의존되는 부분이 많다.
하지만 페스티벌은 '브랜드'에 의존해서 좋은 아티스트를 모을 수 있다.
사업적 입장에서 페스티벌에 집중하는 편이 더 나을 것 같다고 생각했다.
사업적 연속선상에서. 또 해외 아티스트와의 교류, 네트워크 부분에서도 그렇다.
우리나라에서 해외 유명 아티스트의 공연을 협찬 없이 진행하기 어렵다.
좋은 페스티벌이 있다면 이러한 아티스트와 한국 아티스트와의 교류, 소개가 강점이 될 수 있다."

박준흠 공연 사업 쪽 이야기를 하면, 지산밸리록 페스티벌을 2009년에 나인엔터테인먼트가 개발했는데 2010년에 CJ가 상표권을 샀다. 상표권을 샀다는 것은 페스티벌 운영 주체가 되는 것이다. 올해로 4회째인데 CJ 입장에서는 3번째 개최다. CJ E&M에서 생각하는 음악축제의 가능성은 무엇인가?

안석준 지산밸리록페스티벌의 가능성 보다는 '페스티벌'에 대한 가능성을 보고 있다. 공연과 페스티벌을 비교하자면, 공연은 '티켓셀링' 파워가 있는 아티스트에 의존되는 부분이 많다. 하지만 페스티벌은 '브랜드'에 의존해서 좋은 아티스트를 모을 수 있다. 사업적 입장에서 페스티벌에 집중하는 편이 더 나을 것 같다고 생각했다. 사업적 연속선상에서. 또 해외 아티스트와의 교류, 네트워크 부분에서도 그렇다. 우리나라에서 해외 유명 아티스트의 공연을 협찬 없이 진행하기 어렵다. 좋은 페스티벌이 있다면 이러한 아티스트와 한국 아티스트와의 교류, 소개가 강점이 될 수 있다. 또 트렌드 측면에서 타이틀은 지산밸리'록'페스티벌이지만 작년에 UV 신드롬이 라인업이었을 때 인터넷에서 난리가 났다. 하지만 현장에서는 제일 인기가 있었다. 이는 결국 젊은 사람들이 공연을 소비하는 형태가 페스티벌로 변했다는 것을 반영한

다. 즉, 사업 연속성, 브랜드, 해외 아티스트의 네트워크와 관객들에게 소개시켜줄 수 있는 부분, 공연을 소비하는 형태로 볼 수 있다. 그렇기 때문에 앞으로 계절성이나 여러 가지 형태의 페스티벌을 만들어 갈 예정이다. 이렇게 하기 위해서는 부지 개발도 생각해야 한다.

박준흠 원래 작년으로 지산 부지 계약이 만료된 것으로 알고 있다.

안석준 부지는 계속 이야기중이다.

박준흠 라디오헤드의 엄청난 개런티가 소문으로 돌고 있다. 전체 제작비가 40억원이 넘는다고 이야기가 나오고 있다.

안석준 40~50억원 사이이다.

박준흠 페스티벌을 운영해본 사람으로 이야기 하자면, 지산밸리록페스티벌 정도의 제작 규모라면 회사에서 수익을 남기고 그 이상의 안정적인 연례 운영 구조를 만들려면, 3일권 티켓이 적어도 4~5만장 이상 팔려야 할 것 같다. 하지만 지산밸리록페스티벌은 첫 번째의 한계가 장소인 것 같다. 이 장소는 동시 수용인원이 2만명 남짓밖에 되어 보이지 않는다.(최대 25,000명?) 향후 장소의 협소함

을 어떻게 해결할 것인가?

안석준 똑같이 생각한다. 우리가 두 가지를 생각한다. 우리나라가 아레나 공연장이 있어야 한다는 것과 충분히 사람을 수용하고 그들에게 편의시설을 제공할 수 있는 인프라가 있는 '페스티벌 부지'를 확보해야 한다는 사실이다. 공연 관련 인프라 쪽의 전략이다. 이러한 부분에 대해서 많이 알아보고 있다.

박준흠 그리고 다른 하나는 지산밸리록페스티벌 수익구조를 생각한다면 3일권 4~5만장이 팔려야 하는데, 현재 부지 규모상 그렇기는 어렵겠고… 그렇다고 티켓 값을 무한정으로 올리기도 어려울 것이다. 그렇기 때문에 동시에 4~5만명 이상을 수용할 수 있는 페스티벌 부지를 확보해야 하는데, 만약 그런 장소를 확보한다고 하더라도 현실적으로 '지산 페스티벌 고어'(지산밸리록페스티벌과 같은 유형의 페스티벌이 열리면 무조건 표를 사는 핵심적인 페스티벌 소비자)들이 현재 국내에 4~5만명 이상이 될 것으로 보는가?

안석준 티켓셀링에 의존하는 것은 한계가 있다. 그렇기 때문에 많은 부분은 협찬으로 진행된다.

박준흠 협찬만으로 안정적으로 수익 구조를 만들기 어려울 것 같다. 당면 과제는 영국의 '글래스톤베리'처럼 열리면 무조건 방문하는 관객 확보가 필요할 것 같다. 그런 점에서 지산에 5만명이 올 수 있도록 하려면, 음악 시장 자체를 키우는 것이 중요하다고 생각된다.

안석준 펜타포트와 지산이 나뉘어졌을 때, 지산이 어렵지 않을까라고 생각했다. 하지만 아티스트에 따라서 달라지는 것 같다. 그리고 유능한 아티스트를 사업자 입장에서 확보하는 것과 해외 아티스트의 팬을 어떻게든 만드는 것이 중요하다. 또 여기서 마케팅을 통해서 아티스트를 성장하게 하

는 것이 중요하다고 본다.

박준흠 한국 같은 경우는 2000년대 들어와서 음반 시장이 무너졌다. 그 중에서도 가장 타격을 받은 부분이 90년대까지 어느 정도 시장 규모가 존재했던 '해외 팝 음악' 시장이라고 본다. 1980~90년대의 경우, 마이클 잭슨 음반이 밀리언셀러를 기록했다. 하지만 2000년대 넘어와서 가요 시장보다 해외 팝 음악 시장이 더 무너졌다. 해외 음악시장 쪽에서는 어떤 아티스트가 밀리언셀러지만 한국에서는 몇 천장 밖에 팔리지 않는다. 이 문제는 해외 아티스트의 내한공연이나 페스티벌을 사업적으로 진행할 때 겪게 되는 문제점 중 하나 아닌가? 사실 이런 구조에서는 해외 아티스트가 한국 음악시장에 특별히 관심 가질 이유가 없다.

안석준 그렇다. 그래서 엠넷 방송 보게 되면 한 달 동안 퀸시존스 특집 같은 것을 했다. 얼마 전에는 레게 특집을 해서 밥 말리에 대해서 방송했다. 지금 '캔'이라는 프로그램이 있다. 기획 의도는 해외의 좋은 음악과 그 뿌리, 장르에 대해서 뮤직 비디오를 보여주는 것은 충분하지 않기 때문에 식자와 개인적인 경험 등을 반영하여 쉽게 설명하여 다가가려고 하고 있다. 현재 엠넷은 이러한 부분이 없다면 아이돌 방송이다. 옛날 라디오를 통해서 음악을 알았듯이 지금 기획된 것이 캔이라는 프로그램이다. 될 수 있는 많은 아티스트를 알려주고 MAMA 때도 스눕 독 등 데려오려고 하는 이유는 이런 이유와 같다. 음악의 다양성과 좋은 해외 음악을 국내에 알리기 위해서이다.

박준흠 2000년대 넘어와서 2006년 펜타포트락페스티벌 1회 이후로 해외 아티스트 내한 공연에 관객이 늘어난 것은 착시 현상을 유발한다. 한국의 해외 팝음악 시장의 크기가 커져서 가능한 것이 아니라 내한 공연의 노하우와 마케팅 노하우, 아

티스트 초빙의 노하우가 만들어 낸 것 같다. 음반 시장이 작아지면서 해외 아티스트 입장에서도 공연 시장으로 좀 더 눈을 돌릴 수밖에 없는 것과 맞물린 것 같다. 앞으로도 내한 공연 쪽의 문제는 팝 음악 시장에 관한 것이다. 근본적으로 국내 '해외 팝음악 시장' 규모가 커지지 않는다면 내한 공연 시장이 더 커질 것인가에 대해 의구심이 든다.

안석준 지금 언급한 것도 문제이고, 페스티벌의 난립도 문제이다. 페스티벌의 전일권 가격이 낮지 않다. 여름에는 다 록 페스티벌이다. 록 아티스트들의 단독공연도 여름에 개최된다. 또 여러 페스티벌이 같이 있기 때문에 관객들을 나눠가진다고 볼 수 있다. 서로 갉아먹는 부분일 수도 있다.

박준흠 페스티벌 사업 이야기를 더 한다면, 회사 측면에서는 페스티벌을 1년에 두 개 이상 하지 않으면 수익 구조를 만들기가 쉽지 않을 것 같다. 인력도 문제인데, 페스티벌 한 개로 1년 내내 인력을 운영할 수 없다. 지산 이외에 어떤 페스티벌을 더 하고 있나?

안석준 글로벌 개더링도 하고 있다. 올해가 3년째이다. VU와 같이 하고 있다.

박준흠 지산밸리록페스티벌은 CJ 쪽의 내부 인력이 상당 부분 관여하고 있다. 글로벌 개더링도 그러한가?

안석준 비슷하게 가고 있다. 작년에 처음으로 12월 31일에 카운트다운 페스티벌을 했었다. 이를 페스티벌화 할 것인지에 대해 고심하고 있다. 또 결정된 것은 아니지만 10월에 '눈 내리는 마을'을 한국형 페스티벌로 바꿔 볼 생각을 하고 있다. 이렇게 3~4개 정도 페스티벌 운영을 계획 중이다.

박준흠 지산밸리록페스티벌의 해외 아티스트 섭외는 라이브네이션과 함께 하고 있다.

안석준 라이브네이션보다 김형일 차장이다. 김형일 차장이 아티스트 섭외 부분을 대행하고 있다.

박준흠 이 부분도 장차 내부에서 할 것인가?

안석준 굳이 100% 내부에서 할 필요는 없다고 생각한다. 일을 잘 하는 것이 중요하기 때문에 잘 하는 사람과 같이 하는 것이 좋다. 내부 인력 여건도 되지 않는다. 1년에 페스티벌, 공연을 합쳐서 150~170회를 한다. 50명 정도의 인력이 이를 소화해낸다. 그렇기 때문에 잘하는 파트너와 하는 것이 맞다.

박준흠 CJ 쪽에는 각 부문 인프라가 많다. 복합적으로 페스티벌을 만들 생각은 없나?

안석준 아까 말했듯이 10월 미국에서 런칭할 예정이다. 지산밸리에서도 CJ푸드 쪽에서 부스가 들어온다.

박준흠 부스가 들어오는 정도가 아니라 페스티벌 콘텐츠 측면의 결합을 물어본 것이다. 컨벤션으로 확장되는 방식도 있고.

안석준 지산밸리록페스티벌은 대부분의 부스를 판매했다. 일부 부스는 CJ가 들어온다. 미국의 컨벤션은 올해를 1회로 생각하기 때문에 대부분 CJ 인프라만 들어와서 할 예정이다.

박준흠 음악마켓 같은 것인가?

안석준 음악마켓이라기보다는 콘서트, 팬 싸인회, 케이팝 관련 상품 판매, 한국의 음식, 문화, 패션 등 CJ가 가지고 있는 것들을 묶여서 단순 콘서트가 아닌 컨벤션 형태로 진행 된다.

박준흠 11월에 한국콘텐츠진흥원 주최로 '서울국제뮤직페어'가 열린다. 아시아 뮤직 마켓의 기능을 지향한다. 이 부분은 어떻게 바라보나? 한국에 음악마켓이 필요하긴 하지만 음악마켓을 운영하기 위해서는 많은 인프라가 필요하다. 인위적으로 얼마나 성과를 올릴 수 있는지에 대해 문제가 있다.

안석준 취지는 좋다고 생각한다. 예전에는 막연히 한국에서 열리면 좋겠다고 생각했지만 이제는 한국에서 열려도 반문을 하지 않을 정도이다. 이러한 부분에서 감회가 깊다. 운영상 마지막에 하는 케이팝 콘서트가 이벤트성으로 될 것 같지만 국내 음악시장에 도움이 되는 충실한 내용으로 갖춰졌으면 좋겠다.

박준흠 사실 운영의 지속성을 생각하면, 자본력이 있는 CJ 같은 기업이 해야 하지 않을까 싶다. 뮤직마켓 자체로도 수익구조가 있어야 안정적으로 지속될 수 있다. 영미권에서 음악마켓이 가능한 이유는 시장을 담보하기 때문이다. 하지만 시장(해외 팝음악시장) 자체가 없다시피 한 상황에서 뮤직마켓을 하고 있는 것이다. 단순히 우리 것을 사가라는 것으로 보일 수 있다. 아시아를 아우르기에는 역부족이다.

안석준 깊게는 모르겠다. 하지만 인지도 있는 아티스트를 활용하여 붐을 일으키고 실제로 사업적 성과를 노리는 것을 기대하는 것 같다. '인디나 해외 진출을 위한 중소기업'을 위한 행사라고 생각한다. 이런 것에 의미를 부여한다. 큰 잔치를 열고 니즈는 있지만 기회가 없는 아티스트나 기획사에 초점을 맞추는 것 같다. 또 정부가 하는 것이니 이런 쪽에 초점을 맞추는 것이 옳다고 생각한다. 프로그램을 보니 인디 쇼케이스, 인디 공연 등이 있다. 대형 기획사나 해외 계약이 맺어진 곳들에

대한 니즈는 전혀 없다. 마지막에 유명한 아티스트가 나오는 콘서트를 통해 화려하게 만들면서 해외 바이어를 많이 초청하여 도움을 주는 것에 대해서는 이의가 없다. 그저 정식 마켓보다는 이벤트성으로 보인다.

박준흠 뮤직마켓과 관련해서 다른 사람과 이야기를 한 적이 있었다. 싱가포르에서 '뮤직매터스(Music Matters)'가 왜 성공했는지에 대해서 이야기 했었다.

안석준 뮤직마켓 보다는 마이스(MICE) 사업이다. 관광, 숙박, 항공이 연관되어 있다. 큰 규모보다는 작게 시작하는 단계인 것 같다.

대중음악정책 : 음악산업 각계의 균형 있는 성장과 당장의 현안(음악사용료 징수규정 등) 모두를 아우를 수 있어야

"누구나 자신의 입장에서 데이터를 내서 논리를 만들 수 있다.
이런 것은 지양하고 음악에 인생을 건 이들이 모여서
이 환경이 문제가 있다고 하면 문제가 있다고 본다.
아무리 번듯한 데이터를 내어 분석한 후 논리를 만들더라도
실제로 일하는 사람이 못하겠다는 것은 문제가 있다는 것이다.
그래서 다시 귀 기울여야 하지 않을까 싶다. 이 이야기가 가장 하고 싶었다."

박준흠 대중음악SOUND의 중요 화두 중 하나는 '음악산업이 균형 있게 성장하는 것'에 대한 '방법론' 개발이다. 한 쪽만 성장하는 방식은 바람직하지 않다고 본다. CJ E&M이나 로엔엔터테인먼트 같은 1,2위 음악기업이 음악산업의 균형 있는 성장을 이끌어야한다. 자본이 움직여야 매체가 움직이고, 그래야 '음악소비자의 취향'도 같이 움직인다. 이렇게 가기 위해서는 CJ나 로엔과 같은 '거대 음악기업의 이익'이 '음악산업 각계의 균형 있는 성장'과 서로 접점이 있는 것이 중요하다. 1,2위 음악기업이 '음악산업의 균형 있는 발전'에 참여할 때 근본적으로 본인들의 수익 창출에도 도움이 된다는 인식이 필요하다. 여기서 '수익' 문제가 빠진다면 기업이 관심 가질만한 이야기는 아닌 것 같다. 여기에 대해 어떻게 생각하나?

안석준 모든 것이 다 엮여있다. 그렇기 때문에 어느 한 쪽이 시작해야 다 해결될 수 있다고 본다. 원으로 엮여있기 때문이다. 최근 제일 화두인 '음원 정액제' 문제부터 해소가 되어 시장 파이를 키우는 것이 중요하다고 본다. 음반 시장이 줄어들었다면 이 쪽 시장을 키워서 아이돌 음악이 아닌 다른 음악을 하는 사람도 노력한 만큼의 수익이 돌아가야 산업이 커진다고 본다. 예전에는 불법을 잡는 것이 시발점이었다면 지금은 정액제 같은 것을 없애서 시장 파이를 키우는 것이 시작이라고 본다. 국내 시장 활성화를 위해서 말이다.

박준흠 일반적으로 대중음악계의 많은 사람들이 바라는 바 같다. 그런데 유통사업('멜론' 운영)을 중심으로 하는 로엔 같은 경우는 다른 의견을

이야기했다. 대략 소비자의 판단에 맡겨야 한다는 것이다.

안석준 우리도 '엠넷'을 가지고 있다. 그래서 똑같이 이야기할 수 있다. 기본적으로 플랫폼 사업자들은 데이터를 가지고 있다. 이 데이터를 가지고 논리를 만들 수 있다. 그래도 실제로 음악가와 제작자가 힘들어서 못 살겠다는데 데이터를 가지고 무슨 말을 할 수 있나. 말이 안 된다고 생각한다. 나도 마찬가지이다. 직원들이 엠넷닷컴을 운영하고 매출에 큰 비중을 차지하고 있어서 (음원 종량제를 전면적으로 시행하면) 많은 기획사로부터 기득권을 빼앗길 수도 있는 부분이다. 하지만 이런 부분을 떠나서 실제로 기타치고 노래 만들고 하는 사람들과 여기에 투자하는 사람들이 이 환경에서 힘들다는데 무슨 논리가 있는지 잘 모르겠다.

박준흠 이와 관련해서 로엔은 소비자들의 지출여력을 거론했고, 음원소비 방식의 결정권한은 소비자에게 있다는 입장이다. 혹시 로엔과 CJ가 서로 다른 이야기를 할 수 있는 것은 '사업 인프라' 자체가 다르기 때문인가?

안석준 그렇다고는 볼 수 없다. 우리도 아티스트를 키우지 않는 입장에서 많은 기획사와 협업을 하고 있다. '엠넷닷컴'이라는 것은 이런 면에서 파워이다. 로엔도 '멜론'이 있기 때문에 파워가 있는 것이다. 우리도 이 기득권을 놓치기 싫다. 하지만 산업을 키우려고 한다면 기득권이 있더라도 양보를 할 것은 해야 한다. 그리고 불법에 관해서 TV에서 토론회 하는 것을 보면 불법을 없애야 한다는 쪽은 욕을 얻어먹는다. 개인적으로 답답한 것은, 소비자들에게 공짜와 10원을 선택하게 만든다는 것이다. 다 공짜를 택한다. 공짜가 있는데도 불구하고 돈 내라고 하면 설득이 되지 않는다. 정당한 콘텐츠 가격을 받으면 불법으로 가기 때문에 가격을 못 올린다는 것은 '0원과 돈 받는 행위'에 대한 싸움이다. 0원을 이길 수는 없다. 이러한 논리보다는 실제로 자신의 인생을 맡기는 음악가와 제작자들의 노력이 기준이 되어야 한다고 생각한다.

박준흠 문화부가 발표한 음원 관련 개정안을 보면 세 가지 혼합으로 정했다. 정액제, 종량제, 홀드백 제도. 발표한 후 반대하는 분위기 많은 것 같다. 지금도 반대 토론회와 공연까지 열리고 있는 상황이다. 결국 문화부가 다시 개정을 해야 하는데, 현실적으로 올해 개정하는 것이 가능하다고 보나?

안석준 정식적인 절차로 봐서는 불가능하다고 본다. 내년에도 바뀌지는 않는다고 본다.

박준흠 그렇다면 문화부가 왜 이런 결정을 했다고 보나?

안석준 관점이 다른 것 같다. '콘텐츠'로 보는지 '공공재'로 보는지에 따라 다르다. 또 '소비자의 이용 편의성'과 '콘텐츠 권리자'로 보는지에 따라 다른 것 같다. 이 관점 안에서 소신 있게 밀어붙이는 것으로 본다. 계속 같은 이야기를 하게 되는 것 같다. 누구나 자신의 입장에서 데이터를 내서 논리를 만들 수 있다. 이런 것은 지양하고 음악에 인생을 건 이들이 모여서 이 환경이 문제가 있다고 하면 문제가 있다고 본다. 아무리 번듯한 데이터를 내어 분석한 후 논리를 만들더라도 실제로 일하는 사람이 못하겠다는 것은 문제가 있다는 것이다. 그래서 다시 귀 기울여야 하지 않을까 싶다. 이 이야기가 가장 하고 싶었다. 여기에 대해서는 이 분들이 큰 실수를 하는 것 같다. 음악 업계에 종사하는 사람 뿐 아니라 관계자들의 가족 생계까지도 다 달려있는 것이다. 그렇다면 이러한 판단을 자신 소신대로 밀어붙이고 산업의 기준으로 만들어 낸다는 것은 문제가 있는 것 같다.

박준흠 한국문화콘텐츠진흥원에서 '한국콘텐츠진흥원'으로 체재가 바뀌면서 '음악산업팀'이 없어지고, 현재의 '대중문화산업팀'으로 바뀌었다. 많은 음악 관계자들이 이 부분에서 아쉬워하고 있다. 현재 대중음악은 정책적 측면에서 본다면 순수예술을 다루는 한국문화예술위원회나 문화콘텐츠를 다루는 한국콘텐츠진흥원 모두에게서 소외되는 현실이다. 대중음악대학/학과 같은 학제 시스템도 없다. 하다못해 실제적으로 활동하고 있는 '대중음악연구소' 하나 없는 실정이다. 그런 점에서 대중음악SOUND은 '대중음악연구소' 역할을 하려고 하지만... 한데, 그럼에도 '케이팝 중심의 한류'에 모두가 목을 매고 있는 상황이 매우 비정상적인 구조 같다.

안석준 제가 진흥원에 있을 때부터 자주 뵙고 그랬는데...(웃음) 지금 화나서 이야기하는 것들이 7,8년 전과 바뀐 것이 하나도 없다는 점이다. 불법을 잡거나 이동통신사 관련해서 권리확보에 관해서나 저작권 관련 협회에 대한 문제 등에 대해서 얘기하지 않았었나. 7,8년이 지나도 똑같다. 결국은 정부와 정책, 산업이 따로 가고 있는 것 같다. 한류라는 것도 음반 시장이 줄어들면서 기획사에서 살아남기 위해 보아의 성공 케이스를 모델로 '해외 진출 아이돌'을 만들어낸 것이다. 트렌디한 음악을 만들어내고, 듣기 쉬운 멜로디, 중간 사비에 의성어와 의태어, 영어를 사용한다. 또 군무가 만들어지면서 해외 시장을 염두에 둔 기획이 생겨나기 시작했다. 어느 날 갑자기 한류가 만들어진 것이 아니라 옛날부터 기획사가 스스로 방법을 만들어내면서 노하우가 쌓여서 결과물이 나타난 것이다. 음악 사업이 산업화가 되기 위해 해결해야 할 문제점들은 바뀌지 않았다.

박준흠 혹시 어떻게 바뀔 수 있다고 보나? 지난 SOUND 4호에서 제안했던 것이 '대중음악진흥위원회' 설립 문제다. 현실적인 대안과 인프라를 얻어내기 위해서는 음악정책 등 국가의 장기적 과제로 가야할 문제가 있다고 보기 때문이다. 하지만 현재 시스템에서는 어렵다고 보기 때문에 민간 독립정책기구가 필요할 것이라고 생각했다. 자세히 따져보면 2002년에 한국문화콘텐츠진흥원이 설립되면서 이런 기능을 요구받았다. 그렇다면 현재 진흥원이 있는 상태에서 대중음악진흥위원회를 따로 만들어 운영하는 것이 현실적으로는 필요하지만 구조적으로는 가능하냐는 의문이 든다. 하지만 이만한 대안은 달리 없어 보인다.

안석준 음악산업이 워낙 복잡하다. 그래서 위원회나 단체가 만들어져도 이 안에서도 서로의 이익문제 등이 해결되기 어렵다고 본다. 음반산업협회가 제대로 역할을 못하지 않았나. 이 안에서 권리자와 플랫폼 사업자들이 같이 있으면서 합의점을 못 찾지 않나. 그렇기 때문에 오히려 명확하게 선을 그어주고 손을 들어줄 수 있도록 정부에서 강력하게 역할을 해줘야 한다고 생각한다. 저작권협회에 의존한다는 것으로는 부족하다. 사실은 더 가능성이 있는 쪽은 민간단체가 모여 스스로 합의점을 도출하여 결과를 내는 것이다. 하지만 지금까지 합의점을 도출하지 못했다는 것은 문제가 있는 것이다. 그렇기 때문에 정부에서, 명확하게 시장을 바라보는 쪽이 책임을 가지고 교통정리를 해주어야 한다. 그렇지 않다면 힘들다.

박준흠 케이팝과 한류 문제 때문에 문화부 안에 '대중문화산업팀'이 작년 9월에 신설되었다. 하지만 구조적 문제가 해결되지 않을 것 같다.

안석준 그렇다. 민감한 사안, 직접 정리해야 하는 부분에는 개입하지 않고 산업계가 스스로 움직일 수 있는 부분에서는 개입한다. 이러한 상황이 바뀌어야 하지 않나 싶다.

한국 음악산업의 현황과 전망

"한국 음악산업의 문제점 중 첫 번째는 '성장의 한계'에 다다른 것이라고 얘기하고 싶다.
근본적인 이유는 전체적으로 '음악소비자의 숫자가 적고,
그나마 그 소비자들마저도 소비능력이 떨어진다는 데'에 있다.
달리 말하면 '음악시장이 10대 소비자들로 재편'된 문제다.
이는 90년대 중반부터 가요계가 이들을 타켓오디언스로 콘텐츠를 생산하면서
벌어진 일이다." (박준흠)

박준흠 원래는 인터뷰 시간이 충분하면 한국 음악산업 전반에 대한, 현황과 문제점에 대해 심도 깊게 이야기를 나누고 싶었다. 하지만 시간관계상 그렇게 할 수 없을 것 같다. 현재 한국 음악산업의 근본적인 문제점은 무엇이라 생각하나? 개인적으로 한국 음악산업의 문제점 중 첫 번째는 '성장의 한계'에 다다른 것이라고 얘기하고 싶다. 근본적인 이유는, 전체적으로 '음악소비자의 숫자가 적고, 그나마 그 소비자들마저도 소비능력이 떨어진다는 데'에 있다. 달리 말하면 '음악시장이 10대 소비자들로 재편'된 문제다. 이는 90년대 중반부터 가요계가 이들을 타켓오디언스로 콘텐츠를 생산하면서 벌어진 일이다. 그리고 그 콘텐츠가 바로 '아이돌 콘텐츠'이다. 나는 이 자리에서 아이돌 콘텐츠의 퀄리티 문제를 얘기하는 것이 아니라, 현재 주류 음악 콘텐츠의 '단조로움'으로 인해 공연을 제외한 음악시장에 10대를 제외하고는 거의 들어오지 않는 점을 지적하는 것이다. 2000년대 들어 이런 악순환이 반복되고 있다. 이로 인해 콘텐츠를 생산하고 마케팅 하는 부분에서 한계가 왔다는 생각이다.

안석준 아이돌 콘텐츠를 마케팅 하는 것이 한계에 다다른 것이다. 기획사를 보면 음반 나오기 전에 이슈를 만들고 뮤직비디오를 배포한다. 그리고 음악이 나왔을 때 팬들이 확보 되어 탑 아티스트로 활동한다. 하지만 이번에 결과 나온 것을 보니 잘 안 되는 것 같다. 이는 더 이상 마케팅으로 아이돌 팀가지고 차별화한다는 것은 한계가 있는 것 같다. 다르게 생각해보면 아이돌의 궁극적 목적은 해외 수출이다. 아이돌로 배우나 행사를 시키는 등 매니지먼트가 주가 된다. 이는 철저히 해외형 아티스트이고, 음악이 마케팅 툴이 되면서 아티스트 사업이 되는 것이다. 해외형 + 아티스트 매니지먼트 사업이다. 음악 사업은 국내 문제이다. 예전에는 음반과 음악이 롱런할 수 있으면서 공연으로 이어졌다. 음악의 판매 기간도 길었고 아티스트들은 투자는 작지만 수익이 생기면서 공연을 통해 키워졌다. 실제로 이 두 개를 나누어서 봐야 된다고 생각한다. 하지만 지금은 한 쪽으로 치우쳐져 있고 포화상태이다. 결국 할 수 있는 루트나 마케팅을 통한 차별화는 한계가 온 것 같다.

박준흠 아이돌 음악을 이야기 할 때는 '콘텐츠의 질'을 이야기 하는 것이 아니다. 영미권의 음악시장 사례를 보게 되면 '스테디셀러' 기획이란 것이 있다.(결국은 '아티스트 마케팅'을 지칭한다.) 1960년대부터 현재까지 비틀즈나 롤링스톤즈의 음반은 판매가 계속되고 있다. 이들은 100년 200년 판매도 가능한 콘텐츠이고, 모짜르트나 베토벤의 음악처럼 '클래식'이 될 것이다. 하지만 아이돌 콘

텐츠가 가지고 있는 한계점은 10년은 고사하고 1년 뒤도 판매가 어렵다는 것이다. H.O.T의 경우, 1996년도에 데뷔한 후 2000년에 5집을 내고 해체를 했다. 이들 5장의 정규 앨범이 당시에는 다 밀리언셀러였지만, 아마 5장의 음반 중에서 현재까지 팔리는 음반은 없을 것이다. 이는 아이돌 콘텐츠의 한계를 극명하게 보여주는 사례이다.(여기서도 예외가 있다면, 서태지와 아이들과 같은 아이돌이면서도 '아티스트'의 정체성을 가진 뮤지션들이다.) 이는 주류 음악 사업자들이 기분 나쁘게 받아들일 것이 아니라 사업적인 측면에서 생각해 볼만한 여지가 있을 것 같다. 스테디셀러 음반이 많다면 음악시장 전체에도 긍정적이다.

안석준 기분 나쁘게 볼 것이 아니라 포트폴리오가 있어야 한다. 스테디셀러를 만들 수 있는 아티스트도 있고 아이돌도 있다. 지금 마케팅 할 수 있는 방법, 수익구조 등이 종합적으로 스테디셀러를 만들기 힘든 상황이다.

박준흠 하지만 이러한 환경이 만들어지지 않는다면 기업 측면에서도 수익 내기가 어려워지지 않을까 싶다. 또 나이든 뮤지션들이 활동 할 수 있는 방법도 없다. 음악 소비가 생산자와 '동세대'로 이루어지고, 아이돌 콘텐츠가 주류를 이루면서 음악 소비 연령대가 10대로 낮아졌다. 그렇기 때문에 30살 넘은 가수들이 음반을 팔 방법도 없고, 공연을 해도 사람들이 오지 않는다. 이는 음악비평의 관점에서 접근하는 것이 아닌데, 오해를 많이 한다.

안석준 절대적으로 동감한다.

박준흠　이 구조를 개선하지 않으면 가수들 입장에서 서른이 되면 다 은퇴해야 할 지도 모른다는 생각이 든다. 은퇴하지 않으려면 TV 엔터테인먼트 프로그램에 나오거나 인디씬에서 활동해야 할 것이다. 이게 MBC '나가수'에 30~40대 노장(?) 가수들이 나올 수 밖에 없는 이유다.

안석준　더 걱정되는 것은, 예전의 노이즈처럼 당시 아이돌 그룹에서 노래 부르던 멤버들은 전국민이 알았다. 지금 40살이 돼서 가라오케 오픈했다고 전화라도 온다. 그래도 가면 노이즈에 있었다고 아는데 지금은 인기 있어도 모른다. 후에 지금 아이돌이 어떻게 생계를 이어갈지 걱정이다. 그나마 TV에 나오지 못하는 가수들은 아예 가능성이 없다. 똑같은 이야기 같지만 최소한 자신이 만든 콘텐츠가 기대했던 만큼의 수익은 못 올리고 소비자들이 인정은 하지 않아도 최소한의 수익이 돌아갈 수 있는 구조를 만들어야 한다. 정액제 이야기로 다시 돌아오는 것 같지만 정액제는 빨리 없어져야 한다.

박준흠　그렇다면, 종량제로 어느 정도 음악시장이 성장할 것으로 보나? 인지도가 없는 가수들은 종량제가 전면 시행되더라도 그리 혜택은 못 볼 것이다. 종량제에 혜택을 보는 사람은 결국 방송에도 나와서 얼굴이 알려진 가수일 것 같다. 예를 들어 임재범은 거의 활동을 중단한 상태에서 '나가수' 출연으로 역전이 됐다. 음반과 공연 수익이 급격하게 올라갔다. 임재범의 음악은 이전과 지금 달라진 것이 없다. 단지 TV를 통해 얼굴을 알렸다는 이유 하나로 활동이 가능했다. 임재범 같은 경우는 종량제를 통해 보다 많은 수익을 올릴 것이라고 생각된다. 하지만 이 부류에 들어가지 못하는 가수는 그렇지 못할 것이다. 그런 점에서 '종량제'는 필요하지만, 음악시장을 균형 있게 키우는 방법들 중에 하나인 것 같다.

안석준　정책적으로 지원을 통해서 생계가 이루어지게 하거나 마케팅을 통해 알릴 수 있는 방법을 찾아주는 것은 다른 부분인 것 같다.

박준흠　지원은 문화부 쪽이, 마케팅은 CJ 같은 음악 쪽의 대기업이 맡아야 한다고 생각한다. 지원 등 정책적인 문제는 논의 시간이 오래 걸리는 사안이기 때문에 '대중음악진흥위원회' 이야기가 나온 것이다. 대중음악SOUND에서 CJ E&M이나 로엔엔터테인먼트와 같은 음악 쪽의 대기업을 만나는 이유가 '음악산업 각계의 균형 있는 성장에 관한 방법론'을 소통할 수 있는 가능성을 생각했기 때문이다. 즉, 음악시장에서의 큰 회사들이 움직이지 않는다면 실행이 배제된 의미론적인 이야기밖에 할 수 없다. 이것은 굳이 필요하지 않은 이야기이다. 일단 자본이 움직인다면 매체도 움직일 수밖에 없다고 본다. 결국 음악소비자(의 취향)를 움직이는 것은 매체라고 생각하는데, 매체의 방향성은 자본이 만들어 낸 논리로 갈 수 밖에 없다는 생각이다. 물론 기업은 수익을 쫓기 때문에 적절한 합일점이 필요하고, 그게 '음악시장 파이 키우기'가 아닐까 한다.

안석준　이 이야기에 대해서는 생각을 해보지 않았다. 하지만 들어보니 잘 구성해주면 필요성은 가질 수 있다. 하지만 수익이 없다면 상대가 움직이지 않을 것이고 필요성을 못 느끼는데 같이 하자고 이야기하기가 어렵다. 그렇기 때문에 위원회가 생겨서 노출의 기회와 스토리텔링의 기회가 생겨서 할 수 있다면 좋을 것 같다.

박준흠　CJ 같은 거대 음악기업은 어떠한 필요성에 의해 SOUND가 말하는 방향으로 움직일 수 있겠는가? 특정 아이템이 좋다고 이야기 하는 것보다 CJ에서 특정 아이템을 더 많이 개발할 수도 있지 않겠는가? 이러한 니즈가 필요하다고 생각

한다. 한국 음악산업이 이러한 부분에서 성장이 멈춘 것 같다. 다시 키우려고 하면 어떠한 방법론이 필요한 것인지를 먼저 알아야 한다. 이때도 말할 수 있는 것은 스테디셀러 같은 것이다. 그리고 시장이 10대로 재편된 것을 적어도 10~40대로 늘릴 수 있는 콘텐츠 등이다. SOUND에서는 대중을 환기시킬 수 있지만, 필요성은 CJ 같은 기업들이 더 많이 느껴야 한다고 생각한다.

안석준 느끼고 있다. 우리가 '쇼미더머니'를 하고 있다. 마케팅에서 '스토리텔링'은 필수적이다. 슈퍼스타 K와 보이스 코리아를 하면 슈퍼스타 K에 출연하는 사람은 캐릭터가 만들어지고 이에 대한 스토리텔링이 생긴다. 예를 들어 허각 같은 경우 차트 상위에 랭킹된다. 보이스 코리아 같은 경우, 슈퍼스타 K 보다 노래는 훨씬 잘하지만 여기에서 끝난다. 음원을 발매해도 차트에 상위랭킹이 되지 않는다. 스토리텔링이 가장 중요하다. 쇼미더머니를 하는 이유는 힙합이 시장에서 죽었기 때문에 부흥시키기 위해서 하는 것이다. 그렇지만 만족스럽지 못한 것은 이에 대해서 공감하면서 모든 힙합 아티스트, 기획사들이 같이 동조를 하지 않았다. 다 같이 했으면 훨씬 잘 됐을 것이다. 아티스트에게 주는 기회, 장르에 대한 부흥과 노출 등을 통한 이슈화가 중요하다.

박준흠 기회를 주는 측면이 아니라, 기업이 펼치는 논리는 '돈이 되는 시장'이 아닌가?

안석준 그 주제에 대해서는 돈을 만들 수 있다고 생각한다. 버스커버스커를 '슈퍼스타 K' 끝나고 다 버리려고 했다. 하지만 버스커버스커가 될 수 밖에 없던 이유는 최근 트렌드가 '감수성, 감상용 음악'으로 가기 때문이다. 또 이들은 방송을 안 한다고 했다. 어차피 공중파에는 나올 수 없어서 음악과 공연만 하겠다고 했다. 그래서 CJ가 만들어 줄 수 있는 아티스트였다. 유명한 모 가수도

욕을 먹고 제작 PD도 욕먹었다. 하지만 이를 통해 소비층을 넓히고 10대들에게 라이브 음악, 리얼 드럼 사운드를 보여줄 수 있는 부분이 있었다. 특정 장르에 대한 공감, 협업을 통해 일이 진행된다면 수익은 반드시 낼 수 있다고 생각한다. 이슈화가 되고 붐이 일어나면 당연히 사업적 수익이 따라온다. 이슈화가 되었는데 돈이 안 들어올 수는 없다. 이 부분에 공감을 해서 니즈를 만드는 것이 중요하다. 방송 제작, 미디어, 플랫폼 등이 있기 때문에 공감을 통해 결합한다면 사업적 부분을 추가하여 돈은 벌 수 있다. 옛날같이 모여서 공연 한 번 하고 끝나는 것은 아니라고 생각한다. 여기에 스토리를 만들어 대중들의 공감을 이끌어내고, 찾아가서 음악을 듣게 만들어 줄 필요가 있다고 생각한다. 또 당사자들도 이렇게 할 수 있도록 맡겨주면 붐도 만들고 노출도 시킬 수 있다.

박준흠 소비자 측면에서 다양한 소비 성향을 가질 수 있도록 마케팅 전략이 중요한 것 같다. 음악 시장에서 떠난 3,40대를 어떻게 다시 모으느냐가 중요한 것 같다. 저작권 문제도 중요하다. 이러한 기회를 많이 만들어주기를 바란다. 또한 범용 콘텐츠가 인디 쪽에서도 생산되기를 바란다. 한국에서는 인디 쪽에서 너바나 같은 아티스트가 나와서 음악씬을 폭발시키기 어렵다고 본다. 차라리 80년대 이문세처럼 모든 세대를 아우를 수 있는 아티스트가 인디에서 나오기를 바란다. 이러한 범용 콘텐츠가 한국의 언더그라운드나 인디 시장을 넓힐 것으로 생각한다.

안석준 오늘 많이 배웠다. 많은 생각을 하게 해주셔서 감사하다.

박준흠 저 또한 많이 배웠다. CJ E&M 음악사업 부문의 행보를 관심 있게 보겠다. **SOUND**

로엔엔터테인먼트 신원수 대표

"창조적인 사람은 비즈니스를 잘하는 사람과 결합해야 한다."

"개인적으로 일에 확신을 가지고 주주를 설득한 결정적인 계기는 '태양의 서커스'를 우연한 기회에 보러갔는데 충격을 받았던 일이다. 한국에서 작은 규모로 한 태양의 서커스였다. (중략) 그리고 2년 후에 라스베가스에 CS가 있어서 출장을 갔는데 거기서 태양의 서커스 쇼를 했다. 한국에서의 규모는 작았고 거기 서커스는 스케일이 컸다. 표도 200달러였는데 좋은 자리는 아니었다. 사람은 많았다. 그리고 거기서 또 충격을 받았다. 첨단 기술, 음악, 무대, 사람들의 연기, 연출 등이 영화 한 편 본 것보다 감동적이었다. 그리고 의심을 갖기 시작했다. 어떻게 한 사람이 모든 영역의 재능을 가지고 연출할 수 있을 것인지 생각했다. 그래서 이때부터 관심을 가졌다. 알고 보니 하버드의 케이스 스터디로 되어 있더라. 한 사람에 의해서 만드는 것이 아니라 '재능 있는 사람들이 팀웍을 가지고 만든' 큰 비즈니스였다. 태양의 서커스 매출이 조 단위이고 세계적으로 열 개 넘는 프로그램이 돌아가는 가장 큰 쇼 비즈니스다. (중략) 창조적인 사람은 비즈니스를 잘하는 사람과 결합해야 한다. 전문 경영인은 투자를 하고 창조적인 사람에게 줘야 하는데 서로 이 결합이 성공한 사례가 없다. 다 처음에 만났을 때는 의기투합하다가 지나며 서로 등져서 믿을 수 없으니 모든 것을 혼자 다 한다. 내가 아는 한 사람은 너무 재능이 뛰어난데, 이 뛰어난 부분에 모든 에너지를 다 썼으면 좋겠는데 다른 부분을 공부하면서 한다. 시스템이 없어서. 이런 부분은 좀 안타깝다. 그래서 이 부분은 우리가 할 수 있다고 생각했다."(신원수)

박준흠 | 서울종합예술학교 공연제작예술학부 교수

가슴네트워크 대표, 대중음악SOUND 발행인&편집인, 대중음악 기획자&연구자. 서브(1997~1999), 웹진가슴(1999~2007), 쌈넷/쌈지사운드페스티벌(2000~2001), 광명음악밸리축제(2005~2006), 광주청소년음악페스티벌(2008), 가슴네트워크축제(2009~), 인천펜타포트페스티벌(2010), 한국대중음악라이브홀릭(2011), 월드DJ페스티벌(2012) 등을 기획했다. 현재 가슴네트워크에서는 대중음악을 중심으로 한 축제, 공연, 전시, 매체, 출판, 아카이브, 아카데미 기획, 컨설팅을 진행하고 있다. 저서로는 『이 땅에서 음악을 한다는 것은』, 『대한인디만세』, 『축제기획의 실제』, 『한국 음악창작자의 역사』, 『한국 대중음악 100대 명반』 등 여러권이 있다.

"**로엔엔터테인먼트 신원수 대표는** 음악 관련 기업 종사자 중 대표적인 입지전적 인물로 꼽힌다. 1989년 SKT에 평사원으로 입사한 이후 콘텐츠사업팀장, 뮤직사업팀장을 거쳐 2006년 2월 SKT 콘텐츠사업본부 상무가 되었다. 특히 뮤직사업팀장으로 재직하던 2004년 5월, 당시 어떤 회사도 기획하지 못했던 혁신적인 시스템인 'MLB'(Music License Bank)를 론칭하여 온라인 분야에서 고질적인 리스크로 꼽히던 정산의 불투명성 문제를 해소하는데 기여하였다. 같은 해 11월에는 음악전문 포털사이트인 '멜론(MelOn)'을 런칭, 렌탈형 서비스라는 새로운 비즈니스 모델로 시장에 선풍적인 인기와 센세이션을 일으켰다. 'MelOn' 서비스는 불법이 난무하던 당시 온라인 음악 시장 상황에서 유료화의 불확실성을 극복한 성공사례를 만들었다고 평가받는다. 현재 'MelOn' 서비스는 유료 가입자수 100만명, 보유 곡수 180만 여곡으로 온라인 서비스 사업자 중 1위를 차지하고 있으며 이용 환경의 급변으로 인한 고객 니즈를 선도적으로 반영한 서비스와 상품을 제공하기 위한 변신을 계속하고 있다. 2007년 (주)서울음반(현재의 로엔엔터테인먼트)의 대표이사로 취임한 이후에는 전통적인 오프라인 기획·유통사로서 침체일로에 있던 회사를 온·오프라인, 서비스-투자-유통 등 음악산업의 전방위를 아우르는 대표적인 음악 전문 기업으로 변모시켰다."(정훈/한국음악실연자연합회 사용료징수팀장)

일시 2012년 7월 13일(금), 오후 2시
장소 삼성동 로엔엔터테인먼트 대표 접견실
대담 신원수(로엔엔터테인먼트 대표) VS 박준흠(대중음악SOUND 발행인)
글 박준흠(대중음악SOUND 발행인)
녹취 배수정(SOUND연구원)
사진 박창현(SOUND포토그래퍼)

플랫폼 역할 : 로엔엔터테인먼트의 사업 방향성

"우리의 주된 역할은 음악과 관련된 많은 이해관계자들의 필요한 것들을 이어주는
'플랫폼적 역할'이라고 생각한다."

박준흠 SKT 산하의 로엔엔터테인먼트는 예전 서울음반에서 회사명이 바뀌었고, 온라인 음원서비스를 하는 '멜론' 운영까지 사업부로 두면서 음악 시장의 절대 강자로 떠오른 경우이다. SKT라는 강력한 모바일 영업망을 활용하고, 인터넷 음원 유통, 오프라인 음반 유통과 뮤지션 매니지먼트 사업까지 하면서 공중파방송을 제외한 음악사업의 거의 모든 것을 가진 경우이다. 로엔엔터테인먼트는 과연 어떤 회사인가?

신원수 우리의 주된 역할은 음악과 관련된 많은 이해관계자들의 필요한 것들을 이어주는 '플랫폼적 역할'이라고 생각한다. 우리가 직접 본질적 가치 생산에 있는 것이 아니라 음악적 가치를 생산하는 분들이나 소비하는 분들에게 유용할 수 있도록 하는 플랫폼 사업이 가장 크다. 그러다보니 음악 회사로써 규모가 크다고는 하지만 성격이 다를 수는 있다. 음악 본질에 대해서 담론을 얘기하기에는 조금 부담스럽다.

박준흠 이전에 인터뷰를 거의 안 하신 것 같은데, 혹시 인터뷰를 기피하는 것인가? 음악 사업에서는 CJ와 로엔이 1,2위를 다투는데 인터뷰가 별로 없는 이유가 궁금하다.

신원수 사람들에게 자신의 주장을 이야기하기 위해서는 많은 준비가 필요하다. 스스로 이러한 준비가 충분히 되지 않은 부분이 있고, 또 그러한 준비가 덜 된 상태에서 우리를 바라보는 사회적 시각이나 관심이 높은 수준이라고 보기 때문에 부족한 상태에서 주장을 하는 것은 부담스럽

다. 제일 힘든 것은 우리의 대주주가 SK그룹이라는 사실이다. 60%가 넘는 지분을 가지고 있는데, 이처럼 대주주가 대기업이다보니 여기에서 오는 부담감이 큰 것도 사실이다. 우리가 짊어져야 하고 가져가야 할 사회적 책임의 수준이 높다. 내부 직원들이 250명 정도 되는데, 이 사람들은 음악이라는 매개를 가지고 보람을 찾으려는 사람들이 대부분이다. 이러한 부분이 오해가 되거나 잘못 비쳐질 수 있는 때가 많기 때문에 오해 받지 않도록 조심한다.

박준흠 올해 들어서 대표님이 SK에서 전무로 승진해고, 회사는 3년 전부터 흑자로 돌아섰다. 음악산업 내에서나 SK 그룹 내에서 인정받은 것은 아닌가?

신원수 비즈니스가 수익을 냈다고 인정이 되거나 수익을 내지 못한다고 해서 인정이 되지 않는 것은 아닌 것 같다. 돈을 벌지 못하는 회사는 좋지 않고 돈을 버는 회사는 좋다는 것은 단편적인 것 같다. 돈을 잘 번다고 해서 꼭 옳다거나 그런 것은 아니다. 나는 전문 경영인으로써 경영 활동을 하고 있고, 음악을 하고자 하는 사람들이 무엇이 필요한지 이해해서 음악 하는 사람들이 가치 있게 활동할 수 있는 플랫폼을 만든다. 이런 측면에서 보면 아직 꿈은 이루어지지 않았다고 본다. 다른 사람들에게 우리의 주장을 말하기보다 실적을 가지고 자랑할 수 있도록, 음악 이해관계자들에게 우리가 있기 때문에 조금 더 행복하다고 인정받는 것이 급하다.

박준흠 직원들은 상당히 고무된 측면이 있을 것 같다. 로엔엔터테인먼트에 들어온 직원의 경우, 음악과 관련된 회사업무와 자신이 좋아하는 접점에 대한 이해가 높다고 했는데, 이러한 부분에서 대표이사로써 직원들에게 도움을 주고 싶은 것들이 있나?

신원수 사실 우리회사가 기존의 음반사하고는 문화나 운영 시스템이 많이 다르다. 대부분 콘텐츠 비즈니스라는 것이 상당히 위험부담이 높고 가치판단에 대한 것들을 객관화하기가 어렵기 때문에 시스템 경영을 하는 회사들이 경쟁력을 갖기가 어렵다. 예를 들어서, 플랫폼이라고는 하지만 우리

직원들이 일반적인 급여생활자나 근로계약이나 위쪽에서 원하는 일을 하는 구조라면 사업을 경쟁력 있게 하기 어렵다. 2007년 7월에 부임해서 한 첫 결재가 방송국 홍보를 위한 음반 CD 결재였다. 홍보 CD이기 때문에 비매품이라는 라벨이 붙는데, CD 한 장의 생산 원가가 그 당시 500원 정도였고 그 10장을 방송국에 보내주는 결재를 했다. 금액으로는 5000원 정도 된다. 별로 중요하지 않아 보이는데 대표이사한테 이러한 결재가 중요한 것인지 알고 싶어서 물어봤더니, 음반 홍보용 CD를 방송국에 보내는 거라고 직원이 그러더라. 그리고 결재를 해야 한다고 하더라.

대부분의 엔터 기업들은 위험 부담 때문에 오너 중심 경영 구조를 가지고 있고, 도제 시스템 형태가 많다. 영화도 비슷하다고 본다. 영화 조감독이라고 하면 대우를 받을 줄 알았는데 그런 것이 아니라 그냥 도제 시스템이더라. 주방장을 하려면 설거지를 3년을 해야 한다던가 이런 방식이다. 구성원들의 복리후생이나 급여도 낮다. 우리나라의 엔터 기업이 '정규 교육' 시스템을 통해서 인재들을 양성하는 구조를 갖지 못하기 때문에 여기에 관심 있는 사람들이 이러한 지식을, 소위 말하는 인정받는 사람들 밑에 들어가서 도제 시스템으로 교육 받는다. 그렇기 때문에 본인의 창의적 고민을 테스트하거나 도전해보는 기회는 거의 없고 오너 등에 의해 전체가 움직인다. 모든 의사결정권은 위에 있는 구조다. 물론 위험부담이 크기 때문에 이러한 방식이 이해가 간다. 권한을 위임하거나 하는 문제는 본인의 전 재산이 걸려 있기 때문에 가치 판단이 어렵다. 처음에 이 일을 시작할 때 나도 어려웠다. CD에 음원 담긴 것을 가지고 투자가 5000만원이나 5억을 하는 것이 있는데 결과를 누구도 예측할 수 없다. 그렇기 때문에 콘텐츠 쪽에 모든 의사결정을 위험부담을 지는 오너한테 있는 구조인 것 같다. 과거의 서울음반 시절에도 이러한 형태였기 때문에 모든 의사결정은 위쪽에 있다. 내가 없을 때만 해도 음반시장이 어렵고 투자율이 마이너스였고 대부분의 음반 회사들이 다 도태됐다. 로엔도 대기업이 투자해서 살아남고, 도레미음반도 KT가 준비해서 살아남은 것이다. 음악 외에 자본력이 있는 회사들이 투자를 하면서 회사의 명맥이 이어지고 나머지는 없어진 상태이다. 솔직히 어떤 음악을 투자하고 상품화를 한다는 것은 어렵다. 내가 사장이지만 음악적 식견은 젊은 친구들이 더 넓을 것이다.

박준흠 대표님은 음반도 많고 음악을 좋아하지 않나?

신원수 음악은 좋아한다. 하지만 음악에 대해 상업적 식견을 갖는 것은 다르다. 개인적인 음악적 주관은 분명하지만 상업적 판단을 맞춰본 적은 거의 없다. 좋아하는 음악은 되지 않고 별로인 것 같은 음악은 흥행에 성공했다. 음악을 좋아하는 것과 상업적 식견을 가지는 것은 다르다.

디지털화, '네트워크 사업' 필요성

"네트워크는 일종의 파이프인데 이걸로는 회사의 성장은 힘드니
파이프 위에 플랫폼이나 새로운 뉴미디어 사업 쪽을 하나의 궤도로 개발시켜야 한다는
전략적 고민이 있었다. 돈을 벌기 위한 직접적 니즈가 있었다고는 말하기 어렵다."

박준흠 프로필을 보다가 궁금한 것이 있었는데, 2004년에 SK에서 음악사업팀을 만든 다음에 멜론을 런칭시켰다. 당시 인터뷰를 보면 음악사업팀을 맡은 계기가 사내게시판에 음악 관련 글을 쓴 것을 보고 회사 이사진들이 맡긴 것 같다고 언급했다. 혹시 당시 SK에서 모바일 인프라를 가지고 음악사업을 할 것이라고 예측을 하고, 본인이 음악사업 부분을 맡고 싶다는 생각을 한 적은 있나?

신원수 그렇지는 않았다. 나도 통신회사에서 20년 있다가 음반 쪽으로 온 것이다. 중간에 SK텔레콤에서 콘텐츠 관련 일을 하기는 했지만 나이 들어서 하는 일을 바꾼다는 것은 쉽지 않다. 20년 하던 것은 자다가도 깨어나 능숙하게 할 수 있다. 그러한 의도는 아니었다. SK에서도 음악 사업에 대한 부분이 모바일에서 벨소리, 컬러링이었다. 불법복제를 방어하기 위해서 벨소리 컬러링 부가서비스를 해온 것이다. SK텔레콤이 음악적 식견이나 R&C(resource & capability, 내부역량)가 축적되어서 개발시킨 것은 아니다. 다만 전체적으로 디지털화가 되어가고 있었고, 우리는 '네트워크 사업'을 해야 했다. 네트워크는 일종의 파이프인데 이걸로는 회사의 성장은 힘드니 파이프 위에 플랫폼이나 새로운 뉴미디어 사업 쪽을 하나의 궤도로 개발시켜야 한다는 전략적 고민이 있었다. 돈을 벌기 위한 직접적 니즈가 있었다고는 말하기 어렵다. SK 전체 매출은 1년에 100조이고, 텔레콤이 14~15조이다. 당시 음악산업을 다 따져봐야 2천억밖에 되지 않았다. 그렇기 때문에 사업적 매력이 있다고 시작한 것은 아니고, 하다 보니 낯선 부분이 많아서 일정 부분 콘텐츠산업에 대한 이해와 관계자들과 협력할 수 있는 채널이나 뉴미디어 시장에서 협력이 필요했다. 그런데 서로에 대한 이해가 적어서 이해를 넓히고 다양하게 만날 수 있는 채널이 필요해서 사업에 투자한 것이다. 실제로 이 회사는 SK 색채가 많지 않다. 그리고 SK 사람이 이쪽으로 오는 것도 배제하고 있다.

박준흠 지금은 플랫폼을 넘어서 콘텐츠 제작이나 매니지먼트 사업까지 하고 있다. 콘텐츠를 안정적으로 확보하기 위한 방안인가?

신원수 콘텐츠를 안정적으로 확보하려는 정도는 아니다. 우리 회사 제작사업도 다른 회사와 체재가 다르다.

박준흠 CJ 쪽에서 영화를 하는 방식과는 어떻게 다른가?

신원수 CJ는 어떻게 보면 분배하는 비즈니스인 것 같다.

박준흠 실제로는 분배에서 시작해서 제작 등 전반적으로 한다.

신원수 제작은 안하고 자본적 제작, 투자를 한다. CJ가 제작을 하지 않는다. 말은 공동제작인데 간접적 투자 뿐 아니라 직접적 투자를 통한 공동제작이다. CJ의 영화감독이나 영화를 만드는 조직이 있지는 않다. 우리도 마찬가지이다. 음악에 관련된 이해 관계자는 제작사도 있지만 아티스트, 작곡가 이런 사람도 많다. 재능이 있거나 어떤 특정 영역에서 재능을 가지고 있다고 해도 기회가 주어지지는 않는다. 도제 시스템이 장점도 있지만 약점도 너무 많다. 우리 제작사업 같은 경우, 플랫폼적 제작 사업 구조를 가지고 있다. 우리가 주도한다기보다는 기회를 갖고 싶어 하는 사람끼리 연결해주고, 이루어질 수 있게 자본이나 인프라를 공급한다. 뮤지션들은 비즈니스 하는데 약하다. 재무, 회계, 법률적 지원 이런 쪽은 하지 못한다. 다 비용으로 오기 때문에 이 부분을 플랫폼을 제공하는 것이다. 우리 회사에 프로듀서나 작곡가 같은 관계는 느슨하다. 단지 인프라를 제공한다. 회사는 능력 있는 사람을 영입해서 시작을 하지는 않는다. 주로 재능은 있는데 다른 재능과 결합이 되었을 때 시너지가 나는 사람들이 참여한다.

박준흠 아이유의 경우는 로엔에서 어떻게 매니지먼트를 진행하나?

신원수 우리나라 구조가 외국과 다르고 어느 정도 시스템화 되어 있는 형태이다. 우리 회사 매니지먼트 시스템은 전문가 영역으로 따로 있다. 그런 것들을 연결시키는 것이 역할이다. 지금은 실험을 하는 과정이라고 보면 된다. 예를 들어 아티스트를 캐스팅해서 육성하는 플랫폼도 만든다. 퀄리티 있게 시스템을 가지기 위해서는 비용이 많이 든다. 마이너 기획사는 자체적으로 기획, 트레이닝을 하는데 현실적으로 어렵다. 오히려 이러한 부분에서 위탁을 받아 공급해주고 코드가 맞는 사람끼리 맵핑해주는 테스트를 하는 것이다. 우리 주도적 관점하고는 다르다. 할 수 있는 기회가 주어지지 않는 사람들에게 서로 연결하고 인프라를 공유 할 수 있도록 제공해 주려 생각하는 바이다. 그래서 기존의 유명한 작곡가에게 가서 곡을 달라고 하지 않고, 신인 작곡가 양성 프로그램을 만들고 오디션을 만들어서 발굴하고 각 기획사에 연결시켜준다. 여기서는 좋은 재능 뿐 아니라 운도 굉장히 중요하다. 재능만 있다고 해서 성공하는 것은 아니다. 재능은 있는데 운이 없어서 재능을 못 펼치는 사람들이 너무 많다. 왜냐하면 공개되거나 오픈된 플랫폼이 없기 때문이다. 예를 들어, YG에 들어가면 양현석 사장 코드에 맞아야 기회가 있는 구조이기 때문이다. 제작을 하는 이유는 SM이나 YG와는 다르다. 프로듀싱 능력이 있는 사람, 좋은 곡을 창작하는 능력이 있는 사람, 아티스트로써 음악적 재능을 가지고 있는 사람을 쉽게 연결시키고 장점들을 모은다. 그런데 창작적 재능이 있는 사람이 비즈니스적 재능은 없는 것 같다.

멜론, MLB 개발

"MLB, 추진력 보다는 경제적 정의 측면에서 이것이 옳다고 생각돼서 한 것이다."

박준흠 2004년에 멜론을 런칭하고 MLB(Music License Bank) 시스템을 만든 이야기를 매일경제에서 인터뷰해서 책으로도 나왔다. 굉장한 '추진력'을 가진 분으로 소개된다.

신원수 나는 무척 소심하다. 전형적인 A형이다. 추진력이라기보다 '옳은 것'은 해야 한다는 정도이다. MLB도 단순했다. 처음에 벨소리, 컬러링을 했을 때 라이선스들에 관심이 없었다. 정통부가 네트워크 사업자가 부가 사업을 하는 것도 규제했다. 이유는 IT 산업을 활성화시키기 위해서 콘텐츠 프로바이더 형태로 중소기업들이 이 쪽 영역에서 비즈니스를 할 수 있도록 사업을 규제했다. 그렇기 때문에 벨소리, 컬러링을 SK텔레콤이 직접 사업을 하는 것으로 생각하지만 서비스 할 수 있는 인프라와 플랫폼만 만들고 실제로 다날, 5425 같은 수많은 업체들이 음원 라이선스 계약하여 콘텐츠를 가공, 플랫폼에 업로딩하면 판매하고, 거기에서 나오는 수수료를 뗐다. 앱스토어의 형태인 비즈니스였다. 우리는 당시에 어떤 음악이 팔릴 때, 실제로 무슨 음악이 팔리는지는 알 지 못했다. 정산을 해야 할 대상은 어떤 회사가 올린 것인지에 대해서만 코드를 붙였다. 컬러링이 팔리면 회사에 배분을 하는 것이다. 당시 수수료가 10~30%를 떼고 배분을 하는 형태였다. 그렇기 때문에 우리는 무슨 음악인지 중요하지 않았다. 그래서 데이터가 없었다.

그리고 업체 간에 경쟁을 하는데 공정경쟁이 되지 않았다. A라는 CP가 킬러 콘텐츠에 대해서 입도선매를 했다. 독점적으로 한 달을 사용하려고 라이선스를 가져오고 다른 사람에게 주지 않았다. 자유 경쟁시장에서 나쁜 것은 아니지만 정산 시스템이 투명하지 않았다. 우리는 분명히 정산해서 돈을 주는데 CP들이 라이선스에게 제대로 정산했는지 알 수 없었다. 그래서 안 좋은 사례가 많이 생겼다. 사서 판매한 다음에 다른 이들은 못쓰게 하고 정산을 줄여서 했다. 이로 인해 시장이 많이 왜곡돼서 바람직하지 않기 때문에 라이선스와 모바일 부가서비스를 하는 영역과 분리하는 것이 좋겠다고 봤다. 투명성이 보장되기 때문이다.

MLB라는 것은 아직도 세계적으로 없을 것이다. 우리도 아이튠스에 음원을 공급하고 있지만 일방적 통보만 받는다. 아이튠스에 올리면 우리 쪽으로 결과값만 준다. 그 결과 값이 맞는지 틀린지는 알 수 없다. 틀리다고는 보지는 않지만. 그래서 생각을 했던 것이 개선이 필요하다는 것이었다. 음반과 음원의 시장 차이점은, 소비자들에게 경제적 가치는 동일하지만 음반은 물리적 매체이기 때문에 거래의 투명성이 어느 정도 보장된다는 점이다. 예를 들어 창고에다 음반 쌓아놓고 도매상에서 가져가는 대로 돈을 받으면 된다. 누수가 없다. 하지만 음원은 라이선스를 사용 허가 하는 것이니 얼마나 팔렸는지 알 수가 없다. 지금도 이 문제는 디지털 콘텐츠 시장에서 중요한 이슈 중 하나이다. 복제되는 것이기 때문에 정산, 분배의 투명성에 대한 문제는 중요하다. 이러한 이슈 때문에 아이디어를 낸 것이다. CP들도 킬러 콘텐츠 입도선매

에 기를 쓴다. 입도선매를 해야 독점적으로 영리를 추구하는데 낫기 때문이다. 그래서 라이선스를 위한 플랫폼을 만들고 투명하게 정보를 서로 교환할 수 있는 구조를 같이 만든 것이 MLB 시스템이다. 그러다보니 KT나 LGT도 유사한 시스템을 만들었다. 이 부분은 원래 누수가 많았다. 우리들이 정산해주는 총 금액과 신탁단체에서 받았다는 돈이 달랐다. 어디서 누수가 되는 것이다. 우리는 확인할 수 없어서 예전에는 콘텐츠 사업자들 코드만 했는데 별도로 음원을 분류하는 것이 좋겠다고 봤다. 기술 회사들은 따로 음원을 계약하지 않고 기술로만 사용하게 하고 여기에서 이것들을 직접 정산하지 않고, 시스템을 통해 라이선스 홀더들에게 직접 정산하는 체계를 갖기 위해서 한 것이다. 추진력 보다는 경제적 정의 측면에서 이것이 옳다고 생각돼서 한 것이다. 특별한 이유는 없다.

태양의 서커스 : 음악 사업의 동기

"어차피 로엔이라는 회사가 없어도 다른 사람이 할 수 있는 일을 하는 것이
무슨 의미가 있나. 어느 주머니에 들어가느냐에 문제이다."

박준흠 당시 이런 생각을 한 것이 획기적으로 평가 받았다. 본인의 이야기를 들으면 로엔에서 하는 여러 사업을 플랫폼적 관점에서 바라본다는 느낌이 든다. 매니지먼트까지도 플랫폼을 만들어서 시장에 제시하는, 음악사업의 방법론을 로엔이 제시해주는 방식을 생각하는 것 같다. 이러한 부분에서는 SK에서 오랫동안 있으면서 쌓아온 노하우를 바탕으로 적용하는 것인가?

신원수 내부적으로 본 사업에 대한 질문들이 많았다. 왜 해야 하느냐, 등. SK가 여러 사업을 하는데 콘텐츠 수급이 중요해서 확보하려고 하지만 로엔으로는 해결이 되지 않는다. 우리가 콘텐츠가 필요하다고 해서 영화 제작을 하는 것은 현실적이지 않다. 물론, 전략적으로 일정 부분의 의미는 있겠지만 모든 문제 해결은 아니다. 요새 대기업이 빵집, 커피숍을 하는데 문제가 있다고 본다. 어차피 다른 사람이 하는 일을 우리가 조금 더 잘해서 다른 사람의 몫을 우리 것으로 만드는 것에 대한 의문점이 든다. 어차피 로엔이라는 회사가 없어도 다른 사람이 할 수 있는 일을 하는 것이 무슨 의미가 있나. 어느 주머니에 들어가느냐에 문제이다. 그래서 이 사업에 대한 고민을 했었다. 시스템 경영에 잘 맞지도 않고 굳이 해야 할 이유를 못 찾았다. 처음에는 그래서 나도 반대했다. 대기업군이나 시스템 경영을 하는 기업문화를 가지고 있는 기업에서는 안 맞는 것 같다고 생각했다. 의미도 없다고 생각했다. 예를 들어, 남들이 하는 것을 더 잘해서 시장 쉐어를 50% 가져가서 1조, 2조 되면 돈벌이가 된다. 로엔이 현재 업계 1등을 하는데 매출액이 2천억원이 안 된다. 영업 이익이라는 것이 1년에 100억 나면 잘된 것이다. 실제로 100억의 부가가치를 올린 것도 아니다. 투자에 대한 기회비용을 따지면 사업성이 좋지 않다. 이 돈을 은행에 넣어 이자를 받는 것과 비교하면, 위험 부담을 안고 열심히 한 것치고는 경제적 관점에서 투자 가치가 높지는 않다. 이러한 의문을 가지고 보다보니 안타까운 것이 많았다.

개인적으로 일에 확신을 가지고 주주를 설득을 한 결정적인 계기는 '태양의 서커스'를 우연한 기회에 보러갔는데 충격을 받았던 일이다. 한국에서 작

은 규모로 한 태양의 서커스였다. 옛날에 서커스를 보면 어렸을 때부터 재밌는 반면에 연민의 정 같은 것이 있었다. 사람들이 불쌍한 생각도 들고. 동춘 서커스도 그렇고. 서커스는 한물 간 엔터테인먼트 콘텐츠라고 생각했다. 그래서 안 가려고 했는데 딸이 보고 싶다고 해서 갔다. 그런데 충격을 받았다. 내가 생각했던 서커스와 너무 달랐다. 천재들이라고 생각했다. 의상, 음악, 무대 장치, 무대 미술. 옛날의 서커스는 우울함과 연민의 정이 있고 광대의 재주를 보는 것 같았는데 이것은 멋진 쇼였다. 개인적으로 충격을 받았다. 그렇지만 이쪽에서 문외한이라서 단지 연출자가 천재라고 생각했다. 어떻게 한물 간 서커스를 이런 모습으로 해석해서 보여줄까라고 생각했다. 그 이후로는 그저 흥미로웠다고 생각했다. 그리고 2년 후에 라스베가스에 CS가 있어서 출장을 갔는데 거기서 태양의 서커스 쇼를 했다. 그 때 시간이 나서 보러 갔다. 한국에서의 규모는 작았고 거기 서커스는 스케일이 컸다. 표도 200달러였는데 좋은 자리는 아니었다. 사람은 많았다. 그리고 거기서 또 충격을 받았다. 첨단 기술, 음악, 무대, 사람들의 연기, 연출 등이 영화 한 편 본 것보다 감동적이었다. 그리고 의심을 갖기 시작했다. 어떻게 한 사람이 모든 영역의 재능을 가지고 연출할 수 있을 것인지 생각했다. 그래서 이때부터 관심을 가졌다. 알고 보니 하버드의 케이스 스터디로 되어 있더라. 한 사람에 의해서 만드는 것이 아니라 '재능 있는 사람들이 팀웍을 가지고 만든' 큰 비즈니스였다. 태양의 서커스 매출이 조 단위이고 세계적으로 열 개 넘는 프로그램이 돌아가는 가장 큰 쇼 비즈니스다. 국내에서도 성공사례로 나왔다. 거기서도 한물 간 서커스를 가지고 어떻게 사람들에게 새로운 모습으로 보여줄까라는 고민을 가지고 사람들이 의기투합해서 서로의 재능을 인정하고 결합하여 훨씬 차원이 높은 형태로 끌어냈다. 이러한 모습이 멋져보였다. 우리나라는 서커스

가 다 없어졌다.

나도 이쪽에서 일하면서 느낀 것인데 한국 사람의 창의력, 열정, 에너지는 굉장히 뛰어나다. 안타까운 것은 다 각자 움직인다는 것이다. 서로 같이 하는 것을 못한다. 그리고 자기 것이 최고라는 형태, 도제 시스템 구조를 가지고 있어서 재능이 있는 사람이 그 밑으로 들어가서 허리띠를 졸라매고 춥고 배고픈 생활을 한다. 이 밑에서 배운 후 독립해서 나오고, 스승이 나이가 들면 다시 도태돼서 없어진다. 성공한 사람을 따라가는 정도의 성공을 하면 성공을 한다고 본다. 이러한 구조라서 진화가 안 된다. 축적된 상황에서 진화를 하고 서로 잘 맞는 영역에서 결합해서 시너지를 내는 것이 중요하다. 창조적인 사람은 비즈니스를 잘하는 사람과 결합해야 한다. 전문 경영인은 투자를 하고 창조적인 사람에게 줘야 하는데 서로 이 결합이 성공한 사례가 없다. 다 처음에 만났을 때는 의기투합하다가 지나며 서로 등져서 믿을 수 없으니 모든 것을 혼자 다 한다. 내가 아는 한 사람은 너무 재능이 뛰어난데, 이 뛰어난 부분에 모든 에너지를 다 썼으면 좋겠는데 다른 부분을 공부하면서 한다. 시스템이 없어서. 이런 부분은 좀 안타깝다. 그래서 이 부분은 우리가 할 수 있다고 생각했다. 로엔이 신용은 좀 있는 것 같다. SK가 사기 칠 것이라는 생각은 하지 않는다. 사람들이 출발할 때 시장에 자본 공급이 안 되면, 이런 부분을 도와주면서 플랫폼을 제공한다.

일본의 엔터테인먼트는 다양한데 우리는 전문화가 되어 있지 않다. 예를 들어 머천다이징도 음악하는 CD 만드는 정도이다. 나머지는 행사 외에 거의 없다. 사실 외국은 이러한 부분에 대해서 시장에서의 부가가치를 높이기 위해 전문성이 구비되어 있다. 하지만 한국은 명동에서 외국인이 브로마이드를 사는 것들은 다 가짜이고 허접하다. 일본은 한류가 대단하다. 어떤 부분이 과장이 되어 있기

도 하지만, 미디어에서 말한 것보다 더 큰 부분이 있을 수 있다. 일본에 한류거리가 있다. 그 곳 부동산 값이 엄청 올랐다. 삼겹살집 등 우리나라 연예인 상품들이 있다. 다 중국에서 불법복제해서 놔둔 것이다. 우리나라 엔터 비즈니스와 연결된 상품은 하나도 없다. 하지만 일본은 이런 것들이 잘 되어 있다. 물론 하기 어렵다. 우리나라의 기획사라는 부분이 자본력과 시스템을 가지고 재능 있는 사람을 가지고 가는 경우는 없다. 거의 프로듀서를 하거나 홍보 매니저를 하거나 프로모션을 하는 사람들이 펀딩을 하는 회사이고 직원이 10명 넘는 회사가 많지 않다. 이러한 사람들이 정보를 가지고 비즈니스를 개발시키기 위해서는 현실적으로 불가능하다. 하지만 이를 해결해 줄 시스템은 시장에서 존재하지 않는다. 이 사람들이 가질 수 있는 기회는 없는 것이고 이러한 영역은 많다.

옛날에 음악이라는 비즈니스가 음반을 만들어서 도매상에 보내는 것이었다면 지금은 음원, 음반이라는 것이 비즈니스적으로 유용하지는 않다. 음악을 돈 내지 않아도 얼마든지 들을 수 있다. 조금 귀찮지만 큐레이션 등 유투브 홍보 영상을 정리해서 어플로 만들어서 음악을 합법적으로 무료로 들을 수 있다. 유투브에 라이선스를 허용해서 가능하다. 음원에 매달리는 비즈니스를 가지고는 앞으로 안 된다. 선진국들도 해결이 안 된다. 결국에는 비즈니스 패러다임이 바뀌고 이러한 새로움에 대응을 해야 하는데 개별 창작자들이 대응하거나 그런 부분에서 비즈니스 가치를 개발하기는 현실적으로 어렵다. 이러한 것들을 만들어주고 그 다음에 도제 시스템이 가지는 한계 등은 넘어보는 것도 좋지 않을까 싶다.

한류가 지속적으로 성공할 것이냐 하는 문제는 답이 없다. 담보할 수 없다. 어떻게 하기 나름이다. 정해져 있지 않지만 제한된 소수의 역량을 가지고는 오래 가지는 못할 것이고 이 분들의 역량 위에 새로운 역량들이 진화하는 형태로 가지 않으면 안 된다. 하지만 도제 시스템에서는 이 과정이 불가능하다. 그래서 자꾸 죽어가는 것이다. 이러한 부분에서 시스템적 전환이나 시도들이 필요할 것 같다. 그래야 우리도 태양의 서커스나 할리우드에 경쟁할 수 있는 기회가 온다고 생각한다. 또 아직은 할리우드가 콘텐츠 시장을 장악하고 있지만 시장은 이미 동양이 더 큰 것 같다. 다만 동양에서 비즈니스화 하지 못했고, 미국사람의 정서를 이해하고 지속적으로 메이저 시장에 데려가서 일정 부분 자리를 잡는 것은 어렵겠지만 아시아권에서 최소한 문화적 정서를 같이 하는 데에서는 가능성이 있다고 생각한다. '대장금'이 중국에서 높은 시청률을 가지고 있는 것으로 보아 기회가 있다고 본다. 중국에서는 돈은 안 되지만 언젠가는 저작권이라든가 문화산업들이 인정받고 기회를 가질 수 있는 시장이 될 것이라 생각한다.

이런 부분에 나아가기 위해서는 재능 있는 이수만 선생님이나 YG, JYP 쪽이 프론티어적으로 시장을 개척한 것이다. 하지만 이 분들 방식으로는 더 이상 진화하기는 어려울지도 모른다. 이 분들이 축적해놓은 베이스 위에 새로운 세대들이 계속 쌓여나갈 수 있는 구조를 가져가야 할 것 같다. 다행스럽게 일정 규모를 올라가고 있다. SM은 좀 시스템화 되어 가는 것 같다. 각자 전문성들이 인정되고 키워지고 도제가 아닌 조직 안에서도 인정받고 보상받을 수 있는 형태의 기회들이 오는 것 같다. 그렇지만 아직 많이 바뀌어야 될 것 같다. SM이 가장 경제적 가치가 큰 회사인데 직원들 인건비 기사가 떴다. 너무 낮아서 놀랐다. 도제적 시스템도 이해가 간다. SM도 경제적 수익을 창출한 것이 1,2년 밖에 되지 않았다. 그런데도 엘리트들도 들어온다. 정부 정책을 하는 사람들이 있는 자리에 가면 본질적 문제를 해결해야 하는데 외형적 처방만 하려고 한다.

향후 음악사업 전망

"아마 음악은 무료로 듣고 다른 것들을 통해서 비즈니스를 만들어 낼 지도 모른다."

박준흠 향후에는 체계화된 음악 사업의 다양한 플랫폼들을 만들어서 외부에 제공할 생각이 있나?

신원수 계속 그 작업을 하고 있다. 유통도 마찬가지이다. 뮤직 마켓이라는 멜론이 있고, 콘텐츠를 투자하고 마케팅 해주는 투자 유통 비즈니스를 하고 있고, 콘텐츠를 만드는 비즈니스를 한다. 사업 내용은 다 하지만 구조들은 다르다. 멜론의 마켓 플레이스는 생산자한테 라이선스를 받고 자판을 펼쳐놓고 소비자들이 와서 사면 주고 돈 받아서 다시 생산자에게 주는 구조이다. 생산자하고 소비자는 서로 연결이 안 되어 있다. 소비자와 소비자간, 생산자와 생산자간의 가치를 제공해주지 못하는 플랫폼이다. 스토어다. 이를 좀 더 고민해서 음악적 이해 관계자에게 확장해서 가치를 높여줄 수 있는 방법을 생각중이다. 서로 연결시키는 것을 생각한다. 그래서 플랫폼도 새로운 개념으로 진화하기 위해 준비, 연구를 계속하고 있다. 일례로 육교에 보면 플랭카드가 있고 여기저기 포스터를 붙인다. 예를 들어 아이유를 언제 부산에서 공연을 한다고 할 때, 멜론에서 최근 1년 안에 아이유 노래를 다운 받은 사람들 중에서 부산 사는 사람은 소통이 가능하다. 기술적으로. 시스템을 고도화 시킨다면 가능하다. 그렇다면 굳이 포스터를 붙인다거나 하는 일들은 하지 않아도 된다. 아마 다양한 형태가 있을 것이다. 작은 그룹핑을 사용한다거나.

문제는 디지털화의 약점도 많다. 보호받기 어려운 부분이 많다. 하지만 장점도 있다. 케이팝이 해외로 진출한 것은 인터넷이 없었으면 불가능했다. 프랑스에서 미디어 플레이를 한 적이 없다. 슈퍼주니어가 프랑스 방송국에 출연하지 않았다. 하지만 유튜브나 새로운 미디어가 국경을 넘어서고 소셜 네트워크 서비스가 확대되면서 이러한 정보가 빠르게 공유되는 구조이다. 유투브에 케이팝 콘텐츠를 올리면 전체 트래픽 중에서 70% 이상이 해외 트래픽이다. 이렇게 패러다임이 바뀌고 있다.

지금까지는 산업내의 가치사슬이 각자에 의해 이루어진다. 어떻게 보면 멜론은 음악을 떼어다가 음악만 많이 팔면 됐었던 것이다. 하지만 이 사실 말고 세상 사람들이 음악과 관련된 다양한 생활을 하고 있는데, 이를 좀 더 가치 있게 만들거나 혹은 직접 이어줄 수 있게 만들 수 있다. 아티스트가 내 음악을 듣는 사람이 어떤 사람들인지 궁금할 것이다. 커뮤니케이션도 원할 것이다. 하지만 지금은 할 수 있는 방법이 없다. 판매에 대한 돈만 지불하지, 음악을 산 사람들이 누구이고 어떤 생각을 가지고 있는지는 할 수 없다. 이제 음악을 팔기도 힘들지도 모른다. 소셜 네트워크, 클라우드 등 정보를 공유할 수 있는 것들이 낮은 비용으로 너무 쉽게 되어 있다.

이번에 징수 개정도 굉장히 아이러니한 이슈가 많다. 쉽지 않다. 가치라는 것이 절대적, 상대적 가치가 있다. 금값이 비싼 이유는 금이 그만한 부가가치를 창출할 수 있는 원자재이기도 하지만 희귀성, 수요공급 이슈이다. 아마도 길거리에 금들이 항상 낙엽 떨어지듯 있으면 금은방에서 금을 판다는 것은 불가능하다. 사실은 이러한 부분들이 지금 있다. 과연 우리는 어떤 비즈니스를 어떻게 음악산업에서 할 것인가에 대한 문제는 편한 이야기는 아니다. 아마 음악은 무료로 듣고 다른 것들을 통해서 비즈니스를 만들어 낼 지도 모른다. 참 어려운 것 같다. 나도 멜론을 할 때 딸이 초등학교 4학년이었다. 이 때 MP3 플레이어 주고, 멜론 유료로 가입해서 음악을 불법복제 하면 안 된다고 했다. 학교를 갔다오더니 MP3 플레이어를 안 쓴다고 해서 물어봤더니 아이들이 놀린다고 하더라. 음악을 돈 받고 다운 받는다고 바보라고 하더라. 애들이 비아냥거린다고 하더라. 사실은 간단한 문제는 아니다.

어쨌든 이제는 따로따로 고민하는 것 가지고 비즈니스, 시장 변화에 대응하는 것은 어렵다. 예를 들어 음악은 무료로 듣는데 팬클럽에 가입하려면 1년 회비를 내서 가수들이 회비를 받아 먹고 살지도 모른다. 음악이 너무 무료로 쉽게 돌아다닌다

면 음원으로 돈을 버는 것은 현실적으로 어려운 상황이다. 중국이 전형적인 예이다. 중국은 음반사가 없다. 음원을 유통하는 비즈니스 자체가 없다. CD를 만드는데 이건 홍보용 일 뿐이다. 중국이 바람직하다는 것이 아니다. 세상의 메커니즘이 이렇게 되어 있어서 안타깝지만 쉬운 문제는 아니다. 이러한 부분들이 헤쳐 나가기 위해서는 가수가 노래만 잘하거나 작곡만 잘하거나 유통 사업자가 마케팅을 잘한다거나 하는 등의 따로 보는 것은 해결이 되지 않고, 이러한 문제에 대해서 서로 지혜를 맞대고 협력하는 체재가 되어야 한다.

음악산업 발전을 위해 먼저 음악시장 규모가 커지는 것이 매우 중요

*"일본이 한국보다 장르가 다양하고 스펙트럼이 넓다.
한국보다 나은 것이 아니라 시장 자체가 큰 것이다."*

박준흠 한국 음악산업 현황과 전망, 문제점, 대안에 대해서 음악산업에서 대표적인 음악 기업인 로엔과 CJ E&M, JYP 대표들의 의견을 들어보고 있다. 향후 국내 음악산업은 어떤 방향으로 얼마나 커질 것인지에 대해서도 듣고 싶다. 여기에 따른 로엔의 사업 방향성 등을 들어보려고 했다. 사실 음악산업 안에 존재해야 하는 로엔엔터테인먼트의 비전은 무엇인가?

신원수 음악과 관련된 이해관계자들의 가치를 높여 주는 회사이다. 우리가 가지고 있는 비전이다. 내 것을 남보다 더 잘해서 비즈니스 하는 회사는 로엔은 아니다. 음악과 관련된 소비자들, 가수들이 비즈니스를 하든 음악적 가치를 획득하는데 훨씬 더 가치 있고 행복하게 할 수 있도록 해주는 회사. 이런 것이 비전이다. 플랫폼적 사업자.

박준흠 한국 음악산업은 어떤 면에서는 한계에 봉착한 것 같다. 그래서 한 편으로는 음악산업의 볼륨 자체를 키우는 것도 필요하고 단순히 키우는 것을 넘어서 균형적인 발전을 이루도록 키워야 한다. 근래 얘기되는 종량제/정액제 문제라든지, 음원의 수익 분배 같은 부분들이 시급하고 중요하지만 한편으론 지엽적인 문제라는 생각도 든다.

신원수 일정 부분 동의하다. 현안 문제가 한가지로 하나의 키로 열릴 수 있는 상황이 아니기 때문에 다양한 지혜들을 모아 각자의 역할에 대한 변화를 정부는 정부대로, 업계는 업계대로 노력해야 할 것들이 있다. 이러한 구심점이나 경험이 없는 것 같다. 이러한 문제는 해결해야 하는데 쉽지 않다. 경험이 너무 없기 때문이다.

박준흠 한국 음악산업 문제점에 대한 원인 분석부터 해야 하는데, 그렇지가 못하다.

신원수 음악산업에 대한 체계화된 지식은 음악 업계에 없다. 오히려 서비스 사업자나 부가된 산업 내에서 본인들의 니즈를 위해 체계화 시키고 해석하고 분석하는 것은 있지만 정작 음악 업계에는 없다. 이유는 산업이 그만큼 건강하지 않은 것이다. 앨범 내서 당장 3개월 내에 결과를 봐야 하는데, 대중음악 십년 대계를 위해 고민하고 투자를 할 여력이 있는 곳이 별로 없다. 정부는 뭔가 가시적인 것에 관심이 많다. 세종문화회관 짓고 자치단체마다 문화회관 짓는다. 보여주는 데에만 관심이 많다. 산업이 갖고 있는 문제는 이 사람이 해결하지 못한 것들을 해결해 줄 수 있는 노력이 필요하다. 콘텐츠진흥원도 있는데 해결이 왜 안되는지 모르겠다. 이 부분에 지혜가 모아지지 않는 이유는 최소한의 지혜를 모으기 위한 이해가 너무나 다르다. 사실인지 아닌지에 대한 이야기가 많고 이 베이스를 통해서 이야기가 나타나니깐 누구 말이 맞는지 알 수 없다. 목소리 큰 사람이 이기는 것이다. 합리적이지 못한 형태의 의견이 모아지고 결정이 되는 부분이 많다.

박준흠 이러한 부분에서 대안 같은 것이 있을 수 있나?

신원수 로엔은 플랫폼으로 가는 것이 맞다는 것이지, 옳다는 것은 아니다. 우리회사는 오너가 있는 회사가 아니다. 우리가 주체가 되어 하는 역할보다는 정말 잘 하는 사람들을 잘 서포팅해서 가치를 높일 수 있는 플랫폼을 제공하는 것이 맞다. 사장이 바뀌더라도 회사가 잘못되면 안 된다.

대중음악진흥위원회 필요성

"한국은 지상파가 모든 것을 장악하고 있다. 이 문제도 산업적 측면,
지상파 구도의 구조적인 문제도 있지만,
이 베이스에는 시장 자체가 다양성을 상업적으로 수행하기에는 작은 것이다.
이 문제를 푸는 것은 정말 어렵다. 몇 가지 아이디어로 풀리지는 않을 것이다.
복합적인 문제가 있고 우리만의 최선책을 찾아야 하는 것이다.
해외의 시스템이 맞는 것도 있고 안 되는 부분도 있을 것이다.
그러한 연구들은 많이 되어야 할 것 같다."

박준흠 SOUND에서 관심을 갖는 부분은 한국 음악산업 전반의 '균형적 성장'에 대한 '방법론'이다. 즉, 메이저에서 마이너까지 모두가 균형 있게 성장하고, 최소한 재생산 할 수 있는 경제적인 여력을 갖는 것이다. SOUND에서는 어떤 방법론을 제시할 수 있을지 고민한다. 일면 대중음악연구소 역할을 한다고 생각한다. SOUND는 장기적으로/독립적으로 음악정책을 논의하기 위한 민간 차원의 정책연구 시스템이 필요하다고 생각한다. 영화계의 영화진흥위원회와 같은 방식을 생각한다.

신원수 비슷한 것이 있었는데 잘 안됐다. 계속 정치적 쟁점화에 이용이 된다. 기구들은 다 있었고 민간단체도 있었다. 지금도 있다. 평소에는 만나 본 적도 없다. 하지만 정치적 쟁점이 있을 때 등장하고 없어진다. 며칠 전에 있었던 단체들의 의견을 듣고 싶은데 나에게 의견을 이야기 한 사람도 없다. 기구나 단체가 없어서 그런 것이 아니라 단체의 소위 말하는 업계에서 인정과 신용을 어떻게 만들어가는 것이 이슈다.

박준흠 문화부에서는 장기적인 정책과제를 가져가는 것이 현실적으로 어렵다고 생각한다. 그래서 생각한 모델이 영화진흥위원회처럼 대중음악진흥위원회가 필요하지 않을까 싶다. 대중음악연구자로써 아쉬운 것은 대중음악자료원 같은 곳이 필요한데, 만들어질 기미가 보이지 않는다. 대중음악자료원을 만들기 위해서는 문화부에서 관심을 갖고, 예산 수립을 해야 가능한데, 별로 관심이 없어 보인다. 그래서 대중음악진흥위원회가 생기면 가능하지 않을까라는 생각을 한다. SOUND는 대중음악진흥위 만드는 것을 목적으로 보지 않고, 대중음악자료원 등 대중음악 인프라를 만들어가기 위한 '방법론'으로 여긴다.

신원수 그 점은 동의한다. 하지만 여기에 약점은 기구나 취지에 맞는 단체, 이슈로는 문제 해결이 어려울 것이다. 영화진흥위도 마찬가지이다. 처음 취지처럼 산업적 역할을 해내느냐의 문제다. 하지만 거의 안 된다. 정치적 이슈가 있을 때만 모이고 사라진다. 지금도 사실은 비슷한 것은 있어 왔다. 하지만 이해관계자들의 정치적 쟁점화 부분들 때문에 잘 안됐다. 한국 음악콘텐츠 표준시스템... 이런 것들 가지고 서로 자신의 오너쉽을 가지기 위해서 싸운다. 한 가지만 풀려서는 해결하기 어렵다. 정부가 예산을 주고 한다면 시민연대에서 서로 자신들이 하겠다고 싸울 것이다. 이런 부분이 걱정된다.

박준흠 총론으로 '음악시장 파이를 키우는 것'에

는 모두가 동의할 것으로 생각하는데, 각론이 문제일 것이다. 한국과 영미권 음악시장을 놓고 본다면 결정적으로 한국에 없는 것 중에 하나가 '스테디셀러 음반'이다. 스테디셀러는 음악경영 입장에서 보면 수익이 지속적으로 발생하기 때문에 가장 효과적이지 않나? 그리고 기본적으로 스테디셀러가 나오기 위해서는 '음악예술', '아티스트', '작품' 이런 것들에 대한 인식도 필요하다. 이러한 상황에서 음악시장이 커질 수 있을까 하는 생각도 든다. 영미권, 일본 음악시장을 보면 음악 '비즈니스'와 '예술' 그 중간에서 음악 기획을 하는 것 같다.

신원수 지금 말씀하신 부분은 일부분인 것 같다. 대부분 우리의 상황을 최악으로 보는데 다른 나라도 어떤 면에서도 우리보다 나쁘다. 문제를 해결하지 못하고 있고 이슈를 보면 우리보다 많은 모순을 나름대로 가지고 있다. 내가 보기에는 객관적으로는 사실과 다른 것 같다. 외국도 심각한 상태이다. 국내는 음반 시장이 2001년에 4000~5000억원으로 추정하는데 음원, 음반 합쳐서 시장 규모는 4000억까지는 갔다. 10년 전 이야기이다. 지금보다 시장이 두 배 정도 되면 과거에 가장 좋았던 때에 비교될 것 같다. 3,4년 정도만 하면 2000년대의 두 배 정도가 될 것 같다. 호황이었던 때로 갈 수 있다고 본다. 하지만 외국은 그런 상황이 아니다. 일본도 힘들다. 매년 10%씩 감소되고 있다. 국내는 차츰 올라가다가 스마트폰 나오면서 모바일이 떨어진 것이다. 몇 가지 긍정적인 신호도 오고 있다. 우리가 가지고 있는 문제점이 많지만 해외와 비교해서 국내 시장이 형편없다는 것은 왜곡된 이야기이다.

박준흠　2000년대 들어 음반시장이 왜 붕괴 되고, 한국의 음악시장은 어떻게 성장시킬 것인지에 대해서는 10년 전부터 별다른 해답 없이 비슷한 얘기들만 하고 있다. 원인은 이런 것을 전문적으로 연구하고 대안을 제시할 수 있는 집단이 없는 것이라고 생각한다.

신원수　그 문제는 있는 것 같다.

박준흠　대부분의 인디 뮤지션들은 자발적으로 홍대 인디씬에서 활동하는 것을 택한 사람들이다. 물론 안 그런 사람도 있기는 하다. 오버그라운드로 가기 위해서 인디에서 있는 사람도 있다. 천차만별이다. 하지만 기본적으로 이들이 활동 할 수 있는 인프라는 만들어줘야 하는 것은 '음악정책'이다.

신원수　지금은 고통스러운 시간이지만 문화를 즐기고 받아들이는 성숙도는 과거보다 개선이 되고 있다고 생각한다. 문화의 개방성은 근래 신세대들이 훨씬 넓은 것 같다. 그렇기 때문에 가능성은 있다. 하지만 이 가능성을 산업적 측면에서 어떻게 풀어낼 것이냐의 문제는 어려운 숙제이다. 한국의 태생적 한계도 존재한다. 일본이 한국보다 장르가 다양하고 스펙트럼이 넓다. 한국보다 나은 것이 아니라 시장 자체가 큰 것이다. 산업적 측면에서 이러한 논쟁을 하게 되면 나오는 주장이 인구가 8000만 정도가 넘어야 문화적 다양성들이 상업적으로 연결 고리를 찾을 수 있다는 것이다. 한국은 음악에 해당되는 문제가 아니라 모든 부분에 대해서도 해당된다. 미디어는 지상파가 장악한다. 외국처럼 케이블이나 채널의 다양성들이 영향력을 가지고 각자의 색깔, 인정을 가지면서 생존해야 한다. 하지만 한국은 지상파가 모든 것을 장악하고 있다. 이 문제도 산업적 측면, 지상파 구도의 구조적인 문제도 있지만, 이 베이스에는 시장 자체가 다양성을 상업적으로 수행하기

에는 작은 것이다. 이 문제를 푸는 것은 정말 어렵다. 몇 가지 아이디어로 풀리지는 않을 것이다. 복합적인 문제가 있고 우리만의 최선책을 찾아야 하는 것이다. 해외의 시스템이 맞는 것도 있고 안 되는 부분도 있을 것이다. 그러한 연구들은 많이 되어야 할 것 같다. 한국 시장이 해외 시장에 비해 열등하다는 것은 아니라고 생각한다.

박준흠　뮤지션 입장에서는 열악한 환경이다. 퀘스천 마크로 남는 것은 공중파 방송에 출연하지 않는 30대 이상의 가수가 음반, 공연 활동을 정상적으로 할 수 있는 방법론이다. 어떤 방법론을 사용할 것인지가 문제다. 음악산업의 파이를 키우는 것도 중요하지만 30대 이상의 가수가 활동을 할 수 있게끔 만드는 것도 중요하다. '음악소비자'들 연령층을 20~30대 이상으로 끌어올리는 방법이 궁금하다.

신원수　전략적 논쟁으로는 풀 수 없다. 과거의 올드 케이팝에 대한 미디어적 접근이 있었다. 7080이다. 나가수와 7080은 전혀 다르다. 7080에 대해서 긍정적으로 보는 부분도 있지만 오히려 긍정적 부분을 상쇄시켰다고 본다. 빛바랜 것을 끄집어내어 준비가 되지 않고 떨어진 역량을 보여준 것이다. 보여주는 것은 좋지 않은 방법이다. 문화산업의 핵심은 사람의 감동이다. 몇 가지 정책적 구조의 문제로는 해결이 되지 않는다.

박준흠　민간 차원, 기업 차원에서 할 수 있는 영역이 있다. 한국 음악산업이 균형 있게 발전하려면 어떤 것들이 필요하다는 것을 인위적으로 만들 수 있다. 문화부에서 하기 어려우니 민간 기구인 대중음악진흥위원회에서 할 수 있지 않을까 생각한다.

신원수　그 점에서는 동의하지만 해결이 완전히 되지 않을 것이다.

박준흠 문화정책은 인프라 구조를 만들기 위해서 인위적으로 하는 것을 포함한다. 모두 필요하다고 동의하다면, 그래서 인위적으로라도 만들어야 된다면 그렇게 가야 하지 않을까 생각한다.

신원수 매우 위험하다. 결국에는 실패 사례를 만들 것 같다. 대개 실패는 논리가 없기 때문이지만, 반대로 논리는 합리적이지만 워크업을 하지 못해서 실패하는 경우가 있다. 이 구분은 어렵다. 구분이 어렵기 때문에 '이거라도' 라는 관점이 있을 수 있는데 이는 위험하다고 생각된다. 논리적 문제점으로 실패한 것으로 사람들의 인식이 나타날 수 있다. 지속적 시도를 차단시킬 수 있는 문제가 생길 수 있다.

박준흠 정책적, 인위적으로 만들자는 것으로 결론을 내자는 것이 아니다. 대중음악진흥위원회나 대중음악학제는 '방법론'을 만들어내는 장치로 본다.

신원수 그 점에서 동의는 하지만 산업이나 세상을 움직이는 것이 촉매제 역할이다. 문제에 대해 해결점을 찾은 다음 효율적으로 하기 위한 학제나 기관이 필요하다. 논의가 되지 않은 상태에서 설립된다면 워크업이 아니니 이 자체를 실패로 규정한다.

박준흠 문제 해결을 위해서는 연구를 위한 시간과 자본이 들어간다. 이를 전업으로 할 사람이 없다면 해결하기 어려울 것 같다.

신원수 그 점은 중요한데 본질적인 문제에 대해서 같이 생각하고 해야 한다. 작년에 스펙트럼에 대한 고민을 했다. 실제로 롱테일이 지금은 과거보다 유연한 구조이다. 일본 시장도 CD 시장이 줄어들면서 롱테일에 대한 고민이 크다. 음반을 찍고 유통해야 하는데 한계치가 존재하기 때문에 판매량이 일정 수준 되지 않으면 찍고 유통해봤자 들어가는 비용이 더 크다. 그렇기 때문에 롱테일이 줄어든다. 하지만 디지털 마켓에서는 롱테일에 대한 비용이 거의 없기 때문에 이러한 부분에서 더 활성화 시킬 수 있는 구조적 요소를 가지고 있다. 그리고 지금은 과거보다 롱테일은 커졌는데 그 전체의 규모 자체가 작은 것이다. 롱 테일은 옛날보다 커졌다. 예를 들어 핫트랙스에 가면 CD가 몇 장 되지 않는다. 나훈아 CD는 없을 것이다. 하지만 멜론에는 거의 다 있다. 그럼에도 불구하고 이러한 문제들이 생기는 것이다. 굉장히 복잡하다. 간단하지는 않다. 실제로 테스트를 해보면 간단하지 않다.

작년에 우리의 큰 실수는 스펙트럼을 넓히기 위해 상업적 이익을 포기하고 별도 예산 10억을 들여서 지방 콘서트를 한 것이다. 비주얼한 가치가 있는 중심으로 시장 형성이 되니, 밴드 음악이나 보컬 능력이 뛰어난 가수는 음악으로 듣는 것보다 같이 할 수 있는 공간에서 하는 것들이 가치 전달이 확실히 된다고 생각했다. 문화적 소외 지역이 오히려 더 크다. 서울보다 지방이 인디 음악 같은 장르를 덜 듣는다. 그래서 10억을 들여서 인디 음악과 보컬 능력이 뛰어난 발라드 가수를 열 개 넘는 지방에서 조인트 공연을 만들었다. 돈이 될 거라고는 생각하지 않았다. 그런데 결과는 처참했고 아티스트들 기죽이지 않았나하는 죄책감이 들었다. 다시는 시도하지 않을 것 같다. 우리가 너무 준비가 없었다. 기업으로써가 아니라 산업에 기여할 것들을 찾아보다가 소외된 부분에 대한 지원 의도를 가지고 했는데 오히려 좌절감만 뮤지션에게 준 것 같다. 그래서 뜻이 좋아도 하나의 해결책만을 가지고 다 좋은 모습은 아니라고 생각됐다. 중요한 것은, 몇 가지를 단초로 가는 모습으로는 어차피 해결이 힘들다는 점이다. 오히려 이 길이 잘못되었을 경우에는 기회 상실의 경우도 만들 수 있다. 그러니 본질에서 출발하여 다양한 요소들을 검토한 상황에서 이루어져야 한다고 본다. 여기 참여자들이 이 일에 동참하는 과정도 중요할 것이다.

박준흠 준비가 되어 있는 상황까지 만드는 것도 중요한 기획이다. 살 사람이 준비가 안 된 상황에서는 기획을 한 것일 수도 있다.

신원수 그렇다. 팔려고 한 것이 아니라 소비자들에게 소개를 하려고 했다. 10억원을 다 날릴 수도 있다고 생각했다. 단지 태평양에 조그만 조약돌에 던진 것으로 아무런 의미가 없다고 생각된 것이다. 생각했던 것과 너무나 달랐다는 것이다. 기획 부분에 문제가 있는 것이다.

박준흠 문화적 환경도 중요하다. 음악이 소비되는 영역이 작다보니 국카스텐 같은 부류도 방송을 통해 인지도가 형성되기 전까지는 음악이 안 팔리는 것이다. 버스커버스커는 슈스케에 나온 인지도로 인해 음악 판매가 된 것이다. 양질의 음악을 생산하다고 해서 판매로 이어지지는 않는다. 한국의 구조적 문제점은 이 중간 통로가 사실상 공중파 방송국이나 포털 등 몇몇이 다 쥐고 있다는 점이다. 여기에서 소화될 수 있는 콘텐츠는 극소수이다.

신원수 그건 옛날에도 그랬다. 미디어는 옛날보다 훨씬 다양화됐다. 나도 그 점에 대해서는 동의한다.

음원 전송사용료 징수규정 개정안

박준흠 마지막 질문이다. 현재 문화부에서 '음원 전송사용료 징수규정 개정안'(음원 정액제와 종량제 동시 운영과 홀드백 개념을 골자로 한 새 규정안을 마련)을 발표하지 않았나. 이에 대한 로엔의 입장을 들어보고 싶다.

신원수 간단한 이야기이다. 꿩 잡는 것이 매라고 생각한다. 음악시장을 키울 수 있는 방법이라면 종량제, 정량제가 무슨 문제인가. 하지만 주장을 보면 왜곡된 내용이 많다. 정액제와 종량제는 서비스 사업자와 아무런 상관이 없다. 문제가 있다면 '배분 비율'이다. 종량제와 정액제는 어떠한 것이 유리, 불리한지는 아무런 상관이 없다. 로엔은 멜론을 가지고 있기 때문에 정액제를 선호한다고 생각하지만 아니다. 돈만 많이 벌려는 것이라면 좋은 것일 수 있다. 하지만 음악시장이 커지면 창작자들에게 갈 수 있는 몫이 커지지 않나. 최근 일본 시장은 합의가 됐다. 다운로드가 250엔이다. 그리고 스트리밍이 1480엔이다. 엄청 비싸다. 일본 시장이 크다. 한 곡이 250엔이면 3000원 넘는다. 언뜻 봐도 2만원은 넘을 것이다. 일본시장의 60%는 렌탈샵이다. 렌탈샵이 최근에 싱글 4장에 200엔을 책정했다. 싱글은 2~3곡이 있으니 10곡에 200엔이다. 오프라인이 더 싸다. 구조적으로 그럴 수밖에 없다. 일본의 문화가 디지털 시장에서 콘텐츠를 보호하기 유리한 환경이다. 불법은 그래도 존재하긴 하다. 그렇기 때문에 계속 점유율이 떨어지고 있다. 음원 한곡에 3500원이면 좋겠다. 600원인데 정액제라서 100원 내외로 간다. 아리송한 문제이다. 일본 전체의 디지털 시장 매출 규모는 멜론 매출보다 낮다. 쉬운 문제는 아니다. 몇몇 사람들이 이러한 문제를 정치적으로 논하려고 하는데 중요하지 않은 것 같다.

로엔의 입장은 음악시장이 지금보다 더 커져야한다고 본다. SM의 기업 가치는 1조원이다. 과거에는 없었다. 시장 자체의 규모는 종합적인 것이 커졌지만 지금은 음원 중심의 비즈니스가 되지 않는다. 그렇기 때문에 보컬형 가수, 트렌드를 이끌지 못하는 가수들이 활동할 수 있는 근간을 주는것이 나빠진다. 이러한 부분들을 키워야 되기 위해서는 지금보다 시장이 커져야 한다. 그렇기 때문에 로엔은 지금보다 음악시장이 커졌으면 좋겠다는 생각이지만 해법이 쉽지 않다. 지금 많이 팔리는 것이 40곡 다운로드에 7700원 상품이다. 1년이 되면 거의 10만원이다. 곡당 얼마라는 측면에서 보면 무척 창작자의 권리를 보호하지 못한 것처럼 보인다. 하지만 얼마를 만들어내느냐 측면에서는 성공적이다.

한국 음악시장 규모는 크다. 디지털 시장 규모는 탑 클래스에 들어와 있다. 음반 시장은 안 좋은 편이다. 음반 시장은 일본, 북미, 유럽 몇 개국빼고는 다 붕괴 되었다. 문제는 있는데 해법이 쉽지 않다. 어떻게 할 것인지에 대해서 시뮬레이션도 한다. 어떻게 하면 소비자들로부터 지불할 금액을 최대화시킬 것인지에 대해서 정기적으로 시장조사를 한다. 하지만 우리가 의견 이야기해도정치적으로 왜곡되어 언급하지 않는다. 쉬운 해법은 아니다. 학생들에게 1년에 음악을 위한 용돈은 10 만원 정도 줘야 한다고 생각하는 사람들이많지 않다. 어쨌든 징수 개정은 필요한 부분이다. 가입자는 줄어들겠지만 지금 수준에서 두 배 정도 올리기 위해 노력하면 3년 안에 지금 시장규모는 두 배정도 커질 것이고, 그렇다면 음원 중심의 가수들이 경쟁력을 가질 수 있다고 본다.

지금은 백지영, 지아, 케이윌 등 탑 클래스만 된다. 또 이슈가 되어 끌고 가는 사람들만 된다. 상황은 다 어렵다. 하지만 희망은 있다. 감동은 콘텐츠와 감성적 전달 두 가지 이유가 있어야 한다.

소위 말하는 퍼포먼스나 아이돌 류 외에도 사람들에게 감동을 주면 언제든지 시장은 기회가 있는 것들이 최근 확인 됐다. 긍정적인 것은 음악을 듣는 사람들의 스펙트럼이 넓어졌다는 것이다. 몇년 전만 해도 30~40대 고객이 없었는데 스마트폰과 네트워크의 발달로 음악을 듣는 인구가 넓어졌다. 지금은 30~40대도 꽤 듣는다. 연령층이 높아진 것은 긍정적인 기회가 생긴 것이다. 또 작년부터 분위기가 많이 바뀌었다. 옛날에는 기성세대들이 아이돌을 문화적 가치가 없는 것으로 터부시했었지만 최근에는 바뀌었다. 40대가 소녀시대 이름 외운다. 이런 것들이 양적으로 다 되어야 한다고 본다. 지금은 30~40대 소비자들도 수준이 높아졌다. 그래서 옛날 가수가 예전처럼 활동하면외면당할 것이다. 우리 와이프만 해도 남자 아이돌 나오면 평을 한다. 굉장히 정확하다. 옛날에는단지 시끄럽다고 했었지만 지금은 다르다. 그래서너무 한국 시장만 강조하지 않았으면 좋겠다. 외국보다 못한 문제도 있고 잘된 면도 있다. 한 쪽으로 매도되지 않았으면 좋겠다.

아까도 사회 체육과 엘리트 체육을 이야기 했지만, 엘리트 체육을 위해서 사회 체육의 중요성이나 소외받는 곳을 비춰주는 것이 필요하다. 회사도 이러한 부분에서 어떤 것을 하고, 어떤 플랫폼을 제공할 수 있을지에 대한 작업들을 시작했다. 옛날처럼 단지 돈으로 해결하려는 수준으로는 할수 없다는 것을 느꼈다. 그런 고민을 하고 있다. 분명히 세상은 달라졌다. 뉴미디어 마케팅이 새로생겼다. 예전에는 기사들과 방송국에만 초점을맞췄는데 어떤 면에서는 자유롭다. 새로운 기회가분명히 생겼다. 옛날에는 더 심했다. PD한테 잘못보이면 방법이 없었다. 방송국 편성에 잘못 보이면 대안도 없었다. 지금은 우회적 경로가 있다. 다른 쪽에서 잘되면 PD도 어쩔 수 없이 받아들이기도 한다. 옛날보다 새로운 기회가 생겨서 시도해

야 한다고 본다. 소외받는 곳에 대한 조명도 필요하고 새로운 기회에 대해서도 적극적으로 이용하는 것을 알려야 한다고 본다.

인디 음악 하는 사람들은 옛날에는 더 어려웠다. 음반사에서 상대도 안 해주지 않았나. 음반을 팔아야 하는데 유통사에서 받아주지 않으니 길도 없었다. 지금은 레코딩도 비용이 적게 들고 안 되면 디지털로 발매도 한다. 최소한 시도할 미디어는 존재한다. 이러한 변화의 노력들도 해야 한다. 단지 소외돼서 안 된다고 하면 해결이 안 된다. 방송국에서 억지로 만들어도 해결되지 않는다. 이러한 고민을 할 여력이 없으면 어떻게 도와줄 지 고민해야 한다. 기존에 있는 것들을 배려 차원에서 할당한다는 구조는 더 나빠질 것이다. 7080이라는 프로그램이 스테디셀러를 더 나빠지게 만들었다고 생각한다. 내가 봐도 옛날 모습이 아니다. 연습도 안하고 나와서 그냥 들이대면 자살행위이다. 할당이라는 개념으로는 오히려 자충수를 둘 수 있다. '나가수' 같은 프로그램을 보며 7080은 포지셔닝을 잘못했다고 본다. 그런데 요새 나가수도 슬슬 이상해지는 것 같다. 공동의 노력이 필요하다. 남 탓만 해서는 해결되지 않는다. 당사자들이 해야 할 일도 비춰질 수 있어야 한다. 무엇을 노력해야 한다는 이야기도 있어야 한다. **SOUND**

JYP엔터테인먼트 정욱 대표

"어렸을 때 음악의 세례를 받고 살았고,
음악이 생활을 윤택하게 해줬고, 지금도 그렇다."

"문제와 해결책을 생산자 쪽에서 찾으려고 하면 안 된다. 생산자도 생존의 문제에 직면해 있기 때문이다. 결과적으로는 3사가 시장을 넓히려는 노력을 플랫폼에서 정당하게 할 수 있게 만들어야 한다는 생각은 가지고 있다. 하지만 플랫폼과도 맞서지 못한다. 방송정지가 생기면 할 방법이 없다. 공중파는 여전히 아이돌을 모아서 해외공연을 다닌다. 우리는 가야한다. 인식에서 조금 바뀌어야 한다. 시장이 원래대로 커졌던 비율대로 커졌다면 이렇게까지는 되지 않았을 것이다. 디지털로 바뀌면서 규칙이 무너져서 한 순간에 없어져버렸다. 음악 콘텐츠는 소비의 대상이 아니라고 생각하기 때문에 시장이 정상처럼 성장하지 못한다. 이를 방송 같은 플랫폼도 수용하지 못한다. SM은 1조 가치를 가졌지만 매출액이 2천억이 되지 않을 것이다. 희망은 3사의 오너가 뮤지션 출신이라는 것이다. 생존의 문제만 해결된다면 각자 생각은 있을 것이다. 외부에서 볼 때 대형기획사라는 인식이 크다. 재작년에 모 국회의원이 6개 회사를 묶어 부가가치세 탈루 혐의로 기사를 냈다. 그 때 SM 김영민 대표와 찾아갔다. 의원한테 전년도에 적자라고 했다. 적자 기업은 세금이 부과가 되지 않는다. 적자라고 했더니 의원이 돈이 많지 않냐고 물어보더라. 우리를 바라보는 인식이 이렇다. 그래서 더 이상 이야기하지 않고 왔다. 하루하루가 괴롭다. 하지만 더 크게 이겨낼 것이다. 희망은 분명히 있다. 특이한 베이스를 가진 회사들이 이끌고 있기 때문이다."(정욱)

박준흠 | 서울종합예술학교 공연제작예술학부 교수

가슴네트워크 대표, 대중음악SOUND 발행인&편집인, 대중음악 기획자&연구자. 서브(1997~1999), 웹진가슴(1999~2007), 쌈넷/쌈지사운드페스티벌(2000~2001), 광명음악밸리축제(2005~2006), 광주청소년음악페스티벌(2008), 가슴네트워크축제(2009~), 인천펜타포트페스티벌(2010), 한국대중음악라이브홀릭(2011), 월드DJ페스티벌(2012) 등을 기획했다. 현재 가슴네트워크에서는 대중음악을 중심으로 한 축제, 공연, 전시, 매체, 출판, 아카이브, 아카데미 기획, 컨설팅을 진행하고 있다. 저서로는 『이 땅에서 음악을 한다는 것은』 『대한인디만세』 『축제기획의 실제』 『한국 음악창작자의 역사』 『한국 대중음악 100대 명반』 등 여러권이 있다.

"현재 SM, YG, JYP의 공통점은 일찍이 '싱크 탱크'를 이끌고 있는 2인자를 키웠다는 점이다. SM에는 2005년부터 회사를 실직적으로 책임지고 있는 김영민 대표가 있고, YG에는 2001년 대표이사에 취임한 양민석 대표가 존재한다. 또 JYP에는 2003년 입사해 5년 만에 대표 자리를 꿰찬 정욱 대표가 있다. 이들은 이수만, 양현석, 박진영이 좋은 콘텐츠를 만들어 내는데 집중할 수 있도록 나머지 회사 경영과 재무, 인력관리 등을 총책임지고 있다. 실제로 공식 직함이 이수만, 양현석, 박진영은 프로듀서로 되어 있고, 김영민, 양민석, 정욱은 대표로 되어 있는 것은 이들의 역할이 서로 명확히 나뉘어 있음을 보여준다. (중략) JYP 정욱 대표는 박진영이 삼고초려 끝에 스카우트한 인재다. 지난 2003년 한 IT 회사에 다니던 정욱의 능력을 전해들은 박진영이 2주간 매일 전화를 해 설득한 끝에 JYP로 영입하는데 성공했다. 무엇보다 동갑내기인 두 사람은 함께 일을 한지 두달만에 친구가 돼 여전히 말을 놓고 지낸다. 평소 직원들과 1대1 대화의 시간을 자주 갖는 정대표는 논리적이고 객관적 스타일로 알려졌다." (이정혁 기자/스포츠조선)

※ JYP엔터테인먼트는 2010년 12월 박진영 프로듀서가 가수'비'의 제이튠엔터테인먼트 유상증자에 참여한 후 사명을 바꾼 업체다. 현 상장사인 JYP엔터테인먼트에는 미쓰에이와 박진영이 속해 있고, 비상장사인 (주)JYP에는 2AM과 2PM 등이 포함돼 있다.

일시 2012년 7월 23일(월), 오후 4시
장소 청담동 JYP센터 접견실
대담 정욱(JYP엔터테인먼트 대표) VS 박준흠(대중음악SOUND 발행인)
글 박준흠(대중음악SOUND 발행인)
녹취 배수정(SOUND연구원)
배석 최지연(SOUND연구원)
사진 JYPE 제공

JYP 비전 : 엔터테인먼트 리더 지향, 취향이 있는 회사

**"우리도 엔터테인먼트 회사 중 강력한 취향을 만들어 보여주고,
취향으로 인해 소비하는 사람들이 생기면 좋겠는 회사이다."**

박준흠 JYP는 어떤 회사인가?

정욱 지향하는 바는 '엔터테인먼트 리더'가 되고 싶은 회사이다. 음악, 영상 등 사람, 콘텐츠 등을 토대로 전세계적으로 리더가 되고 싶은 회사이다.

박준흠 리더가 되고 싶은 회사로는 CJ E&M이나 로엔엔터테인먼트도 있다. 이 회사들과 뭐가 다른가?

정욱 다른 회사가 리더가 된다고 우리가 리더가 되지 말라는 법은 없다. '취향'이 있는 회사가 되고 싶다. 회사마다 취향이 있다. 대표적인 예가 애플이다. 예를 들어 완구회사도 취향이 있다. 프로덕션에 대한 팔로워들이나 강한 소비 집단이 있는 회사이다. 애플이 이런 것이 있는 것 같다. 우리도 엔터테인먼트 회사 중 강력한 취향을 만들어 보여주고, 취향으로 인해 소비하는 사람들이 생기면 좋겠는 회사이다.

박준흠 취향은 사업 방향성의 일부이고, 실제로 수익창출과 연관이 되나?

정욱 단적으로 그렇다, 아니다라고 말하기는 어렵다. 왜냐하면 개인적 취향과 회사 방향이 다를 수 있다. 그럼에도 불구하고 회사가 전체적으로 설립 이후에 진행하는 방향이 있다. 이런 방향이 취향의 일부이고, 이 취향이 좋아서 아티스트들이 있다. 다른 취향이라면 록스타엔터테인먼트 등으로도 갈 수 있다. 프로덕션은 회사가 지향하는 취향대로 진행된다.

박준흠 회사와 개인의 방향성이 상충될 때는 어

떻게 하나?

정욱 박진영 대표와 상충될 때는 끊임없이 이야기를 한다. 그 다음에는 의견을 섞기도 한다. 박진영 대표는 외부에 보여지는 취향 그대로이다. 흑인음악 장르와 어반 스타일을 지향하고 나는 백인음악 쪽을 좋아한다. 록, 포크, 일렉트로닉을 좋아한다. 취향은 맞지 않지만 둘이 '80년대 음악'을 좋아한다. 80년대는 대중음악 차트에서 흑백의 경계가 심하지 않던 시기였다. 그래서 그런지 우리 회사가 복고 프로덕트를 많이 만들어낸 이유는 둘의 코드가 여기에서 잘 맞기 때문이기도 하다. 서로 강하게 반발을 하지 않는다. 박진영 대표도 듀란듀란 좋아한다. 티어스 포 피어스도 좋아한다.

80년대에는 아날로그와 디지털의 경계가 없었다. 회사에서 〈텔미〉를 시작으로 80년대 레트로 취향이 많이 나왔다. 〈소 핫〉도 전형적인 신스팝이었다. 이야기로 돌아가면 의견을 섞기도 한다. 같이 좋아하는 회사도 '데프잼(Def Jam)'이었다. 충돌이 심한 적은 많지 않다. 하지만 의견이 있으면 이야기를 통해 풀고 여러 가지 형태로 사전 모니터를 통해서 한다. 갤럽 조사, 닐슨 모니터도 이용한다. 평론가 블로거에게도 사전 모니터를 준다. 다양한 형태의 모니터를 통해 결정한다. 프로덕션이 하나 나가는 것은 취향만 가지고 할 수 없다. 비즈니스, 산업 전체에 끼치는 영향이 있기 때문에 그냥 취향으로만 내보내지 않는다. 2PM의 〈10점 만점에 10점〉이 올드 스쿨이었다. 나는 그냥 내자고 했는데, 그대로 냈으면 아주 안됐을 것이다. 국내에서 쉽게 받아들여지지 않아서 편곡으로 많이 바뀌어

서 나간 것이다. 이러한 사안들이 고려된다.

박준흠 미국 시장 진출 관련해서 이야기를 하면, 원더걸스로 오랜 기간 동안 미국 시장 진출을 시도했다. 미국 시장에서 현지 법인을 설립하면서 적자폭이 몇 년간 누적으로 100억이 될 정도로 컸다. 현지 법인 설립, 유지에 대한 일은 박진영 대표의 의견이 강하게 반영되었나?

정욱 혼자 결정하지는 못한다. 이야기를 많이 한다. 우리 둘은 개인적으로는 가장 가까운 친구이다. 박진영 대표는 비즈니스 보다는 지향하는 목표, 꿈을 따라가는 쪽이 강하다. 미국 시장에 대한 도전은 누구도 이야기 할 수 없는 부분 같다. 아무도 알 수가 없다. 최근에 '안투라지(Entourage)'라는 드라마를 봤다. 이 드라마를 보면 에이전시 사장, 스튜디오 사장 등 제작 이야기

를 하면서 '뭄 베스'라는 이름을 많이 이야기한다. 나는 이 사람과 미팅을 하기 때문에 이름이 친숙하다. 하지만 드라마를 아무리 봐도 이 이름의 무게와 존재감을 모른다. 미국에 들어가서 일을 해보기 전 까지는 모른다. 일본도 마찬가지였다. 동방신기가 일본에서 이렇게 될 때까지와 똑같다. 동방신기는 SM의 4번 타자였는데 이를 일본으로 뺐거다. 작은 규모로 일본에서 행사하는 사진과 한국에서 대상받는 사진이 게재되고 '쟈니스' 때문에 남자 아이돌은 되지 않는다고 했다. 하지만 동방신기는 성공했다. 그리고 이후 한류가 생겼다. 일본에서 케이팝, 보이밴드 시장의 모든 흐름은 동방신기가 주도했다. 하지만 이전에는 아무도 방법을 몰랐고 안 된다고만 이야기 했다. 미국 시장도 이러한 상황이다. 된다/안된다라고 100% 말은 할 수 없지만, 빅 네임과 이야기를 하고 있다. 어제도 그린 그루브에서 에이콘(Akon)이 원더걸스와 같이 공연했다. 에이콘도 오기 전에 프로모션을 같이 했다. 어떻게 보면 희한한 광경이다. 하지만 이런 느낌이 많이 무뎌졌다. 진행이 잘 됐을 때 결과로 이야기를 해야 할 것 같고, 기회비용과 수업료는 불가피한 부분이었다고 생각한다.

박준흠 그렇다면 기회비용을 쓴 사람은 JYP이지만 후발 주자들이 돈을 번다는 생각을 하지 않나?

정욱 그런 것은 전혀 없다. 일본에서 SM의 고마움을 느낀 부분도 있다. SM은 일본에서 SES부터 시작하여 회사의 여러 가지 노하우와 경험이 있다. 기회비용과 노력을 들인 것이다. 우리는 경영진이나 음악적 스탭들이 미국 쪽 취향에 더 가깝다. 우리가 먼저 시작했으니 뒤에 회사들은 못해야 한다는 것들은 없다.

미국시장 진출 현황과 전략

"미국에서 최고의 엔터테인먼트 회사가 뮤지션 이야기를 한다. 굉장히 음악을 많이 안다.
산업 내에서 인정 해준다. 복잡하게 얽혀있는 것을 알고 이야기하면 좋아한다.
이러한 것들이 비즈니스 측면만 있는 것은 아니다. 박진영 대표가 이러한 것들을 잘한다."

박준흠 이전 인터뷰에서 미국 진출은 탄탄한 리서치를 통해서 진행되었다고 했다. 탄탄한 리서치가 어떤 내용인가?

정욱 예를 들어 홍보, 프로모션 시스템들은 국내에서 생각하는 것과 다르다. 라디오, 에어 플레이가 어떤 영향을 미치는지 모른다. 국내에서 뮤직뱅크 1위를 만들기 위해서 어떻게 해야하는지는 팬들이 더 잘 안다. 언제 음반을 사야하고 음원을 무슨 요일에 내야하고 방송 횟수가 올라가는 방법 등이 있다. 미국은 이러한 과정들이 더 복잡하다. CD 판매에 대한 여러 리서치가 있었지만 에어 플레이에 대한 중요성이 더 컸다. 방송국을 일일이 만나지 못한다. 〈노 바디〉가 CD만 팔렸으면 빌보드 76위에 올라갈 수 없었을 것이다. 50개 주마다 에어플레이를 하는 방송 스테이션이 달랐다. 어느 주의 방송국에서는 웹 사이트에서 후보가 되는 노래들을 선곡하여 청취자들의 투표를 진행하기도 하는 등 방법이 각각 다르다. 이러한 방법들을 분석하고 시작했다. 아시아에서 백만장 팔면 왜 미국 시장 싱글 빌보드에 못 들어가는지 몰랐

다. 앞에 시도가 없었던 것도 아니다. 대만, 일본 가수들은 시도를 했다.

박준흠 왜 못 들어갔나?

정욱 리서치도 부족했고 미국의 음악산업 구조가 복잡하다. 국내와 일본은 중앙집권체제로 해결되지만, 미국은 유관된 산업 플레이어들이 너무 많다. 그렇다보니 아무리 아시아의 경험이 있고 판매 기록이 높더라도 미국에서 하나의 플레이어와만 진행한다는 덫에 걸리게 된다. 그러나 이 사람이 100%를 다 할 수 없다. 아무리 좋은 프로듀서와 이야기를 하고 음반 발매를 해도 이 뒤에 홍보, 레이블의 푸쉬 등 플랜이 없으면 될 수 없는 시장이다. 최근 또 다른 변수는 유튜브 같은 SNS 플랫폼이다. 이러한 부분으로 인해 이때까지 진출이 잘 안됐던 것 같다. 콜롬부스의 달걀과 비슷한 이야기 같다.

박준흠 정확하게 콘텐츠만 가지고 있으면 진출에 대한 방법론을 알았다는 것인가?

정욱 네트워크는 잡았다. 미국의 모든 음반 회사에 최고위급 간부와 방송사의 간부들을 만날 수는 있다. '안투라지'를 보면 미국의 비즈니스가 얼마나 극악한지 알 수 있다. 대놓고 욕한다. 힘없는 사람은 대놓고 무시한다. 돈으로 굴러가는 비즈니스이다. 마지막 시즌을 보면 에이전시 사장과 워너브라더스 같은 스튜디오의 사장 커플이 데이트를 하면서 핸드폰을 두 시간 꺼놓는다. 그리고 누가 이메일과 메시지가 더 많이 들어왔는지 내기 한다. 434개의 이메일과 290개의 보이스 메시지가 들어와 있다. 이런 사람들이기 때문에 만날 수가 없다. 만나주지 않고 비아냥거린다. 이러한 사람들과 개인적으로 만날 수 있는 네트워크는 다 잡아놨다. 이것은 상상을 못하는 일이다. 이름도 전혀 들어보지 못한 제 3세계 기획사 사장이 나를

만나러 오면 쉽게 만나 주지 않을 것 같다. KBS 사장도 쉽게 만나주지는 않을 것 같다. 그렇다면 다른 사람이나 다른 프로젝트를 진행할 수 있는 부분은 생긴 것이다. 하지만 이러한 시도를 죽을 때까지 할 것 같지는 않고 된다고 믿는 가능성이 있기 때문에 하는 것이다. 원더걸스는 계속 시도하는 입장이다.

최지연 미국 시장과 관련된 질문이다. 미국 시장의 소비자층 분석은 어떤 경로로 이루어지나?

정욱 미국, 일본은 마찬가지이다. 일을 시작할 때 함께 일하는 파트너가 있다. 이쪽에는 리서치만 하는 팀들이 따로 있다. 숫자만 바라보고 한다. 이러한 자료들을 제공받는다. 또 미국에서는 변호사들이 같이 일을 한다. 원더걸스의 미국 비즈니스 키를 쥐고 일하는 사람은 변호사이다. 이 변호사들이 높은 사람들과 일을 하는 경우도 많다. 윌 아이 엠도 자기 일 봐주는 변호사 데리고 들어온다.

최지연 원더걸스의 타겟층은 누구인가?

정욱 완전 로우틴이다. 원더걸스 영화 채널 자체가 열 살에서 열 세 살이 타겟인 채널이다. 이유는 인종, 외모에 대한 장벽을 이 나이에서는 느끼지 못하기 때문이다. 쿨하면 좋은 것이다. 26개 도시 투어를 하면서 MD를 팔았다. 제일 많이 팔린 동네는 아이오와이다. 이해가 되지 않았다. 한인, 아시아인이 없는데 제일 많이 팔렸다. 아이들은 그냥 귀여우면 좋은 것이다. 진입장벽이 낮다. 편견이 생기기 전 나이이다. 케이팝이라는 말은 잘 사용하지 않는다. 2PM이 일본에서 일본어로 노래 부르거나 원더걸스가 영어로 음반을 낸 것이 케이팝인지에 대해 의문이 든다. 케이팝 카테고리에서 무엇이 중요한지는 잘 모르겠다. 이 흐름이 자연적으로 만들어지는 것에 대해 반대할 이유는 없

지만 콘텐츠 싸움이다. 레이블이 유명해지는 것은 중요할 수 있다. 일본은 이렇게 되어 가고 있다. 일본에서 SM, YG, JYP 레이블이 인지도를 얻고 있는데 이는 중요하다. 레이블에 따라 크레딧을 가지고 아티스트가 힘을 받기도 한다. 나 자신도 그렇다. 레이블을 많이 봤었다.

박준흠 YG나 CJ E&M, 로엔과도 해외진출 전략에 관해서 조금씩 차이가 있다. YG는 해외진출을 이야기 할 때 JYP와 다르다. JYP는 직접 나가서 리서치하고 면대면으로 부딪치지만 YG는 굳이 그럴 필요가 있냐고 얘기한다.

정욱 누가 답인지 아무도, 아무 것도 모른다. 접근마다 맞는 부분이 다르다. 일본에서 활동하는 팀도 있고 중국에서 활동하는 팀도 있다. 어떤 경우에는 플랫폼을 이용하는 것이 유리할 때도 있다. 또 직접 가보는 방법이 유리할 때도 있다. 이것은 후에 결과를 봐야 알 것 같다. 무엇이 답인지는 모른다. 다 써보는 것이다. 우리가 유독 나가서 직접 움직이는 면이 있다.

박준흠 면대면의 가장 큰 장점은 네트워크의 확보인가?

정욱 저절로 확보되지 않는다. 박진영이라는 사람의 특징으로 된 것 같다.

박준흠 단순히 나가는 것이 중요한 것이 아닌가?

정욱 그렇다. 커뮤니케이션의 절반 이상은 문화적 이야기이다. 비즈니스 대화를 하다보면 재밌다. 미국에서 최고의 엔터테인먼트 회사가 뮤지션 이야기를 한다. 굉장히 음악을 많이 안다. 산업 내에서 인정 해준다. 복잡하게 얽혀있는 것을 알고 이야기하면 좋아한다. 이러한 것들이 비즈니스 측면만 있는 것은 아니다. 박진영 대표가 이러한 것들을 잘한다. 문화적 폭이 재미있게 잘 얽혀들도록 사람들을 잘 끌어당긴다. 특성 때문에 네트워크가 쌓이는 것 같다는 느낌이 든다.

박준흠 CJ는 큐브엔터테인먼트 등 몇몇 회사와 '엠 라이브'를 런칭했다. 이러한 해외접근 방법은 어떻게 생각하나?

정욱 타사에 대한 의견은 없다.

박준흠 같이 안하나?

정욱 2PM과 원더걸스, 박진영 대표와는 이미 내년 말까지 CJ와 계약이 되어 있다. 레이블처럼 계약이 되어 있다.

한국 음악시장 현황, K-POP 해외진출

"이 안에서 벌어지고 있는 논의, 논쟁, 담론 등이 안에서 보지 않으면 알 수 없는 탁상공론이 너무 많다."

박준흠 과거 인터뷰를 보면 해외시장 공략에 대해서 중요하게 이야기 하면서도 "지금처럼 하면 케이팝은 3년 내에 끝난다"고 발언한 적도 있다.

정욱 국내시장 자생력 문제에 대해서 이야기 한 것 같다. 이 안에서 벌어지고 있는 논의, 논쟁, 담론 등이 안에서 보지 않으면 알 수 없는 탁상공론이 너무 많다. 자생력 문제를 말한 것은 징수규정 같은 기본적인 제도에 대해서이다. 음악 시장이 국내에 비해 맞는 크기가 아니다. 음악 시장 규모는 4~5천억원 이야기 한다. 이 규모는 국악, 판소리, 휴게소의 트롯트 메들리 등 모든 장르를 다 합친 상태이다. 일본의 소니뮤직 엔터테인먼트 1년 매출액은 2조 5천억원이다. 일본의 가라오케 등을 합친 음악시장은 10~12조원 정도이다. 하지만 국내의 가요시장은 2천억원 매출이 되지 않는다. 이것이 모든 문제의 근원이다. 이 사실을 둘러싸고 주변 이야기만 한다. 스트리밍 같은 가격정책이나 제도, 규제 등 모든 것들이 통합적으로 시장의 성장을 가로막고 있다. 국내에서 시장이 무너지면 해외에서는 쉽지 않아 보인다. 이러한 요지로 발언을 한 것이다. 예를 들어 미성년자 연예인의 대한 활동 규제를 이야기 할 때는 만 18세 미만, 15세 미만을 구별한다. 30시간, 35시간으로 규정을 했다. 만 18세 미만 연예인은 일주일에 35시간 이상 일을 할 수 없게 되어 있다. 여기에서 일은 준비시간도 포함된다. 미쓰에이(Miss A) 수지가 만 18세 미만인데, 음악 프로그램 출연을 위해 아침 7시에 나간다. 드라이 리허설, 카메라 리허설을 다 해야 한다. 7시에 나가서 저녁 8시에 한 프로그램을 끝내면 13시간을 일한 것이다. 이러한 방식으로 금, 토, 일 음악 프로그램 3개도 출연 하지 못한다. 또 출연으로 시간을 다 채우면 공연도 못하고 CF도 못 찍는다. 탁상공론에서 나온 이야기들이 너무 많다. 연예인은 근로자가 아닌 개인 사업자이다. 하지만 근로자로 본다. 미성년자의 대한 특수성은 여러 가지로 지원하는 것들은 성인의 입장이다. 어른의 입장으로 도와주는 것인지 사업 관계로 도와주는 것은 우습다. 밖에서는 잘 모르니 규제를 하려 한다. 국내 음악 시장이 취약한데 개선되지 않고 규제만 하려고 한다.

박준흠 언급한 부분은 각계에서 자신의 입장을 바탕으로 한 것 같다. 이러한 이야기를 하고 있지만 실질적 방법은 없는 것 같다.

정욱 SM의 김영민 대표도 똑같이 이야기한다. 시장 캡이 작다면 캡을 키우면 된다. 하지만 예를 들어 정부가 대한미국 음악 시장을 2조원까지 정책적으로 키워보려 한다면 부양책 이런 것이 필요하

지 않다. 신용카드 안 쓰는 포인트가 많은데 이러
한 포인트를 업계에다 투자하는 것이다. 인디, 메
이저도 살릴 수 있다. 이러한 획기적 계산이 없다
면 단순 수입 상승의 제안은 말이 안 된다. 우리는
노조가 아니다. 인디든 메이저든 노조가 아니다.
왜 유통사에게 40%에서 42%로 상승해달라고 해
야하는지 모르겠다. 우리가 가지고 싶은 것은 가
격 정책의 자율성이다. 우리가 결정하고 싶은 것이
다. 콘텐츠를 만들 때 결정은 본인, 법인이 한다.
하지만 콘텐츠 가격은 우리가 못한다. 플랫폼이
바뀌어서 시장 확산이 이루어지던지 해야 한다.
징수규정, 공연장 건립 등은 답이 아니다. 전체 음
악 시장과 연관이 된 문제이다. 가슴네트워크도
연관된 것이다. 음악시장이 어려워지면 할 일이 없
어진다. 단순 팝 리뷰 해야 한다. 우리는 늘 이 불
안감을 가지고 있다. SM, YG도 가지고 있다. 기반
이 너무 취약하다. 일본을 위시한 아시아 시장에
서 돈을 벌고 있기 때문에 취약하다. 국내에서도
이상한 규제, 규율 등이 나오는데 외국이라고 안
나올 리가 없다. 더 쉽게 나올 수도 있다.

박준흠 지난 대중음악SOUND 4호에서는 음악
관계자들 설문을 통해 나온 결론 중 하나가 영화
계의 영화진흥위원회 같은 민간 정책 기구를 가져
서 스스로 정책기획을 할 수 있는 시스템의 필요
성이었다.

정욱 기구 설립도 중요하다. 하지만 문제는 이를
통해 산업 관계자들이 다 행복한지에 대해 생각
해야 한다.

박준흠 두 가지를 생각하는데, 첫 번째는 한국
음악시장을 키워야 한다는 생각이다. 현재 시장
규모에서는 누구도 행복하지 못할 것이라 생각한
다. 두 번째는 음악시장이 커져야 한다는 것은 전
제조건이지만 모두가 같이 살아갈 수 있도록 '균

형적'으로 커지기를 바란다. 대중음악진흥위원회
와 같은 민간 진흥기구가 음악시장을 키우는데 일
조하지 않을까 생각한다.

정욱 동의한다. '균형적 발전'은 개인적으로 제일
궁금한 부분이다. 생산자가 리드하는지, 소비자가
리드하는지에 대한 궁금함은 계속 있다. 조금만
궤를 벗어난 것은 소비자가 받아주지 않는다. 균
형적 발전은 다양한 장르의 공존인 것 같다.

박준흠 뮤지션이 자신의 음반을 내고 공연을 통
해 생계유지는 가능해야 하지 않겠나.

정욱 그러니깐 말이다. 우리도 느끼는 것이다. 히
트의 요인은 잘 모르겠지만 조금 특이한 시도는
잘 안 받아들여지는 부분이 있다. 이것이 두렵다.
소비자가 더 강하게 리드한다는 느낌이다. 특히
음원으로 바뀐 이후에는 더욱 그렇다. 음원 시장
이 이를 더 가속화 한 것 같다.

박준흠 대중음악계에서 가장 힘든 쪽은 서른이
넘고 장르가 아이돌이 아닌 쪽으로 음악 생산 활
동을 하는 부류이다.

정욱 지난 10년간 SM, YG, JYP가 죽기보다 힘
들었던 순간들이 있었다. 회사 자체가 너무 어려
웠던 적이 있다. 사실 박진영을 밤무대에 세워야
겠다는 생각도 한 적이 있다. 2007년, 비가 전속
계약이 끝나고 원더걸스가 성장하기 전이었다.
회사의 성장 동력이 보이지 않았다. 굉장히 고민
을 많이 했다. 회사를 소규모로 옮기고 2~3명으
로 운영할까 생각했었는데 〈텔미〉가 잘 됐다. 그
후 2PM, 2AM이 잘됐다. 아주 힘든 순간들을 많
이 버텨왔다. 이 힘든 순간들을 버티기만 한 것이
아니라 투자와 노력을 했다. 이 투자와 노력이 등
에 고스란히 얹혀져 있었다. 돈을 버는 것이 아니
라 빚만 쌓인 것이다. 이에 대해 후회를 하지 않는
이유는 취향에 따른 선택이었기 때문이다. 선택에

대한 책임은 스스로 져야 하는 것이다. 아직 회사 성장에 따른 과실을 따 먹어 본 적은 없다. 어려운 처지에 있는 뮤지션 등 감성적으로 마음이 아픈 것은 동의가 된다. 그러나 근본적으로 선택은 본인이 한 것이다. 누군가가 등 떠밀어서 한 사람은 없다. 해결은 시장의 문제인 것 같다. 이를 가지고 메이저, 인디 시장을 구분하는 시각은 옳지 않다고 본다. 지금 큰 회사는 그만큼 희생을 많이 한 것 같다. 희생과 노력이 많았다. 록스타엔터테인먼트 패밀리 콘서트하면 내가 뒷풀이 해주고 그랬다. 결론적으로 시장 크기의 캡도 문제이고 플랫폼 장벽의 문제도 있다. 누군가를 유명하게 하기 위해서의 최상위 계층은 방송국이다. 방송국의 변화를 요구할 수 있는 위치도 아니다. 최근

탑밴드 같은 프로그램도 나오지만 이것을 어떻게 만들어야 하는지는 모르겠다.

박준흠 방송 프로그램을 통해 방송국에 권력이 집중되는 것이 마음에 들지 않는다.

정욱 트랜스픽션이 예선을 하고 있는 것이 마음 아팠다. 메이저 시장으로 따지면 신인 개발 프로그램에서 2PM이 춤추는 것과 비슷한 것 아닌가. 해결책은 높은 층의 방송국이라는 거대한 상황인 것 같지만 방송국 앞에서는 누구도 강하지 못하다. 해결책이 무엇인지는 잘 모르겠다. 방송국과 각을 세우지 않는 부분이 많아서 잘 모르겠다.

JYP의 음악작업 방식

박준흠 JYP의 음악작업에 대해서 이야기해 달라.
정욱 집단창작체제다. 내부의 16명 정도 있다. 이 사람들이 집단적으로 취향이 비슷해지는 부분이 있다. 한 명은 지방의 하드코어 밴드에서 기타를 쳤었는데 들어와서 알앤비 발라드를 쓴다. 쓰라고 강요하지는 않는다. 이상한 노래를 가져다달라고 주문한다. 박진영 프로듀서도 곡이 많이 거절된다. 가수들에게도 거절되거나 나한테도 거절된다. 내가 가장 많이 하는 이야기는 '식상'한 것과 '별로'라는 이야기이다. 노래가 이상한 것은 참을 수 있지만 평이한 것은 싫어하는 편이다. 이는 박진영씨도 마찬가지이다. 노래의 프레임은 다 다르다. Miss A의 〈Touch〉는 족보가 없는 노래이고, 〈Like This〉는 옛날 스타일이다. 약간 올드 스쿨이다. 장우영의 〈Sexy Lady〉는 멜로디가 없는 최근의 일렉트로닉이다. 각자 다 다르다. 큰 범위 내에서 요소들은 다르지만 다른 범주와는 다르게 보여지는 측면이 있는 것 같다. 우리 음반들을 다 들어보면 베이스가 이상한 것이 많고 다양하다. 특징이 되는 음악들이 어쩌다보니 박진영 음악이 많다. 여러 가지 모니터링 시스템을 통했는데도 이렇게 나온 것이다. 작곡가가 누구인지 밝히지 않는다. 이러한 부분이 있다.

박준흠 2007년에 원더걸스의 〈텔미〉와 쥬얼리의 〈Baby One More Time〉 멜로디는 외국 곡에서 차용한 것이었다.
정욱 〈텔미〉에서 원하던 샘플링 부분은 딱 한 소절이었다. 스테이시 큐의 노래에서 가져왔다. '아아아아아이니드' 부분이 '테테테테테텔미' 부분이었다. 보통 이 정도는 샘플링 승인을 하지도 않고 원작자도 관여하지 않는 정도이다. 오마주로 봐도 된다. 이는 차용 수준의 음악이 아니었던 것이다.

박준흠 〈텔미〉는 박진영 창작 중 독특한 음악이다. 2007년 당시, 〈텔미〉와 〈Baby One More Time〉이 비슷한 시기에 나와 엄청난 인기를 끌었다. 9시 뉴스에 나오고 일간 신문의 문화면 전면을 장식하기도 했다. 큰 사회적 파급력이 있었다. 개인적으로 아이돌 음악 류에서 '창작' 부분이 진화하는 단계라고 생각했었다. 가요기획사에서도 아무리 아이돌 음악이지만 판매를 위해서 창작에 신경을 쓰는 것이 아닌가라는 생각을 했다. 그래서 창작에서의 미진한 부분을 해외에서 가져오는 것이 아닌가라는 판단이었다. 시장이 넓혀지는 것은 창작의 문제라고 생각했다.

정욱 이 시각이 밖에서 보는 시각의 한계이다. 〈텔미〉는 80년대 팝송 이야기 하다가 아티스트 이름을 대면서 잘난 척 하다가 나온 것이다. 박진영 피디가 뉴욕도 80년대 레드로가 대세라고 이야기해서 이런 느낌으로 곡을 쓴 것이다. 써놓고 보니 한 소절이 비슷해서 논란을 방지하기 위해 승인을 얻은 것이다. 무척 반대했었다. 양심의 아무런 거리낌이 없는 일이다. 음악을 외국의 곡까지 차용해서 콘텐츠를 확장시킨다는 생각은 없었다. 긍정적으로 보긴 했지만 그러한 이유는 아니었다. 내부에서는 〈텔미〉를 다 반대했다. 전원이 반대했다. 음악이 쉽고 좋지 않다는 이유로 반대했다. 하지만 나와 박진영 피디는 왜 만들었는지 이유를 알았다. 80년대 레트로라는 키워드가 머릿속에 있었다. 〈텔미〉 활동할 때, 보도자료까지 확인했던 것은 '복고'라는 말을 쓰지 않고 '레트로'라고 썼는지 아닌지였다. 80년대를 구현하기 위해서 뮤직비디오는 〈Pop goes my heart〉 같은 비디오가 나와야 한다고 생각했다. 하지만 감독님은 그렇게 작업하지 않으셨다. 80년대 느낌의 비디오를 만들고 싶었는데 감독님이 80년대를 잘 모르셔서 그렇게 만들지 못했지만 나와 박진영 피디는 정확히 컨셉에 대해서 알았다. 〈텔미〉 활동 중에 신경을 썼던 것은 80년대 자료들을 다 보고 컨셉을 잡았다. 우리는 다 알지만 다른 사람들은 모르는 것이 문제였다. 80년대 음악 팬들, 'children of 80s'가 아니면 절대 알 수 없는 것이었다. 80년대 뮤직비디오 보면 80년대의 특징들이 있다. 이를 아는 사람이 쓰면 만들 수 있는 것이다. UV는 그렇게 만든 것이다. 유세윤이 나이도 많지 않지만 90년대 초반에 대한 정확한 지향이 있었다. 그래서 우리도 유세윤에게 뮤직 비디오도 맡겼다. 산이의 Love sick을 맡겼었다. 설명한 것처럼 그 때의 상황을 모르고 단지 설명으로 추상적으로 이해하면 모른다. 원더걸스부터 의상이 마음에 안 든다고 울었다. 〈텔미〉는 비도 회사를 나가는 입장이지만 반대했다. 어쨌든 잘 됐다. 원하는 대로 됐다.

박준흠 결국 음악 시장을 넓히는 방법의 핵심은 콘텐츠이다. 음악 콘텐츠의 핵심은 멜로디, 가사 같은 부분이 핵심이다.

정욱 이 고민은 하게 된다. 그렇다면 2004~2005년까지 사우스힙합이 유행했을 때, 멜로디가 없었다. 하지만 전 세계를 휩쓸었다. 사람들이 왜 좋아했는지 궁금했다. 지금 우리 회사 노래 3개가 멜로디가 없다. 〈Bounce〉, 〈Like This〉, 〈Sexy Lady〉가 멜로디가 없다. 개인적으로 멜로디가 없는 음악을 좋아한다.

박준흠 〈텔미〉 사례로 돌아가면 그 노래는 30~40대까지도 좋아할 수 있는 감수성을 건드린 것 같다. 이러한 노래들이 만들어진 배경에 '(아이돌 음악) 창작의 진화'가 있다고 생각했다. 80년대 이문세 노래 같은 경우라고 생각했다. 당시 이문세 노래는 10대에서부터 40대까지를 포괄하지 않았나.

정욱 그 때는 플랫폼의 문제였다. 공중파가 집중적으로 전 세대를 TV에 앉혀놨었다. 세대 구분이 없었다. 지금은 플랫폼을 접하는 환경이 다 다르다. 10대 조차 다시 보기, 클립으로 본다. 당시는 플랫폼의 문제였던 것 같다. 김완선이 나와도 모든 세대가 좋아하고 다 알았다. 질문의 뜻은 알겠지만 〈텔미〉가 전 세대를 공략하는 전략은 아니었다. 회사의 전직원이 다 싫어했고 모니터에서 최저점이었다. 아무도 이해를 하지 못했다. 그리고 이 때 '후크송' 이야기가 나왔다. 한 소절의 멜로디가 계속 반복되고 귀에 감기게 했다고 한다. 하지만 대중음악에서 후크송이 없었던 적이 없었다. 7,80년대도 후크송이 많았고 4,50년대 스탠다드 팝도 후크송이다. 그래서 창작의 진화보다 플랫폼의 변화가 맞아 떨어진 것으로 본다. 그 때는 인터넷의 동영상이 시작되는 때였다. 같은 시기에 미국에서 똑같은 현상이 나타났다. 솔자보이(Soulja Boy)라는 아티스트이다. 전 미국인이 똑같이 춤을 따라하게 했다. 〈텔미〉처럼 미국 유투브에서는 이 춤을 추고 있었다. 그래서 플랫폼의 문제라는 생각이 들었다. 콘텐츠적으로는 〈텔미〉와 빅뱅의 〈거짓말〉이 같은 시기에 나타난 것이 아이돌 시장을 외연적으로 확장한 느낌은 있다.

박준흠 두 곡다 노래 자체는 뛰어나다. 개인적으로 〈텔미〉 인트로는 뛰어나다고 생각한다.

정욱 지나고 나니깐 좋은 것이다. 둘 다 문제가 있었던 곡이다. 대중들에게 이상한 이유로 회자가 되었다. 그 때는 〈거짓말〉〈텔미〉〈소핫〉〈하루하루〉로 두 가수가 삼촌 팬들을 늘리고 그랬다.

JYP 사업, 수익모델

"매니지먼트 수입은 탄력적이다. 특히 광고는 '제로섬' 게임이다.
2PM이 열 개를 넘게 하고 있다고 해서 10년 동안 이렇게까지 할지는 의문이다.
누군가가 유명하면 뺏어가는 것이다."

박준흠 현재 JYP의 결정적인 수익 모델은 무엇인가?
정욱 가장 큰 부분은 광고이다. 그리고 일본을 비롯한 해외매출이 늘어나고 있다. 광고, 음원 순으로 나타난다. 광고에 강한 아티스트가 많다.

박준흠 광고를 매니지먼트 수입으로 포함하나?
정욱 그렇다. 매니지먼트 수입이 60% 정도 차지한다.

박준흠 회사 전체 수입에서 매니지먼트 수입 비율을 낮춰서 이상적으로 가겠다고 했다. 이상적이라는 것이 어떤 비율인가?
정욱 매니지먼트 수입은 탄력적이다. 특히 광고는 '제로섬' 게임이다. 2PM이 열 개를 넘게 하고 있다고 해서 10년 동안 이렇게까지 할지는 의문이다. 누군가가 유명하면 뺏어가는 것이다. 특히 국내 광고 싸움은 더 심하다. 하지만 콘텐츠는 그렇지 않다. 음원, 음반의 판매는 광고만큼 취약하지는 않다. 그렇기 때문에 기업은 생산하는 제품, 프로덕션, 콘텐츠의 비율이 올라가는 것이 중요하다.

박준흠 콘텐츠 수입은 어떤 것인가?
정욱 음원, 음반, 머천다이징, 상품 등 많다. 콘텐츠라고 이름 붙이는 수입은 여러 가지로 늘어나고 있다. 예를 들어 영상물을 통해 OSMU(one-source multi-use) 할 수 있는 부분도 많고, 상품도 있다. 신규 사업으로는 게임, 캐릭터도 있다.

박준흠 엔씨소프트와 시도를 하지 않았나?
정욱 여러 가지 했었다. 지금은 다른 게임회사와 많이 하려 한다. 아예 안 하는 상황은 없다.

박준흠 헤드폰 만드는 사업은 어떻게 되나?
정욱 아티스트와 전혀 무관하다. 회사 자체로 라인을 만든 것이다.

박준흠 JYP의 경쟁사는 어디인가?
정욱 애플이다. 애플은 만드는 사람들도 '취향'이 있는 회사이다. 취향에 따른 강력한 팔로워들이 세계적으로 넓고 강하게 뿌리 내려져 있는 회사이다. 범위나 영속성에 대해서 아직 젊어서 애플이라 보고 싶다. 박진영 피디도 요새 이렇게 인터뷰한다.

박준흠 CJ E&M이나 로엔엔터테인먼트, SM, YG와의 관계와 SM, YG에 비해 JYP가 가지는 강점은 무엇이 있다고 생각하나?
정욱 관계는 두루두루 좋은 편이다. 회사의 특징이다. 적이 없다. 강점은 의사결정이 빠르다는 것이다. 회사의 대표 둘 다 음악을 좋아한다는 측면도 있다. 여전히 둘이 제작에 많이 관여한다는 것이다. 의사결정의 경우, 둘이 친구이니 많이 빠른 편이다.

박준흠 사업은 어떤 식으로 많이 하나?
정욱 SM, YG는 KMP라는 음원 유통회사를 같이 하고 있다. 공동 주주이다. 올해 초에 콘텐츠의 결합도 있었다. YG엔터테인먼트에서 세븐 음악을 만들고 프로모션을 우리 사이트에서 하는 등. CJ는 다각적인 비즈니스를 하려고 한다. 우리 콘서트를 하고 있다. 로엔은 우리 비상장사의 주주이다. 두루두루 관계가 나쁘지 않은 편이다.

박준흠 박진영 대표와 회사 쪽의 현황 이야기를 많이 하나?

정욱 서로 바빠 자주 보지는 못하지만 주말에 두 시간씩 전화로 정기적으로 회의를 한다. 평소에도 전화 통화를 자주 많이 한다. 둘이 릴렉스하는 좋은 방편이다. 이야기 하다보면 마음이 편해진다. 인터뷰에서 나와 자신이 '불멸의 관계'라고 인터뷰도 했다. 서로 편안함을 주고 이해를 많이 한다. 박진영 피디가 둘은 5%의 차이도 나지 않는다고 했다. 생각하는 방식, 일하는 방법, 운영하는 내용, 살아온 환경 등도 많이 비슷하다.

정욱 대표의 JYP 영입 시 비화, 오너/대표 분리 경영 방식

"어렸을 때 제일 좋아하던 회사가 '데프잼'이었는데
박진영 피디가 모를 줄 알고 JYP가 데프잼 음악을 만들 수 있냐고 물어봤더니,
정욱씨가 데프잼 설립자 닉 루빈(Rick Rubin)처럼 해주면 된다고 했다.
무시하고 있다가 놀랬다.
그래서 그 때부터 이야기를 들었더니 흑인 음악에 대해서는 평론가를 뛰어넘는 수준이었다."

박준흠 IT회사를 다니던 2003년에 박진영 피디가 영입했다. 영입을 위해 어떻게 설득했었나?

정욱 2003년 초에 다니던 회사가 잘 되고 있었다. 회사가 직상장을 앞두고 있었다. 박진영 피디가 어느 날 연락을 했다. 당시 SK텔레콤하고 JYP가 일을 시작했다. 3G 멀티미디어 '준'이라는 서비스였다. 노을이라는 모바일 가수를 데뷔시키면서 컨설팅 형태로 계약을 맺었다. 당시 JYP는 기획사였기 때문에 그런 일을 할 사람이 없었다. 수소문 하면서 IT 영역에 있는데 음악도 많이 아는 사람이 있다는 것을 사람들이 알려주었다고 한다. 당시 강한 음악을 좋아하고 있었다. 메이저, 상업적 음악에 관심이 없었다. 그리고 음악 관련 일로 CD 해설지를 많이 쓰고 있었다. 음악을 기고 할 때는 펑크 등의 음악 위주였다. 90년대 후반에서 2000년대 초반에 많이 했다. IT 회사 다니기 전에 시작했다. 연락이 와서 잘 나가는 연예인 얼굴 한 번 보자는 식으로 만났다. 처음에는 박진영 피디를 안 좋아했다. 이상한 이야기 하고 그렇다 생각했다. 박진영 피디는 연대 출신이고 나는 고대 출신인데 고연전 농구장에서 연대 깃발을 들고 고대 응원단까지 와서 안 좋게 생각하고 있었다. 비호감인 사람이었다. 연예인이 밥 먹자고 해서 신기한 마음에 나가서 밥을 먹었다. 일식집에서 보기로 했는데 나보다 먼저 와서 기다리고 있었다. 이런저런 이야기를 하는데 나는 같이 일하자는 것

자체가 회의적이었다. 건성으로 대답만 했다. 어렸을 때 제일 좋아하던 회사가 '데프잼'이었는데 박진영 피디가 모를 줄 알고 "JYP가 데프잼 음악을 만들 수 있냐?"고 물어봤더니, 정욱씨가 데프잼 설립자 닉 루빈(Rick Rubin)처럼 해주면 된다고 했다. 무시하고 있다가 놀랬다. 그래서 그 때부터 이야기를 들었더니 흑인 음악에 대해서는 평론가를 뛰어넘는 수준이었다. 그리고 고민하기 시작했다. 성격이 급해서 열흘 정도 전화가 계속 왔다. 데프잼 한 마디에 회사를 옮기게 됐다. 처음 CEO는 리오 코웬이었는데 지금 리오는 나와 박진영 피디의 친구이다. 데프잼 이야기가 없었다면 JYP와 일하지 않았을 것이다.

박준흠 JYP의 비전을 보고 들어온 것이 아니라 '데프잼' 말 한마디로 들어온 것인가?

정욱 데프잼을 안다는 것은 리더의 그림 중 하나였다. 후에 데프잼이 매각을 하기는 했지만 개인적으로 중요하고 취향을 만들어 준 회사이다.

박준흠 국내 빅3 음악기획사를 보면 오너 겸 프로듀서가 따로 있고 실제 경영하는 대표가 따로 있다. SM, YG, JYP처럼 운영하지 않으면, 코스닥 상장을 원하는 회사가 힘들 수 있다는 기사를 봤다. 오너/대표 분리 체제의 장점은 무엇이며, 다른 회사들은 왜 이러한 시도를 안 하고 있는지 궁금하다.

정욱 이러한 시스템이 무조건 잘 되는 것은 아닌 것 같다. 분리해 놓은 이유는 박진영 피디는 재밌는 아이디어가 있으면 그냥 하고 싶어 한다. 본인이 즐겁게 일하고 싶어 하는 부분만 하고 싶어 한다. 비즈니스 부분은 생각하고 싶어 하지 않는다. 그러려면 누군가 비즈니스를 해야 하기 때문에 내가 하고 있는 것이다. 그런데 두 영역으로 분리해 놓고 나를 자꾸 크리에이티브 사이드로 끌고 가려 한다. 나에게 책임을 추궁할 때도 있고 취향을 이야기하라고 할 때도 있다. 이럴 때면 건조하게 비즈니스만 하고 싶을 때도 있다. 박진영 피디가 크리에이티브한 일 하기를 원한다.

박준흠 비상장 회사인 JYP와 상장된 JYP엔터테인먼트가 나누어진 상태에서 JYP엔터테인먼트의 주식 가치가 떨어진 편이다. 이번에 박진영 씨는 주식가치를 끌어올리기 위해서 음반을 낸 것인가?

정욱 그런 면도 있지만 본인 음반이 나올 때도 됐다. 음반을 내고 활동하고 싶어 한다. 작년에 바빠서 공연하지 못했지만 올해는 공연도 해야 한다. 신곡이 있어야 공연하기가 신이 나니깐 음반을 낸 이유이기도 하다.

박준흠 이러한 체제의 단점은 무엇인가? 빅3 회사는 오너/대표가 분리되었는데 다른 회사는 1인 운영체제가 많다. 한 편에서는 이 체재가 기업을 키우기 위해서 좋은 시스템인지 검증될 필요가 있어 보인다.

정욱 엔터테인먼트 회사에 국한된 질문은 아닌 것 같다. 오너가 직접 경영하는 회사도 있고 CEO로 하는 회사도 있다. 또 주주가 많은 회사도 있고 그렇다. 이러한 경우에 무엇이 옳은지는 알 수 없다. 어떻게 답하기가 어렵다. 회사마다 다른 것 같다. 오너 기업으로 갈 때와 CEO, 오너 병행 체재 등 장,단점은 일반 기업처럼 나오는 것 같다.

박준흠 2010년 9월에 CJ는 매니지먼트 사업에서 수익을 기대할 수 없다는 이유로 매니지먼트 사업을 포기한다고 발표했다. 그러다가 작년에 버스커 버스커로 다시 시작하는 것 같은 느낌도 들기도 하는데... 한국 대기업에서 대중음악 매니지먼트

가 되지 않는 이유는 무엇이라 생각하나?

정욱 아무래도 의사결정이 느린 부분이 있을 것이다. 크로스로 걸리는 부분도 있을 것이다. 대기업과 일하다 보면 느껴진다. 복잡하고 나중에는 잘 안되고 그렇다. 순발력의 차이는 있을 것 같다.

박준흠 반대로 이야기하면 SM, YG, JYP의 회사 규모가 커지다보면 대기업 시스템으로 발전하지 않겠나?

정욱 시스템은 시스템으로 간다. 하지만 우리는 회사의 주요 멤버들이 빠른 창작력과 시스템을 겪어왔다. 점점 커지고 있기 때문에 회사의 무게가 무거워지고는 있다. 애플 같은 회사도 이런 위기를 겪었다. 스티브 잡스가 나간 이후에 회사 구조를 다 뜯어고쳤다. 장점도 있었지만 부작용도 있었다. 규모에 따른 시스템 도전이기는 하지만 우리를 잡아먹지 않으려는 노력은 하고 있다.

음악기획사들의 동남아시장 진출

"현재 업계의 모든 것이 불안한 상황이다. 아직 안정화 단계에 접어들지 않았다."

박준흠 일본 시장 진출을 이야기하면서 콘텐츠와 네트워크를 언급했다.

정욱 동북아 3국이 블록화 되어 가는 것은 피할 필요도 없고 나쁜 현상이라는 생각이 들지는 않는다. 우리가 지정학적으로 콘텐츠 생산, 홍보 하는 방식으로도 중간자 역할에 있다. 이 결합으로 콘텐츠가 나오는 것이 좋지 않을까 생각했다.

박준흠 CJ 같은 경우는 미국 시장에서 미국 가수와 콜라보레이션 음반을 만드는 것은 당장 수익을 기대할 수는 없지만, 그 쪽에서 한국을 포함한 아시아권의 대한 관심 확대를 보고 진행한다 했다. 즉, 아시아 음악시장에서의 포털 역할이다.

정욱 곡도 마음에 들어야 한다. 이번에 원더걸스와 에이콘이 같이 하지 않았나. 에이콘도 같이 했더니 페스티벌에서 같이 떴다. 콜라보레이션은 하나의 지역에서 시너지가 난다면 하지 않을 이유는 없다. 일본에서 여러 가지 콜라보레이션도 해봤다. 특별한 일은 아닌 것 같다. 좋고 재밌는 것이 있다면 다른 형태의 콜라보레이션도 해보고 싶다. 장르가 달라도 상관없다. 유빈 같은 경우, 록페스티벌에 서고 싶어 했지만 그러지 못했다. 내가 이러한 쪽에 관심이 있으니 원더걸스는 '고고스타' 뮤직비디오를 보고 그랬다.

박준흠 JYP에 들어오기 전까지 음악적 취향이 현재와 달라고 했다.

정욱 좋아하는 취향은 아직 그대로이다. 헤비메탈 팬이다. 헤비메탈, 80년대 펑크 등 좋아한다. 익스트림 한 것을 좋아한다.

박준흠 제작을 위해 소속가수와 음악에 대한 이해가 많아야 한다. 좋아하는 음악과 제작하는 음악 방향성이 다른 경우 문제가 없나?

정욱 해설지 썼던 음반이 블랙 아이드 피스, 원 투 이렇다. 회사에서 팝 칼럼이라고하면 장르에 관계없이 준다. 어렸을 때 팝 음악을 접했던 사람들은 장르 구분 없이 다 알아야 할 상황이었다. 원 투 앨범도 계속 들어왔다. 소속 뮤지션들과 음악적 이야기는 더 많이 하는 편이다. 뮤지션들도 의외의 면이 많다. 아이돌로 30명 정도가 있다. 2AM의 진운은 록 음악을 좋아한다. 뮤즈 콘서트에 데리고 가고 심지어 지산에 정진운 밴드로 참여했다. 원래 동두천 록페스티벌에서 보컬 하던 애를 뽑은 것이다. 유빈이는 하드코어, 록 쪽을 좋아한다. 2PM의 준호는 어셔나 저스틴 팀버레이크 좋아할 것 같지만 키린지를 좋아한다고 해서 놀랐다. 개인적으로 키린지를 엄청 좋아해서 일본에서 2PM 음반사 결정할 때, 각 음반사들이 키린지 싸인 CD 줄 정도였다. 취향도 다 다양하다. 기본적으로는 어떤 퍼포먼스를 하는지에 대해서는 고려해야하지만 그렇다고 취향을 이해하지 못하거나 그렇지는 않다. 감동을 받느냐 아니냐의 차이는 존재한다. 박진영 피디와는 처음부터 이 쪽을 이야기하지 않는다.

박준흠 그런 취향의 가수는 데뷔하기 어려울 것 같다.

정욱 모른다. 서브 레이블 등을 운영하면 가능할 것 같다. 회사가 조금 더 탄탄해지면 운영이 가능할 것 같다. 현재 업계의 모든 것이 불안한 상황이다. 아직 안정화 단계에 접어들지 않았다.

박준흠 어떤 면에서 그렇게 생각하나?

정욱 외부에서 보는 모습이다. 아직은 모든 것이 다 불안하다. 국내외적 상황이 탄탄한 기반에 올라와 있는 것이 아니다. 대부분이 자금, 돈의 흐름이 일본을 중심으로 아시아 국가에서 오고 있다. 중국 같은 경우는 TV 드라마 쿼터 제한을 하려면 할 수 있는 나라이다. 실제로 했고. 일본도 이렇게 될지 모른다. 케이팝이 붐만 일고 끝날 수 있는 것이다. 지금 일본에 살고 있는 소비자들이 케이팝 붐을 추억하는 시대가 빨리 오면 끝나는 것이다. 이러한 내적 시장은 성숙이 되지 않았다.

박준흠 그래서 사람마다 이야기 하는 것이 다르다. 케이팝의 지속 기간을 3년, 5년, 10년이라고 사람마다 다르게 이야기한다.

정욱 몇 년 정도는 큰 풍파는 없을 것 같지만 또 다른 시장, 플랫폼 개척을 계속 생각하는 이유는 불안해서이다.

박준흠 단기간에 끝나는 것이 아니라 계속적으로 이어 가기 위해서는 어떻게 해야 하나?

정욱 협업해야한다. 일반적인 공산품 생산 국가가 중국 같은 나라가 옆에 있으면 두렵다. 산업이 망한다. 이것을 시장으로 바꾸면 이 쪽 산업은 소비자가 많아서 도움이 된다. 아직 정확히 해 본 사람이 없어서 모를 뿐이다. 중국 자체도 그렇다. 대륙 자체도 10년, 20년 동안 새로운 스타가 나온 적이 없다. 아직도 유덕화가 장악하고 있다. 주걸륜도 이미 데뷔한지 10년이 넘었다. 중국도 누군가가 나올 때가 돼서 같이 하고 싶다. 여기에 일본이 같이 해도 좋다. 영화는 이렇게 많이 한다. 중국이 제작을 맡고 일본에서 자본이 들어오고 한국 배우가 출연하는 일들이 벌어진다. 음악도 이렇게 할 수 있으면 좋겠다.

박준흠 중국 같은 경우는 정상적으로 음악을 팔 수 없는 구조라는 이야기가 있다.

정욱 중국이 영화 콘텐츠가 없는 시장이었는데 극장 시장이 되고 있다. DVD가 불법인 나라였는데 극장 시장은 엄청나게 성장하고 있다. 중국에서 쿼터 조금 올려주니 헐리웃에서 축제가 벌어졌다. 너무 시장이 커서 그런 것이다. 지정학적으로도 그렇고 가장 가깝게 협업할 수 있는 나라는 우리라고 생각한다면, 일본과 중국 협업은 다르다. 그리고 이러한 방식으로 세계적인 스타가 나올 수도 있다고 본다. 이에 대한 대비는 다들 하고 있을 것 같다.

박준흠 시기적으로 언제, 어떻게 될 것 같나?

정욱 모른다. 누군가는 북경 올림픽 끝나면 저작권 개선이 된다고 했지만 그렇지 않았다. 언제 어떤 계기가 올지 모른다. 플랫폼, 장치가 바뀔지도 모른다. 그럼에도 불구하고 큰 시장이 있는 것은 다행이다.

박준흠 JYP는 어떤 준비를 하고 있나?
정욱 Miss A 같이 실제로 앞에 나가서 움직이는 뮤지션도 있다. 일차적인 방법은 Miss A, Exo−M, F(X) 같이 중국 멤버가 들어와 있는 것이다. Miss A의 경우, 심양에 CJ와 같이 하나의 관을 만들어 거점으로 움직일 것이다. 연습생의 경우 1/3이 중국인 연습생이다. 진출을 염두하고 있다. 미국에 살고 있는 아시안 중에 제일 많은 비율 또한 중국인이다.

박준흠 인도의 인구는 8억이다. 인도도 가능성이 있는가?

정욱 너무 멀고 문화가 너무 다르다. 일본, 중국 가면 한자권이라 대충 읽을 수 있고 젓가락으로 밥 먹는 등 불편하지는 않다. 셋이 방식이 같다. 그래서 '대장금'을 좋아하고 그러는 것이다. 기본 정서에 소구할 수 있는 부분이 있다.

박준흠 태국은 어떠한가? 한류 수출로는 일본 다음인 것 같다.

정욱 조금 다르다. 태국은 닉쿤이 있어서 일들이 가능한 것이다. 하지만 시장이 좋은 나라는 아니다. 음반 시장은 전멸 단계로 접어들었다.

박준흠 작년 기준 한국 음악 수출에서 일본이 81% 정도 차지하고 나머지가 태국, 베트남 등이 차지하고 있다. 이 상태로 갈 것 같나?

정욱 그 나라의 문제이다. 일본 시장이 커서 그러한 것이다. 음반 시장은 미국을 제치고 전세계 1위이고 음원 시장도 국내의 몇 십배이다. 이 비율이 나오는 것은 시장 때문이다.

박준흠 중국에서 음악이 영화처럼 진행된다면 국내 엔터테인먼트 회사에게는 호재이다.

정욱 그렇다. 시장이 큰 나라에서 뭔가가 벌어지면 비율 자체가 달라질 것이다.

박준흠 일본 같은 경우 중국 음악 시장을 많이 염두에 두고 있나?

정욱 두 나라 사이의 문화, 정치적 사이가 멀어 복잡하다. 일본, 중국은 한국과 일본, 한국과 중국과는 다르다.

음악기획사의 아이돌 생산 시스템 : 연습생 제도

"박진영 피디는 퍼포먼스를 하는 아티스트다.
그래서 자신이 가진 것들을 누군가에게 가르치고 싶었다.
그래서 사실은 문하생을 받은 것이다."

박준흠 1995년도에 SM엔터테인먼트가 생긴 이후로 한국 엔터테인먼트계에 '연습생' 제도라는 독특한 제도가 생겼다. 한국에서 연습생 제도가 만들어진 이유는 무엇인가? 시초를 SM의 H.O.T로 볼 수 있나?

정욱 H.O.T가 연습생 기간을 정확히 얼마나 거쳤는지 모르겠지만 우리 회사의 경우, 초창기 연습생은 비 같은 친구들이었다. GOD도 달랐다. 박진영 피디는 퍼포먼스를 하는 아티스트다. 그래서 자신이 가진 것들을 누군가에게 가르치고 싶었다. 그래서 사실은 문하생을 받은 것이다. 성격

상 커리큘럼화, 정립하는 것을 좋아해서 계속 만들어 간 것이다. 연습생 시스템 초기는 SBS 영재 육성 프로젝트이다. 조권(2AM), 선예(원더걸스)가 이를 통해서 왔다. 어떻게 보면 12년 전에 이미 오디션 프로그램을 한 것이다. 이러한 것에 대해 빨리 하고 싶어 하는 성향이 있다. 연습생을 받아들이고 가르치려고 하니 시스템과 커리큘럼이 필요했다. 주먹구구식으로 할 수는 없었다. 그래서 자신이 가진 노하우를 다 공유해서 가르친 것이다. SM은 초기부터 이러한 계획이 있었던 것으로 안다. YG는 '클랜'이었지 않나. 빅뱅, 투애니원이 데

뷔할 때까지 외에는 연습생이 없던 것으로 안다. 힙합하는 회사 느낌이었으니깐. 이 안에서 배우는 연습생들이 나왔더니 실제로 잘했다. 2000년대 초중반 들어오면서 보아, 세븐, 비가 3사를 대표해서 연습생 실력을 보여줬다. 충분히 준비하고 배운 아이들이 어떠한지를 보여줬다. 지금도 남녀 댄스 솔로 퍼포먼스형 가수를 떠올리면 이 셋을 넘어갈 사람이 없다. 이를 가르치다보니 자꾸 시스템이 생긴 것이다. 시스템 속에서 자신이 있어야 내보내는 마음가짐이 생겼던 것이다. 가르치다보니 단순히 모아서 가르치는 일이 생각하고 고민해야 할 일들이 너무 많았다. 이를 개선하는 과정을 많이 거쳤다. 우리 회사에 커리큘럼이 76가지가 있다.

 문제점도 있나?

 문제점은 거의 없는 것 같다. 꿈을 이쪽으로 잡고 이 길목을 통과한 사람들에게는 굉장히 완벽한 선물이 될 수 있다. 개인적인 경쟁, 갈등 구조를 헤쳐나가지 못하는 것은 어디든 있는 일이다. 학교에도 아웃사이더가 있고 왕따가 있는 것처럼. 이 문제는 인간의 근원적 본성과 사회, 전체가 만들어내는 문제이다. 무료로 최고 수준의 교육을 받게 한다. 연습의 커리큘럼은 최고이다. 꿈을 이 길로 정했다면 제일 좋은 상황 속에 들어온 것으로 생각된다. 문제점은 어디서나 나타날 수 있는 것들이다. 사람이 모였으면 나타나는 것들이다.

박준흠 JYP 오디션에 1년에 6~7만명이 응시하는 것으로 알려져 있다. 이 인원들을 다 어떻게 오디션을 보나?

정욱 여러 가지 형태로 본다. 최근에는 온라인 오디션이 활성화 되어 있다. 또 센터 오디션, 해외 오디션, 공채 오디션 등 매일 누군가는 어디로 나가 있다. 지역, 지방 오디션도 한다. 한 달 동안 직원이 지방에 가 있다. 공고를 띄우는 공채 오디션도 있다. 이를 다 합치면 6~7만명이 된다.

박준흠 연간 오디션 인원을 보고 깜짝 놀랐다. 한국의 청소년들이 유독 기획사에서 가수 데뷔하고 싶어하는 이유는 뭐라고 생각하나?

정욱 조금 더 빨리 스타가 될 것처럼 보여서라고 생각한다. 지금까지 이런 결과물을 보여줬다.

박준흠 연예인이 되고 싶어 하는 청소년들이 많은 것 같다.

정욱 우리가 되라고 한 적은 없다. 확률적으로는 공부해서 서울대 가는 것이 백배 더 쉬울 것 같다.

박준흠 하지만 실제 연습생은 3,40명 밖에 되지 않는다. 경쟁률이 몇천대 일이 된다.

정욱 그 중에 다 데뷔하는 것도 아니다. 데뷔한다고 해서 또 다 되는 것은 아니다. 몇 가지 허들이 있다.

박준흠 연습생으로 들어와서 데뷔를 못하는 경우는 어느 정도 인가?

정욱 절반 이상은 데뷔를 못한다. 학업 성적 등 여러 가지 제도가 있다. 두 번 이상 원하는 학교 성적이 미달되면 집에 보낸다.

박준흠 연습생 생활에서 탈락했다가 성공한 케이스가 있나?

정욱 우리 회사 출신은 엄청 많다. 한 2,30명 될 것 같다. 이 이야기는 깊숙이 들어가면 산업 자체에 민감한 부분이기 때문에 할 수 없다.

박준흠 JYP에서 보는 오디션과 연습생에서 데뷔할 때 선정 기준은 무엇인가?

정욱 박진영 피디는 마지막에 본인의 느낌대로 보는 것 같다. 우리 회사의 뮤지션들이 느낌이 비슷하다. 비, 장우영도 그렇다. 무대에서 열심히 하는 것을 좋아한다. 나는 닉쿤, 소희 같은 애들을 잡아놓고 박진영 피디는 회사 이미지와 맞지 않는다고 내보내라 했었다.

박준흠 회사 운영하는데 있어 연습생 제도에 많은 자본이 투입될 것 같다.

정욱 돈은 엄청 많이 들어간다. 연습생 제도가 우리에게는 R&D 이다. 전체 경비의 2,30%정도 들어가는 것 같다.

박준흠 운영 자금이 원활하게 돌아가는 시스템인가?

정욱 자금이 잘 조달되는 편이다. 외부에서 쓴 돈은 별로 없다.

박준흠 회사를 키울 때에는 어느 정도 한계에 봉착하지 않나?

정욱 그래서 증자도 하고 그런다. 하지만 프로젝트 파이낸싱은 하지 않는다.

박준흠 장단점이 있어서 그런가?

정욱 단지 돈이 있는데 굳이 그럴 필요를 못 느낀 것이다. 잘 될 것이라 믿고 프로젝트를 시작한다. 잘 됐을 때 모든 수익을 가져가고 싶어 한다.

음악산업 이슈 : 아레나 공연장, 스테디셀러, 음악소비자 연령대 문제 등

"문제와 해결책을 생산자 쪽에서 찾으려고 하면 안 된다.
생산자도 생존의 문제에 직면해 있기 때문이다."

박준흠 최근 '아레나 공연장' 건립 문제에 대한 이슈가 있다. 이 부분에 대해서 어떻게 생각하나?
정욱 첨예하게 중요한 부분은 아닌 것 같다. 더 큰 문제들이 많다. 프레임 자체가 이상하게 짜여져 있는 것이 해결되어야 한다. 종량제가 전체를 커버하는 문제가 아니다. 공연장 하나 짓는 것과 종량제 이야기는 같은 맥락인 것 같다. 공연장 상황이 열악한 것이 답답하긴 하다. 올림픽 홀이 리모델링되었다고 하지만 작다. 대만, 태국만 가도 전용 공연장들이 있다. 체조 경기장에서 원하는 연출을 할 수 없다. 콘서트에서 가수들은 와이어 매달로 날아다니고 싶어하지만 그렇게 할 수 없다.

박준흠 최근 도봉구 쪽에서 2만명 수용의 아레나 공연장 건립에 대해서 의견을 모으고 있다. 얼마 전 공청회를 했는데 토론자 중 한 명이 아레나 공연장이 만들어졌을 경우의 실제 가동률에 대한 의문을 제기했다. 이 문제는 어떻게 생각하나?
정욱 대만의 슈퍼 아레나가 있다. 만 오천석 규모이다. 거기 개관했을 때 처음 한 공연은 뮤지컬이다. 뮤지컬도 할 수 있다. 발상만 넓힌다면 가능하다. 아이돌이 뮤지컬을 해서 잘 되는 것도 있다. 지금 대관 전쟁이다. 체조경기장, 실내경기장 다 대관 전쟁이다. 특히 연말이면 더 그렇다.

박준흠 한국의 음악 시장이 커지기 위해서는 몇 가지가 필요하다. 이 중 하나가 콘텐츠적 문제인 것 같다. 흔히 말하는 스테디셀러 음반/노래들이 필요한 것 같다. 한국에 없는 부분이다. 1960년대 롤링스톤즈나 비틀즈의 음악은 5,60년이 지나도 꾸준히 팔리는 구조가 있다. 이 같은 구조가 음악산업에서 큰 역할을 하는 것 같다. 한국 음악산업의 파이를 키우기 위해서는 참고할만한 부분이다.
정욱 국내에도 60~80년대 좋은 음악들 많다. 하지만 소비자가 소비를 하지 않는다.

박준흠 계속 연관된 질문이다. 소비자가 10대에로 고착되어 있는 것 같다. 서른 넘은 뮤지션이 활동하기 어렵고, 음악소비자가 제한된 연령대로 되어 있는 것 같다. 근본적으로 음악산업이 커지기 위해서는 스테디셀러가 나와야 하는데 이를 위해서는 소비하는 연령대가 넓어지는 것이 중요하다. 한국에서 음악소비를 하는 연령대가 일본, 미국, 영국과는 다르게 나타난다.
정욱 플랫폼에 뚜껑이 씌워져 있어 그렇다. 결과적으로는 우리가 잘하는 것만 잘할 뿐이다.

박준흠 또한 소비되는 음악 장르도 넓어져야 한다. 인디, 언더그라운드도 먹고 살 수 있는 구조가 되어야 한다고 본다. 결론적으로 이러한 환경이 되기 위해서는 자본(메이저 음악기획사)이 움직이지 않으면 불가능 한 것 같다. 음악시장의 거대 음악 기업들도 일정 부분 이러한 방향으로 움직여야 하지 않나?
정욱 지금 SM, YG, JYP도 매일이 불안하다. 3사 매출액의 합이 국대떡볶이 만도 못하다. 하루를 치열하게 살아가면서 불안해한다. 불과 5년 전에 회사 문 닫을 뻔 했다. 이 기억이 너무 강하다. 지금도 녹록하지 않다. 여기에서 조금 더 안정적으로 가는 길을 택할 수밖에 없다. 로엔과 CJ는 잘 모르겠지만 어쨌든 여기는 대기업의 한 부분이다. 그렇다면 대기업이 결정한다. 이 부분이 좀 다르다. 일본의 메이저 레이블 매출액은 다 합쳐 5조원이 넘는다. 이 안에 레이블들이 다 있다. 인디, 힙합, 밴드도 있다. 일본도 인디가 거의 끝나가는 분위기이다. 자본이 강력하게 존재해도 힘이 드는 상황인데 우리나라는 너무 힘들다. 이 이야기는 조금 어패가 있는 것 같다. 3사도 힘이 없다. 생존의 싸움을 매일하고 있다. 하루하루가 어떻게 될 지 불안하기 때문에 모이면 어떤 부분을 만들 수 있을지 고민한다. 안정화가 된다면 모르겠다. 문제와 해결책을 생산자 쪽에서 찾으려고 하면 안 된다. 생산자도 생존의 문제에 직면해 있기 때문이다. 결과적으로는 3사가 시장을 넓히려는 노력을 플랫폼에서 정당하게 할 수 있게 만들어야 한다는 생각은 가지고 있다. 하지만 플랫폼과도 맞서지 못한다. 방송정지가 생기면 할 방법이 없다. 공중파는 여전히 아이돌을 모아서 해외공연을 다닌다. 우리는 가야한다. 인식에서 조금 바뀌어야 한다. 시장이 원래대로 커졌던 비율대로 커

졌다면 이렇게까지는 되지 않았을 것이다. 디지털로 바뀌면서 규칙이 무너져서 한 순간에 없어져버렸다. 음악 콘텐츠는 소비의 대상이 아니라고 생각하기 때문에 시장이 정상처럼 성장하지 못한다. 이를 방송 같은 플랫폼도 수용하지 못한다. SM은 1조 가치를 가졌지만 매출액이 2천억이 되지 않을 것이다. 희망은 3사의 오너가 뮤지션 출신이라는 것이다. 생존의 문제만 해결된다면 각자 생각은 있을 것이다. 외부에서 볼 때 대형기획사라는 인식이 크다. 재작년에 모 국회의원이 6개 회사를 묶어 부가가치세 탈루 혐의로 기사를 냈다. 그 때 SM 김영민 대표와 찾아갔다. 의원한테 전년도에 적자라고 했다. 적자 기업은 세금이 부과가 되지 않는다. 적자라고 했더니 의원이 돈이 많지 않냐고 물어보더라. 우리를 바라보는 인식이 이렇다. 그래서 더 이상 이야기하지 않고 왔다. 하루하루가 괴롭다. 하지만 더 크게 이겨낼 것이다. 희망은 분명히 있다. 특이한 베이스를 가진 회사들이 이끌고 있기 때문이다.

한국 음악산업에서의 JYP 역할, 정욱 대표 일상

"우리가 지향하는 리더의 역할이 있다면, 그 끝을 보고 싶다.
어렸을 때 음악의 세례를 받고 살았고 음악이 생활을 윤택하게 해줬고 지금도 그렇다.
이를 사람들과 넓고 오랫동안 나누고 싶다."

박준흠 JYP는 한국 음악산업에서 어떤 역할을 할 생각인가?

정욱 말씀드렸던 대로 우리가 지향하는 리더의 역할이 있다면, 그 끝을 보고 싶다. 어렸을 때 음악의 세례를 받고 살았고 음악이 생활을 윤택하게 해줬고 지금도 그렇다. 이를 사람들과 넓고 오랫동안 나누고 싶다. 나는 차도 없고 버스 타고 다닌다. 박진영 피디는 재작년까지 산타페 타고 다니다가 차를 바꿔줬다. 구리에 5억원 전세 산다. 나는 인근 전셋집 산다. 둘 다 이런데 관심이 없다. 둘 다 나이 40살이 넘었지만 결혼도 안 했고 애도 없다. 둘 다 골프채도 안 잡아봤고, 자기 이름으로 된 주식을 사고 판 적이 없다. 우리가 해봤던 가장 사행적이었던 것은 당구였다. 이것이 기반이 되어 미래까지 회사를 끌고 갈 것이다. 나는 회사 차도 없다.

박준흠 일부러 회사차를 안 받는 것인가?

정욱 그냥 걸어 다니는 것을 좋아한다. 주말에는 황학동 시장 같은 곳에 너댓시간 동안 걸어 다닌다. 사람들 생각하는 것을 보는 것이 재밌다. 연기를 해야 하는 친구들에게 잘 보여주는 프로그램은 '다큐멘터리 3일' 같은 것이다. 나는 아직도 문화적으로 루저 정서가 있다. 최근에 본 영화도 김정태씨가 나오는 '슈퍼스타'라는 영화다. 재작년 부산 영화제에 가서 찍은 페이크 다큐멘터리이다. 그리고 'UFO'라는 영화이다. 취향이 이런 쪽이다. 그럼에도 불구하고 우리가 가진 꿈은, 주주의 권리를 보호하는 것은 굉장히 중요하지만, 개인의 이익과 치부보다 세상을 상대로 좋은 영향을 끼치고 싶다. 박지영 피디는 최근 스티브 잡스처럼 취향이 있는 경영을 하고 싶지만 빌 게이츠 같은 따뜻한 마음을 가지고 싶다고 하더라.

박준흠 JYP엔터테인먼트의 가치가 많이 오른 것으로 알고 있다. 그래서 많은 보상이 있다면 박진영 피디와 대표는 무엇을 할 것인가?

정욱 개인적으로 하고 싶었던 일들을 할 것이다. 개인적으로 좋아하는 것들에 대한 노력, 케어를 할 것 같다.

박준흠 서브 레이블인가?

정욱 그것은 회사가 해야 할 일이다. 회사가 안정되면 할 수 있는 일이다. 개인적으로 하고 싶은 것은 고고스타 술 한잔 사주고 이런 것들이다. 일본 음반사 사람들에게 고고스타 뮤직비디오 보여줬었다.

박준흠 황학동 거리 걷는 것 말고 취미는 무엇인가?

정욱 영화 보는 것 좋아한다. 영화를 너무 좋아해서 영화계 분들하고도 개인적으로 많이 안다. 음악 업계보다 영화 업계를 더 많이 안다.

박준흠 영화를 좋아한다고 해서 업계 분들 알기는 쉽지 않을 텐데.

정욱 일 하다가 연결되고 하다보면 친한 감독도 생기고 그런다. 이 쪽 업계가 한 다리 걸치면 다

안다. 소속 아티스트도 연기를 하지 않나. 수지가 '건축학개론'에 출연하게 된 계기도 이용주 감독 때문이다. '불신지옥'을 보고 대단하게 될 것이라는 판단을 했었기 때문이다. 감독이 이용주라고 해서 바로 오케이했다. 약간 헐리웃 기질이 있다. 영화를 주말에는 너댓편씩 본다. IPTV로. 쉬지 않고 본다.

박준흠 정확히 월요일부터 금요일까지만 일하나?
정욱 영화는 토요일에 밤새서 본다. 어차피 혼자 사는 남자는 할 일도 없다. 아니면 책을 본다. 책도 취향이 정확히 있어서 취향에 맞게 본다. 오타쿠 기질이 있다.

박준흠 마지막으로 하고 싶은 말이 있나?
정욱 한국 음악 환경과 시장이 잘 됐으면 좋겠다는 바람이다. 왜냐하면 이런 것들 때문에 모여 있는 사람들이 있다. 음악은 어렸을 때부터 인생의 좋은 선물을 받은 것이라 생각한다. 옛날에 성시완씨가 만든 책에 그런 이야기가 나온다. 별 이야기를 하면서 음악 이야기를 비유하면서 말했다. 사람들이 많은 별들이 있는데 다 못 보고 죽듯이 음악 이야기도 이렇게 비유했다. 어렸을 때 봤던 이 문구가 기억이 난다. 이 일이 저 문구(JYP 모토)에 일조하는 일이지 않은가. 좋아하면서 한다. **SOUND**

특집

SOUND
all around music

대중음악 전문인력 수요조사

음악산업 각 분야(기획, 경영, 연구, 정책, 무대기술 등)
전문인력 양성 학제(가칭 '대중음악학과' 또는 '음악산업학과')를 새롭게 만들기 위한 기획조사

서문

다들 있을 것이라고 생각하지만, 사실은 없는 '대중음악학과/음악산업학과'. 그렇다면 현재 음악산업 전문
인력 양성은 어떻게 이루어지고 있는가? _박준흠

Ⅰ. 대중음악 전문인력 수요조사 설문/응답자

음악산업 각 분야(기획, 경영, 연구, 정책, 무대기술 등) 전문인력 양성 학제 연구

Ⅱ. 대중음악 전문인력 수요조사 설문 분석

음악산업 각 분야(기획, 경영, 연구, 정책, 무대기술 등) 전문인력 양성 학제에 관한 각계 의견

Ⅲ. 대중음악 기획, 경영, 정책, 무대기술 관련 인터뷰

전문인력 양성 학제(대중음악학과/음악산업학과)의 필요성과 현장 적용에 관한 전문가 심층 인터뷰

대중음악SOUND 기획조사 / 대중음악 전문인력 수요조사

다들 있을 것이라고 생각하지만, 사실은 없는 '대중음악학과/음악산업학과'. 그렇다면 현재 음악산업 전문인력 양성은 어떻게 이루어지고 있는가?

음악을 좋아하는 청소년은 대중음악계에 어떻게 진입할 수 있을까?

이해를 돕기 위해서 내 경우를 이야기 하는 게 좋을 것 같다는 생각이 들었다. 예전이나 지금이나 크게 달라진 건 없는 것 같다. 내가 대중음악계에 들어온 과정은 꽤 복잡하면서도 한편으론 절절하기까지 하다. 열혈 음악마니아였던 중·고등학생 시절부터 막연하게나마 난 미래에 대중음악 관련 일을 할 것으로 생각했다. 하지만 뮤지션이 되거나 글을 쓰는 것에는 별 관심이 없었고, 내심 가장 원하는 것은 '음악을 제한 없이 듣는 일'을 하는 것이었다.(지금 생각해보니, 이번 특집 인터뷰에 참여한 KBS 라디오 PD인 정일서 씨처럼 그 때 나는 왜 공중파 라디오 PD가 되겠다는 생각을 못 했는지 모르겠다.) 그러던 중 고등학교 1학년 때인 1982년 12월초에 구입한 지구레코드 라이선스로 발매된 보스톤(Boston) 1집 음반속지에서 "기타리스트 톰 숄츠(Tom Scholz)가 미국 MIT 기계공학과 출신으로 뛰어난 음향엔지니어이다"라는 얘기를 보고서 나도 레코딩 엔지니어가 되겠다는 꿈을 구체적으로 꾸게 되었다. 그래서 레코딩 엔지니어에 대해서 좀 더 알아보고, 대학교 전공을 주저 없이 전자공학과로 택했다. 하지만 도제식 스튜디오의 임금 문제나 군 문제 등으로, 레코딩 스튜디오 쪽으로는 가지 못하고 결국 '전공을 살려서' 전자교환기, ARS 개발하는 대기업 연구소에 들어가서 취미로만 음악을 대하게 되었다.

열심히 회사 생활하던 1994년 봄인가에 "1995년 한국에 케이블TV가 생기는데, MTV와 같은 음악전문채널이 생긴다"는 기사를 신문에서 보았고, 그 기사에는 내 가슴을 뛰게 하는 뭔가가 있어서 다시 음악 관련 꿈을 꾸게 되었다. 그 해 여름 음악전문 케이블TV에 PD로 입사하려고 KM-TV 등에서 진행한 신입PD 공채에 입사원서를 냈지만, 나이도 많고 전공이 전자공학이라서 그랬는지 1차 서류심사에서 다 떨어져서 2차 필기시험을 볼 기회조차 얻지 못했다. 낙담한 끝에 PD 일의 전문성이나 키우자는 생각에 연구소 다니면서 밤에는 6개월 과정의 방송PD 양성 학원에 다녔다. 그 와중에 현실적으로 생각을 바꿔서 '음악PD'에서 '음향엔지니어'로 지망을 바꾸었다. 그리고 얼마 지나서

모 케이블TV에 음향/송출 기술직으로 입사하게 되었다. 방송국 다니면서도 대중음악계에서 일하고 싶다는 간절한 생각으로 서울재즈아카데미 처음 생길 때 사운드엔지니어링 과정에 들어갔다. 1년 과정 졸업 후 32살 때인 1997년 여름에 월간 대중음악전문지 '서브(SUB)' 창간 작업을 시작해서, 수많은 우여곡절 끝에 '드디어' 그 해 12월 24일 대중음악과 관련된 '첫 작품'을 세상에 내 놓았다. 정말 돌고돌아서 현재 일을 하고 있는 것이고, 어쩌면 이런 사연 때문에 남들보다는 좀 더 대중음악 일을 각별하게 생각하고 있는지도 모르겠다.

그리고 워낙 늦게 대중음악 기획 일을 시작해서, 음악잡지 창간, 웹진 창간, 인터넷방송국 개국, 음악축제 기획, 음반 기획, 단행본 출판 등 어느 하나 누구에게 배워서 일을 할 수가 없었다. 일례로 '서브' 창간기획서(사업계획서)를 쓸 당시를 돌이켜 보더라도, 이전에 잡지사에서 일해보기는커녕 음악 글을 써 본적도 없는 상태였다. 그래서 관련 학과나 단행본을 찾아보았지만 없었고, 심지어 관련 정보를 찾기도 어려웠다.(2007년에 발간한 『축제기획의 실제』가 매뉴얼 형태의 '축제기획 실무서'로 처음이라는 점은 한국 아카데미 시스템에 많은 시사점을 준다고 생각한다.) 그럼에도 불구하고 그냥 너무 해보고 싶어서, 새로운 일을 하기에는 내 나이 32살이 마지막 시기라고 생각하고, 이번에 안 하면 평생 후회할 것 같아서 그 일을 시작한 것이었다.

현재도 '20대 당시의 나처럼' 대중음악계에서 일하고 싶은 꿈을 갖고는 있으나 상황이 여의치 않아서 포기한 청춘들이 무척 많을 것으로 생각한다. 사실 한국에서 평생 직업을 갖는 과정을 생각하면 대개 '대학 전공'과 관련되어 있고, 20대 중반~후반에 첫 번째로 선택하는 정규 직장에서의 일이 평생 직업이 될 가능성이 크다. 남들보다 일찍 직업에 대해서 고민했던 나 역시도 대학교 전공이 '전자공학'이다보니, 결국 현실적인 상황 때문에 '전공을 살려서' 기업 연구소를 택하게 되었다. 아마 1995년에 음악전문 채널을 포함한 케이블TV가 개국하지 않았다면, 지금 대중음악 기획&연구 일을 안 하고 있을 공산이 크다.

그런데, 만약 내가 고등학교 다닐 때에 대학에 '대중음악학과'가 있었다면? 난 당연히 거기에 입학하려고 했을 것이다. 또한 만약 그랬다면, 20대 중반부터 대중음악 기획을 시작했을 것이고, 내게는 좀 더 많은 가능성이 주어졌을 것이다.

한국에서처럼 사회생활을 하는데 있어 대개 대학이 실질적으로 '기본 베이스'인 곳에서는 고등학생 입장에서 선택의 여지가 별로 없다. 장래의 직업을 구체적으로 생각해 보지 않은 경우는 수능 점수에 맞춰서 대학에 갈 것이고, 장래의 직업을 정한 경우는 자기가 원하는 직업과 가장 유사한 대학의 전공을 택할 것이다. 사실 우리사회에서 '고3'이 선택할 수 있는 방법은 이외에 특별히 없어 보인다. 규격화된 사회/교육 시스템 안에서 달리 뭘 어쩌겠는가? 물론 소수의 천재나 운이 매우 좋은 몇몇은 이러한 규칙을 따르지 않고도 원하는 것을 얻을 수 있겠지만, 그건 매우 특수한 경우라서 보편적인 적용 가능성을 중시하는 '정책'을 얘기할 때는 하나마나한 얘기다. 그렇다면 현재 '대중음악계'에 진입하고 싶어 하는 '고3'이 택할 수 있는 방법으로는 과연 무엇이 있을까? 이 점을 잘 생각해 본다면, 여기서 논의하려는 '대중음악학과/음악산업학과'의 산업적 적합성 여부를 따지기 이전에 기본적으로 고려해야할 점이 있다. 한마디로 음악업계에 잘 준비된 좋은 인력이 유입되기 쉽지 않은 사회적/문화적/교육적 구조라서 이를 깨는 방안을 마련하는 것이 핵심이라고 생각한다.

전문인력 양성 시스템은 성과가 나오려면 최소 5~10년은 걸리는, 문화예술 인프라 중에서 가장 장기적인 사업에 속한다. 즉, 대중음악학과가 당장 만들어진다고 하더라도, 적어도 5년은 지나야 대중음악산업에 긍정적인 영향을 미칠 수 있다. 하지만 지금 만들지 않는다면, 5~10년 뒤에도 지금과 똑 같은 논의 수준이 이어질 것이고, 대중음악의 균형적인 성장은 요원할 수도 있다.

'대중음악학과/음악산업학과'를 통한 전문인력 양성 학제 제안 이유

● 대중음악 인프라와 콘텐츠를 기획하는 전문인력 필요

- 한국 대중음악시장을 균형 있게 성장시키기 위해 '대중음악 인프라와 콘텐츠'를 기획하는 '엘리트 대중음악 인력' 양성 학제 필요

● 한국 대중음악 내수시장을 활성화시킬 전문인력 필요

- 현재 한국 대중음악 내수시장은 성장이 멈추었는데, 원인은 '음악소비자'의 숫자가 적을 뿐만 아니라 그 소비자들마저도 소비지출 능력이 떨어지는데 있음. 이는 달리 표현하면 '10대 중심으로 음악소비시장이 재편되었다'는 얘기고, 아이돌 중심의 음악시장이 안고 있는 근본적인 한계임. 이에 '대중음악 소비자'의 연령대를 현재의 10대 중심에서 영미권처럼 10~50대로 확장시키는 기획을 할 수 있는 다양한 분야의 대중음악 전문인력이 절대적으로 필요함

> ※ 현재 한국에서 유독 음악페스티벌 시장이 급성장하는 이유는 20~30대 음악소비자의 진입에서 기인한다고 생각하는데, 참고할 필요가 있음
> ※ 10대 중심의 음악시장 구조에서 벗어나야 30대 이상 중견 뮤지션들의 활동이 가능해짐. 이는 대중음악이 영화 등과 달리 '동세대 소비'(소비자가 자신과 비슷한 연령대의 생산자를 찾는다는 점이고, 특히 한국에서 더 심해보임) 특성을 가지고 있어서임

● 실용음악과 졸업생들의 원활한 활동 기반을 마련하는 기획, 매니지먼트, 마케팅, 연구, 정책 전문인력 필요 (*현재 실용음악 학제를 보완하는 방안)

- 한국 대중음악 시장 구조에서는 실용음악대학을 졸업한 학생들이 음악 활동을 하기 위한 환경이 마땅히 마련되어 있지 않음. 왜냐하면 기본적으로 실용음악과 학생들은

연예기획사 연습생들과 달리 엔터테이너가 아닌 뮤지션 지망생들이기 때문임. 또한 현재의 실용음악학제를 보더라도 연예기획사의 자체 커리큘럼과 달리 '밴드/세션 연주자' 양성에 초점이 맞춰져 있음. 그렇기 때문에 아이돌만 활동하기에 유리한 한국 음악시장 환경에서 실용음악과 학생들이 설 자리가 별로 없음. 이에 한국의 실용음악대학들은 '새로운 학제 패러다임'을 도입할 시점이고, 그렇지 않을 경우 교육부의 '취업률' 논리에 대응하기 어려울 뿐만 아니라 세간의 '백수양성소'라는 비아냥에도 대응할 논리가 마땅히 없어 보임

> ※ 실용음악학제의 새로운 패러다임으로는 자체적으로 기획, 제작, 경영, 마케팅할 수 있는 능력을 보유하거나 그런 학과와 결합하여 단과대 형태로 만드는 것을 고려할 수 있음. 큰 틀의 '대중음악 융합 학제'가 적절해 보임

미국 음악산업대학교 학제 사례조사 (2004년)

대학원 석사 과정을 다닐 당시인 2004년에 개인적으로 미국 음악산업대학 학제에 대해서 기획조사를 한 적이 있었다. 인터넷 중심으로 찾은 자료인데, 이 자료는 이후 내가 지속적으로 대중음악학제 신설을 주장할 때 근거 자료가 되었다. 그 중 일부를 소개한다.

● **음악산업대학 과정**

- Department of Music Business(Management/Industry)

● **의미 규정**

- 본 조사에서 '음악산업 관련 학과'는 실용음악과가 아니라 음악산업의 각 분야(기획, 제작, 경영, 마케팅, 재원조성, 연구, 정책 등)를 교육하는 과정을 지칭함

● **조사 대상**

- 4년제 학위 과정 이상만 조사

● **예술대학교(종합대학교) 내에서의 카테고리**

- College Of Arts & Sciences
- Department Of Music (Music Department)
- School Of Music
- College Of Arts & Humanities
- School Of Arts & Humanities
- College Of (Fine) Arts
- Fine Arts & Music

- Music & Fine Arts Department
※ Conservatory Of Music : 음악전문대학교

● 학과명

- Music Business
- Music Management
- Music Industry
- Emphasis In Music Business
- Music With Elective Studies In Business
- Music Media And Industry
- Performing Art Management

사례분석

※ 커리큘럼을 참고할만한 9개 음악산업대학만 학과목을 취합, 분류함. 과목마다 중요도에서 차이가 있는데, 이는 얼마나 많은 학교에서 그 과목을 채택했는지 여부에 따름
※ 학교마다 공통 필수, 전공 필수, 공통 선택, 전공 선택으로 분류하는 기준이 달라서 일부 과목은 여러 카테고리에 섞여 있음

▶ 공통 필수

(1) 원론

Introduction to Music | Introduction to Music Industry | Introduction to Recording Studio | Musical Styles | Computer Science | Music, Entertainment in U.S. Society

(2) 음악이론

Music Theory | Aural Skills | Conducting | Harmony | Orchestration/Arranging Performing(Music) Organization

(3) 음악학

History and Literature | Music History | History of Rock/Pop Music | History of Commercial Music | Music of the Middle Ages, Renaissance, and Baroque | Music of the Classical Period, 19th and 20th Centuries | World Music | Jazz History | American Music

(4) 음악엔지니어링

Computers, Technology and Music | Music Technology | Audio Production | Studio Arranging | Introduction to MIDI

(5) 청음

Sight Singing and Ear Training

(6) 워크숍

Opera Workshop

(7) 세미나

Current Issues in the Music Industry

(8) 실습

Practicum

(9) 퍼포먼스

Applied Lessons | Major Performing Large Ensemble | Piano Class | Voice Class | Instrumental Techniques

(10) 인턴쉽

Music Industry Internship | Music Business Internship | Music Management Internship

▶ 전공 필수

(1) Economics and Finance

Principles of Microeconomics | Business Finance | Corporate Finance | Issues in Economics

(2) Business

Music and Business | Intermediate Studies in the Business of Music

(3) Marketing

Principles of Marketing | Professional Selling | Consumer Behavior | Marketing Principles and Practices | Marketing Research | Marketing Communications | Fundamentals of Advertising | Advertising and Promotional Strategies

(4) Management

Principles of Management | Management Theory and Practice | Sales Management | Advertising Management | Human Resource Management | Marketing Management

| Production and Operations Management | Retailing Management | Small Business Management | Management and Organizational Behavior

(5) Accounting

Financial Accounting Principles | Introductory Statistics | Business Statistics | Managerial Accounting Principles | Finite Mathematics

(6) Business Administration

Business Law | Legal Environment of Business | Entertainment Law | Publishing and Copyright | Management and Administration | Business Computer Programs | Entrepreneurship: Small Business Consulting | Entrepreneurship: Small Business Management | Organizational Information Systems | Organizational Behavior and Leadership

▶ 공통 선택

(1) 원론

Business Ethics | Survey of Film Music

(2) 음악이론

Conducting | Composition | Counterpoint | Harmony | Form and Analysis | Choral Arranging | Instrumental Arranging | Orchestration & Instrumentation

(3) 음악학

History and Literature | Music and World Cultures | Introduction to Electronic Music | History of Rock | History of Jazz | Film Music

(4) 음악엔지니어링

Audio Production | Concert Recording and Sound Reinforcement

(5) 청음

Sight Singing and Ear Training

(6) 실습

Projects in Audio Production | Projects in Sound Reinforcement and Concert

Recording | Career Opportunities in Music and Recording | Brass Methods | Percussion
Methods | String Methods | Woodwind Methods

▶ 전공 선택

(1) Business

International Business

(2) Marketing

Advertising | Retailing | Independent Studies in Music Marketing

(3) Management

Strategic Management | Human Resources Management | Music Products
Management | Small Business Management/Entrepreneurship | Special Topics in Music
Management | Independent Studies in Music Management

(4) Business Administration

Arts Administration for Non-Profit Enterprises

'대중음악학과/음악산업학과' 졸업생들은 음악산업 현장에 안착할 수 있을까?

대중음악학과 신설을 얘기하다보면 가끔 듣는 얘기들 중에 하나가 '졸업생의 취업가능
성' 문제이다. 즉, 대중음악 관련 기업들이 흔쾌히 졸업생들의 능력을 믿고 입사시킬 것
인지를 묻는 질문이다. 이에 대해 다음과 같은 가상 설정으로 얘기하려 한다.

어떤 음악기업 대표가 있고, 입사지원자 2명의 최종 면접을 본다고 치자. 그런데 지원
자 모두 외면적으로는 능력이 엇비슷해 보여서 판단이 잘 안 서는데, 지원자 A는 대중
음악학과 출신이고, B는 기타 학과 출신이라고 하자. 그렇다면 1~2학년 때 대중음악 기
획(공연, 축제, 매체, 출판, 아카이브 등), 경영, 매니지먼트, 홍보, 마케팅, 국내외 대중
음악사, 대중음악 장르, 음악정책, 음악저작권 등을 배우고, 3~4학년 때 프로젝트 실습
(A&R, 인디레이블 설립&운영, 홈레코딩, 음반제작, 공연제작, 방송제작, 유통, 홍보마케
팅, 아티스트 매니지먼트 등)과 산학협력으로 음악기업 인터십 코스까지 마친 A와 그냥
대중음악을 좋아하는 B 중에서 과연 기업대표는 누구를 뽑을 확률이 높을까? 그리고
대중음악학과를 졸업한 학생이라면, 대개 학교 다닐 때부터 대중음악산업계에서 일하고
싶다는 마음가짐이 있는 상태가 아닐까? 즉, 기본적인 지식과 태도는 되어 있으니 실제

업무 노하우만 받아들이면 되는 상태이다. 그렇다면 음악기업 대표는 누구를 선택할 확률이 높을 것인가? 만약 제대로 된 커리큘럼과 교수진을 갖춘 대중음악학과 출신이라면 음악산업 현장에서 그 학과 졸업생을 원할 것인지를 묻는 것 자체가 불필요해 보인다.

마지막으로 이번 특집 인터뷰에 참여한 인터파크INT 콘서트팀 박정수 팀장의 의견을 읽어 보기를 권한다.

이영규 대중음악학과 신설 필요성에 대한 입장부터 묻고 싶다.

박정수 당연히 필요하다고 본다. 일정 정도 전문적인 영역의 직업군이나 산업군인데, 사람이 필요해 인재를 뽑으려 해도 이와 관련된 사람이 없다. 현재 우리 현실에 음악산업에 대한 전문적인 전공을 가진 친구들이 없다. 그렇기에 이런 부분에 대학이나 대학원 등을 통한 정규 과정을 통해 인재가 배출되면 아무래도 산업적 측면에서는 당연히 도움이 되기에 그렇다. 더구나 콘서트 사업을 비롯 현재 음악산업의 규모가 양적으로 성장하고 있는 과정에서 시기적으로도 전문 인력을 양성해야 할 적절한 타이밍이라고 생각한다.

이영규 그렇다면 그간 필요한 인재는 어떤 경로를 통해 충원한 것인가.

박정수 통로라고 하는 것은 아는 곳, 즉 기획사를 통해서나 지인을 통해 문의해 추천을 받는 형식이었고 일반적으로 구인 광고를 내서 알아본다. 하지만 구인 광고는 전문성을 지닌 프로페셔널한 측면이 떨어진다. 또 관련 학과도 없는 것은 물론이다. 실용음악과의 경우엔 대체적으로 음악과 관련되어 있긴 하지만, 산업적 측면에서 쓸 수 있는 사람은 아닌 것 같다. 그렇게 보면 전문적인 인력이 없다는 것이 큰 문제다.

이영규 구인광고를 통해 인재를 충원하는 경우, 다시 말하자면 음악을 전공하지 않는 경우가 태반일 것 같은데, 크게 문제는 되지 않는가?

박정수 그건 '효율성'의 문제다. 단지 일이야 들어오면 배워서 하는 건데, 좀 더 빨리 적응하고 또는 좀 더 빨리 자신의 '비전'을 찾는 등 음악을 향한 비전의 일치도가 다르다는 점을 들 수 있겠다. 예를 들어 나는 경영학과 출신인데, 경영학 전공도 이 분야에 있는 것처럼 실제 대중음악학과가 생긴다고 하더라도 반드시 그 친구들만이 이쪽 분야에서 일을 하는 것은 아닐 것이다. 하지만 그 친구들이 학부나 대학원 과정을 통해 이 분야에 문을 두드린다면, 이미 학과 선택 시 자기 진로에 대해 그 쪽에 포커싱을 두고 공부했다고 할 수 있으며, 음악산업에 대한 동일한 비전을 가졌다고 할 수 있을 것이다. 때문에 보다 선택도 쉽고, 일도 좀 더 수월하고 빠르게 적응할 것이다. 아무리 학교 공부와 실제 사회 간의 괴리가 있다고 하더라도 어느 정도 도움이 되는 것은 분명한 사실이다. 더구나 현재 우리 회사에서도 '예술원' 같은 과정을 통해 진로를 선택해 들어오는 친구들도 많다.

SOUND

박준흠 | 편집인

I

대중음악 전문인력 수요조사 설문/응답자

음악산업 각 분야(기획, 경영, 연구, 정책, 무대기술 등)
전문인력 양성 학제 연구

대중음악산업 전문인력 수요조사 설문

대중음악산업 '전문인력 양성 학제 시스템'의 필요성은 오래 전부터 공감되어온 부분이나, 음악산업 각계에서 실제로 어떤 인력을 얼마나 필요로 하는지에 대한 '전문인력 수요조사'는 이전에 없었다고 생각합니다. 이에 대중음악 각계의 수요조사를 통해서 '4년제 대중음악학과 또는 대학원 대중음악학과' 신설의 타당성을 검토하려고 합니다. 아울러 음악산업 현장에 필요한 전문인력을 양성하기 위한 '커리큘럼 개발'을 시도하려 합니다.

대중음악SOUND의 편집방향성은 한국 대중음악계의 인프라를 구축하기 위한 '방법론' 제시에 있습니다. 그러기 위해서 기획조사, 현장리포트 등을 중시하고 있고, 이번 5호 특집 설문도 그러한 작업의 일환입니다.

그런데 여기서 주목할 것은, '4년제 대중음악학과 또는 대학원 대중음악학과' 신설의 타당성을 얘기하지만, 이는 그 자체가 목적이 아니라 한국 대중음악산업을 균형 있게(건강하게) 성장시키기 위해서 필요한 '방법론'으로 보고 있다는 점입니다. 지난 4호 커버스토리에서 '대중음악진흥위원회' 신설을 주장한 것과 같은 논리입니다.

이번 특집 설문, 인터뷰는 다음과 같이 진행됩니다.

▶ 수요 예측 프로세스

– 인력 수요처를 예측해 봄 : 대중음악 관련 기업, 기관, 학교 등
– 음악산업계에서 필요한 전문인력 수요를 산술적으로 계산함(추정함)
– 음악산업 각계 전문가 인터뷰를 통한 정밀한 데이터 확보/분석
– '대중음악학과' 신설 시 졸업생 진로(취업)에 대한 수요처와 수요를 추정함
– 음악산업계에서 필요한 전문인력을 양성하기 위한 학제와 커리큘럼을 개발함

▶ 조사 방법

– 음악산업 관계자 설문조사(300명)
– 대중음악 각계 전문가 인터뷰(22명)

발신 : 가슴네트워크 / 대중음악SOUND

수신 : 대중음악 각계 전문가

I. 대중음악산업 전문인력 관련 현황 조사

※ 주관식 질문의 경우 답변 분량은 제한이 없습니다.

1. 본인의 학교 전공은 무엇입니까?

　답변 :

2. 본인의 학교 전공이 현재 업무에 도움을 준다고(적합성 여부) 생각하십니까? (　　)

　1) 매우 도움을 줌 2) 대체로 도움을 줌 3) 보통 4) 별로 도움 주지 않음 5) 전혀 도움 주지 않음

　2-1. 앞의 2번 질문에서 '4) 별로 도움 주지 않음 5) 전혀 도움 주지 않음'으로 답변한 분에 한해서 재질문함.
　그렇다면 본인의 학교 전공이 현재 업무에 도움을 주지 않는 이유는 무엇이라고 생각하십니까?
　답변 :

3. 현재 음악업계에 종사하고 있는 사람들은 자신의 대학/대학원 전공과 관련 있는 일을 한다고 생각하
십니까? (　　)

　1) 매우 관련 있다 2) 약간 관련 있다 3) 보통 4) 별로 관련 없다 5) 전혀 관련 없다

4. 음악업계에서 일할 때 필요로 하는 '업무 전문성'은 무엇이라고 생각하십니까?

– 복수 응답 3개까지 가능 (　/　/　)

　1) 음악을 많이 들음 2) 음악 지식이 많음 3) 연주 능력이 있음 4) 외국어를 잘함
　5) 기획 능력이 있음 6) 마케팅 능력이 있음 7) 경영 능력이 있음 8) 행정 능력이 있음
　9) 기타 (　　　　　　　　　)

5. 음악업계에 종사하는 사람들은 자신의 업무 전문성을 '현재' 어떻게 키우고 있다고 생각하십니까?

– 복수 응답 2개까지 가능 (　/　)

　1) 일을 통해서 2) 학교 교육 3) 학원/문화센터 교육 4) 서적 5) 매체 6) 방법이 없다
　7) 기타 (　　　　　　　　　)

6. 본인은 대중음악과 관련해서 본인의 업무 전문성을 '현재' 어떻게 키우십니까?

– 복수 응답 2개까지 가능 (　/　)

　1) 일을 통해서 2) 학교 교육 3) 학원/문화센터 교육 4) 서적 5) 매체 6) 방법이 없다
　7) 기타 (　　　　　　　　　)

7. 현재 한국에 대중음악산업 전문인력(대중음악 기획, 제작, 마케팅, 정책, 행정, 연구 등)을 키우는 대학/대학원 학제 시스템이 있다고 생각하십니까? (   )

1) 있다 2) 없다

7-1. 앞의 7번 질문에서 '1) 있다'로 답변한 분에 한해서 재질문함.

그렇다면 대중음악 전문인력(대중음악 기획, 제작, 마케팅, 정책, 행정, 연구 등)을 키우는 대학/대학원 학제 시스템은 무엇입니까? (   )

1) 실용음악학과 2) 문화 관련 학과(문화기획, 문화연구, 문화콘텐츠) 3) 예술경영학과
4) 기타 (   )

7-2. 앞의 7번 질문에서 '1) 있다'로 답변한 분에 한해서 재질문함.

그렇다면 대중음악 전문인력(대중음악 기획, 제작, 마케팅, 정책, 행정, 연구 등)을 키우는 대학/대학원 학제 시스템의 사례를 말씀해 주십시오.

답변 :

8. 한국의 유일한 대중음악 관련 학제인 실용음악 교육은 어떤 인력을 키운다고 생각하십니까? (   )

1) 가수 2) 연주자 3) 창작자 4) 기획자 5) 마케팅 인력 6) 경영자/행정가 7) 연구자
8) 기타 (   )

9. 영미권 대학에 music industry, music business, music management 학제가 있어 대중음악 기획자, 경영자, 연구자 등을 직접적으로 양성하는 것과 달리, 한국에는 왜 실용음악 학제만 존재한다고 생각하십니까? (   )

1) 대중음악에 대한 학제적인 관심 부족 2) 대중음악을 엔터테인먼트 영역으로만 인식
3) 음악산업의 규모가 작아서 4) 신입생 모집이 어려울 것 같아서 5) 기타 (   )

10. 음악업계에 종사하는 사람들은 어떻게 인력 수급이 되는 것이 바람직하다고 생각하십니까? (   )

1) 현재와 같은 실용음악 교육 2) 현재 실용음악 교육에 대중음악 전문인력 전공 보강 교육
3) 대학교 대중음악 전공 교육 신설 4) 대학원 대중음악 전공 교육 신설 5) 학원/문화센터 교육 6) 교육과 상관없이 본인의 판단으로 음악업계 진입 7) 기타 (   )

11. 대중음악산업 전문인력(기획, 경영, 매니지먼트, 연구, 정책, 행정, 무대기술 등) 양성을 위해서 대학/대학원의 '대중음악학과'와 같은 학제가 새롭게 생기는 것이 바람직하다고 생각하십니까? (   )

1) 바람직하다 2) 보통 3) 바람직하지 않다

11-1. 앞의 11번 질문에서 '1) 바람직하다'로 답변한 분에 한해서 재질문함.

그렇다면 대중음악 전문인력(대중음악 기획, 제작, 마케팅, 정책, 행정, 연구 등)을 키우는 대학/대학원 학제 시스템은 어떻게 만들어지는 것이 바람직하다고 생각하십니까? (   )

1) 국립대학 내 학부/대학원 2) 기존 실용음악대학 내 학부/대학원 3) 기존 문화예술 관련 대학 내 학부/대학원 4) 기존 예술경영대학원 내 대학원 5) 기타 (   )

12. 현재 대중음악산업 전문인력 수급에서의 문제점은 무엇입니까?

　– 답변 :

13. 현재 대중음악산업 전문인력 수급에서의 대안은 무엇입니까?

　– 답변 :

II. 대중음악 전문인력 양성(교육) 방안 조사

※ 주관식 질문의 경우 답변 분량은 제한이 없습니다.

1. 대중음악산업 전문인력(기획, 경영, 매니지먼트, 연구, 정책, 행정, 무대기술 등)을 양성하는 학제로 필요한 것은 무엇입니까?

　1–1. 기획 분야 – 복수 응답 가능 (　　　　　　　　)
　1) 축제 2) 공연 3) 매체 4) 출판 5) 아카이브 6) 아카데미 7) 전시 8) 이벤트 9) 기타 (　　　　　　　)

　1–2. 경영 분야 – 복수 응답 가능 (　　　　　　　)
　1) 마케팅 2) 매니지먼트 3) 기타 (　　　　　　)

　1–3. 연구/정책 분야 – 복수 응답 가능 (　　　　　　　)
　1) 연구 2) 정책 3) 행정 4) 기타 (　　　　　)

　1–4. 무대기술 분야 – 복수 응답 가능 (　　　　　　　)
　1) 음향 2) 악기 3) 조명 4) 영상 5) 특수효과 6) 무대 제작/무대 미술 7) 기타 (　　　　　　)

2. 대중음악산업 전문인력(기획, 경영, 매니지먼트, 연구, 정책, 행정, 무대기술 등)을 양성하는 학제의 '커리큘럼'으로 기본적으로 필요한 것은 무엇입니까? (가급적이면 필요한 이유도 같이 써주시면 좋겠습니다.)

　1) 기획 :

　2) 경영 :

　3) 연구/정책 :

　4) 무대기술 :

　5) 기타 :

설문지 응답자

대중음악 각 분야 총 300여명에게 설문지를 발송하였으나, 설문 내용에 답변하기가 쉽지 않음 등의 이유로 총 52명에게서만 설문지 답변을 받았습니다. 이번 대중음악SOUND 설문조사처럼 '음악산업 전문인력 양성'에 대한 인식과 필요성, 실행방안에 대한 심도 깊은 조사가 기존에 없었기 때문에 답변에 다소 어려움을 느꼈을 것이라고 생각합니다.

설문응답자 (총52명)

강원래(클론엔터테인먼트 대표), 고건혁(붕가붕가레코드 대표), 권석정(유니온프레스 기자, SOUND기획위원), 기명신(러브락컴퍼니 대표), 김경진(CJ E&M 음악부문 음악제작팀장, 대중음악평론가), 김광현(재즈피플 편집장), 김만나(뮤인 피처디렉터), 김민정(인디속밴드이야기 대표), 김병찬(플럭서스뮤직 대표), 김성수(서울예대 겸임교수, 솔라리스 프로듀서), 김세원(KBS 라디오 PD), 김수환(골드사운드 대표), 김영수(한국콘텐츠진흥원 통계정보팀 선임연구원), 김원찬(대한가수협회 사무총장), 김윤미(SSTV 기자), 김진희(KT&G 상상마당 공연사업팀장), 남태정(MBC 라디오 차장), 류형규(maniadb.com 운영자), 박권일(KBS 탑밴드 음악감독), 박정수(인터파크INT 콘서트팀장), 박종명(워너뮤직코리아 클래식&재즈음반마케팅부 차장), 박준흠(대중음악SOUND 발행인&편집인, 서울종합예술학교 교수), 서정민갑(대중음악의견가), 성기완(로엔엔터테인먼트 투자유통사업부장), 성시권(누캐츠미디어 부장), 손병문(리듬온 대표), 손병휘(뮤지션), 송동훈(CJ E&M 음악부문 투자제작사업부장), 송철민(한국음원제작자협회 음악정보센터실장), 신원규(플럭서스뮤직 이사, 공연감독), 신종필(문화체육관광부 대중문화산업팀장), 우현정(뮤직웰 대표), 유정훈(뮤직랜드 컨텐츠팀장), 윤석준(빅히트엔터테인먼트 전략기획/음악제작 이사), 이경준(대중음악평론가), 이세환(소니뮤직 뉴비즈니스 과장), 이영규(문화국가연구소(준) 연구원), 이정선(동덕여대 공연예술대학 실용음악과 교수), 이지현(CBS 편성국 예능제작부 PD), 이태훈(뮤직랜드 온라인사업팀 과장), 전봉천(씨쓰리엔터테인먼트 경영기획실장), 정우일(청운대 외래교수), 정일서(KBS 라디오 PD), 정지섭(조선일보 대중문화부 기자), 조은영(다음뮤직 과장), 조일동(한양대 글로벌다문화연구원 연구원), 조혜원(워너뮤직코리아 인터내셔널마케팅 과장), 최규성(대중문화평론가, SOUND편집위원), 하종욱(공연기획자, 음악칼럼니스트, SOUND기획위원), 한현우(조선일보 기획취재부 차장), 홍산(한국체육산업개발 공연사업팀 음향감독), 홍정택(대중음악평론가, SOUND기획위원)

대중음악 전문인력 수요조사 설문 분석

음악산업 각 분야(기획, 경영, 연구, 정책, 무대기술 등)
전문인력 양성 학제에 관한 각계 의견

※ 설문지 응답자 52명의 객관식 문항 답변을 차트로 만듦. (일부 응답자의 경우 답변을 하지 않은 항목이 있고, 중복답변한 항목도 있음)
※ 설문지 응답자 52명의 주관식 문항 답변을 정리 기술함. (주관식 문항 답변은 필수 사항이 아니었기 때문에 항목별로 답변을 원하는 사람만 답변을 했고, 답변자의 이름은 따로 밝히지 않음)

I. 대중음악산업 전문인력 관련 현황 조사

1. 본인의 학교 전공은 무엇입니까?

국문학(4), 신문방송학(4)

사회학(3), 영문학(3)

경영학(2), 기계공학(2), 문예창작(2), 문화연구(2), 문화인류학(2), 미술(2), 불문학(2), 산업공학(2), 심리학(2), 예술경영(2), 철학(2), 컴퓨터공학(2)

건축학, 경영정보시스템, 경제학, 공연예술, 관광학, 교육학, 금속공학, 대중문화, 법학, 사학, 산업공예, 산업디자인, 소프트웨어공학, 수학, 시각디자인, 식품영양학, 실용음악(보컬), 영화연출, 예술이론, 음향제작, 전산, 정치외교학, 토목공학, 행정학, commercial music, music production & engineering

2. 본인의 학교 전공이 현재 업무에 도움을 준다고(적합성 여부) 생각하십니까?

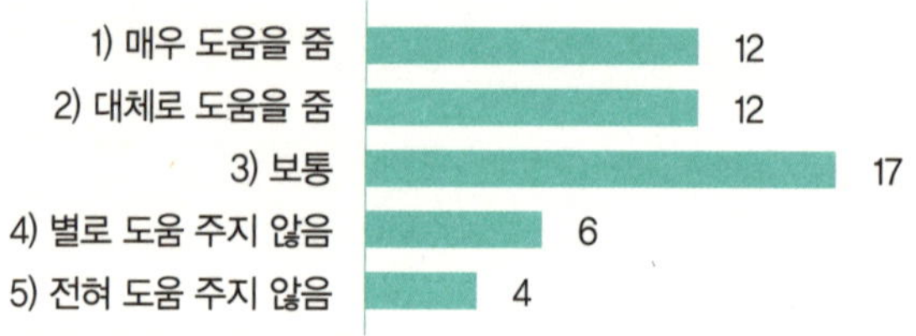

2-1. 앞의 2번 질문에서 '4) 별로 도움 주지 않음 5) 전혀 도움 주지 않음'으로 답변한 분에 한해서 재질문함. 그렇다면 본인의 학교 전공이 현재 업무에 도움을 주지 않는 이유는 무엇이라고 생각하십니까?

— 예술경영학제 자체가 업무를 하는데 있어 '교양'을 키우는 수준에 머물고 있음. 대중음악 기획, 마케팅 등 특정 분양의 전문가를 양성하기에는 적절하지 않음. 더욱이 대부분의 예술경영 대학원 교수가 현장 전문가가 아닌 이론가라서 교육 내용을 현장에 접목시키기에는 적절치 않음

— 전공보다는 개인적인 취미 활동이나 동아리 활동 경험이 더 도움이 되고 있음. 책으로 배운 이론적 내용이 방송제작현장에서 별 쓸모가 없음(그러나 최근에는 신문방송학과에서 실무적 커리큘럼을 강화하는 추세여서 이전보다는 업무적 연관도가 커진 것으로 알고 있음)

— 어릴 때부터 음악에 심취하면서 장래에 음악관련 업종에서 일할 생각이 있었으나, 대학에 입학

할 당시(1994년)에는 그와 관련한 구체적인 실무를 배울 수 있는 학과가 없었음

- 금속공학과 록음악과의 관계에 있어 연관지을 수 있는 부분은 메탈 정도이기 때문
- 학교 전공과는 상관없는 일을 하고 있으니까
- 음악/음향과 무관한 전공
- 영어를 사용할 일이 거의 없음
- 음악산업과는 매우 동떨어진 학문

3. 현재 음악업계에 종사하고 있는 사람들은 자신의 대학/대학원 전공과 관련 있는 일을 한다고 생각하십니까?

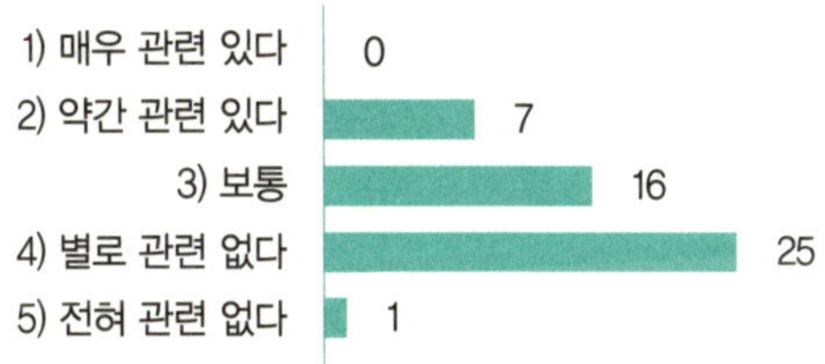

4. 음악업계에서 일할 때 필요로 하는 '업무 전문성'은 무엇이라고 생각하십니까? (복수 응답 3개까지 가능)

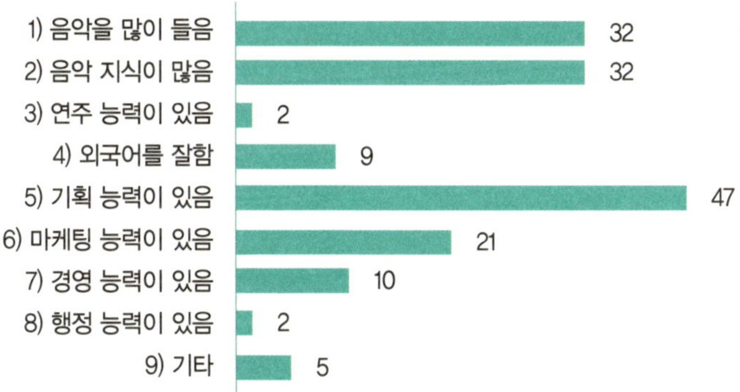

5. 음악업계에 종사하는 사람들은 자신의 업무 전문성을 '현재' 어떻게 키우고 있다고 생각하십니까? (복수 응답 2개까지 가능)

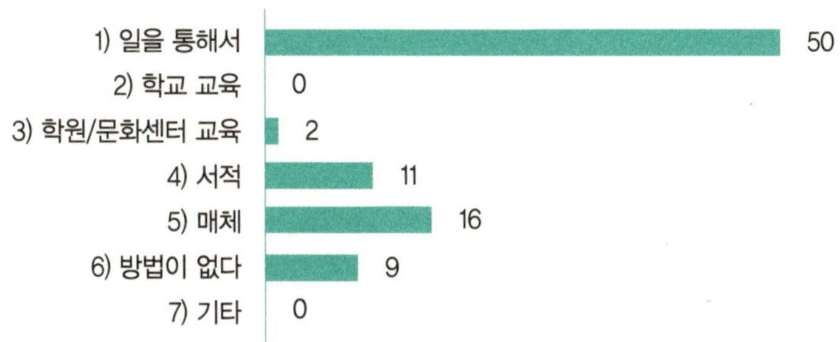

6. 본인은 대중음악과 관련해서 본인의 업무 전문성을 '현재' 어떻게 키우십니까? (복수 응답 2개까지 가능)

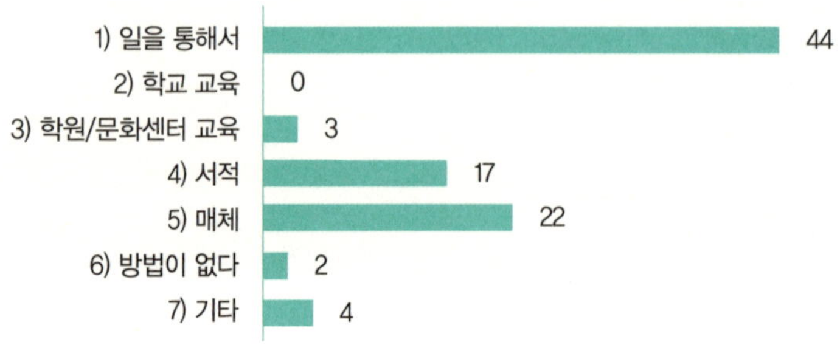

※ 기타 답변 : 인터넷을 통한 정보검색

7. 현재 한국에 대중음악산업 전문인력(대중음악 기획, 제작, 마케팅, 정책, 행정, 연구 등)을 키우는 대학/대학원 학제 시스템이 있다고 생각하십니까?

7-1. 앞의 7번 질문에서 '1) 있다'로 답변한 분에 한해서 재질문함.
그렇다면 대중음악 전문인력(대중음악 기획, 제작, 마케팅, 정책, 행정, 연구 등)을 키우는 대학/대학원 학제 시스템은 무엇입니까?

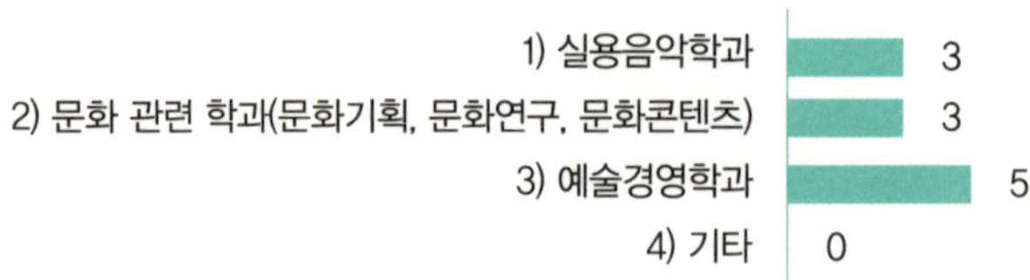

7-2. 앞의 7번 질문에서 '1) 있다'로 답변한 분에 한해서 재질문함.
그렇다면 대중음악 전문인력(대중음악 기획, 제작, 마케팅, 정책, 행정, 연구 등)을 키우는 대학/대학원 학제 시스템의 사례를 말씀해 주십시오.

– 몇몇 대학에서 이루어지는 실용음악과 음향전공 또는 학원(재즈아카테미 등)을 통한 음향전공들이 있다. 하지만 현장에서 접목하기에는 너무 동떨어진 커리큘럼과 이론만을 지향하는 교육환경에 현장에서 이루어지는 일들을 경험하면 교육받았던 생각치와 환경이 너무 달라 적응을 대부분 하지 못하는 경우가 많다. 열정적 성향을 가진 이들이 몇몇 살아남는다. 이는 단지 직업군으로 일을 하고 돈을 버는 단순한 구조로 설명할 수 없는 살아남은 자들은 독특한 성향이 있다. 이들이 결국 오래하고 멀리갈 수 있는만큼 교육의 질적 향상, 커리큘럼, 현장을 경험치를 올리는 등의 개선이 시급하다.

- 아직 다른 학교의 사례는 잘 모르겠습니다. 그러나 내년에 모대학에서 K-pop학과를 개설하여 보컬만 신입생을 모집하고, 그 외에는 Entertainment에 관련되고 또한 Management에 관련된 수업을 하는 학과로 신설될 예정입니다. 아직 대외적으로 발표된 사항이 아니라 학교 이름은 밝힐 수 없음을 양해 바랍니다.
- 대중음악 연구 영역은 비즈니스와 다름. 음악인류학과(department of ethnography) 혹은 문화학(cultural studies)이나 문화인류학(cultural anthropology) 등의 학과 안에 음악인류학 혹은 대중음악을 전공한 음악학자(musicologist)가 채용되어야 함. 대부분의 영미, 일본의 음악대학 혹은 인류학과에서 채택하고 있는 방식.
- 대중음악이라는 전문성을 띤 학과는 요즘 실용음악과를 들 수 있지만, 그전에 중앙대 연영과나 서울예전의 국악과 등이 그 역활을 했다고 본다.
- 구체적인 교육 내용은 모르겠지만, 학과의 설립취지를 보면 전문인력을 배출하기 위한 목적으로 설립된 학과임을 표방하고 있으니까.
- 미국이나 영국 등에 많은 대학은 music business 관련 학과가 있다.
- 각 부분별로 나름 있기는 하다고 생각함. 백제예대 연예매니지먼트과?
- 각 대학 문화예술대학원의 음악 관련 세부 전공
- 중앙대 예술경영대학원

8. 한국의 유일한 대중음악 관련 학제인 실용음악 교육은 어떤 인력을 키운다고 생각하십니까?

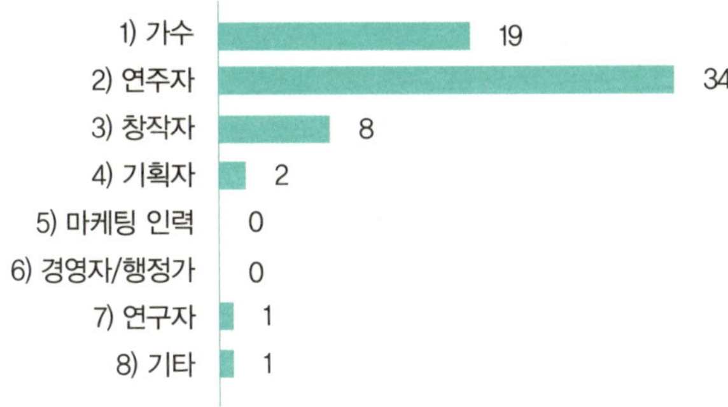

※ 기타 답변 : 예전에는 콘텐츠 제작자였던 기억이 나지만 현재는 그 포지셔닝이 모호함

9. 영미권 대학에 music industry, music business, music management 학제가 있어 대중음악 기획자, 경영자, 연구자 등을 직접적으로 양성하는 것과 달리, 한국에는 왜 실용음악 학제만 존재한다고 생각하십니까?

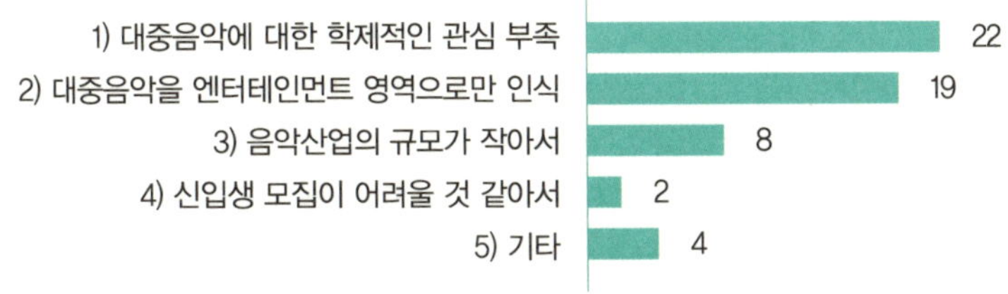

※ 기타 답변 :

─ 적으나마 없지는 않다고 생각 합니다. 실용음악과가 서울예대에서 1988년도에 시작되었고 이제 24년이 지났습니다. 음악인 풀이 이제 많이 커졌으니 조만간 자연히 생기겠지요! 그간 전문적인 시스템이 없었던 것은 가르칠만한 사람도 없었을뿐더러 실제 전공을 하고 나와도 국내의 시스템 자체가 정상적이지 못했던 것이 사실이구요. 이제 각종 기획사나 분야의 다양화가 되어가고 있으니 조마난 자연스럽게 생길것 이라고 생각 합니다.

─ 우선 플레이 위주의 교수님들이 계셔서 그 외적인 것은 잘 못 보시거나 크게 보지 못하고 계시는 것이 실상일겁니다. 그리고 위의 영역들은 경영학과 쪽에서 다뤄야 하는 것이라는 인식도 팽배하지 않나 생각합니다.

─ 아직은 가르칠 인적 자원이 부족하지만, 몇몇 학교에서 음악, 연극 등을 포함해서 교육을 시작하고 있음

10. 음악업계에 종사하는 사람들은 어떻게 인력 수급이 되는 것이 바람직하다고 생각하십니까?

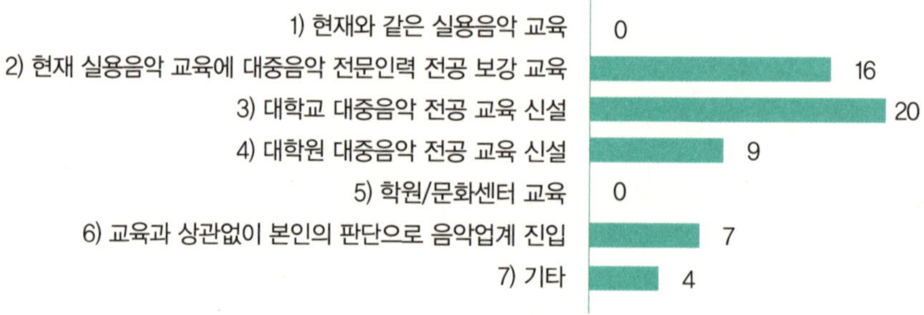

※ 기타 답변 :

─ 역시 딱히 어떤 것이 바람직하다고 생각 하지 않습니다. 실례로 우리가 국민가수라고 손꼽는 사람들 중에 실용음악과를 전공한 보컬리스트가 몇 명이 될까요? 제가 아는 한 한명도 없습니다. 뭐 김건모씨가 서울예대 국악과(실용음악과 전신)출신으로 기억 합니다만. 관련업계에도 각 분야에 맞는 전공을 하고 음악에 관심이 있고 열정이 있다면 뭐 전공을 해야 일을 할 수 있는 것은 아니라고 생각 합니다. 물론 전공학과를 통해서 사회에서의 경험치를 미리 예측하고 소양을 기를 수 있다면 좋겠지만 오히려 기초교육 초, 중, 고교에서의 음악교육 등이 보편화되어 앙상블을 통해 소양교육의 기초를 다지는 것이 더 먼저라고 생각 합니다.

─ 풍부한 현장 학습을 위주로 하는 대학의 정식 교육

11. 대중음악산업 전문인력(기획, 경영, 매니지먼트, 연구, 정책, 행정, 무대기술 등) 양성을 위해서 대학/대학원의 '대중음악학과'와 같은 학제가 새롭게 생기는 것이 바람직하다고 생각하십니까?

11-1. 앞의 11번 질문에서 '1) 바람직하다'로 답변한 분에 한해서 재질문함.
그렇다면 대중음악 전문인력(대중음악 기획, 제작, 마케팅, 정책, 행정, 연구 등)을 키우는 대학/대학원 학제 시스템은 어떻게 만들어지는 것이 바람직하다고 생각하십니까?

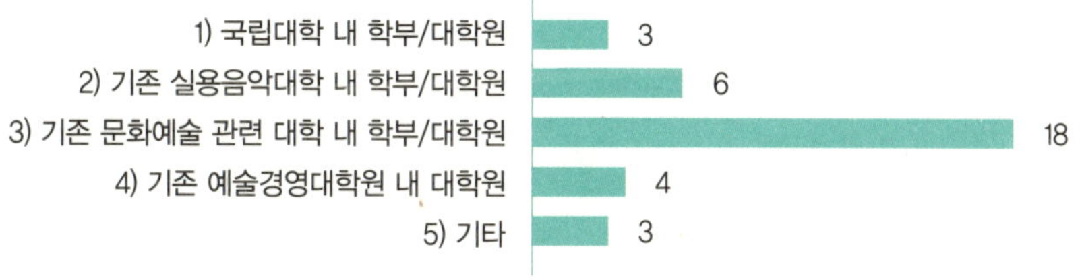

※ 기타 답변 :
- 국립, 사립, 기존 가리지 말고 대중음악과 대중문화전공을 학부제로 만들어서 키워나가야 하지 않나 생각합니다.
- 국립, 사립을 떠나 학부 및 대학원, 특히 문화 관련 영역 학과의 특수 분야로
- 어디에 생기느냐가 중요하진 않다고 생각합니다. 여러 곳에서 생기는 것이 좋겠지요.

12. 현재 대중음악산업 전문인력 수급에서의 문제점은 무엇입니까?

- 대중음악산업 전문인력은 크게 두 가지로 분화되어 교육되고 있다. 하나는 실용음악과로 칭해지는 대중음악 실연자의 양성 과정이며, 예술경영으로 분류되는 예술경영, 기획, 행정의 입문 과정이다. 전자의 경우는 실연을 목적으로 한 뮤지션, 창작자의 육성을 목적으로 하기에, 산업적 측면에서 생산자의 역할에 제한되고 있으며, 후자의 경우에는 클래식과 국악으로 기획, 경영, 행정의 제한이 뚜렷하다. 대중음악산업에 관한 전문 인력은 주로 현장에서의 실무 경험과 인적 네트워킹을 통한 학습과 경험이 주를 이루고 있으며, 이에 대한 전문성과 체계적인 교육 시스템은 전혀 부재하다고 생각된다. 이에 대중음악 산업의 종사자를 위한 교육기관은 위의 두 가지 시스템에서 간과하고 있는 보다 전문적이고 체계적인 커리큘럼과 실습, 지도자 선정을 통해 전문 인력 양성에 현실화, 내실화를 기해야 할 것이다.
- 대중음악산업의 전문인력에 대한 처우가 너무 미비합니다. 무대를 만들고, 카메라로 찍고, 음향을 설치하고. 아시겠지만, 노력에 대한 응당한 댓가가 너무 부족하지 않나요? 또한 전문인력의 양성기관이 부족합니다. 학교에서의 전문적인 지도 및 양성이 필요합니다. 또 다른 면으로 학교 쪽

에서의 문제점은 실용음악이라는 학과를 내걸고 클래식을 전공하시는 분들이 전임을 하고 계시는 학과들이 아직도 상당수 있는 걸로 알고 있습니다. 이런 학과들을 실상 들여다보면 이런 분들이 어떻게 실용음악이나 대중음악산업 쪽의 인재를 양성할 수 있나, 라는 의문이 들게 됩니다. 이런 면들이 하루속히 해결되어야 하지만, 많은 학교들에서 상당히 어려운 문제로 여기고 있는 것이 사실입니다.

− 대중음악에 대한 전반적인 구조를 이해할 수 있는 환경적 인프라가 전무하며 이에 피상적인 접근만으로 산업계에 진출하다보니 악순환이 반복적으로 이루어지고 있음. 대중음악산업을 제대로 이해할 수 있는 구조적인 설계를 정부가 고민해야하며 대중들의 관심을 증대시켜 차후 한국의 미래성장엔진중 하나임을 인식할 수 있도록 해야 함

− 케이스 스터디로 교육할 수 없는 상황들, 특히 돌발변수가 많은 현장의 모든 상황들에 대한 대처방안은 교육으로 습득할 수 있는 지식이 아니라서... 학교에서 문화행정 등을 배우고 졸업을 해도 현장에서 많은 경험을 하고 잔뼈가 굵은 경험자보다 나을 수가 없다는 것이 문제점이다.

− 실용음악 중심의 학제 운영 : 종합대학 이상의 전문 양성기관이 거의 전무, 출신학생들의 재교육 등 사후관리가 부족함, 음악산업 각 분야 전문교수진 부족, 음악산업 각 분야 전문교재 전무

− 교육을 받을 수 있는 곳이 많지도 않고, 가르칠 인력 확보도 시급한 듯. 대부분 음반 전문인력은 회사에서 교육시키는 방식으로 진행 (일을 바로 시작해야 하지만 교육을 하느라 시간 낭비)

− 대중음악산업에 진출을 원하는 수요자에 비해 그에 걸맞지 못하는 공급 구조에서 오는 문제와 함께 산업계가 원하는 인재상과 현실의 괴리도 있는 듯하다. 다시 말하자면, 체계적인 시스템이 아닌 주먹구구식으로 이루어지고 있다고 본다.

− 시스템화 된 조직 또는 경험치를 지닌 사람을 보유한 매니지먼트/제작/유통의 경우 실무자 수급이 어렵긴 하나 심각한 수준은 아님. 하지만 기획/마케팅/경영의 역량과 음악적 측면(지식, 이해도 등)을 함께 보유한 인력은 전무한 상태

− 대중들이 대중음악전문가를 바라봤을 때 유명연예인이나 언론매체에 많이 등장한 평론가가 아니고서는 대중음악의 전문인인력이라 인정하지 않기에 이런 부분을 잘 조율할 수 있는 명문대 명문과가 만들어져야한다.

− 준비가 되지 않은 비전문 인력이 현장에 배치되는 경우가 대부분. 공연 및 축제 산업을 예로 들어도 숙련된 인원보다 자원봉사 등에 기대는 경우가 많음. 이로써 콘텐츠를 제대로 살리지 못하는 경우. 더 큰 문제는 비전문인력의 현장 배치가 관성화되고 있다는 점

− 정말 기본적인 절대 인식 부족과 대중음악을 한류와 인디로만 바라보는 시선이 문제. 연주자 중심의 교육이 문제로, 그들의 졸업 후 문제는 아마 5년 내로 사회문제가 되지 않을까 우려

− 전문적인 학과가 몇 존재한지만 커리큘럼의 부조화, 열악한 현장환경(보수/처우 등 − 영세업자 다수), 대중음악 관련 종사자들의 동반자적인 인식 부족, 많은 업체로 인한 과다경쟁으로 인한 단가 부족

− 학제 교육에서 오는 경험과 지식이 실무와는 전혀 통용되지 않는 부분이 문제. 실무에서는 경험을 해보지 않는 이상 알 수 없는 수없이 많은 일들이 일어나지만, 학제 교육에서는 제대로 된 실습과 경험을 이룰 수 없는 것이 문제

− 대중음악 연구자 자체가 희귀한 상황. 유러피안 클래식 음악이나 국악 연구의 곁다리가 아닌 대

중음악 자체의 논리에 대한 이해를 가진 연구자가 절실히 필요한 상황. 국내 대학/대학원에는 이러한 수요와 교육을 할 시스템이 갖춰져 있지 않음
- 대중음악에 맞춘 기획/행정 능력을 체계적으로 교육받을 수 있는 시스템이 없어서 현장에서 부딪히며 배우는 수밖에 없음. 그러다 보니 대중음악계 전반을 조망하는 이해도가 떨어지고 전망이 부재함
- 인문학적인 밑바탕이 부족하다. 기능인만 존재할 뿐 철학이나 의식은 찾아볼 수 없는 현실. 그나마 전문적으로 양성할 수 있는 기관이 절대 부족으로 인하여 전문성이 결여되며, 기관이 있다 하더라도 현실과는 동떨어진 교육으로 현업에 종사시키기가 쉽지 않다.
- 창작 역량 외 경영/행정/관리 경험 및 역량 전무한 인원이 '산업'의 논리 및 언어를 이해하지 못하고 현업에서는 이를 교육하는 데에 많은 시간과 노력이 소요됨. 전반적인 처우/근무 여건이 양호하지 않다 보니 교육 도중, 혹은 교육이 이루어진 뒤 이직 또한 잦음

- 전문인력의 수급이 이뤄진다고 보기가 힘듭니다. 인력이 현장에 투입되어서 그때부터 부딪혀서 배우는 경우가 대부분이기 때문입니다.
- 기획과 마케팅을 할 수 있는 인재들이 체계적인 교육을 받지 못하고 있다는 점. 주로 현장에서 일하면서 업무 능력을 취득하니, 큰 그림을 그릴 줄 아는 능력이 없는 것 같다.
- 실용음악 전공 외에 대중음악산업 각 분야 전문인력을 양성할 수 있는 교육기관 부재. 굳이 대학이 아니더라도 연주/창작 분야 외에 대중음악산업 전문인력 양성 기관 부재
- 전문성이 낮으면서도 관심이 음악 한 분야에만 함몰되어 있는 경우가 대다수이다. 세분화된 영역 속에서 전문성을 갖춘 인력을 찾기가 어렵다.
- 업무 전문성을 정의하기 어려워 찾기가 어렵고, 해당 전문 인력으로 양성한 후에 해당 사업을 접거나 할 경우, 다른 곳으로 취업이 어렵다.
- 가수, 연주자, 창작자 중심의 실용음악과 학제 운영이 문제. 대중음악 전문인력에 대한 학제 교육은 전무함
- 공식적인 루트를 찾기 어려워 진입이 어려움. 진입이 어려움으로 인해 기회를 준다는 것이 권력화 되기도 함. 공식적인 루트가 없음으로 인해 인력을 구하기도 쉽지 않음
- 대부분 전문성이 부족하고 이들을 이끌어줄 수 있는 경력 10년차 이상의 베테랑들이 너무 없다.
- 아티스트 양성 과정에 비즈니스 과정을 포함시키지 못하고 있음. 초기 학부 과정에 양쪽을 병행하여 본인의 진로를 결정하도록 유도할 필요가 있음
- 대중음악산업이 엔터테인먼트의 영역으로 비추어지는 경향이 있기 때문에 이상과 현실의 차이가 크다는 것을 제대로 인식하지 못하는 문제
- 체계가 없고, 개인적인 활동과 인맥을 위주로 이루어진다. 그러다 보니 서로간에 상호 인정할 만한 전문성이나 권위가 부족하다.
- 학교 교육은 연주인에만 국한이 돼있고, 기획이나 경영, 행정 전반에 대한 학제가 설립되어있지 않은 부분이 아쉬움
- 인력 인프라는 풍부하지만 수용할 산업은 제한적이고 가수나 연주자를 빼고는 대중음악 각 분야에 필요한 전문성이 전무
- 인맥(라인)을 통한 인력 수급, 공개채용과 달리 관리자선에서 인력 내정, 열악한 근무환경 및 불

규칙한 근무 시간으로 인력 수급 어려움

- 정규학제 내 전문적 교육 부재, 그에 따른 젊은 인력의 지속적 공급 체계 부재 (오로지 개인 의지로만 진입함)

- 인맥이나 전문성과 무관한 취미의 선호도나 학벌을 통한 인력수급 시스템
- 대중음악의 분야별 전문가를 양성하는 교육과정이 부족함
- 전문 교육 기관의 부재
- 주먹구구식, 기능위주의 교육
- 커리큘럼 빈약
- 인디씬의 경우 열악한 환경과 조건, 전공자의 부재. 국가지원 인턴십에서 자격미달
- 가르칠 사람의 의식, 능력, 인력 부족
- 경력인력이 아니면 전문인력이 존재하지 않는다는 것
- 전문성에 대한 측정, 평가 어려움

13. 현재 대중음악산업 전문인력 수급에서의 대안은 무엇입니까?

- 1. 기획 및 연출, 행정 등에서의 전문 자격증 제도(무대예술 전문인 자격증과 마찬가지로)
2. 대중음악 전문인력 양성을 위한 학제적 시스템 구축(대중음악과 신설, 혹은 실용음악 대학원에서 뮤직비즈니스 전공 설립, 확충, 예술경영학과와 별도로 대중음악산업 전공의 신설 등)
3. 공연, 음반 기획사의 업무 환경 개선(타 업종에 비해 현저히 낮은 임금 개선, 장기 근무 가능한 업무 환경 등)
4. 대중음악을 전문으로 하는 국립, 공립 기관의 공연장, 예술 단체의 설립을 통한 대중음악 육성 정책의 설립과 이에 따르는 인력 수급이 필요
5. 대중음악이 정례화 된 학문적, 사회적 연구가 확충, 강화
6. 대중음악을 통한 산업적 인프라 확충(대중음악 심리 치료, 대중음악 연구소 등)

- 대중음악산업 전문인력 중 유능하고 교육이 가능한 사람들이 대학교든 학원이든 가르쳐야 함. 하지만 그들 모두 직장인이거나 자신들의 일을 하기에 가르치는 것도 쉬운 상황이 아닙니다. 엔터테인먼트 사업은 점점 커져 가고 그에 대한 수요와 공급도 늘어가는 데, 관련된 학과와 거기에 관련된 예산들이 있어야 할 듯. 나라에서 K-Pop을 수출한다고 하지만 가수가 탄생하는 것도 좋지만 잘 관리하고 컨트롤 하고 팔 전문 마켓터들이 필요함
- 우리의 대중음악이 이제는 우리의 문화이자 역사라는 생각으로 다가가고 연주해야 할 때라 봄. 학교 체제로 운영이 되어야 하는 것도 맞지만 우리의 가치를 정립하는 것이 최우선. 한국대중음악상의 정당성과 가치가 지금보다 훨씬 높아져야 하고, 정부나 관계 단체에서 중요성을 인식해야 함. 학교가 생긴다고, 학생이 생긴다고 과연 전문인력이 뜻을 펼칠 곳이 얼마나 될지도 우려
- 실용음악과의 폐단이 많지만 이를 통해 연주자들을 공식적으로 많이 양성해내었고 연주가 대학의 한 전공으로 인정받았다는 것은 큰 의미가 있다고 봅니다. 대중음악의 산업화가 앞으로도 확장될 것을 예상한다면 대학에서 이를 전공으로 개설해 이를 위한 전문인력들을 키우고 저변 인력을

확충하는 것이 필요합니다. 또한 교육기관의 신설로(대학원) 기존 종사자들이 업무와 관련된 부분을 보강할 수 있는 계기가 필요합니다.

- 영화산업과 빗대어 설명하면, 한예종이나 영화아카데미 등 체계적인 교육 시스템으로 한국영화의 도약을 이뤄냈던 것처럼 이와 유사한 교육시스템이 하루빨리 구축되는 것이 현재로선 돌파구가 아닐까 싶다. 물론 이것이 이 문제를 일시에 해결하는 방법은 아니겠지만, 현실적으로 뭔가 돌파구를 열면 서서히 스텝 바이 스텝으로 큰 성과가 이뤄질 것이라 본다.

- 산업 자체에 대한 연구가 이루어지고, 그 연구를 기반으로 세분화된 교육 프로그램이 필요하다. 연구 자체가 많지 않아 신규 인력들의 업계에 대한 이해도가 대입 신입생 수준밖에 안 된다.
- 실무에서 최소 10년 이상 일을 한 각계 전문가들이 직접 학생들을 가르치고, 전문가들이 몸담고 있는 조직이나 프로젝트에 학생들을 실무에 투입시킨 뒤, 학점이나 평가를 통해 우수한 인력을 배출해 내면, 전문인력으로 커 가는데 무리가 없을 것으로 판단함
- 전문인력 양성 교육, 국가지원인턴제도의 확장 (현재 문제는 대부분의 인디레이블은 1인 중심의 소규모사업장이므로 국가 및 학교지원의 인턴십 대상 회사에서 제외. 5인 이상의 사업장 등의 자격조건 미달)
- 그러기 위해서는 대한민국 초창기 대중문화부터 정리해서 그 시절 스타 감독이나 스타 전문가(기획자, 배우, 가수, 배우, 작곡가, 연주자, 모델 등)들이 그들의 노하우를 전달할 수 있는 통로(학교/수업)가 많이 만들어져야 한다.
- 전문교육기관이나 전문적인 교육을 받은 인력이 부족하다보니 고급 스펙의 인력을 채용하여 일을 통한 육성과 코칭을 통하여 전문인력으로 키우는 형태가 일반적으로 이루어지고 있으며 지속될 가능성이 높음
- 우선적으로 대중문화에서 일하시는 분들에 대한 처우가 우선이고, 각 학교에서의 체계적인 교육이 되어야 하고, 클래식을 전공하시는 분들이 실용음악을 가르치시는 것이 문제이니, 이런 문제들이 우선 해결이 되어야 하겠습니다.
- 전문인력의 근무환경 및 처우 개선. 국내 한정된 일자리를 넘어 해외 대중음악산업에 관련된 일자리 창출로 전문인력의 수요 및 공급 활성화 필요. 전문인력 필요성의 사회적 인식 확산 및 현 재직자들은 전문가다운 실력개발 필요

- 영화산업에 있어서 영화아카데미가 했던 역할처럼 실무 중심의 집중적인 커리큘럼을 가진 교육기관의 설립
- 우선 대중음악 내부의 시스템을 공정하고 건강하게 만들어 발전하게 한다면 많은 좋은 인력이 들어올 것이다.
- 대학 내 정규학과 신설 : 음악산업 각 분야의 전문교수진 양성, 체계적 연구 활동을 통한 전문교재 출간, 종합대학, 대학원 등에 관련학과 신설, 산학협동을 통한 현장 인력 확보
- 예컨대 상징적 의미로라도 '한예종' 내 대중음악 관련 전공 개설, 우선은 한국콘텐츠진흥원 같은 공공기관에서 양성과정 개설 등
- 전문적인 인력양성기관의 탄탄한 기본기를 바탕으로 한 엔지니어의 양성과 현장 실무위주의 적응력 강화

- 전문인력 양성기관이 생기되 지나치게 많을 필요는 없다고 봄. 영화아카데미처럼 정부의 지원을 통해 전문인력 양성기관이 생기는 것이 좋을 듯
- 대중음악의 분야별 전문가 양성 교육과정을 일반 대학교내에 개설하여 전문가 양성을 토대로 산업에 참여할 수 있도록 함
- 아티스트양성 과정에 비즈니스 과정을 포함시키지 못하고 있음. 초기 학부과정에 양쪽을 병행하여 본인의 진로를 결정하도록 유도할 필요가 있음
- 꿈과 이상을 심어주기 보다는 올바른 인성 교육과 실무를 통한 현실에 반영할 수 있는 학제운영이 필요
- 문화학, 문화인류학 등에서 관련 연구자들이 조금씩 등장하는 중. 대중음악 연구는 대안으로 찾아지기 어려우며, 연구 역량을 갖춘 연구자들이 키워질 교육 시스템을 갖춰나가야만 함
- 실용음악과 위주에서 기획, 제작, 마케팅, 정책, 행정, 연구 분야로 전공 분야가 다변화된 대중음악학과가 생겨나야 전문인력 수급이 가능할 것이다.
- 단기간에 '업무 인력'으로서 활용 가능한 산학 제도의 보완이 필요하며, 현재 창작에 치우친 교육 내용을 보다 경영/관리 일반 등 실무적인 차원으로 확대 및 강화해야 함

- 기존 실용음악학부에 음악산업 전반에 대한 교육을 시킬 수 있는 커리큘럼 보강
- 대중음악 전문인력에 대한 학제 교육의 확대와 대학교, 대학원의 신설
- 학제 시스템을 바탕으로 전문인력을 길러내는 것이 최우선
- 체계화된 커리큘럼을 갖춘 학과 설립
- 교육기관, 합리적이고 객관적인 채용 평가기준
- 전문교육 기관을 통한 양성
- 인문학이 바탕이 된 대중음악교육
- 대학의 학부에서 전공교육이 필요
- 커리큘럼 연구개발
- 현재로선 명쾌한 대안 없음. 산업의 성장
- 대안은 없고, 도제 과정을 학원화 즉 사교육화 하는 것도 방법임
- 아웃 소싱(용역)
- Let it be!
- 글쎄요. 현장 경험을 중요시하는 교육?
- 대학 학제로 기본 교육 후 실무와 연계
- 그래도 기초부터 탄탄히 다질 수 있는 학부제도 부터 시행해야하지 않을까

II. 대중음악 전문인력 양성(교육) 방안 조사

1. 대중음악산업 전문인력(기획, 경영, 매니지먼트, 연구, 정책, 행정, 무대기술 등)을 양성하는 학제로 필요한 것은 무엇입니까?

1-1. 기획 분야 (복수 응답 가능)

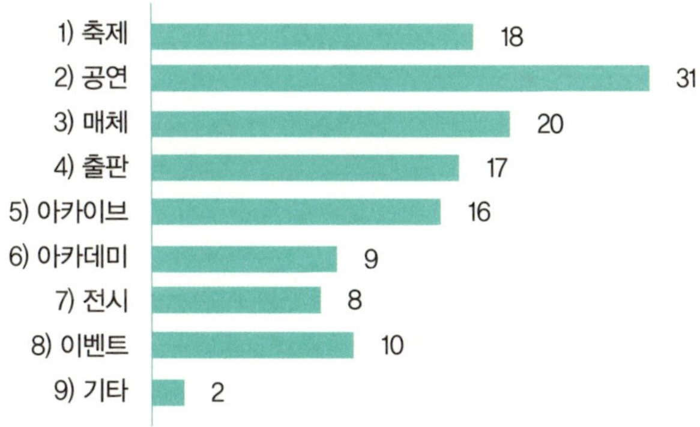

1-2. 경영 분야 (복수 응답 가능)

※ 기타 답변 : 외국어, 문서작성 능력, 재무/회계 일반지식

1-3. 연구/정책 분야 (복수 응답 가능)

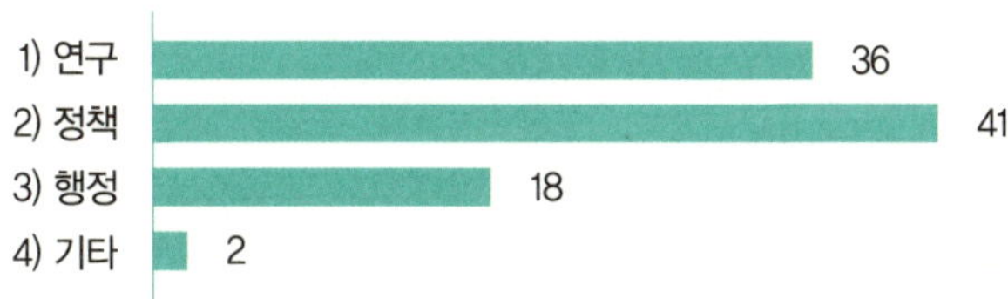

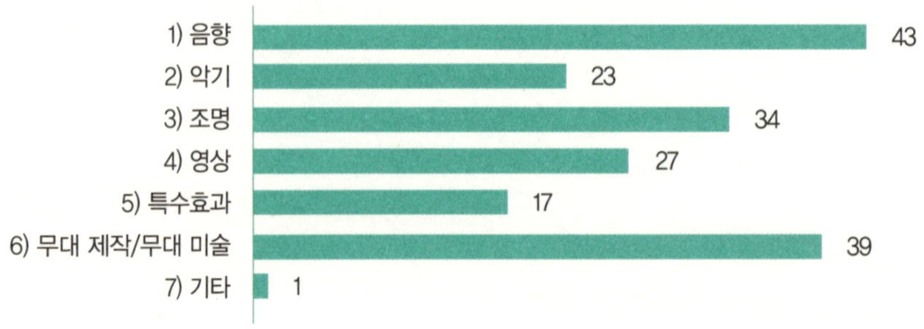

2. 대중음악산업 전문인력(기획, 경영, 매니지먼트, 연구, 정책, 행정, 무대기술 등)을 양성하는 학제의 '커리큘럼'으로 기본적으로 필요한 것은 무엇입니까? (가급적이면 필요한 이유도 같이 써주시면 좋겠습니다.)

(1) 기획

– 대중음악 기획 입문, 대중음악에 대한 이해, 대중음악 기획 실습, 대중음악 홍보와 마케팅(저는 홍보와 마케팅은 기획의 영역으로 바라보고 싶습니다), 축제와 페스티벌, 축제와 페스티벌 실습, 대중음악 비평, 한국 대중음악사, 서양 대중음악사, 대중음악 산업의 이해, 방송과 영화 음악, 음악 출판업에 대한 이해, 아티스트 매니지먼트론, 대중음악 기획의 사례 연구

– 창의력 개발 : 창의력수업이 필요합니다. 기획은 기발하고 참신한 아이디어가 뒷받침되어야 합니다. 물론 음악을 이용한 창의력 수업이면 더 좋겠습니다. 플레이어와 그들의 음악을 더욱 빛나게 해주거나 대중음악으로 파생되어지는 여러 가지들을 잘 융합해서 새로운 기획을 만들 수 있게 하는 커리큘럼이면 더 좋겠지요.

– 현장진행 : 시스템을 전체적으로 이해할 수 있는 능력 총체적으로 볼 수 있는 눈이 있어야만 시스템간의 부조화를 최소화 할 수 있고, 현장에서의 진행이 톱니 돌 듯 자연스럽게 이루어지만 어느 하나라도 부조화가 생기면 모든 것들이 중단되고 딜레이 되는 상황을 격기 마련이다. 그래서 기획을 하는 입장에서는 전문적인 지식이 아니더라도 총체적으로 이해할 수 있는 능력이 현장에서의 진행성이 아닐까라는 생각에 꼭 커리큘럼에는 있어야할 목록이다.

– 저작권 등 음악산업 법률지식, 패션 등 비쥬얼 디렉션 방법, 기본적인 산업디자인, 방송 프로그램 분석과 전략기획, 언론, 콘서트, 팬마케팅, 유통, 프로모션, SNS, 커뮤니케이션 전략, 글로벌 비즈니스(라이선스 등) (저희 같은 연예기획사에서 중점적으로 필요한 부분을 위주로 기술)

– 음악에 관련된 기본적인 역사적 기술(한국 대중음악사, 서양 대중음악사), 대중음악의 인식을 대중들에게 새롭게 정립시켜야 할 여러 과목

– 음악 콘텐츠 기획 : 음악 콘텐츠는 산업의 특성상 창조성과 예술성을 요하는 문화산업으로 생산 전 과정에 실행을 위한 기획력을 요구함

– 인문학, 심리학 분야 (현장 인력들조차 자신이 좋아하는 것에만 관심 있고 대중의 요구를 파악

하지 못한다.)

− 콘텐츠 분야의 음원제작 프로세스 이해, 마케팅과 유통정책 플랫폼 분야의 POC의 발전사 및 글로벌 트랜드

− 공연기획 : 기본적인 분야라고 생각한다. 공연기획은 후일 방송에서 프로그램 기획을 하게 되더라도 도움이 될 것

− 철학, 경제학, 경영학 등 인문, 사회과학적 소양(기본적인 사고와 상상력 훈련의 틀) / 방송, 음악제작 실습 및 연구(실제 적용 과정에 대한 이해도 높임)

− 경영기획, 사업성 평가 기능 보완을 통해 사업 아이템을 바라보는 사업적 관점의 보완 필요

− 마케팅 인력 등을 체계적으로 교육시키고 특히 현장과 교감할 수 있는 커리큘럼 필요

− 대중음악공연기획, 음악방송기획, 음반기획, 대중음악매체기획 + 전과정 실습필요

− 예술사, 미학이론, 대중음악사, 예술경영, 저작권법, 기획방법론, 연출방법론, 실무 특강

− 공연기획, 음반기획, 음악마케팅, 매니지먼트

− 음악 콘텐츠 비즈니스 (대중음악 콘텐츠 시장 관점 반영)

− 대중음악사 : 기본적으로 관련 역사를 알지 못하면 기획의 질이 담보되지 않을 것이다.

− 대중음악사, 마케팅, 심리학, 문화사, 문화의 이해, 아티스트 이해

− 공연 및 축제 기획, 성공적인 축제의 연구 및 활용방안

− 음악 매체의 흐름도

− 음악 아카이브 사례 및 방안

− 기획서 작성 능력

− 케이스 스터디

(2) 경영

− 예술경영 개론, 예술경영과 대중음악 경영, 대중음악 행정, 한국 대중음악사, 서양 대중음악사, 아티스트 매니지먼트론, 저작권에 대한 이해와 연구, 극장, 대중음악 경영의 사례 연구, 대중음악 홍보와 마케팅에 대한 이해

− 마케팅 & 매니지먼트 : 디지털로 넘어가는 저장 매체의 변화에 따라 음악시장 판도가 크게 변하고 있다. 반면 LP는 조심스럽지만 부활의 움직임이 감지되고 있기도 하다. 음악시장에 대한 분석과 판단, 예측을 통한 미래 대비 더 나아가 선도적 역할이 필요하다.

− 전문 매니지먼트 수업과 외국어를 필요로 합니다. 경영은 가장 기본적이면서 포괄적인 분야입니다. 더욱이 경영수업은 수익을 창출할 수 있는 방향의 매니지먼트 수업을 진행하여야 합니다. 그러기 위해서는 한류의 붐을 잘 이용하여야 하고, 외국어는 필수코스입니다.

− 일반 경영학 핵심 교과인 전략, 재무/회계, 마케팅 전반에 대해 일반 경영학부생 수준의 지식 수준 및 실무 경험 필요

− 현장의 감에만 의존하는 주먹구구식 운영에서 탈피하여 사업성 분석, 재무, 인력 관리 및 음악 콘텐츠 개발에 이르기 까지 사업 전 프로세스를 총괄하는 경영 능력 요구

− 여러 경영 이슈(마케팅, 조직, 회계, 펀드레이징, 전략, IT 등)를 영역별로 전문화 심화하는 것이

필요

— A&R, 공연기획사경영, 음반사경영, 저작권경영, 음반기획사경영, 아티스트PR, 아티스트매니지먼트

— 회계와 행정 시스템의 기초를 이해할 수 있도록 해야 함
— 음악 매니지먼트, 음악산업에 대한 이해, 대중음악 분석
— 한국대중음악산업 개론, 케이팝 연구
— 경영학, 마케팅, 경제학, 매니지먼트, 대중음악사
— 대중음악사, 음악 기초 이론, 경제학, 경영학, 사회학, 회계학
— 대중음악사(해외, 국내), 레이블 경영, 대중음악 제작
— 공연기획, 공연장운영
— 기업경영, 극장경영, 예술경영, 문화산업 마케팅
— 회계원리, 마케팅, 재무관리, 재무제표 읽기
— 음악산업의 성공사례 분석

(3) 연구/정책

— 연구와 정책 분야는 서로가 자극을 주되, 일정 부분 분리되어야 함. 정책은 오히려 경영 및 기획과 연결되는 것이 합리적. 연구 영역의 커리큘럼에서는 '음악 인류학', '문화기술지(ethnography)', '문화연구', '음악학' 등이 갖춰져야 함 : 대중음악 연구는 수치, 계량화하는 학문의 형식으로는 제대로 이해될 수 없음. 현장에 천착한 질적 연구, 의미를 해석하고 가치를 부여하는 방식이어야 함. 이를 위해서는 음악인류학적 방법론 교육이 절실함
— 현재에 안주 하지 않는 연구와 정책을 펼칠 수 있는 수업이 필요합니다. 어떻게 보면 기획과 비슷하겠습니다. 그렇기 때문에, 기존에 널려져 있는 연주자나 창작자에 관한 권리, 저작권 및 2, 3차로 파생되는 상품이나 기타에 대한 연구를 통해서 대중음악의 질과 수익을 높일 수 있는 수업을 하여야 할 것입니다.

— 대중음악사 연구 : 클래식에 비해 제대로 정리되어 있지 않은 이 부문(가요와 팝 모두)에 대한 정리와 공부는 꼭 필요한 기초 분야임. 가요 분야에서도 '올뮤직가이드' 같은 권위 있는 아카이브가 필요해 보임
— 대중가요사 정립, 아카이브 구축 등 산업의 기초를 체계화하기 위한 연구, 대중음악 산업 각 분야의 법 제도 제정 및 개선 등 관련 부처와 각 관련 산업군 간의 관계 정립을 위한 정책 개발 필요
— 한국대중음악사, 월드뮤직연구, 저작권정책, 대중음악산업 연구, 대중음악정책(전반), 공연정책
— 해외 산업동향 등에 대해서 교류하고 연구함으로써 글로벌 마케팅의 기본을 키워나갈 수 있도록 하는 과정 필요
— 대중문화에 대한 이해, 대중음악의 사회사, 대중음악 정책에 대한 이해, 저작권에 대한 이해와 연구, 대중음악 연구, 정책의 사례

- 실무에서 활용 가능하며 타 학문/산업과 소통 용이한 수준의 '전문 연구 Skill' 및 '정책 연구' 필요
- 대중음악사(해외, 국내), 국내외 음악정책 사례
- 소프트만이 아닌 하드웨어를 위한 연구도 병행
- 실태조사를 통한 제도적, 정책적 방안 마련
- 예술사, 미학이론, 대중음악사, 문화예술 관계 법령, 글쓰기 방법론
- 저작권법과 공정이용 가이드라인 및 음악산업과 SNS 접목
- 통계, 데이터베이스
- 대중음악 아카이브, 한국대중음악사, 대중음악비평
- 한국 대중음악인 총람, 한국 대중음악 아카이브의 실체
- 대중음악사, 아카이브론, 문화사, 문화정책론
- 철학, 미학, 사회학, 법학, 행정학
- 정기 학회 개최 및 출판

(4) 무대기술

- 대중음악 연출 기법, 대중음악 연출론, 대중음악 연출, 제작의 사례 연구, 음반 프로듀서론, 음반 제작 실습, 음반 제작 사례 연구, 무대 감독론, 무대 제작의 이론과 실제, 대중음악 음향학 개론, 대중음악 조명론 개론, 대중음악 제작 실습 등
- 파트별로 세밀화 된 전문인력 양성을 위한 이론과 실무를 포괄하는, 실질적인 도움이 될 수 있는 커리큘럼의 개발 및 산학협동을 통한 현장 적응력 강화
- 미술, 영상 등 여타 예술분야와 융합시켜 차별화 될 수 있도록 할 필요가 있으며, 특히 학제간 교류 프로그램 중요
- 도제식 운영의 한계를 극복하고 음향, 조명, 영상, 무대 제작 등 각 분야의 기술 텍스트를 매뉴얼화, 체계화하기 위함

- 무대 전반을 관장하는 기획/실행 역량이 보완되어야 큰 그림을 볼 수 있는 인재 육성 가능
- 엔지니어들이 창의력을 발휘할 수 있는 인성교육부터 무대 관련 기술의 역사 전반
- 공연음향, 레코딩엔지니어링, 공연무대미술, 공연영상기술, 공연무대조명
- 공연 안전사고 예방, 공연법(시행령 포함), 기초 전기 · 통신 이론
- 예술사, 미학 이론, 대중음악사, 연출 방법론, 실무 특강
- 한국 공연문화의 트렌드, 글로벌 공연에서의 무대구성
- 미학, 연극론, 음향이론, 실습
- 음향, 조명, 무대미술(디자인), 공간디자인 등
- 공연기획, 무대조명 및 음향, 무대 제작
- 무대 및 뮤직비디오 제작 실습

- 일부 공연기획학과들이 현재 존재하는 걸로 압니다만 대중음악산업 전문인력이라 말하기에는 턱없이 부족하다고 봅니다. 현장에서 필요한 실질적인 커리큘럼으로 학제가 진행되면 좋을 것 같습니다.

- 현재 대기업식 통합 시스템으로 운영 되는 비효율성을 지양하고 매니지먼트, 에이전시 등 각 업무 분야를 세분화 하여 해당 분야의 실전 전문가를 양성함

- 무대예술인 전문인 자격증 취득 과정(교원 자격증 취득과 마찬가지로 무대 예술인 전문인에 필요한 학점 취득한 후 실습 과정을 마치면 무대 예술인 전문인 자격증이 부여되는 과정)

- 산학협업을 통한 학제 내에서의 실무 역량 강화

- 각 분야별 공통으로 대중음악사(팝/가요)와 음악 마케팅 항목은 필수임

- 정부와 민간사업자간의 상생을 위한 아젠다 발굴 및 행정지도의 범위

- 인디레이블 운영의 A에서 Z까지

- 홍보

대중음악
기획, 경영, 정책, 무대기술 관련
인터뷰

전문인력 양성 학제(대중음악학과/음악산업학과)의 필요성과
현장 적용에 관한 전문가 심층 인터뷰

기획 : 박준흠(대중음악SOUND 편집인)
인터뷰 : SOUND 기획위원(권석정, 홍정택), SOUND 연구원(배수정, 이영규, 최지연)

▶ **종합음악기획**
– 성기완(로엔엔터테인먼트 투자유통사업부 부장) _ 배수정
– 송동훈(CJ E&M 음악부문 투자제작사업부 부장) _ 홍정택

▶ **음반기획**
– 고건혁(붕가붕가레코드 대표) _ 이영규
– 김병찬(플럭서스뮤직 대표) _ 홍정택
– 박성진(JYP엔터테인먼트 크리에이티브팀 팀장) _ 최지연
– 윤석준(빅히트엔터테인먼트 전략기획/음악제작 이사) _ 배수정

▶ **음반직배사업**
– 이세환(소니뮤직 뉴비즈니스 과장) _ 최지연

▶ **공연 · 축제기획**
– 이종현(마스터플랜 뮤직그룹 대표) _ 권석정
– 최성욱(PMC네트웍스 대표) _ 권석정
– 하종욱(공연기획자, 칼럼니스트) _ 배수정

▶ **공연장사업**
– 조성진(C3엔터테인먼트 대표) _ 권석정

▶ **공연유통**
– 박정수(인터파크INT 콘서트팀 팀장) _ 이영규

▶ **복합문화공간**
– 김진희(KT&G 상상마당 공연사업팀 팀장) _ 최지연

▶ **포털사이트 음악사업부문**
– 우승현(NHN 네이버뮤직 뮤직서비스팀 부장) _ 배수정
– 조은영(다음커뮤니케이션 다음뮤직 과장) _ 배수정

▶ **온라인 음악아카이브**
– 류형규(매니아디비 운영자) _ 홍정택

▶ **방송국**
– 박현호(MBC MUSIC 센터장) _ 배수정
– 정일서(KBS 라디오 음악PD) _ 이영규

▶ **음악잡지**
– 김광현(재즈피플 편집장) _ 이영규

▶ **무대기술**
– 박권일(KBS 탑밴드 음악감독) _ 배수정

▶ **레코딩스튜디오**
– 최정훈(오디오가이 대표) _ 최지연

▶ **정부기관 대중음악정책**
– 신종필(문화체육관광부 대중문화산업팀 팀장) _ 최지연

종합음악기획

로엔엔터테인먼트 투자유통사업부 성기완 부장

일시 2012년 7월 16일(월), 오전 11시
장소 삼성동 로엔엔터테인먼트 사옥 1층
정리, 글 배수정(SOUND 연구원)

"대중음악 전문인력은 이론, 실무도 중요하지만 음악산업에 대한 태도 역시 길러져야 한다."

배수정 먼저 로엔엔터테인먼트와 관련된 업무를 설명해 달라.

성기완 국내의 엔터테인먼트 회사이다. 멜론을 보유한 플랫폼 회사이기도 하지만 음반, 음원에 관한 투자 및 유통을 진행하고 있고 매니지먼트 사업도 진행하고 있다. 주로 양질의 콘텐츠를 저렴하게 사와 판매하여 콘텐츠를 맡긴 기획사의 욕구를 충족시키려는 일종의 에이전시이다.

배수정 얼마 전 보직이 바뀌었다고 들었다.

성기완 전략부에서 투자유통사업부로 순환 보직되었다. 새로운 업무는 투자, 유통에 관한 총괄이다. 음원, 음반에 대한 유통을 온라인, 오프라인으로 아울러서 하고 있고 콘텐츠 투자팀, 마케팅 1,2 팀 등 3개의 팀을 총괄하고 있다.

배수정 대학교 전공이 무엇이었나?

성기완 컴퓨터 공학이었고 복수전공으로 수학을 했다. 실제로 업무에 많은 도움이 되지는 않는다. 다만 수학을 했었기에 숫자적 개념은 있다. 숫자가 필요한 업무에는 남들보다 빨리 알 수는 있다. 하지만 직접적으로 도움이 된다고는 말할 수 없다.

배수정 어떤 계기로 업계에 들어오게 되었나?

성기완 전 직장이 리얼네트웍스로 '리얼 오디오'를 제작했던 회사였다. 리얼네트웍스는 SK텔레콤의 각종 컨텐츠 영역의 서비스를 지원하였다. SK텔레콤이 가야할 콘텐츠의 방향성, 전략 설정하는 역할을 하다가 자연스럽게 로엔으로 오게 되었다. 처음 시작은 기획자로 초창기 멜론플레이어의 기획에 참여했다. 대외협력업무를 오래 하다가 올초 사업부장으로 옮겼다.

배수정 현재 하는 업무에서 가장 도움이 되었던 것은 무엇인가?

성기완 우리의 주요 고객은 국내 기획사라고 볼 수 있다. 정책 일을 하면서 주요 기획사들의 대표, 이사, 본부장 등 실무자들을 자연스럽게 알 수 있게 되었고 인적 네트워크를 구축할 수 있었다. 이러한 부분이 많은 도움이 되었다.

배수정 업무를 하면서 가장 어려웠던 적은 무엇인가?

성기완 이해관계자들이 가지는 오해이다. 단지 로엔이라는 이름이기 때문에 욕먹는 부분이 많다. SK 자회사라는 부분과 유통사라는 오해에서 비롯된다. 이를 극복하기 위해서 직접 만나 설명도 하고 관계를 돈독히 하려고 노력하고 있다. 상대방이 편견을 가지고 있다면 우리가 가지는 정책에 관해서도 상세히 설명한다.

배수정 음악 플랫폼 업무를 진행하기 위해 요구되는 핵심역량은 무엇이라 생각하나?

성기완 실력은 사실 무의미하다. 시간이 지나면 자연스럽게 쌓이기 때문이다. 그렇지만 목표는 현실화 될 필요가 있다. 이를 위해서 가장 중요한 것은 고객만족을 이끌어내기 위한 태도, 커뮤니케이션 방법과 힘든 시기를 이겨낼 수 있는 인내심이다. 이를 제외한 나머지 부분은 업무를 통해 만들어질 수 있다.

배수정 업무 숙련도는 어떤 경로로 이루어진다고 생각하나?

성기완 사내 안에서 선배들이 자신들의 경험한 과정을 자연스럽게 전이시키는 구조를 통해 이루어진다. 이 안에서도 과정이 적절한지에 대해 평가한다. 그렇지 않다면 개선시키고 현신시켜 새로운 과정을 개발한다. 사내에서 개선을 통해 발전시킬 수 있는 구조가 되어 있다.

배수정 음악에 관련된 지식은 따로 얻는 편인가?

성기완 따로 공부하지 않는다. 앞서 언급한 태도 앞에는 '음악에 관심이 많은 자'를 붙인다. 관심이 없다면 업무가 지루할 것이다. 구성원들이 업무를 통해 음악에 접근할 수 있는 기회가 많기 때문에 관심이 없다면 즐겁게 일할 수 없다.

배수정 과거에 빗대어 보아 현재 업무를 위해 새롭게 요구되는 능력이 있다면 무엇인가?

성기완 포화된 국내 시장을 넘어서 해외로 시장이 확대되어가고 있다. 이에 맞는 능력은 다국어이

다. 영어는 기본적이고 일본어, 중국어를 잘 한다면 어드밴스 마켓인 일본 시장과 이머징 마켓인 중화권 진출에 도움이 될 것이다. 영역을 확장하기 위해 언어 능력을 키우는 것은 분명히 필요하다.

배수정 신입이나 후임이 들어왔을 때 가장 유의하게 보는 능력으로 많은 관계자들이 '태도'를 꼽았다.

성기완 우리도 그렇다. 태도가 되어 있지 않으면 발전은 없다. 수용, 인내, 극복할 수 있는 모든 것은 태도로부터 나온다. 태도가 없으면 진전이 없기 때문이다. 그렇기 때문에 신입이 들어왔을 때 가장 먼저 가르치는 것은 고객을 대하는 태도이다.

배수정 로엔에서 고객은 누구인가?

성기완 내, 외부 고객으로 나뉜다. 외부 고객은 돈을 지불하는 클라이언트이고 내부 고객은 시너지를 낼 수 있는 유관부서이다. 이 고객을 명확히 해야 한다는 것을 가르친다. 그리고 고객 만족을

위한 태도와 더불어 협업을 통해 만들어 낼 수 있는 시너지를 강조한다.

배수정 음악 플랫폼 사업을 위해 음악 산업 전반을 알 필요가 있다고 생각하나?

성기완 그렇지는 않다. 앞에서 강조했듯이 태도가 가장 중요하다. 회사에서 중요시 여기는 것은 회사 구성원들의 행복이다. 이 행복은 회사의 지향점과 구성원들의 지향점이 같을 때 나타난다. 이를 위해 희생할 수 있는 태도가 중요하다. 여기에는 열정, 프로페셔널리즘, 팀워크 등 로엔이 강조하는 3가지 가치가 수반한다. 학력이나 인적 네트워크 등 다른 조건이 중요하지 않다. 특정 영역이 뛰어나다면 메리트가 있을 수는 있다.

배수정 처음 사업 할 때와 현재 상황이 달라졌다. 어떻게 달라졌나?

성기완 처음에는 지적재산권이라는 인식 자체가 없었다. 체계적이지 못했기 때문에 시장의 자의적 해석만이 있을 뿐이었다. 하지만 오프라인에서 온라인으로 넘어오면서 과도기를 거치고 저작권법이 개정되면서 각 영역에 대한 권한이 명확해졌다. 과도기는 2003년 디지털이 오프라인을 앞지르면서 저작권이 있음에도 불구하고 불법 유통을 통해 소비자들이 온라인 음악을 접했기 때문이다. 합법적으로 비용을 내는 소비자는 드물었다. 하지만 지금은 유료에 대한 인식이 많이 확장되었고 불법 시장에 대한 비판도 나오고 있다. 여전히 불법 시장이 존재하기 때문에 이를 극복하려는 문제는 계속해서 고민해야만 한다.

배수정 변화하는 상황에 대응하기 위해 어떤 실무능력이 필요한가?

성기완 지금 들어오는 사람은 이미 변화된 시장에 들어오기 때문에 특별히 갖추어야 할 능력은 없다. 하지만 과거에 들어온 사람은 시장에 대한 충분한 이해가 필요하다. 시장의 끊임없는 관찰, 분석, 예측이 필요하다.

배수정 음악 산업계에서 인적 인프라가 부족하다고 생각되는 분야는 어디인가?

성기완 정책 쪽인 것 같다. 시장 전체를 입체적으로 분석하고 대응할 수 있는 사람은 많지 않다. 단순히 한 쪽 면만을 바라본다. 모든 면을 바라볼 수 있어서 시장 변화를 대응할 수 있는 사람이 필요하다. 현재는 회사마다 한 명씩 있는 것 같지만 이는 부족하다.

배수정 로엔엔터테인먼트에는 어떤 전공자들이 많은가?

성기완 다양하다. 경영학, 신문방송학 뿐 아니라 화학, 지리학도 있다. 음악 관련 전공자도 있다. 다만 지위가 높아질수록 경영학에 대한 관심이 많아져 MBA에 대한 관심이 많아지는 경향은 있다. 이를 본다면 딱히 우리에게 맞는 인력을 배출하는 학과는 없다고 생각한다.

배수정 로엔엔터테인먼트의 수급인력 상황은 어떠한가?

성기완 회사 사업부장과 사업팀장들이 분기마다 인력 충원을 고민한다. 사업에 따라 필요하거나 방출할 인력을 고민하기 때문에 수시로 시장이나 공채, 헤드헌터를 통해 이력서 수급을 하고 있다. 현재까지 인력 수급으로 인한 문제는 없다. 부족한 인력은 로엔과 부합하는 인물인지를 먼저 찾는다. 그리고 다양한 사람들이 한 사람에 대해서 입체적으로 보는 과정을 거친다.

배수정 기존의 실용음악과가 연주를 제외한 다른 음악 업계 부분에 관련된 전문 인력 양성에 도움을 준다고 생각하나?

성기완 그렇지 않다. 경영 분야이기 때문에 숫자를 볼 수 있는 능력과 전략적 마인드를 실용음악과에서 가르친다고는 볼 수 없다. 실제로 이러한 점에 초점을 맞춰 학과를 신설할 수 있을지도 의문이 든다.

배수정 전문 인력을 양성할 수 있는 대중음악학과가 신설된다면 어디에 초점을 맞춰야 한다고 생각하나?

성기완 시장 전반을 이해할 수 있는 사람을 배출해야 한다. 시장이 어떻게 발전되고 중요한 키 플레이어들의 활동에 대해 인지하고 경쟁력이 무엇인지 명확하게 파악할 수 있는 눈을 가져야한다. 단순 이론을 가르치는 것이 음악 시장에 발전을 가져오지는 않을 것이다. 시장에 관한 주요 이슈와 이슈를 극복하기 위한 사례 중심이 되어야 할 것이다. 이러한 교육을 통해 음악 시장, 산업 전체를 바라볼 수 있는 눈과 저작권에 대한 이해, 정책적인 이해 등을 기본적으로 습득하고 교육한다면 실용음악과와 다른 장점을 가질 것이다. 이는 장기적으로 도움이 될 것이라고 생각한다.

배수정 대중음악학과가 만들어진다면 어떤 분야의 교수가 초빙되어야 한다고 보나?

성기완 현장에서 일하고 있는 키 플레이어들이 강의를 맡아야 한다고 생각한다. 이들은 무엇이 필요한지 정확히 알고 있기 때문이다. 학문적으로만 배우는 것은 학생과 교수가 같은 시각을 가질 수 있기 때문에 한 쪽 면만을 바라볼 수 있다는 맹점이 있다. 다양한 경험을 통한, 사례중심적인 교육이 필요하다. 그렇기 때문에 굳이 음악 관련 교수만을 고집할 필요는 없다고 본다.

배수정 대중음악학과 학생들이 졸업 후에는 어

떤 능력을 가져야 한다고 보나?

성기완 능력 보다는 모든 것을 수용할 수 있는 탄력적 태도를 가져야 한다. 그리고 많은 사람을 만나야 하니 기본적 커뮤니케이션 태도와 음악 시장에 대한 사전적 지식이 풍부해야한다.

배수정 학과 신설을 위해 음악 관계자들이 어떤 노력을 해야한다고 보나?

성기완 많은 사람들이 정부 관계자와 이야기를 해야 한다. 만날 기회마다 수시로 이러한 화제를 나누어야 한다.

배수정 대중음악학과가 생긴다면 4년간 교육을 받는다. 이 교육을 받고 졸업한 학생들을 채용할 생각이 있나?

성기완 우리 가치에 부합한다면 생각이 있다. 회사가 필요로 하는 지식을 잘 알고 있고 열정적으로 접근한다면 뛰어 보일 것이다. 이해도가 없는 사람과 있는 사람은 차이가 날 것이다. 이런 점에서 메리트가 있을 것 같다. 나머지는 당사자가 가진 태도가 중요하다. 태도가 없는데 지식만 있어서는 필요 없다.

배수정 마지막 질문으로 로엔엔터테인먼트에서 원하는 인재상을 구체적으로 설명해 달라.

성기완 자신이 가지고 있는 미션에 대해서 명확히 인식하고 미래에 대해서 고민할 줄 알아야 하며 외부 고객이 누구인지를 정확히 인식해야 한다. 상대방을 존중하는 자세로 커뮤니케이션 할 줄 알아야 하고 자신의 활력적인 모습을 주변에 전파할 수 있어야 한다. 또 고객의 가치를 높이기 위해 커뮤니케이션하고 코디네이션 할 수 있는 역할을 잘 할 수 있는 사람이 필요하다. 그동안 이런 사람을 대부분 채용하려고 했다. **SOUND**

CJ E&M 음악부문 투자제작사업부 송동훈 부장

일시 2012년 7월 24일(화), 오전 9시
장소 상암동 CJ E&M 센터
정리, 글 홍정택 (대중음악평론가/SOUND 기획위원)

> "콘텐츠산업에 대한 애정은 기본. 비즈니스에 대한 기본적 이해,
> 좋은 음악을 평가하는 선구안, 그리고 마케팅 역량 필요."

홍정택 지금 하시는 일을 외부에 소개를 한다면?

송동훈 그게 항상 애매하긴 하다. 하고 있는 일은 작게는 음반/음원, 크게는 음악에 관련된 모든 상품, 심지어 회사나 아티스트에 이르기까지의 투자, 그리고 자체적인 기획/제작을 담당하고 있다. 어렵다는 생각은 안 하지만, 일반인 분들은 음원이 뭔지를 묻는 경우도 많고 해서 아직 일반적인 분들과는 꽤 갭이 있다.

홍정택 처음 음악산업계에 들어오게 된 계기를 소개해 달라.

송동훈 처음에는 그냥 '음악이 좋아서'였던 것 같다. 우선 해외 팝 음악에 대해 관심을 갖게 되었고 이와 관련된 매체들, 이를테면 TV나 라디오, 월간지 등을 챙겨보고 또 사 보게 되면서 막연히 '나중에 직업 세계 들어가면 이 쪽 일을 하고 싶다'는 마음을 가지게 되었다. 처음 업계로의 입문은 직배사로 시작했었는데, 아시다시피 직배사는 공식적으로, 대대적인 공개모집의 형태는 없다. 대신 때때로 결원이 발생하거나 충원이 필요할 때 비정기적으로 취업공고를 내는데, 주변에서 내가 평소부터 이쪽에 관심이 있었던 바를 알고 해당 자리를 소개해줘서 응모하게 되었고, 면접을 거쳐 들어오게 되었다.

홍정택 직배사라면 어디인가?

송동훈 처음에는 워너에서 경력을 시작했다. 이후 소니로 옮겼었고, 그 다음에는 엠넷미디어에 자리를 잡았다. 엠넷과 KM이 음악이라는 주제 하에, CJ를 통해 같은 회사로 묶이면서 2007년 6월에 엠넷미디어로 출발했는데, 이렇게 막 셋업을 하고, 출발하려는 시점에 회사에 들어왔다. 그 전에 이미 조직적인 틀은 갖춰져 있었다 보니 창업 등을 직접 경험한 것은 아니다.

홍정택 실례지만 전공은 어떻게 되는가? 음악과 관련된 전공이었나?

송동훈 아니다. 대학에서는 철학을 전공했다. 음악과는 전혀 상관없었다. 그런데, 만났던 분들을 비추어 봤을 때 보면 사실 많은 분들이 저와 비슷했다. 대중음악 관련 전공자로써 이 업계에 들어온다던가, 혹은 일반인들이 음악 관련된 경력을 스스로 많이 쌓은 뒤 업계로 들어온다든지 하는 경우는 흔치 않다. 개인적으로 음악 사업에 대한 관심 및 지향을 갖고 있는 사람들이, 본인이 알음알음 개척한 경로를 따라 업계로 진입하는 경우가 대부분이었던 것 같다.

홍정택　처음에 오기 전과 온 다음에 '오기 전에 배웠더라면 좋았을 걸' 하는 부분들은 어떤 것들이 있는지?

송동훈　사실 이 업계라고 해서 다른 산업군과 크게 다르다고 생각지는 않는다. 다루는 상품이 음악이기 때문에 생기는 특징들은 있지만, 음악산업 또한 일반적인 '산업'이 지니는 공통적인 특성이나 기반은 공유한다. 기본적으로 경영이나 마케팅, 회계나 재무 관련된 기초 지식들을 배우고 업계로 들어왔더라면 이후 회사 생활하고 업무에 적응하는 것이 조금은 더 용이했을 것 같다.

홍정택　방금 말씀하신 부분들은, 다른 기업들과 마찬가지로 일반적인 신입사원이 갖춰야 할 자질을 이야기하는 것인가?

송동훈　어느 정도는 그렇다. 이곳에서도 일반적인 회사 생활과 공통적으로 연관되는 경영/경제 관련 스킬은 있어야 한다. 여기에 덧붙여 대학 수준의 교육 과정에 대중음악과 관련된, 개론 수준의 무엇이라도 과정들이 있으면 아무래도 처음 시장을 이해하고 향후 진로를 고민하는 데에 좀 더 도움이 될 것 같다. 설문에서도 한 번 대답하긴 했는데, 특정 사업에서 직무를 수행하는 데에 있어 연관된 전공 경험이 있고 없고 사이에 분명히 차이는 있다. 이곳에 뜻을 품고 오는 사람들이라면 이 업계, 이 사업에 대한 스스로의 지향은 명확히 있다고 볼 수 있지 않은가. 그렇다면 관련된 전공 경험이 있는 것이 업무 적응이나 성과 창출에 조금이라도 더 용이한 면이 있을 거라고 생각한다. 요컨대 음악 사업 일반, 회사 경영/운영 일반에 대한 교육 및 음악 사업에 특화된, 개괄적인 사업 부분들을 어떤 형태로든 사전에 배우고 들어왔더라면, 대단한 것은 아니라 해도 최소한 가

나다는 떼고 오는 것이니 향후 적응 속도는 더 빨라질 거라 생각한다. 해외에는 실제로 이런 교육 과정들이 있지 않은가.

홍정택　이야기가 나온 김에 물어보면, 해외에 있는 교육 과정들의 실효성에 대해서는 어떻게 생각하는가?

송동훈　직접 경험하지는 못한 바라 잘 모르겠다. 사실 한창 배우던 때 업계에 계시던 분들께서 어느 정도 현업에 계시다가 전후 본인 경력에 대한 갈무리 및 업그레이드 차원에서 NYU의 관련 코스 전공을 가시는 경우가 꽤 많았던 것 같다.

홍정택　그렇게 해외 유학을 갔다 오는 것이 그들의 경력/전문성에 많이 도움이 된다고 보시는지?

송동훈　개인적인 소견인데 MBA 같은 과정들이, 좀 경험치가 쌓이는 것은 좋은데, 어느 정도 경력의 전반기에 이루어지지 않고 중반 즈음에 이루어지면, 이후 현업으로 복귀했을 때의 성과와 자연스럽게 연결되는 데에 어려움이 많더라. 실제 다녀오셨던 분들도 유학 이후 경력과의 연결이 그다지 매끄럽지는 않았다. 워낙 업계에서 잘 하시던 분들이라 관련된 커리어를 현재에도 이어오고는 계시지만... 대학교육이나 전공이, 그래서 기본적으로는 '바탕'이나 '기반'의 역할을 하게 되는 것 같다. 학문적으로 전문성을 쌓고 더 나아가려는 목표가 있지 않은 이상, 대학교육을 통해 얻는 가장 큰 부분은 이후 업계에 들어오고 실제 일을 시작할 때 커리어 전반에서 직무에 대한 이해를 보다 용이하게 하는 것이 아닐까. 이미 업계에 들어오고 나서 일정 경력과 전문성을 확보

한 경력 중반 이후에 기존에 일을 통해 배운 것들을 도식화, 체계화하는 정도로 대학 교육을 받는다면, 이후 경력이나 전문성 증진에는 큰 도움은 안 될 것 같다.

홍정택 현재 하는 업무에 필요한 핵심 역량에는 어떤 것들이 있는가?

송동훈 음악이라는 특수성을 제외하면 전반적으로 사업 일반과 크게 다르지는 않은 것 같다. 기본적으로 사업 전반에 대한 이해는 기본 바탕으로 갖추어져야 한다. 개인적으로는 바라건대 경영학적인, 그리고 재무적인 기초지식이 있고, 이런 기반에 의거해 콘텐츠 사업을 바라보는 '선구안'이 필요하다.

홍정택 선구안이라 하면 어떤 것을 말하는 것인가?

송동훈 요컨대 외부 콘텐츠에 투자할 경우 '앞으로 잘 될 것인가, 어느 정도나 잘 될 것인가'에 대한 예측 역량이다. 투자 대비 기대할 수 있는 재무적 성과에 대한 예측치를 산정하는 것일 텐데, 이는 과거로부터 축적된 데이터와 투자 경험을 통해 습득할 수 있다. 자체 기획/제작의 경우 또한 크게는 마찬가지인 것 같다. 어떠한 컨셉/어떠한 조합의 아티스트를 만들었을 때에 '작금의 시장 현황에서 우리가 투자한 시간/비용/노력 대비 기대하는 재무적 성과를 얻을 수 있을까'를 평가해내는 것. 현재 하고 있는 일에서는 결국 이러한 것들이 가장 중요한 것 같다. 학문/지식 측면에서의 기반, 선구안, 그리고 마지막으로 필요하다고 생각되는 것은 선구안을 토대로 투자한 콘텐츠의 실제 판매를 촉진하기 위한 실행력. 즉 마케팅 역량이다. 이는 결국 확보한 상품을 어떻게 마케팅할 수 있을지에 대한 스킬나 경험 등이 될 것이다. 콘텐츠 업계에서 필요한 인재의 이상적인 3개 역

량에 덧붙이자면, 당연한 이야기지만, 그 근간에는 이 콘텐츠 산업에 대한 애정이 필요하다. 문제/이슈에 봉착했을 때 애정이 있으면 현 상황을 타개하기 위한 노력을 하게 되고, 자연스레 경험이 쌓이게 되지만 그렇지 않으면 쉽게 포기하게 된다. 이런 열정이 없으면, 업계 경력이 쌓인다 해도 흔한 이야기로 업계에서 뜨내기 정도의 처우 밖에 받지 못한다. 이 곳 저 곳 옮겨 다니는 주변인이 아닌, 업계의 당당한 관계자가 되려면 이 산업에 대한 애정은 반드시 필요하다.

홍정택 말씀하신 핵심 역량 중 선구안이라 하는 일종의 '촉'은 어떻게 성립되고 키워지는 것인가?

송동훈 야구에서도 '데이터 야구'라는 말을 많이 들 하지 않는가. 선구안이라고 표현하기는 했지만 그 개념의 근본은 누적된 데이터를 토대로 예측을 하는 것이다. 벌어지지 않은 상황을 가지고 예측하는 것이지만 실제로 현재 대중음악 투자 판단의 정확성은 상당히 높은 편이다. 이는 그간의 투자 경험을 통해 쌓여진 경험치, 그리고 도출된 수치를 기반으로 Input—Output 간의 관계를 측정하는 평가 체계가 정교해진 데에 있다고 본다. 그렇다 보니, 선구안에 있어서는 실제 들어와서 경험을 통해 축적되는 부분이 많다. 그리고 이런 숫자들을 볼 때에도 그 이전에 음악산업 전반에 대한 이해가 있다면 조금 더 빠르게 이를 이해하고, 학습해 나갈 수 있다. 이를테면, 어떤 장르를 어떤 상황에서 좋아했고 그 인기나 흐름이 어느 정도였는지, 어떤 소비 성향을 보였는지에 대한 이해가 머릿속에 미리 있다면 주어진 수치를 보는 것도, 관계를 도식화하는 것도 훨씬 효율적으로 이루어질 수 있다.
예측치를 수치화하는 것 외에 역사적인 팩트를 활용하는 방향도 있다. 이를테면, 과거 80년대에는 글램(Glam)한, 중후장대한 무언가에 대한 선호로

LA메탈 등의 붐이 일었었다. 반면, 90년대에는 미니멈 성향의, 3코드만 가지고 할 수 있는 얼터너티브 록 붐이 일었었다. 이렇듯, 언제나 작금의 세태를 반영하는 트렌드는 있었다. 콘텐츠 산업도 패션처럼 트렌디한 산업군이고, 그런 관점에서 바라보면 음악 트렌드에 대한 이해가 있을 때 똑같은 수치를 바라보더라도 더 넓게 이를 이해하는 데에 용이하지 않을까.

홍정택 현재 직무의 인력 수급 현황에 대해 평가한다면?

송동훈 바람직한 수급은 아니다. 수요 공급의 격차보다는, 서로 원하는 바가 잘 연결이 안 되는 것 같다. '순진해서 그런다'고는 하는데, 여전히 이 업계 밖에 있는 많은 젊은이들이 이 사업에 대한 관심이나 지향이 강한 것이 사실이다. 하지만 사실 그 주된 이유는 이곳을 '놀면서 먹고 살 수 있는' 곳으로 생각하고 있다는 데에 있다. 때문에 많은 이들이 이쪽에 관심도 느끼고, 오려고 지원도 하는데 이 인력들이 우리가 현재 원하는 역량과는 매치가 안 되는 것이다. 실제로 인력들에게 필요로 하는 것은 굉장히 많은데, 뽑은 이들이 그것에 부합하지는 못하는 실정이다. 현실적으로 체계적으로 뭔가 다져져서 올 수 있는 수급처가 없다는 점도 문제고.

홍정택 새로운 인력이 와서 스스로 주도적으로 업무를 수행할 수 있게 될 때까지 걸리는 기간은 일반적으로 어느 정도인가?

송동훈 개인 및 분야마다 차이는 있다. 투자 업무 같은 경우, 개인별 레벨 차이는 있겠지만 3~4년 정도면 얼추 기획사 대표를 상대할 수 있는 수준까지 시장 및 업무 파악이 가능하다. 이는 제대로 트레이닝을 하고, 단련이 되고 과정을 잘 따라왔다는 전제 하의 이야기다. 반면 제작 쪽은 나

또한 상대적으로 전문성이 약하다 보니 확실하게 이야기하기는 좀 어렵다. 아마도 비슷하거나, 좀 더 길지 않을까 싶다.

홍정택 이러한 차이가 나는 이유는 무엇인가?

송동훈 일단은 수행하는 업무의 성격 차이에서 기인한다. 투자 업무 같은 경우 다루는 아이템이 많기 때문에 동시다발적으로 여러 프로젝트를 담당하게 된다. 개별 프로젝트를 다루는 깊이는 깊지 않더라도 동시에 복수 사업을 진행하다 보니 배우고 경험할 수 있는 기회도 많고, 빨리 쌓이게 된다. 반면 제작은 하나의 프로젝트를 오랜 기간에 걸쳐, 깊이 있게 A to Z로 모두 커버하며 경험해야 한다. 기획, 수급, 제작, 실행 및 PR에 이르기까지, 물론 각 과정 별 역할에 대한 분담이 어느 정도는 있어야겠지만, 전반적으로 이 모든 것들을 경험하며 프로젝트 경험을 쌓으려면 투자보다는 좀 더 시간이 걸리지 않나 싶다. 업무에 대한 깊이 있는 이해와 일정 수준 이상의 콘텐츠 제작 역량을 갖추려면, 투자 업무 대비 1~2년 정도는 더 기간이 있어야 하지 않을까 싶다.

홍정택 현재의 인력 수급 현황상의 이슈를 개선하기 위한 방안에 대해 제언해 달라.

송동훈 사실 그건 꽤 근원적인 고민이 필요한 것 같다. 앞서 이야기한 대로 최초 산업 진입에 근간이 될 수 있는 커리큘럼이 있었으면 좋겠고, 그런 것들에 대한 일정 수준의 자질을 갖춘 우수한 사람들이 들어와 산업을 발전시키고, 이것이 또 인재를 유치하는 선순환을 만들려면 이 산업을 바라보는 사회적인 분위기가 바로잡혀야 된다. 콘텐츠 산업에 들어와서 '너의 열정을 불살라'라는 막연한 비전만 제시하기보다는, 실제 업계에 와서 개인이 현실적으로 얻어갈 수 있는 것들이 명확히 되어야 한다. 특히 이 산업에서 얻을 수 있는 경제

적 성과나 이 산업을 바라보는 사회적 시각에 관련된 부분들이 보다 분명해져야 한다.

그리고 이를 위해서는 한국 사회 특성상, 결국 정부가 나서서 여건을 조성해주는 것이 중요할 거라고 본다. 여타 산업과의 균형을 해치는 수준의 간섭은 필요 없지만, 오늘날 한류 붐을 토대로 촉발된 문화산업 전반에 대한 우호적인 인식을 지속, 발전시켜 나가는 데에 있어 정부의 역할은 중요하다. 문화산업이 대외적으로 가지는 무형의 파급력은 여러 방향으로 검증되고 있는데, 사회 내에 이를 체계화시킬 수 있는 무형의 분위기라던가 이를 이어갈 수 있는 시스템에 대한 고민이 제대로 수반되고 있는지는 의문이다. 문화 산업이 여타 산업 대비 페어한 게임을 할 수 있도록, 즉 산업이 정상적으로 돌아갈 수 있도록 해주고 체계적으로 짜인 판에 우수한 인재가 들어올 수 있도록 분위기를 조성해주는 게 필요하다. 이후 업계에 뜻이 있는 개인들이 학교, 학원 등을 설립하며 교육 여건 또한 활성화될 거라고 본다. 하지만 이 모든 것을 위해서는 분위기 조성이 선결되어야 한다.

 현재의 한류에 대한 견해는?

 개인적으로는 한류에 대해 회의적이다. 기존에 팝을 해봤던 사람으로서 어떤 특정 국가/지역에 해외의 음악이 끼칠 수 있는 영향력은 결국 제한적이다. 로컬 음악과 해외 음악 사이의 품질의 차이가 크게 없다면 해외 음악이 로컬 음악을 이기기는 대단히 어렵다. 지금도 한류, 한류 하지만 해당 지역에서 로컬 콘텐츠를 압도하는 수준은 아직 아니다. 그나마 K-Pop의 위상을, 국내 시장에서도 간헐적으로 직배영화들이 선전하듯, 본질적인 콘텐츠 파워를 지니는 방향으로 발전시켜 나가려면 정책적으로 현재의 무분별하게 난립한, 체계도 없는, 개인 사업자들의 사리에 따라 좌지우지되는 사업 형태를 정비해 구심점을 잡아야 한다. 지금의 해외 진출이라는 것의 대부분이 검증되지 않은 현지 에이전트한테 뒤통수 맞으며 경험치 축적하고 있는 건데, 과연 이게 올바른 방향과 방법인지에 대한 검토가 없는 실정이다. 이미 가수/업체들의 난립에 의해 K-Pop 붐이 줄어들고 있다는 레포트들이 종종 나오고 있는데, 결국 이러다 보면 한류가 지나간 홍콩영화처럼 되지 말라는 것도 없지 않은가. SOUND

음반기획

붕가붕가레코드 고건혁 대표

일시 2012년 7월 12일(목), 오후 7시
장소 종로 부근의 스타벅스 카페
정리, 글 이영규(SOUND 연구원)

"인디와 메이저를 포괄하는 뮤직 비즈니스 차원의 커리큘럼은 필요하다고 본다."

이영규 붕가붕가레코드는 어떻게 탄생한 것인가?
고건혁 대학 재학 시 창작곡을 모아 '학교에 존재하는 창작곡들을 모아서 음반을 만들어 보자'라는 취지의 프로젝트가 진행되었다. 그 때 만난 음악친구들과 졸업 이후에도 동아리 수준이 아닌 지속적인 음악활동을 할 수 있도록 회사 형태를 이어갔었고, 2008년 '장기하와 얼굴들'이 비약적인 성공을 거두면서 현재까지 이르게 되었다.

이영규 '장기하와 얼굴들'이 삶에 미친 영향은.
고건혁 직업을 바꿔 놓았다. 막연하게 문화기획과 관련된 공무원이 되고 싶다는 생각이 있었는데, 장기하와 얼굴들이 아주 잘 되는 데 바람에 현재까지 이르게 되었다. 현재 대학원 박사 과정을 밟고 있어 100% 온전히 회사 일에 참여는 못하고 있지만, 어쨌든 인디음악의 지속가능한 딴따라질을 모토로 열심히 살고 있다.

이영규 '지속가능한 딴따라질'이란 모토는 무엇을 말하는가?
고건혁 인디 음악인이 자신의 음악을 표현할 수 있는 가능성을 손상시키지 않는 범위에서 생계적인 필요를 충족시키는 음악 작업을 이른다. 그에 따라 '생계적으로 건전하고 지속 가능한 딴따라질(Survivally sound and sustainable DoReMi:SSSD)'의 개념이 확립됐다. 레이블의 입장으로 말하자면, 아티스트의 여건에 맞게, 아티스트가 하고 싶은 것을 최대한 오래 할 수 있게 해주는 것이다.

이영규 본인의 주된 업무는 무엇인가.
고건혁 회사는 크게 음반제작, 유통, 그리고 매니지먼트 등의 세 가지로 분류할 수 있다. 나는 그 과정에서 음반제작 시 적정한 수준의 제작비 투입을 결정하고, 제작 후에는 어떻게 홍보·마케팅할 것인가를 기획하는 일을 주로 한다. 쉽게 말하자면 A&R(Artist and Repertoire)의 업무로 아티스트를 픽업하여 그들이 원하는 결과물을 위해 서포트하는 역할이다.

이영규 대학에서 심리학을 전공한 것으로 아는데, 현재하는 일에 많은 도움을 주었나?
고건혁 굳이 따지자면 심리학은 '인간에 대한 이해'를 배우는 학문인데, 수업을 통해 인간이 얼마나 쉽게 자기 편견에 빠지기 쉬운가를 알게 됐다. 이는 빈말이 아니라 정말 많은 도움이 되었다. 내 의사결정 과정에서 스스로를 객관적으로 보려하는 것은 물론이고 뮤지션을 대하는 데 있어서도 그렇다. 특히 음반 산업에서는 무엇보다 자기 페이스를 유지하는 것이 중요하다. 장기하와 얼굴들이 잘 됐다고 해서 그 기분에 마구 휘둘리거나 또 활동이 뜸하다고 해서 의기소침하지 않는 등 적절한 페이스를 갖는데, 심리학적인 인지적 틀이 많은 영향을 줬다.

이영규 레이블을 운영하면서 시행착오는 없었나?

고건혁 수없이 많은 시행착오를 겪었다. 그 과정에서 소위 학계용어로 'Trial and error'라 불리는 방법론을 취득해 이를 계속 추진해 나갔다. 어떤 실험에서 생기는 오류를 수정해나가면서 점차 최적의 방법을 찾는 방식이었다. 실험을 하고 평가를 하면서 더 나은 대안을 찾아가는 과정이었다. 우리에겐 공연 한 번 올리는 것 자체가 실험이었다.

이영규 실험에 대한 평가는 어떤 방식으로 이루어지는가.

고건혁 예컨대 매번 공연할 때마다 관객들에게 설문을 돌린다. 어떤 면이 만족스러웠는지, 프로덕션 과정에서 문제는 없었는지 여부를 꼼꼼하게 체크하여 이후에는 보다 개선되고 나아질 수 있도록 하는 것이 기본적인 방식이었다.

이영규 대표로서의 핵심적 역량은 무엇이라고 생각하는가.

고건혁 아티스트가 정확히 무엇을 원하는 지에 대한 파악이 중요한 것 같다. 아티스트가 정확히 의사표명을 하지 못할 수도 있고, 또 정확히 뭘 하고 싶은 지 잘 모를 수도 있다. 그렇기에 아티스트가 추구하는 가치 및 정확한 의사를 잘 끄집어 내어 최적의 상태에서 결과물을 만들어 낼 수 있도록 하는 것이 대표의 역할이라고 생각한다. 창작물은 결국 아티스트가 만드는 것이고 내 임무는 아티스트와 실제 음반을 제작하는 스태프들 사이에서 이 둘의 언어를 정확히 전달해 좋은 결과가 나올 수 잇도록 서포트하는 역할이라 본다.

이영규 이 과정들을 교과서로 배울 수 있는 것인가? 제반 매뉴얼이나 체계적인 교육 등이 한국에 있는 지 궁금하다.

고건혁 이런 것들은 사실 경험이 많은 사람을 따라 다니면서 배워야 한다. 하지만 저는 그 과정 없이 '독고다이'로 해야 했다.

이영규 처음부터 혼자 스스로 해야만 해서 어려움이 많았을 것 같다.

고건혁 참고할 모델이 없다는 것이 가장 힘들었다. 하다못해 음반을 만드는 과정에서 확인해야 할 체크리스트 등이 있는데, 저는 처음부터 맨땅에 헤딩하듯 스스로 하나하나 시행착오를 겪었다. 최근에 해외 책을 보니 나와 있긴 했지만, 당시에 인터넷 검색이나 지인과의 전화 통화 등등의 방법으로는 한계가 많았다. 세부적인 사항이 아닌 프로젝트를 진행하는 총괄적인 배움은 오히려 씨네 21 같은 영화잡지의 프로듀서 인터뷰 기사가 실질적인 도움이 되었다. 인터뷰 내용 중의 어떤 과정을 거쳤으며, 현재 어떤 생각을 갖고 있는 지 참고한 것이 많은 도움이 되었다.

이영규 붕가붕가레코드가 인디음악의 새로운 가능성을 보여준 건 사실이다. 그래서 고건혁 대표를 선망의 모델로 삼은 이들도 많을 것 같은데, 혹시 고대표는 누가 롤 모델인가.

고건혁 김동호 전 부산국제영화제 집행위원장이 롤 모델이다. 부산 지역의 영화학과 교수들이 찾아와 도와달라고 했을 때, 외압을 막아주는 방패 역할을 하시면서 결국 부산국제영화제를 한국 최고의 영화제로 발돋움시켰다. 저 역시 김동호 위원장님처럼 아티스트들이 최고의 성과물을 만드는 과정에서 생기는 제반 어려움을 슬기롭게 헤쳐나갈 수 있도록 지원해 뮤지션이 원하는 결과를 나을 수 있도록 돕고 싶다. 특히 부산영화제가 성공하는 과정에서 빛을 발했던 것이 김동호 위원장의 인화력이었다. 마찬가지로 음악산업은 사실 리스크가 크기 때문에 쉽게 수익성이 담보되지 않는다. 그렇지만 향후에서 지속적으로 음악을 할 수 있도록 도와주는 힘은 결국 인간관계라고 믿기에, 나도 김 위원장님처럼 그런 특유의 친화력과 인화력을 발휘하고 싶다.

이영규 인력 수급 과정에서 무엇이 가장 어려운가.

고건혁 홍보 파트 쪽을 담당할 인원이 쉽지 않다. 홍보 경력자를 구하려도 해도 이 분야의 임금 수준이 높지 않기에 유능한 인재를 스카우트하는 것도 쉽지 않다. 현재 우리 회사 같은 경우, 나도 참여하여 보도자료 등의 업무를 하고 있는데 대학시절 인터넷 신문 편집장으로 활동했던 것이 도움이 된 건 사실이다. 그 밖의 음향, 조명 등의 스태프도 구하기가 쉽지 않다.

이영규 음악산업 측면에서 현재 실용음악학과가 제 역할을 다하고 있다고 보는가?

고건혁 주위의 실용음악학과 친구들이 역할을 다 하지 못하고 있다는 생각하진 않는다. 다만 양산되고 있다는 느낌은 받는다.

이영규 세션 위주의 실용음악학과가 아닌 보다 폭넓은 음악산업 인력 배출 차원에서 대중음악학과의 신설은 어떻게 생각하는가.

고건혁 인디와 메이저를 포괄하는 뮤직 비즈니스 차원의 커리큘럼은 필요하다고 본다. 저도 그쪽의 커리큘럼을 찾아보고 진학하고 싶었던 적도 있다. 또 영국이나 미국 등은 그런 커리큘럼이 있는 것으로 안다. 하지만 유학갔다 온 사람들 이야기를 들어보면 크게 도움 되는 것 같지도 않다. 그럼에도 비록 학과는 아니더라도 최소한 관련 수업이라도 있었으면 하는 바람은 있다.

이영규 대중음악학과 신설 보다는 현재 시스템을 보완하는 것이 낫다는 의미인가.

고건혁 그렇다. 굳이 새롭게 만드는 것 보다 여러 관련 수업을 받을 수 있도록 걸쳐 있는 것이 나을 것 같다. 예컨대, 경영을 하는 코스가 있고 음악을 하는 코스가 있다면 음악경영 학제를 만드는 것이 나을 듯싶다. 무엇보다 현재 있는 인프라를 활용하는 것이 좋을 것 같다. 만약 창작부터 음악비지니스 등 여러 세부 전공과 산업차원에서 요구되는 커리큘럼을 끼워 넣는다면, 기존 실용음악학과를 대중음악학과로 개명하는 것이 나을 것 같다.

이영규 그렇다면 필요한 커리큘럼은 어떤 것이 있겠는가.

고건혁 레코딩, 엔지니어, 공연기획, 공연 조명, 음반 비즈니스 등이 필요할 것이라 본다.

이영규 만약 대중음악학과 신설이 생긴다면 가고 싶은 생각은 있는가.

고건혁 무엇보다 커리큘럼을 보고 난 후 결정할 것이다. 예컨대, 큰 대형기획사 SM이나 JYP에서 진행하는 A&R 수업을 보고 싶긴 하다. 실제 그 과정들이 어떻게 진행되는지 알고 싶다. 그래서 어떤 커리큘럼을 발굴하여 어떤 강사진으로 어떻게 콘텐츠화 할 수 있는 지부터 세심히 따져보는 것이 좋을 것 같다. 특히 새로운 분야가 탄생할 때는 무엇보다 리더쉽이 중요하다. 서로 다른 영역에서의 갈등과 어려움을 조율하고 해소할 수 능력이 필요하다는 얘기다. 이건 안철수 원장의 말이기도 한데, 전적으로 동의하며 이런 리더쉽에 대한 커리큘럼도 필요하다고 본다.

이영규 향후 음악산업에 진출하는 데 있어 대중음악학과를 조금이라도 배려할 수 있을까? 일종의 가중치를 준다거나 하는 방식으로.

고건혁 그건 시장을 왜곡시키는 결과를 낳을 수 있다고 본다. 일종의 공무원을 양성시키려는 방법처럼, 그런 일은 현실적으로도 불가능하고 무엇보다 양질의 커리큘럼이면 향후 취업과정에서 충분히 커버된다고 본다.

이영규 붕가붕가 레코드가 추구하는 인재상은 무엇인가.

고건혁 착하고 성실한 사람.

이영규 그것이 이력서에 표시가 나는가. 너무 막연하다.

고건혁 면접이 있지 않은가.(웃음) 무엇보다 오래 버틸 수 있는 능력이 필요하다. 묵묵히 제 자리를 지키면서 말이다. 인디 음악을 좋아하더라도 폭넓은 취향도 필요하다.

이영규 처음 일을 시작했을 때와 비교하여 가장 달라진 음악환경은 무엇인가.

고건혁 디지털 음원문제로 메이저부터 마이너 레이블까지 뭉쳐 하나의 단일한 목소리를 내기 시작했다는 점이다. 음악산업의 구조적 문제를 해결하는 데 있어 공동 대응방식으로 큰 역할을 하지 않을까 싶다. 그 중심에 제작자들이 있다는 것이 주목할 만하다. 인디 레이블 제작자 입장으로 국한해보면, 그간 개별 뮤지션 활동이 중심을 이뤘었다. 하지만 메이저나 인디나 할 것 없이 기획사의 브랜드, 즉 레이블이 점차 표면으로 드러나기 시작하면서 제작자의 역할이 좀 더 커져오고 있다. 이를 통해 디지털 음원 문제 등으로 음반산업 차원에서 불거진 문제에 슬기롭게 대처할 수 잇을 뿐만 아니라, 왜곡된 시장을 바로 잡을 수도 있을 것 같다. 이러한 변화가 자연스럽게 음악산업의 성립으로 연결될 수 있으리라 기대한다.

이영규 향후 나아가야 할 방향에 대한 고민이 대단할 것 같다.

고건혁 '장기하와 얼굴들'의 비약적인 성공 이후 어떤 전략적 포지션을 취해야 하는 것이 정말 고민이었다. 지금도 마찬가지다. 참고할 만한 사례가 없다는 것도 문제다. 어쨌든 장기하와 얼굴들이 다양한 경험을 할 수 있도록 도울 예정이다. 또한 새로운 실험을 바탕으로 대중들과 만날 수 있도록 수공업소형음반 제작 포맷은 계속 가져갈 예정이다. 성공 여부를 확신할 수 없는 상황에서 대중의 판단과 검증은 유효한 측면이 있다. 결국 이들과 맞닥트릴 수 있는 방법은 싱글 포맷이다. 우리가 지향하는 바는 꾸준히 자신의 음악을 할 수 있는 환경을 만드는 것이다. 그런 측면에서 계속 도전할 수 있는 싱글 포맷은 여전히 중요하고 유효하다고 본다. SOUND

음반기획

플럭서스뮤직 김병찬 대표

일시 2012년 7월 20일(금), 오후 8시
장소 도곡동 EBS 외
정리, 글 홍정택 (대중음악평론가/SOUND 기획위원)

"교육 받은 인재를 활용할 수 있는 건강한 산업화,
그리고 실제 실무와 연결되는 산학 협업이 전제되어야 한다."

홍정택 이 일을 시작하게 된 배경에 대해 설명 부탁드린다.

김병찬 최초 버클리에서 뮤직 엔지니어링을 전공하고 귀국 후 엔지니어 겸 연주자로 활동했었다. 좋은 음악을 직접 만들어봐야겠다는 생각이 들면서 선후배들과 함께 난장커뮤니케이션즈를 설립하게 되었다. 스튜디오도 직접 갖고 있었고, 클래식, 재즈 등 다양한 음악의 기획, 제작 작업을 했다. 대중음악 쪽에서는 자우림 등이 있었다.

홍정택 현재의 플럭서스뮤직은 어떤 계기로 하게 되었는지?

김병찬 난장커뮤니케이션즈는 난장뮤직으로 바뀌어서 이어져 오다 박정현 등이 있는 t엔터테인먼트와 M&A가 되었다. t엔터테인먼트에서 1년 정도 함께 일하다 혼자 나와서 새로 창업하게 된 것이 플럭서스뮤직이다. 그 때가 벌써 2002년이었다.

홍정택 창업에 대한 노하우나 경험은 있었는지?

김병찬 전혀. 창업과 관련해 배운 것도, 아는 것도 전혀 없었다. 심지어 처음에는 세금 계산서가 뭔지도 몰랐었다. 대부분 이래저래 창업하고 부딪치면서 그냥 된 것들이었다. 2002년 플럭서스 창업 때는 아무래도 난장 때의 경험이 있다 보니, 처음보다 창업에 대한 지식은 조금 더 있었다고 생각한다. 물론 마찬가지로 어렵기는 했지만. 그리고 플럭서스 때에는 다음에서 투자를 받기도 했었고.

홍정택 다음에서는 당시 어떤 기준으로 플럭서스에 투자를 결정했던 건가?

김병찬 그 당시 다음에서는 '콘텐츠를 직접 만드는 기업에 투자해서 이를 확보하겠다'는 뜻과 의지가 있었다. 실제 음악 외에도 영화의 경우 필름2.0에 투자하는 등의 투자 사례가 있었고. 음악 쪽에서는 저희뿐 아니라 JYP에도 투자를 했었다. 'JYP와 다른 음악을 지닌, 다른 형태의 기획사에도 투자하자'는 방향 하에 플럭서스뮤직에 투자하게 되었던 것 같다.

홍정택 플럭서스뮤직은 대규모 아이돌 기획사와는 달리 음악적 색깔이 저마다 분명한 아티스트들 중심의 포트폴리오를 지니고 있다, 콘텐츠 발굴, 관리와 관련된 사업적 방향은 무엇인지?

김병찬 보다 전문화, 선진화된 음악산업일수록 음악산업의 독립적 성격이 분명하다고 생각한다.

후진국일수록 연예산업과 음악산업이 대충 섞여 있는 모습을 보이는데, 반면 음악산업이 선진화가 될수록 연예산업과 음악산업은 뚜렷하게 분화된다. 이런 차이는 각 국가별로 선호되는 음악의 성향이나 시장의 구성에도 영향을 주게 되는데, 선진국의 음악산업을 보면 시장의 주된 음악이, 뮤지션 스스로 자기 음악 표현의 주체가 되는 음악인 경우가 많다. 정확한 용어가 없어서, 이런 음악들을 일단 아티스트형 음악이라고 칭하겠다. 반면 아이돌 류의 음악의 경우 실연자 외의 누군가가 기획을 하고, 음악을 만들어주는 등 음악을 만드는 이들과 표현의 주체가 상이하다. 대부분 선진화된 시장의 음악은 아티스트형 음악이 주류를 차지하고 있으며, 아이돌 음악 또한 시장에 존재하며 양자가 양립하는 모습을 보인다. 산업화의 단계로 볼 때 우리나라 음악도 장기적으로는 이러한 선진화된 시장의 성향으로 변해갈 거라고 믿고, 이를 위한 사업을 하고 있다. 자기 스스로 싱어송라이터, 자기 스스로 음악을 프로듀스할 수 있는 역량을 지닌, 혹은 설령 지금은 역량이 없거나 미흡해도 후에 발전하면서 자기 음악을 할 수 있는 잠재력을 갖춘 아티스트를 중심적으로 확보하려 노력한다. 사실, 플럭서스뮤직이 시작할 당시만 해도 이런 기준으로 아티스트를 선별하는 곳이 흔치는 않았었다.

홍정택 장르나 스타일 측면에서 선호 혹은 지향하는 바는 있는지?

김병찬 아니다. 실제 특별히 '어떤 장르를 해야 하겠다'는 것은 없었던 것 같다. 실제로 현재 플럭서스 소속 뮤지션들의 면면을 보면 일렉트로니카, 모던락, 재즈 등 특정한 쏠림 없이 다 있다. 사실 현재는 흑인음악만 없는데, 이건 딱히 흑인음악을 안 하려던 것은 아니고, 하다 보니 흑인음악이 현재 없는 것뿐이다.

홍정택 아티스트는 어떻게 확보하는가?

김병찬 아티스트가 데모도 많이 보내고, 지인을 통해 알기도 하고 여러 루트가 있다. 사실 레이블 사업이라는 건 어느 나라나 그 본질은 마찬가지인 것 같다. 레이블을 만드는 큰 이유 중 하나는 어떤 레이블이 알려지면서 해당 레이블과 관련된 음악을 하는 사람들, 혹은 해당 레이블에 들어가고 싶은 사람들이 자연스레 모이는 선순환에 있지 않나. 이를 위해 레이블자체를 브랜딩하고. 그러다 보면 자연스럽게 아티스트가 오게 되고 하는 과정 속에서 선별을 하게 되지 않을까. 일부 찾으러 다니기도 해야겠지만. 사실 현재 아이돌을 뽑는 것처럼 조직적으로 오디션을 보거나 하지는 않는다.

홍정택 레이블 사업의 또 다른 핵심 기능인 아티스트 매니지먼트의 어려운 점은 어떤 것이 있을까? 레이블 또한 기업이다 보니 사업이 지속적으로 이루어져야 하지만, 원래 음악산업이 지속적으로 매출을 일으키기 어려운 분야라서.

김병찬 맞다. 사실 이 매니지먼트를 통한 사업 자체가 굉장히 어렵다. 특히 내게는 지난 10년이 진짜 어려웠던 것 같다. 플럭서스 뮤직 같은 회사가 성장하기에는 정말 어려운 환경이었다. 음악 시장이 음반에서 음원 중심으로 넘어가는 과정에서, 롱 테일[1] 콘텐츠에 대한 수요는 늘어나지 못한 반면, 아이돌 음악 시장은 계속 상승하며 시장 전반이 더 상업적으로 흘러갔다. 90년대의 시장 초반으로 회귀한 셈인데, 이 때 해당 음악에서의 기

----

1 Long Tail, 판매곡선에서 판매의 다수를 차지하는 20%의 제품이 아닌, 길게 늘어지는 나머지 80%의 제품을 일컫는 말. 본디 히트 상품이 아닌 기타 상품을 지칭하는 표현이었지만 본 인터뷰에서는 '국민가요'는 아니지만 일부 청취자들의 지속적인 수요를 토대로 꾸준히 소비되는 Long-run Contents 를 일컫는다.

획력이 있던 현재의 SM, YG, JYP 등 기획사들은 이들이 지닌 노하우를 토대로 승승장구하면서, 더불어 이들의 사업 방식과 노하우가 더 각광을 받는 시장이 되었다고 본다. 그런데 아무도 이런 음악에 대적을 하지 못했었고, 그 결과 아이돌 관련된 음악만 살아남는 시장이 지난 10년 간 지속된 것이다. 반면, 같은 시기에 저희 같은 회사들은 너무 힘들었다. 저희 같은 기획력으로 저희 정도 규모의 사업을 하면, 2000년대 초에는 성장이 가능했는데 이것이 2000년대 중, 후반이 될수록 더 어려워졌다.

홍정택 현재 플럭서스의 사업 규모는, 인원 규모를 기준으로 했을 때 어느 정도인가?

김병찬 현재 매니저, 스튜디오의 엔지니어 등도 포함해서 총 20명 정도.

홍정택 그 분들의 학업적/직업적 배경은 어떻게 되는가?

김병찬 주로 엔지니어들은 대학이던 전문기관이던 관련된 공부를 하고 온다. 직무 특성 상 그래야 하고. 반면, 매니저들은 매니저 키우는 학교나 교육기관 자체가 없다. 대개 도제식 시스템에 의해 실무를 배운다. 기획 스탭들의 경우는 음악 관련된 학교 전공이 아니더라도 음악 관련 일을 했다거나 음악을 했다거나 관련된 일을 하다 온 친구들이 많다.

홍정택 음악 관련된 전공이 있을 경우 이것이 실제 직무에 임하는 데에 어느 정도나 도움이 되는 것 같나?

김병찬 근본적으로는 사람마다 다른 것 같지만, 지금 질문이 '음악과 연관된 것을 배운 것이 실무에서 얼마나 실용적인지?'라면 내 대답은 다소 회의적이다. 우리나라 음악산업 상황 하에서, 우리

같은 레이블의 운영 환경을 고려할 때 대학 같은 고등 교육 기관에서 전문적으로 배워서 올 만한 것이 무엇이며, 설령 배워 왔다고 한들 실무에 임할 때 큰 의미가 있다고 생각지는 않는다. 대학에서 무언가를 가르친다는 것은, 근본적으로 그것이 학문으로 성립이 되어야 성립 가능한 개념이라고 생각한다. 그러나 우리나라 음악시장은 아직 성장하는 단계라 변화가 많고, 산업으로서의 역사 또한 길지 않아 '교육'할 내용에 대한 정립 또한 어렵다. 이런 환경 하에서는 '직무에 필요한' 것들은 필드에서 배우는 것이 대부분이고, 때문에 인재를 뽑을 때에는 그런 것을 배울 수 있는 '성향'을 지닌 사람을 주로 뽑는다.

홍정택 성향이라고 하면 어떤 것인가?

김병찬 이 또한 분야마다 다소 다르다. 기본적으로 필드에서, 도제식으로 배우는 데에 대한 태도나 학습 속도 등이 중요하다. 엔지니어는 전문적

지식과 배움이 있어야 하지만, 아무리 학교에서 전문 지식을 배워도 실제 들어와서 실무를 배우며 성장하지 않으면 현업에 적응하기가 정말 어렵다. 매니저 같은 경우에는 필드에서 배우는 것이 정말 거의 모든 것이고. 기획 스탭들의 경우, 제작 관련된 친구들은 음악 관련된 경력이 필히 있어야 한다고 생각한다. 음악을 많이 듣거나, 직접 음악을 하거나, 혹은 음악을 제작해 봤거나 한 경험들이 해당 업무를 이해하고, 실무를 진행하는 데에 큰 도움이 된다. 반면, 마케팅 쪽은 오히려 음악에 전문적으로 뭘 하지 않았더라도 본인의 마케팅적 성향, 경험, 기획 역량 등 마케팅 자체의 역량이 도움이 될 거라고 본다. 하지만 이 모든 것에서 가장 중요한 건, 음악시장은 계속, 빠르게 변하고 근본적으로 지역 및 고객 성향에 따라 다른 특성을 보인다는 점이다. 미국 메이저 시장에서 업무를 배우고 왔다고 우리나라에서 똑같이 잘 할 수 있을까? 나는 아니라고 생각한다.

홍정택 그렇다면, 비슷한 질문을 미국 등 선진화된 음악 시장으로 바꿔 던져보면 어떨까? 이를테면, 현재 미국의 대학 과정에 있는 뮤직 비즈니스는 실무 차원에서 의미가 있다고 보는가?

김병찬 미국은 아무래도 선진화되고 산업화된 시장이다 보니 어느 정도 의미가 있을 수도 있다. 선도적이었기 때문에 학문화가 가능했고, 대학이 있고 가르칠 것이 있달까. 하지만, 그런 미국에서조차도 대학 교육만이 결정적인 요인이 되는 것은 아니다. 뮤직 비즈니스를 전공했던 사람이 산업 현장에 투입되자마자 일을 잘 하거나, 뚜렷하게 부각되거나 하는 건 아니니까. 다만 그 정도의 차이가 있을 뿐이다.

홍정택 만약 한국에 대중음악과 관련된 대학 등 고등 교육 시스템이 있다면, 실효성 있는 시스템이 되기 위해 가장 중요한 것은 무엇일까?

김병찬 미국은 그런 게 잘 되어 있는데, 산학 간의 협동이 가장 중요하다. 실제 미국은 대학 커리큘럼 안에 인턴십도 많이 있고, 대학 재학 중에도 산업 현장과 실무에 대해 많이 접하고, 가르침을 받을 수 있는 기회를 열어둔다. 실제 교육을 담당하는 곳들에서 그런 노력이 많이 필요하다. 일반적으로 '가르쳐서 잘 될 거다'라는 생각은 위험하다. 가르치는 사람의 매뉴얼과 실제 필드의 변화 사이에는 엄청난 갭이 있기 때문이다.

홍정택 필드에서 인력을 교육할 때 제일 어려운 점이라면 무엇이 있을까?

김병찬 딱히 가르칠 것이 정해져 있는 것이 없다 보니, 가르치는 것 자체가 쉽지 않다. 레이블 사업 같은 형태를 플럭서스가 시장에서 선도적으로 해 온 편인데, 아무도 안 한 것을 하다 보니 가르칠 수 있는 매뉴얼도, 검증된 과정도 없었기 때문에 이렇다 할 체계적인 교육 과정이 없어 상당히 시행착오가 있었다. 그리고 교육의 연장선상에서 확보한 인력을 유지할 수 있게 모티베이트하는 것 또한 교육 못지않게 굉장히 어렵다. 외국도 시장 초기에는 비슷했을 것 같은데, 사실 음악에 대한 굉장한 애정이 없으면 이 업계에서 견디어 나가기가 매우 어렵다. 매뉴얼도 없고, 안정된 직장도 아니다 보니 어려움 속에서 해답을 찾아가면서 하지 않으면 정말 막막하기 때문이다. 임금 수준도 매우 열악하고. 회사도 워낙 군소회사가 많다 보니, 자기는 계속 이 일을 하고 싶은데 회사가 망해서 못하고 하는 경우도 굉장히 많다.

홍정택 회사의 CEO로서, 회사를 경영하고 보니 정말 이런 것들이 필요하다고 느꼈던 것들에는 어떤 것들이 있었는지?

김병찬 기본적으로 회계, 재무, 법률에 대해 조금 더 지식이 있었으면 좋았을 것이라는 생각은 든다. 미리 알았거나 교육되었으면 조금은 더 편했겠지. 하지만 그게 전부는 아니다. 비틀즈가 처음 나왔을 때 매니저가 회계 법률 많이 알아서 비틀즈를 키운 것은 아니지 않은가. 그보다는, 내가 창업을 할 때 '저런 회사처럼 만들고 싶다' 하는, 창업이든 운영이든 좋은 선례가 되는 회사가 많이 있었더라면 시행착오를 덜 하지 않았을까, 하는 생각은 든다.

홍정택 향후 플럭서스를 어떤 방향으로 성장시켜 나가겠다는 비전이 있는지?

김병찬 그건 풀어서 이야기하면 굉장히 긴 이야기가 될 텐데. (웃음) 지금 우리나라 음악시장의 가장 큰 문제 중의 하나는 음악 서비스를 하는 주요 회사가, 또 메이저 음악 유통 권리를 갖고 있는 회사라는 데에 있다. 그리고 이런 메이저 회사들은 또 큰 대기업의 자회사들이고. 만드는 쪽과 판매하는 쪽이 공정한 견제를 해서 운영을 해야 시장이 건강하게 상생하는 구도가 생기는데, 서비스사와 유통사가 결국 같은 회사이며 또 더 큰 모기업의 아래 있는 현 상황 하에서, 이런 회사들은 가장 큰 모회사의 이익에 반하는 것을 할 수는 없게 된다. 그렇다 보니 전체 산업의 건강한 성장과 다른 방향으로 시장이 이끌어지는 경우가 종종 생기는 것이다. 이런 현재의 대기업에 종속되지 않은 상태에서, 이들을 견제될 수 있을 만큼의 시스템을 만들어야 한다고 생각하고 플럭서스뮤직 또한 이런 방향을 지향하고 있다. 물론 쉽지는 않지만.

홍정택 유통 쪽 역량을 갖추는 것을 말하시는 건가?

김병찬 그렇다. 현재 3대 기획사 등이 유통 분야에서 영향력을 확대하려는 움직임을 보이고 있지만, 아직도 멜론 등 대기업 계열 서비스 사이트에는 아직도 끌려갈 수밖에 없는 게 현실이다. 탈피하려고 노력하고 있지만 아직 더 노력이 필요하다. 그래야 공정한 경쟁이 가능해진다.

홍정택 다시 전문 인력 쪽으로 돌아오면, 음악과 관련된 전공을 지닌 사람은 많은데 이러한 인력이 정말 실무에 유용한지, 즉 이 학생들이 수요에 맞는 공급자인지에 대해서는 논란이 분분하다. 이에 대한 대표님의 의견이 궁금하다.

김병찬 당연히 전혀 수요가 안 맞는다. 대부분의 교육 과정이 실용음악 쪽일 텐데, 사실 개인적으로는 실용음악이라는 게 과연 대학에서 가르칠 만한 학문인지, 비록 학문적 측면이 분명 있기는 하지만 잘 모르겠다. 시장이 존재하고 잘 되고 하니까 존재하기는 하지만 과연 어느 정도 의미가 있는지에 대해서는 회의적이라고나 할까. 실제로 실용음악이라는 의미가 있는 곳은 우리나라 밖에 없다. 미국에는 Jazz Study 등 정확하게 어떤 음악을 가르치는지가 보다 구체적으로 지칭된다. 역사가 있고, 그래서 학문적으로 가르칠 수 있을 만한 콘텐츠가 있는 재즈 등의 분야와 달리 그 실체가 불분명한 지금의 실용음악은 정규 대학 과정보다는 학원, 전문학교 등에서 가르치는 것이 더 적절치 않을까.

홍정택 그렇다면 실제 대중음악과 관련해 University나 College 등에서 가르칠 만한 것에는 무엇이 있을까?

김병찬 보다 학문적으로 갖춰진 것이 아닐까. 실용음악과에서 음악적 편곡, 연주 능력을 가르칠 수는 있지만, 그것을 통해 아티스트가 되는 법을 가르칠 수는 없다. 근본적으로 그것이 과연 학교에서 가르칠 수 있는 속성인지도 의문이고. 본질적으로 실용음악이라는 것이 무엇인지 다시 한

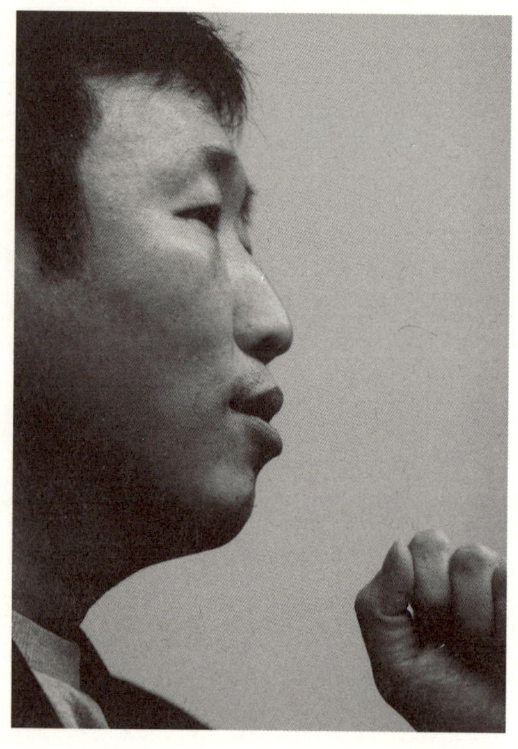

번 고민해봐야 한다고 생각한다. 실용음악과 출신의 많은 좋은, 훌륭한 세션맨들이 있는 것도 사실이지만 과연 아티스트가 되는 데에 있어 실용음악 교육을 받은 것이, 그렇지 않은 것과 비교해 큰 차이가 있다고는 생각지 않는다. 플럭서스만 해도 아티스트들의 면면을 보면 실용음악 전공이 그닥 많지 않다. 사실 엔지니어는 전문적으로 배워야 할 것이 분명히 있지만, 자기 음악을 표현하는 아티스트가 되는 것을 학교에서 가르치는 건 그 실효성이 어느 정도일까. 다른 인문학적 소양을 쌓고, 다양한 분야에서 배움을 쌓으면서 그 표현의 도구로서 음악 활용하는 게 더 바람직하지 않을까.
'대학이라는 시스템 안에서 필요한 음악산업 교육'을 논한다면, Berklee College of Music이 그런 분들한테 맞는 커리큘럼이 잘 되어 있다고 생각한

다. 사실 이 곳도 실용음악이라는 용어/분야는 없고. 비슷한 분야로 '프로페셔널 뮤직'이 있다. 뮤직 비즈니스나 제가 전공한 프로덕션/엔지니어링도 있고. 이를 '굉장히 잘 되어있다'고 보는 이유는 사실, 음악을 전문으로 배우는 학교 안에 비즈니스나 연관 커리큘럼이 있어 양 분야를 같이 배울 수 있어 시너지가 있기 때문이다. 비즈니스맨과 아티스트 서로가 서로의 입장이나 견해를 이해하면서 배움을 쌓아갈 수 있다. 이는 커리큘럼 이상의 무엇이라고 생각한다. 뮤직 비즈니스가 우리나라에 필요하다면, 개인적으로는 정책 입안자 양성을 위한 과정이 필요하다고 생각한다. 실제로 우리나라에 음악시장의 건강한 성장에 기여하는 정책 전문가가 굉장히 부족하지 않은가. 또, 앞서 가는 개념이긴 하지만, 향후 지금의 '기획사'들이 보다 큰 기업이 되기 위해서는 기업으로서의 시스템이 필수적이며, 이런 시스템 안에 돌아갈 수 있는 특정 기능 중심의 인재를 육성하는 것도 필요하다. 저작권 관련 전문성이라던가, 퍼블리싱 사업이라던가 하는 분야들은 현업 이외의 교육이 분명하게 필요한 부분이다. 아직까지는 우리나라 시장이 전문적이지 않았기 때문에 필요 없었다고 보는데, 최근 5년 간 선진화되는 경향을 보건대 앞으로 점점 필요성이 증대될 거라고 본다.

 향후에 플럭서스 또한 이런 인재가 필요할 텐데, 어떻게 이런 인력을 확충할 생각인가?
 공고를 내서 뽑거나 해당 분야 전공한 사람들을 찾아야겠지. 학교나 이런 곳 통해서 알아볼 수도 있고. 하지만, 사실 학교를 보고 뽑는 경우는 아직 별로 없다. 제가 보기엔 아직 때가 아니다. 고등교육 받고 배워온 인력이 당장은 크게 필요가 없다. 또한 배우고 왔다고 해도 그 실력이 검증되었는지도 의문이다. 미국의 경우를 생각해 보면, 학교도 결국 굉장히 비즈니스적으로 움직이

게 되어 있다. 80%의 학생들의 학비를 받아 우수한 1~20%를 양성하고 이들을 통해 학교 브랜드를 만들어가는, 그런 비즈니스 말이다. 때문에 유학파로 실제 관련 교육을 받고 왔다고 해도 적지 않은 경우 한국에서 훨씬 실력 있는 사람 뽑는 게 낫다. 눈만 높아지고 할 줄 아는 것은 없고, 그래서 쓰기 굉장히 애매하다. 인터뷰의 방향은 교육이 필요하다는 쪽으로 이야기가 되어야 하는데, 좀 방향이 어긋나는 건 아닌지 걱정이다. (웃음) 하지만 지금의 아주 작은 규모의 회사 시스템들이 음악 전문기업으로 변모할 필요는, 분명 있다. 그러기 위해서는 전문 인력이 필요하고. 현재 CJ E&M이나 로엔 등의 대기업이 어느 정도 그런 시스템을 갖추고 있다고 생각한다. 반면 현재의 아이돌 메이저는 그 본질이 큰 '기획사'이다 보니 전문기업으로서의 변모가, 필요는 하더라도 사업의 주가 되기는 어려운 구조상의 한계가 있고. 때문에 대기업들이 갖춰진 시스템을 기반으로 글로벌화를 주도해줘야 하지 않을까, 개인적으로는 그렇게 생각한다. 그러나 현재 국내 대기업의 역량도 아직은 많이 부족한 게 사실이다. 국내의 이점만 가지고 국내 사업만 열심히 하고 있고, 해외로 진출하기 위한 노력을 보다 본격화했으면 좋겠다.

홍정택 지금 전문인력을 확충하고 키워나간다면 가장 시급한 것은 무엇인가?

김병찬 음, 전문적인 마케팅 인력? 음악이라는 속성을 잘 이해하면서 그 안에서 최적화된 마케팅을 할 수 있는 인력, 그게 제일 아쉽다.

홍정택 음악 마케팅에 대해서도 직무 중에 가르치나?

김병찬 사실 가르치기 힘들다. 제품처럼 무언가 정해져 있지 않기 때문이다. 그리고 사실, 어느 정도 기본적인 마케팅 소양은 있어야 하겠지만 엄청난 전문성이 필요한 것은 아니다. 음악이 만들어지고 전달되는 속성을 이해하는 마케터가 필요하다고 생각한다. 한 예로, 난장에서 자우림 처음 만들었을 때 경쟁 팀으로 줄리엣이라는 밴드가 나왔다. 당시 줄리엣은 제일기획에서 마케팅을 했었지만, 결과적으로는 자우림이 더 잘 되었다. 당시 우리는 마케팅의 개념도 몰랐지만 음악에 대해 보다 잘 이해하고 있었기 때문이 아닌가 생각한다. 또 라이선스 관련된 개념 통해 사업화할 수 있는 전문인력이 많이 필요하다. 퍼블리싱이나 음원/음반 외 사업 다각화하고 기업화하는 전문인력들은, 선진국형 산업과 시장이 될수록 더 필요해질 것 같다. **SOUND**

JYP엔터테인먼트 크리에이티브팀 박성진 팀장

일시 2012년 7월 10일(화), 오후 2시
장소 청담동 M3 카페
정리, 글 최지연 (대중음악SOUND 연구원)

"어떤 것에 대한 확실한 생각과 색깔, 그리고 그 색깔을 잘 설명할 수 있는 능력이 중요하다."

최지연 회사 내 부서 업무를 알려 달라.

박성진 A&R(Artist & Repertoire)라는 아티스트의 레파토리를 만드는 부서로 현재는 크리에이티브팀으로 이름이 바뀌었다. 콘텐츠의 퀄리티 컨트롤을 하는 타워다. 뮤직비디오 같은 것들을 함께 보면서 컨셉 잡고 감독님 만나는 일 등을 한다.

최지연 일의 프로세스가 어떻게 되나?

박성진 신인개발팀에서 좋은 아티스트를 선별해서 아티스트 조직을 해주면 그때부터 우리 팀이 컨셉 잡는 단계로 들어간다. 박진영 피디님을 비롯한 내부 작곡가들과 외부 작곡가들의 곡들을 조합한 후 좋은 곡을 선별해 앨범을 만드는 게 우리의 주된 업무다. 트렌드에 맞는지가 중요해서 감이 중요하다. 우리는 외부의 좋은 작곡가가 있으면 컨택해서 프로젝트를 제안하는 일, 자켓 디자인을 위해 사진작가와 컨택하는 일, 뮤직비디오 감독을 섭외하는 일 등을 한다. 곡이 하나 나오면 일사불란하게 움직여야 한다.

최지연 거의 앨범의 처음부터 끝까지 전담을 하는 셈이다.

박성진 콘텐츠에 있어선 우리 팀에서 다 전담을 한다. 곡이 나오면 뮤직비디오 감독과 자켓 디자인 사진작가가 동시에 섭외가 다 되어야 움직일 수 있기 때문에 하나의 패키지처럼 작업이 된다.

최지연 앨범 발매 전까지만 일을 하나? 아니면 그 이후도 관여하나?

박성진 방송과 관련해서는 매니지먼트팀에서 따로 하지만 이 안에선 매니지먼트팀과 같이 진행을 한다. 팬들의 테이스트(taste)를 잘 이해해야 하기 때문에 우리 팀 같은 경우 마케팅 플랜도 함께 들으면서 어떤 콘텐츠가 좋을지 매니지먼트 팀과 함께 상의하고 움직인다.

최지연 그럼 크리에이티브팀이 가수별로 있나?

박성진 통합적으로 있다. 매니징할 가수가 많다 보니까 세 팀 정도로 나누어 진행하는데 현재는 돌아가면서 모두 진행하고 있다. 매달 (새 활동이) 있기 때문에 거의 동시에 진행되는 상황이다.

최지연 실제 어떤 전공을 하고 어떤 경로로 JYP까지 오게 되었는지 궁금하다.

박성진 나는 경영학과 졸업했다. 식음료 마케팅 회사에 1년 반 정도 있다가 교직원으로 잠시 있었고, 그 후에 JYP 지원해서 들어오게 됐다.

최지연 일한지는 얼마나 되었나?
박성진 이제 2년 정도 되었다.

최지연 입사한 후에 실무에 있어서 필요한 능력들은 어떤 게 있나?
박성진 뻔한 얘기지만 업무량이 생각보다 많다. 엔터테인먼트 회사이니까 재미있을 것 같아 들어왔다가 그만두시는 분들이 많다. 물론 재미가 있으니까 하는 일이지만 그 재미를 만들어내기 위한 과정이 있으니까 그런 것들을 진행해나갈 끈기가 필요하다. 또한 문화에 대한 지속적인 관심이 필요하다. 우리가 중요시 하는 게 테이스트이다. 그 사람의 취향. 나는 취향에 좋고 나쁜 게 없다고 생각하기 때문에 그런 것들을 서로 얘기해나가는 과정과 열린 마음이 매우 중요하다고 생각한다.

최지연 그럼 이력서나 면접을 볼 때 회사에서도 사원의 취향과 감을 가늠할 수 있는 기준이 필요했을 것 같다.
박성진 내가 들어올 때 앨범 리뷰를 두 개 정도 써야 했다. 기술적인 면도 쓰고 트렌드에 대한 것도 썼었다. 아마 글 보신 분들도 느꼈겠지만 잠깐 공부한 게 아니라 오랫동안 음악을 좋아한 사람이라야만 쓸 수 있던 부분들이 있었을 것이다. 이 시대엔 이런 걸 썼었는데 최근에 이런 것들이 다시 발현이 돼서 또 다시 이런 음악들이 시작되고 있습니다, 이런 흐름들은 좋은 거라고 생각되지만 이 도전들은 별로였습니다, 하는 의견들이 눈에 띄었던 것 같다. 다른 직업군에 있었어도 지속적으로 열심히 음악을 들어왔다는 것이 글에 드러난 것 같다. 단순히 '듣기 좋다'가 아니라 작곡가가 누구고, 믹싱, 마스터링은 누가 했는지 얼굴은 모르지만 이름은 기본적으로 다 알고 있었던 거다. 아마 회사에 들어온 분들 다 비슷할 거다. 각 작곡가들의 곡을 들으면서 이 사람은 곡을 이렇게 쓰는데 저 사람은 어떻습니다, 라고 말할 수 있을

만큼의 애정이 있는 것이다. 면접 때는 회사 내부 작곡가들 조사를 해서 대답했다. 내가 사실 가장 강조하고 싶은 건 테이스트이다. 어떤 것에 대한 확실한 생각과 색깔, 그리고 그 색깔을 잘 설명할 수 있는 능력이 중요하다. 그러니까 단순히 이분법적인 호불호가 아니라 그 테이스트를 잘 설명할 수 있는 게 가장 중요한 것 같다. 그게 바탕이 돼야지 모든 일을 할 수 있을 것 같다.

최지연 그럼 입사 시 어느 앨범 리뷰를 했나?

박성진 그때 Jay-Z [Blueprint 3] 앨범과 Kid Cudi 앨범에 대해 썼다. 그때 Jay-Z는 메이저였고 Kid Cudi는 라이징 스타여서 그 둘을 함께 했다. 둘이 음악적으로 관련 있는 사람들이기도 해서 글을 풀어나가기가 수월했다.

최지연 리뷰에 음악 외적인 이야기도 했나.

박성진 Jay-Z의 경우 당시 앨범자켓 제작도 이슈가 되었기 때문에 언급을 했다.

최지연 들어오기 전에 예상했던 업무와 실제로 실무를 했을 때 차이가 있었나?

박성진 체력적으로 피곤한 건 있었는데 A&R 업무에 관련해선 예상한 것과 비슷했다.

최지연 새로 터득해야 했던 업무능력은 있었나? 외국어라던가.

박성진 외국어는 해외 작곡가들과의 작업이 늘어나는 추세라서 해외 작곡가를 담당하는 회사에 컨택을 할 때 필요하다. 직접적으로 하는 경우는 거의 없지만 가끔 작업 조율이 필요하기 때문에 기본적으로 영어 정도는 해야 된다.

최지연 문화에 대해 잘 알아야 된다고 했는데 대중음악계 자체에 대해서 잘 아는 것도 중요하지만 그 산업계의 흐름에 대해서도 잘 알아야 되나?

박성진 산업계 흐름은 큰 그림이 좀 바뀌는 추세라서 어느 정도의 이해는 필요하다. 예를 들어 LP가 CD로 바뀌고 CD가 음원으로 바뀐 것에 대해 보자면 가격 차이도 있지만 접근성의 차이도 있다. 또 최근에 정액제 폐지 운동 같은 그런 이슈는 아주 큰 이슈이지 않나. 그런 것들에 대한 이해는 필요하다.

최지연 그럼 음원 접근성에 대한 변화 같은 것들이 업무에 영향을 끼치나?

박성진 그렇다. 왜냐하면 예전에 내가 음악을 좋아하던 (90년대) 시기에는 차트 1위를 차지하던 곡이 6,7주간 정상을 유지하던 시절이었다. 그런데 지금은 접근성이 높은 만큼 차트 교체가 매우 빨라졌다. 그러다 보니 롱런하는 곡이 나오기 힘들다. 음원 수요가 많아진 대신 그만큼 교체와 순환도 빠르니까 우리도 그만큼 빠르게 준비를 해야 한다. 그래서 어떻게 하면 좋은 퀄리티로 조금 더 접근성을 높여서 시기적절하게 낼 수 있느냐에 대한 고민을 항상 한다.

최지연 하시는 일이 트렌드에 민감한 일이지 않나. 그러면 감도 중요하지만 트렌드를 캐치해내는 훈련도 필요할 것 같다. 트렌드에 대한 공부는 어떤 경로로 하나.

박성진 기본적으로 회사에서 음악뿐만 아니라 문화 전반에 관한 페이퍼지를 다 주문해서 본다. 특히 영국 같은 경우 트렌드가 빠른 편이니까 영국판 페이퍼지 같은 것도 많이 보고 있다. 스타일 잡지는 거의 다 본다. 웹에서 얻는 정보도 중요하다. 요즘은 개인 블로그도 좋고 RSS 서비스 같은 걸 다 하기 때문에 기본적으로 구글리더나 RSS 피드 하는 걸로 정보를 다 모아본다. 우리끼리도 비공개 블로그를 운영해서 서로 정보 공유도 하고 곡이나 의상에 대한 의견도 주고받는다.

최지연 최종 결정은 누가 하나?

박성진 대표님과 박진영 피디님 두 분이 한다. 우리가 이사진에 최종 결정을 올리면 같이 의견 주신다. 수직적인 관계가 아니라 열린 체제로 의견을 조율하기 때문에 좋은 점이 있다. 최종 결정은 그래도 이사진 세분이 해주신다.

최지연 경쟁사인 다른 기획사들과 교류도 하나?

박성진 YG 같은 경우는 세븐과 박진영 피디님이 함께 작업을 했었고 SM 같은 경우는 주(JOO)와 슈퍼주니어가 함께 했었기 때문에 A&R 같이 얘기한 분들이 있다.

최지연 일반적으로 크리에이티브 팀에 어떤 전공자들이 들어오나?

박성진 자켓디자인 하는 분들은 디자인학과를 나왔는데 그 외에는 다양한 것 같다.

최지연 이쪽은 인력유지가 오래 되나? 아니면 자주 바뀌는 편인지?

박성진 A&R 팀의 경우는 지금까지 거의 바뀐 경우가 없다. 나보다 앞서 들어온 분이 5년이 넘었고, 다들 3년, 5년 정도로 오래하는 추세인 것 같다.

최지연 처음 신입을 뽑을 때나 후임이 들어왔을 때 가장 신경 써서 보는 점과 가르쳐주는 점은 무엇인가?

박성진 들어와서 어떻게 해야 되는지에 대한 매뉴얼이 있어서 그걸 토대로 알려주는 편이다. 종종 음반산업에 대해 잘 모르는 친구들이 들어오기도 해서 레코딩부터 믹싱, 마스터링 등등의 음반 제작 과정을 가장 먼저 설명해주고 싱글, 미니, 정규 등의 음반 분류도 알려준다. 그리고 회사에서 음악 사업 책을 준다. 그 책을 통해 음악 사업에 대해 이해시키고 음악의 흐름, 좋은 곡 수집하는 법 등을 가르쳐준다. 곡 수집은 좋은 곡을 받는 작업이니 가장 중요한 작업이라는 걸 설명해준다. 그렇게 큰 그림을 알려주고 나면 디테일로 들어간다.

최지연 그럼 실용음악학과에서 들어오는 분들도 있나?

박성진 A-Soul Publishing이라는 퍼블리싱 회사가 따로 있는데 그쪽에 실용음악학과 작곡 전공자들이 많이 들어가는 것 같다. 작곡가 오디션도 한다.

최지연 만약에 이런 크리에이티브팀 쪽으로 전공을 만든다면 전문 인력 양성에 도움이 된다고 생각하나?

박성진 음악 역사나 산업 매커니즘에 대한 이해와 같은 기본적인 소양, 그리고 다양한 관점을 배우고 자신의 취향을 키울 수 있는 커리큘럼이 5대 5 정도로 있다면 좋을 것 같다.

최지연 JYP 회사가 원하는 인재상은 무엇인가?

박성진 회사가 제시한 리더상이 있다. 이건 박진영 피디님, 대표님이 동의하신 회사가 제시한 인재상이다.(JYPE Vision − Leader in Entertainment: 1.리더는 깨끗하다. 2.리더는 존경받는다. 3.리더는 연구한다. 4.리더는 변화한다. 5.리더는 듣는다. 6.리더는 솔선수범한다. 7.리더는 System으로 일한다. 8.리더는 꿈이 크다.)

음반기획

빅히트엔터테인먼트 전략기획/음악제작 윤석준 이사

일시 2012년 7월 9일(월), 오전 11시
장소 빅히트엔터테인먼트 사옥 4층
정리, 글 배수정(SOUND 연구원)

"전문인력 양성을 위한 학제는 본보기가 될 수 있는 하나의 성공 사례가 필수적이다."

배수정 빅히트엔터테인먼트와 관련된 업무를 소개해 달라.

윤석준 빅히트엔터테인먼트는 메이저 연예기획사이다. 프로듀서 방시혁을 중심으로 2AM, 임정희, 데이비드 오, 최근 데뷔한 GLAM 까지 다양한 포트폴리오를 갖추고 있다. 주로 담당하는 업무는 음반기획과 마케팅, 사업제휴, 플랫폼, A&R 등이다.

배수정 대학교 때 전공은 무엇이었나?

윤석준 건축공학이다. 학과를 졸업하고 전공을 살려 취직했지만 실제로 대학교 때부터 뮤지션 생활을 했다. 건축공학이라는 학문이 예체능을 제외하고 가장 미적 감각을 키울 수 있는 부분이라고 생각했다. 공간배치, 스케치, 인간의 편의성 같은 부분을 배운다. 즉, 어떻게 하면 사람의 즐거움을 극대화 할 수 있는지를 배우기 때문에 이러한 부분에서는 도움이 되었다고 생각한다.

배수정 음악 관련 일을 하면서 가장 도움이 됐던 것은 무엇이라 생각하나?

윤석준 어렸을 때부터 음악을 많이 듣고 뮤지션 활동을 하며 다양한 경험을 했던 것이 계기였던 것 같다. 불현듯 갑자기 음악 관련 업계에 투신한 것은 아니었다. 학생 시절부터 음악에 관한 지식을 쌓아가며 관련 네트워크가 있었기 때문에 빅히트엔터테인먼트 입사 전, 루핀레코드라는 인디 레이블도 운영할 수 있었다. 이러한 부분이 많은 도움이 됐다. 그렇다고 굳이 음악 산업에 관한 경험이 있어야 업계에서 전문인력이 될 수 있다고는 생각하지 않는다.

배수정 음악 관련 일을 하기 위해 요구되는 핵심 역량은 무엇이라 생각하는가?

윤석준 다른 어떤 능력보다 뚜렷한 목표 의식이 있어야 한다고 본다. 기술적 부분이 아니라 자신이 미래에 어떤 모습이 되겠다는 목표가 있어야 한다. 이후 목표에 따라서 요구되는 것들이 달라질 것이다. 음악적 지식이 필수조건은 아니다. 음악 지식이 풍부하지만 뚜렷한 목표의식이 없는 사람에게 일을 시켜보면 막상 포기하는 경우가 많다. 이러한 면에서 본인의 마음가짐, 목표, 자세가 중요하다.

배수정 업무의 숙련도는 어떻게 이루어진다고 생각하나?

윤석준 현장에서 배우면서 늘게 된다. 학교에서 4년 배운 것보다 현장에서 4개월 배운 것이 더 많을 거라고 자신한다. 하지만 이런 부분도 업의 규모와 특성에 따라 장단이 있다고 생각한다. 대기업 공채의 경우 연수부터 시작해서 교육을 한다. 하지만 반대의 경우 입사 후 바로 실무에 투입되지 않는가.

배수정 신입이나 후임이 들어왔을 때 집중해서 가르치는 것은 무엇인가?

윤석준 분야마다 다르다. 작은 회사는 멀티 플레이어가 될 수 있는 사람을 뽑겠지만 우리 회사는 분야별 전문 인력을 선호한다. 기본적으로 가르치는 것은 말 그대로 기본적인 내용이다. 음반업계와 관련된 사항, 기획에서 필요한 부분 등 필수적인 내용을 가르친다. 이런 내용들은 학교에서 가르칠 수 없을 것이라 생각한다. 학교에서는 원론적인 이론을 가르치겠지만 현장에서는 이론을 넘어 응용할 수 있는 부분을 가르친다. 회사마다 추구하는 전략이 다르고 가지고 있는 스타일과 노하우가 있기 때문에 이론과도 다를 뿐 아니라 회사마다 가르치는 방향과 내용이 다소 상이 할 것이다.

배수정 음악산업에서 일하기 위해서는 산업 전반에 대해서 이해할 필요가 있다고 생각하나?

윤석준 그렇지 않다. 특히 재무, 회계 등에서는 알지 못해도 상관없다. 음악에 대한 이해가 도움이 될 수는 있겠지만 부족하다고 해서 결격사유가 되지는 않는다. 요즘은 특히 웹, 모바일 기반의 플랫폼 전략이 매우 중요하다. 음악산업 이해도가 부족해도 대중이 원하고 모여서 놀 수 있는 IT 플랫폼 전략을 짜는데 무리가 없을 것이다.

배수정 처음 레이블을 운영했을 때와 지금 상황을 비교하자면 어떠한가?

윤석준 예전에는 국내 시장에서 살아남으려 했다면 지금은 해외 수출도 필연적으로 이루어지고 있는 상황이다. 과거보다 시장의 폭이 넓어졌기 때문에 승산이 있다고 본다. 이러한 변화는 자연적으로 이루어진 것이 아니라 보이지 않는 관계자들의 많은 노력과 음악 콘텐츠를 소비할 때 대중들의 태도가 많이 변한 점들이 주요 원인인 것 같다.

배수정 과거와 비교해서 업무를 위해 필요한 능력이 있다고 보나?

윤석준 분명히 있다. 최근에는 마케팅하는 툴과 커뮤니케이션 라인이 굉장히 다양하고 테크니컬하다. SNS 등 다양한 채널과 독자적인 플랫폼으로 홍보, 마케팅이 이루어지면서 이를 활용할 수 있는 전문적인 인력이 필요하다. 하지만 이러한 전문 인력이 음악 업계로 많이 들어오기 위해서는 여러 가지 노력이 뒷받침 되어야 할 것이다.

배수정 음악산업계에서 인프라가 부족한 분야는 어디라고 생각하나?

윤석준 전체적으로 다 부족하다. 이러한 현상은 뛰어난 인재들이 업계로 아직 진입하지 않았기 때문인 것 같다. 삼성이나 서울대는 홍보하지 않아도 인재들이 모여든다. 음악 업계가 아직 산업적으로 취약하기 때문인 것 같다. 복리후생, 연봉제도 등 전문 인력을 유치하기 위한 환경들이 다른 업계에 비해 좋은 편이 아니다. 그러나 음악 업계가 업무 환경을 좋게 하려면 분명 좋은 인재가 와서 산업을 키워야 한다. 시소게임일 수 있다. SM, YG 같은 대형기획사들을 중심으로 아주 뛰어난 인재들이 지원하고 있다는 얘길 자주 듣는다.

배수정 회사에 주로 어떤 전공자들이 오나?

윤석준 천차만별이다. 하지만 전문성이 필요한 영역, 특히 비주얼 크리에이티브 같은 분야는 관련 전공자를 우선시 한다. 하지만 팬 마케팅, 음반 유통, 콘서트 등은 굳이 전공에 차별을 두지 않는다. 예술경영, 실용음악, 경영학, 신문방송학, 언어학 계열 전공자도 있다.

배수정 회사의 인력 수급균형은 어떻다고 생각하나?

윤석준 사람을 뽑았을 때, 본인의 명확한 꿈과 목표가 있으면 열심히 일한다. 처음에는 열심히 하는 듯하다. 하지만 지쳐서 그만두는 경우가 적지 않다. 가장 중요하게 생각하는 부분은 본인의 업을 바라보는 태도와 자세이다.

배수정 인력 충원은 어떤 경로로 이루어지나?

윤석준 특채라 할 수 있는 지인추천과 개별구인,

그리고 일반 구인 사이트 공고를 통해 이루어진다. 공채도 가끔 진행하는데 굉장히 많은 인재들이 지원하지만, 반대로 HR 후 빨리 이탈하는 인력도 많다. 효율성만 따지자면 특채가 빠르고, 성공확률이 높다. 하지만 결국 전문 인력 육성과 배출, 인재채용의 순환고리를 잘 만들기 위해선 공채시스템 같은 구조가 맞다고 본다.

배수정 빅히트엔터테인먼트가 음악 업계가 아닌 다른 산업과 협력하고 싶은 부분이 있나?

윤석준 커뮤니케이션과 관련된 IT 산업 쪽과 일하고 싶다. 우리가 만들 수 없거나 규모로 접근할 수 없는 플랫폼을 통해 대중들에게 초점을 맞춰가면서 그들이 원하는 콘텐츠를 정확히 만들어내고 싶다. 또한 점점 케이팝의 위상이 높아지고 콘텐츠 질이 높아지면서 과거에는 구현되지 못했던 콜라보레이션 비즈니스가 가능 할 것이다. 예를 들면 가상현실이나 음성합성엔진 같은 작업도 하고 싶다.

배수정 기존의 실용음악과가 대중음악 산업을 위한 전문인력 양성을 할 수 있다고 생각하나?

윤석준 커리큘럼만 잘 짠다면 가능하다고 생각한다. 하지만 아직은 커리큘럼이 다소 부족한 느낌이 든다.

배수정 실용음악과가 아닌 전문인력 양성을 위한 대중음악학과가 생긴다면 어디에 초점을 맞춰야 한다고 생각하나?

윤석준 세부적으로 전공이 나눠지지 않는 이상 경영, 회계, 음반 기획, 비주얼, 마케팅 부분 등 다양한 부분을 아우를 수 있는 목표에 포커싱을 맞춰 교육해야 한다고 생각한다. 서두에 얘기했지만 어떤 업이든지 본인의 목표에 대한 뚜렷한 철학과 자세가 중요하다고 생각한다. '대중음악학과'

에 지원한 학생들은 모두가 관련업에 대한 꿈이 있는 사람 일 것이다. 그 꿈이 학업으로 접할 때와 현실에서 부딪힐 때 차이가 최대한 없어야 한다. 기본교육을 이수하고 난 뒤에는 굉장히 심화되고 전문화된 현장교육/실습이 따라줘야 한다고 생각한다. 또 대중이 무엇을 원하고 있는지, 어떤 가수가 대중들에게 어떤 메시지를 전달할 수 있는지에 대한 전략적인 분석이 가능한 시각을 키울 수 있어야 한다. 여기에 음악적 지식이 동반된다면 좋겠다.

배수정 대중음악학과가 생긴다면 실용음악과와 다르게 가질 수 있는 이점은 무엇이라 생각하나?

윤석준 일단 우리 같은 회사에서 대중음악학과 졸업생들을 구인할 확률이 굉장히 높다. 한국에서 실용음악과라는 이미지가 연주자나 작곡 등 실제 뮤지션을 육성하는 의미로 많이 받아들여지는 것 같다.

배수정 대중음악학과에서는 어떤 교수들이 필요하다고 생각하나?

윤석준 현장 실무에 대해 제대로 알고 있고 경험 있는 분들이 필요하다고 본다. 음악산업 관련 전문가가 아닌 분야 전문가 초빙도 괜찮을 것이다. 예를 들면 IT 전문가나, Verbal Communication 전문가 등도 괜찮다.

배수정 대중음악학과를 졸업한 학생들은 어떤 능력을 가져야 한다고 생각하나?

윤석준 실무에 빠른 적응을 하는 능력이 현실적으론 가장 필요하다. 하지만 시간이 걸리더라도, 기존 산업의 고리에 젖지 않은 시각이 형성되면 좋겠고, 그러한 선입견이 없는 시각으로 실무에 하나씩 적응해 나가는 능력을 보여주면 좋겠다.

배수정 학제 신설을 위해 음악산업 관계자들은 어떤 노력을 해야 한다고 생각하나?

윤석준 먼저 누군가가 나서야 한다. 학제 신설은 교육이기 때문에 누가 교육을 하는지가 중요하다. 단순히 학제 신설만을 논의할 것이 아니라 이후 양질의 교육을 위해 어떠한 교수들이 초빙되고 커리큘럼을 짤 것인지에 대해서 충분한 논의가 이루어져야 한다.

배수정 대중음악학과 졸업생을 채용할 생각이 있나?

윤석준 그렇다.

배수정 빅히트엔터테인먼트 인재상을 알려 달라.

윤석준 'Be Global' 이다. 글로벌 적인 사고와 글로벌 트렌드에 맞는 양질의 콘텐츠를 제작해야 한다. 글로벌 플랫폼에 대한 이해와 글로벌적인 비즈니스 마인드를 가져야 한다. 독자적인 창조성에 대해 끊임없이 고민해야 한다. 또 차별화에 대해 항상 연구해야 한다. **SOUND**

음반직배사업

소니뮤직(Sony Music) 뉴비즈니스 이세환 과장

일시 2012년 7월 9일(월), 오전 11시
장소 강남교보타워 소니뮤직
정리, 글 최지연(대중음악SOUND 연구원)

"우리는 주로 음악에 대한 이야기, 자신의 꿈에 대한 질문을 한다.
얼마나 열정을 가지고 어떤 일을 하고 싶은지,
얼마나 도전의식이 있는지를 본다."

최지연 소니뮤직은 어떤 일을 하고, 그 일을 하기 위해 어떤 실무 능력이 필요한지?

이세환 음반사 들어가고 싶은데 뭘 준비해야 되냐는 문의가 오면 첫 번째로 음악을 많이 좋아하셔야 한다고 얘기한다. 음악에 대해서 애정이 있어야 이 일을 할 수 있다. 다들 박봉의 일을 하기 때문에 음악에 대한 열정이 없는 한 일을 계속 하기 힘들다. 두 번째로, 회사마다 다르겠지만 우리 회사의 경우 주로 외국 팝음악을 한국에 알리는 일을 하니까 어느 정도 영어를 해야 한다.

최지연 그럼 영어는 그냥 커뮤니케이션 하는 정도면 되나?

이세환 그렇다. 우리나라뿐만 아니라 동남아시아, 일본, 미국, 유럽 해외 어디에 진출하더라도 영어는 서로 기본적으로 공통어처럼 쓰이니까 회화 정도 할 수 있을 정도로 영어를 할 줄 알아야 한다.

최지연 회사 소개 바란다.

이세환 소니뮤직은 세계적인 음반회사로 체인점처럼 여러 나라에 팝음악들을 라이센스를 하는 회사다. 그래서 비욘세, 마이클 잭슨, 휘트니 휴스턴, 저스틴 팀버레이크, 어셔 등 외국 팝 가수 앨범을 국내에 알리기도 하고 클래식, 재즈 등의 해외 음악들을 모두 라이센스한다. 또 유통회사이기 때문에 드라마 OST나 이은미 씨나 슈주와 같은 국내 가수들 유통도 한다. 팀이나 쉐인, 김보경, 이루마 IUV 등의 전속가수도 있고 연습생도 키우는 등 음반에 관련된 전반적인 일을 한다. 나는 (소니뮤직 산하) '도모'라는 인디 레이블에서 인디 뮤지션들의 음악에 관련된 모든 홍보, 제작, 유통, 투자를 맡고 있다. 프로듀싱이나 제작을 맡진 않지만 뮤지션들과 얘기할 때 서로 조율을 하거나 조언을 주는 일을 한다. 예전에는 완제품을 들어보고 발매를 할지 말지 결정을 했는데, 한번 발매를 한 뮤지션들에게는 다음 앨범이 나올 때 음반 홍보를 위해서 음반을 만들 때 제안을 한다. 내가 제안을 하면 상의를 거쳐 아티스트가 결정을 한다.

최지연 그럼 어떤 쪽으로 조언을 주나? 음악이나 컨셉도 조언하나.

이세환 컨셉이나 음악적인 건 아티스트가 잡아오

고 우리는 홍보에 관한 조언을 한다. 예를 들어 연주음악곡이 많은 뮤지션들에게는 가급적이면 보컬곡이 있으면 좋겠다고 조언하는 식이다. 라디오에는 연주음악이 나가는 프로가 거의 없으니까. 즉 홍보와 유통에 관련해서 팁을 준다고 보면 된다. 음악에서 타이틀곡 선곡할 때에도 서로 상의해서 모니터 요원이나 회사 분들과 정한다. 이런 경우 아티스트가 정하기도 하지만 아티스트는 본인이 만들기 때문에 대중적으로 좋은 음악보다는 자기가 애착 가는 곡을 주로 정한다. 그럴 때에는 서로 조율을 해서 라디오에 자주 나올 수 있는 곡이라던가 대중이 좋아할만한 음악을 같이 논의해서 정한다. 또 피처링이나 음악적인 교류를 위해서 내가 아는 쪽을 소개시켜 주는 식의 도움을 주기도 한다.

최지연 그럼 음악에 대한 열정과 외국어뿐만 아니라 홍보 쪽으로 감이나 안목이 많이 필요할 것 같다.

이세환 그렇다. 우리나라에서 홍보 매니저는 로드매니저로 시작해서 방송국을 중심으로 계속 홍보를 하다가 방송국 피디들, 작가들을 알게 되면서 조금씩 스케줄을 잡는 매니저가 된다. 그렇게 스케줄을 잡고 관계자들을 만나다 보면 인맥도 넓어져 국장님도 알게 되고, 그렇게 더 넓은 영역에서 홍보를 하게 된다. 나이가 들고 인맥이 넓어지면 실장에서 회사의 책임자가 되는 것이다. 우리나라 기획사 사장님의 반 이상이 매니저 출신 사장님들이다. 음반 산업에서 가장 중요한 것이 홍보이기 때문이다. 어떻게 만드는 지도 중요하지만 만들어졌는데 안 알려지면 소용이 없지 않나. 보통 음반기획사가 가수를 만들 때 많이 망하는 경우는 그냥 자본만 있어서 하는 경우이다. 프로듀서라던가 음악 관계자들이 가수를 만들 때 매니저들을 잘못 고용해서 망하는 경우가 많다. 음

반시장은 많이 안 좋아지고 앨범은 한 달에 백 장씩 나오는데 우리가 아는 팀은 한두 팀 밖에 없지 않나. 이럴 때 음반을 체계적으로 잘 알려야 되는데, 내가 보기에는 매니저들이 회사를 차리고 운영하는 경우에 소속가수들 홍보가 더 잘 되는 것 같다. 즉 좋은 곡을 만드는 프로듀서도 중요하지만 홍보를 잘 할 수 있는 매니저도 중요하다는 것이다. 팝음악 직배사 같은 경우는 앞서 말한 가요 쪽 홍보팀과는 상황이 다르다. 가요기획사에서는 한 가수를 가지고 90일 동안 홍보를 하는데, 직배사에서는 일주일에 거의 네다섯 개 정도의 가수들 타이틀곡들이 나온다. 아티스트들 중요순서도 있다. 앨범은 계속 나오는데 일정은 정해져 있기 때문에 체계화된 룰에 따라 움직여야 한다. 그래서 라디오, 신문사, 케이블, 오디오 피디들에게 정기적으로 앨범을 보낸다. 잡지사에는 마감일에 맞춰서 언제까지 앨범을 보내야 된다는 게 다 정해져 있다.

최지연 신입사원은 어떤 방식으로 뽑는가?

이세환 보통 직배사들은 정기적으로 사람을 뽑는 게 아니라 담당자가 그만두었을 때 그 사람을 대체할 사람을 뽑는 식이다. 그래서 소니뮤직 같은 경우 인원이 서른다섯 명밖에 안 되고 유니버설도 그 정도 된다. 워너 같은 경우 스무 명 정도 된다. 마케터 같은 경우는 물건을 파는 사람이기 때문에 마케팅을 배우는 과들, 경제학과나 경영학과 졸업생들이 많다.

최지연 그럼 그런 학과를 나오면 도움이 되나?

이세환 소비와 생산, 홍보와 PR을 학교에서 체계적으로 배우기 때문에 경제, 경영, 자본의 논리를 아는 분들에겐 도움이 된다. 마케터의 경우 마케팅 전공을 하거나 영문학과를 졸업한 분들 중에 팝음악 좋아하시는 분들이 많아서 그런 분들이 많이 뽑힌다. 그런데 홍보만을 집중적으로, 체계적으로 가르치는 학과는 없다고 생각한다.

최지연 실제로 어떤 조건을 보고 어떤 분들을 뽑는지 궁금하다.

이세환 자주 뽑는 게 아니니까 한명 뽑을 때 천 장 정도의 이력서가 온다. 최근에는 많이 뽑았는데 보통 일 년에 두세 명 정도 나가고 두세 명 정도 뽑는다고 보면 된다. 그렇게 뽑게 되면 실제로는 박봉의 일을 하고 있음에도 불구하고 대부분 음악을 좋아해서, 혹은 음반회사에서 일하면 화려하겠다는 생각으로 지원한다. 그런 지원자들은 가수들도 보고, 좋아하는 음악도 마음대로 듣고, 그러면서 돈도 벌 수 있으리란 꿈을 갖고 있지만 현실은 다르다. 이곳은 돈을 벌어야 하는 회사이기 때문에 음악에 대한 막연한 꿈을 갖고 온 사람들은 정작 일을 시작하고 나서 사무적인 일에 실망을 하고 그만 둔다. 또 월급이 중소기업 수준이기 때문에 월급이 더 높은 곳으로 옮기기도 한다.

뮤지션을 직접 만나는 일도 드물고, 자신이 좋아하는 음악만 홍보할 수 있는 게 아니라 싫어하는 음악도 해야 한다. 그래서 우리는 자기소개서를 통해 영어와 음악에 대한 열정이 많은 지원자를 뽑는다. (실무에 있어서는) 대부분 하나부터 열까지 새로 가르쳐야 한다. 외국에서 자료를 받고, 앨범을 찍고, 발매하는 프로세스를 새롭게 다 배워야 한다.

최지연 면접 때는 어떤 걸 물어보나?

이세환 다른 회사와 마찬가지로 주로 음악에 대한 이야기, 자신의 꿈에 대한 질문을 한다. 이곳에서 얼마나 열정을 가지고 어떤 일을 하고 싶은지, 스스로에 대해 자신감이 있는지, 얼마나 도전의식이 있는지를 본다.

최지연 입사를 하면 어떤 실무를 가르치나?

이세환 마케팅과 홍보로 나눠지는데 마케터들이 더 많다. 앨범이 나오면 홍보하는 사람들은 라디오, 신문, 공중파TV, 잡지, 케이블, 인터넷 음원 사이트에서 프로모션을 진행한다. 우리는 팝뮤직 전문 라디오 피디님께 자료를 전달해서 방송을 부탁하는 일, CD 이벤트, 신문사에 CD 전달하고 아티스트와 인터뷰 연결해주는 일, 또 케이블에 뮤직비디오나 CD 전달해서 음악이 많이 노출해 주기를 부탁하는 일을 주로 한다. 그러려면 우리나라 미디어에 대한 공부도 해야 되고 라디오 방송국이 몇 개인지, 공중파 및 케이블 연예프로그램이 몇 개인지, 음악 잡지는 어떤 게 있는지 등등의 매체 분석이 되어야 한다. 또 매체에 음악을 홍보할 때엔 신보 소개 코너가 있는지, 컨셉 기획은 어떤지에 대한 훈련을 해야 한다. (만약 홍보 관련 학과가 생긴다면) 비욘세 1집 앨범을 홍보할 건데 타이틀곡을 어떤 식의 홍보를 할 건지, 어떤 잡지에 어떤 기획으로 올릴 건지와 관련한 기획 기사를 만들어 보는 식의 수업을 하면 좋을 것 같다. 대부분 기자들이 쓰기도 하지만 홍보 기사는 직배사가 만들어 배포하는 경우도 많기 때문이다. 그래서 "브릿팝 가수들이 뭉쳤다"라는 제목으로 오아시스 같은 가수들을 모아서 쓴다거나, 아니면 비욘세와 브리트니 스피어스의 경쟁구도를 만들어 기사를 제공해 준다거나, 장르별로 모아 주거나, 왜 12월에는 베스트앨범이 많이 나오는가에 대한 자료를 재미있게 엮어서 준다거나 한다. 그래서 이런 걸 홍보하는 사람들은 어떻게 하면 (홍보하려는 음악이 미디어에) 잘 노출 될 수 있을지 계속 바뀌는 미디어의 환경에 대한 파악을 잘 해야 한다. 라디오가 예전에는 음악 위주의 방송이었지만 지금은 만담 위주의 방송으로 변했고, (많은 프로그램들이) 아이돌 위주가 되기도 하고, 그렇게 (미디어 환경에 변화가 생기면) 이런 장르의 음악은 어디에 홍보를 할 수 있는지 공부를 해야 한다. 우리가 보는 프로그램에는 누가 나오는지, 어떤 음악과 장르가 나오는지, 지방방송에는 어떤 음악프로그램이 있는지에 대한 공부를 해서 빨리 대처할 줄 알아야 한다. 또 요즘엔 SNS를 통한 개인 미디어 시대이기 때문에, 직접 아티스트 공연 영상이나 사진을 찍을 줄 알아야 한다. 그래서 음악 및 동영상 편집은 기본적으로 배워야 한다. 사진 촬영도 배우면 도움이 된다. 이런 변화들을 센스 있게 캐치하고 빨리 대응할 수 있는 능력이 있어야 홍보를 잘 할 수 있다.

최지연 실제로 어떤 전공을 하고 어떻게 이 자리에 오게 되었는지 궁금하다.

이세환 나는 기계공학과 학부와 대학원을 졸업했다. 그런데 음악을 좋아해서 대학원 때 힙합동아리를 만들었다. 그러면서 공연하고, 홍대에 언더클럽도 만들고, 앨범도 참여하게 되면서 고민을 많이 했다. 대학원을 졸업하고 회사를 가느냐, 음악을 하느냐 하는 기로에서 음악을 선택하게 되었다. 그런데 랩만 하고 살기가 쉽지 않아서 회사를 다녀야겠다는 생각에 가요기획사에서 일하게 됐다. 그때에는 [K-Coast Story]라는 힙합연합 컴필레이션 앨범을 발매하기로 한 회사에 들어갔고 그 앨범 발매를 위해서 기획팀장으로 일하면서 홍보 및 기획 일을 했다. 그때 내가 받은 월급이 120만원이었다. 정규직도 아니었다. 그렇게 시작하면 일반적으로 (앨범이) 엎어졌을 때 잘리기 쉽게 계약직으로 채용이 된다. 사장님이 유명한 작사가였지만 경영능력이 없어 1년 후에 회사가 망했다. 그 후에 나는 아는 분 소개로 공연기획사에서 일을 했다. 거기선 현장 진행, 운영, 홍보 등 모든 일을 다 했다. 거기서 한 7~8개월 정도 일했는데 그곳 사장님도 경영능력이 부족해서 또 망하게 됐다. 그때 직원들이 월급을 못 받아서 소송을 걸었고 그 사장님은 감옥에 갔다. 그 다음에 소니뮤직으로 오게 됐다. 좀 더 안정적인 직장을 원했는데 마침 소니뮤직에 계신 분이 홍보 쪽 사람을 뽑으니 지원해보라 해서 이력서를 넣고 뽑혔다. 당시 경쟁률이 600 대 1 정도였다. (구인구직 정보는 인터파크나 잡코리아 등의 웹싸이트나 트위터, 페이스북과 같은 SNS에 다 올린다.) 그 전에 계시던 분이 그만두신 후에 내가 들어와서 인수인계를 받지 못해 맨땅에 헤딩하듯 일했다. 그래서 피디님께 여쭤보거나 인터넷 편성표 뒤져서 드리기도 하면서 무작정 시작했다. 그런데 다른 직배사 홍보일 하시는 분들끼리 서로 팁을 주면서 도와준다.

최지연 다른 직배사 분들과 인맥은 어떻게 쌓았나?

이세환 그 분들과는 서로 연락하고 연말 같은 때에 술자리도 가지고 피디님들과 함께 만나서 정보를 교환하기도 하면서 서로 도와준다. 경쟁사지만 협력해야 해서 서로 친하다. 홍보 파트에선 내가 10년째로 가장 오래 다녔다. 내가 소니에 들어온 이유는 [K-Coast Story] 앨범이 만장이 팔렸지만 홍보 매니저가 2천만을 가지고 사라져서 망했기 때문에 내가 홍보를 제대로 배워서 음악하는 동생들을 직접 도와주자는 마음이 컸다.

최지연 처음 인수인계 없이 홍보 일을 시작했을 때 시행착오나 어려움이 있었나?

이세환 많았다. 인터뷰 가야 하는데 신문사가 어딘지 몰라서 문화일보 가야되는데 국민일보에 가기도 하고 트로트 담당 라디오 피디님에게 팝 씨디를 주기도 했다. 처음부터 알았으면 바로 현장에 적응했을 텐데 고생 끝에 6개월 만에 라디오 팝 차트에서 1등을 했다. 그 후에 유니버설이나 워너뮤직에 새로 홍보 쪽 사람이 들어오면 내가 신문사 위치라던가 라디오 담당자 등을 다 가르쳐준다. 나 역시 그 회사 분들에게 배웠으니까.

최지연 인력 수요는 어떤 편인가?

이세환 작년에 팝, 인디 뮤직, 전속 가요 가수들 홍보를 혼자서 다 했다. 예전엔 팝뮤직만 했었는데 내가 인디 뮤직에 더 힘을 쏟은 데다 가요부에는 전속 가수 홍보할 사람이 없어서 인력이 부족했다. 결국엔 팝 홍보 쪽 사람을 새로 뽑아서 이 신입을 계속 가르치는 데에 서너달 걸렸다.

최지연 그 분은 어떤 전공을 했나?

이세환 이 사람은 뉴질랜드에서 재즈 기타를 전공했다. 보통 우리 회사에서는 인턴제로 사람을 먼저 뽑는데 특히 외국에서 뮤직 비즈니스 전공한 사람들이 한국에서 인턴하기를 원해서 오는 경우가 있다. 실제로 팝 부서에 뮤직 비즈니스 전공자 두 명이 채용됐는데, 4년제 음악 커리큘럼을 배우고 온 사람들이라 (대중음악 산업계) 시스템에 대한 이해나 팝에 대한 열정, 자신의 꿈에 대

한 확신이 있다. (한번 충원이 되면) 평균적으로 4~5년 정도 꾸준히 다니고 10년, 15년째 계시는 분들도 있다.

최지연 회사에서 음악 전공자들을 많이 뽑는가?

이세환 음악에 대해 잘 아는 분들이니 주의 깊게 본다. 그런데 우리 입장에선 폭넓고 다양하게 음악을 듣는 사람을 필요로 하기 때문에 한 음악만 듣거나 좋아하는 사람들을 경계하기도 한다. 또 마케팅 능력도 필요로 하기 때문에 이 가수를 홍보할 때 어떻게 팔 예정인지에 대한 질문을 (면접 때) 한다. 그럴 때 독특하고 신선한 아이디어를 내놓으면 플러스 요인이 된다.

최지연 대중음악학과 설립의 필요성을 느끼나?

이세환 사장님들이 망해서 감옥 가는 것이 이쪽 비즈니스의 현실이다. 브라운 아이드 걸스가 〈아브라카다브라〉 한곡으로 음원수익 100억을 벌었다고 기사가 났지만 그런 건 어쩌다 한곡이지 그 외에 망하는 곡은 정말 많다. 이런 사장님들이 체계적으로 공연기획에 대해 교육을 받고 직원들도 학제 커리큘럼을 통해 교육받은 전문 인력이면 좋을 것 같다. 예를 들어 "저는 공연기획사에 1년 정도 있었구요, 김범수 공연, 김정민 공연 제가 다 진행한 겁니다"라고 말하는 사람이 있어도, 그 사람이 실제로는 메인 스탭으로 참여한 건지 알바로 참여한 건지 확인할 길이 없다. 사실 이쪽 신입의 절반은 소개로 들어오는데, 어디서 3년간 일했다더라 하는 얘기는 믿을만한 정보가 못 된다. 하지만 정규 4년제 대학의 공연기획과를 졸업한 사람이 있다면 신뢰가 가지 않겠나. 현재 학과가 있다 해도 국가에서 검증되지 않은 음악 전문 학원, 즉 돈만 내면 몇 개월 다니고 졸업장 딸 수 있는 곳만 있다. 따라서 국립대나 서울의 4년제 대학에 홍보나 공연기획 관련 학과가 생겨서 제도권 안

에서 전문교육도 받고 사회적 인정을 받았으면 한다. 대중음악학과가 만들어져서 프로듀싱, 기획, 앨범 발매, 유통, 홍보 등을 학부 때부터 훈련한다면 취직했을 때 바로 현장에 투입이 가능할 것이고, 또 이런 전문 인력은 그만큼의 대우를 해줘야 하므로 근로 조건도 나아질 것이다. 학과가 만들어지면 같은 분야 내 네트워크도 자연스럽게 형성될 것이다.

최지연 만약 커리큘럼을 짠다면 어떤 조언을 하고 싶나?

이세환 홍보 일을 한다고 해서 단순히 마케팅만 이해할 게 아니라 음악 사업 전체에 대한 이해가 필요하다. 전반적인 것을 가르칠 수 있는 노하우가 있는 사람이 필요하기 때문에 현장 전문가가 교수님이 되어야 하겠다. 그런데 학부라면 평일 낮 시간대에 배워야 하는데, 회사에서 실무 보는 분들이 강단에 서려면 그만한 근로 조건이나 제도적 준비가 되어야 하겠다.

최지연 실제로 대중음악학과가 생긴다면 채용할 의향이 있나? 아니면 외국에서 뮤직 비즈니스를 전공한 사람들을 더 선호하겠나?

이세환 한국의 대중음악 및 산업계 역사나 (미디어 시장) 실정을 더 잘 아는 한국의 대중음악학과 전공자들을 더 선호할 것 같다.

최지연 대중음악학과 신설을 위해 음악산업계 관계자들이 어떤 노력을 할 수 있나?

이세환 KT&G 상상마당에서 8, 9, 10월에 음반 산업계 전반에 대한 특강을 한다. 인디 레이블, 공연, 홍보 등 각 전공자들을 모아 커리큘럼에 따라 수업을 한다. 책도 낸다고 하는데 각 분야 전문가들이 금전적 수익을 떠나 좋은 의미로 하는 것이다. 회사 입장에서도 전문 인력을 뽑는 학과에 대해서 사내 전문가가 강단에 서는 것에 대해 너그럽게 인력 제공을 해줬으면 좋겠다. 효과는 몇 년 후에나 보겠지만 학과가 생긴다면 그 4년 동안 여러 가지 인생의 경험을 겪어보고 구체적인 꿈을 가진 전문가들이 들어와 오랜 기간 일했으면 좋겠다.

최지연 소니뮤직이 원하는 인재상은 무엇인가?

이세환 음악에 대한 열정과 영어 능력을 갖춘 자신감 있는, 이쪽 분야에 꿈을 가진 사람이다.

`SOUND`

마스터플랜 뮤직그룹 이종현 대표

일시 2012년 7월 19일(목), 오후 4시
장소 서교동 마스터플랜 뮤직그룹
정리, 글 권석정(유니온프레스 기자/SOUND 기획위원)

> "음악 비즈니스의 꽃은 아티스트와 노래다.
> 하지만 그것만을 사고파는 것은 창의성이 떨어지는 일이다."

권석정 마스터플랜의 시작에 대해 먼저 이야기를 해보자.

이종현 알려져 있다시피 라이브클럽으로 처음 시작했다. 마스터플랜에서 처음 앨범이 나온 것은 1999년 스위트피의 EP [달에서의 9년]이다. 해피로봇레코드는 해외 앨범의 라이선스로 출발해 2003년에 해외음악 컴필레이션을 처음 발표했다. 이어 하바드, 유카리 프레쉬 등 일본 시부야계 앨범을 냈고 현재로 이어지고 있다.

권석정 마스터플랜, 해피로봇레코드, 민트페이퍼 등을 통합한 회사 명칭이 '마스터플랜 뮤직그룹'이다. 여러 사업자의 연결고리는 어떻게 되는가?

이종현 섹션이 총 다섯 개다. '마스터플랜'과 '해피로봇레코드'는 레이블이고 '민트페이퍼'는 웹사이트, '퍼레이드'는 공연 팀, '파크'는 앨범을 녹음하는 스튜디오로 비보이 연습실도 있다.

권석정 마스터플랜을 시작으로 해서 점차 사업이 확장되고 있다. 애초에 음반사, 공연 기획 등을 함께 하는 사업에 대한 '마스터플랜'이 있었나?

이종현 사업을 늘릴 계획은 전혀 없었다. 개인적으로 이렇게 다양한 일을 하고 싶지 않았다. 지인들과 이런저런 이야기를 나누면서 일을 벌였다가 중간에 포기할 수 없어서 커진 경우가 대부분이다. 일 좋아서 하는 사람이 누가 있나?

권석정 최근 마스터플랜 뮤직그룹의 주력은 페스티벌인가?

이종현 딱히 그렇지는 않다. 페스티벌 외에 아티스트 단독공연도 많이 하고 기업의 음악 마케팅도 협조해준다. 예전에는 일을 찾아서 하곤 했는데 업무량이 점점 많아져서 요새는 되도록 하지 말자는 주의다. 돈 버는데 집중하다 보면 힘이 분산되고, 정작 큰 것을 놓칠 수 있기 때문이다.

권석정 매출이 가장 큰 부분을 차지하는 것은 페스티벌('그랜드 민트 페스티벌', '뷰티풀 민트 라이프', '카운트다운 판타지') 사업인가?

이종현 그렇다. 페스티벌를 제작할 때는 민트페이퍼가 기획 팀, 퍼레이드가 시행 팀이 된다. 민트페이퍼에서는 평소에 홈페이지를 통해 아티스트와 관련한 다양한 콘텐츠를 업데이트하고, 퍼레이드에서는 페스티벌과 관련해 아티스트 미팅부터 무대 연출까지 실무를 담당한다.

권석정 이제 민트페이퍼는 소비자들에게 하나의 고유 브랜드처럼 인식되기도 한다.

이종현 민트페이퍼에서 평소에 만들어진 콘텐츠들이 페스티벌에 그대로 담기는 셈이다.

권석정 기획집단 내지 공동체라고도 볼 수 있는 민트페이퍼는 2006년에 기획공연 '민트페스타'를 시작으로 출발한 것으로 알고 있다.

이종현 '민트페스타'를 기획할 때 민트페이퍼의 형태를 염두에 두고 있었다. 처음부터 페스티벌까지 생각하지는 못했다. 당시 홍대는 록 일변도였고, 페스티벌에 출연하는 팀들은 거기서 거기였다. 어디에도 끼지 못하는 팀들을 모아서 무대를 만들자고 시작한 것이 '민트페스타'다. 그리고 민트페이퍼를 론칭할 때 민트페스타 출연 팀들의 음악을 담은 컴필레이션 앨범을 별도로 기획했다. 그러다가 그 모든 것을 집대성한 페스티벌을 해보자는 생각을 혼자서 하게 됐는데, 그것이 바로 '그랜드 민트 페스티벌'이다. 다시 사무실 식구들은 "돈 까먹으려고 환장을 했냐? 아무도 안 하는 것은 그만한 이유가 있어서 안 하는 거다"라고 반대했다.(웃음) '그랜드 민트 페스티벌'을 처음 시작할 때는 "남이 하지 않는 것을 해야겠다. 오리지널리티를 찾아야겠다"는 생각이 가장 컸다. 여러 가지를 기획하다가 페스티벌에 서비스적인 부분을 넣었다. 반말로 하는 것보다 존댓말로 하는 것이 부드럽지 않나? 관객들의 똑같은 질문에 대해서도 최대한 친절하게 답변해주고, 더 자세히 설명하려 했다.

권석정 '그랜드 민트 페스티벌'에는 여성 관객에게 특화된 축제라는 인상이 있다. 처음부터 그런 부분을 생각을 했나?

이종현 그렇지 않다. 우리가 틈새시장을 노렸다는 것은 사람들이 잘못 알고 있는 것이다. 물론 여성 관객이 많이 올 거라고 예상은 했다. 그런데 요새 여성 관객이 많지 않은 축제가 어디 있나? 우리는 그저 '감성'이라는 키워드를 가지고 있는 아티스트들을 모았고, 계속해서 그 음악들을 다루려 하는 것뿐이다.

권석정 사실 마스터플랜 뮤직그룹에서 다루는 음반, 페스티벌의 성향에는 이종현 대표의 개인적 취향이 반영된 것 아닌가? 90년대에 이종현 대표가 피치카토 파이브 등 시부야계에 대해 쓴 글을 본 적이 있다. 당시는 음악잡지에서 록, 헤비메탈을 중심으로 다루던 시절이었다.

이종현 당시 일본음악에 대한 글을 많이 썼다. 취미에서 확장된 일들이 많다. 처음 해피로봇레코드를 시작한 것도 내가 좋아하던 시부야계, 유럽의 음악을 소개한 것이다. 당시 라디오 '유희열의 올댓뮤직'의 음악작가를 하던 시절이었는데 모던한 계열의 음악을 소개했고, 스완 다이브 등이 히트하기도 했다. 당시 주위사람들이 "힙합 레이블 하던 사람이 또 이상한 거 한다"며 의아해 하기도 했다.(웃음) 나는 하기 싫은 것은 하지 않는다.

권석정 최근에는 해피로봇레코드 출신의 아티스트들이 인디 신의 주요 트렌드를 이루고 있다.

이종현 우리는 아티스트에 대해서는 욕심이 큰 레이블이 아니다. 아티스트를 영입하기 위해 엄청 뛰어다니거나 하지 않는다. 마스터플랜을 하면서 아티스트 비즈니스는 부질없는 일이라는 것을 느꼈다. 결국 회사의 브랜드가 있고, 스태프가 잘 해서 굴러가는 것이 맞다. 해피로봇레코드에서는 해외 라이선스만 하다가 언니네이발관, 페퍼톤스 등 국내 아티스트 홍보를 몇 개 도와줬다. 그러다가 이지형이 홍보를 도와달라고 왔는데 아예 전속으로 계약하게 됐다. 그 이후로 갑자기 데모들이 회사로 오기 시작했고 노리플라이, 데이브레이크, 오지은, 랄라스윗 등이 모였다. 우리는 아티스트

비즈니스를 할 생각이 별로 없기 때문에 많은 팀들을 거절했다.

권석정 언제부터 그런 생각을 하게 됐나?

이종현 몇 년 전부터 아티스트에만 의존하는 것은 사업이 아니고 거간꾼이라는 생각이 들더라. 물론 음악 비즈니스의 꽃은 아티스트와 노래다. 하지만 그것만을 사고파는 것은 창의성이 떨어지는 일이다. 아티스트와 일을 하더라도 큰 아티스트를 데려오는 것이 아니라 신인을 키우는 것이 중요하다. 마스터플랜 뮤직그룹에서는 여태껏 거의 신인들과 일했다. 모두 우리와 일하면서 알려지기 시작했다. 아티스트에게 의존하고 싶은 생각이 없다. 지금도 관계가 맞으면 빅 네임이 들어올 수 있다. 오히려 아티스트가 원하는 경우도 있다. 그런데 그들에게 간 쓸개 다 내주면서 그렇게까지 하고 싶지 않다.

권석정 소속 뮤지션 중 최근에는 칵스가 뜨고 있다. 기존에 해피로봇레코드 성향과는 달랐던 것 같다. 생경한 스타일이었는데 지금은 록 스타의 기질이 다분해 보인다.

이종현 칵스는 처음부터 계약하려 한 것은 아니다. 예전에 뉴 레이브에 빠졌을 때 한창 일본에서 앨범을 사다가 들었던 적이 잇다. 칵스에게 관심을 갖게 된 것은, 그들의 커뮤니티에 들어갔는데 우리가 라이선스한 앨범이 배경음악을 깔려 있더라. 얼마 팔리지도 않았는데 말이다. 우리는 "이런 것도 좋아하는 밴드가 있다니"라고 놀랐다. 칵스 멤버들은 "그게 여기서 나온 앨범이냐"며 놀라더라. 자기들의 음악을 이해하고 있는 레이블을 처음 만난 것이다.

권석정 페스티벌은 신인이 알려질 수 있는 좋은 기회다.

이종현 페스티벌이 스타를 만들어줘야 신이 풍성해진다. 다양한 장르의 페스티벌이 생겨서 여러 장르에 스타가 나와야 한다. 최근 국내 페스티벌들은 흥행 위주로만 섭외를 하기 때문에 신인발굴이 제대로 이루어지지 않는다. '글래스톤베리', '레딩' 등 역사가 깊은 페스티벌들은 매회 어떤 신인을 띄울 지가 큰 관심사다. 국내 페스티벌은 히스토리, 현장의 메시지는 찾아보기 힘들고 흥행 잘 되는 라인업에만 몰두한다. 페스티벌은 단순히 섭외에서 끝나면 안 된다. 그러면 행사 뛰는 것과 다를 것이 없다. 공연에 스토리를 만들어줘야 한다. 가령 올해 '그랜드 민트 페스티벌'에는 홀 오브 페임(Hall Of Fame)이라는 스테이지가 있다. 매회 두 팀을 선정해 헌액하고 동료 뮤지션들이 축하해주는 무대다. 이번에 선정한 불독맨션은 페스티벌 신에서 가장 터질 수 있었던 팀인데 페스티벌 붐이 일기 전에 해체한 팀이고, 마이 앤트 메리는 우리 정서에 가장 부합하는 되는 팀인데 델리스파이스, 언니네이발관 때문에 항상 동생이어야 했던 팀이다. 이들을 헌액하고 마이 앤트 메리 초기 보컬이었던 추승엽이 이끄는 악퉁을 포함해 델리스파이스, 페퍼톤스, 이승열 등 두 밴드와 인연을 가진 팀들이 축하무대를 마련하는 식이다. 우리는 그런 식으로 스토리를 만들려고 한다. 것이다. 인디 신에서 스타가 안 나오면 우리라도 직접 만들겠다는 것이다.

권석정 올해 들어 음악 페스티벌 전쟁이다. 하지만 비슷비슷한 페스티벌만 늘어난다는 것이 업계의 일반적인 평가다. '그랜드 민트 페스티벌'과 유사한 페스티벌들도 눈에 띈다.

이종현 음악 페스티벌은 일단 다양한 성격의 것이 다 잘 돼야 맞다. 그런 면에서 '자라섬국제재즈페스티벌', 그리고 올해 처음 국내에 들어온 '센세이션'을 높게 평가한다. 이 페스티벌들은 관객들이 아티스트를 보고 오는 것이 아니라 페스티벌 자체를 보고 오는 것이기 때문이다. 최근 생겨나는 페스티벌들은 정체성이 없다. 잘 나가는 팀들로만 몰려다닐 뿐이다. 그러다 보니 라인업이 겹쳐서 페스티벌 특색도 사라진다. 페스티벌은 비싼 팀 불러다가 돈으로 찍어내는 것이 아니다. 참신한 것을 기획하지 않는다면 페스티벌을 새로 만들 이유가 없다. 그런 면에서 최근 제주도에서 하고 있는 '그레이트 이스케이프 투어(GET)'가 참신하다.

권석정 '그랜드 민트 페스티벌'이 흥행에서 성공했기 때문에 그런 것 아니겠는가?

이종현 기존에 강한 록을 중심으로 했던 페스티벌들이 말랑말랑한 팀들을 섭외하는 것을 보면 씁쓸하다. 2007년 당시 다른 페스티벌에서 안 불러주는 팀을 데려다가 만든 것이 '그랜드 민트 페스티벌'이다. 우리도 하루아침에 이렇게 된 것은 아니다. 여타 메탈, 강한 록 계열도 참신한 기획으로 꾸준히 진행하면 충분히 신이 커질 수 있다.

권석정 그 외에 최근 페스티벌 신의 문제점이라면 무엇이 있을까?

이종현 라인업 겹치기 외에 티켓 값을 싸게 가는 것이 문제다. 페스티벌은 싸게 하는 것이 아니다. 그런 식으로 운영을 하다보면 개런티를 싸게 가거

나, 시스템을 대충 마련할 수 있다. 국내 팀들은 개런티가 싸도 된다는 잘못된 생각을 가진 기획자들이 의외로 많다. 집객을 위해 티켓을 싸게 하는데 그렇게 되면 '페스티벌은 싸다'는 잘못된 인식을 심어주게 된다. 페스티벌은 단순히 음악만 즐기는 것이 아니라 문화를 체험하게끔 해줘야 한다. 그렇지 못하면 페스티벌이 단지 싼 값으로 유명 아티스트들의 노래 몇 곡을 들으러 가는 것밖에는 되지 않는다. 티켓 값을 올리더라도 그만큼의 감동을 주면 된다.

권석정 최근 마스터플랜 뮤직그룹, 파스텔뮤직, 안테나뮤직, 사운드홀릭, 플러서스뮤직, 루비살롱 6개 회사가 모인 (사)한국음악레이블산업협회(Record Label Industry Association of Korea)가 설립됐다. 설립 이유는?

이종현 내가 처음 제안했다. 이것은 음악박람회를 만들어보자는 취지에서 시작됐다. 기존에 몇몇 음악박람회가 생겨났다가 사라지곤 했는데, 너무 학술적이고 업자들만 모이는 것이 재미가 없더라. 국내 음악 신의 큰 문제는 일반인들이 음악이 재미있는 문화라는 것을 못 느끼기 때문이 아닐까? 어린이들은 CD 구경을 못 하는 경우가 태반이다. 나는 음악박람회와 페스티벌이 결합한 형태의 자리에서 아티스트, 음악산업 종사자들이 팬

들과 함께 어우러지는 것을 생각했다. 가령 크라잉 넛이 고기를 구워 팬들에게 나눠주면 재밌지 않겠냐? 아티스트들이 직접 부스를 운영하며 음악을 소개해주면 일반인들에게 친숙하게 다가갈 수 있다. 그러기 위해 6개 레이블이 모였고 사단법인까지 만들게 됐다. 그런데 요새 음악과 관련된 여러 이슈들이 많아지면서 산업적으로 흐르게 됐다. 원래는 음악박람회를 만들어서 사람들이 음악의 질을 높게 평가하고, 다른 문화보다 음악에 관심을 갖게 하는 것을 1차 목표로 됐다.

권석정 마스터플랜 뮤직그룹에서 CEO로서 자신이 맡고 있는 업무를 구체적으로 설명해 달라.
이종현 회사 안에서 기획, 섭외, 그리고 소위 이야기하는 크리에이티브 디렉터 역할을 한다. 음반, 공연 기획에 대해서도 아이디어를 던져주는 역할이다.

권석정 귀사의 업무를 위해 요구되는 핵심 역량은 무엇이라 생각하나? 기본적으로 익혀야 하는 것은?
이종현 내가 봤을 때 음악을 학문처럼 많이 알 필요 없다. 영화 쪽은 산업화가 이루어져서 좋은 인력들도 많다. 그런데 음악 쪽은 기본적인 것을 갖추지 못한 채 그저 음악이 좋다고 몰리는 경우가 많다. 이쪽 분야에서도 당연히 사회생활에 필요한 기본 소양을 갖춰야 한다. 또 중요한 것은 적극적인 태도다. 자기가 맡은 일이 당장에 이익이 되든지 안 되든지 적극적으로 부딪혀야 한다. 학벌도 좋고 기본적인 소양이 되는데도 적극성이 없는 경우가 있다. 자기가 할 수 있는 분야를 미리 그리고 거기에 머무르는 경우가 있는데 그래서는 안 된다. 현장에서 모르는 부분이 있더라도 일단 해보려는 적극성이 필요하다. 창의성도 중요하다. 창의성은 크게 두 가지다. 진짜 말도 안 되는 기발한 것을 생각해내는 것, 그리고 당장은 좋아 보이지만 과감히 포기할 줄 하는 것. 창의성은 관심과 애정에서 온다. 그 분야 미쳐있으면 뭐라도 하나 나온다. 기획을 못하는 사람은 없다. 관심과 애정이 떨어질 뿐이다.

권석정 업무 숙련은 어떤 경로를 통해서 이뤘는가?
이종현 돈을 까먹으면서 배운 거지 뭐.(웃음) 그런데 돈을 까먹으면서 배우는 것만큼 확실한 것도 없다. 안 되는 줄 알면서 가볼 필요가 있다. 그러다 보면 어느 순간 '된다, 안 된다'가 딱 감이 온다. 애정을 갖고 일을 하면 숙련도는 저절로 늘게 된다. 음반이나 공연을 기획할 때 매뉴얼대로만 하면 그것은 숙련이 아니다. 우리는 제조업을 하는 사람들이 아니고, 사람과 사람 사이에서 감동을 이끌어내야 하는 사람들이지 않나? 나는 처음 이쪽에 발을 들여놨을 때 아무것도 몰랐다. 음반이나 사서 듣기나 했지 제작을 어떻게 알았겠나? 나는 사수도 없었고, 남에게 뭘 알려달라고 하고 싶지도 않았다. 결국 엔터테인먼트 사업은 정답이 없다. 누가 이쪽의 미래를 예측하겠는가? 깨지고 경험하면서 숙련이 이루어지고 그것이 결국 순발력으로 발휘되는 것이다.

권석정 이종현 대표는 음악잡지 핫뮤직 기자로 업계에 처음 발을 들여놓은 것으로 알고 있다. 이후 공연 일을 맡게 되었을 당시 이 분야의 상황과 현재 상황은 어떻게 달라졌나?
이종현 글을 쓰기 전에 DJ부터 시작했다. 공연업계로 보면 페스티벌이 이제 메인스트림 산업으로 성장했고, 더불어 관객의 눈높이도 높아지고 있다. 때문에 비용이 점점 커지면서 손익분기점을 예상하기가 어렵다. 이는 페스티벌 산업이 국내에서 아직 완성형이 아니라는 증거다. 페스티벌 외에 레이블 쪽을 살펴보면 전반적으로 열심히 하는 분위기로 바뀌었다는 것이다. 예전에는 인디레이블에 패배주의가 많았다. 관객이 적어도 개의치 않았다. 요즘에는 군소 인디레이블에서도 참신한 기획들을 내놓는다. 어떤 인디레이블은 전 직원이 새벽에 퇴근해서 '사람 죽겠다' 싶을 때도 있다. 몇 년 전까지는 열심히 하는 사람들이 적어서 그리 긴장이 되지 않았다. 그런데 요새는 무슨 사냥개들 같다.(웃음) 이는 인디 신의 분위기가 좋아지고 있고, 예전보다 기회가 많아지고 있다는 증거이기도 하다. 예전보다 인디를 다루는 매체도 많아지고, 만나야 할 사람도 늘었다. 이런 변한가 일어난 것에는 방송의 역할도 컸다. 유희열의 라디오천국과 같은 공중파에서 매니저가 없는 인디 뮤지션들을 부르고 있다. 예전에는 우리가 들어갈 수 있는 곳이 정해져 있었다. 요새는 방송국에 가면 다른 인디레이블 사람들도 자주 본다. 너무들 열심히 해서 지쳐 쓰러지는 것 아닌가 걱정도 되지만 이런 분위기가 3~5년 지속된다면 분명히 달라지는 것이 있을 거라고 생각한다. 내가 이상적이라고 보는 것은 다양한 음악들이 촘촘하게 존재하는 것이다. 그런 면에서 예전보다 좋아졌다.

권석정 음악산업계에서 가장 인적 인프라가 부족한 분야는 어디라고 생각하나?

이종현 지금 음악산업계에서 가장 필요한 것은 똑똑한 매니저다. 방송국에 가서 그저 갑을의 존재로 머무르지 않고 업계 사람들과 일을 상의할 수 있는 똑똑한 매니저들이 필요하다. 우리나라는 전통적으로 매니저들이 몸으로 뛰는 일만 하는 경향이 있다. 음악을 모르니 홍보하는 방법이 촌지였다. 그러다보니 방송국에서 매니저와 음반사를 무시하는 경우가 많았다. 매니저는 아티스트와 레이블, 매체를 이어주는 중요한 매개체다. 최근 들어 이쪽에도 똑똑한 매니저들이 생겨나고 있는데 아직도 부족하다.

권석정 귀하의 분야에 대개 어떤 전공자들이 들어오는가?

이종현 다양하다. 가장 많은 부분이 디자인 계열이다. 미대, 디자인 전공자들이 의외로 많이 온다. 음악 좋아하는 이들 중에 미술 좋아하는 이들은 별로 없는데, 미술 좋아하는 이들은 대부분 음악 좋아하기 때문이 아닐까? 그런데 디자인 감각이 있으면 음악 쪽에서 할 수 있는 일이 많다.

권석정 최근 음악이 산업으로 성장하고 있다. 이와 관련해 대중음악 관련 학과의 필요성에 대해 어떻게 생각하나?

이종현 학과가 생기면 관심이 있어서 찾아가는 학생들은 많을 것이다. 그런데 뭘 가르칠지는 의문이다. 이것은 학문이 아니고, 학문으로 적용하기도 애매하다. 이쪽 엔터테인먼트 업계에서 일 잘하는 사람들은 학벌 좋은 이들이 아니라 수읽기가 빠르고 유연한 이들이다. 공연업계에 관심이 많다면 평소 페스티벌을 구경하고 다니면서 그것이 어떻게 돌아가는지 아는 것이 정상이다. 학과가 생기면 막연히 환상만 가진 이들이 지원하지 않을까 하는 우려도 된다. 실제로 민트페이퍼 응모하는 이들을 보면 저는 공연 기획, 제작을 하고 싶다는 이들이 대부분이다. 그런데 공연업계는 3D 업종이다. 현장에서 몸으로 뛰고, 밤새는 것이 공연일이다. 수 있어. 절대로 우아 떠는 일이 아니다.

권석정 현장 실무를 학교에서 익히면 실제로 일에 투입이 됐을 때 도움이 되지 않겠느냐?

이종현 학제 시스템보다는 차라리 기업의 인턴제도가 더 나은 것 같다. 무대 진행이나 연출은 옆에서 바로 봐야 아는 것이지 학교에서 배워서는 힘들다. **SOUND**

PMC네트웍스 최성욱 대표

일시 2012년 7월 18일(수), 오후 4시
장소 삼성동 PMC프로덕션
정리, 글 권석정(유니온프레스 기자/SOUND 기획위원)

"결국 신념이 있고, 기획력이 있는 회사가 살아남게 될 것이다."

권석정 최성욱 대표는 대학 재학 시절인 1997년에 공연업계에 뛰어든 것으로 알고 있다. 학생 신분으로 어떻게 일을 시작하게 됐나?

최성욱 연세대학교에서 건축학을 전공했다. 방학 때 유럽배낭여행 가이드를 하면서 해외 축제를 보러 다니곤 했다. 무언가 새로운 것을 하고 싶어 피가 끓던 때였는데 마침 연고전 기획을 맡아서 하게 됐다. 연고전이라고 단순히 체육대회만 한 것이 아니고 패션쇼, 전시회 등 문화축제를 함께 열었다. 연고전의 한정된 예산을 충원하기 위해 티켓 판매를 고민하다가 음악공연 '좋은 콘서트'를 처음 기획하게 됐다.

권석정 '좋은 콘서트'는 교내 축제로 시작한 것인가?

최성욱 음악공연을 기획하고 협찬 영업을 해야 했기 때문에 사업자를 설립하게 됐다. 그것이 '좋은 콘서트'였다. 그때가 중간고사 기간이었다.(웃음) SK, 코오롱 등 여러 대기업을 찾아다니면서 협찬 영업을 뛰었다. 그러면서 네트워크가 넓어지고 의외로 돈이 모이기 시작하더라. 그 예산을 가지고 이문세, 이은미, 여행스케치를 섭외해서 '97 좋은 콘서트'를 개최했는데 연세대 대강당이 매진

됐다. 대박이 난 것이다.

권석정 교내 행사에 어떻게 그런 유명 가수들을 섭외할 수 있었나?

최성욱 교내 축제였지만 준비를 철저하게 했다. '테마가 있는 음악여행'이라고 해서 스토리를 미리 만들었다. 가수들 직접 찾아가서 "이런 기승전결을 지닌 아이디어가 있다"고 끈질기게 설득했다. 건축과 후배들과 함께 테마에 맞게 무대를 디자인했고, 학보사 기자들에게 의뢰해 팸플릿도 콘셉트를 짜서 제작했다. 기차여행 콘셉트로 팸플릿을 만들고 가수와 노래에 대한 에피소드, 일러스트 등을 만들어 넣었다. 지금 생각하면 잡지 '페이퍼'와 같은 느낌이었던 것 같다. 가수가 섭외되고 팸플릿이 나오자 브랜드 매칭이 가능한 협찬사가 늘어갔다. 그러면서 교내 행사가 점점 페스티벌처럼 커져버렸다.

권석정 그 일련의 과정이 말처럼 쉽지는 않았을 것 같다.

최성욱 물론 쉽게 된 것은 아니다. 처음에는 아무 것도 모르고 돈을 아끼려고 조명을 직접 설치하다가 고생만 하고, 결국 나중에 업자를 부르니

일이 훨씬 효율적이더라. 그렇게 아웃소싱이라는 것을 처음 알게 됐다.(웃음) 공연을 준비하면서 세금계산서 등 서류작업도 하나하나 배워갔다. 중요한 것은 같이 일하는 사람들에 대한 모티베이션이었다. 관객만 고객이 아니다. 출연 가수도 고객이고, 아웃소싱업체도 고객이고, 일을 도와준 동기들도 고객이었다. 그들 모두가 공연의 취지에 공감을 하도록 설득했기에 일이 잘 풀렸다. 너무나 즐겁게 공연을 마치고 나니 4년간의 학비와 생활비가 나오더라.(웃음) 그런 식으로 사업을 배운 것이다.

권석정 학생이 아닌 '좋은 콘서트' 대표로 본격적으로 일을 시작한 것은 언제인가?

최성욱 하고 싶은 것을 마음껏 해보자는 생각으로 1998년에 휴학을 하고 본격적으로 사업을 시작했다. '98 좋은 콘서트'를 기획했는데 첫날 라인업이 이승철, 조관우, 이은미였다. 당시 세 명 다 최고의 주가를 올릴 때였다. 둘째 날은 이문세, 이소라의 조인트 공연, 셋째 날은 당시 재결성한 들국화, 산울림, 봄여름가을겨울, 여행스케치였다. 그때가 IMF였는데도 불구하고 3일간의 쇼가 모두 매진됐다. 그러고 나니 출연 가수들이 "너 잘한다. 내 것도 해봐라"라고 해서 이문세 독창회, 이소라 단독공연 등을 계속 기획하게 됐다. 1999년에는 '시월에 눈 내리는 마을'을 했는데 그것이 센세이션을 일으켰다. 이후 좋은 콘서트에서 조용필, 김건모, 신승훈, 싸이 등 많은 가수들의 공연을 기획했다.

권석정 최성욱 대표의 경우 콘서트를 단순히 가수가 노래하는 것으로 끝내지 않고 브랜드화 시킨 것이 차이점이 아닌가 한다. '이문세 독창회', '시월에 눈 내리는 마을', '싸이의 올나잇 스탠드' 등이 그렇다.

최성욱 (예전 자료사진을 보여주며) 1999년 '시월에 눈 내리는 마을' 포스터다. 김현철, 윤종신, 이소라가 출연했다. 홍보카피는 '10월 31일 첫눈을 예약하세요'였다. 무대에 눈을 뿌려서 관객들로 하여금 공연장에 들어오면 초현실적인 마을에 온 것 같은 느낌을 받도록 했다. 당시 큰 개가 마스코트였는데 공연장 앞에서 같이 사진을 찍게 해줬다. 관객들이 이 개와 찍은 사진을 싸이월드에 올리면서 자연스럽게 내년 공연 홍보까지 이루어졌다.

권석정 좋은 콘서트가 엠넷미디어(현 CJ E&M)로 인수되면서는 페스티벌 사업을 시작했다.

최성욱 2007년에 엠넷미디어에서 '인천펜타포트락페스티벌'에 5대5로 예산의 절반을 투자를 했는데 겨우 '똔똔'을 만들었다. 이후 엠넷에 페스티벌 팀을 만들고 2010년에 '지산밸리록페스티벌'을 인수하자고 했을 때 내부에서 반대가 심했다. 당시에는 음악페스티벌이 대세가 아니었다. 윗분들은 "지산이 어디야?" 이런 분위기였다. 그때는 페스티벌 사업이 실체가 있는 것이 아니고, 무형의 자산이었기 때문에 내부의 사업적인 관점에 맞춰 의사결정을 도모하기까지 굉장한 설득의 시간이 있었다. 결국 '지산밸리록페스티벌'을 인수한 것이 CJ E&M 페스티벌 사업의 도화선이 됐다. 이후 '글로벌 개더링'도 함께 하게 됐다.

권석정 PMC네트웍스에서는 여러 개의 페스티벌을 개최하는 것으로 알고 있다. PMC는 '난타'의 성공사례를 이룬 회사인데 이제 음악 페스티벌 사업에 본격적으로 뛰어들게 된 것인가?

최성욱 '슈퍼소닉'을 포함해 연간 5~6개의 페스티벌을 열 계획이다. 송승환 회장님이 페스티벌 사업에 의지를 가지고 계신다.

권석정 PMC는 국내 공연업계에서 잔뼈가 굵은 회사다.

최성욱 대한민국 넘버원 공연기획사다. 가장 큰 성공사례인 '난타'가 있고 그밖에 뮤지컬, 어린이 테마파크, 캐릭터, 출판 등 굉장히 많은 사업을 하고 있다.

권석정 그런 PMC네트웍스가 페스티벌 사업에 본격적으로 뛰어든 것은 업계에서 중점적으로 봐야 할 일이다. 비전을 본 것인가?

최성욱 그렇다. 특히 '슈퍼소닉'은 '난타'의 뒤를 잇는 PMC의 킬러 콘텐츠로 성장할 것이다. 또 현재 계획 중인 여러 개 페스티벌의 색이 다 다르다. 그 외에 온 가족이 즐길 수 있는 캠핑형 페스티벌도 기획 중이다. 지금이 음악페스티벌의 춘추전국시대인데 내년이나 내후년쯤에는 거품이 빠지고 알짜만 남을 것이다. 결국 신념이 있고, 기획력이 있는 회사가 살아남게 될 것이다.

권석정 최성욱 대표가 생각하는 페스티벌이란?

최성욱 페스티벌은 뮤지션을 보러 가기보다는 축제를 즐김으로 인해서 관객이 자기 자신을 표현하는 일탈의 해방구라 할 수 있다. 그 공간에 가면 사회에서의 자신을 내려놓고 일탈을 경험할 수 있다. 가령 페스티벌에 가면 평소에 입고 싶었던 옷, 하고 싶었던 화장을 다 해볼 수 있다. 자기를 표현하는 공간인 것이다. 대중들로 하여금 하고 싶은 욕구를 터트릴 수 있는 놀이터다. PMC에서도 그런 놀이터를 많이 만들자는 의지를 가지고 있다.

권석정 CEO로서 자신이 맡고 있는 업무를 구체적으로 설명해 달라.

최성욱 사업적 판단, 투자의사 결정, 사업적 관계 정리, 가령 하청업체부터 크리에이티브 디렉터들까지 사업 파트너를 선택하는 문제 등이다. 특히 CEO는 사업 파트너들에게 신뢰감을 줘야 한다. 이번에 '슈퍼소닉'의 경우 일본 '서머소닉'의 주최사인 크리에이티브맨에서 따로 비용을 일절 받지 않고 우리를 도와준다. 그것은 앞으로 잘 해나갈 수 있다는 신뢰다. 사업의 기본이다. 또한 사업 파트너들에게 함께 일을 이끌어갈 수 있도록 동기부여해주는 일이 매우 중요하다. 페스티벌은 혼자서 만드는 것이 아니다. 페스티벌 관계자들 각자가 오너 십을 갖도록 해야 한다. 그러면 반드시 성공하게 돼 있다.

권석정 귀사의 업무를 위해 요구되는 핵심 역량은 무엇이라 생각하나? 기본적으로 익혀야 하는 것은?

최성욱 요새 다양한 스펙을 많이 따지는데 우리 입장에서는 사람 됨됨이가 가장 중요하다. 공연 관련 일을 하려면 기본적으로 이 일을 좋아해야 한다. 심신이 지치고 말로 두들겨 맞을 지라도 훌훌 털고 밝은 모습으로 일 할 수 있는 사람이 필요하다. 근성을 가지고 힘든 상황을 헤쳐 나갈 수 있는 사람이 필요하다.

권석정 기본적인 소양 외에 전문성을 따진다면 무엇이 있을까?

최성욱 전문성이라면 여러 유형이 필요하지만, 내 입장에서는 장사꾼이 필요하다. 마케터 말이다. 흥행의 포인트를 아는 사람, 마케팅의 감각이 탁월한 사람 말이다. 그저 음악을 마니악하게 좋아하거나 지식이 풍부한 사람보다는 생각이 깨어 있어서 마케팅에 유연한 사람. 고객을 감동시키는데 포커싱이 돼 있는 사람이 필요하다. 나는 누구 밑에서 월급쟁이를 한 적이 거의 없다. 좋은 콘서트를 거쳐서 업계에 진출한 이들이 100명이 넘는다. 그들을 지켜보면서 느낀 것은 음악 PD, 공연 기획자 등 각자 분야의 스페셜리스트가 된 이들은 자기 분야를 꿰차고 있는 것은 기본이고 더불어 근성, 책임감이 강하며 고객의 니즈를 잘 아는 마케터의 감각을 가지고 있다는 것이다.

권석정 처음 이 일을 맡게 되었을 당시 공연 업계의 상황과 현재 상황은 어떻게 달라졌나?

최성욱 많이 달라졌다. 내가 일을 시작했을 때는 콘서트 사업의 태동기였다. 그 전까지는 소위 나이트클럽을 돌리는 기획자들이 전국투어를 하던 시절이라 체계가 없었고 환경도 좋지 않았다. 지금은 공연업계의 시장 규모가 큰 성장을 했고 관련 직업군의 전문화, 세분화가 잘 이루어졌다. 아웃소싱을 할 때도 믿고 맡길 수 있는 회사들이 많아졌다. 지금 이 일을 준비하는 학생들로서는 본인들이 잘 할 수 있는 일, 하고 싶은 일에 집중할 수 있는 시대가 된 것이다. 예전에는 티케팅부터 포스터 제작, 각종 서류정리 등 만능일꾼이 됐어야 했다. 지금은 공연업계에서도 각계 전문분야가 생겼고 PMC, CJ E&M과 같은 체계를 가진 기업형 회사도 생겨나고 있다. 공연 외에 SM, JYP, YG 등 음악 엔터테인먼트도 마찬가지다. 지금은 젊은 인력들이 음악 업계에 진입하기 좋은 시대가 됐다. 과거에는 문화계의 엘리트들이 영화판으로 갔는데, 이제는 음악 쪽으로 쏠리고 있다. 이것은 그만큼 업계가 성장했다는 증거다.

권석정 음악산업계에서 가장 인적 인프라가 부족한 분야는 어디라고 생각하나?

최성욱 다시 한 번 강조하지만 마케터가 필요하다. 흥행 감각이 있고, 대중을 읽을 수 있는 마케터.

권석정 귀하의 분야에 대개 어떤 전공자들이 들어오는가? 음악과 관련이 없는 비전공자들이 많이 오지 않나?

최성욱 아니다. 요새는 대학에 공연 관련 학과가 많아졌다. 최근에는 공연 관련 학과, 예술경영 대학원 출신들이 많다. 아무래도 전공자들이 비전공자들에 비해 업무 적응도가 높다.

권석정 마지막으로 귀사가 원하는 '인재상'은 무엇인지, 귀사의 입사를 원하는 사람들을 위해서 구체적으로 알려 달라.

최성욱 긍정적인 사람이다. 항상 안 된다고 하기보다는 한 번 고민해보겠다, 노력해보겠다고 하는 사람. 얼굴 찡그리는 사람보다 웃는 사람하고 같이 일하고 싶다. 누구나 마찬가지가 아닐까? 조직을 위하고, 헌신하려는 사람. 회사에서는 그런 누구나 그런 사람을 좋아한다. 공연업계라고 다른 것은 아니다. 각자의 전문분야나 갖고 있는 장점이 뭐가 됐던 간에 기본적으로 성향이 밝고 긍정적이며 좌절해도 훌훌 털고 일어나는 사람을 원한다. 그런 친구에게는 뭔가 더 해주고 싶다.

SOUND

공연 · 축제기획
공연기획자, 칼럼니스트 하종욱

일시 2012년 7월 11일(수), 오전 11시
장소 서교동 홍대 토즈
정리, 글 배수정(SOUND 연구원)

"산업 인력의 전문 능력을 인증할 수 있는 학제 시스템을 구축해야 한다."

배수정 음악 관련하여 하는 영역이 많다. 주로 프리랜서로 일하는 것 같다.

하종욱 대학 졸업하고 첫 직장부터 음악 관련 일이었다. 레코드 포럼이라는 잡지에서 평론 공모에 당선되면서 칼럼니스트로 일하기 시작했다. 그렇게 프리랜서로 일하다가 라이브 플러스라는 기획사에서 제작 이사를 맡기도 했고, 국립 오페라단에서 제작감독도 했다. 현재는 공연 기획이나 연출을 주로 하고 있다. '풍류'라는 레이블을 1999년부터 만들었기 때문에 레이블을 통한 음반 기획, 프로듀스도 하고 있고 칼럼니스트도 하고 있다. 학교에 강의도 나간다.

배수정 전공이 음악과 관련되어 있었나?

하종욱 그렇지 않다. 전혀 관련 없다. 전공은 업무에 도움이 되지 않지만 대학교 때, 학생회 활동이 많은 도움이 되고는 있다. 음악은 어렸을 때부터 좋아했지만 밴드를 하거나 그 정도의 수준은 아니었다.

배수정 음악 관련 업무를 하는데 가장 도움이 됐던 경험은 무엇인가?

하종욱 음악을 듣는 것이다. 누나들이 있어서 주변 영향으로 인해 클래식도 거부감 없이 들었다. 여러 음악을 접하다보니 음악에 대한 벽, 장르가 따로 없었다. 다양하게 음악을 접할 수 있는 환경이었다.

배수정 처음 일을 시작할 때 힘들었던 것은 무엇이었나?

하종욱 생활이라는 부분이 가장 힘들었다. 글을 썼었기 때문에 잡지사 기자, 칼럼니스트를 전업으로 하고 있었다. 하지만 이 일로 계속 생활을 할 수 있을지 공포심이 들기 시작했다. 한 달에 원고 10개를 쓴 적도 있지만 들어오는 수입은 200만 원이 채 되지 않았었다. 다른 직장인처럼 생활 할 수가 없는 것이다. 그래서 연주자가 아니라면 다른 영역으로 직업을 확장시켜야 한다는 생각이 들었다. 칼럼니스트에서 갈래를 넓힌 가장 큰 이유이다. 음반 제작, 프로듀스, 공연기획, 연출로 갈래를 넓히면서 생활을 할 수 있는 부분이 좀 더 여유로워졌다.

배수정 지금까지 언급한 음악 관련 일을 하기 위해 기본적으로 갖춰져야 할 역량은 무엇이라 생각하나?

하종욱 음악이 만들어지는 과정에 관련된 이해가 있어야 한다. 창작자가 음악을 만들어 스튜디오에서의 진행, 대중에게 전달되는 과정을 알고 있어야 한다. 또 레코딩, 믹싱 부분을 단순하게가 아닌 세세하고 디테일하게 전반적 과정을 인지하고 있어야 한다. 이 부분을 더 확장시키면 공연 역시, 제작에 관한 과정에 대한 이해가 있어야 한다. 그래야만 각 영역에 맞는 역할을 이해할 수 있다. 또 관계자들은 창작자와 대중 사이의 가교 역할이기 때문에 객관적 시선이 필요하다. 그리고 아티스트와 여러 스텝들을 아우를 수 있는 인성 또한 필요하다.

배수정 산업 관계자들이 업무 숙련도는 실무에서 나온다고 공통적으로 말한다.

하종욱 당연하다. 기회와 경험으로 얻어낼 수 있다. 나 같은 경우도 직접 기획이나 제작, 연출을 먼저 하지 않으려고 했다면 기회를 얻을 수 없었을 것이다. 경험과 기회를 통해 생각의 폭이 넓어지고 노하우와 개인이 가질 수 있는 데이터도 얻을 수 있다. 수업시간에 아무리 말로 해도 소용없다. 직접 해봐야 하는 것이 최선이다.

배수정 업무를 위해 가장 많이 투자하는 것은 무엇인가?

하종욱 음악을 많이 듣는다. 하는 영역이 많아 따로 분리해서 생각하기 쉽다. 하지만 나에게 모든 영역은 하나의 궤처럼 움직인다. 음악을 통한 지식이 있었기 때문에 연속적으로 일할 수 있었다. 음악적 지식을 바탕으로 각 영역, 과정에 대한 이해가 음악을 새롭게 볼 수 있는 눈을 키웠다. 음악을 많이 들으면 단순히 좋다는 것을 넘어서 마이크 셋팅이나 레코딩 등 정보에 대해서 파악하려 한다. 공연 역시, 조명, 효과 등에 대해서 관심을 가져서 적용시킬 수 있다.

배수정 시간이 지나면서 과거와 다르게 업무를 위해 필요한 실무능력은 있는가?

하종욱 음악사 같은 경우에는 커리큘럼 자체가 정립되어 있지만 제작 부분은 그렇지 않다. 이 부분은 실습 외에는 답이 없다. 이론을 통해 현장 경험을 쌓는 것이 제일 중요하다. 제작을 위해 음향, 영상 등 개별화된 과목을 따로 가르치는 학제는 있는 것 같지만 통합적으로 교육시키는 곳은 없어서 아쉽다.

배수정 산업에서 일을 할 때, 신입이나 후임에게서 가장 유의하게 보는 능력은 무엇인가?

하종욱 음악을 많이 아는 것과 인성도 중요하지만 문제 해결 능력과 창조적 사고가 가장 중요하다. 이 쪽 산업은 많은 변수가 존재한다. 사람과도 많이 부딪친다. 아티스트는 까다롭고 대중은 이보다 더 까다롭다. 이를 극복하기 위한 해결 능력이 중요하다. 또 창조적 사고는 기획 능력을 반영하기 때문에 중요하게 본다. 다른 사람들과 똑같이 진행하는 것이 아니라 새로움을 찾고 현실화

시킬 수 있는 능력을 본다. 이 밖에도 최근 해외 아티스트들의 매니지먼트가 많아져 외국어 능력도 필요하다고 볼 수 있다.

배수정 처음 업계에 들어오면 무엇부터 가르치나?

하종욱 업계에 대한 정보가 전혀 없을 경우 공연장에 먼저 데려가서 과정을 살펴볼 수 있게 한다. 또 음반도 마찬가지로 녹음 현장에 데려가서 스텝들이 어떤 위치에, 포지션에서 어떠한 일을 하는지 파악할 수 잇게 한다. 이 때 개인이 느끼는 지식, 경험 들을 통해 공연, 녹음이 끝난 후 나에게 질문을 하면 오래 일할 수 있는 것이고 단순히 어지럽고 시끄러웠다고 하면 오래 하지 못한다.

배수정 음악산업에 종사하기 위해 산업 전반에 대해 알 필요가 있다고 생각하나?

하종욱 반드시 그렇다. 산업 전반에 대한 과정이 선행되어 있다면 어떤 역할이 필요한지 파악할 수 있다. 이를 통해 역할에 대해 왜 그래야 하는지에 대해 의문을 가질 수 있기 때문이다. 산업에 대한 이해가 있어야 공연에 맞는 컨셉, 하다못해 디자인까지도 음악에 맞는 선택을 할 수 있다. 음악과 관련된 작업들은 모든 것이 하나로 연결되어 있기 때문에 반드시 산업을 이해할 수 있어야 한다. 대중에게는 음악과 관련된 모든 것들을 하나의 통합된 이미지로 전달시켜야 한다.

배수정 처음 일을 시작할 때의 상황과 현재의 상황이 많이 달라졌다고 보나?

하종욱 그렇다. 과거에는 순발력, 개인기, 즉흥적인 유연함으로 넘어갈 수 있는 상황이 많았다. 하지만 최근 음악산업 시장 자체가 전문화된 인력과 시스템들을 요구하고 있다. 과거에는 현장에서 바로 문제를 수습해서 공연할 수 있는 환경이었다면 현재는 사전에 정확하게 계획하고 시스템화해서 현장에서 펼치는 과정에 불과하다. 4,5년 전부터 이러한 체재로 변화된 것 같다. 국내보다 선진화되고 체계적인 외국 아티스트들의 공연이나 음반 작업을 통해 종사자들이 유용함을 깨닫고 응용시킨 것으로 생각된다. 또 이러한 작업이 오류나 위험부담도 줄여주고 있기 때문이다.

배수정 이러한 상황에서 필요한 실무 능력은 무엇이라 생각하나?

하종욱 앞서 일과 경험이라고 했지만 필요한 것은 디테일한 것에 대해 주의를 기울이는 능력인 것 같다. 마이크 하나를 선택하더라도 아티스트에 맞는 마이크를 셋팅할 수 있는 주의력이 필요하다. 하다못해 공연 영상도 음악에 맞게 셋팅할 수 있어야 한다. 그렇기 때문에 음악에 직,간접적으로 관여된 모든 스텝들은 음악에 대한 통합적 이해가 있어야만 한다.

배수정 음악산업계에서 가장 인적 인프라가 부족한 분야는 어디라고 생각하나?

하종욱 전체적으로 다 부족하다. 하지만 제대로 된 기획자가 특히 더 부족한 것 같다. 기획사는 있지만 기획자가 없는 곳도 많다. 기획은 대중에게 단순히 표를 파는 것이 아니라 창작자와 대중 사이의 가교 역할을 해야 하는데 이러한 기획을 할 수 있는 인력이 없다.

배수정 일하는 부분에서 어떤 전공자들이 많나?

하종욱 특별한 전공자들이 없어 잘 모르겠다. 하지만 상대적으로 많은 비율은 클래식을 전공하고 대학원에서 예술경영을 전공한 사람들이 많다. 이러한 비율을 보면 대학원, 학부 과정에서 예술경영이나 문화기획 같은 일정 부분 교육하는 관련 기관은 있다고 생각된다.

배수정 산업 전체를 봤을 때 인력 수급 균형은 맞다고 보나?

하종욱 수요 예측 자체가 정확하지 않다. 공급도 원활하지 않은 것 같다. 이는 대중음악 공연이 뮤지컬이나 오페라 같이 영역 구분이 체계화 되지 않아 가지는 한계점인 것 같다. 대중음악도 다른 공연 분야처럼 영역 자체가 확실히 보장되어야 공급이 원활할 수 있다고 생각한다. 전체적인 문제는 산업에서 비롯된 것이다.

배수정 인력 충원은 어떻게 이루어지나?

하종욱 공채 같은 시스템이 존재하지 않는다. 한 번 일을 해 본 경험자들을 통해 낙점한다.

배수정 기존의 실용음악과는 대중음악 전문인력 양성에서 가지는 한계점은 무엇이라고 보나?

하종욱 뮤직 비즈니스를 하고 싶은 학생들의 수요를 충족시키지 못한다. 커리큘럼 중 뮤직 비즈니스라는 과목은 2,4년 중에 딱 한 과목이다. 학교에서 커리큘럼 확장의 필요성을 느끼지도 못하는 것이 문제이다.

배수정 그렇다면 전문인력 양성을 위한 대중음악 학과가 생긴다면 어디에 초점을 맞추어야 한다고 생각하나?

하종욱 전문인력 양성을 위한 코스로 특성화 되어야 한다. 기존의 실용음악과를 고치는 것이 아닌 새롭게 신설하여 차별화 시켜야 한다. 그렇기 위해서는 산업에 대해 총체적인 이해랄 할 수 있는 커리큘럼이 필요하다. 커리큘럼에서는 굳이 음악에 대해 강조할 필요는 없다고 생각한다. 타 분야와의 학습도 동반할 수 있어야 한다. 그리고 학생들에게 단순히 졸업장이 아니라 타 분야처럼 전문 능력을 공식적으로 인증할 수 있는 자격증 형식의 수여증이 부여되어야 한다. 그리고 이를 통해 기본적인 생활이 가능할 수 있는 업무를 가능할 수 있게 해야 한다. 학생들은 현장에서 전문성을 가질 수 있어야 하고 이는 고스란히 대중음악 산업, 전반으로 확산되어야 한다.

배수정 그렇다면 학제 신설을 위해 음악산업 관련자들은 어떤 노력을 해야 한다고 생각하나?

하종욱 산업에 대해 고민이 있는 사람들끼리 많은 이야기를 해야 한다. 집단의 목소리를 내야한다. 이후 하나의 학교가 만들어져 선례가 되어 학제 신설이 번질 수 있게 해야 한다. 개인적으로 이러한 학제를 통해 전문적 교육을 받은 사람들과 같이 일하고 싶다.

배수정 함께 일하고 싶은 인재상을 말해 달라.

하종욱 음악과 아티스트에 대한 존경과 경외심, 그리고 이에 따른 요구를 이해하고 배려할 수 있어야 한다. 그리고 관객, 기획자, 스탭 등의 입장을 헤아릴 수 있어야 하고 이들 간의 커뮤니케이션이 뛰어나야 한다. 또 앞서 말했듯이 창의적이어야 하며 음악 생산 과정에 대한 이해가 풍부해야 한다. 다른 사람의 의견도 존중하지만 자신의 의견에 대한 고집도 어느 정도 있어야 하며 음악과 함께 하는 일을 즐거워해야 한다. 다행이도 현재까지는 이러한 사람들과 일했었다. **SOUND**

C3엔터테인먼트 조성진 대표

일시 2012년 7월 17일(화), 오후 8시
장소 광장동 악스코리아
정리, 글 권석정(유니온프레스 기자/SOUND 기획위원)

> "영화학과가 많이 생기면서 연기, 연출 외의 현장 인력들이
> 대학에서 나오기 시작했는데 음악 쪽도 그런 움직임이 필요하다."

권석정 대중음악 전문공연장 '악스코리아'를 운영하고 있는 ㈜씨쓰리엔터테인먼트에 대한 소개를 먼저 부탁드린다.

조성진 씨쓰리엔터테인먼트는 2006년에 설립됐다. 산하에는 악스코리아, 엠큐브씨어터, 서울슈퍼아레나 3개의 공연장 법인과 공연전문기획사 씨라이브가 있다. 씨쓰리엔터테인먼트는 홀딩컴퍼니로 보면 된다.

권석정 국내 최초의 대중음악 전문 공연장으로 꼽히는 악스코리아는 일본의 시부야 악스 공연장을 운영하는 덴츠와 니혼TV, 그리고 한국의 ENT글로벌, 지자체 등이 공동으로 출자해 지어졌다. 조성진 대표가 ENT글로벌에서 근무할 때 악스코리아(당시 서울 악스) 건립을 제안한 것으로 알고 있다.

조성진 2000년에 ENT글로벌의 기획이사로 있을 때 악스코리아 건립을 기획했다. 알려져 있다시피 악스코리아는 일본의 시부야 악스를 모델로 한 것이다. 처음에는 광역시마다 하나씩 악스코리아를 지을 생각이었는데 국내 시장 사정상 한계가 있었다. 2006년에 악스코리아가 완공된 후 회사를 나와서 씨쓰리엔터테인먼트를 설립하고 악스코리아

의 다음 프로젝트로 복합공연장 블루스퀘어를 추진했다. 블루스퀘어 건립의 자문을 맡았고, 씨쓰리엔터테인먼트와 인터파크가 5대5로 투자를 해서 진행을 했다. 이후 자본금 비율이 높아지면서 씨쓰리엔터테인먼트는 지분을 빼서 나왔고, 현재 블루스퀘어는 인터파크가 운영하고 있다. 그 사이에 악스코리아가 시장 상황이 안 좋아 잠시 주춤했었다. 2009년에 악스코리아 투자자들이 나에게 찾아와 공연장 운영을 부탁하면서 씨쓰리엔터테인먼트가 악스코리아를 인수하게 됐다.

권석정 공연장 사업은 어떻게 시작하게 되셨나?

조성진 1992년에 SBS에서 교양 PD로 처음 일을 시작했다. 이후 음악관련 비즈니스를 한 것은 1997년 새한미디어 그룹에 들어가서 홍콩 스타TV의 채널V를 담당하면서부터다. 당시 젊은 나이에 운 좋게 스타TV의 선진 시스템을 배우게 됐다. 이후 1999년에 모 기업에서 대규모 엔터테인먼트 사업을 벌이려고 할 때 TF팀으로 들어갔고, 그때 일본의 덴츠를 만나면서 현지 시스템을 접하게 됐다. 당시만 해도 국내 방송국은 방송 외에 사업을 거의 하지 않았고 수입의 80% 정도를 광고에 의존했다. 하지만 그때 일본은 이미 방송국에서 콘

텐츠, 콘서트 등 여러 사업을 병행하고 있었다. 일본 방송국 TBS가 90년대 중반에 단관 공연장 '블리츠'를 만들었는데 그것이 그해 일본에서 히트상품으로 선정됐다. 방송국이 콘서트 사업을 위해 전략적으로 만든 블리츠가 성공을 거두자 소니엔터테인먼트에서는 '제프'라는 공연장 체인을 만들었다. 소니의 경우 소속 가수의 공연을 진행하기 위해 부가사업으로 제프를 만든 것이다. 제프는 일본에 6개가 있으며 작년에는 싱가포르, 대만에도 지어졌다. 그렇게 일본에 공연장 사업 경쟁이 일어나면서 니혼TV와 덴츠가 시부야 악스를 만든 것이다. 2000년에 덴츠의 초청으로 시부야 악스 개관 공연을 보러갔다. 직접 가보니 사운드가 너무 좋아서 깜짝 놀랐다. 덴츠 측에서 악스를 서울과 북경에도 짓고 싶다고 해서 악스코리아가 생겨난 것이다.

권석정 씨쓰리엔터테인먼트에서는 악스코리아에서 엠큐브씨어터로, 또 서울슈퍼아레나로 점점 공연장사업을 확장하고 있다. 처음부터 공연장 사업에 대한 비전이 있었나?

조성진 처음 악스코리아를 추진할 때에는 일본의 데이터를 믿었다. 일본 덴츠에서 우리나라를 포함해 아시아 공연시장을 분석한 자료가 있었는데 지금 생각해보면 그게 90% 정도 맞은 것 같다. 당시 일본이 아시아에서 공연사업이 가장 클 수 있는 나라로 한국과 대만을 꼽았고, 실제로 한국 공연시장은 꾸준히 발전해왔다. 공연장 사업은 기본적으로 장치사업이다. 대규모 자본이 필요하고 완공까지 기간도 오래 걸리는 힘든 사업이다. 하지만 대중음악 전문공연장은 음악의 발신지, 즉 거점이기 때문에 반드시 필요하다.

권석정 현재 씨쓰리엔터테인먼트에서 짓고 있는 엠큐브씨어터는 악스코리아 두 배 규모의 공연장

과 900석 규모의 뮤지컬 전용 공연장, 450석의 소규모 공연장 등으로 꾸며진다. 이외에 멀티플렉스 CGV도 들어오는 것으로 알고 있다. 엠큐브씨어터에 대한 비전은 어떤가?

조성진 공연장 사업을 하면서 그동안 꿈꿔왔던 것들을 엠큐브씨어터에서 다 집어넣을 수 있게 됐다. 블루스퀘어를 기획했을 때에는 법적인 문제 때문에 시도하지 못한 게 많았는데, 그것들을 엠큐브씨어터에서 비로소 할 수 있게 됐다. '엠큐브'는 M의 3승이라는 뜻도 가지고 있다. 음악(Music), 뮤지컬(Music), 영화(Movie)가 바로 그것이다. 이로써 영화와 공연을 묶은 복합 마케팅이 가능하다. 건물 규모는 악스코리아의 8배 정도 된다. 이외에 야외, 옥상과 같은 공간에도 따로 공연장을 설치할 예정이다. 음악과 영상이 결합한

인도어 페스티벌도 열 수 있다.

권석정 씨쓰리엔터테인먼트에서는 현재 아레나형 공연장 건립도 추진 중에 있다. 최근 문화관광체육부에서도 아레나형 공연장의 타당성 검토를 하는 등의 움직임을 보이고 있고, 몇몇 기업들에서 관심을 갖고 있다. 현재 국내 시장규모에서 15,000~20,000석 이상 규모의 아레나형 공연장이 필요한가?

조성진 물론 지금은 아레나를 가득 채울 만한 뮤지션이 많지는 않다. 하지만 아레나는 음악공연만 하는 곳은 아니다. 콘서트 외에도 연말 시상식, 농구 올스타전 등의 스포츠 경기, 모터쇼, 인도어 페스티벌, 집회 등 다양한 이벤트를 열 수 있다. 그리고 아레나에서 콘서트를 하려면 최소 4~5일은 대관을 해야 할 것이다. 공간이 크기 때문에 세팅에 시간이 많이 걸리고, 동선이 많아서 리허설도 다른 공연장보다 시간이 더 소요된다. 아레나 완공되면 365일 중에 100~150일 정도는 콘서트가 열릴 것으로 예상하고 있다. 그 외에는 다른 행사로 채워질 것이다. 수요는 충분하다.

권석정 SM엔터테인먼트, CJ E&M과 같이 해외 아레나에서 공연한 경험이 있는 회사들은 체조경기장에서 공연에 난색을 표하며 아레나형 공연장에 대한 필요성을 말한다.

조성진 일단 다양한 연출이 힘들다. 체조경기장 공연은 재미가 없다. 공연을 똑같은 위치에서 똑같은 동선으로밖에 할 수 없기 때문이다. 그냥 가수만 바뀌는 느낌이다. 아레나에서는 국내 관객들이 기존에 경험하지 못한 별의별 연출을 시도해볼 수 있다.

권석정 작년부터 특히 콘서트, 음악페스티벌이 성장세인데 국내 공연장 인프라는 어떤 수준인가?

조성진 음악 전문공연장은 엠큐브씨어터가 완공되고, 서울에 하나가 더 생기면 맥시멈으로 예상한다. 센터에 블루스퀘어가 있고, 동쪽에 악스코리아, 남쪽에 올림픽홀, 북쪽에 엠큐브씨어터가 있다고 했을 때 서쪽에 하나가 더 생기면 밸런스가 맞을 것이다. 공연시장으로 보면 우리나라는 해외시장과 비교해봤을 때 뮤지컬의 비중이 높다. 국내에서 뮤지컬과 콘서트가 7대3 정도인데 앞으로는 콘서트의 비중이 더욱 커질 것이다. 수도권을 놓고 봤을 때 일본의 민간공연장은 국내의 5배 규모다. 블리츠, 악스, 제프의 경우 가동률이 90%에 달하고 1년 전에 대관이 거의 끝난다. 악스코리아는 가동률 70% 정도로 국내에서는 최고 수준이다. 그 정도로 일본이 콘서트 수요가 어마어마한 것이다. 공연장을 찾는 관객 수요로 따지면 국내의 12배 정도로 예상한다.

권석정 일본이 유독 콘서트 시장이 강세인 이유는?

조성진 일단 티켓 가격이 싸기 때문이다. 우리나라는 영화 티켓이 저렴한 편인데 상대적으로 일본은 영화가 비싸고 콘서트가 싸다. 일본은 영화가 1800엔, 콘서트는 2500엔부터 시작해 별로 차이가 안 난다. 그러니 일본의 젊은 친구들은 영화와 콘서트를 놓고 고민하다가 콘서트를 선택하게 되는 것이다. 가격에 대한 부담감이 적어서 공연에 대한 접근성이 좋다. 우리나라는 콘서트 티켓이 비싼 편이다. 티켓이 3만 원 대로 떨어지면 전체 시장이 3~4배 커질 수 있다는 것은 업계에서도 알고 있는 사실이지만, 아직은 그 실체를 만들기 힘들다. 이유는 전문 프로모터가 부족하기 때문이다. 일본은 40~50년의 노하우를 쌓은 프로모터들이 풍부하다. 때문에 티켓 가격을 낮게 가져가면서도 아티스트의 특색에 맞게 300석부터

5,000~10,000석 공연에 이르기까지 이윤이 나게 끔 하는 구조가 만들어져 있다.

권석정 국내 업계에서는 기본적으로 티켓 가격을 내리면 돈을 벌기 힘들다는 생각을 가지고 있지 않나?

조성진 국내에서는 공연기획사나 매니지먼트들이 공연을 꾸준히 하기보다는 한 번 반짝한다는 생각이 강하기 때문이다. '메뚜기도 한철'이라는 생각 말이다. 물론 그것은 기본적으로 공연시장이 제대로 자리를 잡지 못했기 때문이기도 하다. 큰 문제 중 하나는 가수들이 '행사'를 뛴다는 것이다. 우리나라처럼 가수들이 행사를 많이 뛰는 나라가 없다. 가수들이 행사 뛰는 것을 영미권에서 이해를 하지 못한다. 행사로 인해 공짜 공연이 너무 많다보니 콘서트가 가지는 상품성이 떨어진다. 그리고 가수는 생계를 위해 행사를 뛰어야 하는 악순환이 이어지고 있는 것이다. 행사는 곧 이미지 소진으로 이어진다. 해외에서 마돈나가 기업 행사를 가는가? U2는 방송 출연도 거의 하지 않고 콘서트만 한다. 신비감이 있기 때문에 관객들이 공연장을 찾을 수밖에 없다.

권석정 우리나라는 특히 음반시장이 침체돼 있기 때문에 뮤지션들이 공연을 통해 수익을 거둬야 하는 구조가 필요하다. 하지만 국내에서 방송의 힘을 빌리지 않고 공연만으로 수익을 거둘 수 뮤지션은 일부에 불과하다. 그렇기 때문에 공연 시장이 분명 커져야 할 필요성이 있다.

조성진 그렇기 때문에 저가형 티켓이 더 필요하다. 물론 단기간에 할 수 있는 일은 아니다. CJ E&M과 같은 대기업이 5년 정도 앞을 내다보고 어느 정도 손해를 감수한다면 시장을 바꾸는 것이 가능하다. 씨쓰리엔터테인먼트에서는 앞으로 가능한 한 티켓 가격을 낮추는 것이 목표다. 몇

년을 버틴다면 가능하리라고 본다. 뉴욕의 브로드웨이, 런던의 웨스트엔드가 하루아침에 생긴 것이 아니다. 콘서트를 대중문화라고 하는데 사실 국내 인구 중 공연장을 찾는 층은 아직 10%에 불과하다. 일단은 수요층을 넓히는 것이 중요하다. 저가형 티켓으로 이윤을 만드는 구조가 반드시 필요하다.

권석정 씨쓰리엔터테인먼트는 공연장 운영 외에는 어떤 사업들을 해왔나?

조성진 블루스퀘어 건립에 참여한 것 외에 인디 계열 앨범도 제작했었다. 제2회 월드DJ페스티벌에는 우리가 전액 투자를 했었다. 악스코리아를 인수하면서는 콘텐츠 쪽에 투자를 안 하다가 작년부터 씨라이브를 통해 공연사업을 다시 본격적으로 하고 있다.

권석정 씨라이브를 통해서는 국내 인디뮤지션 공연, 일본 뮤지션 내한공연 등을 해왔다. 그 외에 국내 최고 기타리스트 12명이 나선 '12G神 콘서트'도 주최하고 있다. 10월에는 카니발 콥스 공연도 하는 것으로 알고 있다. 흥행이 쉽지 않은 공연인 것 같은데.

조성진 좋은 공연을 많이 하려고 한다. 궁극적으로는 공연 시장을 키워야 한다고 생각한다. 지금 잘 되고 있는 음악 쪽을 서로 뺏고, 뺏기는 것은 시장 확장에 한계가 있다. 호흡을 길게 보고 가려고 한다.

권석정 그러면 CEO로서 자신이 맡고 있는 업무를 구체적으로 설명해 달라.

조성진 제일 큰 업무는 자금 마련, 그리고 비전 제시다.

권석정 공연장 사업은 일반 엔터테인먼트 사업과

는 다른 점이 많을 것 같다. 귀사의 업무를 위해 요구되는 핵심 역량은 무엇이라 생각하나? 기본적으로 익혀야 하는 것은?

조성진 공연장은 공간예술이다. 음악만 좋아하는 친구들은 공연장 운영이나, 공간에 대한 개념은 없는 편이다. 학창시절에 공연장을 둘러볼 기회가 적다. 지원자들의 이력서를 보면서 아쉬운 것이 이 일을 하려면 20대에 공연을 많이 봐야하는데 스펙 쌓기에 바빠서 정작 공연장을 못 간다는 것이다. 공연장은 기본적인 구조에서부터 일반 건물과는 차이가 많다. 스태프들이 움직이는 동선, 무대 세팅, 장비에 대한 지식 등 신경 써야 할 것이 한두 개가 아니다. 그런 지식이 필요한데. 초짜를 뽑으면 가르치는 것이 너무 오래 걸린다. 배울 만한 곳이 없다.

권석정 본인은 업무 숙련은 어떤 경로를 통해서 이뤘는가?

조성진 방송국 스튜디오에서 일하면서 기본적인 것을 배웠다. 물론 밤에는 공연장을 열심히 다녔다. 공연장이라는 공간에 관심이 생기다보니 공연만 보는 것이 아니라 공연장의 특성을 살피게 되더라. 일본의 공연장을 많이 봤다. 국내에는 아직 공연장에 대한 지식이 전반적으로 부족하다. 공연장을 지을 때에도 건설업자와 직접 외국에 나가서 현지 공연장을 보여주고 이해도를 높여줄 수밖에 없었다. 가령, 무대 바닥을 고무로 한 것은 국내에서 악스코리아밖에 없다. 나무는 긁히면 보수가 힘들기 때문이다. 고무는 탄력이 있어서 무대 세팅에 편리하고 보수도 용이하다. 그 외에 여자화장실이 남자화장실보다 많은 것도 국내에서 악스코리아가 최초다.

권석정 아직은 대학교에서 그러한 점을 배울만한 커리큘럼이 부족하다.

조성진 지금은 공연과 관련한 학과들이 생기는 추세라 그나마 다행이다. 그리고 그들이 졸업하고 들어갈 만한 기업들도 생겨나고 있다. 최근까지 대학에서 실용음악과를 통해 아티스트를 위주로 양성했는데, 그 외 비즈니스 부분에 대한 커리큘럼은 없었다. 해외로 유학을 가는 이유가 그 때문이었다. 해외에는 그런 커리큘럼이 풍부하다. 뉴욕에 가면 뮤직 비즈니스 학과에서 공연 기획부터 아티스트 케어에 이르기까지 종합적으로 배울 수 있다. 국내에서는 영화학과가 많이 생기면서 연기, 연출 외의 현장 인력들이 대학에서 나오기 시작했는데 음악, 콘서트 쪽도 그런 움직임이 필요하다.

권석정 처음 이 일을 맡게 되었을 당시 이 분야의 상황과 현재 상황은 어떻게 달라졌나?

조성진 상황이 많이 좋아졌다. 공연은 종합 예술인데 프로듀서, 디렉터들의 역량 뿐 아니라 기술의 발전으로 인해 조명, 음향 및 첨단의 장비들도 생겨났다. 이제는 창의적인 아이디어를 펼치는데 있어서 기술적인 제약이 많이 사라졌다. 또한 관객들도 뮤지컬을 관람하다보니 입체적인 무대에 대한 이해도도 높아졌다. 콘서트의 경우 예전에는 스탠딩 공연은 꿈도 못 꿨는데 지금은 관객의 열기가 대단하지 않나? 그만큼 수준이 올라간 것이다. 이 시장은 앞으로도 확실히 커갈 것이다. 예전에는 어린 학생들이 공연을 보는 것은 단체관람 정도였는데 요새는 부모들이 아이들에게 공연을 보여주는 문화가 생겼다. 이제는 어렸을 때부터 공연을 보는 것이 익숙해지다 보니 점점 진입장벽이 낮아지는 것이다. 앞으로도 공연장 수요는 점점 늘어날 수밖에 없다. 그리고 아무리 디지털 시대가 오더라도 체험형 콘텐츠는 절대로 없어지지 않는다.

권석정 귀하의 분야에 대개 어떤 전공자들이 들어오는가?

조성진 우리 회사에 오는 친구들은 미디어, 문화 관련 학과, 예체능계가 70~80%다.

권석정 음악산업계에서 가장 인적 인프라가 부족한 분야는 어디라고 생각하나?

조성진 가장 부족한 인력은 마케팅이다. 공연 사업도 엄연히 물건을 파는 사업이다. 공연 일을 하려는 친구들은 대부분 연출, 기획을 하려고 하지 마케팅은 소홀한 경우가 많다. 공연에 대한 이해도가 있으면서 영업, 마케팅을 할 줄 아는 인력, 발로 뛰는 사람들이 필요하다. 사실 외국의 공연 기획사들은 세일즈 부서가 가장 힘이 세다. 비중도 세일즈 쪽이 30% 정도를 차지한다.

권석정 마지막으로 귀사가 원하는 '인재상'은 무엇인지, 귀사의 입사를 원하는 사람들을 위해서 구체적으로 알려 달라.

조성진 딱 하나다. 꿈꾸는 친구들이다. 새로운 것을 해보려고 하는 이들이 필요하다. 우리가 지향하는 바가 '변방에서 중심으로'다. 무작정 지금의 메인스트림을 따라서는 회사의 특성이 사라진다. 문화, 공연 쪽에서는 얼마나 특화된 사업을 벌이느냐가 매우 중요하다. 또 우리의 색을 가지기까지는 시간이 오래 걸리더라도 끝까지 갈 수 있는 끈기가 필요하다. SOUND

인터파크INT 콘서트팀 박정수 팀장

일시 2012년 7월 19일(수), 오후 3시
장소 논현역 인터파크 사무실
정리, 글 이영규(SOUND 연구원)

"음악산업 성장에 발맞춰, 전문인력도 체계적 양성이 필요하다."

이영규 대중음악학과 신설 필요성에 대한 입장부터 묻고 싶다.

박정수 당연히 필요하다고 본다. 일정 정도 전문적인 영역의 직업군이나 산업군인데, 사람이 필요해 인재를 뽑으려 해도 이와 관련된 사람이 없다. 현재 우리 현실에 음악산업에 대한 전문적인 전공을 가진 친구들이 없다. 그렇기에 이런 부분에 대학이나 대학원 등을 통한 정규 과정을 통해 인재가 배출되면 아무래도 산업적 측면에서는 당연히 도움이 되기에 그렇다. 더구나 콘서트 사업을 비롯 현재 음악산업의 규모가 양적으로 성장하고 있는 과정에서 시기적으로도 전문 인력을 양성해야 할 적절한 타이밍이라고 생각한다.

이영규 그렇다면 그간 필요한 인재는 어떤 경로를 통해 충원한 것인가.

박정수 통로라고 하는 것은 아는 곳, 즉 기획사를 통해서나 지인을 통해 문의해 추천을 받는 형식이었고 일반적으로 구인 광고를 내서 알아본다. 하지만 구인 광고는 전문성을 지닌 프로페셔널한 측면이 떨어진다. 또 관련 학과도 없는 것은 물론이다. 실용음악과의 경우엔 대체적으로 음악과 관련되어 있긴 하지만, 산업적 측면에서 쓸 수 있는 사람은 아닌 것 같다. 그렇게 보면 전문적인 인력이 없다는 것이 큰 문제다.

이영규 구인광고를 통해 인재를 충원하는 경우, 다시 말하자면 음악을 전공하지 않는 경우가 태반일 것 같은데, 크게 문제는 되지 않는가?

박정수 그건 '효율성'의 문제다. 단지 일이야 들어오면 배워서 하는 건데, 좀 더 빨리 적응하고 또는 좀 더 빨리 자신의 비전을 찾는 등 음악을 향한 비전의 일치도가 다르다는 점을 들 수 있겠다. 예를 들어 나는 경영학과 출신인데, 경영학 전공도 이 분야에 있는 것처럼 실제 대중음악학과가 생긴다고 하더라도 반드시 그 친구들만이 이쪽 분야에서 일을 하는 것은 아닐 것이다. 하지만 그 친구들이 학부나 대학원 과정을 통해 이 분야에 문을 두드린다면, 이미 학과 선택 시 자기 진로에 대해 그 쪽에 포커싱을 두고 공부했다고 할 수 있으며 음악산업에 대한 동일한 비전을 가졌다고 할 수 있을 것이다. 때문에 보다 선택도 쉽고, 일도 좀 더 수월하고 빠르게 적응할 것이다. 아무리 학교 공부와 실제 사회 간의 괴리가 있다고 하더라도 어느 정도 도움이 되는 것은 분명한 사실이다. 더구나 현재 우리 회사에서도 '예술원' 같은 과정을 통해 진로를 선택해 들어오는 친구들도 많다.

이영규 근래 라이브 콘서트를 포함한 공연 제작 전문인력을 양성하는 '인터파크 스탭스쿨'을 만들었다. 어떤 취지인가?

박정수 마찬가지다. 회사 자체적으로 공연장 비지니스 및 공연장 안의 프로덕션 업무를 진행한다. 하지만 이와 관련 훈련된 인력들이 주위에 없었다. 차라리 우리의 필요에 의해 만들어서 쓰는 편이 낫겠다 싶어 기획했고 진행한 사업이다.

이영규 말하자면 자급자족 시스템인 것인가?

박정수 자급자족이란 것은 우리 측 관점에서만 바라 본 것이고, 우리가 비록 상업적 기업이지만 일종의 사회적 환원의 기능을 지닌다. 우리가 가진 노하우를 가르쳐 전문 인력으로 성장하게 만들고, 대신 그들이 우리를 통해 배웠으니까 우리가 하는 일에 그들을 활용할 수 있도록 도움을 청하는 것으로 보면 된다. 실제 '인터파크 스탭스쿨'은 연출, 제작, 무대기술, 구성작가 등 라이브콘서트 제작에 필요한 지식과 기술을 갖춘 콘서트 전문가 양성 과정이다. 또 각 분야 전문가들로 배치된 이론 및 실습 과정을 거쳐 2개월 동안 국내 정상급 가수들의 대규모 전국투어 콘서트 무대에 직접 투입되어 현장학습을 할 수 있는 혜택이 주어진다.

이영규 이런 고민을 좀 더 심화시키면, 이를 전담하는 대중음악학과 같은 곳에서 소화시키면 좋을 듯한데, 구체적으로 어떤 커리큘럼이 요구될 것이라 보는가?

박정수 커리큘럼에 대해서는 솔직히 잘 모르겠다. 왜냐하면 제가 맡고 있는 콘서트 팀이라고 하는 것이 콘서트 제작과 행정 등과는 거의 관련이 없는 업무다. 기본적으로 인터파크는 티켓을 파는

회사다. 많은 콘서트 행사를 생산하는 분들과 협력하여 고객들과의 만남을 이어주는 가교 역할을 하는 것이 주된 일이다. 티켓을 우리를 통해 사서 고객이 공연을 즐기는, 이런 매개 역할을 하는 것이기에 콘텐츠에 대한 이해도 필요하지만 더 필요한 것은 시스템, 마케팅이나 기획, 영업 등이 더 필요한 부분이다. 때문에 콘서트를 제작하는 음향, 조명, 연출 등의 프로모션 등에 대해 정확히 무엇이 필요한 지에 대한 부분은 사실 정확히 모르겠다. 그래서 쉽게 말할 순 없을 것 같다.

이영규 넓게 음악산업적 측면에서 봤을 때 인터파크와 같은 분야에 진출하고 싶은 이들도 많을 것이다. 이럴 경우를 가정한다면, 어떤 커리큘럼이 도움이 될 수 있을까?

박정수 제 업무 관점에서는 '공연이라는 것을 어떻게 마케팅할 것인가', 즉 아무리 잘 만든 공연이라 하더라도 관객이 없으면 의미가 없는 것이기에 많은 관객을 불러 올 수 있는 방법이 필요할 것이

다. 콘텐츠를 잘 만드는 방법에 대한 영역도 있지만, 잘 만든 공연을 잘 파는 측면에서의 공연 마케팅이 우리 입장에서는 당연히 필요하고 요구된다. 나아가 잘 만든 공연이 무엇인지에 대한 기획, 즉 동일한 아티스트의 무대라고 하더라도 어떤 컨셉과 어떤 기획으로 접근하는 것이 적절한지에 대한 부분에 대한 영역도 필요할 듯싶다. 그래서 웰메이드(well-made)한 공연 제작에 대한 부분도 첨가될 수 있을 것이다. 또 우리 회사는 공연에 대한 판매도 하지만, 좋은 공연에 대한 투자도 병행하고 있다. 때문에 공연 콘텐츠를 바라보는 안목도 필요하다. 하여 투자방법에 대한 이해, 투자의 ABC 등이 필요할 듯싶다. 이는 여러 사람들 간의 적절한 커뮤니케이션을 통해 일이 이뤄지기 때문에 휴먼 스킬에 대한 부분도 필요할 것 같다. 물론 음향, 영상, 조명, 미술 등 공연 제작 전문 기술까지 제대로 갖춘 유능한 공연 전문가들 또한 필요한 것은 사실이다.

이영규 대중음악학과가 개설된다고 하더라도 이후 취업과 관련, 그들의 향후 진로는 어떨 것이라 보는가. 음악산업으로 진출하는데 큰 메리트가 있을까?

박정수 당연히 그쪽을 고려하긴 할 텐데, 이는 시간이 필요한 부분이다. 예를 들어 잘 가르쳐서 과가 있다면 금방 소문이 나서 당연히 수월하게 전공분야로의 진출이 가능할 것이다. 하지만 못 가르치고 큰 성과가 없다면 굳이 대중음악학과 친구들을 쓰겠다는 생각이 없을 것이다. 결국 핵심은 해외 뮤직비지니스 학과 등을 참고하여 어떤 부분을, 어떻게 가르치고 있는 잘 벤치마킹하여 정말 가르치는 것이 중요할 것 같다. 그렇다고 2년 과정이나 4년 과정인지 여부는 잘 모르겠다.

이영규 그간 경험과 피부로 느낄 정도로 음악 환경이 달라진 것이 있다면 무엇인가.

박정수 콘서트 부분에 대해 한정지어 이야기한다면 콘서트 시장 자체가 더 커졌다. 특히 예전에 비해 전문적이고 체계적인 자리로 자리잡아 가고 있다. 그럴 수밖에 없는 것이 규모가 산업화되면서 사람이 바꾸는 등 체계적인 자리로 점차 성숙해 가고 있다. 그런 측면에서 교육도 거기에 발 맞춰 가야한다고 생각한다. 규모와 산업은 점차 커 가고 있는데, 이를 뒷받침하는 인력 역시 체계적으로 양성되어야 한다고 본다.

이영규 콘서트 업무와 관련해, 자신만의 노하우는 어떻게 쌓아 가는가?

박정수 사람마다 다르겠지만, 저는 사람에게 많이 배우는 편이다. 지인을 통한, 또는 체계적이고 전문적인 사람을 만나 상의하고 토론하면서 노하우를 얻는다. 얘기는 물론이고 자료 등을 공유하며 부족한 부분을 채워간다. 더 부족한 부분은 인터넷 서치를 통하거나 미디어 매체를 통해 알아보고 공부하는 편이다. 책은 별로 보지 않는다. 좋은 책도 없는 것 같고(웃음).

이영규 인터파크 회사가 추구하는 인재상은 무엇인가 알고 싶다. 물론 콘서트 업무와 한정해서 이야기 해도 된다.

박정수 글쎄. 뭉뚱그려 이야기 하자면 기본적 소양과 자질을 갖춘 상태에서 이 쪽 분야에서의 꿈이 있는 친구, 이것이 제가 보는 인재상이다. 아무리 스킬이 뛰어난다고 하더라도 이 분야를 향한 꿈이 없다면 별 의미가 없는 것 같다. 실제 스킬은 배우고 가르치면 된다. 다만 보다 큰 비전을 위해선 학교가 최소한의 스킬 부분은 책임져 줘주면 좋겠다는 생각도 든다. 어쨌든 문화산업에 대한 뜻과 의지가 분명해야 한다고 본다. 이 쪽 분야에서 꿈을 펼치고 싶어 해야 그 친구들도 성장할 수 있을 것이다. 별 의미 없이 단순히 공연 쪽이 또는 문화관련 직업이 좋아보여서 접근한다면... 그럼에도 불구하고 사실 이렇게 인식하고 접근하는 친구들이 많다. 더욱이 이쪽 분야엔 성별로 따졌을 때 여자들이 더 많은 데 기본적으로 공연을 좋아하기 때문이다. 자기가 무슨 일을 해야 하는 지에 대한 전문성보다는 '공연회사이니까 좋아', '왠지 여기서 일하면 좋을 것 같다'는 단순한 인상에서 시작하는 친구들이 많다. 하지만 실제 일을 겪어보면 다르다는 것을 느낀다. 공연을 많이 볼 수 있는 직업 환경일지 모르나, 당연히 공연을 일로 보는 것과 즐기는 것과는 확연한 차이가 있다. 단순히 콘텐츠를 좋아한다고 하는 것은 결코 도움이 되지 않는다. 이 쪽 음악산업 비지니스에 대한 비전과 꿈이 가장 중요하다고 본다.

이영규 이는 더욱 대중음악학과의 신설을 요구하는 목소리로 들린다.

박정수 뮤직비즈니스를 체계적으로 배울 수 있는 학교가 있다면 분명 필터링할 수 있는 부분이 될 것이다. 물론 그 학교에 입학하는 모든 이들이 음악산업에 100% 확신을 가지고 들어가는 것 아니겠지만, 다른 학과에 비해 그 열정과 비전을 읽을 수 있는 바로미터가 될 것이다. 때문에 이를 검증할 수 있는 필터링 자체가 소중한 것 같다.

이영규 문제는 현재 이에 대한 체계적인 교육을 받을 수 있는 정규 과정이 없다는 것이 문제 아닌가? 이의 연장선상에선 일종의 사설 아카데미라 할 수 있는 홍대 상상마당 등에서 진행되는 음악산업 교육에 대해선 어떻게 생각하는가?

박정수 어떻게 생각하는 것이 아니라 현 시대에 필연적 흐름인 것 같다. 현실적으로 정규 과정이 없기 때문이고, 더구나 학력이나 학위로 인정받지 못하고 있는 상황에서도 몰리는 것은 공인된 기관이 없어서다. 그럼에도 불구하고 몰린다는 것, 중요한 것은 배우고 싶다는 욕망 그 자체가 아닐까. 그 수요를 담당하는 과도기적 현상으로 해석하는 것이 나을 듯하다.

이영규 결국은 이런 모델들을 학교가 흡수해야 하는 것 아닌가? 2년제 과정이나, 4년제 과정 등의 제도권 교육으로.

박정수 사실 그건 잘 모르겠다. 하지만 역으로 추산하면 답이 나오지 않을까 싶다. 다시 말해 제대로 된 인재를 가르치는 커리큘럼을 구성하다 보면 그 과정들이 2년 안에 전부 소화할 수 있는 부분인지 아니면 4년이 더욱 체계적인 교육에 소요되는 시간인지를 판단하는 근거가 될 것이다.

이영규 다른 한 편으로는 대학 과정보다는 대학원 과정이 좀 더 나을 수 있다고 볼 수도 있을 것도 같다. 이에 대한 견해는.

박정수 개인적으로 대학원 모델은 아닌 것 같다. 현재 중요한 인력은 주니어들이다. 대학 졸업 후 현장에 바로 투입될 인재들이 필요한 것이다. 대학원은 현실보다는 좀 더 체계적인 공부를 원하는 이들의 수준에 맞춰 진행 되어야 할 것이다.

이영규 대학원에 체계적으로 대중음악을 가르치는 학과가 만들어진다면, 갈 의향은 있는가?

박정수 생각은 있지만 경제적·시간적 여유가 필요한 일이고 또 많은 도움이 될까라는 현실적인 부분도 있기에 좀 더 생각해 볼 부분이 있다.

SOUND

KT&G 상상마당 공연사업팀 김진희 팀장

일시 2012년 7월 11일(수), 오후 4시 30분
장소 KT&G 상상마당 6층 카페
정리, 글 최지연 (대중음악SOUND 연구원)

"음악만 좋아하면 안 되고, 영화나 다른 장르들을 이해할 마음가짐과 소양이 있어야 한다."

최지연 부서와 팀장님의 업무에 대해 말해 달라.
김진희 나는 공연사업부 팀장이고 공연사업팀 안에서 진행되는 모든 일을 총괄하고 있다. 공연사업팀에서 하는 일은 기획 사업, 대관 사업, 지원 사업이 있다. 기획 사업은 기획 공연이나 여러 가지 기획 프로그램들 관련한 여러 가지 행사들을 우리가 기획, 운영한다. 대관 사업은 대관 요청이 들어오면 계약서류 작성에서부터 시작해서 대관 중간 과정들, 즉 대관료 같은 기본적인 일 뿐만 아니라 큐시트 받고 이런 기술적인 부분들까지 조율하는 일을 하고 있다. 우리는 또 특이하게 대관을 하면서 오퍼레이팅을 직접 해드린다. 그래서 사전 미팅 진행하고 당일에 공연 진행하고 마감하는 것까지 다 하고 있다. 대관을 대관 '사업'이라고 일컫는 이유가 대관료가 비싸지 않은 편이고 심플하게 운영하기 때문이다. 일반적으로 공연장 대관을 하려면 대관료와 부대시설 사용료를 따로 내야 하는데 우리는 한꺼번에 얼마 내는 방식으로 운영한다. 홍대음악씬이라는 게 작고 단순해서 거기에 특화된 방식이다. 대관 수익으로는 공연장 운영이 안 된다. 올해 같은 경우 장비를 거의 1억 원 가까이 샀는데 대관료 수익이 그에 못 미친다. 그럼에도 이러한 방식으로 운영하는 이유는 좀 더 좋은 환경에서 공연이 가능하도록 하기 위함이다. 밴드 인큐베이팅은 1년 간 인디밴드들을 지원해주는 지원 사업이다. 이 사업은 홍대씬의 변화에 따라서 매년 조금씩 바뀌고 있다. 1회 때 열한 팀을 뽑았고 2,3회에는 여섯 팀, 4,5회는 (올해가 5회째다) 세 팀을 뽑았다. 기본적으로 합주실을 지원해주고 멘토링 프로그램과 음반을 내주는 게 있었는데 3회 때까지는 음반 제작 전체를 다 상상마당에서 해줬다. 그런데 4회부터는 전문 레이블에 음반 제작 지원금을 주는 형태로 운영하고 있다. 5년 전만 해도 레이블도 열악했고 홍대씬도 조금 더 열악한 상황이었기 때문에 저희가 직접 음반을 제작을 해드렸는데, 현재는 전문가들이 더 많다고 판단되고 전문가들에게 맡기는 것이 밴드들에게 좀 더 도움이 되겠다고 생각해서 작년부터는 레이블과 밴드들을 매치해주고 레이블에 지원금을 주는 방식으로 바꾸었다. 그 외에 단독공연도 2회 할 수 있게 지원하는 등의 여러 가지 지원을 한다.

최지연 멘토링 프로그램에서 멘토링은 누가 해주나?
김진희 처음 3회까지는 음악감독 제도가 있었다.

기타리스트 유병렬씨가 멘토링 운영도 하고 음반 프로듀서까지 했다. 그러다가 4회 때 음악감독 제도가 없어지고 음반도 레이블 쪽에서 내게 됐다. 레이블의 전문성을 인정하게 된 것이다.

최지연 선별된 밴드 수가 점점 줄어든 이유는 무엇인가?

김진희 예산 때문이다. 예산이 사실 많이 삭감된 건 아니고 아주 약간 삭감되었다. 또한 아무래도 여러 팀을 하다 보니 각 팀에게 집중하기가 힘들어져서 팀 수를 줄이면서 좀 더 집중적으로 지원할 수 있도록 했다. 그리고 비슷한 프로그램들이 많아졌다. (엠넷의) 'tune up!'이나 얼마 전에 시작한 (한국콘텐츠진흥원의) 'K-Rookies'가 생겼는데 성격이 비슷하다. (EBS 스페이스 공감의) '헬로루키'도 마찬가진데, 예전처럼 좋은 팀을 많이 찾기가 힘들다고 하더라. 내년엔 또 형태가 좀 바뀔 것 같다. 올해 진행하면서 5년 전부터 그대로 유지해 왔던 게 지금 와서 낡았다고 생각되는 부분들이 있다.

최지연 많은 능력들이 요구되는 것 같다. 기획, 홍보, 인디씬 전체를 보는 안목까지, 어디서 주로 정보를 얻나?

김진희 많이 듣고 다녀야 한다. KT&G라는 대기업에서 운영을 하는데 이 사업은 문화사업부의 개념이 아닌 사회공헌부 사업이다. 그래서 다른 문화재단이나 엔터테인먼트에서 운영하는 것과는 다르다. 특히나 인디씬은 특수해서 이걸 이해 못 하는 분들이 많기 때문에 이걸 설명하고 통역하는 부분을 많이 한다.

최지연 어떻게 보면 중간다리의 역할을 한다고 볼 수 있겠다.

김진희 그렇다. 그래서 사람들도 많이 만나고 기사도 많이 보고 트위터나 페이스북과 같은 SNS를 통해 정보를 습득하기도 한다. 대관을 하다 보니까 사람들을 많이 만날 수밖에 없다. 대관 팀들을 하루에 한 팀은 만나는데, 이때 최대한 정보를 많이 습득하고 씬에서 뒤떨어지지 않도록 하면서도 동시에 어느 정도 객관적인 시선을 유지하고 균형을 잡을 수 있도록 노력을 많이 한다. 홍대씬에서 나쁘게 보는 것들을 다른 분야에서 (잘 몰라서) 좋게 보는 경우가 있다면 그런 부분에 대해서 얘기를 하고 조율하는 역할을 하고 있다.

최지연 팀장님은 원래 무슨 전공을 했고 어떤 일을 했나.

김진희 영화연출 전공을 했다. 교내 영화제 기획도 했지만 축제 기획을 하고 싶어서 학교공연 기획도 하곤 했다. 처음 취직을 하게 된 곳은 광진문화예술회관 내에 있는 나루아트센터라는 지역

문예회관 복합공연장이었다. 당시 개관할 때에 들어가서 기획팀에서 일을 했다. 다양한 복합장르의 공연이 많았기 때문에 거기서 일하는 동안 공연기획, 공연장 운영을 알게 됐다. 그런데 회사를 2년 넘게 다니다보니까 어린 마음에 내가 회사에서 배울 건 다 배웠다는 생각이 들었다. 그래서 회사를 그만 두고 영화 일을 다시 하고 싶은 마음에 촬영 일을 프리랜서로 하면서 실험극 기획을 했었다. 대형공연 개발하는 데서 일하기도 하고 그러다 상상마당에 들어오게 됐다. 어릴 때부터 인디음악에 대한 판타지가 있었고 좋아했기 때문에 자연스럽게 상상마당까지 들어오게 된 것 같다.

최지연 상상마당은 어떻게 들어오게 되었나?

김진희 예전 직장 상사가 이곳 홍보팀장으로 오셔서 상상마당 개관하기 전부터 알고 지냈다. 처음에 공연팀 맡고 계시던 매니저님이 같이 일했으면 좋겠다고 먼저 제안을 했는데 그때는 내가 회사 다닐 마음이 없어서 거절을 했고, 2년 후에 다시 말씀하셨을 땐 나도 다시 직장을 다니고 이 환경에 깊이 들어와 보고 싶다는 생각이 들어서 3년 전에 들어오게 됐다.

최지연 상상마당 쪽에서 입사 제안을 한 이유가 무엇이라고 생각하나?

김진희 그때 당시 매니저님과 내가 서로 잘 하는 부분이 달라서 같이 일하면 시너지 효과가 있을 거라고 생각하셨던 것 같다. 나는 페이퍼웍을 잘 했다. 그렇다고 해서 그냥 들어온 게 아니라 그때가 사람 뽑는 기간이었기 때문에 나도 이력서 넣고 면접 2,3차까지 보고 들어온 것이다. 그리고 내가 음악을 좋아하니까, 특히 홍대 인디음악을 좋아하니까 일을 더 잘할 것 같다고 생각하셨던 것 같다.

최지연 처음 일을 하는 동안 시행착오나 난관이 있었나.

김진희 내가 들어오게 되면서 이 회사가 많이 변했다. 매니저님이 개인사정으로 인수인계가 안 된 상태에서 그만 두시게 돼서 기존의 일들을 정리하느라고 시행착오라고 말할 수 없을 정도로 모든 일이 다 새롭고 힘든 일이었다. 공연장 운영이나 공연 기획은 나루아트센터에서 워낙 많이 해서 괜찮았다. 거기선 한 달에 열다섯 팀을 할 정도로 많이 해서 이력이 나 있었다. 오히려 공연장 운영하고 팀장으로서 팀 조율하는 것들이 더 어려웠다.

최지연 그럼 신입이나 후임을 뽑을 때 가장 주의해서 보는 것은 무엇인가?

김진희 이건 이 회사에 특화된 건데, 우리 회사는 워낙에 다양한, 여러 일을 해야 하니까 그걸 할 수 있는 각오가 되어 있는 사람이었으면 한다. 그걸 모르고 들어온 사람은 일주일 만에 나가는 경우도 많다. 단순히 공연기획 정도만 하면 되는 줄 알고 들어왔다가 별걸 다 해야 되니까. 공연이 있으면 티켓도 팔아야 되고, 의자도 날라야 하고. 우리가 이상적으로 꿈꾸던 걸 하는 경우도 있지만 그에 따라 잡다한 일들도 많이 해야 된다. 또한 워낙에 많은 사람을 상대하는 일이다 보니 사람 상대하는 일을 잘 할 수 있는 사람을 찾는다.

최지연 같은 분야 종사자들끼리도 교류하나?

김진희 예전에 나루아트센터 쪽에 있던 분들이랑 교류를 많이 하는 것 같다. 레이블 대표님들과도 가깝게 지낸다.

최지연 상상마당이 다른 공연장에 비교했을 때 어떤 다른 점이 있나?

김진희 보통 공연장은 공연장만 따로 있거나 공

연장과 갤러리 하나 정도 함께 있는 정도라서 회사가 공연장 하나를 중심으로 돌아간다. 그런데 상상마당은 복합공간이다 보니 (관리할) 공간도 많고 팀도 많다. 그래서 다른 공연장들에 비해 업무가 공연장 하나에 집중되지 않는다. 장단점이 다 있다. 장점은 내가 생각하던 것들을 바로 시도해볼 수 있다는 것이다. 지금 당장 유행하는 것들을 바로 기획해볼 수 있다.

최지연 대중음악 산업계 전반이나 기술, 인적자원, 환경에 있어서 밴드 인큐베이팅을 시작했을 때와 지금의 상황이 많이 바뀌었나?

김진희 밴드 인큐베이팅을 해보면 특히나 인디씬 시장이 조금 더 커진 것을 느낄 수가 있다. 지원하는 밴드들의 평균 수준이 높아졌다고 심사위원들도 말씀하신다. 중간층이 넓어졌다는 건 시장이 조금 더 커졌다는 걸 의미하지 않나. 그리고 나가수에 국카스텐이 나왔다거나 '탑밴드'와 같은 TV 프로그램이 만들어진 게 우리 회사에서 보기엔 아주 큰 이슈이다. 그렇게 밴드들이 텔레비전에 나오고 대기업들이 홍대씬으로 들어오고 있다. 홍대 안에 공연장이 몇 개 더 생긴다는 얘기도 있고. 이렇게 시장이 더 넓어지고 대기업 자본이 더 들어오려고 하는 부분들이 바로바로 느껴진다.

최지연 그런 변화에 따라서 상상마당이 하는 업무도 바뀌나?

김진희 우리가 기획공연을 처음 시작할 때에는 클럽에서 하는 공연들과 비슷한 기획도 해보고 큰 기획도 해보는 식으로 두 가지 다 진행을 했었다. 그런데 올해부터는 장기 프로젝트와 같은, 좀 더 어필할 수 있는 큰 기획들을 많이 하려고

한다. 하지만 상상마당 자체가 엔터테인먼트 산업을 하는 곳은 아니라 서브컬처에 대한 지원에 가깝다보니까 운영형태를 크게 바꾸는 건 없는 것 같다.

최지연 공연기획팀 안에는 대체로 어떤 전공자들이 들어오나?

김진희 대체로라는 게 없다. 다 다르다. 그런데 요즘에는 대학원에 예술경영과 같은 전공이 생겨서 예술경영 전공자들도 많이 오는 것 같고, 이미 기존 인력들이 예술경영을 새롭게 공부하는 경우도 있는 것 같다. 하지만 학부전공은 정말 다 다르다. 인문학 공부한 친구도 있고 경영학과 나온 친구도 있다.

최지연 그러면 전문가가 부족하다고 생각되나? 혹은 인력 유지에 어려움이 없나?

김진희 둘 다인 것 같다. 어렵다. 예술경영학과 대학원이 있다고는 하지만 거기 나온 인력이 실무

능력을 갖추진 못 한다. 실무는 별개의 문제잖나. 실무를 해낼 수 있는 사람이 많지 않다. 특히 상상마당은 특수하게 홍대 안에 들어와 있다 보니 들어와서 바로 업무수행을 할 수 있는 사람이 많지 않다. 장기간의 교육이 필요하다.

최지연 어떤 교육을 시키나?

김진희 공연을 어떻게 기획하는지에 대한 아주 기본적인 것부터 시작한다. 보통 두 가지 유형이 많다. 인디 음악을 아주 좋아하는데 공연기획에 대해 전혀 모르고 들어온 유형이 있고, 음악은 잘 모르지만 예술경영을 전공해서 들어온 유형이 있다. 둘 다 가르쳐봤는데 둘 다 힘들더라. 음악만 좋아하는 친구는 기획 쪽으로 가르쳐야 되는데 기획에 대한 감이 없어서 1년 이상 걸릴 때도 있다. 예술경영 나온 친구는 음악에 대해 하나도 모르는 경우가 많다. 특히 이곳, 홍대의 특수성을 전혀 모르더라.

최지연 음악을 모른다는 것은 음악 자체를 모른다는 것인가, 음악씬을 모른다는 것인가?

김진희 이 씬을 잘 모른다. 홍대라는 곳이 굉장히 특수하잖나. 그런데 이걸 모르니까 대관을 할 때 일반 공연장들은 오퍼레이터 지원 안 하는데 왜 우리는 오퍼레이터를 지원해야 하는지 이해하지 못하는 식이다. 심지어 음향, 조명팀과 같은 기술 인력도 찾기가 쉽지 않다.

최지연 기술 인력을 찾기 힘든 이유가 무엇인가?

김진희 기술 인력도 홍대클럽에서 일하신 분들과 극장 감독 했던 분들, 두 타입이 있다. 그런데 극장 감독 하신 분들은 우리가 (밴드들에게) 직접 해줘야 하는 부분이 있는데 안 움직이시려고 할 때가 있다. 반대로 클럽에서 일하신 분들은 사고방식이 너무 자유로워서 상상마당이 출퇴근 시간이 정해져 있는 회사라는 점에 적응을 잘 못하더라.

최지연 그럼 공연 때마다 그분들을 고용하나.

김진희 아니다. 우리는 음향 감독님 2명, 조명 감독님 2명, 기술 감독님까지 총 다섯 분과 함께 모든 공연을 운영하고 있다. 그래서 시스템이 좀 안정된 거다.

최지연 협력했으면 하는 분야나 인적 네트워크가 있나? 지금 상황에서 부족하다고 느끼는 부서나 충원인력이 있나?

김진희 항상 부족하다. 누굴 데려와도 처음부터 다 가르쳐야 한다는 부담이 있다. 그건 상상마당의 특수성인 것 같다. 차라리 레이블에 가면 덜할 것 같은데 이 공간의 특수성이 문제인 것 같다. 홍대 안에 있으면서 대기업 식으로 운영이 된다는 점 때문에. 그런데 음악산업에 대한 연구는 좀 이루어졌으면 좋겠다. 우리가 증거자료로 낼 수 있는 게 있었으면 좋겠다. 우리는 항상 우리가 직접 몸으로 습득한 것들을 회사와 얘기해야 하는데 연구된 자료가 있으면 우리도 공부를 하기도 하고 회사에 보여줄 수도 있을 테니까.

최지연 그럼 다른 레이블과 상상마당 공연 팀이 다른 점은 기획 이외의 다른 것들이 필요하다는 얘긴가?

김진희 기획 공연, 대관 등 여러 가지 사업을 하다 보니까 문화 전반에 대한 이해가 있어야 한다. 레이블을 하면 물론 음악에 대해 깊이 알아야 하는 부분이 있겠지만 우리는 모든 문화에 대한 전반적인 이해나 소양이 있어야 하고, 그래야 그걸 토대로 기획공연을 만든다거나 기획 프로그램, 워크샵 같은 걸 만들 수가 있다. 대중들이 원하는 지점을 찾아 프로젝트를 구성하기 위해 조금 더

문화 전반에 대한 이해가 필요하다.

최지연 그러면 나중에 대중음악학과가 만들어져서 이쪽으로 전문가를 양성을 한다면 채용할 의향이 있는가?

김진희 대중음악학과에서 음악적인 소양도 있으면서 문화적인 소양도 배우고, 또 어떤 기획적인 현장실습도 되어있는 상태라면 신뢰는 갈 것 같다. 하지만 그런 건 대학원이나 상상마당에서 하는 문화기획자학교와 같은 형태여야지 학부에서 만들기엔 무리가 있지 않나 싶다. 어차피 아주 실용적인 실무와 밀접한 과니까 대학원이거나 다른 교육기관에 어울리는 것 같다. 개인적으로는 학부에서 너무 실용학문을 가르치는 걸 좋아하지 않는다. 내가 영화과를 나왔기 때문에 영화산업과 음악산업을 많이 비교하게 되는데, 확실히 영화는 대학이 있으니까 '연구'가 많이 이루어져 있고, 그런 걸 무시할 수 없는 것 같다. 연구 인력에 아카데믹한 인력들이 있는 거다. 대중음악계는 그런 분들이 아주 드물다. 뭔가를 물어보고 싶을 때 찾아갈 만한 분도 별로 없고. 요즘 보면 음원정액제 반대시위도 하는데, 앞에 나서서 해줄만한 전문가가 없다. 영화계는 스크린쿼터 시위하면 교수님들과 영화인들이 나서니 대중적인 관심을 갖고 끌고 갈 수가 있고, 문광부나 산하기관들이 지원 프로그램이나 사업들을 잘못하는 경우에 집어주기도 하는데 대중음악계에는 그런 걸 해줄 분들이 없다. 그런 부분이 있는데 아직 나는 잘 모르겠다. 정확하게 이거라고 말하기도 어려운 게 나는 대중음악계 정 가운데에 있는 사람이 아닌 것 같다는 생각도 들어서 말하기가 쉽지 않다.

최지연 마지막으로 상상마당이 원하는 인재상은 무엇인가?

김진희 다양한 문화예술 분야에 대한 소양이 있어야 되고 그것들을 이해할 마음의 준비가 되어 있어야 한다. 내가 음악을 좋아한다고 음악만 좋아하면 안 되고 영화나 다른 장르들을 이해할 마음가짐과 소양이 있어야 한다. 또한 워낙 많은 사람들을 상대하다 보니까 사람들을 잘 상대할 수 있는 대중적인 친화력 같은 것들이 정말 중요하다. 항상 중간자적 입장이다 보니까 그런 점이 더 중요한 것 같다. 또한 항상 험한 일, 몸 쓰는 일할 준비가 되어 있는 사람이었으면 한다. **SOUND**

포털 사이트 음악사업부문

NHN 네이버뮤직 뮤직서비스팀 우승현 부장

일시 2012년 7월 18일(수), 오후 5시
장소 정자동 NHN 그린팩토리 10층 회의실
정리, 글 배수정(SOUND 연구원)

"음악에 대한 무조건적인 애정이 뮤직 비즈니스의 중심은 아니다."

배수정 네이버뮤직이 NHN 안에서 하는 업무에 대해서 설명해 달라.

우승현 네이버뮤직은 일방적인 음악 사이트처럼 스트리밍, MP3 서비스가 중심이지만 블로그를 운영하고 있기 때문에 사용할 수 있는 배경음악까지 서비스한다. 다른 음악 전문 사이트와는 달리 검색 위주이기 때문에 특징점이 다르다. 음악 전문 사이트들은 사용자에게 정보를 전달하는 네비게이션 역할을 한다면 네이버뮤직 사용자들은 직접 검색을 통해 음악 정보를 찾는다. 그렇기 때문에 사용자들의 니즈가 무엇이고 들어보고 싶어 하는 음악과 그 후, 공유와 소장까지의 과정이 하나로 연결되어 있다고 보면 된다. 이 같은 과정을 통해 합법적 매출을 올려 업계에 돌려주려고 한다. 현재 이 같은 일의 총괄을 맡고 있다. 라이선스, DB 관리, 콘텐츠 편집, 마케팅 프로모션, 웹서비스와 관련된 기획, 개선, 운영, 고객문의까지 담당하며 최근 앱에 대해서도 담당한다.

배수정 전공이 업무에 실질적으로 도움이 되나?

우승현 대학교 때 전공은 독문학이었고 대학원 때 전공은 신문방송학이었다. 대학원 전공은 의도적으로 간 것이기 때문에 도움이 된다. 신문방송학 중에서도 문화연구 쪽을 공부했다. 문화연구는 콘텐츠가 이용자에게 소구되는 방식들을 연구하다. 그리고 콘텐츠가 가지는 정치적 함의들, 작동과 PR 기법들을 배웠기 때문에 체화시켜서 업무에 적용되는 것 같다.

배수정 먼저 기자생활을 한 것으로 알고 있다.

우승현 대중문화 기자로 8년간 생활을 했다. 문화를 화두로 세상과 소통하는 것에 관심이 있어 왔는데 기자로 이 같은 체험을 했고 인터넷이라는 공간에서 소통하고 싶었다. 네이버는 그런 면에서 시도할만하다고 생각했다.

배수정 업무에 가장 도움이 되었던 것은 무엇인가?

우승현 다른 음악 사이트와는 달리 네이버는 좋은 콘텐츠와 DB를 가지고 있다. 또 어렸을 때부터 음악을 많이 듣고 관련된 글쓰기를 해왔기 때문에 두 가지가 접목되어 업무에 발현되는 것 같다.

배수정 네이버뮤직을 담당하면서 힘들었던 점은 무엇이었나?

우승현 스트리밍과 BGM 서비스를 시작한지는 오래되었지만 MP3 서비스 같은 경우는 늦게 시작한 편이다. 그리고 포털 서비스이기 때문에 음악 권리자들에게 받는 오해가 있었다. 블로그가 있기 때문에 이를 통해 불법적으로 유통된다고 생각했다. 그래서 음원 필터링을 만들었다. 최근은 이를 넘어서 동영상 필터링까지 확대했다. 이 같은 기계로 하지 못하는 필터링은 사람이 직접 필터링 하는 방식을 통해 오해를 불식시킬 수 있었다.

배수정 네이버뮤직에서 요구되는 핵심역량은 무엇인가?

우승현 영역이 다양하기 때문에 각 영역에서 요구하는 것들이 다르다. 특징적인 것을 살펴보자면 DB 같은 경우, DB의 대한 구조, 서비스 방식을 아는 것이 중요하지 음악 콘텐츠에 대한 이해는 필수적이지 않다. 팀 구성원들이 모두 음악을 좋아한다면 오히려 업무에 역 효과가 날 수도 있다고 본다. 음악을 알고 음악 업계, 음악인을 안다는 것은 특정 영역에 대해 잠재력이 발휘될 수 있다. 만약 알고 있다면 서비스 할 때 용이한 면은 있을 것이다. 때에 따라서 음악에 대해서 어떤 면을 알고 있어야 하는지가 다르다. 개인적 특성이라면 회사 차원에서는 열정을 중요시하고 있다.

배수정 업무 숙련도는 어떤 경로를 통해 이루어진다고 보나?

우승현 기본적으로 실무 속에서 이루어진다. 팀원들끼리 따로 음악관련 전문 지식을 공부하지는 않는다. 이 역시 각 영역마다 요구되는 능력이 다르기 때문이다.

배수정 업무를 위해 가장 많이 투자하는 부분은 무엇인가?

우승현 이 또한 업무 영역에 따라 다르다. 기본적인 것은 음악을 많이 듣고 모니터링 하는 것이다. 업무의 음악 모니터링도 속해있다. 페스티벌이나 공연도 많이 가는 편이다. 콘텐츠를 다루다보니 지식이 쌓일 수밖에 없다. 업무를 하는 것이 학습의 영역이지 별도로 공부할 수 있는 부분은 아니다.

배수정 기자 생활과 다르게 네이버뮤직 업무에서 필요한 능력은 무엇이라고 생각하나?

우승현 DB나 웹 기획에 대한 역량, 검색에 대한 지식이 필요하다고 본다. 콘텐츠에 대한 이해, 프로모션 마케팅에 대한 이해는 있었지만 DB, 검색, 웹 기획에 대해서는 잘 몰랐다. 이를 알았다면 더 좋았을 것이다. 현재 DB는 문헌정보학과에서 가르치지만 웹 기획은 교육 기관이 있는지 모르겠다.

배수정 신입이나 후임에게서 바라는 실무 능력은

무엇인가?

우승현 신입은 실무능력을 보지 않는다. NHN은 공채를 통해 공통으로 뽑고 그 안에서 구성원들의 특성을 고려하기 때문이다. 경력은 각 영역에 부족한 인력을 보고 적당한 사람이 나타나면 잠재력을 보고 뽑는다.

배수정 그렇다면 신입에게 가장 먼저 가르치는 일은 무엇인가?

우승현 편집과 고객문의에 대한 답변이다. 유료 서비스이기 때문에 조금만 문제가 있어도 고객 문의가 들어온다. 하루에 100여개 이상이 들어오는데 이해 대해서 하나하나 받아보고 답변하는 것으로 처음 업무를 가르친다. 이를 통해 사용자들이 서비스를 바라보는 모습과 부족한 점을 알 수 있기 때문이다. 편집에서는 무엇을 볼 것인지, 어떻게 편집하여 콘텐츠를 내보낼 것인지에 대해서 가르친다. 이를 통해 음악에 대한 이해가 나타날 수 있기 때문이다.

배수정 음악산업 전반에 대한 이해가 업무에 필요하다고 보나?

우승현 실제로 그렇지는 않다. 주어진 업무에 대해 실력을 발휘할 수 있는 잠재력, 열정, 성실함이 필요하다. 앞서 이야기 했듯이, 음악산업의 대한 이해가 필요한 부분이 있고 사용자만 이해하는 부분이 있다. 각 영역에서 상대적일 뿐이다.

배수정 처음 입사할 때와 현재 상황이 다른가?

우승현 내부에서 많이 달라졌다. 스트리밍과 BGM 서비스만 있다가 입사하면서 '오늘의 뮤직'을 만들었다. 이를 통해 네이버가 음악 콘텐츠를 외부로 내놓는 일이 시작되었다. 네이버가 음악 업계에서 매출을 올려야 한다는 것으로 인식이 바뀌었다. 이 같은 인식을 통해 업계에서 주요 키플레이어가 되고 성장하였다. 이 같은 변화는 법률적 문제를 떠나 네이버가 음악 권리자들과 생태계를 위해 공생해야 한다는 판단에서 비롯되었다.

배수정 변화된 상황에 대응하기 위한 실무 능력이 있나?

우승현 시장의 흐름과 업계가 원하는 것이 무엇인지 읽는 부분에 초점이 맞춰질 것 같다. 산업계를 바라보는 시각이 중요하다. 이 같은 시각은 팀원이 아닌 조직의 장이 가져야 할 부분이다. 회사를 설득해야 하는 부분이기 때문이다. 또 이용자가 불만을 가지지 않게 하는 시나리오를 그릴 수 있는 능력이다. 네이버와 음악업계, 사용자. 이 세 가지를 만족할 수 있는 지점을 찾을 수 있어야 한다.

배수정 음악 업계에서 인적 인프라가 부족한 분야는 어디라고 생각하나?

우승현 기획, 프로모션 마케팅 부분이라고 생각한다. 실용음악과가 이 같은 영역을 할 수 있을지 의문이다. 음악은 잘하지만 자신의 음악을 포장해서 판매하는 부분에는 취약하다. 결국 음악에 대한 PD가 없다는 것으로 이해할 수도 있다. 아무리 좋은 음악이라도 팔리지 않는 것은 문제이다.

배수정 네이버 뮤직에는 어떤 전공자들이 있나?

우승현 여러 출신이 있다. 음대 출신도 있다. 특정 기술을 요구하는 디자인, 개발 업무가 아닌 이상 특정 과로 몰리지 않는다. 그렇기 때문에 네이버뮤직 서비스를 전체적으로 가르칠 수 있는 학과는 존재하지 않는다고 본다.

배수정 인터넷 업계 1위이기 때문에 인력 수급 균형은 괜찮은 편일 것이라고 생각된다.

우승현 이직이 잦지 않다. 복리후생 등이 좋은

편이기 때문이다. 그리고 적절한 사람을 찾는데 어려움을 갖지도 않는다. 만약 필요한 인력이 필요하다면 회사에서 지원하는 편이다. 인력 수급은 공채와 사내 전배, 경력 채용이 있다. 사내 전배는 사내 공모로 지원자를 받아 면접을 통해 팀을 변경하는 경우이다. 경력은 이를 외부로 하는 경우로 보면 된다. 하지만 네이버뮤직만을 하겠다고 입사하는 사람은 회사에서 받아주기 어렵다. 여러 서비스들이 존재하기 때문이다.

배수정 네이버뮤직의 프로모션은 다른 분야와 협업을 통해 이루어지는 것 같다.

우승현 그렇다. 온라인, 오프라인 이벤트는 항상 다른 부분과의 협력을 통해 이루어진다. 음원 유통사, 제작사, 평론가 그룹, 공연 기획자, 기획사 등 계속해서 커뮤니케이션을 하고 있다. 준비하고 있는 다른 프로젝트가 있지만 말할 수 있는 사안이 아니다.

배수정 실용음악과는 연주자 중심 커리큘럼으로 이루어진다. 이러한 상황에서 대중음악 전문 인력 양성에 도움을 줄 수 있다고 보나?

우승현 절반을 그렇다고 본다. 음악에 대해서 이해하고 공부하는 공간으로써는 좋다. 하지만 교수님들은 실연을 중심으로 교육 할 것이다. 하지만 실연 중심 교수들도 음악 비즈니스에서 살아온 사람들이다. 이들의 간접적 지식이 도움이 되기는 할 것이다. 하지만 나머지 절반은 연주만이 전부가 아니라는 사실이다. 비즈니스는 다양한 경로에서 판매가 되는 것과 어떻게 유통이 되는지에 대한 이해가 필요하다. 하지만 이러한 부분에서는 취약하다.

배수정 대중음악학과가 생긴다면 어떤 부분에 초점을 맞춰야 한다고 생각하나?

우승현 대중음악학과도 모호한 부분이 있다. 하지만 핵심적인 인력을 키워낸다는 가능성은 있을 것 같다. 학교 안에서 가르쳐야 할 부분들은 분명히 존재한다. 특히 프로모션 마케팅 경우 기획사 진출의 기회는 넓어질 것 같다.

배수정 학과가 신설된다면 어떤 분야의 교수들이 초빙되어야 한다고 보나?

우승현 음악 콘텐츠에 대한 이해가 있으면 좋겠지만 비즈니스는 소비자들에게 파매하는 입장이다. 그렇기 때문에 경영, 프로모션이 동반되어야 한다. 뮤직 비즈니스를 경험해 본 실무, 경험자가 있어야 한다.

배수정 학과 졸업생들은 어떤 능력을 갖추어야 한다고 생각하나?

우승현 분야별로 달라서 설명하기 어렵다. 하지만 교육 과정 자체에 회사와 제휴를 맺어 인턴십 등을 통해 실무 능력을 키워야 할 것 같다. 졸업생 중에 회사와 적합한 사람이 있다면 채용하겠지만 정식적인 공채 과정을 통해 채용할 것이다.

배수정 학제 신설을 위해 음악산업 관계자들이 어떤 노력을 해야 한다고 보나?

우승현 시장이 만들어 줄 것이다. 딱히 내가 말할 수 있는 부분이 아니다.

배수정 NHN 안에서 네이버뮤직이 원하는 인재상을 말해 달라.

우승현 음악을 돈으로 보는 사람이 아니어야 하고 좋은 음악을 발견해서 사용자들과 나누는데서 큰 기쁨을 얻는 사람이어야 한다. 또 네이버뮤직을 통해 사용자와 업계가 발전되는 것을 지향해야 한다. 네이버뮤직이 업계에서 도움을 줄 수 있다는 피드백을 중요시 여겨야 한다. **SOUND**

포털 사이트 음악사업부문
다음커뮤니케이션 다음뮤직 조은영 과장

일시 2012년 7월 11일(수), 오후 3시
장소 한남동 다음커뮤니케이션 사옥 회의실
정리, 글 배수정(SOUND 연구원)

"국내 시장이 작은 상황에서 목표가 분명치 않다면 학과 신설 의미는 없다"

배수정 다음커뮤니케이션 안에서 다음뮤직에 대해서 알려 달라.

조은영 다음은 인터넷 포털 사이트이다. 다음 내에 많은 서비스 중에 뮤직 서비스라는 별도의 섹션이 있다. 다음뮤직은 사이트, 모바일, 어플리케이션에서 일어나는 모든 운영, 콘텐츠에 대한 기획 등을 다 총괄한다. 여기에는 대외적 제휴 업무, 이벤트 마케팅도 포함된다. 최근 다음뮤직 어플리케이션 안드로이드 어플리케이션 오픈을 했고, 민트페이퍼와 함께 뮤직 소셜 펀딩 서비스 오픈을 했다.

배수정 대학교 때 전공이 업무에 도움이 되나?

조은영 경제학을 전공했다. 하지만 업무와는 전혀 관계가 없다. 경제학은 말 그대로 이론을 배우기 때문에 실무에 도움이 되는 부분이 없다. 오히려 지금은 생소하고 기억이 나지 않는 것도 많다.

배수정 어떤 계기로 다음뮤직을 시작하게 됐나?

조은영 다음뮤직을 대행하던 업체가 손을 떼면서 자체적으로 서비스를 만들어야 하는 상황이 왔다. 오픈할 때부터 같이 작업하고 그 이후 서비스를 맡았다. 특별히 음악 산업에 대한 경력이 있거나 하기 위해서 입사한 것은 아니다. 학교 다닐 때 음악을 좋아했지만 마니아 수준으로 좋아한 것은 아니었다. 하지만 서비스를 진행하면서 찾아듣고 음악이 더 좋아진 경우이다.

배수정 사전 지식 없이 업무를 진행하면서 도움이 됐던 것은 무엇인가?

조은영 업무를 하면서 알게 됐던 음악 관련자 분들이다. 서비스 특성상 여러 관계자들을 만나야 했다. 관계자를 만나면서 도움도 많이 받았고 이야기도 많이 들었다.

배수정 그렇다면 힘들었던 점은 무엇이었나?

조은영 기존의 온라인 음악 시장에 존재하는 기득권이었다. 현재도 가장 힘든 점이다. 이미 강자가 존재하고 있는 상황이고 음악 시장이 약간 정체되어 있는데 음악사업자 자체는 늘어나고 있다. 이러한 복잡한 상황에서 방향을 잡는 것이 힘들었다. 그리고 음악 산업 구조 자체가 특수한 부분이 많아서 서비스가 독자적으로 할 수 있는 부분이 거의 없다. 특수성을 이해하고 업무를 시작해야 하는데 포털 관계자 입장에서 진행하다 보니 음악 산업 관계자들도 이해를 못하는 상황이 있었다. 외부 상황에 부딪치고 내부 관계자들을 설득하는 상황이 힘들었다. 이 점을 해결하기 위해서 진정성을 가지고 커뮤니케이션 하려 했다. 우리가 할 수 있는 한에서 계속 이야기를 했다.

배수정 다음뮤직이 3년 정도 됐다. 3년 간 큰 시행착오는 있었나?

조은영 시행착오 보다는 경쟁자를 따라잡는데 힘들었다. 멜론이나 벅스는 음악 메인 사업자이기 때문에 투자가 많이 진행된다. 하지만 다음은 포털 사이트이기 때문에 다음뮤직은 많은 서비스 중 하나일 뿐이다. 이에 상대적으로 투자가 적을 수 밖에 없다. 그렇기 때문에 다른 회사처럼 투자가 되지 않는 상황에서 남들이 하지 않는 것을 했다. 메인 사업자는 돈이 되는 음악을 메인으로 하지만 우리는 그렇지 않은 쪽을 조명했다.

배수정 업무를 하는데 있어 팀원들에게 요구되는 핵심 역량은 무엇인가?

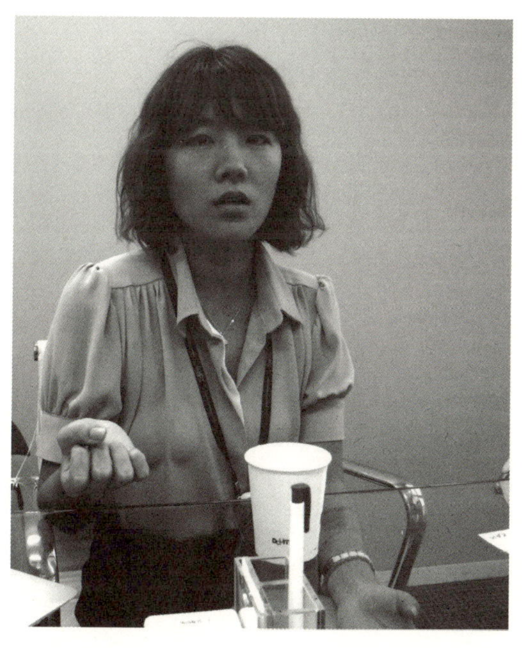

조은영 포털 회사이기 때문에 명확한 것은 없다. 오히려 서비스 기획자로써의 커뮤니케이션 능력을 많이 본다. 더불어 아이디어를 실제 결과물로 만들어 낼 수 있는 기획력을 본다. 있으면 좋다고 생각하는 요소는 문화 콘텐츠를 좋아하고 즐기는 것과 IT 트렌드에 흥미를 갖는 것이다. 만약 음악 콘텐츠에 대한 이해가 높으면 확실히 유리한 점은 있을 것이다. 영화와 달리 음악은 범위가 무척 넓다. 이러한 부분을 극복할 수는 있을 것이라 생각한다.

배수정 음악과 관련된 지식은 따로 공부하는가?

조은영 개인적으로 책을 통해 공부하는 경우도 있다. 그렇지 않다면 실무에 계신 분들에게 도움을 얻는다. 하지만 지식을 얻는 것보다 콘텐츠에 대한 열정이 더 크게 영향을 미친다고 본다. 그래서 공연과 음악을 자주 접하려고 노력한다. 또 전체적으로 뮤직 서비스를 바라봐야 하기 때문에 전문적 시각보다 일반적 시각이 더 도움이 될 수도 있기 때문에 인기가요나 음악중심 같은 공중파 음악 방송도 보려고 노력한다.

배수정 과거와 다르게 현재 음악 서비스 기획에 필요한 능력이 있다고 보나?

조은영 실제로 음악 비즈니스에 대한 구조를 이해해야 한다. 음반 제작부터 유통까지 그 사이 과정이 어떻게 이루어지는지에 대해 알아야 한다. 단순히 음악을 좋아한다고 해서 알 수 있는 일이 아니다. 특히 정산에 대한 부분을 아는 것은 중요하다. 이러한 개념에 대해 교육시키는 곳은 아직 없는 곳으로 안다.

배수정 신입이나 후임을 뽑을 때 가장 중요하게 생각하는 능력은 무엇인가?

조은영 IT 트렌드와 문화 콘텐츠에 흥미를 가지고 기획할 수 있는 능력을 본다. 그렇기 때문에 실제 신입이 들어왔을 때, 실제 서비스의 운영, 기획하는 과정을 가르친다. 이와 더불어 서비스 기획자로써 프로젝트를 이끌어가는 능력, 모든 스탭을 아우르는 커뮤니케이션, 정리하는 능력을 교육시킨다.

배수정 인터넷 음악 서비스 관점에서 음악 산업 전반을 알아야 한다고 생각하나?

조은영 알아야 할 필요성을 느낀다. 음악 산업의 특수성이 다른 산업보다 심하기 때문이다. 실제로 서비스를 기획할 때에는 단순히 화면에 비춰지는 것만을 기획하는 것이 아니라 콘텐츠의 수급과 경로까지를 파악해야 한다. 그렇다면 서비스 기획이 아닌 콘텐츠 기획으로 봐도 무방하다. 콘텐츠가 만들지는 속성을 파악해야 좋은 기획이 나올 수 있다.

배수정 처음 다음뮤직을 맡았을 때와 지금 상황은 어떻게 달라졌나?

조은영 외부적으로는 음악징수규정 개정 등 정책적 상황이 있고 아직도 강자의 자리는 바뀌지 않았지만 변화할 수도 있는 요인들이 나타나고 있는 시기라고 생각한다. 과거와는 달리 독립 음반사 생산자들도 권리를 주장하고 있고 현대카드 뮤직, 벅스처럼 오픈 마켓형 서비스를 내놓으면서 생태계 보호 입장이 두각을 나타내고 있다고 생각한다. 이러한 변화는 음악 서비스에만 한정되는 것이 아니다. 문화 콘텐츠 제작의 벽이 낮아지면서 예전처럼 한 영역에만 있는 것이 아니라 각자의 역할을 넘나들면서 변화가 시작되었다고 본다.

배수정 이러한 상황에서 다음뮤직의 구성원들이 갖추어야 할 실무능력은 무엇이라고 보나?

조은영 모든 콘텐츠를 융합할 수 있는 열린 생각이 있어야 한다. 초점이 플랫폼이 아니라 콘텐츠 쪽으로 움직이고 있다. 기획자는 담기는 그릇보다 그 안에 무엇을 담을지 내용에 대해서 더 고민해야 한다.

배수정 음악 산업계에서 가장 인프라가 부족한 분야는 어디라고 생각하나?

조은영 정확히 모르겠다. 하지만 언급하자면 비즈니스 구조나 정산 등 복잡한 사안에 대해 명확하게 알고 있는 사람이 드물다. 이는 뮤지션이나 제작사 스스로 궁금해 할 필요가 있다고 생각한다. 각자 위탁만 하는 상황이라서 그런 것 같다.

배수정 다음뮤직에는 어떤 전공자들이 많나?

조은영 중구난방이다. 실제로 학교에서 업무에 관한 교육을 할 수도 없다. 업무 능력은 실무를 통해서 길러질 수 있기 때문이다. 특히 음악 산업에 관해서는 변화가 심하고 폐쇄적이기 때문에 더욱 그렇다.

배수정 다음뮤직의 인력 수급 균형은 어떠한가?

조은영 여자가 많은데 이는 IT 서비스 기획 특징이다. 남자 직원이 들어와 성비가 맞았으면 좋겠다.

배수정 업무에 맞는, 역량이 있는 인재가 팀에 들어온다고 생각하나?

조은영 지금까지는 그렇다. 다들 음악 콘텐츠를 좋아하고 적극적이다. 어차피 회사 특성상 특정 서비스에 요구되는 사람을 뽑는다기보다는 전체를 아우를 수 있는 사람을 필요로 한다. 팀도 옮겨다니기 때문에 역량 등은 평균화 되어 있다.

배수정 인력 충원은 어떻게 이루어지나?

조은영 다른 곳과 비슷하다. 소개나 정식 채용 공고를 통해서 이루어지기도 한다. 구하는 시기나 포지션 마다 다르다. 공채로 선발된 사람이 배정되기도 한다. 처음 서비스를 구축할 때에는 음악 업계에 오래 계신 분과 일하기도 한다. 하지만 IT 회사이다 보니 이 쪽 문화에 잘 적응하기도 해야 한다. 딜레마 부분이기도 하다. 이 두 가지 조건을 만족시키는 인력을 구하는 것은 쉬운 일이 아니다. 그래서 가장 좋은 방법은 기존의 인력을 교육시키는 것이다. 하지만 다음뮤직이 3년 밖에 되지 않아 한계가 있어 충분한 교육 여력이 되지 않는다. 그래서 교육 시키는데 다시 시간이 걸릴 수 있다. 그렇기 때문에 교육원 같은 개념의 교육이 있었으면 좋겠다.

배수정 다음뮤직에서 타 산업 분야와 같이 협업하고 싶은 프로젝트가 있나?

조은영 모든 서비스는 조금씩 협업을 통해 이루어진다. 주로 페스티벌 관련해서 협업을 진행하고 있다. 플랫폼에서는 협업, 제휴 업무가 가장 큰 부분을 차지하고 있다. 오히려 협업을 하고 싶지만 하지 못하는 이유는 예산이 부족해서이다.

배수정 한국에서 실용음악학과가 대중음악 전문인력 양성에 도움을 준다고 생각하나?

조은영 도움을 줄 수 없다고 본다. 예술 분야이기 때문에 산업에 대한 학문에는 한계가 있다고 생각한다. 실제로 뮤지션들도 비즈니스 쪽은 모른다.

배수정 그렇다면 대중음악학과는 어느 쪽에 초점을 두어야 한다고 보나?

조은영 예술적 관점에서 접근해서는 안 된다. 하지만 경영 쪽으로 접근한다면 콘텐츠가 무시될 수 있기 때문에 조심해야 할 부분은 있는 것 같다. 그렇기 때문에 실제로 대중음악학과는 굳이 신설되지 않아도 될 것 같다. 실무와 전공은 차이가 많이 날 뿐더러 국내 음악 시장이 작기 때문에 신

설 목표 자체가 불투명 한 것 같다.

배수정 만약 신설된다면 어떤 커리큘럼이 있어야 한다고 보나?

조은영 음악에 대한 기본적 이론과 음악 산업 구조, 관련 법규, 저작권에 대한 내용은 포함되어야 한다고 본다. 대중음악학과는 실용음악과와 달리 경영인, 제작자에 포커스를 둘 수 있기 때문에 장점을 가질 수 있다. 그렇기 때문에 교수들 또한 현업에 계신 분들이 해야 하고 일정 부분 음악 산업이 아닌 타 분야 전문교수들도 초빙되어야 한다고 본다. 또 산합협력을 통해 업계도 도움을 받을 수 있어야 한다고 본다. 이러한 교육을 통해 졸업생들은 바로 실무에 투입될 수 있는 능력과 현재 이슈상황 등을 바라보는 시선을 키워야 한다.

배수정 학과 신설을 위해 음악 산업 관련자들은 어떤 노력을 해야한다고 보나?

조은영 모델링 할 수 있는 한 개의 학과가 신설되고 상황을 보는 것이 좋을 것 같다.

배수정 후에 학과 졸업생들을 채용할 생각이 있나?

조은영 가능성은 있다고 본다. 하지만 업무 특성상 한 쪽만 보는 것이 아니라 전반적인 포털 서비스에 맞는 사람을 뽑기 때문에 유리하다고는 말할 수 없다.

배수정 다음뮤직에서 원하는 인재상을 말해 달라.

조은영 자신이 맡고 있는 콘텐츠를 좋아하고 관심을 가져야 한다. 원래 흥미가 없었다고 하더라도 관련된 일들에 관심을 가지고 적극 참여할 수 있는 열린 자세가 필요하다. **SOUND**

매니아디비(ManiaDB) 운영자 류형규

일시 2012년 7월 25일(수), 오후 7시
장소 합정동 인근 카페 마로
정리, 글 홍정택(대중음악평론가/SOUND 기획위원)

"아카이브는 전문인력 수급 이전에 개발 및 운영/관리를 위한 근간의 정립이 선행되어야 한다."

홍정택 이 일을 시작하게 된 계기를 소개 바란다.

류형규 예전에 K-Pop DB라고 현재 매니아디비(ManiaDB)의 전신 비슷한 것을 한 적이 있다. 그 시작은 1996년이었는데, 그 때가 막 홈페이지와 관련된 인터넷 기술들이 나오기 시작할 때였다. 홈페이지에 무엇을 올릴까 하다가 소장하고 있던 음반을 정리해 인터넷에 올리기 시작했다. 음반 수집가이다 보니 점차 올리게 되는 음반의 수가 늘어났고, '어 이렇게 늘어날 거면 아예 카탈로그 형태로 하면 어떨까' 하는 생각이 들었다. 대학에서 전공이 데이터베이스였는데, 그렇다 보니 스스로 카탈로그 구조를 설계하기 시작했다. 그 무렵 웹 상에서 비슷한 사이트를 구축하고 활동하던 친구가 있었는데, 이 친구와 서로의 데이터를 합치자는 것까지 동의하면서 K-Pop DB를 만들게 되었다.

홍정택 K-Pop DB가 현재의 매니아디비로 바뀐 것인가? 그 과정은 어떠했는지 궁금하다.

류형규 2001년 즈음에 K-Pop DB를 사업화한다고 추진을 했었는데, 결과적으로 잘 안 되었다. 2001년 즈음만 해도 아직 CD 산업이 완전히 죽기 전이었다. 일전에 스스로 CD 유통 온라인 쇼핑몰을 하면서 음반 재고가 없어서 사업을 원활하게 추진하지 못했던 경험이 있었는데, 이를 토대로 결국 음악은 모두 디지털화되지 않을까 생각했고, 지금의 멜론과 같은 디지털 유통이 필요하다는 데에 이르렀다. 디지털 유통으로의 전환이 일어나려면 우선 우리나라에 무슨 음악이 있고, 누가 권리를 갖고 있는지 알아야 하지 않겠는가. 하지만 대다수의 음악이 이러한 권리 관계에 대한 정보 관리가 부실했고, 따라서 실제 권리가 누구에게 있는지 모르는 상황이었다. 디지털 유통의 시대가 도래하면 우선 풀 크레딧(Full Credit)이 있고 백엔드(Back-end)에서는 누가 권리를 갖고 있는지 알 수 있는 DB가 필요하겠다, 어디서 발매되었고, 누가 제작자(executive producer)인지를 알아야 올바른 권리자를 찾아가는 단초가 되겠다… 이를 토대로 음악을 디지털로 유통하는 사업을 추진해보고자 했다. 하지만 그 당시 MP3는 이유여하 없이 굉장히 부정적인 것이었다. 극단적으로 디지털 유통 이야기를 꺼내면 나쁜 놈 소리를 들었으니까. 그래서 결과적으로는 사업화에 대한 꿈은 접고 대기업에 가게 되었다. 그러던 어느 날, 2005년에 이전에 K-Pop DB를 함께 하던 친구와 술을 먹고 있었는데 이 자리에서 술김에 '다시 해 보자'고 의기투합하게 되었다. 사업으로 해서는 안 될 거 같으니 그냥 재미있게 해 보자 해서 다시 하게 되었다.

홍정택 사업화를 하려다 잘 안된 원인은 무엇인가.

류형규 근본적으로 리스크를 싫어했다. 본래 사업을 하려고 하면 돈을 모으고, 투자를 감당하며 시도했어야 하는데 그렇지 못했다. 그 당시 몇몇 음반사를 만나서 '당신들이 디지털 음악 유통 계약을 하게 해주면 그 계약을 기반으로 외부로부터 투자를 받아 사업을 진행하겠다'고 했는데… 사실 보다 적극적으로 이들 업체의 승인을 받아냈어야 했는데 그러지 못했다. '나 믿고 가자', 'Seed Money를 확보하겠다' 등등 향후 사업 불확실성에 대한 대응 의지를 보여줬어야 했는데, 당시로서는 이 사업에 리스크를 감당할 의지가 부족했던 것 같다. 그 때 자본금으로 확보했던 것이 약 1억 수준이었는데, 이후 멜론이나 다른 온라인 사업자들의 규모를 생각해보면 사실 그보다 훨씬 많은 금액이 필요했었다.

홍정택 그 당시 도모하고자 했던 사업화 방향에 대해 보다 구체적으로 듣고 싶다.

류형규 사실 수익 모델 자체는 지금의 멜론 방향과 크게 다르지 않다. 결국 정보를 아는 것의 목적은 소비를 촉진하는 데에 있지 않은가. 좋은 음악이 나온다고 해서 힘들어하지 않는 것은 아니다. 좋은 음악과 마케팅은 다른 문제이기 때문이다. 옛날에는 인디에서 음반을 내면 향뮤직 같은 곳에 판매를 맡기는 등 아티스트가 CD를 맡길 채널이 있었다. 이제는 멜론, 엠넷 등 온라인 몰에 맡겨야 하는데, 음원을 맡긴다 치면 결국 첫 화면에서는 소녀시대에 묻히지 않나. 음반 프로모션 기회가 없어지면서 음원 유통하는 곳들에 대한

의존도나, 그들의 역할이 커질 거라고 생각했다.

홍정택 다시 DB 이야기로 돌아가 보자. 그렇다면 현재 매니아디비의 운영 방향은 무엇인가.

류형규 다양한 얼굴을 가진 음악을 다루고 알리는 것은 음악산업 전체를 놓고 볼 때 반드시 해야 하는 일이다. 그 기본 기능을 하기 위해 반드시 DB가 필요하다. 사실 음악 찾아 듣는 과정이라는 것들이 다 뻔하지 않은가. 처음에는 노래가 좋아 듣다 가수에 흥미를 갖게 되고, 이전에는 무슨 음악을 했는지 찾게 되고, 작사/작곡, 세션, 프로듀서, 디렉터가 누군지도 점차 찾아보게 되고. 이렇게 음악을 알아가고, 찾아가기 위해 가장 기본이 되는 것이 팩트 데이터다. 일부에서는 아카이브라고도 표현하는데, 그런 것들이 필요하다고 생각하고, 매니아디비가 그런 사이트가 되었으면 한다.

홍정택 지금 ManiaDB의 사업화에 대해 생각하는 바가 있는가.

류형규 다소 부정적인 이야기일 수도 있겠는데, 메타 DB를 하면서 '이것을 사업화해 보자'는 사업자를 믿지 않는 편이다. 그들을 불신한다기보다 과거 경험으로부터 보건데 이 일을 통해 돈을 만들어낼 수 있다는 확신이 들지 않는다. 정말이지 나도 모르겠다. 그래서 사업화에 대해서는 크게 생각하지 않고 있다. 정말 이 일이 좋으니 즐기면서 노가다를 할 수 있는 정도다. 한 예로, 누군가가 온라인 음원 서비스 업계에서 후발업체라고 가정해보자. 이 업체가 선두 업체 대비 메타 DB를 잘 구축해 놓으면, 그것이 충분한 경쟁우위가 되어 여타 업체를 이길 정도의 영향력을 끼칠 수 있을까. 그런 확신이 있었다면 지금의 주요 업체들이 보다 신경을 썼겠지만, 결국 그들의 생각 또한 지금의 나와 비슷했다고 본다. 반면, 메타 DB 구축이 국가나 산업 전체 측면에서 필요할 것

이냐, 라고 물으면 분명 그럴 거라고 생각한다. 기본적으로 메타DB는 입맛에 맞는 음악을 골라줄 수 있는 인프라다. 당장 돈이 되지는 않겠지만 사람들이 음악을 찾아 듣고, 다양한 음악이 꾸준히 소개되고 소비될 수 있도록 하는 기반이 된다. 하지만 이런 장기적인 영향력까지 계산해서 꾸준히 메타DB에 투자 및 운영해 나갈 수 있는 의지와 확신이 있지 않는 이상 개별 기업이 이를 사업으로 추진하지는 않을 것이고, 그렇기에 정부 차원에서의 지원이 있어야 되지 않을까 생각한다. 하지만 개인적으로는 정부의 지속적인 운영 및 관리 의지에 대해 회의적이라.

홍정택 아카이브와 DB라는 용어가 혼용되는데, 둘의 차이는 무엇인가.

류형규 개인적으로는 말장난이라고 생각한다. 어떤 백그라운드에 계신 분들이냐에 따라 표현이나 단어 사용의 정의가 다르게 되는 것 아닐까. 그 실체는 정의하기 나름이다. 아카이브라는 용어가 팩트 데이터가 모인 DB까지만을 칭하는 경우도 있고, 이 DB를 소비할 수 있는, 가이드가 되는 요소들까지 포함하는 개념으로 언급하는 경우도 있다. 내 경우는 후자고, 그래서 아직 매니아디비는 DB라고 생각한다.

홍정택 미국의 대표적인 아카이브인 올뮤직(All Music)에 대해서는 어떻게 생각하는가.

류형규 메타 DB 자체로서의 퀄리티에 대해서는 좋다고 생각하는 부분도 있지만 세세한 면에서 부족하다고 생각되는 부분 또한 많은 게 사실이다. 개인적으로는 메타 DB는 좀 '후지다'고도 생각한다. 하지만 소비자에게 가이드를 준다는 측면에 있어서는 정말 잘 되어있다고 본다. 사실 메타 DB라는 것이, 팩트를 모으고 그것을 그대로 소비자에게 던진다고 해서 활용되는 것은 아니다. 원래 음악이라는 콘텐츠가 일일이 따지고 찾아가며 듣기보다는 남들 추천하는 대로, 남들 듣는 대로 좀 대충대충 듣는 성향의 대중들이 지배적이지 않은가. 누군가의 셀렉션은 그래서 중요하다고 생각한다. 귀로 들리는 가이드로는 라디오나 잡지 등이 있을 테고. 메타 DB도 그런 가이드와 결합될 때 보다 제대로 활용될 수 있다. 이 가이드라는 것 또한 여러 가지가 있을 것 같다. 일반적인 소개 글, 즉 제너럴 가이드가 있을 것이고 서로 다른 의견들이 들어간 가이드를 모으고, 종합해 놓는 것 또한 팩트 데이터 못지않게 재미있고 의미 있는 기능을 할 수 있다. 똑 같은 음악이라도 늘 호평과 악평이 함께 존재하지 않나. 이것들을 정리해서 별점을 주고, 이렇게 주고받는 의견들이 팩트 데이터와 결합되면 보다 아카이브에 가까워지지 않을까 한다. 또, 소개 글 같은 부분이 음악을 듣고 싶게 만드는, 소위 '염장'을 지르는 역할을 한다면 거기서 한 발 더 나아가 실제 음악 감상이나 구매 등으로 이어주는 기능 또한 필요하다. 다시 올뮤직 이야기로 돌아오면, 올뮤직은 메타 DB는 후진데 리뷰를 철저히 하고 이를 잘 분류/종합해 놓는다. 마치 책을 만들 듯 정리되어 있는데, 혹 출판 쪽 계시던 분이 하는 건가, 하는 생각도 들었다. (웃음) 또, 올뮤직은 아이튠즈와 바로 연결되어 음악을 듣고, 소비할 수 있는 길 또한 이어주고 있다. 이런 부분들은 인상적이라고 생각한다.

홍정택 그렇다면 국내에 매니아디비 외 아카이브 현황에 대해서는 어떻게 생각하는가.

류형규 좀 전에 이야기한 '아카이브'로서의 기능을 놓고 본다면, 솔직히 부정적이다. 결국 음악과 관련된 팩트 데이터를 수집 및 분류하고, 소개해주고, 음악을 찾아 듣는 길을 하는 기능적 측면에서 보면 멜론이나 엠넷 같은 유통 사이트들도 일종의 아카이브라고 할 수 있겠다. 하지만, 시장에서 영향력이 있기 때문에 많은 양의 기본 팩트를 수집할 수 있다는 면을 제외하면 담기는 팩트의 질, 분류의 체계성이나 정확도, 그리고 특히 음악을 셀렉션하고 소개하는 기능에 있어 많이 부족하다. 너무 소비 촉진에 치중하다 보니 잘 팔리는 음악 중심으로 첫 화면에 깔아놓는 것 이외에 기능이 없다고나 할까. 또, 기본적으로 구분이 후지거나 들어있는 데이터의 양과 질에 문제가 있는 경우도 있지만, 근본적으로 가장 큰 문제는 아무도 한 번 만든 데이터베이스를 유지 관리하지 않는다는 데에 있다. 한국콘텐츠진흥원인가에서 몇 년 전에 대중음악 아카이브를 만든다고 했던 적

이 있다. 많은 분들이 모이셔서 양질의 자료를 만든 것으로 알고 있다. 소개 글이나 기본 사실이나, 모두 잘 모았지만 실제로 한 번 런칭한 이후 본격적인 업데이트도, 수정/보완이나 이용의 최적화를 위한 노력도 아무 것도 없었다. 실제로 그런 곳에 전문적인 DB 운영 인력이 있기는 한 것인지도 궁금하다.

홍정택 메타DB를 운영하며 어려운 점은 무엇인가. 어떤 역량이 있다면 이 어려움을 줄일 수 있었을 것이라 생각하는가.

류형규 일단 운영비용이 가장 큰 이슈다. 메타 DB는 운영비용이 구축비용보다 몇 배 이상 많이 든다. 어느 사업자가하든 사업성 성립이 안 될 것 같다는 확신이 드는 것이 이 때문이다. 프로그래밍이나 입력상의 효율성을 극대화하면 운영비용을 줄일 수는 있겠지만 과연 이것을 근본적으로 해결할 수 있는 역량이 있을까. 아직 도달하지 못한 경지라 잘 모르겠다. (웃음) 두 번째로 DB 구축 방식 자체가 너무 어렵다. SM처럼 큰 회사의 음반은 나름 크레딧 정리가 잘 되어 있어 상대적으로 덜 어렵지만, 그 외에는 정보 수집부터가 어렵다. 예를 들어 홍대의 인디 음반과 관련된 크레딧을 수집한다고 보자. 근본적으로 일단 음반 제작한 쪽에서 팩트를 줘야 정보를 입력할 수 있지 않나. 하지만 아주 많은 경우 정보를 알려달라 해도 안 준다.

홍정택 그 이유는 무엇인가.

류형규 모르겠다. 그래서 1차적인 소스는 앨범 자켓에 있는 정보가 최대치다. 기본적으로 자켓에 기입되어 있는 정보를 보면서, Except 등의 정보를 보며 각 곡의 정보를 소위 '때려넣는' 것이다. 개별적으로 자켓을 보며 정보를 기입하는 것도 현실적으로 너무 어려운 일이다 보니 그냥 '부클릿 원본

파일이라도 달라'고 요청하지만, 그래도 안 준다. 그래서 스캔을 다시 한다. 음반을 사든 홍보물을 받든 갖은 방법을 통해 긁어모은다.

홍정택 주기적으로 DB를 업데이트하는 것 또한 굉장히 어려울 것 같다. 어떤 방식으로 이루어지는가.

류형규 하나는 크롤러라고, 타겟 사이트를 돌아다니며 목표 데이터를 긁어오는 프로그램을 활용한다. 가급적 머리를 써서 최소의 노가다로 업데이트가 가능하게끔 프로그램을 구성한다. 두 번째 경로는 음반을 직접 손에 넣는 건데, 막막할 것 같지만 의외로 이 기준이 잘 먹힌다. 어차피 사람들이 좋아하는 음반은 뻔하다. 그럼 사든, 부탁을 해서 받든 이런 음반들은 어떻게든 손에 넣을 수 있다. 그리고 그 다음은, 얻든 사든 빌리든 한 음반에 있는 정보를 직접 기입하는 노가다가 이어진다.

홍정택 노가다는 시간이 정말 많이 걸리겠다.

류형규 사실 정말 모든 것을 일일이 기입한다고 하면, 당연히 시간이 너무 많이 걸릴 것이다. 때문에 결국 매니아디비에 쌓이는 많은 데이터들도 다른 사람들이 찾은 것, 이미 올려놓은 것, 혹은 접하기 쉬운 것들 중심으로 모일 수밖에 없다. 다시금 사람들 취향이라는 게 결국 다 거기서 거기라는 생각을 하게 되는 게, 결국 두루두루 찾는 것들을 찾게 되니 크게 '매니아디비에는 자료가 너무 없다'는 불평은 듣지 못했던 것 같다. 첫 눈에 살펴보기에는 대단히 많이 있는 것처럼 보이기도 하지만, 사실은 모일 수 있는 정보들이 모이는 정도다.

홍정택 아카이브 인력 쪽으로 이야기를 돌려보자. 아카이브 관련된 일을 하기 위해서는 어떠한 역량이 있어야 한다고 생각하는가.

류형규 음... 이 일 자체를 직업으로 하는 이들이 없다고 생각하는데, 이런 이야기를 해도 되는지 잘 모르겠다. 제 경우를 예를 들어 설명하면, 저는 이 일을 하는 데에 있어 우연치 않게 꽤 적절한 특기와 경력을 지녔다고 생각한다. 대학에서 데이터베이스 관련 전공을 했고, K-Pop DB를 만들기 전에는 음반 판매 관련 쇼핑몰 경험도 쌓고, 스스로가 음반 수집가이기도 하다. 그렇다 보니 음악 DB를 만들 때 어떤 정보에 집중해야 하는지, 그것들을 어떻게 수집하고 정리해서 배열해야 할지에 대해 보다 일관되게 고민하고 기획, 노가다를 할 수가 있다. 함께 일하는 친구의 경우에는 이과 전공이 아니다 보니 프로그래밍이나 이런 쪽에서는 아무래도 전문성이 덜한데, 노가다를 한다는 측면에서는 굉장한 집중력과 끈기랄까, 그런 게 있다. 찬찬히 꾸준히 하면서 뭔가 이상한 점이 있으면 그걸 놀랍도록 잘 잡아낸다. 그래서 서로가 서로에게 도움이 많이 된다. 다시 이쪽에 필요한 역량 쪽으로 돌아오면, 결국 기본적인 프로그래밍이나 데이터 정리 관련된 스킬이 있어야 하고 그 다음으로는 끈기 있게 이를 유지해 나가는 것이 필요하다.

홍정택 만약 매니아디비에서 아카이브 전문 인력을 모집한다면, 어떤 점을 보겠는가.

류형규 새로운 분들과 함께 하는 점은 몇 년 전부터 계속 고민하던 것이긴 한데, 아까도 말했듯 과연 이 DB라는 것이 돈을 벌 수 있는 사업이 될 수 있을까에 대해 회의적이기 때문에 선뜻 사람을 더 들이기도 애매해진다. 기본적으로 현재 돈을 벌면서 이루어지는 일이 아니지 않은가. 정말 이 일을 좋아해서 어느 정도의 불편을 감수할 수 있다는, 그런 차원의 이야기는 아닌 듯 싶다.

홍정택 아카이브 자체가 '산업'으로서 정립되기 어렵기 때문에 '전문인력 수급' 또한 논의하기 어렵다는 이야기인가.

류형규 어느 정도는. 나나 함께 하는 사람이나 다 별도의 직장이 있다. 거기서 생계를 충당하고 시간을 쓸 수 있기에 매니아디비를 할 수 있는 것이다. 아까 이야기한 프로그래밍이나 끈기, 집중력 모두 갖춘 사람이라고 해도 선뜻 이 일을 추천하기 어려운 것 또한 그 때문이다.

홍정택 그렇다면 질문 방향을 바꿔보자. 아카이브 분야가 전문인력 수급이 이루어질 수 있는 환경이 되기 위해서는 무엇이 선결되어야 할까.

류형규 일단 아카이브로 먹고 살 수 있는 환경이 조성되어야 할 텐데, 앞서도 말했듯 기업들이 이를 자발적으로 하리라 기대하는 것에는 무리가 있다. 결국 정부 주도로 어떠한 시도들이 이루어져야 할 거라고 본다. 그것이 전문인력의 교육이 될 수도 있겠지만, 일단 교육해서 배출한 인재가 일할 거리가 먼저 있어야 되지 않겠나. 정부 주도로 아카이브를 인프라의 일환으로 지속 투자/관리하는 기능을 만든다면 가장 이상적일 거라고 본다. 물론 실제로 정부가 이를 할 수 있을지는, 아직도 잘 모르겠지만. `SOUND`

방송국
MBC MUSIC 박현호 센터장

일시 2012년 7월 10일(화), 오후 4시
장소 여의도 MBC MUSIC 센터 사옥 6층
정리, 글 배수정(SOUND 연구원)

"전문 인력은 사회적 수요와 요구가 있을 때 자연스럽게 만들어질 것이다."

배수정 MBC 뮤직이 하는 일과 이와 관련된 업무를 설명해달라.

박현호 MBC 뮤직은 MBC 플러스 안에 있는 음악 채널이다. 음악 관련 본사 콘텐츠를 재방송하기도 하고 MBC 뮤직 안에 있는 프로듀서들이 별도로 자체제작 프로그램을 만들기도 한다. MBC 뮤직의 주요 업무는 음악 프로그램을 만드는 것으로써 나는 센터장을 맡고 있다. 개인적으로 MBC 뮤직에만 있었던 것은 아니다. MBC 본사에서 17년 동안 예능국에서 프로그램을 제작했다. MBC 뮤직이 만들어지면서 1,2년 정도 파견 형식으로 나와 있는 것이다. 초기에 센터를 잡아주는 역할로 파견이 되었다. 프로그램들의 코디네이션과 제작비, 편성 등을 전체적으로 조절한다.

배수정 대학교 때 전공이 업무에 도움이 되나?

박현호 조경학과를 졸업했다. 결과적으로 전공은 상관없다. 프로그램을 만드는 PD의 경우, 평소 자신이 만들고 싶었던 프로그램을 만든다. 하지만 음악 프로그램을 제작하다보니 무대나 비주얼 같은 요소들에 대해서는 전공이 도움이 되는 측면이 있다.

배수정 어떻게 음악방송 PD를 맡게 되었나?

박현호 음악 프로그램을 예전부터 좋아해서 맡게 되었다. 종종 예능 PD와 음악 PD를 나누는 사례를 볼 수 있다. 나는 코미디, 버라이어티 등을 비롯한 다양한 예능 프로그램을 해봤다. 음악방송 PD라고 해서 음악 프로그램만 제작하는 방식은 겪어보지 않았다. 하지만 음악 프로그램만 제작해서는 안 된다고 생각한다. 코미디, 버라이어티 등의 정서를 이해하고 이러한 프로그램도 제작할 줄 알아야 된다고 생각한다.

배수정 처음 음악방송을 만들 때 힘들었던 점은 무엇이었나?

박현호 기존에 세워진 고정관념과의 싸움이었다. 공중파 프로그램들이 어느 정도 틀이 잡히면 그대로 가려고 하고, PD들 또한 바꾸려고 하지 않는다. 이러한 부분을 바꾸고 새롭게 하려는 부분이 힘들었다. 예를 들어 가요대제전 같은 경우, 사전 녹화를 진행하는 부분이 있다. 하지만 나는 절대 현장 사전녹화를 하지 않았다. 현장에서 관객들이 공연을 보고 있다는 느낌을 최대한 생생하게 전달하고 싶었다. 기존의 음악 프로그램들이 단순히 공개 녹화의 개념이었다면 나는 하나의 공연이라는 부분에 초점을 맞춰 관객을 배려한다는 시스템적으로 접근했다.

배수정 음악 방송 PD를 위해 요구되는 핵심역량은 무엇이라 생각하나?

박현호 음악에 대한 기본적인 지식은 필요하다. 음정, 박자에 대한 하자고 집중력이 필요하다. 집중력의 경우는 콘티 작업을 위해 필요하다. 보통 한곡을 위한 콘티 작업은 능력이 숙련되었을 때 한 시간 정도 걸린다. 음악중심의 콘티를 짜기 시작하면 열 너댓 시간이 걸린다. 이 시간에는 집중적으로 투자를 해야 한다. 결과적으로 일주일 단위의 음악 프로그램을 만드는 것은 굉장한 집중력과 체력, 음악에 대한 열정을 요구한다. 이러한 부분들이 종합되어야 한다.

배수정 음악에 대한 기본적 지식은 왜 필요한가?

박현호 장면의 컷을 넘기는데 박자감각이 없으면 잘 진행되지 않는다. 컷마다 특정 박자를 기준으로 잡고 다음 장면으로 넘기게 되는데 이러한 부분에서 박자나 음정에 대한 개념이 없으면 노래를 쫓아가지 못한다. 노래를 잘 부를 필요는 없지만 몇 마디 정도 지나서 간주가 나오고, 16마디 지나서 브레이크가 나오는 등의 개념이 있는 것 등은 필요하다. 이러한 개념 없이는 음악에 대해서 따라 갈 수가 없다. 자신이 무엇을 하는지에 대한 느낌이 없기 때문이다.

배수정 업무에 대한 숙련도는 어디에서 얻는다고 생각하나?

박현호 반복되는 자기 학습이다. 처음 음악캠프에 입봉했을 때, 토요일 방송을 월요일 아침 출근하기 전까지 5번 정도를 모니터링 했다. 이러한 과정을 1년간 했다. 계속 보면 고쳐야 할 부분이 많다. 이러한 부분을 찾는 것이 학습이라 볼 수 있다. 학교에서는 가르쳐주지 않는다. 또 음악에 관련된 지식을 따로 공부하기도 한다. 작곡에 대한 책도 몇 권 봤고, 뒤늦게 베이스 기타를 배우기도 했다.

배수정 지금 하는 업무를 위해 가장 많이 투자하는 것은 무엇인가?

박현호 계속적인 모니터링이다. 외국 프로그램을 많이 보는 편이다. 최근 관심사가 프로그램 내 제작 시스템에 대한 것이다. 그래서 후지 록 페스티벌, 썸머소닉 같은 현장도 직접 가보고 일본의 FNS 가요제, 홍백가합전 등도 직접 견학한다.

배수정 PD를 하기 전에는 몰랐지만 실제로 해보니 어떠한 능력이 있으면 더 일을 잘할 것이라고 보나?

박현호 스토리 구성 능력이라고 본다. 일을 잘하는 PD와 잘 못하는 PD가 나뉜다. 캐스팅, 영상을 떠나서 나뉘는 부분은 스토리를 만들 수 있느냐 없느냐의 차이이다. PD가 생각이 있어서 컷을 나뉘었는지가 보이는 사람이 있는 반면 남들이 나누니깐 자신도 나누는 PD도 보인다. 명확한 자기 생각을 가지고 구성을 하여 스토리를 만들어 완성된 덩어리로 만들어야 한다. 정확하게 자신이 무엇을 찍는지 알고 있고 이를 스토리로써 어떻게 전달할 것인지에 대한 정확한 생각이 있어야 한다. 스토리적 요소는 기존 대학에서도 가르치는지는 모르겠다. 자신이 하면서 배우는 것이다.

배수정 신입이나 후임을 뽑을 때 가장 유의하게 보는 능력은 무엇인가?
박현호 남다른 시각을 가지고 있는지 본다. 예능 쪽에서는 특히 중요하다. 다른 사람과 다르게 생각하고, 자신의 뚜렷한 주관을 가지고 이야기 할 수 있어야 한다.

배수정 처음 들어왔을 때, 가장 집중해서 가르치는 것은 무엇인가?
박현호 편집, 촬영하는 것이다. 기본적인 것부터 가르치는 편이다. 촬영 나갔을 때의 대처방식과 편집을 위해서 어떠한 것을 준비해야 하는지 등에 대해서이다. 2년 정도 지나면 전체 시스템에 대한 이해가 생기는 편이다.

배수정 음악방송 PD로써 음악산업 전반을 알 필요가 있다고 생각하나?
박현호 그렇다. PD를 할수록 자신의 것만 하지 않는다. 다른 부분과 협업해야 하는 부분이 있다. 앞으로는 다양한 부분과 협업하여 프로그램을 만들어야 한다. 광고, 홍보 쪽도 이야기해야 하고 VOD, IPTV 쪽도 고려해야 한다.

배수정 처음 입봉할 때와 음악방송 상황이 어떻게 달라졌나?
박현호 그 당시에는 한류라는 것이 없었다. 공중파에서의 순위 프로그램 영향력도 막강했다. 그리고 지금보다 시스템이 열악했다. 지금은 시스템이 발달되었고 순위 프로그램의 영향력이 축소되었다. 이는 시청자들이 외국의 좋은 프로그램을 많이 보고 요구도 다양해졌기 때문에 바뀐 것이라고 생각된다. 그렇기 때문에 현재 음악방송 PD들은 모든 것을, 전체를 아울러서 보는 시각이 필요하다. 새로운 시스템을 만들어내는 방법이 없다면 살아남을 수 없다. 또 외부 환경을 인식하면서 음악 프로그램이 아닌 다른 버라이어티 프로그램에 대해서 배울 점이 있다면 적극 반영해야 한다.

배수정 음악산업계에서 가장 인적 인프라가 부족한 분야는 어디라고 생각하나?
박현호 PD가 원하는 것과 실시 기능을 잘 조절해 줄 수 있는 매니지먼트 분야가 부족하다. 여러 분야 인력은 많지만 막상 쓰려고 하면 없는 경우가 많다.

배수정 음악 방송 PD는 어떤 전공자들이 많나?
박현호 다 다르다. 실용음악과 출신은 보지 못했다. PD가 되기 위해서 어떤 과를 가야한다고는 생각하지 않는다. PD를 위한 학과 신설의 필요성도 느끼지 못하겠다.

배수정 음악 방송 인력의 수급 균형은 어떠한가?
박현호 하고자 하는 사람은 많지만 쓸 인력은 없는 편이다. 원하는 만큼 능력이 적합하지 않다. 많은 준비를 했으면 좋겠다. 업계 내에서의 이동은 있는 편이다. 하지만 모든 인력으로 일반화 시킬 수는 없다. 사실 방송에 관한 인력들은 전체적으로 부족한 편이다.

배수정 인력 충원은 어떻게 이루어지나?

박현호 의지가 있는 사람들을 받아서 내부적으로 훈련하는 경우가 대부분이다. 공고를 내는 경우는 많지 않다. 하지만 부족한 인력이 계속 생기는 이유는 인력들이 시장 진입을 모르기 때문이라고 생각한다. 인력 수급 균형을 맞추기 위해서는 현장 안에 있는 사람들이 새로운 인력을 훈련시켜 키워야 한다고 생각한다.

배수정 MBC 뮤직에서 협업하고 싶은 집단이나 인적 네트워크가 있나?

박현호 딱히 없다. 이미 필요한 부분은 다 진행하고 있다. 프로젝트를 하는데 있어 회사끼리 하는 것이 도움이 된다고 판단되면 맞는 회사와 같이 진행한다. 단독적으로 진행하는 프로젝트는 없다고 봐야한다.

배수정 기존의 실용음악과가 대중음악 전문인력을 만드는데 도움을 준다고 생각하나?

박현호 어느 정도 기여는 하고 있다고 본다. 산업 내에서 가지는 한계점은 없다고 본다.

배수정 그렇다면 실용음악과가 아닌 대중음악학과가 생긴다면 어떤 부분에 초점을 맞추어야 한다고 생각하나?

박현호 PD 입장에서는 디렉터 쪽이다. 하지만 중요한 것은 교육에서 실무를 중요시해야 한다는 점이다. 학생들을 위한 학과를 만들어서 학생들을 교육해야 한다. 이러한 면에서 대중음악학과는 제작, 실무에서 강점을 가질 수 있을 것이라고 생각된다.

배수정 그렇다면 어떤 분야의 교수들이 초빙되어야 한다고 생각하나?

박현호 방송 쪽이라면 콘티 작업 부분과 음향, 조명 부분이다. 가장 중요한 것은 콘티 작업이고 졸업 후에도 이러한 작업에 대한 능력이 갖추어져야 한다고 본다.

배수정 대중음악학과 같은 학제 신설을 위해 음악산업 관계자가 어떤 노력을 해야 한다고 생각하나?

박현호 굳이 움직이지 않아도 학과는 만들어 질 수 있다. 노력을 하는 분들이 계실테지만 사회운동 차원에서 접근하지 않았으면 좋겠다. 사회에서 수요가 생기고 사회적으로 요구가 된다면 학교에서는 당연히 인력을 공급하게 된다.

배수정 음악산업을 체계적으로 공부할 수 있는 학제가 생긴다면 음악 방송분야에 도움이 될 것이라고 생각하는가?

박현호 되기야 할 것이다. 전혀 모르는 것 보다는 나을 수 있다. 하지만 학생들에게 초점을 둬서 채용하지는 않을 것이다. 유리한 점은 있을 수 있지만 채용 기준이 다르기 때문에 단순히 기술적 부분으로 평가하지는 않을 것이다. 중요한 것은 얼마나 다른 시각을 가졌는지 본다. 이는 대부분의 PD들이 초점을 두는 부분이다.

배수정 MBC 뮤직이 원하는 인재상을 구체적으로 알려 달라.

박현호 다르게 생각하고 접근할 줄 알고 집중력과 체력, 디테일에 대한 관심이 있는 사람이다. 하지만 무엇보다도 사물에 대해 다른 시각을 가지는 것이 제일 중요하다. **SOUND**

KBS 라디오 정일서 음악PD

일시 2012년 7월 13일(금), 오후 4시
장소 KBS 본관 앞 벤치
정리, 글 이영규(SOUND 연구원)

"체계적으로 음악을 공부하는 시스템은 음악 PD로서도 매우 절실한 부분"

이영규 어떤 계기로 라디오 음악PD가 된 것인가.

정일서 고등학교 때부터 꿈이었다. 지독한 라디오 키드, 팝송 키드로 라디오를 들으며 음악PD를 꿈꿔왔다. 그래서 대학에서도 신문방송학을 전공했으며, 졸업 후 입사시험을 거쳐 라디오PD가 된 것이다.

이영규 음악PD로서 핵심적인 역량은 무엇이라고 생각하는가.

정일서 그건 좀 예매하다. 사실 라디오 PD와 음악 PD가 등치되는 개념이 아니다. 음악 PD가 아닌 라디오 PD도 있다. 라디오 콘텐츠는 MC, 말, 뉴스, 정보 등 다양한 요소로 이루어져 있다. 하지만 라디오 음악PD로 범위를 한정한다면, 기본적으로 PD로서의 핵심역량은 음악이라고 생각한다. 그렇다고 음악이 전부는 아니다. 음악을 많이 듣고 좋아하고 많이 안다고 해서 좋은 피디가 되는 것은 아니다. 필요한 조건이긴 하지만, 충분하진 않다. 실제 음악을 많이 안다고 해서 피디가 될 수 있는 것도 아니다. 입사시험을 통과하기 위해서는 다른 조건들도 요구되는 것들이 많다. 또 음악시험을 따로 보는 것도 아니다. 그럼에도 불구하고, 라디오 PD로 들어오는 사람들의 평균치를 보면 대개 음악을 좋아하는 이들이 많이 들어온다.

이영규 대중음악 산업의 전반에 대해 두루 잘 아는 것이, 제작하는 데 있어 도움이 되는가?

정일서 물론이다. 음악산업의 흐름, 매니지먼트의 경향 등 당연히 음악산업에 정통하면 도움이 된다. 기본적으로 PD들도 여러 산업적 관계 안에서 프로그램을 만든다. 하지만 산업적 측면 외에 음악 자체에 대한 애정과 관심도 중요하다. 특히 음악에 대한 잘 모르는 상황에서 음악피디를 하겠다고 하는 것 자체가 넌센스다. PD들에게는 음악적으로 훌륭하다거나, 이 곡은 대중에게 통할 수 있겠다고 감지할 수 있는 능력이 요구되며, 이는 하루아침에 길러지는 것이 아니다. 소위 귀가 뤼이고, 귀가 까일 때까지 계속 노력해야 하는 부분이기도 하다.

이영규 음악을 많이 알아야한다는 것은 비단 라디오피디 뿐만 아니라 음악산업에 진출하고자 하는 모든 이들의 기본 소양이자 의무일텐데, 그 특별한 방법이 있는가? 무작정 많이 듣는 것도 과연 효과적인 방법이 될 수 있나?

정일서 기본적으로 음악을 많이 들어야 하지만

기본 체계, 뼈대를 잘 세워 들어야한다. 음악사나 장르에 대한 이해처럼 기본틀을 가지고 들으면 좋을 듯싶다. 실용음악학과에도 이런 커리큘럼은 있는 것 같긴 한데, 충분한지는 잘 모르겠다. 개인적으로 나는 라디오를 듣는 것이 가장 큰 공부였다. 어릴 적 DJ의 말을 적어서 외우다시피 했다. 음악 듣기와 관련해서는 정말 개인적인 노력 말고는 딱히 다른 비법 같은 것은 없는 것 같다.

이영규 음악전문 PD가 겪는 어려움은 무엇인가.

정일서 나도 그렇고 내 뒤의 후배들도 그렇지만 갈수록 '스스로 많이 부족하구나'라는 점을 깨닫게 된다. 들어오기 전에도, 들어오고 나서도. 이 세상에 얼마나 많은 음악이 존재하는가? 아무리 많이 들었다고 하더라도 '내가 지닌 지식이 얼마 되지 않구나'라는 점을 자각하는 것, 어차피 항상 부족한 상태이기 때문에 들어와서 'PD질'을 하면서도, 계속 공부하고 스스로를 발전시켜 나아가지 않을 수 없다.

이영규 그렇다면 대중음악학과 학제가 만들어진다면, 다만 그 형태가 대학 모델인지 대학원 모델인지 여부는 차지하더라도 조금이라도 도움이 될 수 있을 것 같은데.

정일서 문제는 그게 어떻게 만들어지느냐에 따라 달라질 것이다. 누구를 대상으로 할 것인가를 명확히 해야 한다. 솔직히 말해서 대중음악학과가 학부 과정으로 만들어진다면 PD들은 굳이 그 과정을 듣진 않을 것이다. 이미 그 과정은 넘어선 사람들이니까. 학부는 음악산업에 종사하고자 하는 이들을 위한 직업 선택의 과정으로서 대학의 다른 학과처럼 고등학교 졸업 후 진학하는 학제의 일부면 자연스럽지 않을까 싶다. PD들에게 필요한 것은 일종의 재교육이다. 그래서 최소한 대학원 과정의 레벨은 되어야 한다고 생각한다.

이영규 PD 입장이 아닌 음악전문가로서 만약 학부에 대중음악학과가 생긴다면 어떤 커리큘럼이 필요한 것인가.

정일서 현재 우리나라에서 이를 전공으로 가르치는 학부는 없기 때문에, 졸업 후 공연기획자가 되거나 음반사에 입사를 해도 그것을 전공한 사람은 없다. 그냥 자기가 그 분야를 좋아해서 개인적인 관심과 노력으로 그 분야에 진출한 것이다. 때문에 공연기획자, 음반사 등 음악산업 전반을 아우르는 인재를 공급하는 체계적 과정으로서 대중음악학과는 필요하고 의미도 있을 것이라고 본다. 좀 더 내부를 자세를 들여다보고 결정해야겠지만 기본적으로 체계적으로 음악을 들을 수 있는 틀거리인 음악사, 장르에 대한 이해와 문화이론에 대한 기초지식, 그리고 공연기획, 음원유통구조 등 산업적 측면에 대한 공부까지 포괄해야 할 것 같다. 그래야 음악산업 전반에 걸쳐 다양한 인재를 배출하지 있지 않겠는가. 다만 음향, 조명 등의 약간 기술적인 부분까지 배워야 하는지 여부는 좀 더 신중하게 평가해야 할 것 같다.

이영규 대중음악학과를 신설한다면 기존의 실용음악학과와는 어떻게 달라야 할까.

정일서 실용음악학과가 무엇을 가르치는지 정확히는 모른다. 하지만 내가 파악하는 바로는 뮤지션 연주자들, 대중음악 송라이터 등 뮤지션 계열의 사람들을 주로 양성하는 과인 것 같다. 또 커리큘럼은 앞서 언급한 내용을 가르치는 것 같긴 한데 그냥 구색을 맞추는 정도의 수준이어서 기존의 실용음악학과에 내용을 보강한다고 해서 해결될 문제는 아닌 것 같다. 그래서 새로 대중음악학과를 신설하는 것에 대한 논의는 바람직해 보인다. 더구나 대중음악산업에 진출하고자 하는 이들과 뮤지션이 되고자 하는 이들의 영역이 전적으로 다른 분야라고 본다.

이영규 다시 정리해보자. 학부나 대학원 모델, 어떤 모델이 더 적합한가?

정일서 학부뿐만이 아니라 대학원 과정도 필요하다고 본다. 대학원에서는 문화대학원 등에서 일정 부분 소화하지만, 대중음악에 한정해 특화된 대학원은 없다. 예컨대, 나는 문화의 일부로서가 아닌 전적으로 대중음악만을 좀 더 체계적으로 공부하고 싶다. 나처럼 PD이거나 음악산업에 종사했던 분들도 좀 더 체계적으로 배울 수 있는 과정이 필요하다. 평론가들 역시 마찬가지다. 이를 전문으로 하는 특수화된 대학원도 필요하지만 앞에서도 얘기했듯이 졸업 후 직업으로서 음악산업 분야를 준비하는 과정으로서 학부 역시 필요하다고 본다. 한 학교 안에 학부와 대학원이 함께 연계되면 더욱 좋을 것도 같다.

이영규 현실적으로 대중음악학과의 강사진이 충분할까.

정일서 우선 대학원 과정은 쉽지 않다. 학위가 있는 것도 아니고 전공자가 있는 것도 아니기에 결국 '이 바닥에서 누가 더 권위가 있고 인정받느냐'의 문제로 연결될 것이다. 똑같은 말이라고 하더라도 누가 말하느냐에 따라 신뢰도가 달라진다. 그처럼 대학원 교수진은 일종의 권위 문제로, 특

히 배우는 사람들이 인정할 만한 권위를 가져야 하는 데 쉬운 문제는 아니다. 그래서 가르치는 당사자 또한 부담스러울 수 밖에 없는 자리일 것이다. 내가 거기에 충분히 답변할 수는 없을 것 같다. 하지만 학부 정도에서의 강의를 맡을 분들은 충분히 많다. 이 분야에서 오랜 일한 경력 자체만으로도 충분히 자격이 되는 분들은 많다고 본다.

이영규 당연히 커리큘럼도 달라져야 할 듯 싶은데.

정일서 그간의 대학과 대학원이 그렇듯이 학부는 얕지만 넓은 방향에서의 기본적인 체계적인 음악의 토대를, 대학원은 깊고 좁은 방향에서의 전문적 지식을 쌓는 방향으로 추진되어야 할 것 같다.

이영규 결국 대중음악학과의 핵심은 체계적인 '음악 교육'인 것 같다. 음악지식을 쌓는 특별한 노하우가 있는가?

정일서 특별한 노하우는 없다. 시간과 노력을 투자하는 방법밖에 없다. 나 같은 경우엔 음악 관련 책은 거의 챙겨보는 편이고, 음반 해설지는 물론 언론기사까지 꼼꼼히 두루 살펴본다. 예전에 쓴 책인 '365일 팝음악사'의 경우도 애초에 책을 쓰려고 했던 것이 아니라 방송프로그램을 만드는 입장에서 방송을 위해서 그날 그날 날짜를 중심으로 관련 사건을 약 10년 동안 모은 자료와 기록인데, 그것이 우연한 기회에 묶여서 책으로 나온 것이다.

이영규 음반 매니먼지트 등 음악 산업에 종사하는 이들과의 교류는 많이 있는 편인가.

정일서 우리도 음반사, 공연기획사 등 그쪽의 흐름을 모르면 방송제작에 지장이 있기에 틈틈이 이루어지긴 하지만, 공식적인 자리는 없고 비공식적인 자리 술자리 등을 통해 이루어진다. 이 과정

을 통해 음악산업 업계의 흐름을 비롯 휴먼 네트워크를 쌓아 그간 잘 몰랐던 부분이나 부족한 내용을 채워가는 과정으로 기회로 삼기도 한다.

이영규 어떻게 하면 KBS에 들어갈 수 있는 것인가.

정일서 매년 시험전형도 조금씩 달라진다.(웃음) 그래서 자세한 전형방법은 말하기 어렵지만, 이 정도는 말할 수 있을 것 같다. PD에게 요구되는 요건 같은 건데, 무엇보다 방송을 만드는 데 있어 기본적이고 일반적인 상식은 매우 중요하다. 또 세상을 바라보는 균형 잡힌 시각과 일반적인 사람들보다는 넓고 세심한 관심, 사회적 약자에 대한 따뜻한 시선 등이 필요하다. 하지만 PD들에게 가장 중요한 건 역시 창의성이다. 남들이 하지 못하는 창의적인 생각을 시험과 면접에서 주로 본다.

이영규 KBS 입사 전과 비교했을 때 확연하게 달라진 음악 환경은 무엇인가.

정일서 개인적으로 LP가 CD로 넘어가는 것도 사실 좋아하지 않았지만, CD가 디지털 음원으로 넘어가는 것에는 굉장히 큰 반감이 있다. 농담처럼 음반이 나오지 않고 파일로만 돌아다니는 시대가 오면 그때부터 음악을 듣지 않겠다고 말하곤 했는데, 이제 정말 음악을 안 들을 때가 가까이 온 것 같다.(웃음) 그 정도로 음악 유통시장 자체가 많이 변했다. 음원 중심으로 이제 확고히 개편된 것이 가장 큰 환경 변화라고 할 수 있을 것 같고, 방송국과 기획사 간의 권력관계도 많이 달려져서 사실상 역전되었다. 요즈음은 기획사의 파워를 무시할 수 없다. 특히 라디오는 더욱 그렇다.

이영규 거스를 수 없는 시대적 흐름인 디지털 음원 시장에 대한 전문적인 공부와 교육도 필요한 것 같다.

정일서 맞다. 대중음악학과에서도 이에 대한 교육은 필요할 것 같다. 다만 기본적으로 디지털 음원 시장에서 앨범이 가진 의미, 소위 명반이 주는 고유한 가치가 사라진 것은 안타깝게 생각한다.

이영규 현재 한국 음악산업이 지니고 있는 문제점 및 한계는 무엇인가?

정일서 얼마 전 집회도 가졌지만 음반 시장이 디지털 음원으로 넘어가면서 생기는 이익분배의 문제점, 즉 창작자들이나 음악을 하는 분들보다는 음악 유통사들의 수익이 더욱 커져가는 기형적인 문제가 있다. 또 예전 방송사들의 무소불위의 권력처럼, 이제는 대형기획사들의 파워가 지나치게 커지는 것도 문제가 되는 것 같다. 해법은 그 거대한 힘을 적절히 분산해서 균형을 맞추는 것이라고 본다. 하지만 음악이 오로지 산업적 측면에서만 볼 수 있는 것이 아니기 때문에 개인적으로 대기업들이 자꾸 음악산업 쪽으로 들어오는 것도 그다지 좋게 보지는 않는다. 어차피 그들은 돈만을 □아서 들어오니까. 돈 안 되면 나가고. 그러면서 물만 흐려놓는 경우가 그 동안에도 많지 않았나.

이영규 최근의 음악적 고민은 무엇인가?

정일서 경연 프로그램에 대한 생각을 정리 중이다. 근래 지상파 '나가수' 현상으로 정점을 찍은 오디션 문화로 도배된 음악프로그램의 흐름에 대해서. 가창력을 지닌 훌륭한 가수를 대중에게 선보일 수 있는 기회 자체가 주는 긍정적인 맥락에는 동의하면서도, 프로그램 포맷 자체는 뮤지션들에게 대단히 무례한 방식이었다고 생각한다. 꼭 그렇게 해야 했을까? 하나가 성공하면 그 방향으로 다 몰리고 쏠리는 방식의 근원엔 결국 돈이 연계되어 있는 것 같다. 시청률과 광고, 그리고 디지털 음원 수익까지. 여하튼 흥미롭게 지켜보고 있다. **SOUND**

재즈피플 김광현 편집장

일시 2012년 7월 16일(월), 오후 4시
장소 월간 재즈피플 사무실
정리, 글 이영규(SOUND 연구원)

"음악을 향한 지속가능성에 대한 고민이 우선 되어야 할 것"

이영규 음악산업에서 잡지가 차지하는 비중은 어느 정도인가.

김광현 사실상 음악잡지가 거의 폐간된 상황이 말해주듯, 음악 산업에서 잡지가 차지하는 비중은 적다. 더욱 일반적인 음악과 달리 재즈를 전문적으로 다루는 잡지는 더욱 그렇다. 음악 산업이 점차 커지고, 한류의 열풍이 있지만 그 혜택은 거의 없다고 해도 무방하다.

이영규 잡지 외에 수원여대에서 강의하는 등 현실적으로 실용학과 학생들과 많이 만난다. 주로 무슨 이야기를 하는가.

김광현 한국대중음악사와 서양대중음악사 등 대중음악에 관련된 강의하는데 졸업 이후 미래에 대한 이야기도 자주 나누게 된다. 과연 실용음악학과 학생들 중 몇 %가 10년 후에도 음악계에 남아 있을까, 또 재즈잡지를 만드는 입장에서 몇 명이 재즈 연주자로 살아갈 수 있을까, 등. 그렇기에 진짜 하고 싶은 일이 무엇인지를 파악하는 것이 장기적으로 중요하다고 조언하는데 정작 당사자들은 그 의미를 잘 모르는 것 같다.

이영규 실용음악학과가 가진 가장 큰 문제점은 무엇이라 생각하는가.

김광현 음악에 대한 열정 등 음악인으로 살아가고자 하는 학생들의 마음가짐이 모든 문제의 시작이자 결국에는 열쇠일 것이다. 때때로 수능 점수에 맞춰 과를 선택하는 것과 달리 음악은 실제 자기가 하고 싶어서 선택한 영역일 것 같은데, 실상 그런 것 같지가 않다. 정말 음악이 하고 싶어 들어온 것인가에 대한 의심이 많이 든다. 더욱이 성공의 기준은 각자 다르겠지만, 음악으로 성공한다는 것이 그리 쉬운 것도 아니다. 학생들이 처음부터 분명하고 확고한 의지 아래 과를 선택하는 것이 중요하고 그 과정 속에서 미래에 대한 고민을 절실하게 해야 한다고 본다.

이영규 제자를 가르치는 스승의 입장에서 조언도 많이 할 것 같은데.

김광현 정말 하고 싶은 것이 무엇인지부터 생각해보라고 조언한다. 전문 세션맨으로 성공하고 싶은지, 자기 음악을 하고 싶은지 등 학생이지만 나름의 생각을 정리하고 그 길을 위해 준비하라고 한다. 그렇게 해야 학교생활이 시간낭비 또는 인생낭비가 되지 않을 것임에도, 크게 고민하는 학생들이 많지 않은 것 같다. 결국 소수의 친구들만 고민하고 거기에서 좋은 음악이 나오는 것 같다.

이영규 지속적으로 음악을 할 수 없는 것이 실용음악과 학생들이 가진 가장 큰 문제 아닌가.

김광현 연주자를 위한 전문 학과임에도 불구하고 졸업 후에 이 분야에서 계속 일을 한다는 것이 쉽지 않은 것이 문제이지만 다양한 음악적 수요를 담담하지 못하는 것도 문제이다. 그런 취지에서 대중음악학과로 대표되는 새로운 학제 개편은 필요하다고 본다.

이영규 기존 실용음악과 체제에서 새롭게 대중음악학과를 만든다면 문제점이 해소될 수 있을까?

김광현 대중음악과와 실용음악과의 분리가 과연 얼마나 실효성이 있을까하는 의문은 가지고 있다. 연주중심의 실용음악학과와 그 외 음악산업에 관한 대중음악과의 분리는 필요하지만 실효성 부분이 핵심인 것 같다. 대중음악학과를 위해 학교가 세워질 수는 없고 학교 안에 대중음악학과가 생겨야 하는데, 과연 학과 신설에 동의하는 학교 및 기존 실용음악과와의 마찰 등 신설 자체가 그리 쉽지 않아 보인다.

이영규 보다 정확한 의견을 듣고 싶다.

김광현 뒤집어 생각하면 음악학과의 핵심은 음악인, 연주자라 할 수 있다. 연주자가 중심이 되지 않는 학과는 한계가 있을 것이다. 대중음악학과라 하더라도 그 안에 연주자 중심의 체계는 분명히 있어야 할 것 같다. 몇 해 전 서울재즈아카데미에서 칼럼니스트학과가 개설된 적이 있었는데 지금은 찾아 볼 수 없다. 연주자 육성 중심의 학원이지만 그 안에서도 칼럼니스트학과가 연속성을 가지는 것이 쉽지 않았던 것 같다. 대중음악학과가 생기더라도 연주자를 배제한 상태에서 기존 실용음악학과가 다루지 못한 영역만 다루는

것은 그래서 바람직하지 않은 것 같다. 물론 한 학교 안에 실용음악학과와 대중음악학과가 같이 공존한다면 모르겠지만, 그렇지 않다면 어쨌든 연주자와 함께 가야할 것이다. 연주자 중심의 토대 위에 대중음악학과가 신설되는 것이 바람직한 방법인 것 같다.

이영규 요약하면 기존의 실용음악학과 체제를 현실적으로 보강해야 한다는 말인가.

김광현 대중음악학과 취지에 절대적으로 공감하고 현재 실용음악학과가 지닌 분명한 한계가 있지만 연주자 중심 속에서 학과 문제를 고려해야 한다는 것이다. 요컨대 실제 연주자를 전혀 제외한 상태의 대중음악학과가 만들어진다고 하더라도, 국내 어디선가는 연주자를 배출해야만 한다. 또 대중음악학과라는 이름에 기존 실용음악학과의 체제의 한계를 보완해서 흡수할 경우엔 과 이름에 변경된 것에 지나지 않을 수도 있다. 그걸 경우에 굳이 기존 학과가 변화하려고 하겠는가. 불필요하다고 생각이 들 것이다. 원론적인 이야기겠지만 조화로운 결합과 공존이 있을 것이다.

이영규 실용음악과만으로는 현재 음악산업에 진출하고자 하는 꿈을 가진 친구들에게 체계적인 교육을 할 수 없다는 것이 대중음악학과가 제기하는 문제의 핵심 아닌가?

김광현 현재의 실용음악학과 안에서도 최소 한두명 씩은 재즈피플 기자가 되고 싶다거나, 글을 쓰고 싶어 왔다는 목표를 가진 친구들을 만날 수 있다. 이런 친구들 같은 경우를 보더라도 대중음악학과의 필요성을 공감한다. 대중음악학과 안에 연주자와 그 밖의 음악산업 진출을 목적으로 하는 인재들을 나누는 방법 등 기존 시스템을 보완, 완충하는 조치는 필요하다고 본다. 다만 그것이 기존 실용음악학과와 대중음악학과가 서로 손잡

고 가야하는, 원원할 수 있는 형태로 진행되어야 한다는 것은 분명하다. 처음부터 새로운 대중음악학과의 신설과 기존의 학과의 커리큘럼을 보강하는 완충책 등의 일종의 투 트랙 방향으로 2가지 모델이 동시다발적으로 이루어져야 한다고 본다.

 학부가 아닌 대학원에 신설하는 것은 어떨까.

 그것도 필요하다고 본다. 문제는 대학원에 얼마나 많은 인원이 갈 수 있을지에 대한 수요 파악과 더불어 강사진의 문제, 그리고 대학원 졸업 후 어떻게 먹고 살아야 하는가에 대한 고민도 필요할 것 같다. 현실적으로 대학원이 학과보다 더 바람직하고 좀 더 쉽게 추진할 수 있을 듯하다. 하지만 학과가 편제되는 않는다면 이 모델 역시 한계가 있을 것 같다.

 만약 기존 실용음악과의 문제점을 개선하기 위한 대중음악학과가 만들어진다면 어떤 커리큘럼이 필요할까.

 연주를 제외한 모든 분야를 다뤄야 한다고 본다. 공연기획, 뮤직 비즈니스, 대중음악사, 매체 관련 등 다양한 것을 다뤄야 하고, 음악에 대한 기본 소양(악기 연주, 작곡 등)을 갖추기 위해 노력해야 할 것이다. 다만 이 분야를 따로 전공처럼 묶어낼 수는 없을 듯하다. 덧붙여 음악이론도 첨가되어야 할 것이다. 향후 뮤직 비즈니스를 꿈꾸는 친구들 역시도 도움이 되는 피아노 이론, 재즈 연주도 배워야 할 것이다.

 대중음악학과 신설에 따른 부작용은 없을까.

 졸업 이후에 발생하는 취업 과정에서 문제가 불거질 것 같다. 대중음악산업의 제반 사항을 배웠다고 해서 특별한 자격증을 주는 것도 아니고, 결국 배운 것을 바탕으로 학생들이 인생을 개척하는 것인데, 그 성과가 미비하다면 많은 말들이 오갈 것 같다. 취업대란이 현실인 지금, 음악인도 피해갈 수 없기 때문에 신설 때부터 졸업 후 진로에 대해 좀 더 생산적으로 고민해야 한다. 고학력 실업자가 양성되지 않도록 말이다.

 그건 기존의 실용음악과의 문제점이기도 한 것 같은데.

 그렇다. 그래서 국책연구기관이나 대기업의 경제연구소 같은 곳에서 대중음악에 관해 연구한 실질적인 데이터가 보다 많이 필요하다고 본다. 한류 현상에 대한 지원 몇 분의 1이라도 되면 가능하지 않을까. 정확한 실태 조사를 바탕으로 문제점으로 해결해 나가면 될 것이다. 물론 대중음악학과가 생긴다면 연주 이외의 것을 배울 수 있는 기회는 더욱 많아 질 것이라 생각한다.

이영규 강사진 문제는 어떻게 보는가. 현재 딱히 공인된 학위가 없기에 나름 경력자들 위주로 강단에 서게 될 것이 분명한데.

김광현 완벽히 준비해서 시작하는 것은 불가능하기 때문에 시작 단계는 과도기적 현상으로 적절한 수위에서 넘어가야 할 것이다. 일단 시작하면서 보다 보충하고 새 방법을 적용 시키면서 나가는 방법이 옳을 듯 싶다.

이영규 재즈피플이 원하는 인재상이 궁금하다.

김광현 스스로가 주인이 되어 잡지 만드는 일을 즐길 줄 아는 사람이 좋다. 재즈 관련 지식을 전문적으로 많이 알아야 할 필요는 없다. 재즈 한 장르에 대한 사랑보다는 '음악'에 대한 관심이 중요하다. 그리고 아무래도 잡지이다 보니 음악을 듣고 자기의 감정과 느낌을 담아 글을 쓸 수 있는 능력이 요구된다. 또 매달 취재 시 많은 사람을 만나게 되니 사람에 대한 호기심도 중요하다. 참, 자기가 좋아하는 일을 직업으로 택하지 말라는 선배들의 말이 있듯 재즈를 너무 좋아하면 잡지일을 하면서 오히려 실망이 더 클 수도 있다. 아무튼 말 그대로 잡지를 만드는 회사이다 보니, 잡지를 만드는 과정에서 희열과 행복을 느낄 수 있는 사람을 원한다.

이영규 그간 전반적으로 느꼈던 음악산업의 문제점은 무엇을 들 수 있나.

김광현 대부분의 실용음악학과들이 재즈를 기본으로 가르치고 공부하지만, 실제 재즈 시장은 작아서 재즈를 연주하는 이들은 소수다. 재즈 연주자들의 지속가능성에 대한 대책이 필요하다. 소수를 제외 하고는 피라미드 구조 속에서 발버둥치는

다수가 있다. 꿈을 위해 유학을 가서 힘들게 공부해 학위를 받지만 버클리 음대 출신 등 유학파들도 근래엔 많아서 예전 같은 희소성 또한 없다. 또 매해 100여장 가까운 재즈앨범이 나오지만, 대중들은 거의 모르고 사장된다. 공연의 부익부 부익빈도 심각하다. 재즈페스티벌과 관련하여 자라섬 재즈페스티벌 행사가 잘 돼야 하고 잘 되고 있어 너무 좋은데, 그럴수록 클럽 공연과 단독 재즈 공연이 안 되고 있다. 심각하다. 비단 재즈만의 문제가 아닌 한국예술계가 겪는 문제라고 본다.

이영규 악화일로에 있는 상황에서 대중음악학과가 재즈는 물론 음악 전반의 새로운 탈출구가 될까?

김광현 재즈 입장에서 본다면 전체적인 탈출구는 아니겠지만 변화의 시작은 당연히 되리라 본다. 어쨌든 실력 있는 친구들이 다양한 음악계로 퍼져 멋진 활약을 보여준다면 승산이 있다고 본다.

이영규 대중음악학과 신설 문제는 한 학교가 큰 뜻을 품고 성공적인 결과를 낳으면 쉽게 전국으로 퍼져 나갈 수도 있지 않을까.

김광현 그렇긴 하다. 아래로부터의 개혁과 위로부터의 변화가 있다면 대중음악학과 관련해서는 어떻게 보면 위로부터의 변화가 훨씬 파급효과가 있을 것이다. 소위 말하는 명문대에서 시행된다면 이외로 쉽게 퍼져 나갈 것이다. (웃음) 때문에 해당 학교와 담판을 짓는 것도 빠르고 현명한 전략일 수 있다. **SOUND**

무대기술

KBS 탑밴드 박권일 음악감독

일시 2012년 7월 10일(화), 오전 11시
장소 서교동 홍대 토즈
정리, 글 배수정(SOUND 연구원)

> "산업이 발전되어야 시장이 살 수 있고,
> 이에 따라 적절한 인력이 공급될 것이다."

배수정 먼저 지금 하고 있는 방송 일과 관련하여 본인 소개를 부탁한다.

박권일 레코딩 엔지니어 출신으로 KBS 탑밴드에서 음악감독을 하고 있다. 보통 PD들이 음악에 대해 모를 수 있기 때문에 자문과 뮤지션과의 소통, 무대, 악기, 스탭과의 커뮤니케이션, 방송 후 SNS 반응까지 검토한다. KBS에서 음악창고부터 음악감독 일을 시작했다.

배수정 산업공학과를 졸업했다. 전공과 관련해서 실무 능력을 평가하면 어떻다고 생각하나?

박권일 비전공자도 이 쪽 일을 할 수 있다. 엔지니어의 경우, 스튜디오에 들어오면 처음부터 콘솔을 잡는 것이 아니라 청소부터 시작한다. 밑바닥부터 시작해서 선배 옆에서 배우는 '도제식 교육'으로 일을 배우기 시작한다. 학교에서 기본적인 것은 배울 수도 있겠지만 이러한 방식으로 이루어져야 전문적인 교육이 된다고 생각한다. 나도 도제식 교육을 통해 배웠지만 똑같이 배웠다고 해서 같은 작품이 나오지는 않는다. 개인마다 성향이 다르기 때문에 강의식으로 획일화 하는 교육 방식은 필요 없다고 생각한다. 실무에서는 직접 가르치지만 밑바탕이 되는 이론적 바탕은 스스로가 해결해야 한다.

배수정 음악 관련 직업을 선택하는데 있어 도움이 됐던 것은 무엇인가?

박권일 음악에 대한 다양한 경험과 개인적 성향, 음악 콘텐츠의 대한 이해이다. 지금 PD를 하고 있는 상황에서 후배 엔지니어와의 관점이 다르게 나타난다. 엔지니어들은 단순히 연주 등 음악성을 평가한다면 PD로써는 카메라 앵글, 위치, 문제점 보완까지 볼 수 있다고 할까. 또 개인의 기본적인 성향으로 '독하게' 일 할 수 있어야 한다. 하나에 꽂히면 끝까지 파고들어서 일을 완성 지을 수 있어야 한다. 이 부분은 신입이나 후임을 뽑을 때 가장 중요하게 생각하는 부분이다. 음악 콘텐츠의 대한 이해는 기본적으로 해결해야 한다. 특히 역사에 관한 부분은 중요하다. 예를 들어 아티스트가 연주하는 음악이 어떠한 뿌리에서 시작되어 어떻게 발전되어 나왔는지는 장르별로 조금씩 다르다. 이러한 부분을 이해하고 접근해야 한다. 엔지니어라고 해서 단순히 기계로만 승부하는 자세는 옳지 않다.

배수정 업무 숙련도는 어떻게 이루어지고 숙련도

를 위해 무엇을 하고 있는가?

박권일 철저하게 작품과 일을 통해서 이루어진다. 시도하고 실패하는 과정에서 무엇이 중요한지 깨달을 수 있다. 업무를 위해서는 오히려 음악이 아닌 다른 쪽의 문화에 더 관심을 둔다. 인문학적 소양이 있어야 어떤 업무에서든지 성공적일 수 있다고 본다. 특별히 음악 관련된 산업적 지식을 찾아보지는 않는다. 현실적으로 음악에 관한 이론이 미비하고 이론과 현장의 괴리는 크다. 하지만 엔지니어에게 기본적인 음악 교육, 시창, 청음, 화성학 정도는 알고 있어야 한다.

배수정 음악산업 전반에 대한 이해가 업무에 도움을 줄 수 있다고 생각하나?

박권일 그렇다. 알고 있다면 현재 산업이 이렇게 된 이유를 알 수 있기 때문이다. 왜 음악산업이 이렇게 흘러가고 있는지, 방송 프로그램에서 밴드 음악이 왜 나오지 못하는지에 대한 현실 파악이 가능하다. 산업이 어떤 위치에 있는지 알게 되면 어떻게 해야 할 것인지에 대한 대답이 나온다.

배수정 처음 엔지니어로 시작했을 때와 지금은 상황이 달라졌다고 생각하나?

박권일 좋지 않은 쪽으로 많이 바뀌었다. 음악산업 상황은 점점 더 안 좋아지고 있다. 수요 자체가 창출되지 않는다. 일반적인 소비자가 소비를 하지 않는다. 소비자들은 소비할 수 있는 음악이 없다고 이야기 하지만 그 이전에 수요가 없었기 때문에 창조되지 않은 편이 더 많다. 그렇기 때문에 제작 여건이나 음악에 투자할 수 있는 여력이 줄어들고 있다. 이에 관련해서 소비자의 인식이 바뀌어야 한다고 생각된다. 과거의 서태지 같은 계기가 생겨 소비자를 일깨워야 한다고 본다.

배수정 음악산업계에서 인적 인프라는 어떻다고 생각하나?

박권일 표면적으로 행정, 기획 쪽이 부족하다고 보인다. 음악산업계에 사람들은 많다고 하지만 제대로 된 기획자는 많지 않다고 본다. 기획 쪽의 인프라는 체계적인 학습이 필요하다. 음향, 조명, 무대기술 등은 도제식 교육이 맞지만 기획, 행정, 연구 인력 부분은 정확한 커리큘럼 안에서 배울 수 있어야 하는데 이러한 인프라가 구축되지 않은 것으로 보인다. 음향 등 기술 쪽 부분에서는 젊은 층이 아예 없다고 보는 것이 옳다. 음악산업이 정체기이기 때문에 들어오려는 시도조차 부족하다. 또 안을 들여다보면 재능이 있어 인정받을 수 있는 창작자도 부족한 현실이다.

배수정 레코딩 엔지니어는 어떤 전공자가 주로 있나?

박권일 다양하다. 레코딩 엔지니어링을 전공하고 들어오는 사람은 적다. 동아방송대가 엔지니어 부분을 가르친다고는 들었다. 하지만 동아방송대 한 개로는 부족하고 최소 3~4개 정도의 학과는 있어야 한다. 기술 부분을 가르치는 학과들이 학생들에게 기본적인 것을 가르쳐야 한다. 역사를 바탕으로 한 산업의 흐름, 음악의 역사를 통해 알 수 있는 장르별 특징 등을 가르쳐야 한다. 그래서 아티스트가 연주할 때 어떠한 방식이 음악에 어울릴지 등 특징을 잡아낼 수 있다. 기본적인 이해를 토대로 아티스트와 소통이 될 수 있는 소양을 길러줘야 한다. 하지만 학교에서 이론적인 공부를 해도 실무에서는 처음부터 시작할 것이다. 학교에서 20대 초반 학생들이 업계에서 5년 이상 해야 얻을 수 있는 것들을 다 배울 수는 없다.

배수정 음악산업 중 스튜디오에 관한 인력 수급 현황은 어떻다고 생각하나?

박권일 최근 운영되고 있는 스튜디오들은 거의

없다. 20년 전에는 레코딩 스튜디오가 증가세에 있었고, 그 후도 그랬다. 하지만 기존의 스튜디오들이 음악산업이 무너지면서 규모가 쪼개졌고 하향 평준화가 됐다. 인력을 배출해도 이를 받아 줄 수요 자체가 없다. 하지만 인력 공급도 원활한 상황이 아니다. 인력이 많지도 않은 상황에서 수요도 없기 때문에 공급과 수요가 부족한 악순환이 지속되고 있다. 이는 산업 전체의 문제이기 때문에 한 분야만이 부족하다고 이야기 할 수는 없다. 산업 전체가 완전히 바뀌어야 한다. 방송에서 조명 받지 못하는 음악들이 소비가 되어야 음악에 대한 재투자가 이루어진다. 재투자를 통해 다시 음악이 만들어져야 하나의 산업이 된다. 하지만 현 상황에서 이러한 부분이 없기 때문에 산업이라 논의될 수 없다. 나도 레코딩을 한다면 수익을 생각해서 하지 않는다. 산업이 바뀌어야 인력 수급, 인력을 키워낼 수 있는 인프라가 갖춰질 수 있다. 이러한 변화의 선봉은 미디어라고 생각한다.

배수정 인력충원은 어떻게 이루어지나?

박권일 인력이 필요하다면 교수님이나 학교를 통해서 이루어진다.

배수정 인력충원을 위해 보완되어야 할 사항은 무엇이라 생각하나?

박권일 충분한 인력 풀(pool)이 존재해야 한다. 인력풀도 단순한 DB만을 모아놓은 것이 아니라 풀이 검증되어 쓸 만한 인력을 찾을 수 있어야 한다. 새로운 인력이 들어와도 구체적으로 교육 시키는 것은 없다. 음향, 레코딩 부분은 앞서 언급했듯이 철저히 도제식 교육으로 이루어진다. 현장에서 배우는 것이 먼저이다.

배수정 다른 분야와 협력해서 만들고 싶은 프로젝트는 있나?

박권일 미디어와 협력하여 1박 2일 시간대인 주말 황금 시간대에 밴드 방송을 내보내고 싶다. 산업 변화를 위해서는 미디어가 앞장 서야 한다.

배수정 레코딩, 방송 분야에서 일하는데 있어 다른 분야의 지식이나 기술이 보완되어야 한다고 생각하나?

박권일 다른 시각을 가지고 있는 사람이 들어와야 한다고 본다. 하지만 들어왔을 때 애정 등 태도가 중요하다. 현재 일하고 있는 탑밴드에서는 음원 문제 해결이 가장 까다롭다. 저작권 담당자가 음악에 대한 기본적 애정 등이 많지 않기 때문에 계속 안 된다고만 말한다. 애정이 있다면 어떻게든 해결하려고 했을 것이다.

배수정 영미권에서는 연주자를 제외한 음악 관련 인력을 양성하는 학교가 있다. 하지만 국내에는 없다고 할 수 있다. 이러한 관점에서, 기존의 실용음악과가 대중음악 전문 인력 양성에 도움을 줄 수 있다고 생각하나?

박권일 영미권처럼 가르칠만한 교수진과

커리큘럼이 없다. 학생들을 가르칠 인력조차 부족하기 때문에 학문적 교류가 이루어질 만한 상황이 아니다.

배수정 그렇다면 연주자 중심의 실용음악과가 아닌 대중음악 전문 인력을 양성하는 '대중음악학과'가 신설된다면 어느 부분에 초점을 맞추어야 된다고 생각하나?

박권일 부족한 인력이 기획, 마케팅 부분이라고 생각하기 때문에 이쪽으로 맞추어야 한다고 생각한다. 예술에 가까운 부분들은 전공 정도가 아니라 교양 정도로만 해도 될 것 같다. 강의 개설이 문제가 아닌 기획, 마케팅, 미디어에 초점을 맞춰서 교육해야 한다. 이를 통해 전문 인력을 공급하는 것이 학제의 최종 목표가 되어야 한다. 현재 실용음악과는 실업자 양성소라고 봐도 무관하다. 대중음악학과도 그럴 수 있다. 그렇기 때문에 학생들에게 높은 교육을 지원할 수 있는 교수진도 필요하다. 교육을 통해 양질의 결과나 나와야 한다. 학제가 현재 현장에 있는 사람들에게 해당 학생에 대한 신뢰를 줄 수 있어야 한다.

배수정 그렇다면 대중음악학과가 실용음악과와 다르게 가질 수 있는 장점은 무엇이라 생각하나?

박권일 스펙트럼이 조금 더 넓다고 본다. 실용음악과는 음악만 가르치기 때문에 비즈니스 능력을 키우는데 부족하다. 레코딩 분야를 빗대어 설명하면 기술적 영역도 필요하긴 하지만 수요는 걱정이 된다. 이러한 측면에서 대중음악학과에 교수가 반드시 음악 관련 영역일 필요는 없다. 오히려 경영학, 마케팅에 관련된 교수들이 더 많이 초빙되어야 한다고 생각한다. 음악 뿐 아니라 대중문화 예술을 산업적으로 발전시키기 위해서는 음악산업 관계자들이 주축이 되어 직접 발전시키는 것은 불가능 하다고 본다. 개인적으로 뮤지션이 레코딩, 믹싱 하는 것이 위험하다고 생각된다. 레코딩에는 한계가 있어서 넘어가지 말아야 할 선이 있는데 아티스트가 이 선을 넘는 경우를 종종 목격했었다. 이러한 면에서 음악 관련자들이 굳이 전문적으로 교수로 초빙될 필요는 없다고 본다.

배수정 대중음악학과에 입학한 학생들이 졸업할 때 어떤 능력을 가지고 있어야 한다고 생각하나?

박권일 적어도 기획 쪽 사람들은 자신들이 소규모의 페스티벌을 스스로 기획, 운영할 수 있는 능력은 있어야 한다. 이를 통해 실무에서 도움이 될 수 있는 인력이 되어야 한다. 하지만 채용이라면 생각이 달라질 것 같다. 개인적으로 졸업생 능력에 대해서 알지 못하기 때문이다. 시간이 지나서 졸업생이 현역에 종사했을 때의 평가를 보고 채용 여부를 판단할 것 같다.

배수정 음악산업을 체계적으로 공부할 수 있는 학제가 생긴다면 어떤 도움이 될 것이라 생각하나?

박권일 거시적으로 산업이 좋아져 레코딩 산업에 도움이 될 것이다. 밴드 음악이 잘 된다면 스튜디오가 잘 될 것이고 이어져 레코딩 장비 산업도 발전될 것이다.

배수정 레코딩 분야에서 원하는 인재상을 구체적으로 설명해 달라.

박권일 적극적이고 미쳐있는 사람이 좋다. 그리고 정확한 사람이어야 한다. 분야에 딱 맞는 사람이 좋다. 그리고 크리에이티브한 사람이어야 한다. 사람들은 항상 익숙한 것만 선호하는 것 같지만 결국 새로운 창작물들이 새로운 문화를 주도해나간다. 새로운 발상을 가지고 만들어 내기 전에는 힘들다. 지금까지 이렇게 원하는 사람을 뽑아왔고 일 해 왔다. **SOUND**

오디오가이 최정훈 대표

일시 2012년 7월 9일(월), 오후 2시 30분
장소 오디오가이 스튜디오
정리, 글 최지연(SOUND 연구원)

"음악을 한다고 해서 음악 밖에 모르는 사람보단 문화적인 소양을 갖춘 사람을 원한다."

최지연 오디오가이 레이블과 대표님의 주요 업무를 알고 싶다.

최정훈 우리는 주로 클래식, 재즈, 국악, 어쿠스틱 음악만을 다루고 있다. 한국 아티스트들의 독창적인 음악과 스타일을 직접 만들고 싶어서 레이블을 시작했다. 지금까지 한국 아티스트들만 작업 했는데 앞으로 외국 아티스트들과의 협업을 적극 고려중이다. 오디오가이는 레이블과 함께 레코딩 컴퍼니를 한다. 기획, 제작 이외에 녹음, 마스터링 작업을 한다. 작년을 제외하고 4년 연속 한국대중음악상 재즈&크로스오버 부문상을 우리가 제작한 음반이 받았다. 나는 레코딩 프로듀서와 엔지니어를 맡고 있다. 음반 아티스트들의 기획과 더불어 녹음, 프로듀싱, 레코딩, 믹싱, 마스터링 업무를 다 하고 있다.

최지연 작업 과정을 소개해 달라.

최정훈 아티스트들이 데모 음원을 보내는 경우도 있고 아티스트를 소개 받는 경우도 있고 아티스트와 공연이나 녹음 작업을 하게 돼서 우리가 앨범 작업을 제안하는 경우도 있다. 얼마 전에는 '송텔러스'라는 싱어송라이터 전문 레이블을 만들어서 앞으로 싱어송라이터들을 중심으로 어쿠스틱 팝이나 대중적으로 소통할 수 있는 음악들을 만들 계획이다. 이미 한 장이 나와 있다.

최지연 업무를 위해 요구되는 핵심역량은 무엇인가?

최정훈 음악에 대한 이해와 소통이 중요한 것 같다. 음반 레이블과 레코딩 비즈니스는 음악을 만드는 사람과 듣는 사람의 중간 입장인 것 같아서 아티스트들과의 소통, 청자들과의 소통이 중요한 것 같다.

최지연 다루는 음악의 분야가 다양한데 음악들에 대한 지식은 어떻게 습득하는가?

최정훈 먼저 악기들을 배웠다. 피아노, 클라리넷, 플룻, 색소폰, 첼로, 해금 등을 배웠다. 음악을 이해하는 데에 기본이 되는 것이 사람의 목소리와 악기들이라고 생각했다. 바이올린의 경우 첫 레슨 받을 때 정말 놀랐다. 바이올린을 연주할 때 듣는 것과 소리를 낼 때 들리는 소리가 많이 달랐다. 바로 옆에서 바이올린을 들으면 시끄럽지 않을까 했는데 귀 옆에서 듣는 바이올린의 풍부한 여음과 깊이에 굉장히 놀랐다. 그 외에 음악을 접할 수 있는 가장 쉬운 방법은 음악을 많이 사랑하

는 것이다. 나는 눈 뜨면서부터 잠들 때까지 음악을 듣는다. 음악을 많이 듣고 좋아하면 자연스럽게 보고 느끼고 이해하게 된다. 그리고 음악만 공부하면 음악에 대한 이해를 할 수 없다 생각하기 때문에 다른 분야들, 미술, 건축, 디자인, 인류학, 순수인문학에도 관심을 많이 가진다. 또한 폭넓은 독서를 통해 음악에 대한 이해를 얻는다.

최지연 처음에 어떻게 엔지니어 일을 시작했나.

최정훈 중학교 때 음악방송을 듣고 평생 음악과 함께 살아야겠다고 생각해서 고등학교 때부터 클라리넷을 전공했다. 그러다 고등학교 2학년 때 우연히 음악잡지에서 실용음악과 컴퓨터음악을 접하고 문화충격을 받았다. 그때 클래식 이외에도 다른 세계가 있다는 걸 알았다. 그래서 실용음악으로 전공을 바꿔서 공부하다가 운이 좋게 다른 아티스트 음반 작업에 참여를 하게 됐다. 그래서 스튜디오 녹음도 하고 내가 작편곡한 것을 녹음하면서 앨범을 만들기도 했다. 대학 가서는 실용음악 작곡 공부를 하다가 레코딩에 관심을 갖게 되었다. 내가 만든 음악이 스튜디오에서 녹음이 되어 나오는 과정을 보고 또 한 번 문화적 충격을 받았다. 레코딩 작업이 신기하고 재미있어서 스무살에 친구들과 녹음실을 차려서 음반 녹음을 했다. 이후에는 레코딩 스튜디오에서 어시스트 엔지니어 일을 했다. 큰 스튜디오에서 일을 했는데 거기서 클래식부터 재즈, 국악, 가요, 트로트, 록까지 거의 모든 음악 장르들을 경험해볼 수 있었다. 그러면서 내가 정말로 좋아하는 음악이 무엇인지 알게 되었다. 그러다 내가 좋아하는 아티스트 음악들 작업을 직접 하고 싶어서 2000년에 레이블을 만들었다.

최지연 엔지니어링 실무에 대한 지식이나 기술은 언제 처음 얻게 되었나?

최정훈 혼자 공부하기도 하고 지구레코드에 계시는 장인석 선생님을 통해서 많은 것을 배울 수 있었다. 레코딩 학과가 그때나 지금이나 많지 않았다. 지금도 실용음악학과 안에 레코딩 전공이 있을 뿐이다.

최지연 실용음악과에서 레코딩을 배웠나?

최정훈 내가 학교를 두 번 다녔는데 첫 번째 학교는 다니다 말았고 두 번째 학교는 어느 정도 배운 다음에 들어가서 내가 학교에서 많이 배웠다고 할 수는 없다. 대신 학교에서 일찍 강의를 시작했다. 졸업 전 스물세 살 때 강의를 시작했다.

최지연 국내 실용음악과가 전문 엔지니어를 육성하는 데에 도움이 된다고 생각하나?

최정훈 매우 도움이 된다고 생각한다. 음향 엔지니어를 하는 데에 가장 중요한 것이 음악에 대한 이해와 소통이라고 생각한다. 악보를 잘 보지도 못 하면서 레코딩 엔지니어를 하는 것은 불가능하다고 생각한다. 실용음악과에서 배우는 많은

음악 실기 수업들 중 앙상블 수업이 엔지니어에게 많은 도움이 된다고 생각한다.

최지연 오디오가이 사이트를 보니 유학게시판이 따로 있더라. 한국 실용음악과 엔지니어링 수업과 외국 학교의 수업에 차이가 있다고 생각하나?

최정훈 매우 다르다고 생각한다. 유럽은 보수적이고 미국은 늘 변화하고 있다. 미국의 경우 예전엔 음향과 컴퓨터만 가르쳤는데 지금은 대부분 뮤직 프로덕션이라는 큰 테두리 안에 음향 엔지니어와 뮤직 비즈니스가 함께 통합되고 있다. 미국 말고는 아주 유명한 학교가 독일에 두 개, 영국에 하나, 캐나다에 하나 있다. 독일의 두 학교는 8년 과정인데 그 중 4년은 음악만 한다. 영국도 1년은 음악을 한다. 엔지니어들에게 프로페셔널한 수준의 음악 실기를 요구하는 데도 있다. 또한 학교들마다 클래식, 재즈, 록 등 가르치는 분야가 다르다. 버클리는 재즈 쪽이 많고 UCS나 인디애나 블루밍턴 같은 경우는 클래식이나 영화음악, 그리고 영국의 리버풀에는 록음악 쪽이 많다. 미국이나 유럽은 배울 수 있는 학교의 과정이 다양하고 장르가 많다. 엔지니어라는 직업이 과거에는 훈련된 전문가들만 했는데 여러 가지 장비와 컴퓨터의 발달로 인해 이제 아티스트들도 엔지니어링을 경험한 경우가 많아지고 있다. 그래서 엔지니어링만 가르치는 과정은 많이 없어지게 되지 않을까 싶다. 한국에는 동아방송대학교, 공주영상정보대학교, 계명대학교가 있는데, 한양대학교나 상명대학교 같은 대학원들이 좀 더 많은 편이다. 아직까지는 실용음악과에 서브로 있는 정도이다.

최지연 오디오가이에서 신입을 뽑을 때는 어떤 조건을 보나?

최정훈 우리 회사는 한국 외 레코딩 비즈니스에 더 관심을 가지고 있는 편이다. 한류 덕분에 동아

시아 쪽으로 진출하기 좋은 때가 되었다고 생각해서 음악 전공자면서 외국인이거나 외국어 능력이 있는 사람을 뽑는 편이다.

최지연 외국인을 원하는 이유는 무엇인가?

최정훈 내가 아무리 해외 시장에서 일하고 싶어도 내가 그곳에서 살아보지 않았기 때문에 현지인과의 시각 차이는 매우 큰 것 같다. 그런데 한국 사람들은 지레짐작으로 비즈니스를 하는 경우가 있다. 나 역시 그런 시행착오를 많이 거쳤다. 현지의 목소리를 듣기 위해서는 내가 직접 하는 것보다 외국인들과 함께 일하는 것이 도움이 되리라 생각한다. 따라서 앞으로 진출할 시장에 대해 문화적으로 이해가 높은 엔지니어들을 더욱 적극적으로 채용할 계획이다. 오디오가이에서 일을 하고 싶어 하는 국내 엔지니어들에게도 문화적 소양을 강력하게 요구하는 편이다. 음악을 한다고 해서 음악 밖에 모르는 사람보단 문화적인 소양을 갖춘 사람을 원한다.

최지연 말씀 들어보니 음향뿐만 아니라 다른 나라에 진출할 때 기획이나 제작까지 생각을 하는 것 같다. 음향 이외의 다른 분야에 대한 실무능력은 어떻게 얻는 편인가?

최정훈 레코딩 스튜디오에서 일하면서 많은 사람들이 기획, 제작, 프로듀싱하는 것을 봐왔다. 그들의 시행착오를 많이 보아 왔기 때문에 내가 직접 기획을 하고 제작을 하면 어떻게 하겠다는 걸 알 수 있었다. 하지만 결국에는 오디오가이 레이블을 하게 되면서 시행착오를 많이 거쳤다. 아티스트들과 앨범 작업을 했다가 잘 되지 않아서 서로 얼굴 보지 않게 되는 경우도 있고, 많은 제작비를 들여 만들었다가 큰 손해를 보는 경우도 많다. 결국에는 내가 할 수 있는 부분만 내가 하고 다른 부분은 그 분야 전문가들에게 맡기는 것이

좋은 방법이라는 것을 깨닫게 됐다. 그래서 아까 얘기했던 것처럼 기획과 마케팅은 다른 분이 하고, 또 디자인은 다른 아티스트가 한다든지 하는 협업 작업의 중요성을 알게 되었다. 주로 협업은 홍보, 기획, 디자인 쪽과 한다.

최지연 나중에 대중음악학과를 만든다면 그런 모든 지식을 갖춘 전문가가 나오면 좋겠다.

최정훈 나의 어릴 적부터의 꿈이 내가 나중에 그런 전문음악학교를 만드는 것이다. 그런 학교의 커리큘럼은 융,복합적이어야 한다고 생각한다. 음악가들도 음향을 알아야 하고 엔지니어들도 음악을 알아야 한다. 그래서 아티스트가 본인 음반 기획부터 해서 제작, 작곡, 편곡, 녹음, 믹싱, 마스터링, 음반 디자인, 음반 홍보, 유통, 영상 제작, 뮤직비디오, 디자인, 포토샵 일러스트, 저작권법까지 모두 배우도록 하는 것이다. 내가 음악을 어떻게 해야 할지 모르겠는데 학교에서 가르쳐 주지 않는 게 많아서 내가 커리큘럼을 직접 짠 게 있다.

최지연 많은 종류의 음악뿐만 아니라 음악산업계에 대한 지식도 필요한 것 같다.

최정훈 성공한 아티스트들은 음악산업 비즈니스에 대해서도 아주 잘 알고 있고 대인 관계도 아주 좋다고 생각한다. 아티스트든 음향 엔지니어든 음악 전반에 대해서, 지금의 시스템에 대해서 잘 알고 있어야 한다고 생각한다.

최지연 처음 오디오가이를 시작했을 때와 지금 대중음악계 환경에 변화가 있나.

최정훈 나는 클래식과 재즈 쪽에 더 가까워서 팝 음악과는 거리가 좀 있는데, 오디오가이 웹사이트를 통해서 대중음악계 사람들과 교류를 해보면 그때와 지금 환경이 많이 바뀌었다고 생각한다. 음악인과 음악 종사자들의 부익부 빈익빈이 심화되었고 지나치게 음악 하는 사람이 많지 않나 하는 생각이 든다. 갈수록 음악 제작 시스템이 쉬워지면서 작곡, 편곡도 쉽고 악기도 한두 달 연습해

서 아티스트로 데뷔하는 경우도 많은 것 같다.

최지연 엔지니어 입장에선 그런 환경의 변화에 따라 일적으로 달라진 게 있나.

최정훈 내가 2000년도에 어쿠스틱 음악을 전문적으로 하겠다고 선택한 이유는 두 가지다. 하나는 이쪽이 좋아서. 두 번째는 대중음악, 컴퓨터음악에서 엔지니어가 할 수 있는 범위가 좁아지겠다는 생각을 했다. 그때 미디가 대중화되기 시작하면서 그때부터 본인들이 믹싱을 해서 컴퓨터 음악을 만드는 사람이 많아졌다. 어쿠스틱 음악은 그렇게 연주와 녹음을 동시에 하는 사람이 드물다. 대중음악 쪽에는 음악인들보다 음악을 훨씬 더 잘 이해하고 음악적으로 정말 실력 있는 엔지니어들만 살아남았고, 그렇지 않은 엔지니어들은 전업 유지가 어려울 것 같다.

최지연 이쪽 분야에 대체로 어떤 전공자들이 들어오나?

최정훈 최근에는 음악 전공자들이 압도적으로 많아지고 있다. 연주하면서 녹음도 하는 사람들이 많아지고 있다.

최지연 한번 들어온 분들은 오래 일하시는 편인가?

최정훈 우리 회사에 일하는 한 친구는 학부에서 호텔관광경영학과를 전공하고 MBC 방송아카데미에서 음향을 전공했다. 우리 회사에서는 5년째 일하고 있다. 그나마 우리 회사는 자주 바뀌지 않는 편이지만 많은 젊은 친구들이 엔지니어 회사를 다니면서 오래 일하지는 못하는 것 같다. 이 친구들은 회사를 본인 거라고 생각하지 않고 내가 거치는 하나의 정류장이라 생각하는데 거기서 힘이 드는 걸 견디지 못하는 것 같다. 함께 커나가기 보다는 자신이 스스로 스튜디오를 만들어 독립하고 싶어 하는 경우가 99%라서 본인이 생각하는 것보다 힘이 들면 견디지 못하는 것 같다.

최지연 만약 이렇게 전문적으로 엔지니어를 키우는 학과가 생긴다면 졸업생들이 어떤 능력을 갖추어야 한다고 생각하나?

최정훈 나는 엔지니어링만 가르치는 학과보다는 문화 전반적인 걸 다 가르치는 학과가 생겼으면 한다. 전문적인 지식을 요구하는 부분은 충분히 스스로 공부할 수 있을 거라 생각한다.

최지연 오디오가이가 원하는 인재상은 무엇인가.

최정훈 학교에서 배운 지식이 세상의 전부인 것처럼 생각하는 시야가 좁은 학생을 많이 본다. 학교에서 배우고 오면 실제로 활용이 되지 못하고 중요하지 않음에도 불구하고 사고방식의 유연성이 떨어지는데, 사고가 유연한 학생이었으면 좋겠다. **SOUND**

정부기관 대중음악 정책
문화체육관광부 대중문화산업팀 신종필 팀장

일시 2012년 7월 19일(목), 오후 2시 30분
장소 문화체육관광부 회의실
정리, 글 최지연(SOUND 연구원)

"현재 아티스트만을 양성하는 수준으로
모든 실용음악계 아카데미 구조가 단순하게 움직인다면
그건 실용음악계 자체의 인력 인플레를 가져올 수 있다고 본다.
무작정 공부만 하고 아티스트들이 설 수 있는 무대가 갖춰지지 않는다면
그들이 현장에 나와서 자신의 전공을 살려서
아티스트로서의 길을 갈 수 있겠는가."

최지연 하는 일에 대해 설명해 달라.

신종필 대중문화산업팀은 인디나 기성의 대중음악 전반을 아우르는 케이팝을 다루고 있고 패션과 한국의 대중문화의 흐름에 대한 연구 영역과 문화교류행사 지원을 담당하고 있다.

최지연 연구라는 건 구체적으로 어떤 것인가?

신종필 외국인들의 한류에 대한 인식 동향, 외국인들이 한류나 한국 대중문화를 어떻게 바라보고 있는지에 대한 시각, 한국 대중문화의 활성화를 위한 정책 방향에 대한 연구, 그리고 한국 대중문화가 국가경제에 미치는 파급효과 등을 종합적으로 연구해서 자료를 만들고 있다.

최지연 주로 정보 취득은 어떻게 하는가?

신종필 업계에서 맨투맨 면접을 통해 얻기도 하고 대한상공회의소, 무역협회, 한국콘텐츠진흥원 등의 주요기관이 배포하고 유통시키는 자료들과 업계 현장에서 만든 자료들을 수집하고 있다.

최지연 국외의 반응에 대한 자료는 어떻게 취득하나?

신종필 국외는 현지 여론 조사 기관과 연결해서 현지 설문조사를 한다. 올해 상반기에는 영국, 프랑스, 중국, 일본, 대만, 러시아, 브라질, 미국 등 9개국 현지 일반인을 상대로 설문조사를 했다.

최지연 문화교류행사는 어떻게 진행되나?

신종필 해외 주요 페스티벌을 통해 많이 한다. 미국의 SXSW(South by Southwest)나 싱가포르의 뮤직매터스(Music Matters)와 같은 주요 음악 페스티벌에 참여하는 뮤지션들에게 일부 지원을 하기도 하고, 올해 같은 경우 브라질 삼바축제 같은 데서 우리 문화를 알리는 행사에 지원을 한다.

최지연 삼바축제에선 어떻게 행사가 진행되나?

신종필 삼바축제 때는 가두행렬 때 한국의 복식과 전통무용 같은 것들을 비보이 같은 현대 문화와 접목시킨 컨셉으로 진행했다.

최지연 대중음악뿐만 아니라 한국 문화 전체를 다 아우르는 것인가.

신종필 문화교류행사는 그렇게 하고 있다. 케이팝의 경우 올해는 홍대인디 쪽 지원 사업을 하고 있다. 인디의 경우에는 음반 자체도 만들기 어렵거나 공연 기회를 찾지 못한 뮤지션들이 많아서 뮤지션 여섯 팀에게 'K-Rookies'라는 신인 발굴 프로젝트를 통해 공연과 방송출연, 음반 제작, 해외 홍보 기회를 제공해서 인지도를 높여주려고 노력하고 있다. 나중에 결선 페스티벌을 해서 한 팀을 뽑아 우승팀에게는 내년도 해외 진출할 때에 주요 뮤직 페스티벌에 참여할 수 있는 기회를 준다. 또 11월 1일부터 3일까지 서울국제뮤직페어 행사를 하는데 여기서 공연과 쇼케이스, 컨퍼런스 같은 걸 개최해서 대중음악 하는 분들에게 자기 표현의 기회를 제공하는 동시에 영감을 얻는 계기를 마련해 주려고 한다.

최지연 대중문화산업팀이 만들어지기 전 무슨 업무를 했나.

신종필 처음에 문화정책업무를 했다. 복권기금사업 총괄을 했고 그 다음에 문화체육관광부 내 법제업무 총괄하는 일을 했다. 이후 2년 7개월 간 게임콘텐츠 업무를 했었고 또 3년 간 저작권 업무를 했다. 이 팀은 11개월쯤 되었다.

최지연 대중문화산업에 있어서 처음 이 팀이 만들어졌다.

신종필 문화부 내에 원래 음악 파트는 있었다. 예전에는 게임음반과라고 해서 게임과 음반 제작을 담당한 과가 있었는데, 음악 전체를 모두 아우르는 전담과가 있었던 건 아니라서 우리 팀이 출범하면서 힘을 좀 받는 상황이었다. 아무래도 인디 쪽이나 대중음악하시는 분들도 전담팀장과 전담 사무관이 있으면 자신들의 목소리를 정부나 공공 분야에 전달할 수 있는 기회가 훨씬 수월하고 많아진다. 그렇기 때문에 정부 쪽에서도 업계의 목소리를 쉽게 들을 수 있고 현장의 분들도 자신의 목소리를 훨씬 쉽게 낼 수 있는 좋은 기회가 되었다고 생각한다.

최지연 실제로 여러 분야에서 목소리를 듣다 보면 중간에서 조정해야 하는 상황이 생긴다. 그럴 땐 어떻게 판단을 하나?

신종필 각자마다 다 입장이 다르기 때문에 판단을 잘 해야 하는데 가급적이면 정부가 참여하는 부분들에 있어서 공공성과 비영리성의 측면을 고려한다. 그래서 정부가 시장과의 관계에 있어서 민간의 비즈니스 영역보단 비즈니스가 아닌 분야의 목소리를 더 많이 들으려고 노력하고 있다. 만약 서로 이해관계가 다른 경우에는 가급적 음악산업 발전에 기여할 수 있는 쪽이 기본적으로 어느 쪽인가, 그리고 많은 사람들에게 혜택이 가는 쪽이 어느 쪽인가에 기준을 놓고 결정을 내릴 수밖에 없다.

최지연 케이팝의 해외홍보가 가장 주된 역할이라면 아무래도 해외에서 홍보가 더 용이한 메이저 기획사의 아이돌 가수들이 지원을 더 받게 되지 않을지 궁금하다.

신종필 메이저 쪽보단 오히려 인디 쪽 지원이 훨씬 많다. 정부가 비즈니스 차원에서 지원하는 것은 바람직하지 않으며 오히려 인디씬이나 열악한 환경에 있는 창작자들에 대한 지원이 정부에서 하는 분야라고 생각하기 때문에 올해 음악 분야 예산 같은 경우도 33억 (해외진출까지 합치면

43억) 중에 거의 80~90% 가까이가 인디씬에 집중되고 있다. 해외문화교류는 케이팝만 보고 있는 게 아니고 한국 문화 전반을 알리는 것을 목표로 한다. 문화 관련해서 해외원조사업도 조금씩 지원을 하고 있다. 예를 들어 동아시아 쪽 열악한 나라에 시청각기자재를 제공을 해서 그쪽에서 초등학생들이 그런 기자재를 통해 대중문화를 즐길 줄 알고 교육에 도움이 될 수 있는 형태의 교류사업을 하려고 노력한다.

최지연 한국 문화 전반에 대한 정보나 지식은 어떤 경로로 취득하는가?

신종필 아무래도 주로 미디어를 통해 접근하고 문화부 내에는 다양한 부처가 많이 있다. 예를 들어 방송영상분야도 있고 영화분야도 있고 한글에 대한 국어학과도 있고 건축전통문화 등에 대한 각 부처와 교류를 한다. 서로 정보 공유도 하고 같이 할 수 있는 사업들도 함께 한다.

최지연 실무 능력은 어떤 게 필요한가?

신종필 현장과의 커뮤니케이션 능력이 가장 중요하다. 아티스트나 단체들과 커뮤니케이션을 해서 그들이 어떤 것을 필요로 하는지에 대해서 지속적으로 찾아 듣고 거기에 합당한 정책을 만들어가는 능력이 가장 중요하다고 볼 수 있다. 그 다음에는 나름대로의 주요 정보 수집을 통해서 정책의 토대를 만들어가는 것이 중요하다. 특히나 대중음악 같은 경우 예술과 산업의 중간 영역에 있는 곳이라고 생각하는데 현장의 아티스트

들이 자신의 의사 표현을 잘 못하는 경우가 많다. 그래서 가급적이면 우리는 현장에 계신 분들과 자주 만나는 게 중요하지 않나 하는 생각을 한다.

최지연 팀장님 스스로 예술에 대한 지식이 필요하지는 않나?

신종필 물론 필요하다. 문화부다 보니까 최근에 들어서는 예술 전반에 대한 교육을 강화하고 있다. 이번 달부터 1인 1기라는, 한 사람 당 하나의 한 악기는 다룰 줄 알아야 한다는 운동을 시작했다. 또 예술에 대한 체험을 많이 한다. 기본적으로 현장에서 다양한 공연을 통해 많이 보고 느끼고 즐기는 게 가장 중요하다고 생각을 한다. 현장에서 어떻게 공연이나 프로젝트들이 이루어지고 있는지를 체험하는 게 중요하다고 생각한다.

최지연 대중문화 예산이 어느 정도 되나?

신종필 지금 우리 팀 예산이 114억 정도 된다. 이건 대중음악, 연구, 패션, 문화교류를 다 포함한 예산인데, 나는 적어도 200억에서 250억 이상은 되어야 충분하지 않을까 생각한다.

예를 들어 관광 파트에서 근무하던 사람이 대중문화팀으로 온다면 대중문화를 관광자원화 할 수 있는 방안이 무엇인가 고민하는 좋은 기회가 되겠다. 하지만 만약 순환근무가 너무 빨리, 예를 들어 1년 만에 이루어진다고 하면 현장과의 커뮤니케이션을 할 네트워크가 이루어지지 않은 상태에서 떠나야 하기 때문에 사업 추진력이 떨어지는 경우가 있다. 그래서 우리 문화부 내에서도 가급적이면 최소 2년의 순환근무를 보장하도록 노력하고 있다.

최지연 팀장으로서 보기에 대중음악 산업계에서 가장 부족한 전문 인력은 무엇인가?

신종필 나는 아티스트 자체의 인력보다는 작품을 마케팅하고 기획하는 분들이 부족하지 않나 싶다. 아이돌과 관련된 주요 기획사 시스템이 지금의 케이팝 열풍을 이끈 측면이 있는데 그건 그분들의 기획력이 뛰어났기 때문이라고 본다. 이러한 전문 인력들이 인디를 포함한 대중음악계 전반에 보강이 돼서 제대로 마케팅도 하고 공연 기획도 하면 좋겠는데 그런 인력 수요가 충분하지 못한 것 같다. 그래서 음악성이 뛰어남에도 불구하고 경제적인 환경이나 다른 요인들로 인해 해외 시장 진출이나 다른 홍보 기회 없이 소극장에서 공연하는 것으로만 그치는 음악인들이 많은 이유가 이런 기획자가 부족해서가 아닌가 하는 생각을 한다.

최지연 대중문화산업팀은 어떤 식으로 꾸려졌나?

신종필 공직의 특성상 전공과 상관없이 공무원 채용시스템에 따라 법학, 문학, 경제학, 다양한 전공자들이 있다. 다양한 전공자들이 순환 근무로 2년마다 다른 분야를 돌기 때문에 그들의 다양한 경험이 현장을 이해하는 데에 오히려 더 도움이 된다고 생각한다. 나 같은 경우도 저작권팀에 있다가 대중문화산업팀으로 왔는데, 저작권은 워낙 전문적인 분야이기 때문에 콘텐츠를 이해하는 사람들이 저작권을 이해하는 건 별개의 문제다. 그런데 나의 경우 저작권에서 근무했던 경험이 음악산업을 이해하는 데에 큰 도움이 되고 있는 거다.

최지연 그럼 대중문화산업팀에서 기획 쪽으로 지원해주는 프로그램이 있나.

신종필 우리는 그런 면이 좀 부족하다. 우리가 충분히 예산을 확보한다면 대학에 어떤 학제와 관련돼서 인력 양성을 할 수 있으리라 생각하는데 아직 거기까지는 예산이 없기 때문에 우리도 아쉽게 생각하고 있고, 앞으로 이런 대학에 기획

인력이라든가 비즈니스와 관련된 전문 인력을 양성하는 지원이 이루어질 필요가 있지 않나 하는 생각을 한다.

최지연 그럼 실질적으로 지원을 가장 많이 해주는 분야는 어느 쪽인가?

신종필 지금은 아티스트 창작자들에 대한 직접적인 지원이 가장 많다.

최지연 정부가 대중음악학과 학제 신설을 위해 지원해줄 가능성이 있다고 보나?

신종필 정부 예산이라는 건 기본적으로 정치적인 측면이 강하다. 여기서 정치적이라는 것은 사회에 있어서 어떠한 요구가 많으면 많아질수록 그것이 예산으로 반영되는 형태를 띤다는 것이다. 예산은 철저하게 정치적 역량의 크기와 비례한다고 생각한다. 대중음악 쪽도 우리도 예산확보를 위해 열심히 노력하고 있지만 이런 것들이 국가적으로, 또 사회적으로 필요하다는 공감대를 만들어가는 작업이 가장 필요하고, 그러려면 대중음악계에 계신 분들이 훨씬 적극적으로 사회에 이러한 요구를 알릴 필요가 있다고 생각한다. 현재 아티스트만을 양성하는 수준으로 모든 실용음악계 아카데미 구조가 단순하게 움직인다면 그건 실용음악계 자체의 인력 인플레를 가져올 수 있다고 본다. 무작정 공부만 하고 아티스트들이 설 수 있는 무대가 갖춰지지 않는다면 그들이 현장에 나와서 자신의 전공을 살려서 아티스트로서의 길을 갈 수 있겠는가. 그건 대학 교수들이 고민해야 된다고 생각한다. 그런 측면에서 본다면 대학도 실용음악학과에서 아티스트만을 육성하는 단계에서 벗어나서 기획, 제작 분야의 전문가를 키우는 노력도 할 필요가 있다고 생각한다. **SOUND**

기획

인디 레이블 운영 실무

투자진행, A&R, 제작, 디자인, 홍보, 유통, 재무 등

한 순간의 재미를 위해 빈곤한 권태의 시간을 버텨내야 한다는 점. 이를 극복하기 위해서는 스스로를 지켜야 합니다. 일단 인디 레이블의 음반은 잘 팔리지 않는 게 기본입니다. 그러니 일단 안 될 것이라는 현실을 인정하는 게 필요합니다. 하지만 잘 안 팔리더라도 내가 하고 있는 음악이 가치가 있다는 확신을 지녀야 합니다. 비관과 낙관이 혼재하고 있는 상태에서 평정심을 지키는 게 중요하죠. 그리고 끊임없이 각종 기획을 시도하고 새로운 자극을 만들고 거기서 조금이라도 나아진 점에 대해서 민감하게 받아들여야 합니다. '우리는 나아지고 있다.' 수없이 이 말을 되뇌면서 이보 전진에 일보 후퇴, 아니 일보 전진에 반보 후퇴를 거듭하는 것이 현재 저와 저희 스탭들이 인디 레이블을 해 나가는 방식입니다.

고건혁 | 붕가붕가레코드 대표

인디 음반 제작사 붕가붕가레코드 대표. 보통 '곰사장'이라 불리운다. 장기하와 얼굴들, 불나방 스타 쏘세지 클럽, 눈뜨고코베인, achime(아침), 아마도 이자람 밴드 등 총 30여 장의 음반을 제작했다. 정기적으로 한겨레 등의 매체에 살면서 느끼는 것들에 관한 글을 기고한다. 쓴 책으로는 '붕가붕가레코드의 지속가능한 딴따라질'이 있다.

시작하기 전에

가장 먼저 스스로 음악을 물건으로 만들어 내다 팔 준비가 되어 있는지 따져봐야 합니다. 레이블의 원래 의미는 상표이고, 상표는 상품에 붙는 것입니다. 따라서 인디 레이블 역시 상품을 만드는 집단입니다. 시장을 염두에 두지 않고 스스로의 음악에 자족할 것이라면 혼자 하거나 뜻이 맞는 몇 명이서 동인 모임이나 협동조합을 만들면 됩니다. 이것도 충분히 재미있는 일이니 굳이 인디 레이블을 할 필요는 없습니다.

혹은 음악을 해서 돈을 벌고 싶으신가요? 그렇다면 인디 레이블은 역시 할 만한 것이 아닙니다. 돈을 벌기 위해서는 소비자의 수요를 예측하고 그에 부합하는 상품을 만들어서 팔아야 하는데, '인디' 음악은 기본적으로 시장의 질서로부터 '독립'하는 것을 의미하거든요. 이왕 돈을 벌고 싶다면 제대로 갖춘 주류 레이블에 가담하면 될 것을 굳이 열악한 조건의 독립 레이블을 선택할 필요는 없습니다.

인디 레이블은 상품을 팔지만 돈을 벌지는 않습니다. 모순적이죠? 이렇게 얘기하면 어떨까요? '필요한 돈'을 벌기 위해 상품을 팔긴 하지만 돈을 '많이' 벌지는 않는다. 좀 더 구체적으로. '하고 싶은 음악'을 하면서 살기 위해 상품을 팔지만 돈을 많이 벌지는 '못 한다.' 물론 하고 싶은 음악 하면서 돈도 많이 버는 경우도 있긴 하지만, 이건 특출한 재능을 가지고 있는 이들만 받을 수 있는 축복입니다. 인디 레이블을 한다는 것은 일반적으로 별로 좋아하지 않는 음악을 사랑하게 되어버렸는데 뛰어난 재능을 갖지는 못한 그런 사람들이 자신의 음악 인생을 지속하기 위해 이런저런 번거로운 일들을 감수해야 하는 사나운 팔자를 타고 태어났음을 의미합니다.

이처럼 모진 운명에 직면할 준비가 되셨나요? 그럼 본격적인 얘기를 시작해보도록 하겠습니다.

인디 레이블을 시작하기 위해 필요한 것

음악

일단 음악이 필요합니다. 남에게 들려주고 싶은 음악이어야 합니다. 만약 자기의 음악을 하고 있는 이라면 자신감을, 저처럼 본인이 음악을 하지 않는 경우라면 애정을 쏟을만한 음악을 만들거나 찾아야 하는 것입니다.

제 경험을 돌이켜보면 다니던 학교에서 자기 노래를 갖고 있는 이들을 모아서 음반을 제작하는 일을 두어 번 경험했을 때만해도 그 자체만으로 레이블을 시작하겠다는 마음이 들지는 않았습니다. 음악이 별로 마음에 들지 않았거든요. 그래서 그냥 음반을 냈다는 자체만 의미를 뒀습니다. 그러던 중 결정적인 계기가 찾아온 것은 그렇게 만든 음반으로 만난 이들이 자기들끼리 시작한 작업의 결과물을 들었을 때입니다. 마침 그 무렵 선배의 홈페이지에서 우연히 그가 만든 노래의 데모 파일이 올라온 것을 들었습니다. 이런 음악들을 듣고 나서 비로소 누군가에게 간절하게 이 음악을 들려주고 싶다는 마음을 먹게 됐고, 결국엔 인디 레이블을 설립하기에 이르렀습니다. 그래서 전자는 '관악청년포크협의회'로, 후자는 '청년실업'으로 발전하여 붕가붕가레코드의 첫 번째와 두 번째 작품이 되었죠.

이름

스스로 충분히 애정을 가질만한 음악이 있다면 이제 이름을 지어야 합니다. 앞서도 얘기했듯이 '레이블'이라는 단어의 뜻이 '상표'라는 점을 감안해도 그렇고, 이름을 불렀을 때 비로소 꽃이 되었다는 시도 있잖아요. 이름이 있어야 존재가 성립합니다.

이왕 지을 거면 당연히 좋은 이름을 지어야 합니다. 개인적으로는 '붕가붕가레코드'라는 이름을 잘 지었다고 생각하는데, 여태 이 이름을 들었던 사람들 중 잊어버린 사람을 거의 보지 못했다는 점에서 그렇습니다. 하지만 그만큼의 단점도 지니고 있기 때문에 이름을 지을 때는 신중해야 합니다. 나중에 나이 지긋한 분들 앞에서 회사 이름 말하면서 민망함을 느끼게 될 경우가 빈번하게 찾아옵니다.

동료

백짓장도 맞들면 낫다는 옛말이 있습니다. 하지만 맞드는 바람에 애꿎은 종이만 찢어 먹는다는 말도 있죠. 주변에 뜻이 맞고 능력이 있는 사람이 없다면 혼자서 하는 것이 나을 수도 있습니다. 한국에 인디 음악이 등장한지 15년 넘게 흐르는 동안 구축된 인프라

● 붕가붕가레코드 밴드

● 불나방스타쏘세지클럽

는 인디 레이블에게도 '아웃소싱(outsourcing)'을 가능하게 만들었습니다. 녹음은 스튜디오를 대여해서 하고 CD는 공장에 맡겨서 찍고 유통은 유통사에 위탁하면 홀몸이라도 대충 레이블의 모양새를 갖출 수는 있습니다.

그래도 누군가 함께 하는 게 좋겠다면, 가능한 신중하게 선택해야 합니다. 경제적인 수입까지 포함하여 내가 그이에게 어떤 가치를 선사할 수 있을지, 거꾸로 그이가 나에게 해 줄 수 있는 게 무엇인지 명확하게 따져봐야 합니다. 이런 좀생이 같은 계산 집어치우고 우정과 의리로 함께 해 보자고 일단 뭉치고 보는 경우, 시작할 때는 멋지고 그럴싸해 보일 수는 있지만 제가 보아온 바로는 이럴수록 오래 못 갑니다. 오히려 서로 발목을 잡게 되는 경우가 생기면 깨끗하게 서로를 놓아주자는 다소 냉정해 보이는 태도가 지속 가능성을 위해서는 더욱 긍정적입니다. 물론 아닐 수도 있습니다만.

목표

만약 '지속가능한 딴따라질'이라는 모토가 없었다면 붕가붕가레코드는 생존 자체가 힘들었을지 모릅니다. 이런 목표로 인해 모든 구성원들이 자신이 원하는 가치의 실현을 미래로 유보해둘 수 있었고 덕분에 당장 닥쳐왔던 적잖은 곤란들에 대해서는 일단 덮어둘 수 있었습니다. 그리고 현재 당장 음악을 하는데 자족하지 않고 앞으로 닥쳐 올 경제적인 문제에 대해 대응하겠다는 태도는 여타 인디 레이블과 저희를 차별화시켰고 소비자들한테도 저희의 존재를 명확하게 각인시킬 수 있는 계기가 되었습니다.

반드시 필요한 건 아니지만 있을수록 좋은 것이 레이블의 구성원들이 함께 지향할만한 목표입니다. 인디 레이블을 한다는 것은 경제적으로 상당히 가혹한 일이기 때문에 그만두고 싶은 유혹이 잊을만하면 찾아옵니다. 이럴 때 모두를 지탱할 수 있는 것이 공통의 목표죠. 더욱이 목표는 우리 레이블이 존재할만한 이유를 제공해주기도 합니다. 산더미처럼 많은 인디 레이블이 있는 가운데 왜 굳이 우리가 또 하나의 인디 레이블을 만들어야 하는 지. 물론 '내가 하고 싶으니까'라는 게 이유가 될 수도 있겠지만 이왕 레이블을 만들고 작업물을 시장에서 유통하기로 마음을 먹었다면 가능한 많은 이들을 설득시키는 게 좋겠죠?

자본금, 사무실, 스튜디오, 기타 등등

마지막에 와서야 이 얘기를 꺼내는 게 의아한 분들도 계실 것이라 생각합니다. 레이블을 설립하는데 가장 필요한 게 이것이 아닐까라는 게 상식이니까요. 사실 제대로 된 사무실에 스튜디오까지 갖춰놓고 시작하려면 적지 않은 자본금이 필요합니다. 하지만 그런 거 없이도 인디 레이블은 만들 수 있습니다. 앞서 말씀드렸던 것들만 충족이 된다면 알음알음 모은 돈으로 자취방을 전전해가면서 홈레코딩으로 음악을 만들면서 서서히 성장해가면 됩니다. 그러다가 임대료를 감당할만한 수준이 되면 그 때 사무실을 얻고 좀 더 좋은 작업을 하고 싶다면 스튜디오를 얻으면 됩니다.

인디 레이블을 시작하면서 가장 피해야 할 것은 처음에 많은 자산을 쏟아 붓는 것입니다. 인디 음악 사업은 굉장히 위험도가 높습니다. 세계적으로 음악 산업이 사양길로 접어든 상황에서 극도로 편향된 취향을 가진 한국의 음악 소비자를 상대로 인디 음악을 판다는 것은 정말로 어려운 일이죠. 그러므로 기본적으로 우리는 음악으로 돈을 벌지 못할 것이라는 걸 전제가 되어야 합니다. 그래서 뭐가 필요한 지도 모르는 상황에서 모양새 갖춰보겠다고 일단 사무실을 얻고 보자는 태도는 월세의 부담으로 인해 머지않은 시점에 회사를 엎어야 할 상황에 이르게 할 수도 있습니다.

본격적으로 인디 레이블 운영하기

이제 본격적으로 해야 할 일들을 생각해보죠. 레이블마다 하는 일도 조금씩 다르긴 하지만 여기서는 가장 기본적인 일인 음반을 만들고 파는 일에 초점을 맞춰서 생각해보겠습니다. 기본적인 레이블의 업무는 다음과 같습니다.

● 코스모스 사운드

● 아침

- **투자진행** : 음반을 만들기 위해 필요한 자본을 충당하고 전체적인 일정을 조율합니다.
- **A&R** : Artist & Repertoire의 줄임말입니다. 함께 일 할 아티스트를 찾아서 계약을 체결하여 영입한 후 그와의 관계를 지속하기 위해 필요한 일들을 총칭합니다.
- **제작** : 작곡, 작사, 편곡, 녹음, 믹싱, 마스터링 등 음원이 만들어지기 위해 필요한 일들입니다.
- **디자인** : 음반의 표지를 비롯해서 레이블이 필요로 하는 시각적인 작업들입니다.
- **홍보** : 말 그대로 음반을 팔기 위해 홍보하는 거죠.
- **유통** : 음반 및 음원을 매장에 배송하고 정산을 받는 일입니다.
- **재무** : 돈이 들고 나는 것을 책임집니다. 세금을 내는 번거로운 일들도 해야죠.

그럼 각각의 업무에 대해서 자세하게 알아보도록 하죠.

투자 진행

일단 얼마나 필요한 지 따져서 예산안을 짜야 합니다. 붕가붕가레코드의 경우에는 다음과 같은 비용들을 예산안에 넣습니다.

- **인건비** : 말 그대로 프로듀서, 엔지니어, 디자이너 등 음반 제작에 관여하는 스탭들에 대한 인건비입니다. 명확한 기준이 없기 때문에 난감하긴 하지만 일단 레이블 쪽에서 먼저 제안하는 것이 상식입니다.
- **스튜디오 대여비** : 3시간(+세팅 1시간)을 1프로로 계산하여 지불하게 됩니다. 엔지니어 비용까지 포함해서 홍대 인근의 스튜디오의 경우 저렴한 곳은 프로 당 15~20만원, 중급의 경우에는 30~40만원 정도 받습니다. 고급 스튜디오는 '싯가'로 협의하는 경우가 대부분입니다. 녹음은 필요한 시간을 미리 계산하여 책정을 하고 믹싱은 대개 곡당 1프로로 하여 책정합니다.
- **마스터링비** : 마스터링은 기본적으로 전문 마스터링 스튜디오에 맡기는 게 좋다고 엔지니어들은 얘기합니다. 대개 곡당 15만원 수준으로 역시 협의에 따라 달라질 수 있습니다.
- **진행비** : 음반 제작 과정에서 음악인들과 스탭들의 식사나 간식 등에 들어가는 비용입니다. 전혀 책정하지 않을 수도 있지만 분위기 좋게 작업을 하려면 얼마라도 책정해두는 게 좋습니다.
- **인쇄비** : CD 제작에 들어가는 비용입니다. 속지 인쇄 비용, 알판 제작비, 조립 비용을 포함합니다. 500장 단위로 인쇄하게 되며, 제작하는 수량이 많아질수록 장당 단가가 떨어집니다. 음악인이 저작권협회 소속일 경우에는 협회에 인쇄하는 수량만큼 저작권 사용료를 지불한 다음 인지를 받아와서 붙이는 게 원칙인데, 이 비용 역시 인쇄비에 포함합니다. 붕가붕가레코드의 경우에는 이런 비용을 모두 합쳐서 500~1000장 제작 기준으로 장당 2000~2500원 꼴인데, 대부분은 이보다 낮을 것입니다.
- **홍보비** : 인디 레이블에게 제일 난감한 부분입니다. 홍보 비용은 일정 이상의 규모를 투자하지 않으면 별다른 효과가 없거든요. 근데 우리는 돈이 없잖아요? 그래서 안 될 겁니다...만, 그래

도 잡지, 신문, 인터넷 언론의 기자나 평론가들, 주변의 음악인들의 주소를 확보하여 보도 자료와 보도용 CD를 보내는 정도는 가능할 것입니다. 조금 더 여력이 있다면 뮤직 비디오 같은 홍보 콘텐츠도 만들 수 있겠죠.

예산의 전체 규모는 예상 수입에 따라서 짜는 게 원칙이겠지만 솔직히 제대로 된 산업 통계도 없는 음반 산업에서 그걸 제대로 책정하기는 쉽지 않습니다. 결국 감으로 때려 맞추는 방법 밖에 없습니다. 도움이 되는 원칙이 있다면, 감으로 때려 맞춘 것의 절반만 팔릴 거라고 생각하는 겁니다. 최대한 보수적으로 접근하는 거죠.

예산을 짰으면 이제 돈을 충당해야 합니다. 적금을 깬다, 구성원들이 각출한다, 누군가의 투자를 받는다, 은행의 대출을 받는다… 등등 여러 가지 방법이 있습니다. 하지만 투자나 대출 같은 건 실적이 없는 상태에서는 쉽지 않겠죠. 결국 레이블 자체에서 충당할 수밖에 없습니다. 그렇다면 예산안을 짜고 그것을 잘 관리하는 것이 인디 레이블의 투자 진행 담당자가 가장 고민해야 할 부분인 것이죠. 그리고 십 몇 만원의 지출을 가지고 전전긍긍하면서 버텨가야 하는 것이 투자를 진행하는 이의 역할입니다.

A&R

앞서 인디 레이블을 시작하기 위해 필요한 조건으로 남에게 들려주고 싶은 음악을 찾는 것을 첫 번째로 꼽았습니다. 바로 A&R이 담당하는 일입니다. 마음에 드는 음악을 하는 음악인을 찾아서 함께 일하자고 설득하고 계약을 맺고 이후 성립된 관계를 위해 레이블과 음악인 사이에서 이모저모로 애 쓰는 게 A&R 담당자의 업무입니다.

인디 레이블의 A&R 담당자는 홍대 인근의 클럽을 배회하면서 공연을 보고 거기 오는 사람들에게 최근 괜찮은 팀이 없는 지 수소문하고 각종 오디션 프로그램에 응모한

● 장기하와 얼굴들

● 장기하와 얼굴들 _ 일단락 공연, 밴드와 공연 스탭

팀들의 데모를 살펴봅니다. 상시적으로 온오프라인을 통해 데모를 접수 받고 그것을 듣기도 하죠. 이러한 과정을 거쳐 괜찮은 팀이 포착되면 데모 음원 청취와 공연 관람, 그리고 술자리 등을 통해 좀 더 깊이 음악인을 이해하게 됩니다.

그래서 결국 의기투합하게 되면, 계약을 맺습니다. 계약서는 문화부에서 만들어 놓은 표준 서식이 있으니 그것을 변형하여 활용하시면 됩니다. 대개 인디 음악판에서 계약 기간(다른 회사에서 음반을 낼 수 없는 기간)은 1년 혹은 2년 단위고 보통 그 계약 기간 동안 1장에서 3장까지의 음반을 냅니다. 음반 자체의 판권(녹음된 음원에 대한 권리)은 레이블이 갖고 저작권(가사와 멜로디에 대한 권리)은 음악인이 갖는 게 보통이죠. 그리고 제일 중요한 수익 분배는 처음에 합의한 제작비의 손익 분기를 넘은 다음 얻은 수익을 레이블:음악인 = 5:5 혹은 7:3으로 분배합니다.

물론 합의하기에 따라 세부 사항은 다를 수 있고, 경우에 따라서는 아예 별도의 계약 없이 구두로만 진행하는 레이블도 있습니다. 다만 구두 계약으로 끝날 경우에도 최소한 위의 사항들에 대해서는 확실하게 합의를 하고 넘어가는 게 좋습니다.

계약을 맺었으면 이제 관계를 형성해야 합니다. 음악인의 요구 사항을 지속적으로 수렴하고 레이블의 요구 사항을 전달합니다. 공연을 보러 다니면서 어떤 부분이 후졌는지에 대해서 모니터링합니다. 행사 같은 데 나가서 돈을 벌어오게 되면 차량으로 태워다 주기도 합니다. 흔히 생각하는 '매니저'의 역할을 수행한다고 생각하시면 됩니다. 쉬운 일이 아니죠.

즉, A&R이야말로 인디 레이블의 꽃이라고 할 수 있습니다. 이후 제작 과정에서 어떠한 마법을 부린다고 하더라도 결국 최종 결과물의 70% 이상은 음악인의 재능으로 결정됩니다. 따라서 재능을 발견할 수 있는 취향과 안목이 인디 레이블의 수준이 되는 거죠. 참고로 붕가붕가레코드의 A&R은 제가 맡고 있습니다. 그래서 붕가붕가레코드의 수준은... 괜찮나요?

제작

노래를 만들고 녹음하고 CD 혹은 디지털 음원의 형태까지 만들어내는데 필요한 모든 과정입니다. 인디 레이블에게 있어 A&R이 귀와 눈과 혀라면 제작은 척추라고 할 수 있겠습니다.

인디 레이블은 대개 싱어송라이터와 작업을 하게 되기 때문에 제작은 회사의 몫이 아닌 경우도 많습니다. 레이블에서 개입을 한다 하더라도 음악인이 스스로 작업해 온 것을 듣고 의견을 나누는 정도, 중심은 음악인이 원하는 스튜디오나 엔지니어들을 섭외하는 역할에 둡니다. 이런 방식을 '셀프 프로듀싱(self-producing)'이라 하죠. 붕가붕가레코드의 경우에도 이러한 작업 방식을 원칙으로 합니다.

하지만 음악인 스스로 음반 제작 전반에 대한 경험이 부족할 때는 레이블의 스탭들이

● 수공업 소형음반 제작 _ CDR 제작

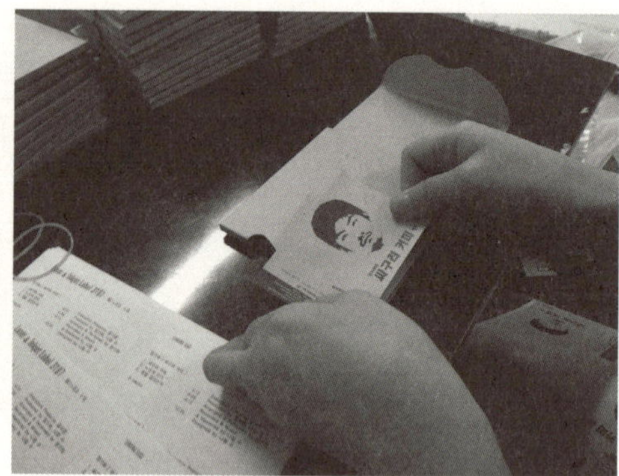

● 수공업 소형음반 제작 _ 케이스 제작

투입되기도 합니다. 일단 프로듀서, 작사 및 작곡, 편곡, 녹음, 믹싱, 마스터링의 전 과정에 걸쳐 음악적 표현과 관련된 모든 부분에 참여합니다. 음악인이 원하는 것들을 구현하기 위해 실제로 필요한 것들, 특히 기술적인 부분에서 조언하는 역할을 맡습니다. 회사에서 지급한 법인 카드로 스탭들의 밥값을 지불하는 것도 프로듀서의 중요한 역할이죠.

프로듀서 다음으로 음향 엔지니어. '대중음악은 녹음의 예술'이라는 말이 있듯이 결국 청자들이 듣는 것은 '노래'가 아닌 '소리', 그것을 만들어내는 것이 엔지니어의 역할이죠. 적당한 스튜디오에 위탁하지만 레이블의 색깔을 좀 더 명확하게 하고 싶다면 자체 엔지니어가 필요합니다. 엔지니어는 일단 녹음을 하고 각 파트의 소리에 밸런스를 맞추고 질감을 입히는 믹싱을 하고 어떤 재생 환경에서도 최적의 소리가 나게 만드는 마스터링을 거칩니다. 앨범에 담길 소리의 70%가 녹음, 그리고 25%가 믹싱 과정에서 결정된다고 합니다. 사실 소리의 질을 결정하는 것은 장비에 들인 돈보다는 악기와 공간과 장비의 특성을 이해하는 엔지니어의 능력입니다. 물론 능력 있는 엔지니어가 있다면 장비는 비쌀수록 좋지만요.

디자인

비틀즈(The Beatles)의 '애비 로드(Abbey Road)'하면 가장 먼저 떠오르는 것은 무엇인가요? 역시 건널목을 일렬로 건너는 비틀즈 멤버들의 모습이 아닐까 싶네요. 듣는 이들이 음악 자체보다 먼저 마주하는 것이 음반 표지라는 점을 감안하면 그것을 만드는 디자이너는 음반의 첫 인상을 결정하는 이라 할 수 있겠습니다. 그래서 대중음악의 역사에서 음악 자체만큼이나 음반 표지의 디자인 역시 독자적인 창작의 영역으로 인정받아왔죠.

빠지기 쉬운 함정은 음반 표지가 음반의 내용물, 즉 노래를 잘 반영하는 것일수록 좋은 디자인이라고 생각하는 것입니다. 그래서 음악인을 '갑', 디자이너를 '을'로 생각하는 경우가 있는데 이래서는 좋은 디자인이 나오기 어렵습니다. 디자이너의 개성과 전문성을 존중하고 그의 작업물을 음악과 긴장시킬 때 가치 있는 디자인이 나오는 법입니다. 물론 저도 저희 수석 디자이너와 몇 년 동안이나 갈등하면서 알게 된 원칙입니다. 그 친구가 만든 훌륭한 음반 표지 중에 몇 개는 담긴 음악은 들어보지도 않고 만들어진 것이거든요.

물론 지금은 앨범이 큼지막한 커버에 쌓여서 나왔던 LP 시절만은 못합니다. 그래도 어쨌든 음악이 손에 잡히는 물건으로 존재했던 CD 시절만도 못하죠. 하지만 디지털 음원의 시대에도 음반 표지의 디자인은 중요한 요소입니다. 오히려 지금이야말로 이미지의 시대니까요.

그리고 디자인 파트에서 담당해야 할 중요한 업무 중 하나가 CD의 인쇄입니다. 종이의 재질부터 어떤 케이스를 쓰냐까지 디자이너가 결정을 해줘야 제대로 된 물건이 나올 수 있는 거죠. 디자이너가 제반 사항을 결정하면 인쇄소에서 견적서를 보내주고 이를 바탕으로 투자 진행을 담당한 이와 음악인이 협의를 거쳐 진행 여부를 결정하게 됩니다. 나중에 CD가 나왔을 때 후회하지 않으려면 웬만하면 디자이너의 얘기를 듣는 것이 좋습니다. 물론 가격 대 성능비를 가장 높일 수 있는 재료를 선택할 수 있는 디자이너의 역량도 중요하고요.

유통

이제 물건이 나왔습니다. 하지만 구슬이 서 말이라도 꿰어야 보배이듯 CD가 천장이라도 매장에 갖다 놓지 않으면 재고일 뿐입니다. 매장에 물건을 보내고 팔린 금액을 걷어 오는 중요한 일이 유통입니다.

물론 아예 자체적으로 유통할 수도 있습니다. 이메일로 주문을 받고 입금을 받아 직접 택배로 이메일로 CD와 디지털 음원을 보내주는 방식도 있고, 여력이 있다면 자체 쇼핑몰 같은 것을 구축하는 것도 방법이죠. 하지만 매일 결제 확인 하고 포장해서 택배 부치는 일은 꽤나 품이 들어가는 일입니다. 주문 수량이 조금씩 늘기 시작하면 곧 내가 왜 이 짓 하고 있나라는 생각이 들면서 차라리 수수료를 물더라도 전문 매장에 맡기고 싶다는 생각이 들기 마련입니다.

하지만 대부분의 CD 및 디지털 음원 매장은 어느 정도 물량을 충족시켜주는 '도매상'을 제외한 일반 공급자들은 상대해주지 않습니다. 이게 유통 중개업자와 계약을 맺고 진행하는 이유 중 하나죠. 전체 매출에서 대략 10~15% 정도의 수수료를 떼어주는 대신 매장들에 세팅을 해 주고 수금을 해 주는 것이 유통 중개업자의 역할입니다. 이렇게 얘기하면 뭔가 중개업자들이 공으로 돈을 먹는 것 같아 찜찜하고 영 믿지 못할 사람처럼 느껴지기도 하는데, 사실 붕가붕가레코드가 유통을 위탁하고 있는 미러볼 뮤직을 비롯하여 여러 회사들은 믿음직하고 가능한 매장에서 많이 노출될 수 있게끔 이모저모로 신경을 많이 써 줍니다.

그래도 직거래를 하고 싶다면 CD의 경우에는 신촌-홍대 인근에 있는 향뮤직, 퍼플레코드, 미화당레코드 등의 매장에서는 대부분의 물건을 받습니다. 하지만 디지털 음원의 경우에는 아무래도 힘든 점이 있죠. 최근에 오픈한 현대카드 뮤직 정도가 대안이 될까요?

홍보

앞서 예산 부분에서 말씀드렸지만 홍보는 인디 레이블에 있어서 가장 취약한 부분입니다. 다른 것은 어떻게든 해결할 수 있다고 해도 어쨌든 홍보에는 기본적인 물량이 필요하거든요. 몇 십 만원을 지출하는 데도 사세가 흔들리는 인디 레이블의 입장에서 이런 비용을 쓰는 것은 많은 것을 감수해야 합니다. 그래서 저는 돈이 드는 기존의 홍보 방식(주로 매스 미디어를 이용한)은 제끼고 (사실 해 본 적도 별로 없습니다) 인디 레이블이 활용할 수 있는 값싼 홍보 방법, 즉 인터넷을 통한 홍보에 대해서 얘기하도록 하겠습니다.

최근에는 트위터나 페이스북 등의 소셜 네트워크 서비스(SNS)가 등장하면서 그것이 지니고 있는 입소문의 힘에 대한 기대가 많아지고 있죠. 붕가붕가레코드의 경우에도 대부분의 홍보가 SNS를 통해 이뤄집니다. 많은 콘텐츠가 짧은 시간에 흘러간다는 SNS의 특성을 감안하여 최대한 많은 양의 홍보 아이템들(작품의 컨셉이나 음악인의 신변잡기 등등 여러 가지)을 마련해 놓고 트위터 등을 통해 배포합니다. 사람들이 주로 활동하는 시간대(오전 11시, 오후 4시, 오후 11시) 등을 미리 파악해 놓고 그 시간대에 맞추는 것도 필요합니다. 그 결과 붕가붕가레코드의 기획 공연에 오는 사람 중 50% 이상은 트위터를 통해 정보를 접하게 되었습니다.

하지만 이것만으로는 충분하지 않습니다. "혁명은 트윗되지 않을 것이다.(Revolution will no be tweeted.)"라는 말이 있듯이 트위터-인터넷을 통해서 정보가 전파되더라도 그게 실제의 행동으로 연결되는 데는 한계가 있거든요. 그래서 레이블의 팬들에 대한 집중 관리가 중요합니다. 특히 열성을 보이고 열심히 레이블에 대해서 지인들에게 알리는 팬들에게 그만한 보상을 주는 것이 필요하죠. 다만 거리는 확실히 유지를 해야 합니다. 자칫하다가는 팬들이 레이블을 좌지우지하려고 하고, 그게 무시될 경우에는 새로운 팬의 유입을 막는 무서운 적이 될 수도 있거든요.

물론 이 정도로 충분하지는 않습니다. 홍보를 하는 음악, 소비자, 그리고 환경에 따라 그때그때 다른 방법들이 필요합니다. 소비자가 어떤 음악을 좋아하게 되는 과정을 이해하기 위해서는 결국 경험이 필요합니다. 경험을 쌓도록 합시다.

재무

"사람들은 음악을 만드는 일이 새벽 네 시에 스튜디오에 모여 마리화나를 피우며 즉흥 연주를 하는 낭만적인 것이라 생각한다. 하지만 현실은 전혀 그런 게 아니다." 스매싱 펌킨스(Smashing Pumpkins)의 빌리 코건(Billy Corgan)이 이런 비슷한 얘기를 한 적이 있습니다. 앞서 언급했던 일들은 그나마 음악을 만들고 파는 창조적인 일에 속합니다. 실제로 인디 레이블을 운영하면서 정말로 힘든 일들은 유지를 위해 필요하지만 창조적인 요소라고는 찾아볼 수는 없는 그런 일들입니다.

대표적인 것이 재무입니다. 이게 제대로 안 되면 레이블 자체를 흔들어 놓을 만큼 충격이 큽니다. 음반 판 돈에 대한 정산이 제대로 안 되면 이내 음악인들의 불만이 쌓일 것이고 결국엔 떠나가 버릴 지도 모릅니다. 세금 처리를 제대로 안 했다가는 나중에 과태료 폭탄을 맞게 될 수도 있죠. 하지만 정작 업무 자체는 돈이 들고 나는 것을 기계적으로 점검하고 내야 할 세금과 공과금을 꼬박꼬박 내기만 하면 되는 단순한 일입니다. 정말 재미가 없죠. 하지만 레이블 안에서 누군가는 이것을 맡아 묵묵하게 해야 합니다. 인디 레이블의 지속은 이러한 누군가의 희생을 담보로 하는 것입니다.

제 경험으로 이 업무는 해당 분야를 전공한 경력자에게 맡기는 게 좋은 것 같습니다. 세금 내는 일과 관련된 것들은 세무사나 회계사에게 문의를 해서 정리를 하고 입출금 관리 등은 경리 경력이 있는 이들과 일하면 좋고요. 가능하다면 음악을 좋아하는 이라면 좋겠지만, 그보다는 얼마나 성실하게 일 할 수 있느냐가 중요할 것 같습니다. 물론 직접 본인이 공부해서 하겠다고 하면 말리지는 않겠습니다.

실제로는...

이 모든 업무는 상황과 조건에 따라 달라질 수 있습니다. 한 사람이 여러 가지 일을 맡을 수도 있고, 외부 사람에게 아웃소싱할 수도 있는 거죠. 그리고 회사의 방침에 따라서 기본적인 업무의 정의가 달라질 수 있죠. 붕가붕가레코드의 경우에는 따로 물주가 없이 창업을 한 이들끼리 회사를 공동 소유하고 있습니다. 제가 달고 있는 대표의 직함은 소유주보다는 중요한 의사 결정을 책임진다는 의미에 가깝죠. 그래서 저는 A&R과 홍보 쪽을 겸직하고 있습니다. 그리고 유통은 외부 업체에 위탁하고 있죠. 더불어 인터넷을 이용한 이런저런 활동을 중시하기 때문에 다른 레이블과 달리 독특하게도 프로그래머가 정규 스탭으로 포함되어 있기도 합니다.

그리고 인디 레이블을 지속하기 위해 필요한 일

처음에는 음반을 발매한다는 사실 자체가 행복할 수도 있습니다. 그리고 누군가 그걸 사주기라도 하면 펄쩍 뛸 만큼 기쁠 수도 있습니다. 하지만 시간이 흐르면 어느 순간 기계적으로 음반을 찍어내는 자신과 직면하게 될 것이고, 공들여 만든 음반이 기껏해야 수십 장 팔리는 현실에 절망하게 될 지도 모릅니다. 재미를 위해 시작한 일이기 때문에 이런 식으로 재미가 사라지는 순간 그만 두고 차라리 돈을 벌고 싶다는 유혹을 느끼게 되기 마련입니다. 더욱이 한국 노동자들이 받는 평균 임금에도 턱 없이 못 미치는 임금은 유혹의 강도를 견딜 수 없을 만큼 증폭시키죠.

이게 인디 레이블을 하면서 제가 가장 힘들었던 부분입니다. 한 순간의 재미를 위해 빈곤한 권태의 시간을 버텨내야 한다는 점. 이를 극복하기 위해서는 스스로를 지켜야 합니다. 일단 인디 레이블의 음반은 잘 팔리지 않는 게 기본입니다. 그러니 일단 안 될 것이라는 현실을 인정하는 게 필요합니다. 하지만 잘 안 팔리더라도 내가 하고 있는 음악이 가치가 있다는 확신을 지녀야 합니다. 비관과 낙관이 혼재하고 있는 상태에서 평정심을 지키는 게 중요하죠. 그리고 끊임없이 각종 기획을 시도하고 새로운 자극을 만들고 거기서 조금이라도 나아진 점에 대해서 민감하게 받아들여야 합니다.

'우리는 나아지고 있다.' 수없이 이 말을 되뇌면서 이보 전진에 일보 후퇴, 아니 일보 전진에 반보 후퇴를 거듭하는 것이 현재 저와 저희 스탭들이 인디 레이블을 해 나가는 방식입니다. SOUND

1950년대의 놀라운 픽쳐 유성기 음반

60년대에 각종 기념물로 일반에 널리 애용되던
픽쳐 디스크는 70년대에 자취를 감춤

괴짜 감독으로 유명한 고 김기영감독이 1958년 5월 30일에 개봉한 영화 '초설'의 OST 픽쳐 유성기 음반이 있다. 이 영화는 오리지널 필름은 고사하고 시나리오조차 보존되지 않았기에 이 음반은 포스터와 더불어 영화의 존재를 확인해주는 거의 유일한 자료다. 음반 앞면에는 주인공인 당대 최고의 배우 김지미와 박암의 영화스틸사진과 주제가를 부른 인기가수 나애심의 사진이 예술적으로 새겨져 있다. 나애심은 〈디디디〉로 유명한 가수 김혜림의 어머니다. 뒷면에는 당대의 유명 가수들과 작곡가들인 현인, 황정자, 송민도, 장세정 등 14명의 사진이 음반 전면을 빙 둘러있다. 모든 가수가 유니버샬 전속 가수는 아니란 점에서 일종의 세를 과시하기 위해 장식한 것으로 보인다. 하지만 이 음반은 유독 데이터베이스가 척박한 50년대 한국 대중음악계는 물론이고 영화계의 소중한 유물로 손색이 없다.

최규성 | 대중문화평론가

한국일보 편집위원을 역임한 최규성은 국내 최초로 발간된 한국 인디뮤지션사진집의 사진작가이면서 동덕여대, 성공회대, 서울시민대학, 서울미지 청소년문화센터와 기업체에서 대중문화와 보도사진 강의는 물론 여러 지상파 TV와 라디오에서 대중음악프로그램을 진행하는 방송인이다. 아울러 한국방송대상 본선심사위원, 한국대중음악상 선정위원, 서울드라마어워즈 장편부문 심사위원, 문화체육관광부, 한국콘텐츠진흥원 대중문화 자문위원으로 활동하며 중요 신문잡지와 각종 사보에 대중문화관련 칼럼을 연재하는 대중문화평론가로 활동하고 있다.

● 영화 눈 내리는 밤 OST 픽쳐유성기_1958년 유니버샬

● 영화 지옥화 OST 픽쳐유성기_1958년 유니버샬

● 영화 초설 OST 임 없는 가슴 픽쳐유성기_1958년 유니버샬

세기의 폭군인 독일의 히틀러는 그림에 대한 병적인 수집벽으로 유명하다. 조선시대 정조 때 '시.서.화 3절'로 불렸던 신위는 돌에 미친 사람이었다. 그는 중국에 사신으로 갔을 때도 '가는 곳 마다 수석을 주워 수레에 싣고 다녔다'고 한다. 이처럼 수집은 동서고금을 막론하고 전 세계인의 뜨거운 관심대상이고 대상은 물론이고 그 역사 또한 장구하다.

대중음악 SOUND에서 소개하고 있는 '진귀한 한국 대중음악 유물탐방' 4번째 주인공으로 1950년대의 놀라운 픽쳐 유성기 음반을 준비했다. '픽쳐 디스크'는 쉽게 말해 음반 전체에 그림이나 사진이 장식된 음반을 말한다. 요즘은 거의 대부분 CD에 다양한 그래픽과 사진, 그림이 디자인되고 있지만 픽쳐 디스크가 희귀했던 과거 아날로그 시절에는 진귀하고 흥미로운 대상으로 여겨졌다. 대부분 정규앨범이 아닌 소량의 기념음반으로 제작되었기 때문이다. 소수의 수집가들을 위해 한정된 수량으로 제작된 픽쳐 디스크는 프레스 기술의 경이로움으로 여겨졌고, 제작비 또한 일반음반에 비해 높았기에 음반가격 또한 몇 배나 비싼 고가음반이었다. 그럼에도 불구하고 그 희귀성과 더불어 화려한 시각적 매력 때문에 수집가들의 수집본능을 자극시키는 매력적인 음반으로 각광받았다.

그동안 픽쳐 음반은 유럽과 일본을 중심으로 60~70년대에 본격적으로 제작이 시작되어 80년대에 절정을 이룬 것으로 알려져 있다. 해외에선 소수의 음반 마니아들을 위해 '한정판' 딱지를 붙이고 제작되었다. 특히 일본에서는 '초회한정본'이란 자극적인 상업문구와 화려한 비주얼로 음반을 제작해 전 세계 수집가들의 구매욕을 자극했다. 세계적으로 유명한 픽쳐 디스크로는 덴마크에서 제작한 요절한 미국의 섹시여배우 마릴린 먼로, 록음악의 전설 비틀즈, 지미 헨드릭스와 팝의 제왕 마이클 잭슨, 프레디 머큐리, 영화 스타워즈의 OST 음반이 있다. 특히 미스테리하게 세상을 떠난 후, 온갖 억측과 의혹을 불러온 영원한 섹스 심볼 마릴린 먼로의 그림음반은 단연 으뜸이다. 시간이 아무리 흘러도 가시지 않는 세계적 섹스 심볼답게 실오라기 하나 걸치지 않은 무명시절의 누드 사진이 아롱 새겨진 그녀의 화려한 픽쳐 디스크는 전 세계 음반마니아들의 콜렉팅 표적이 되었다. 1978년 미국과 영국에서 발매된 '비틀즈'의 픽쳐 디스크는 그 화려한 디자인이 군침을 돌게 하고, 록그룹 '퀸'의 리드보컬이었던 요절가수 프레드 머큐리의 마지막 음반도 소량의 기념 픽쳐 디스크로 발매되어 전 세계 음반수집가들을 흥분시켰다.

10년 전 쯤. 나는 홍대 인근의 한 음반가게에서 '세계 최초의 픽쳐 디스크'라 명기되어 있는 한 외국 LP음반에 시선을 빼앗겼다. 1970년 영국에서 발매되었다는 화려한 디자인이 인상적인 워너브라더스의 커브드 에어(Curved Air) [Airconditioning] 픽쳐 디스크다. 오랜 세월 음악자료를 수집해 온 필자는 당연 꿀꺽 군침을 삼켰고, 결국 상당한 액수를 지불하고 음반을 소장하게 되었다. 그런데 그 음반이 세계 최초의 픽쳐 디스크가 아니라는 사실을 알기에는 그리 오랜 시간이 필요하지 않았다. 순간 사기를 당했다는 허탈감에 힘이 빠졌지만 기분 좋게 반전되었다. 그보다 훨씬 앞서 발매된 픽쳐 디스크를 구했기 때문이다. 외국이 아닌 국내 픽쳐 디스크였고 더구나 놀랍게도 LP가 아닌 유성기 음반이었다. 자연스럽게 국내에서는 언제 픽쳐 디스크가 처음으로 등장했는지에 대한 호기심이 생겨났다.

서론이 길었다. 이제 본격적으로 진귀한 한국 대중음악 유물탐방에 들어간다. 경제개발이 본격화된 1960년대 국내에서는 경주 불국사 방문 기념으로 종이 픽쳐 디스크가 제작된 적이 있고, 한일은행 창립기념, 각 대학과 호텔의 신년 인사, 개관, 개교기념으로 픽쳐 디스크들이 소량 제작이 되었다. 이처럼 귀한 존재로 60년대에 각종 기념물로 일반에 널리 애용되던 픽쳐 디스크는 70년대에 자취를 감췄다. 그러다 한참의 세월이 흐른 후, 국내에 다시

● 영화 초설 OST 픽쳐유성기 1958년 유니버샬

● 워커힐 개관 기업 신년인사 픽쳐디스크_1960년대

● 조용필 해운대 라이브 픽쳐디스크_1993년

● 커브드에어 픽쳐디스크_1970년 영국

● 마릴린 먼로 누드 픽쳐디스크_1985년 덴마크

픽쳐디스크가 처음 인구에 널리 회자되었던 것은 1993년의 일이다. 가수 신윤정에 이어 가왕 조용필이 해운대 콘서트 실황을 소량 한정의 픽쳐 LP로 발표했었기 때문. 당시 '국내 최초'라는 요란한 상업적 수식어가 붙었던 것은 일반대중에게 픽쳐 디스크는 존재자체가 생소했기 때문이었다. 과연 조용필의 픽쳐 디스크가 국내 최초일까? 아니다.

믿기 힘들겠지만 국내 그림음반의 역사는 LP시대도 아닌 프레싱 기술이 일천했고 제대로 인쇄된 재킷조차 변변치 않았던 유성기 음반 시절로 거슬러 올라간다. 한국전쟁으로 인해 국가 경제가 황폐했고 물자와 기술이 열악했던 50년대에 국내 기술로 제작한 영화OST 픽쳐 유성기 음반이 제작되었다는 사실은 놀라운 일이다. 이는 당시 엄청났던 한국 영화의 인기가 빚어낸 기적이 아닐까 싶다. 수집가들 사이에서는 '5~6장 쯤 나왔을 것'이라는 풍문이 있지만 현재까지 실물이 확인된 국내 픽쳐 유성기 음반은 단 3장이다.

먼저 1958년 4월 20일에 개봉한 신상옥감독의 영화 '지옥화'는 파격적인 소재의 영화답게 주연배우 최은희와 김학의 충격적이고 노골적인 정사 장면 사진이 음반에 담겨있다. 같은 해에 개봉한 영화 '눈 내리는 밤'도 있다. 한동안 필름이 망실된 영화로 알려졌지만 최근 영상자료원에 의해 필름이 발굴된 이 영화OST에는 50년대 악극단 시절 '눈물의 여왕'으로 군림했던 전옥의 사진이 들어있다. 그녀가 영화배우 최무룡의 어머니고 최민수의 외할머니라 하면 이해가 빠를 것 같다. 이 영화는 악극을 영화화한 국내 최초의 영화로 이후 무려 3번이나 영화로 리메이크된 50년대 최고의 영화다. 문제는 필름은 발견되었지만 픽쳐 OST 유성기 음반에 수록되어 있는 주제가 필름은 망실되었다는 점에서 더없이 소중한 한국대중문화계의 유물이다.

가장 중요한 픽쳐 유성기음반이 하나 더 남았다. 괴짜 감독으로 유명한 고 김기영감독의 1958년 5월 30일에 개봉한 영화 '초설'의 OST 픽쳐 유성기 음반이다. 이 영화는 오리지널 필름은 고사하고 시나리오조차 보존되지 않았기에 이 음반은 포스터와 더불어 영화의 존재를 확인해주는 거의 유일한 자료다. 음반 앞면에는 주인공인 당대 최고의 배우 김지미와 박암의 영화스틸사진과 주제가를 부른 인기가수 나애심의 사진이 예술적으로 새겨져 있다. 나애심은 〈디디디〉로 유명한 가수 김혜림의 어머니다. 뒷면에는 당대의 유명 가수들과 작곡가들인 현인, 황정자, 송민도, 장세정 등 14명의 사진이 음반 전면을 빙 둘러있다. 모든 가수가 유니버샬 전속 가수는 아니란 점에서 일종의 세를 과시하기 위해 장식한 것으로 보인다. 하지만 이 음반은 유독 데이터베이스가 척박한 50년대 한국 대중음악계는 물론이고 영화계의 소중한 유물로 손색이 없다.

실제로 이 음반은 그 선구적 프레싱 기술 때문에 당대의 각종 산업 전람회와 박람회에서 우수상품으로 지정되며 수상의 영예를 안았다. 당시 서울시에서는 이 놀라운 음반을 우수공산품으로 공식 지정했을 정도다. 하지만 이 음반의 존재는 세월의 흔적만큼이나 그동안 존재조차 숨겨져 있었다. 50년대에 오아시스레코드를 창립해 활발하게 유성기 음반을 제작하고 발매했던 봉철대표조차 이 픽쳐 유성기 음반의 존재에 대해 금시초문이란 반응을 보이며 놀라워했다. 현재 이 유성기 픽쳐 음반은 무려 500만원을 호가하는 한국 대중음악과 영화계의 진귀한 보물이다. 비주얼과 이미지가 중요한 지금의 디지털 시대를 반세기 이상 앞서 세상에 나온 이 진귀한 한국 대중음악의 빛나는 아날로그 픽쳐디스크들의 존재는 우리 대중음악의 만만치 않은 공력의 여과 없는 증명이다.

`SOUND`

한국 대중음악 걸 그룹 계보학

저고리씨스터에서 소녀시대까지

지난 5월 4일부터 6월 17일까지 인천 부평아트센터에서 열린 〈한국대중음악 걸 그룹사(史) : 저고리시스터에서 소녀시대까지〉 전시회는 아시아를 넘어 세계인의 관심과 주목을 이끌며 괄목한 만한 활약상을 보여 주고 있는 한국 '걸 그룹'의 역사에 대한 이야기다. '소녀시대'로 대표되는 한국 걸 그룹의 세계로 향한 괄목할 행보를 바라보면서 문득, 한국 걸 그룹의 새로운 르네상스가 근본 없이 어디선가 갑자기 튀어나온 것은 아닐 것이라는 생각이 들었다. 이런 궁금증으로부터 시작된 조사는 매우 흥미롭고 구체적인 결과물로 구성된 국내 최초의 걸 그룹 전시회로 언론의 관심을 이끌어냈다. 전시는 한국 걸 그룹사 73년의 시초라고 할 수 있는 '저고리시스터'의 일본 공연 전단지와 공연사진부터 아시아 최초로 미국에 진출한 '김시스터즈'의 미국 발매 음반, '펑클'의 해외제작 우표까지 다양한 걸 그룹의 해외진출 자료들로 모든 세대들에게 '추억과 발견'이라는 키워드로 언론의 관심을 이끌어냈다. 500여점에 달하는 전시 자료들은 필자가 40년간 수집해 온 2,000여점의 소장품들 중에서 선별했다.

최규성 | 대중문화평론가

한국일보 편집위원을 역임한 최규성은 국내 최초로 발간된 한국 인디뮤지션사진집의 사진작가이면서 동덕여대, 성공회대, 서울시민대학, 서울미지 청소년문화센터와 기업체에서 대중문화와 보도사진 강의는 물론 여러 지상파 TV와 라디오에서 대중음악프로그램을 진행하는 방송인이다. 아울러 한국방송대상 본선심사위원, 한국대중음악상 선정위원, 서울드라마어워즈 장편부문 심사위원, 문화체육관광부, 한국콘텐츠진흥원 대중문화 자문위원으로 활동하며 중요 신문잡지와 각종 사보에 대중문화관련 칼럼을 연재하는 대중문화평론가로 활동하고 있다.

대중이 욕망하는 것들에 관한 흥미로운 보고서

어린아이부터 노인에 이르기까지 세대를 가리지 않고 '걸'들에 대한 열광은 뜨겁다. 걸 그룹은 예나 지금이나 한국 대중음악의 꽃이다. 그래서인가 걸 그룹들의 팀 이름은 소중한 꽃, 보석, 과일에 비유된 경우가 상당수다. 이처럼 동시대 대중의 기호와 트렌드에 민감한 이들은 당대의 대중의 유행을 소화하고 선도해 오고 있다. 또한 해외 진출을 이끌며 한국 대중음악의 매력을 알린 것도 우리의 자랑 '걸'들이었다. 한국 대중음악사에 흔적을 남긴 걸 그룹들의 숫자는 500팀에 이르고 금년에도 20팀에 가까운 걸 그룹이 새롭게 탄생했다. 이러다 걸 그룹이 범람이라는 한계점에 이를까 걱정스럽다.

2012년 지금의 걸 그룹들은 한국 대중문화의 대표 아이콘으로 존재가치를 더하고 있다. 예쁘고 섹시한 이들의 존재는 어느 시대나 남성들의 로망이었고 대중의 호기심을 자극하며 욕망의 배설이라는 통로 역할을 해왔다. 그런 점에서 걸 그룹의 역사는 시대마다 대중이 욕망하는 것들에 대한 내밀한 보고서라 할 만 하다. 지금의 대중은 걸 그룹에 대한 관심만큼이나 오해 또한 심각한 수준이다. 인터넷을 보면 과거 걸 그룹의 이미지는 청순, 귀여움이었지만 이제는 섹시함이 대세라고 말한다. 오해다. 호랑이 담배피던 시절만큼이나 아득한 60~70년대의 걸 그룹들은 지금보다 더 야하고 섹시했다. 하의실종은 기본이고 상의까지 실종된 걸 그룹들이 무수했다. 그런 점에서 섹시한 요즘 걸 그룹들을 보며 "너무 야하다. 세상 말세"라고 비난하는 어른들의 시각은 이율배반적이다.

걸 그룹의 뿌리에 대한 오류도 심각하다. 젊은 세대들에게 "한국 최초의 걸 그룹이 누구냐?"고 물어보라. 십중팔구 1997년에 등장한 'SES'나 1998년에 데뷔한 '핑클'을 걸 그룹의 조상이라고 대답할 것이다. 또 최초의 9인조 걸 그룹이 누구인지도 물어보라. '소녀시대'라고 합창을 할 것이다. 이는 장구한 한국 대중음악 역사에 대한 심각한 모욕이다. 만약 'SES'와 '핑클'이 한국 걸 그룹의 원조이고 조상이라면 그들 이전에 등장해 동시대의 대중에게 즐거움과 위로를 안겨주었던 무수한 걸 그룹들의 존재는 과연 무엇이란 말인가! 이제 걸 그룹의 장구하고 찬란한 역사를 알아보는 타임머신에 오를 시간이다.

1930~40년대 : 한국 걸 그룹 태동기

● 저고리시스터 – 한국 걸 그룹의 조상, 1939년

현재까지 기록을 통해 확인된 걸 그룹 역사의 원년은 '저고리시스터'가 등장한 1939년으로 봐야한다. 오케레코드에서 운영한 조선악극단 소속 여성 가수들로 구성된

● 저고리시스터 일본 동경 군인회관공연 전단지 1939년

● 저고리시스터 광고 1940년 모
던 조선잡지

● 저고리시스터 이난영 장세정 등과 고 김정구 1939년 일제강점기 일본공연

● 저고리시스터 공연 오케 그랜드쇼 1940년 3월 23일
자 동아일보 사고

이 걸 그룹은 주로 5인조 규모로 결성된 프로젝트 성격이 강했다. 멤버는 당대 최고
의 여가수들이었던 〈목포의 눈물〉로 유명한 이난영, 〈연락선을 떠난다〉의 장세정, 민
요가수 이화자, 유정희, 홍청자, 서봉희, 김능자, 임순이 그리고 〈오빠는 풍각쟁이야
〉의 박향림 등이다. 저고리시스터의 흔적은 1939년 조선악극단의 일본 순회공연에서
처음 발견된다. 김정구 선생과 함께 무대에 올랐던 공연 사진과 현지 제작된 공연 전
단지, 잡지 기사들이 이번에 확인되었다. 이들의 국내 활동 기록은 1940년 3월 23일

자 동아일보에 소개된 '오케 그랜드 쇼'의 공연기사가 최초이고 조선의 이모저 모를 일본에 소개한 1940년 발간된 잡지 〈모던 조선〉에 게재된 '저고리시스터' 광고도 있다.

1950년대에는 2기도 있었다. 오리지널 멤버들이 아닌 백설희, 신카나리아, 고향미, 이경희, 조금옥이 멤버로 활동했다. 1944년 조선악극단을 탈퇴한 김해 송과 이난영 부부는 1948년 태동한 동명의 다른 오케레코드와 KPK악단을 창 설해 주도했는데 백설희, 신카나리아 등이 포함된 50년대의 '저고리시스터' 사 진은 조선악극단이 아닌 KPK악단 시절에 촬영한 것으로 여겨진다. 한국 걸 그룹의 조상인 이들에게 공식적으로 최초란 월계관을 씌워주기엔 2% 부족하 다. 팀명이 명기된 공식 음반을 발표하지 않았기 때문이다.

● 이난영 저고리시스터 시절 1930년대

● 이난영 – 한국 걸 그룹의 개척자

흥미로운 사실은 저고리시스터의 핵심 멤버였던 이난영은 공식적으로 최초의 걸 그룹이라 할 수 있는 '김시스터즈'를 기획하고 조련했다는 점이다. 따라서 이난영을 단순히 〈목포의 눈물〉로 유명한 왕년의 유명가수로 생각해서는 안 될 것이다. 이난 영은 한국 걸 그룹 태동에 선구적 역할을 한 한국 걸 그룹의 대모다.

1950년대 : 한국 최초의 공식 걸 그룹이 등장한 도약기

해방과 더불어 시작된 미군의 주둔은 국내 대중음악의 일대 변화를 몰고 왔다. 미 8군으로 인해 급격하게 유입된 서구문화는 한국 대중음악의 음악 장르의 범위를 넓 혔고 자생력을 돕는 귀중한 자양분이 되었다. 한국전쟁으로 인해 활동할 무대가 거 의 없었던 국내 가수들에게 미8군 무대는 더없이 소중했다. 전쟁으로 황폐화되고 척 박해진 환경에서도 실력파 그룹과 솔로 가수들이 탄생할 수 있는 소중한 인큐베이터 가 되어 주었기 때문. 중요한 점은 한국 최초의 공식 걸 그룹 '김시스터즈'가 이 시기 에 탄생한 점이다. 그녀들은 세계 대중음악의 중심인 미국 라스베가스에 진출해 국 제적 스타로 성장했고 이후 후배 걸 그룹들이 국제무대로 진출할 수 있는 한류열풍 의 시금석이 되었다.

● 김시스터즈 – 한국 최초의 공식 걸 그룹, 1953년

'김시스터즈'는 1953년 수도극장 무대를 통해 등장해 음반까지 발표한 공식적인 한 국 최초의 걸 그룹이다. 이난영과 이봉룡이 설립한 KPK악단의 간판으로 미8군 무대 와 일반무대 활동을 병행했다. 1956년에는 한국 최초의 뮤지컬 영화인 '청춘쌍곡선' 에 간호사로 출연해 노래와 연기 솜씨를 뽐냈다. 악기를 자유자재로 구사하면서 노래

● 김시스터즈 미국 라스베가스 현지공연 1960년

● 김시스터즈 아시아 최초로 미국에 진출한 최초 걸그룹 1950년대 일반무대 공연

와 춤까지 동시에 가능했던 당시로서는 전례를 찾기 힘든 걸 그룹이었다. 1958년 새로운 흥행거리를 찾아 일본을 찾은 미국의 쇼 흥행업자 톰 볼과 운명의 인연을 맺었다. 그는 이승만대통령의 윤허를 받아내 이들의 미국진출을 성사시켰다. 아시아 최초로 미국진출 1호 여성 보컬 팀이 탄생되는 순간이다. 당시 최고의 인기TV 프로그램 '에드 셜리반 쇼' 출연 후 에픽레코드에서 음반제작 의뢰가 들어왔다. 1960년 미국에서도 히트한 〈찰리 브라운〉 등 총 12곡을 수록한 첫 음반이 나왔다. 영어가사로 부른 〈찰리 브라운〉은 국내 가수 최초로 빌보드 싱글 차트 7위에 랭크되었다. 2009년 미국에 진출해 〈노바디〉로 빌보드 싱글 차트 76위에 오른 원더걸스보다 무려 반세기나 앞선 일이다. 1964년 L.K.L레코드는 미국에서 제작된 음반을 공수했고 이 앨범은 대만에서도 발매되어 첫 한류열풍으로 기록되었다.

1960년대 : 걸 그룹 전성시대 개막

1960년대는 경제와 국가 재건이 키워드였다. 산업화, 도시화에 가속이 붙었던 이 시기의 분위기는 밝고 희망찼다. 1961년 공영방송 KBS TV의 탄생 이후 1964년 첫 민간방송 TBC가 등장하고 1969년엔 MBC까지 가세하며 영상시대가 개막된 60년대는 곧 본격적인 걸 그룹 전성시대의 개막을 의미한다. 당시 국내 걸 그룹들은 미국 대중문화의 영향력이 절대적이었다. 미8군 무대는 날로 볼륨을 확대했고 일반 무대도 경제개발과 더불어 살아나기 시작했던 60년대는 트로트와 더불어 팝, 록, 포크, 재즈 등 다양한 장르가 공존했던 부흥기였다. 미8군 무대의 활성화와 더불어 개체수가 폭발적으로 증가한 60년대의 걸 그룹들은 대중음악의 메인스트림으로 본격 진입하며

각광받았다. 미8군 무대와 일반대중이라는 두 마리
토끼를 잡아야 했던 60년대 걸 그룹들은 미8군에
서는 팝송을 불렀지만 일반무대에서는 트로트, 민
요를 병행해 불러야 했다. 신중현의 에드훠 등 남자
록밴드들의 태동 시기와 비슷하거나 오히려 앞선 시
기인 1962년에 걸 밴드 '블루리본'이 탄생했다.

● 코리아키튼즈 포르투칼 에스토릴 카지노클럽공연 1960년대

● 김치캣 – 미국 진출 2호 듀엣 걸 그룹, 1960년

김시스터즈에 이어 미국에 진출한 2호 걸 그룹은
듀엣 '김치캣'이다. 1960년 미8군 무대에서 활동을
시작한 이들은 1961년 일본에 진출해 〈경성의 밤〉이란 싱글 음
반을 발표하며 동남아에서 각광을 받았다. 1963년 일본, 홍콩,
필리핀, 대만을 거쳐 미국 본토에 진출한 이들은 라스베가스
최고의 무대였던 스타더스트 호텔을 주 무대로 활동하며 '동양
에서 온 매혹적인 스타일과 용모의 여성그룹'으로 호평을 받았
다.

● 김치캣_검은 상처의 부루스 1962년 오아시스

1948년 미국 컬럼비아 레코드사에 의해 세계 최초로 LP가
개발된 이래 국내에서는 8년 후인 1956년에야 LP시대가 열렸
다. 김치캣의 1962년 독집 [검은 상처의 부루스]는 한국 대중음
악사적으로 중요한 음반이다. 총 12곡이 수록된 이 앨범의 가
치는 국내 최초의 12인치 LP라는 사실로 더욱 빛난다. 12인치
LP는 대중이 널리 인식하고 있는 LP의 사이즈가 맞다. 이 노
래는 빅히트를 기록해 영화로까지 제작되었다.

● 이시스터즈 – 히트곡을 양산한 60년대 슈퍼 걸 그룹, 1963년

60년대의 슈퍼 걸 그룹 '이시스터즈'는 1968년 '펄시스터즈' 등
장 이전까지 한국 대중음악계의 절대 권력자로 군림했다. 전신
은 1962년에 등장한 김천숙, 김명자 자매로 구성된 듀엣 '허니
김스'다. 1962년 KBS의 연말 톱 싱어 경연대회에서 예선을 통
과한 한 걸 그룹이 불참해 대타로 참가해 당당히 2등에 입상
했다. 이후 이정자가 영입되면서 트리오로 거듭난 이들은 리드
보컬 이정자의 성을 따 '이시스터즈'로 팀명을 정했다.

사실 60년대에 '이시스터즈'란 이름으로 활동한 걸 그룹은 3

● 김치캣 1963년_미국 진출 2호 걸 그룹

● 이시스터즈 60년대 슈퍼 걸그룹

● 이시스터즈 이금희 이금미 자매 듀엣 노래연습 1965년

● 펄시스터즈_최초의 걸그룹 가수왕

팀이나 된다. 〈울릉도 트위스트〉로 유명한 트리오 '이시스터즈' 이전에도 동명의 트리오 걸 그룹이 이미 존재했었다. 최초의 이시스터즈 멤버는 모두 이씨 성이었고 동갑내기의 아리따운 걸들이었다. 이들은 1960년 5월 미8군 쇼단 '힐 톱 밴드'의 오디션을 함께 통과하며 트리오를 결성했지만 2개월 만에 쇼 단이 해체했다. 1961년 3월 서울중앙방송국의 아마추어 쇼 프로그램에서 출전해 이달의 톱 싱어로 선발되었지만 공식음반을 내지는 못했다. 듀엣도 있었다. 국내 최초의 댄스가수이고 60년대의 명곡 〈키다리 미스터 김〉으로 1966년 최고의 인기가수에 등극했던 이금희는 솔로 가수로 성공하기 전, 동생 이금란과 함께 잠시 듀엣을 결성해 언론의 주목을 받았지만 음반은 발표하지 못하고 단명했다.

● 펄시스터즈(준과 숙) – 가수왕에 등극한 최초의 걸 그룹, 1968년

배인순, 배인숙 자매로 구성된 '펄시스터즈'는 1968년 〈커피 한 잔〉으로 데뷔해 걸 그룹 사상 최초로 가수왕으로 등극하며 70년대 걸 그룹 양산에 기름을 부었다. 당시 KBS TV의 인기 음악프로그램인 '패티킴 쇼'는 시험 삼아 3차례나 펄시스터즈 특별시간을 편성해 방영했을 정도. 데뷔 1년 만에 가수왕에 등극한 이듬해 CF와 영화출연제의가 빗발쳤다. 100번째 취입 곡은 이봉조의 〈사랑의 교실〉. 입상은 못했지만 동경국제가요제 본선에 진출하는 영광을 안기며 일본진출의 교두보를 마련해준 곡이었다. 1972년 펄은 이름을 '준과 숙'으로 변경해 제5회 신주꾸가요제에서 은상에 입상한 후 캐나다와 미국으로 진출을 시도했지만 벽은 높았다. 펄시스터즈의 예상치 못한 성공으로 신중현은 사단을 구축하기 시작했고 한국 대중음악계는 오디오시대에서 비디오로 시대로 전환되는 전환점을 마련했다.

한국 최초의 걸 밴드 태동

사실 한국 걸 밴드의 역사는 장구하다. 남자 록밴드와 비슷하거나 오히려 앞선다. 실제로 1962년에 국내 최초의 9인조 스윙 재즈 걸 밴드 '블루리본'이 등장한 이래 수많은 걸 밴드들이 60년대 미8군 무대와 다운타운 클럽무대에서 활약했고 당대의 한국 영화 속에도 무수하게 등장했었다.

● 블루리본(Blue Ribbon) – 한국 최초의 9인조 스윙재즈 걸 밴드, 1962년

스윙재즈 걸 밴드 '블루리본'은 1962년에 결성되었다. 밴드 결성시기로는 한국 최초의 밴드로 회자되는 키보이스, 에드훠보다 앞서는 셈이다. 또한 소녀시대보다 45년 앞서 결성된 블루리본의 멤버는 소녀시대와 같은 9인조였고 댄서 1인을 포함 총 10명의 멤버가 쇼 무대 활동을 했다. 드러머로 활동했던 명정강은 걸 밴드 시절 신중현을 만나 결혼에 골인했다. 블루리본의 멤버 사진은 최초 공개다.

● 9인조 스윙재즈 걸밴드 블루 리본 멤버사진_왼쪽 3번째 드럼 명정강

팝, 트로트, 민요 병행 걸 그룹 등장

60년대의 걸 그룹들은 음악 정체성이 모호했다. 팝 음악으로 활동을 했던 걸 그룹이 트로트나 민요 곡 한 두 곡 취입은 필수적이었다. 이는 60년대 가수들의 중요 무대가 일반무대와 미8군무대로 양분되었음을 의미한다. 번안 곡을 주로 불렀던 걸 그룹 '정시스터즈'가 부른 〈아리랑 목동〉은 지금도 스포츠 경기장에서 응원가로 많이 사용되는 노래다. 노래는 박단마가 최초로 불렀는데 백일희의 노래가 히트한 후 은방울자매, 김채캣 등 많은 걸 그룹들이 앞다투어 취입했던 당대의 중요 레퍼토리였다.

● 은방울 자매 – 트로트 걸 그룹의 대명사, 1964년

우리가 아는 은방울 자매 이전 50년대에 극장 쇼 무대를 주름잡았던 '은방울 쇼 단'의 전속 걸 그룹 은방울씨스터즈가 있었다. 70년대에는 '금방울자매'라는 유사이름의 걸 그룹까지 등장했을 정도로 이들은 트로트 걸 그룹의 대명사다. 큰 방울이란 애칭으로 불렸던 박애경(본명 박세말)과 작은 방울 김향미는 1964년 팀을 결성했다. 비록 댄스와 화음이 동반되지 않은 트로트 장르의 노래만을 구사했기에 지금의 걸 그룹과는 스타일과 질감에서 무척이나 이질적이지만 〈마포종점〉, 〈쌍고동 우

● 은방울자매_마포종점 1968년 지구레코드

● 제비시스터즈 록밴드 신중현의 에드훠와 함께 한 1965년년 미8군 걸그룹

는 항구〉, 〈삼천포아가씨〉, 〈요지경 서울〉 등 150 여곡의 히트곡을 남기며 90년대까지 대중의 사랑을 받았다.

● 제비씨스터즈 – 60년대 팝 계열 걸 그룹, 1965년

노래와 춤을 곁들인 무대로 미8군과 일반무대에서 활동했던 알토파트 강미애와 소프라노 현은자로 구성된 듀엣 걸 그룹. 이순우가 결성한 플레이보이 쇼 단에 신중현이 리드했던 록밴드 에드훠와 함께 활동했다. 단행본에 소개된 사진은 최초 공개다.

● 윤복희 – 투 스퀴럴스, 코리안 키튼즈

윤복희는 소녀시절 소꿉친구 송영란과 듀엣 '투 스퀴럴스'를 결성했었다. 미8군 '에이원쇼'에서 활동한 윤복희는 1963년 필리핀으로 첫 해외 공연에 올랐다. 귀국 일정이 얽히면서 11명의 단원들 중 가수 윤복희와 무용수 서미선, 김미자, 이정자만이 남았다. 1964년 10월 싱가포르에서 영국인 쇼 프로모터가 4인조 걸 그룹 결성을 제의해 '코리언 키튼즈'가 태동했다. 그 해 11월 영국 런던으로가 한복과 드레스를 입고 BBC 방송 '투나잇 쇼'에 출연해 외신을 타고 소개되었다. 1967년에 귀국한 윤복희는 파격적인 미니스커트로 국내 여성들의 패션을 선도하는 열풍을 일으켰다.

1970년대 : 쌍둥이 자매 트렌드와 다양한 질감의 걸 그룹 공존

1970년대는 본격적인 TV영상매체시대다. 일부 부유층에 국한되었던 60년대의 TV 수상기 보급이 70년대로 접어들면서 점차 전국의 일반가정으로 보급이 이루어지면서 방송사들은 비상시국으로 접어들었다. 각 TV 방송국들은 홍수처럼 늘어나는 각종 쇼와 연속극 등 오락물은 물론, 교양 프로그램 제작 증가로 극심한 가수와 탤런트 기근을 겪었다. 각 방송국의 연예 프로그램 제작자들이 신인 발굴에 촉각을 곤두 세웠던 것은 당연했다. 걸 그룹은 영상미디어 시대에 촉망받는 대상이었음은 말이 필요 없다.

70년대는 기성세대를 제치고 20대 청년들이 대중문화의 주역으로 등장한 청년문화 시대다. 통기타, 청바지, 생맥주로 대변되는 청년문화의 뚜렷한 약진으로 포크와 록, 팝송이 각광받으면서 트렌드에 민감한 걸 그룹의 주요 음악장르로 고스란히 흡수되었다. 통기타 소리가 요란했던 포크송 전성시대에 걸맞게 걸 그룹들의 이미지도 맑고 고운이미지로 변신했다. 시대가 어두울수록 마치 누가 더 맑고 순수한가를 경쟁하는 듯 했다.

요즘의 걸 그룹들은 포인트 춤 같은 안무나 패션까지 팀마다 스타일을 달리한다. 70년대를 대표하는 중요 걸 그룹들도 노래마다 다른 의상과 춤을 선보이는 컨셉으로 대중의 눈과 귀를 즐겁게 했었다. 지금의 걸 그룹들은 노래뿐 아니라 연기, 수려한 언변으로 가요프로그램을 넘어 예능, CF시장까지 점거하는 막강한 위세를 떨치고 있다. 70년대의 걸 그룹들도 수많은 CF모델로 활약했고 드라마와 영화에 출연하며 멀티 플레이어 재능을 뽐냈다. 70년대 걸 그룹의 특징 가운데 하나는 쌍둥이 자매 듀엣 트렌드다. 지금껏 시스터즈라 하면 쌍둥이 자매가 연상되는 것은 이때 그녀들의 인기가 얼마나 대단했었는지를 증명한다.

쌍둥이 자매 걸 그룹

● 리리시스터즈(성아와 경아, 백합자매) – 펄시스터즈에 필적, 1970년

빼어난 미모와 허스키한 목소리로 청순미를 뽐냈던 이들의 인기는 펄시스터즈에 필적할 만 했다. 리리시스터즈는 '백합자매'로도 불렸다. 30분 간격으로 태어난 일란성 쌍둥이 자매는 외모, 키, 목소리, 체형 등 구별이 힘든 판박이였다. '성아와 경아'란 예쁜 이름으로 활동을 했지만 예명이고 쌍둥이 자매의 본명은 김금자, 김금희다. 1970년 2월, 소울 풍의 〈5분전〉으로 정식 데뷔했다. 1973년 언니 김성아는 남진과 함께 4트랙 입체음향을 시도한 뮤지컬 영화 '지구여 멈춰라, 내리고 싶다'에서 여주인공역을 맡았다. 1974년 6월엔 대만에서 열린 아시아영화제에 한국 대표단으로 동행했다. 은초딩으로 유명한 힙합가수 은지원의 어머니가 언니 김성아다.

● 리리시스터즈 데뷔시절 1970년

● 바니걸스(토끼소녀) – 70년대의 베스트 걸 그룹, 1970년

1970년 신중현사단으로 데뷔한 쌍둥이 자매 고정숙, 고재숙의 '바니걸스'는 70년대의 최강 걸 그룹이다. 소녀시대가 착용했던 세일러복에 짧고 경쾌한 반바지 차림은 바니걸스가 원조다. 외래어 팀명 사용이 금지되었을 때 토끼소녀로 불리기도 했다. 매력적인 밝고 쾌활한 바니걸스는 70년대 지상파 TV의 대중화 시대에 매일 같이 TV에 출연을 하며 시청자들을 불러 모은 일등공신이었다. 1973년에는 TBC 7대가수상 중창단 부문상을 수상했다. 쌍

● 바니걸스 1970년

둥이 바니걸스 이전에도 동명의 걸 그룹이 있었다. 신중현에 의해 픽업된 그녀들은 1969년에 한양대 연극영화과출신 여대생들로 구성된 오리지널이지만 1년도 가지 못했고 이후 고씨 쌍둥이자매가 2기 바니걸스를 이어받았다. 소녀시대에 비견할 인기를 누렸던 바니걸스는 국악예고를 졸업한 탄탄한 기본기를 갖춘 춤과 노래, 연주 실력을 바탕으로 팝에서 트로트까지 다양한 장르의 음악으로 사랑을 받았던 장수 걸 그룹이었다.

포크계열 걸 그룹

● 현경과 영애_1집 아름다운 사람 1974년 대도레코드

● 현경과 영애 – 전설적인 서울대 미대 듀엣 걸 그룹, 1971년

1971년 서울대 미대 신입생 환영회 때 회화과 대표로 노래 부르고 싶은 두 명의 여학생이 용감하게 손을 들었다. 이화여중고를 나온 대구출신 이현경과 숙명여중고를 나온 박영애였다. 장기자랑을 위해 결성한 '현경과 영애'의 순수하고 티 없이 맑았던 70년대 유신정권의 답답한 사회분위기와 불확실한 미래로 시퍼렇게 멍든 젊은 지성들의 영혼을 어루만져주던 세레나데였다. 저항적 색깔이 강했던 김민기의 노래들이 청년들을 한마음으로 이끌었던 힘찬 선봉대였다면 현경과 영애의 멜로디는 상처 입은 마음을 자상한 누이처럼 푸근히 어루만져준 후방의 나이팅게일이었다. 팀을 결성하면서 '순수 아마추어가수로 대학4년 동안만 활동하며 소중한 추억을 남기자'는 시한부 활동약속을 한 현경과 영애는 대학 4년 간 불렀던 노래들을 모아 단 한 장의 독집을 남기곤 미련 없이 활동을 접었다.

● 산이슬 주정이 박경애 1974년

● 산이슬 – 포크싱어선발대회에서 최우수 그룹상 수상, 1974년

1974년에 발표한 '산이슬'의 대표곡 〈이사가던 날〉은 이농과 산업화의 폭력적인 물살에 저항하는 강력한 감성의 힘을 발휘하며 청소년층에 어필했던 명곡이다. 인천여상시절 합창단으로 활동한 박경애, 주정이로 구성된 듀엣 산이슬의 가수활동은 1974년 여고졸업 후 지구레코드와 월간 팝송이 주최한 포크싱어선발대회에서 최우수 그룹상을 수상하면서 시작되었다. 팀 이름 '산이슬'은 팝 칼럼니스트 이양일이 '음색이 맑고 곱다'고 지어주었다. 산이슬은 1977년 동양방송에서 중창단상을 타면서, 최절정의 인기를 구가했지만 두 여가수는 솔

로가수로 독립했다. 박경애는 〈곡예사의 첫사랑〉으로 80년대를 풍미했고 주정이는 영화 애마부인의 주제가 〈서글픈 사랑〉을 빅히트시킨 히로인이다. 맑고 고운 포크송 가수에서 농염하고 끈적거리는 성인가요 가수로 변신한 두 사람의 음악적 변신은 70년대와 80년대의 대중음악의 질감변화를 극명하게 보여준다.

섹시 걸 그룹

● 해피돌즈 – 천재 소녀 김명옥(나미)을 탄생시킨 전설적 걸 그룹, 1971년

본명이 김명옥인 나미는 중학교 2학년이 되었던 1971년, 5인조 걸 그룹 '해피돌즈'의 멤버가 되었다. 미군들로부터 '코리안 잭슨 파이브'로 불린 해피돌즈는 2년 여 동안 베트남에서 활동했다. 1973년 미국 샌프란시스코 하야트 리전시 호텔의 나이트 클럽무대로 진출했다. 달콤하고 감미로운 버블껌 사운드나 춤추기 좋은 고고음악을 주로 노래한 이들은 5년 간 미국 전역을 돌며 활동했다. 1976년, 뛰어난 연주솜씨와 춤 그리고 이국적인 용모로 귀여움을 독차지했던 이들은 캐나다 토론토의 솔라스 레코드사에서 데뷔앨범을 발표했다. 오랜 해외공연에 향수병이 생긴 멤버들은 1978년 귀국했다.

● 나미와 해피돌즈 캐나다 1976년

● 희자매 – 국민가수 인순이가 리드한 70년대 최고의 섹시 대형 걸 그룹, 1978년

1977년 19살이 된 인순이는 나이트클럽에서 무명가수 생활을 시작했다. 신인 혼혈 여가수의 등장은 곧바로 화제가 되었다. 소문을 들은 가수출신 여성매니저 한백희가 찾아와 인순이를 전면에 내세우고 김영숙 등 멤버 모두 167cm가 넘는 이색적인 걸 그룹 '희자매'를 결성시켰다. 1978년 희자매는 방송PD의 눈에 들어 TV에 출연했지만 혼혈이라는 이유로 시작은 난관의 연속이었다. 희자매의 첫 앨범 수록곡 〈실버들〉은 TBC '인기가요 베스트 7'에서 7주간 1위를 차지했고, 1년 내내 각종 가요 순위 상위권을 지켰다. 인순이는 3집을 끝으로 솔로로 독립했고 희자매는 2기로 개편해 1985년까지 활동을 이어갔다.

● 희자매 1978년

1980년대 : 한국 대중음악의 르네상스와 걸 그룹의 상대적 침체기

80년대는 대중음악의 암흑기였던 70년대를 지나 60년대의 영광을 재현하는 대중음악의 르네상스 시대다. 다양해진 장르의 다양성은 물론이고 주류와 언더, 노찾사로 상징하는 운동가요까지 공존했던 특이한 시대였다. 80년대 걸 그룹은 쌍둥이 자매 트렌드를 재현했고, 섹시하고 관능미가 넘치는 걸 그룹이 대중의 사랑을 받았다. 하지만 다양한 장르의 음악이 각광을 받으면서 상대적으로 걸 그룹은 이전 세대의 영광에 미치지 못했던 침체기를 보냈다.

● 국보자매 – 80년대 '군대 여신'으로 군림한 대표 걸 그룹

80년대의 대표선수는 단연 '국보자매'다. 1981년 등장한 임경희, 임성희 자매로 구성된 국보자매는 160cm도 안 되는 조그만 체구, 해맑은 미소, 무대 위를 방방 뛰어다니는 깜찍한 스테이지 매너로 현대적 느낌이 더욱 강화된 댄스 걸 그룹이었다. 이미 데뷔 전부터 확실한 트레이닝으로 단련된 발랄한 안무와 함께 그녀들이 "나를 나를 잊지 마세요. 머리에서 발끝까지~"를 불러 젖히면 웬만한 남정네들은 숨쉬기도 힘들었다. 허벅지가 훤히 드러난 핫팬츠와 민소매셔츠의 파격적인 의상, 무대에서의 깜찍한 율동으로 시선을 모아 70~80년대를 대표한 일본 여성듀오와 비견되어 한국의 '핑크 레이디'라는 수식어가 붙었다.

● 서울시스터즈 – 3인조 육체파 걸 그룹

희자매의 뒤를 잇는 육감적인 율동으로 사랑받았던 3인조 육체파 걸 그룹. 1986년 〈첫차〉를 히트시킨 이 걸 그룹의 리드보컬은 방실이다.

● 국보자매 1981년

● 서울시스터즈 1986년

1990년대 : 신세대문화의 등장과 요정 걸 그룹 탄생

90년대는 86아시안게임, 88서울올림픽을 통해 전 세계적으로 국가 브랜드 파워를 한층 높이며 고도성장을 거듭했다. 90년대의 아이콘은 '오렌지 족'으로 대변되는 신세대 문화다. 90년대에도 신세대들을 열광시켰던 걸 그룹의 대표주자는 'SES'와 '핑클'이다. 한 마디로 10대 아이돌의 음악은 '기획의 산물'이다. 그러니까 동네 구멍가게 수준이었던 한국 대중음악은 산업의 규모를 갖추면서 이전과 달리 기획사의 상품화 전략과 프로듀서의 기획 역량이 부각되는 시대에 접어들었다. 대형기획사의 전략으로 등장한 SES, 베이비복스, 디바 등이 걸 그룹 전성시대를 다시 한 번 열었다. SES와 핑클은 연습생 과정을 거쳐 선발된 요정 아이돌의 효시라고 평가받는다.

● SES – 연습생 과정을 거쳐 선발된 요정 아이돌의 효시, 1997년

바다, 유진, 슈로 구성된 90년대 최강 3인조 걸 그룹. 1997년 등장해 2001년 KBS, SBS 가요대상을 휩쓸었지만 2002년 말 해체했다. 요즘 걸 그룹을 칭하는 통상적 기준이 외모부터 노래, 안무까지 기획사에서 관리해서 만들어진 팀이란 점에서 원조로까지 평가받는다. 이들은 '걸 그룹은 음반판매가 부진하다'는 가요계의 통념을 깨트렸다. 한국음반협회에 따르면 SES의 1집(1997)은 61만장, 2집(1998)은 65만1330장이 팔렸다. 1999년 발매한 3집 [LOVE]는 당시 외환위기 속에서 걸 그룹 역사상 가장 많은 음반판매 기록인 76만475장이라는 놀라운 판매량을 기록했다. 이 기록은 걸 그룹의 여왕 소녀시대조차도 버거운 쉽게 넘을 수 없는 거대한 벽일 것이다.

● SES 1997년

● 핑클 – 대중적 컨셉으로 신세대들에게 어필, 1998년

1998년 등장한 핑클은 SES와 쌍벽을 이뤘던 90년대 파워 걸 그룹이다. 럭셔리한 이미지 전략을 구사했던 SES와는 달리 이효리, 옥주현, 성유리, 이진으로 구성된 4인조 핑클은 대중적 컨셉으로 신세대들에게 어필했다. 2000년 MBC 10대 가수 가요제 청소년 부문, 2000년 KBS 가요대상 청소년 부문, 2001년 SBS 가요대전 최고인

● 핑클 1998년 데뷔

기상을 수상한 이들이 단체로 입고 나왔던 하얀색 원피스는 1998년 가장 많이 팔린 패션 아이템이 되었다. 그녀들의 히트곡 〈내 남자친구에게〉는 10~20대 여성들이 남자친구를 위해 반듯이 연습해야 되는 필수 곡으로 각광받았다.

2000년대 : 한류와 한국 대중음악의 맹주로 떠오른 걸 그룹

2009년 여론조사회사 한국갤럽은 전국의 만13~59세 남녀 2919명을 대상으로 '올해의 10대 가수는?'란 조사를 했다. 조사에 따르면 〈지〉와 〈소원을 말해봐〉로 상, 하반기 모두 인기를 끈 소녀시대는 29.8%의 지지를 얻어 '2009년 최고의 인기가수'에 오르며 걸 그룹 열풍을 주도했다. 빌보드 메인 싱글차트 '핫100'에 진입해 화제를 모았던 원더걸스는 국내 활동 없이도 4위(10.4%)를 기록했고, 〈미스터〉로 사랑받은 카라는 6위(8.4%), 2009년 최고의 신예 2NE1은 7위(7.4%)에 각각 이름을 올렸다. 이로써 걸 그룹은 2009년 10대 가수에 무려 4팀이 명함을 내밀며 그 어느 시대에도 구현하지 못한 전성시대를 구가하고 있다.

결론

지난 2007년 등장한 원더걸스와 소녀시대로 시작된 걸 그룹 열풍은 비주얼을 넘어 음악적으로도 업그레이드하고 있다. 부르기 쉬운 노래와 여럿이 추는 떼춤으로 대중의 눈과 귀를 사로잡은 걸 그룹들의 성공신화로 인해 이제 일본의 오리콘, 필리핀의 인콰이어리, 대만 차트에서 한국의 걸 그룹을 만나는 것은 어렵지 않다.

● 소녀시대 2000년대

　왜 이렇게 아이돌의 종주국인 일본은 물론이고 세계인들은 한국의 걸 그룹들에 열광하는 것일까? 답은 간단하다. 자국의 걸 그룹들보다 비주얼이 화려하고 춤과 노래 실력 또한 시선을 잡을 끌 정도로 수준급이기 때문이다. 또한 1990년대 중반부터 아이돌가수들을 혹독하게 조련하고 훈련시켜온 대형기획사들과 세계 최강의 IT강국이라는 국내 IT산업의 수혜도 무시할 순 없다. 20년에 가까운 내공을 쌓아온 한국의 대형기획사들의 아이돌 인큐베이팅 배양능력은 이제 세계 정상급의 공력으로 성장한 결과다. 하지만 무려 30여 걸 그룹이 무더기로 탄생한 2011년의 경우 1/6 정도가 겨우 살아남았을 정도로 폐해도 심각하다.

　2012년은 걸 그룹의 해외 진출이 더 넓어지고 국내 가요시장에서의 경쟁도 더 치열해지고 있다. 지금의 걸 그룹 전성시대가 언제까지 오래 지속될지에 대해서는 지켜봐야 알 것이다. 하지만 지금의 한국 걸 그룹들은 내공이 깊어진 대형기획사의 마케팅에다 비주얼, 무대 퍼포먼스와 패션, 캐릭터 설정은 물론이고 음악성에서도 계속 진보와 발전을 하고 있기에 향후 몇 년 동안 이들이 한국 대중음악계의 맹주로 군림할 것을 의심할 사람은 없다. `SOUND`

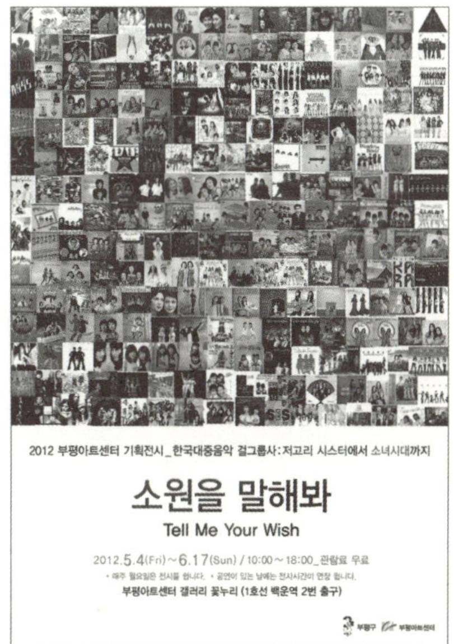

● 부평아트센터 걸그룹 전시회 소원을 말해봐 포스터

일렉트로닉 뮤직 페스티벌

2000년대 대중음악 페스티벌의 양대 흐름 : 록, 일렉트로닉

일렉트로닉 뮤직 페스티벌이 하나의 트렌드가 되어가고 있다. 전체적인 페스티벌 시장이 넓어지고 일렉트로닉 음악이 차트 상위에 랭킹 되면서 나타나는 상황이다. 하지만 국내는 음악 시장에 비해 페스티벌이 난립하고 있다는 의견이 부분적으로 제기되면서 상대적으로 마니아층이 취약한 일렉트로닉 뮤직 페스티벌에 대한 의견 또한 분분하다. 국내 페스티벌 시장 안에서 공급은 늘어나고 있지만 한정된 수요만이 존재하는 상황에서, 시장이 건강하게 발전될 수 있는지에 대해 살펴보아야 할 시점이다.

(사진 제공 : 박창현)

배수정 | Creator, 대중음악 연구자, 파티 · 공연 포토그래퍼

하이브리드 문화 생명체. 다사다난한 대중음악 안에서 다양한 음악을 섭취하며 성장했다. 10대에는 공부와 음악에 시간을 보냈고 20대 초반에는 음악 경험에 모든 시간을 보냈다. 단순 경험으로 성이 차지 않아 대학원 문화예술경영학과에서 공부하고 있다. 대중음악 산업 전반에 대해서 공부 중이지만 주로 비주류 음악, 공연, 축제에 대해 애착을 가지고 공부 중이다. 꿈이었던 뮤지션이 되지 못한 대신에 언젠가는 자신의 손으로 한 장의 음반, 한 번의 공연, 한 번의 축제를 기획할 수 있을 것이라 믿는다.

대중음악 페스티벌의 시작 : 우드스탁과 그 이후

1969년 우드스탁은 대중음악 페스티벌의 한 획을 그은 사건이었다. 록 음악이 세계적으로 영향을 미치고 반전과 평화운동이 일어났던 때, 미국의 한 농장에서 만들어진 우드스탁은 대중음악 페스티벌의 본격적인 시작을 알렸다. 3일간 열렸던 우드스탁은 이후 생기는 페스티벌의 모태가 되어 동일한 형태로 2박 3일간 캠핑을 하며 페스티벌을 즐기는 대표성을 띄게 되었다. 대중음악 페스티벌의 처음은 록 페스티벌이었고, 이후 록 페스티벌을 표방한 대중음악 페스티벌이 생기기 시작했다.

전 세계 음악팬들은 페스티벌에 모여서 자신들이 원하던 음악의 은총을 받거나 이를 넘어서 스스로 페스티벌을 기획하거나 부분적으로 참여하기도 했다. 우드스탁이 전설이 된 후, 현재 가장 크고 살아있는 전설이 되는 음악 페스티벌은 영국의 글래스톤베리이다. 라인업이 공지되지 않아도 예매시작 30분 만에 모든 표를 매진시키는 페스티벌. 전 세계의 음악팬들, 소위 'Festival Goer'라고 불리는 이들의 최종 목적지이다. 대부분의 페스티벌 환경이 그러한 것처럼, 첫 날에는 쾌적하지만 그 이후에는 엄청난 인파로 인해 제대로 된 화장실 사용도 불가능하다. 하지만 전 세계 젊은이들은 2박 3일, 음악의 축복을 위해 글래스톤베리를 찾는다. 그리고 글래스톤베리를 다녀온 이들에게는 '살아 돌아왔구나' 라는 감탄사가 붙는다.

미주나 유럽을 넘어서 아시아까지 페스티벌의 광풍은 찾아왔다. 일본은 이미 오래 전부터 썸머소닉과 후지록 페스티벌이라는 양대산맥을 지니고 있었다. 국내의 페스티벌이 정착되기 전, 음악 팬들은 일본 페스티벌로 원정여행을 떠나 자신들이 원하던 뮤지션의 공연을 보고 돌아왔다. 항상 원정 여행을 떠나던 음악 팬들은 국내 페스티벌에 목말라 하고 있었고 1999년 비운의 트라이포트 페스티벌 이후로, 2006년 캠핑 형식의, 우드스탁을 닮은 '펜타포트 락페스티벌'이 개최되면서 원정여행은 잦아들었다. 국내에서 펜타포트가 열린 이래로, 여름 주말은 페스티벌 주간으로 나타났고 여름 뿐 아니라 봄, 가을, 겨울에는 실내 페스티벌까지 열리기 시작했다. 바야흐로 한국에서도 음악 세례만을 받으며 시간을 보낼 수 있게 허락되었다.

국적을 떠나서 세계의 모든 음악 팬들에게 페스티벌이란 일상의 모든 것을 뒤로 한 채, 오롯이 음악에만 집중할 수 있는 시간을 부여받는 것이고, 이를 위해 음악을 제외한 자신들의 일상적이고 부수적인 것을 포기함을 의미한다. 음악 산업이 성장함에 따라 페스티벌 산업도 성장해왔고, 최근 음악이 CD가 아닌 디지털 음악이 성장하면서 사람들은 음악의 생생함을 위해 더 페스티벌을 찾기 시작했다.

2000년대 대중음악 페스티벌의 양대 흐름 : 록, 일렉트로닉

● 일렉트로닉 뮤직 페스티벌의 급부상, 왜 뜨는가?

글래스톤베리 이후로, '대중음악 페스티벌 = 록 페스티벌' 공식이 자리 잡았다. 1960년, 비틀즈와 섹스 피스톨즈를 넘어 너바나에서 라디오헤드, 레이지 어게인스트 머신과 악동 같은 브릿팝 밴드들까지. 대중음악 페스티벌은 록을 위한 페스티벌이었고 록은 페스티벌을 위한 음악이었다. 메탈에서 브릿팝까지, 한 음악의 영역에서 펼쳐질 수 있는 장르의 스펙트럼은 넓었다. 아이돌이 팝 시장에 나타나면서 소위 '록 스피릿(rock spirit)'을 가진 뮤지션들과 팬들은 자신들의 정체성을 더 공고히 하기 위해 라이브 현장으로 몰려들었고 〈Video Killed the Radio Star〉를 부르며 진정한 음악은 밴드 음악이라 말했다.

빌보드차트를 비롯하여 각종 차트에 브릿팝 등 록음악이 상위에 랭크되던 때, 페스티벌에서 헤드라이더는 밴드 음악이었다. 10대들에게 밴드는 선망의 대상이었고 직접 아마추어 밴드를 결성했고 공연했다. 확실히 당시 주류 음악은 'Rockstar'라 불리는 밴드음악이었다. 태생적으로, 암묵적으로 가지고 있던 '대중음악 페스티벌 = 록 페스티벌'이라는 공식은 단 한 순간도 의심되지 않았다.

하지만 어느 순간, 신디사이저를 이용한 음악이 등장하고 이에 호기심을 가지고 작업하는 뮤지션이 늘어났다. 이러한 현상은 주로 유럽에서 등장하였고 전자음을 이용한 '일렉트로닉 음악'은 유럽 내 차트에 진입하기 시작되었다. 젊은이들은 밴드 음악이 아닌 춤을 출 수 있는 댄서블한 음악에 이끌렸고 음악을 듣기 위해 주변 클럽으로 몰려들었다. 클럽은 공연이 아닌 '파티'로 명명되었고 지하 클럽을 비롯해서 차고에서, 방에서, 심지어 야외 풀밭에서도 장비와 사람들만 있으면 파티가 벌여졌다.

파티는 밴드 음악과는 달리 많은 장비가 필요하지 않고 악기 배우는 시간보다 음악의 주축이 되는 믹싱 등의 기술을 배우는 시간이 짧다는 용이함으로 인해 록 음악보다 더 빠르게 음악 팬들에게 퍼져나갔다. 일렉트로닉 음악이 유럽 음악 차트 상위에 랭크되면서 클럽 씬이 커졌고 페스티벌을 표방한 이벤트, 독일의 러브 퍼레이드(Love Parade) 등이 나타났다.

록 음악과 다를 수 있기 때문에 기존의 팬들에게 반감을 줄 수도 있었지만 오히려 밴드 출신의 일렉트로닉 뮤지션이 나타나면서 기존 록 음악에 전자음을 섞는 경우가 많아졌다. 일렉트로닉 뮤지션들은 음악에 록을 넣기 시작했고 자신들이 재편곡한, 소위 말하는 '믹스셋(mixset)'에 어렸을 때 영향을 준 록 스타에 대해 존경을 표했다. 이와 더불어 몇몇 록 뮤지션들은 기타-베이스-드럼 혹은 기타-베이스-드럼-건반으로 이어지는 구성을 넘어 전자음을 곡에 넣거나 또는 DJ를 기용하여 음악에 변주를 주기 시작했다. 일렉트로닉 뮤지션은 록 음악에 '존경(흔히 말하는 리스펙트)'을 보였고 록 뮤지션들은 변화되는 음악 트렌드를 따르기 시작했다. 바야흐로 각기 다른 장르의 음악이 공존하게 되었다.

이처럼 트렌드가 록에서 일렉트로닉으로 넘어가는 동안 큰 거부감은 나타나지 않았다. 일렉트로닉 뮤지션이 자신의 전세기에 장비와 몇몇 스텝만을 태운 채, 다른 국가에서 열리는 파티를 위해 이동하는 일이 낯설지 않게 되었다. 점점 증가하는 일렉트로닉 뮤지션, DJ들은 음반 판매량이나 라디오 방송횟수 등 상업적 형태를 통해 만들어지는 차트가 아닌 비트포트(BEATPORT), DJ MAG등이 DJ들을 랭킹으로 나누어 평가되기 시작했다.

국내외 일렉트로닉 뮤직의 위상

● 일렉트로닉 뮤직은 록 페스티벌에 진출했고 스스로 페스티벌을 만들었다.

일렉트로닉 음악 성장에 따라 기존의 록 음악으로 채워졌던 페스티벌이 아닌 '일렉트로닉 음악' 페스티벌이 등장했고 대중음악 페스티벌 헤드라이너에 일렉트로닉 뮤지션, DJ 등이 헤드라이너가 되기 시작했다. 이후로 록 페스티벌은 공연이 끝난 후 자정 넘어 새벽까지 음악을 들을 수 있게 일렉트로닉 음악 스테이지를 따로 만들었다.

페스티벌의 맏형으로 볼 수 있는 글래스톤베리의 헤드라이너에 케미컬 브라더스 (Chemical brothers), 고릴라즈(Gorilliaz)등이 이름을 올리면서 '대중음악 페스티벌 = 록 페스티벌' 공식은 깨졌다. 글래스톤베리 뿐 아니라 미국의 코첼라 뮤직 페스티벌, 일본 의 썸머소닉, 후지록 페스티벌에도 일렉트로닉 뮤지션이 참가하기 시작했다. 트렌드가 록 에서 일렉트로닉으로 옮겨온 현상이 이유일 수도 있지만 록 음악에 영향 받았던 일렉트 로닉 뮤지션과 전자음악에 거부감이 받아들여 자신들의 음악에 반영시킨 기존의 록 뮤 지션들이 공존하면서 생긴 현상으로 보는 것이 바람직하다. 실제로 두 장르가 같이 성장 하고 융합되면서 밴드 음악과 일렉트로닉 음악이 한 곡에 녹아들면서 장르의 경계를 나 누기에도 애매모호한 뮤지션들이 등장했기 때문에 페스티벌 헤드라이너에 록이라는 장 르와 일렉트로닉이라는 장르가 나란히 있는 것은 당연했다.

국내에서도 이러한 트렌드에 맞춰 페스티벌에 록 페스티벌이라 이름을 붙이지만 정규 공연이 끝난 후 일렉트로닉 뮤지션을 위한 시간을 따로 만들거나 헤드라이너에 일렉트로 닉 뮤지션이 올라가 있는 경우를 볼 수 있다. 펜타포트 락페스티벌이나 지산밸리 록페스 티벌은 이름에서도 '록'이라는 단어가 나타나지만 헤드라이너 공연이 끝나고 국내 DJ들과 일렉트로닉 밴드가 공연을 하여 밤새 파티를 이어지게 하거나 케미컬 브라더스, 펫 샵 보 이즈 등 일렉트로닉 뮤지션이 헤드라이너로 무대에 올랐다. 일렉트로닉 음악이 중심인 클 럽이 밤 10시부터 시작하여 새벽까지 공연할 수 있기 때문에 기존 록 음악에 비해 운영시 간이 길어 음악을 갈망하는 페스티벌 고어들에게 많은 만족감을 줄 수 있기 때문이었다. 국내에서 대표적인 페스티벌 두 곳은 '록 페스티벌'이라는 명칭을 갖고 있지만 실제로는 모든 장르를 아우르는 페스티벌 형태를 띠면서 일렉트로닉 음악까지 흡수한 것이다.

일렉트로닉 음악은 단순히 록 페스티벌의 진입으로 끝나지 않았다. 음악은 스스로 자 신들의 페스티벌을 만들었다. 일렉트로닉 음악을 페스티벌 시장으로 이끈 대표적 페스티

벌은 영국에서 시작된 글로벌 개더링, 네덜란드의 센세이션, 미국의 울트라 뮤직 페스티벌 등으로 볼 수 있다. 국내에서는 월드DJ페스티벌이 올해로 6년째 열리고 있고, 서울 일렉트로닉 뮤직 페스티벌(Seoul Electronic Music Festival, SEMF), 카운트다운 페스티벌(Countdown Festival) 등이 열리고 있다.

그러나 실제로 '록 페스티벌' 혹은 'DJ 페스티벌', '일렉트로닉 페스티벌'이라는 이름은 갖고 있지만 록 페스티벌에 일렉트로닉 뮤지션이 서고 일렉트로닉 페스티벌 낮 시간에 록 밴드가 무대에 서고 있다. 또한 일렉트로닉 페스티벌에서도 단순히 일렉트로닉 음악만을 고집하는 것이 아니라 댄스 뮤직을 기준으로 트랜스, 하우스 등의 음악도 수용하고 있기 때문에 굳이 특정 장르만을 위한 페스티벌을 개최하지 않는다. 트렌드가 변화하면서 자신들만의 장르를 고집하는 것이 아니라 장르간의 경계를 허물면서 새로운 음악을 창조하고 있기 때문이다. 굳이 나누지 않아도 음악성이 뛰어나다면, 주최 측에서는 페스티벌의 정체성을 해치지 않는 선에서 다양한 뮤지션들의 참가를 독려하고 있기 때문이다.

기존의 밴드 음악으로는 공연으로 밤을 샐 수 없지만 일렉트로닉 음악으로는 공연으로 밤을 샐 수 있다. 자정이 넘어서야 페스티벌의 정점에 올라서는 특성이 일렉트로닉 음악을 페스티벌 산업에서 집중 받을 수 있게 만든 가장 큰 이유이다.

국내외 대표적인 일렉트로닉 뮤직 페스티벌

위에서 이미 언급했듯, 가장 대표적인 일렉트로닉 뮤직 페스티벌은 영국에서 개최되는 글로벌 개더링, 네덜란드의 센세이션, 미국의 울트라 뮤직 페스티벌로 볼 수 있다. 이 페스티벌들은 일렉트로닉 뮤직, 댄스 뮤직을 기반으로 운영되며 모두 여름에 개최된다. 헤드라이너가 공지될 때마다 전 세계의 이목을 끌고 페스티벌 중에도 실시간 방송과 SNS를 통해 음악 팬들을 흥분시킨다.

● 글로벌 개더링(Global Gathering)

세계랭킹 DJ 1위 아민 반 뷰렌 (Armin Van Buuren)이 '세계에서 중요한 페스티벌 중 하나' 라고 말할 정도로 일렉트로닉 뮤직 페스티벌에서 대표적인 페스티벌이다. 2001년 Angel Music Group에 의해 영국 스트랫퍼드어폰에이번 롱 매스턴 에어필드에서 시작됐다. 영국에서만 열리는 것이 아니라 폴란드, 러시아, 우크라이나 등 여러 국가에서 열리며 한국은 아시아 국가로는 최초로 2009년에 처음 개최되었다. 세계적으로 유명한

● 2009년 Global Gathering UK 포스터

일렉트로닉 아티스트들이 참여하며 야외 페스티벌 형태를 띤다. 다른 국가들은 매년 7월 마지막 주 주말에 열리는데 비해 한국은 가을에 열린다. 한국은 오후에 시작하여 다음날 새벽에 끝나는 1박 2일의 형식으로 캠핑이 허락되지 않지만 다른 국가들은 캠핑이 허용된다. 매년 50,000명 이상의 관객 동원이 되는 것으로 알려져 있으며 영국 글로벌 개더링의 경우, 영국 DJ Magazine에서 Best UK Festival로 두 번 선정되었다.

● 센세이션(Sensation)

센세이션은 ID&T에 의해 네덜란드에서 열리는 실내 일렉트로닉 뮤직 페스티벌이다. 2000년 네덜란드 암스테르담에서 처음 열린 이 후, 폴란드, 스페인, 오스트리아, 브라질 등 19개 국가 에서 열렸으며 2012년에는 미국, 한국, 태국, 타이완, 터키, 루마니아에서도 개최된다. 실제로 주최는 ID&T가 맡고 있지만 주류 회사인 '하이네켄'이 관여해 모든 홍보와 마케팅을 담당한다.

센세이션은 화이트(White)와 블랙(Black)으로 나누어져 개최된다. 센세이션 화이트의 경우, 하우스 장르에 초점을 맞춰 진행되며, 센세이션 블랙은 화이트보다 강한, 하드 스타일, 하드코어 스타일 댄스 뮤직에 초점을 맞춘다. 대체로 센세이션 블랙보다 화이트가 더 많은 관객 동원력을 가지고 있다.

센세이션은 무대 효과에서 다른 페스티벌과의 차이점을 보인다. 야외가 아닌 실내에서 진행되기 때문이다. 스테이지에서 아크로바틱, 조명 레이져쇼, 폭죽 등 다른 페스티벌에서는 찾아볼 수 없는 효과들이 나타난다.

센세이션 화이트의 특징은 모든 관객이 흰색 옷을 입어야 한다는 '드레스코드'가 존재한다는 점이다. 실제로 드레스코드를 맞추지 않으면 입장제한을 당할 수도 있다. 센세이션 블랙 역시, 관객들이 모두 검은색 옷을 입어야 하는 드레스코드가 존재한다. 한국은 아시아 최초로 2012년 센세이션이 개최된다.

● 울트라 뮤직 페스티벌(Ultra Music Festival, UMF)

울트라 뮤직 페스티벌 (이하 UMF)은 미국 마이애미에서 매년 3월에 개최되는 일렉트로닉 페스티벌로 1999년 시작되었다. 페스티벌은 프로듀서, DJ, 일렉트로닉 음악산업 관계자가 참여하는 윈터 뮤직 컨퍼런스(Winter Music Conference)라 불리는 일렉트로닉 음악 컨퍼런스와 함께 열린다. 단 하루의 이벤트로 시작되었던 UMF는 빠른 기간 성장하여 올해 UMF Early Bird 티켓이 작년보다 80달러 올랐음에도 불구하고 20분 만에 매진시켰다. 그 후, 입장권은 개최 두달 전에 매진되었으며 VIP 티켓까지 모두 매진되었다. 2008년부터 일렉트로닉 뮤지션만 고집하지 않고 크로스 오버적인 밴드를 라인업에 내세우면서 다양성을 꾀했다.

그 동안 마이애미에서만 개최되었는데 2012년 최초로 한국에서 UMF가 개최되면서 다른 국가로 진출하였다. 올해 관객 동원은 16만 5천명으로 추정된다.

해외 일렉트로닉 뮤직 페스티벌이 강세를 보이면서 국내에서도 일렉트로닉 뮤직 페스티벌이 등장하기 시작했다. 가장 오래된 페스티벌로는 World DJ Festival, 2009년부터 개최된 Global Gathering과 Seoul Electronic Music Festival 이 있다.

● 월드 디제이 페스티벌(World DJ Festival)

2007년 1회를 시작으로 해마다 열리고 있는 월드DJ페스티벌은 국내에서 가장 오래된 일렉트로닉 뮤직 페스티벌이다. 시작은 하이서울페스티벌의 일환으로 한강에서 무료로 2박 3일간 시작되었다. 3일 동안 9만명 이상의 관객이 몰리면서 다음해인 2008년부터는 서울시에서 독립하여 자체적으로 개최되고

● Global Gathering Koreal 포스터

있다. DJ 페스티벌이라는 명칭이 붙지만 실상 다양한 음악들을 포용하고 있다. 2011년부터 한강이 아닌 양평에서 개최되고 있다. 음악만을 위한 페스티벌을 뛰어넘어 '축제마을'이라 불리는 부대행사에서는 댄스, 행위예술, 전시 등 관객들이 체험할 수 있는 모든 콘텐츠를 제공한다.

● 글로벌 개더링 코리아(Global Gathering Korea)

2009년에 월디페에 이어 국내에서 두 번째로 개최된 일렉트로닉 뮤직 페스티벌이다. 영국을 시작으로 유럽에서만 개최되었다가 아시아에서 처음으로, 국내에서 개최되었다. 한강에서 10월에 개최된다. 캠핑형태로 진행되는 유럽과는 달리 하루로 진행된다. 국내외 최고 뮤지션들이 라인업에 등장하기 때문에 라인업이 발표될 때마다 음악 팬들의 긴장을 고조시킨다.

● Seoul Electronic Music Festival 포스터

● 서울 일렉트로닉 뮤직 페스티벌(Seoul Electronic Music Festival, SEMF)

2010년 12월 31일, 워커힐 호텔 워커힐 씨어터에서 연말 파티 형식으로 열린 실내 일렉트로닉 음악 페스티벌이다. 12월 31일에 시작하여 1월 1일 자정을 맞는, 카운트다운을 함께 외치는 연말, 새해 파티 형식으로 개최되었으나 다음해 2011년, 일산 킨텍스에서 개최될 때에는 이런 형식을 버리고 무대 2개인 실내 페스티벌로 변경되었다. 실내 페스티벌도 록 페스티벌이 주도했던 것과는 달리 일렉트로닉 뮤직 페스티벌이 야외가 아닌 실내에서, 겨울에도 개최될 수 있다는 가능성을 보여주었다.

2012 월드DJ페스티벌 소개

● 국내 최초의 일렉트로닉 뮤직 페스티벌

올해로 6회를 맞는 월드DJ페스티벌(이하 '월디페')은 원래 하이서울페스티벌의 일환으로 시작했으나 상상공장 류재현 대표가 서울시와의 독립을 선언하면서 2008년부터 자체적으로 진행되고 있다. 4회까지는 한강에서 진행되었고 5회부터는 양평으로 장소를 옮겼다.

국내에서 처음으로 개최된 일렉트로닉 뮤직 페스티벌임에도 불구하고 월디페는 국내 음악페스티벌에서 가장 다사다난하다. 페스티벌 진행을 맡은 RPM과 월깨비라는 자원봉사자들에 대한 문제는 매년 불거져 나오는 논란거리이다. 훈련되지 않은 인력이 전면에 나서면서 미숙한 면을 드러내고 있고, 이 같은 자원봉사자들에 대해 '노동착취'라는 말이 붙기도 한다. 하지만 글래스톤베리 진행 또한 주된 스텝이나 기술자를 제외한 자원봉사자가 1000여명이 넘게 동원되는 것을 보면 이 같은 오명에 대한 판단은 이르다.

처음 시작은 한강에서 1박 2일이었지만 점차 무대를 늘려나갔고, 올해는 메인 스테이지 4개, 서브 스테이지 2개, 총 6개를 운영하며 명실상부 최대 무대 개수를 운영하는 음악페스티벌로 성장했다. 월디페는 해외 아티스트를 섭외하면서 해외 자본이나 해외 페스티벌과의 협력적 제휴 혹은 국내 대기업 자본을 유치하지 않고 자생적으로 페스티벌을 만들어 나가고 있다.

월디페 특징

페스티벌과 지역의 동반성장 지향

한강에서 처음 월디페가 개최되었을 때, 주최

측은 사무국이 있는 서교동 주민을 초대해 페스티벌을 즐길 수 있게 했다. 양평에서 월디페가 열리는 지금, 양평 주민들의 입장료는 반값으로 책정된다. 뿐만 아니라 페스티벌을 찾는 관객들은 양평역에서 행사장으로 오면서 양평 시장을 구경하게 된다. 재래시장이 익숙하지 않은 2,30대인 주된 관객들은 양평 시장을 통해 재래시장에 대한 관심을 보이게 된다. 이러한 방법으로 주최측만이 많은 이익을 얻고, 독자적으로 성장하려 하지 않는다. 경제적 가치를 넘어서 지역사회 활성화에 기여했다고 평가되는 글래스톤베리 페스티벌이나 작은 소도시를 관광지역으로 탈바꿈하게 만든 일본의 후지 록 페스티벌처럼 페스티벌만이 아니라 페스티벌과 함께하는 지역 또한 성장할 수 있는 동반성장을 지향한다.

페스티벌 안에서의 다양성

월디페는 일렉트로닉 뮤직 페스티벌임에도 불구하고, 록 밴드와 힙합 뮤지션을 섭외한다. 록 페스티벌에 일렉트로닉 뮤지션이 헤드라이너로 서는 경우는 있으나 'DJ Festival'이라는 문구를 걸고도 이와 관련되지 않은 뮤지션을 섭외하는 경우는 드물다. 섭외를 하더라도 일렉트로닉 음악과 관련된 밴드가 섭외된다. 하지만 월디페는 과거부터 함께해 온 이상은이나 내귀에도청장치를 비롯해서 올해는 소울트레인이나 정차식 등 일렉트로닉 음악과는 관련이 없을 것 같은 뮤지션도 섭외가 되었다. 월디페에서만 운영되는 축제마을의 경우, 다른 페스티벌에서 볼 수 없는 공연이 이루어진다. 음악을 넘어서 다른 문화 경험까지 제공되는 축제마을에서는 한국 전통 음악부터 버스킹 밴드, 밸리 댄스 등 여러 퍼포먼스를 체험할 수 있다.

강강예술래, 사일런트 디스코

축제마을 중에서도 '강강예술래'와 '사일런트 디스코'는 색다른 경험을 제공한다. 강강예술래는 전통 문화를 지키려는 공익성과 구전민요를 포용시키려는 노력을 엿볼 수 있다. 재작년부터 시작된 강강예술래는 창단 멤버들이 직접 남도로 내려가 어른들에게 강강술래를 배우고 강강술래의 음악을 DJ가 현대적으로 믹스 시켜 만든 퍼포먼스이다. 기증된 한복을 입고 술래들이 강강예술래를 시작하면 주위에 있던 관객들은 서로 손을 잡고 강강술래를 시작한다. 퍼포먼스가 시작되면 가장 호응이 좋은 관객은 외국인이다. 일렉트로닉 뮤직 페스티벌에서 한국 고유의 민속 의상과 믹싱으로 새롭게 태어난 한국 민요가 울리면서 서로 손을 붙잡고 원을 만들어 돌기 시작한다. 무슨 일인지도 모르는 외국인들은 타인과 손을 잡으면서 함께하는 행위에 즐거워하고 강강술래가 익숙한 한국인들에게는 현대적인 강강술래에 감탄해 하며 즐거워한다.

사일런트 디스코는 재작년부터 상상공장이 진행하고 있다. 주위에 소음을 주지 않고 음악을 즐기려는 파티, 헤드폰을 이용하여 만드는 파티는 이미 국내에서 많은 시도가 있었지만 전파의 문제로 개인이 라디오 같은 기계의 지참이 필요하고, 헤드폰의 음질이 저하되는 등의 문제가 야기되었다. 상상공장의 경우도 몇 차례의 실패를 겪었고 얼마간의 시간을 거쳐 홍대의 명물이 되었다. 현장에서 600개의 헤드폰이 준비됐지만 대기자 수는 줄어들지 않았다. 행사장 곳곳에서는 헤드폰에 풍선을 매달아 주위는 아랑곳하지 않은 채 춤추는 관객들을 쉽게 찾아볼 수 있었다.

시공간을 초월하는 생방송

올해 월디페는 포털사이트 '다음'과 연계하여 페스티벌 생방송을 진행했다. 이제 페스티벌에서 SNS 등을 통해 생중계를 하는 일은 낯설지 않다. 하지만 월디페는 라인업 발표를 포털사이트 '다음'에서 먼저 소개하고 다음뮤직은 월디페에 참여하는 국내 뮤지션들과 국외 뮤지션들을 파트 1, 2로 나누어 음악을 소개했다. 단순히 뮤지션들의 프로필 같은 정보 나열식이 아닌 공연 실황이나 뮤직비디오 동영상을 첨부하여 일렉트로닉 음악을 잘 모르더라도 기본적인 배경지식을 알 수 있게 도와주었고, 이는 관객들이 페스티벌을 더 즐길 수 있게 만들어주었다. 이 뿐만 아니라 현장에서 진행하는 아티스트와의 인터뷰는 온라인을 통해 현장에 있지 않은 음악 팬들의 아쉬움을 달래주기까지 했다.

페스티벌 전에는 관객들에게 페스티벌 정보를 알리고 페스티벌에서는 생방송을 통해 생생한 현장을 전달했다. 아티스트의 공연 이후, 해당 아티스트의 인터뷰를 온라인으로 전달해주었던 사례는 전무하다. 다음은 월디페와의 협력을 통해 포털의 목적이라 볼 수 있는 정보 제공을 뛰어넘어 언론의 기능을 담당했다. 페스티벌의 사전 정보를 제공하는 사전 단계 – 페스티벌을 생방송하여 실시간으로 전달하는 단계 – 이후 인터뷰를 통해 페스티벌 정보를 정리해서 전달하는 단계로, 연속된 방식으로 진행했다.

월디페 스케치

2박 3일, 오리엔탈 기운을 받아들이다.

월디페의 첫 무대는 음악 공연이 아니었다. 메인 스테이지의 첫 무대는 자원봉사자들이 꾸민 '셔플 댄스 플래시몹'이었다. 무대가 아닌 관객석 쪽에서 셔플 음악이 나오기 시작했고 자원봉사자들은 정렬을 이루어 셔플댄스를 추기 시작했다. 먼지가 눈에 보일 정도로 일어났지만 얼굴에는 행복한 기색이 역력한 '셔플댄서'들을 보니 페스티벌 안에서 관객과 아티스트의 경계는 없는 듯 보였다. 셔플 댄스 퍼포먼스가 이루어지는 주위에서 몇몇 외국인들은 같이 셔플 댄스를 추고 있었다.

저녁 빅선(BIG SUN) 스테이지에서는 패션쇼가 열렸다. 페스티벌에서는 잘 볼 수 없는 T자 무대 위로 가수 이상은의 무대가 끝나고 패션쇼가 시작됐다. 종종 해외 페스티벌에서 관객이 결혼식을 올리는 해프닝은 있었다.(글래스톤베리는 결혼식 해프닝을 자신들은 인정하지만 법적으로 인정되지 않기 때문에 유념하라는 공지를 홈페이지에 올린다.) 월디페에서는 뮤지션이 등장하지 않은 채로 온전히 모델들만이 나타나서 패션쇼가 진행되었다. 이 패션쇼는 후에 셧 다 마우스(Shut Da Mouth) 무대에서도 이어졌다.

야외무대에서 본격적으로 DJ들의 무대가 시작되기 전에 관객들은 잔디밭에서 한가로이 음악을 즐겼다. 돔 무대와 야외무대로 나뉘어져 있었기 때문에 돔 무대에서는 낮부터 DJ들의 플레잉이 시작되었지만 야외무대의 경우, 밴드 공연 등이 이루어졌기 때문에 좀 더 여유롭게 시간을 보낼 수 있었다. 관객들은 자신들이 원하는 음악을 듣기 위해 각 무대로 움직였다. 축제마을에서는 페스티벌에서만 경험할 수 있는 문화체험을, 각 돔과 야외무대에서는 다양한 음악을 즐길 수 있었다.

해가 지고, 무대에 본격적인 조명이 들어오면서 DJ들의 무대가 시작되었다. 로컬 DJ와 해외 DJ 등을 비롯하여 모든 뮤지션은 관객의 호응에 일일이 반응했다. 무대에서 관객석으로 뛰어나가 안전을 위해 제지하는 안전요원(일명 가드)을 밀치거나 혹은 DJ 부스 위로 올라가서 흥분하는 등 관객과 같이 호흡하는 모습은 더 이상 특별하지 않았다. 차이가 있다면 로컬 DJ보다 한국 관객을 처음 겪어본 해외 DJ의 반응이 더 격렬했다는 것이다. 이 같은 모습에 예외 되는 뮤지션은 없었기에 다 열거할 필요는 없지만 특히나 주목할 만한 뮤지션들과 이에 맞는 해프닝은 있었다.

이탈리아에서 온 디제이 프롬 마스(DJ From Mars)의 플레잉이 얼마 지나지 않아 음악에 흥분한 관객들은 바리케이트를 넘어갔다. 실내 클럽에서 DJ 부스 위로 관객이 올라가는 경우는 있지만 굳이 바리케이트를 넘어 무대로 향하는 모습은 이들이 얼마나 음악에 취했는지 알 수 있는 광경이었

다. 관객들이 자리로 돌아가자 디제이 프롬 마스가 바리게이트를 넘었다. 이들은 매직을 들고 관객들에게 싸인을 해주기 시작했는데 특히 여성관객에게는 '가슴'이 아닌 다른 곳에는 싸인 해주지 않았다. 또 무대 경호를 하고 있는 의경에게 접근하여 같이 놀자며 유도하기도 했다. 굳은 표정으로 딱딱하게 경호하던 의경은 당황했고 그들의 손에 이끌려 갔다.

독일에서 온 ATB는 첫째 날 헤드라이너였다. 헤드라이너였던 만큼, 많은 관객들은 그를 기다렸고 영화처럼 T자 무대에 등장했다. 공연이 중반을 넘어갈 때 즈음, 외국인 관객들은 T자 무대로 올라오기 시작했다. 관객들의 행동을 저지하기 위해 안전요원이 무대 위에 배치되고 영어를 쓸 수 있는 ATB 담당 프로모터와 스텝들이 무대 위로 올라왔다. 하지만 관객들은 진정되지 않았다. 결국 ATB는 잠시 무대 아래로 내려왔고 안전요원들과 스텝들은 무대를 정리하기 시작했다. 무대 주위는 철저히 통제되기 시작했다. 프레스가 아닌 스텝들의 포토라인 접근은 불가능해졌고 많은 의경들과 요원들, 스텝들의 무대 정리가 시작됐다. 시간이 흐르면서 ATB의 트랜스 플레잉은 야외 페스티벌 현장에서 아름다움을 절정으로 이끌어 올리면서 엔딩을 맞이했다. 끝 곡은 둘째 날 헤드라이너인 대쉬 베를린(Dash Berlin)과 함께한 〈Apollo Road〉. 여성 보컬이 흡사 국악을 하는 것 같은 창법을 구사하기에 한국 방문 기념의 깜짝 이벤트가 아닌지에 대한 생각이 들었다.

마지막으로는 예기치 못한 자연재해 사고로 인해 월디페의 마지막 무대를 장식하게 된 다다 라이프(Dada Life)이다. 이들은 바나나와 샴페인으로 점철된 무대 퍼포먼스로 관객들을 사로잡는다. 바나나 튜브를 던지는 것으로 모자라 생 바나나를 던진다. 다다 라이프는 플레잉을 시작하자마자 바나나 튜브를 관객에게 보내는 것은 물론, 부스 위에 올라가 샴페인을 터뜨리며 파티 분위기를 더해갔다. 무대 위에 난입한 바나나 인형을 쓴 바나나보이 두 명은 등장하자마자 무대 위를 휩쓸어 버렸다. 이를 통해 더 흥분한 다다라이프 멤버 중 한 명은 DJ 부스 위로 올라가더니 샴페인 두 병을 동시에 터뜨리더니 자신의 머리위에 쏟아 부으면서 '우리 이만큼 흥분했다'를 몸소 보여주었다. 다다 라이프 공연 끝에서는 2박 3일간의 긴장했던 스텝들도 즐기는 엔딩 무대였다.

페스티벌 현장은 그 누구도 예측할 수 없다.

월디페의 첫 날은 화창했다. 낮에는 덥고 밤에는 서늘한, 전형적인 페스티벌의 좋은 날씨를 보여주고 있었다. 둘째 날, 역시 폭풍우가 오기 10분 전에도 하늘은 맑았다. 관객이 입장하기 전, 비와 바람이 오고 있다는 공지가 전해졌다. 처음은 강한 바람이었다. 그리고 비가 쏟아지기 시작했다. 텐트 천막은 날아갔고 비디오, 카메라를 비롯한 장비를 올려놓은 테이블들은 흔들렸다. 이를 수습하기 위해 스텝들은 비바람을 뚫고 다녔다. 그 아무도 예상하지 못한 일이었다. 기상청에서도 예측하지 못한 날씨였다. 결국 메인 스테이지의 야외무대 트러스가 쓰러지는 사고가 발생하여 야외무대 1개를 폐쇄했고, 부스를 철거하는 스폰서가 나타났다. 스텝들의 경미한 부상은 있었지만 관객 입장 전이라 많은 피해를 입지는 않았다. 변덕스러운 자연 앞에서 야외무대 밴드 공연은 취소되었고 DJ들의 공연 시간은 옮겨졌다. 이 같은 이유로 다다라이프는 월디페의 엔딩 무대를 장식하게 됐다. 관객들의 안전사고가 생기지 않은 것이 천만 다행이었다.

나가는 글 : 일렉트로닉 뮤직 페스티벌에 대한 성찰

페스티벌은 하나의 트렌드가 되었다. 음악 팬들의 여름휴가는 페스티벌로 시작하여 페스티벌로 끝난다. 페스티벌을 위해 체력단련을 하고 돈과 시간을 들인다. 음악 팬들에게 페스티벌은 일상 탈피, 그 이상이다. 페스티벌 기간 동안 원하던 뮤지션들을 한 자리에서 볼 수 있고 밥 먹는 시간에도, 잠자는 시간에도 자신들이 원하는 음악을 들을 수 있다. 음반 시장이 침체되고 온라인 음악 시장이 확산되는 이 때, 페스티벌은 뮤지션들이나 음악 팬들에게 직접 음악을 만들 수 있는 하나의 대안이다. 일렉트로닉 뮤직 페스티벌의 지형이 세계적으로 넓어가는 이 때, 국내 일렉트로닉 뮤직 페스티벌은 다음과 같은 사안을 이해해야 할 필요가 있다.

국내에서 주로 개최된 록 페스티벌의 경우, 록 이라는 장르 안에서 여러 음악을 만날 수 있다. 관객 특성상, 일렉트로닉 뮤직 페스티벌과는 달리 관객들이 소동을 일으키는 경우는 많지 않다. 해외 록 페스티벌에서는 자주 목격되지만 국내에서 바리케이트를 넘어 무대 위에 올라가는 등의 사고는 자주 일어나는 편이 아니다. 하지만 일렉트로닉 뮤직 페스티벌의 경우, 관객들이 음주와 함께 춤을 추면서 즐기기 때문에 각종 사고가 나타날 가능성이 크다. 특히, DJ 혼자 무대에 올라가기 때문에 록 페스티벌과는 상대적으로 보안상의 문제가 발생할 수 있다. 이는 국내 뿐 아니라 해외 페스티벌에서도 가장 유념해야 할 문제이다.

통계적으로 국내 일렉트로닉 뮤직 페스티벌의 성장세가 빠르다. 봄에 개최하는 월디페를 시작으로 올 여름에는 센세이션, 울트라 뮤직 페스티벌, 월드 일렉트로니카 카니발이 열리고 그 후로 가을에는 글로벌 개더링과 겨울에는 실내 페스티벌로 이어진다. 국내 페스티벌의 처음이었던 록 페스티벌보다 가파른 증가세를 보이고 있다. 펜타포트를 시작으로 시간 차이를 두어 천천히 성장해 간 록 페스티벌과는 상황이 다르다. 단기간에 대형 페스티벌이 증가하는 현상은 국내 음악 시장이 한정되어 있는 상황에서 대형 자본과 스폰서 위주로 개최되는 페스티벌이 얼마나 탄탄한 베이스를 가지고 개최한 것인지 알 수 없다. 더군다나 올해 국내에서 처음 개최되는 해외 라이선스 페스티벌이 관객 수요 예측이 정확하게 이루어져서 진행되는지 또한 의문이다. 과거에 비해 일렉트로닉 음악 수요 층이 늘어났지만 아직 한국의 일렉트로닉 음악 팬 층이 두텁지 않은 상황에서 클럽 파티를 후원했던 스폰서들이 페스티벌을 개최하는 모습은 클럽씬의 범위만을 가능성으로 판단한 것으로 보이기까지 한다. 세계적으로 일렉트로닉 음악이 트렌드가 되어 가고 있지만 이는 다른 장르와의 융합을 기반으로 성장한 것이다. 일렉트로닉 뮤지션이 록 페스티벌의 헤드라이너가 될 수 있는 것처럼, 일렉트로닉 음악은 타 장르 음악 팬들이 포용할 수 있는 한계가 되었을 뿐 록 음악처럼 음악을 위해 소비 지출을 하는 팬층은 넓지 않다. 특히 대부분의 일렉트로닉 뮤직 페스티벌은 19세 미만이 입장할 수 없기 때문에 록 페스티벌처럼 다양한 관객을 수용할 수 없다. 이러한 점에서 국내에서 처음 개최되는 일렉트로닉 뮤직 페스티벌이 수익을 내지 못할 경우, 일회성으로 그치는 것은 아닌지에 대해 우려가 생긴다.

록 페스티벌의 경우, 다양한 장르의 라인업 기용이 가능하기 때문에 페스티벌 마다 특징을 지니고 있으나 일렉트로닉 뮤직 페스티벌은 라인업에 많은 부분을 의존하고 있다. 페스티벌만의 특징을 찾지 못한 채 라인업에만 의존하는 경우, 재정상태가 악화되어 관객들의 기대에 미치지 못하고 이는 페스티벌의 성공을 이끌어내지 못한다. 자칫 DJ 음악만으로 구성되어 단조로워 보일 수 있는 일렉트로닉 뮤직 페스티벌은 센세이션 같은 자신만의 특징을 지니고 있어야 경쟁력을 가질 수 있다.

국내 일렉트로닉 뮤직 페스티벌의 기반은 생각만큼 강하지 못하다. 이는 국내 전체 페스티벌 시장을 놓고 봤을 때, 모든 페스티벌이 가지고 있는 문제이기도 하지만 다른 음악 장르에 비해 소비자층이 넓지 않은 일렉트로닉 음악 페스티벌이 더 치명적이다. 페스티벌과 파티를 구분하지 못하는 관객들도 문제이지만 기존의 파티와 차별화 없이 지명도 높은 해외 뮤지션들만이 전부라고 생각하는 기획도 문제이다. 단순히 춤 출 수 있는 음악을 들려주는 것이 아니라 일렉트로닉 음악과 DJ를 문화로써 전파하려는 자세를 지니는 것 또한 중요한 기획 요소 중 하나로 고려해야 할 것이다. SOUND

록/헤비메탈 전문지
파라노이드(Paranoid) 창간 !

파라노이드는 어쩌면 그냥, 하고 싶어서 만든 잡지라고 할 수 있다. 아이언 메이든, 화이트스네이크가 내한해도 너무나 조용한 언론, 그나마 얼마 되지 않는 해외 뮤지션들 인터뷰 지면에 '한류'에 대한 거 물어보고, 국내 걸그룹 아는지 물어보는 거 정말 싫어서랄까. 한류, 인디, 문화... 이런 이야기 하지 않고, 그냥 순수하게 음악을 음악으로 이야기하고 싶었다. 처음 구상과 달라진 점은 책의 사이즈가 작아지고, 페이지 수가 늘어난 정도랄까. 원래 구상했던 책자는 A4를 반으로 접은 사이즈에 14페이지 정도 분량의 정보지 개념의 잡지였다. 잡지를 창간해야겠다는 결심을 하고, 주변에 관련 평론가들을 찾아다녔다. 거의 대부분의 평론가들이 이 작업을 하는 취지에 공감해 주었고, 이야기를 거듭하며 지금 발행되고 있는 이 즈로 굳어졌다.

계속해서 사라져가는 지면매체에 대한 미련은 어쩌면 아날로그에 대한 향수일 수도 있을 것이다. 또 파라노이드를 통해 주로 다루고 있는 록과 헤비메탈은 많은 내 또래 음악 애호가들의 음악적 출발점이고 아련한 미련일지도 모른다. 하지만 이런 음악들, 또 아날로그에 대한 이야기를 꺼낼 때, 무턱대고 쿨하지 못하고 시대착오적인 발상이라고 치부되는 건 싫었다. 분명 K-팝이나 인디 이야기를 하지 않더라도 우리가 해야 할 이야기는 많고, 들어야할 음악은 차고 넘친다. 지면이라는 아날로그 매체를 사용하지만 모바일 앱을 함께 제공하며, SNS와 웹사이트를 적극 활용하여 서로가 할 수 없는 영역을 보완할 수 있도록 출발선에서부터 가능한 수단들을 병행하여 진행했다.

손바닥만한 사이즈의 작은 책이지만, 이 작은 책자를 통해 할 수 있는 일은 무궁무진하다고 생각한다. 또 2호가 나오면서 어쩌면 막연했을지도 모르는 이러한 생각은 더욱 구체화되고 있다. 물론, 서둘진 않을 것이다. 조금씩 하나씩 만들어 갈 것이다. 그것이 창간호와 2호를 들고 SNS나 메일을 통해 응원을 아끼지 않았던 음악 애호가들의 기대를, 또 선뜻 재능기부를 하며 책의 콘텐츠를 화려하고 풍부하게 만들어 주고 있는 많은 주변 관계자들의 호의를 저버리지 않는 일일 것이다. 단지 더 이상 잃을 것이 없어서가 아니고, 앞으로 더 해야 할 일이 많기 때문에 파라노이드를 만드는 일은 계속되는 즐거움이다. SOUND

송명하 | 파라노이드 편집장

12지신(12G神) 콘서트

디지털 시대의 대중음악은 실제 악기의 지분을 가상 악기의 음향들이 상당부문 잠식했다. 다양한 장르에서 중심 악기로 활약해 온 기타의 위상은 예전 같지 않다. 세시봉과 오디션 열풍으로 인해 기타에 대한 인식은 확연히 달라지고 기타 사운드에 대한 관심이 증폭되고 있는 지금, 보컬리스트가 아닌 기타리스트가 주인공인 감동적인 무대가 열렸다.

지난 6월 10일 서울 광장동 악스코리아에서 열린 '12지신(12G神) 콘서트'. 기타사운드의 무궁무진한 아름다움이 넘실거렸던 현장을 대중음악 SOUND는 사진으로 기록했다. 지난 해 게리 무어 추모공연으로 시작해 2회째를 맞은 '12지신'은 베일에 가렸던 연주자들을 수면으로 끌어내 의미 있는 시간이었다. 이중산, 최이철, 김광석, 최희선, 이근형, 손무현, 이현석, 박창곤, 타미김, 유병렬, 최우준, 박주원 등 이름만 들어도 떨리는

한국의 초 절정 기타리스트 12명이 퉁기는 각기 다른 현의 울림은 감동으로 귀결되었다.

공연은 모든 연주자들이 자신에게 영향을 끼친 기타리스트들의 국내외 록 클래식을 재현하는 콘셉트로 진행됐다. 스타트를 끊은 최우준의 첫 곡 〈Pride & Joy〉부터 감동은 시작됐다. 이어 사랑과 평화 최이철은 깊이가 돋보이는 연주를 펼쳤다. 유병렬은 록을 뿌리로 다양한 장르 음악에 자신의 기타사운드를 채색하고 있는 탁월한 기타리스트다. 그의 12지신 무대에 인순이가 게스트 보컬로 등장한 것은 그의 폭넓은 활동반경의 결과다. 서정과 열정을 넘나드는 음악적 아우라를 지닌 그는 언제 들어도 귀에 감겨오는 불후의 록 명곡들로 공연장을 후끈 달궜다. 훵크와 퓨전재즈, 블루스, 포크 질감까지 다양한 장르를 넘나들면서도 청자의 집중을 한결같이 이끌어내는 원동력은 언제나 수준급의 기타 톤을 들려주기에 가능한 것

이다. 가슴을 울리는 진정성에다 다양한 장르를 넘나드는 그의 기타 연주 실력은 그가 앞으로 한국대중음악의 중요 기타리스트 계보에 오를 자격이 충분함을 증명한다.

김광석은 통기타 한 대로 간결하고도 정열적인 연주를 들려주었다. 손무현은 산타나 메들리를 깔끔하게 선사했다. 신대철, 김도균, 김태원과 함께 80년대 헤비메탈을 풍미한 이근형은 비록 밴드의 인지도에 밀려 3대 기타리스트로 회자되지는 않지만 무관의 제왕이란 평가처럼 80년대 한국 헤비메탈 전성시대를 만개시켰던 최강 기타리스트 중 한 명이다. 헤비메탈 밴드 작은하늘의 리드기타리스트로 출발한 이근형은 1집 발표 후 팀을 탈퇴해 김종서와 밴드를 조직하는데, 이름만 들어도 가슴이 두근거리는 환상적 사운드를 들려주었던 밴드 카리스마다. 비록 작은하늘과 카리스마에서 단 한 장의 앨범과 1년 남짓한 활동만을 남긴 채 사라졌지만 그가 남긴 강력하고도 인상적인 기타 사운드는 80년대 한국 헤비메탈을 논할 때 절대로 뺄 수 없는 선명한 궤적이었다. 그는 제프 백의 곡을 연주했다. 역시나 명불허전. 무관의 제왕이란 닉네임은 공짜로 얻어진 것이 아님을 그는 묵직하고도 내공 깊은 사운드로 증명했다. 비록 화려한 퍼포먼스와 현란한 속주가 아니어도 이근형은 충분히 한국을 대표하는 기타리스트로 부족함 없는 녹슬지 않은 깊은 톤의 기타 사운드를 들려주었다. 절대로 볼 수 없을 것이라 생각했던 '카리스마'의 전설적 기타리스트 이근형의 무대 또한 이중산에 버금가는 감동이었다.

박창곤은 속주부터 라이트핸드, 스윕 아르페지오에 이르기까지 다양한 테크닉을 능숙하게 구사했다. 게스트로 등장한 김경호는 찰떡궁합을 과시하며 열기를 고조시켰다. 국내 기타리스트 중 최고의 테크니션으로 회자되는 박창곤의 이름이 생소하다면 김경호가 나가수에서 조용필의 〈못찾

겠다 꾀꼬리〉로 장안의 화제를 불러왔을 때를 생각하면 좋을 듯. 그의 기타는 정확한 운지, 힘 있는 백킹, 시원한 톤, 유려한 멜로디로 록 마니아들 사이에 알려져 있다. 12지신 무대에서 본 박창곤은 185cm 건장한 체구로 무대를 꽉 채우는 무게감이 있었다. 타미김은 세련된 라인을 과시하며 신중현의 〈미인〉을 연주했다. 박주원은 스타플레이어답게 플라멩코, 집시 스윙으로 서정과 열정이 교차하는 연주를 선사했다.

이어 가장 큰 기대를 모았던 '전설의 기타리스트'로 이중산의 등장. 전설은 허언이 아니었다. 그는 어찌나 강렬한 필을 뿜어내던지 그의 기타사운드가 귓전에서 오랫동안 이명처럼 윙윙거렸다. 이중산의 퍼포먼스와 무대 매너는 세련된 것이라 말할 수 없지만 이상하리만치 시선을 잡아끄는 긴장감가 팽팽했고 정제되지 않은 날 것 그대로의 투

1. 이근형
2. 박창곤
3. 손무현
4. 박주원
5. 타미김
6. 이중산
7. 최이철
8. 김광석
9. 최우준
10. 최희선
(전성규 유니온프레스 기자)
11. 유병렬

박한 아미지는 그의 연주가 가식과는 거리가 먼 마음으로 소통하려는 진정성이 가득했다. 기타를 잘 치는 기타리스트는 넘쳐나지만 이렇게 가슴을 울렁거리게 하는 기타 톤을 들어본지가 언제인가 싶었다. 레코딩을 거부하는 괴팍한 활동 반경으로 한국 록 기타리스트의 숨겨진 신화와 전설적 존재로만 회자되었던 이중산. 실제로 공식무대에서 그의 내공 깊은 연주를 들어보니 그 사실이 얼마나 부당한 일인가 싶다. 처음 경험한 그의 기타 연주는 전설이란 미명으로 포장된 것이 아닌 실제로 가슴을 뛰게 할 정도로 명불허전임을 확인했다. 이중산. 그는 신화로 박제된 전설이 아닌 살아있는 한국 기타의 神으로 불려야 마땅하다.

이현석의 무대는 속주의 향연이었다. 엄청난 속주와 고난이도의 운지를 소화해낸 그는 보컬 김세호의 하이톤 보컬과 어우러져 무한쾌감을 안겼다. 공연이 막바지로 흐르자 특급 게스트들이 연이어 나왔다. 김효국의 하몬드 올갠 연주로 시작하자 전설적인 밴드 라스트 찬스의 보컬 김태화가 등장해 기타리스트 최희선과 함께 남성미 넘치는

중후함을 전했다. 이어 등장한 김종서는 레드 제플린의 〈Rock and Roll〉을 메들리로 들려줬다.

이날 공연에는 1세대 록 기타리스트들인 김희갑, 신중현을 기리는 헌정의 자리와 더불어 키보이스, 히파이브 출신의 김홍탁, 검은나비 출신의 김기표가 직접 무대에 오르는 의미심장한 시간이 마련됐다. 두 연주자는 검은나비의 보컬리스트 김혜정과 함께 산타나의 〈Black Magic Woman〉을 연주해 대미를 장식했다. 공연장을 가득 메운 관객들은 5시간 동안 이어진 마라톤 공연을 통해 기타의 희로애락을 마음껏 맛봤다. 12지신 콘서트는 가수에게만 스폿라이트가 비쳐지는 왜곡된 한국 대중음악계의 관행을 통쾌하게 깨는 무대였다. 관객들은 어찌나 진지하고 경건한 마음으로 기타 사운드에 몰입하던지 진정 이 땅에서 열린 공연이 맞는가 싶을 정도로 뭉클했다. SOUND

최규성 | 대중문화평론가

지산밸리록페스티벌 VS 슈퍼소닉페스티벌

지산밸리록페스티벌

대기업(CJ E&M)이 직접 운영하는 지산밸리록페스티벌은 올해 수많은 록음악 마니아들의 염원이었던 '라디오헤드'를 섭외하면서 페스티벌 씬에서 가장 거대한 장관을 만들어 냈다. 찌는 듯한 폭염 속에서도 많은 일반인들과 함께 연예인, 아티스트들도 지산밸리록페스티벌을 찾았으며 실제 라디오헤드의 공연 때에는 스탠딩 구역을 벗어난 우측, 뒤편 언덕까지 스테이지가 보이는 모든 곳에 관객이 가득 들어차 있었다.

눈에 띄는 변화는 상업 부스들의 외형적/내형적인 진화들. 페스티벌이 거듭되면서 몽골텐트에 치장을 하던 것에서 탈피해 자신들의 브랜드에 맞는 형태로 제작이 되어가고 있었고, 자체적인 문화공간, 샘플링 혹은 휴식공간으로 적극적인 홍보의 장으로 발전해 나가고 있었다. 특히 올해 지산의 기업홍보부스 운영은 페스티벌 이래 최대의 샘플링을 보여준 것이 아닌가 싶다.

지산리조트에서 계속 진행되는 페스티벌이니만

큰 사이트 내의 구성도 조금씩 짜임새가 있어지는 모습이었다. 저녁 12시 이후 록스테이지가 끝나는 시점에서 일렉트로닉으로 넘어가는 부분에 있어서도 '슈퍼믹스라운지'라는 이름의 구조물을 더했다. 슈퍼믹스라운지는 올해 페스티벌들에 연달아 참여하여 페스티벌의 일렉트로닉 베뉴로서 적극적으로 선보이는 등 그 연계가 무난하게 잘 이루어졌다고 본다.

페스티벌에서 만나는 무수한 아티스트들을 전부 사전에 꿰차고 가는 것은 아니라 의외의 아티스트들을 만나기도 하는데, 개인적으로 잘 모르고 있었던 Twenty One Pilots의 무대가 이번 지산밸리록 페스티벌의 최고의 무대 중 하나가 아니었나 싶다. 그 시간에 그곳에 있었던 사람들은 알겠지. 가장 미치게 뛰어놀던 그 시간. 페스티벌의 진짜 재미는 예상치 못한 상황들. 생각지도 못한 밴드의 발견!

섬머소닉의 라인업과 연계하여 국내 대형 음악 페스티벌의 하나로 야심차게 선보인 슈퍼소닉페스티벌. 올해 촉박한 준비 기간으로 인한 라인업의 아쉬움이 있지만 올해보다 내년이 더 기대되는 대형 페스티벌이다. VU엔터테인먼트의 페스티벌들을 보면 그 타임테이블의 구성에 있어서 최소한의 라인업을 가지고 아티스트의 세팅 시간은 여유 있게, 관객은 스테이지별로 이동하며 잘 짜여진 구성을 만들어내고 있는 듯하다. 슈퍼소닉은 슈퍼스테이지, 소닉스테이지, 잭락스테이지의 구성으로 공연장 출입 시 핸드링을 체크했고, 오픈된 휴식 공간을 이용할 수 있도록 구성하였다. 비가 오지 않았다면 좀 더 재밌는 그림들이 많이 나왔을 법

도 한데 아쉬운 부분이다.

실내 공연장의 조명 구성은 양이나 질에서 여타 페스티벌보다 더욱 잘 구성되고 화려한 모습을 보여주었다. 첫 회를 여는 슈퍼소닉이라 관객수가 주최 측의 기대에 미치지 못하여 진행하는 입장에서는 아쉬운 부분이 많았겠지만, 반대로 공연 간 관객이동이나 공연장 안에서의 쾌적함은 슈퍼소닉의 첫 회를 보러 온 관객들에게는 더없이 좋았을 듯하다.

스매싱펌킨스, 피어스투티어스의 무대는 예전 록음악이 음악시장의 중심을 잡고 있던 그 때의 진한 향수를 느낄 수 있었고, 소울왁스, 뉴오더의 무대는 국내 디제이, 밴드 등 아티스트들도 공

연장 곳곳에서 관심 있게 지켜보거나 함께 즐기고 있는 모습을 볼 수 있었다. 짐클래스히어로즈와 포스터더피플, 고티에의 에너지 넘치는 무대, 특히 고티에는 중간 중간 준비해온 멘트를 한국어로 하는 모습이 인상적이었다. '감사합니다' '광복절입니다, 대한민국만세~' 등등 멋진 무대만큼이나 좋은 매너로 대한민국의 관객들에게 확실한 이미지를 남겨주었다.

2012년 들어 신생 페스티벌들이 기하급수적으로 생겨나고 있어 페스티벌 간의 긍정적인 경쟁과 자신에게 더 맞는 페스티벌을 찾아 일상을 벗어나 일년에 한두 번쯤은 다 잊고 즐길 줄 아는 '페스티벌 러버'들이 많이 생겨났으면 하는 바람이다.

SOUND

박창현 | SOUND 사진작가

대중음악
SOUND 연구원 모집(비상근 활동가)

대중음악SOUND에서는 무크지 기획에 참여하고 취재와 기획조사를 담당할 'SOUND연구원'(비상근 활동가) 제도를 운영하고 있습니다. SOUND연구원 자격으로는 대중음악에 대한 관심과 애정이 지대해야하고, 기본적으로 성실해야 합니다. 또한 기획조사(자료 리서치) 능력이 요구되기 때문에 예술경영, 문화연구, 문화콘텐츠, 대중음악 관련 대학원생들이 적절하지 않을까 합니다. 관심 있는 분들은 자세한 본인 소개서를 sound@gaseum.co.kr 로 보내주세요. (*자격 요건에 맞는 경우에만 연락을 드리겠습니다.)

['SOUND 연구원' 개요]

(1) 역할
- 기획 참여
- 기획조사 담당
- 취재 담당

(2) 대상
- 대학원 예술경영, 문화연구, 문화기획, 문화콘텐츠, 대중음악 유관학과 석박사 과정 학생 또는 졸업생
- 본인이 대중음악 연구, 조사에 전문성이 있다고 생각하는, 대중음악 유관 경력이 있는 분
- 단, 나이는 20대~30대 초반이어야 함

(3) 자격요건
- 음악산업과 대중음악 인프라에 관심이 있는 사람
- 기획조사 : 자료 리서치, 분석, 정리 능력이 있는 사람
- 취재 : 인터뷰 진행 능력이 있는 사람
- 글쓰기 : 자신만의 시각으로 대중음악 관련 리뷰, 칼럼 등을 쓸 수 있는 사람

(4) 활동방식
- 연2회 대중음악SOUND 제작 시 활동
- 주로 온라인을 통한 회의 방식
* 직원이 아니라 비상근 '활동가' 입니다.

(5) 활동조건
- 추후 개별 협의

대중음악
SOUND 과월호 안내

대중음악SOUND 1호

300페이지 | 19,000원 | 2010년 12월 20일 발행 | 도서출판 선

{ 커버스토리 }

가슴네트워크 선정 'Rookie Of The Year 2009~2010'

박주원 / 아폴로18, 9와숫자들, 칵스, 옐로우몬스터즈 / 불나방스타쏘세지클럽 / 에피톤프로젝트 / 잠비나이 / 플라스틱데이 / 네온스 / 아침 / 옥상달빛 / 이부영 / 텔레파시 / 티비옐로우 / 10센치 / 김책&정재일 / 핀 / 디즈 / 사비나앤드론즈 / 나비맛 / 아트오브파티스 / 홈 / 소울스테디락커스 / 쏜애플 / 푸디토리움 / 프렌지

{ 특집 }

2010년 대한민국 대중음악의 현주소 − 지금, 여기 대중음악을 이해하기 위한 12개의 키워드

연구(장유정) / 비평(서정민갑) / 교육(김보성) / 아카이브(최규성) / 축제(박준흠)_인터뷰 김형일 / 창작(김규항)_좌담회 손병휘 송재경 오지은 윤병주 이기용 이석원 / 기술(김민규) / 매체(김창남) / 유통(류형규) / 정책(이동연) / 트렌드(차우진) / 팝음악시장(박은석)

{ 기획 }

음악모임, 그 아련한 추억을 회상하다 _ 성우진
가슴어워드 2002~2009 _ 박준흠

{ 뉴스 }

2010 가슴네트워크축제

대중음악SOUND 2호

340페이지 | 19,000원 | 2011년 4월 20일 발행

{ 커버스토리 }

한국 대중음악의 해외진출 현황과 전망

한국 대중음악 해외진출 혹은 '한류' _ 안인용

한류문화 역사와 국내 뮤지션들의 해외진출 도전사 _ 최규성

주류 음악씬의 해외진출 역사와 현황 그리고 전망 _ 권석정

인디 음악씬의 해외진출 역사와 현황 그리고 전망 _ 홍정택

서울소닉 – 캐나다(CMW), 미국(SXSW) 투어 기록 _ 김민규

{ 특집 }

대중음악SOUND 선정 '한국 대중음악 파워 100'(현재 한국 대중음악을 움직이는 파워 100)

[1부] 한국 대중음악 파워 100 기획배경, 기획안, 선정위원, 전체 순위, 부문별 순위/결과 분석 _ 박준흠

[2부] 한국 대중음악 파워 100 리뷰, 인터뷰 _ 한국대중음악파워100 선정위원회(강원래, 강의모, 권석정, 김광현, 김규항, 김기자, 김봉현, 김세원, 김원찬, 김은석, 김종윤, 김창남, 김토일, 김학선, 류형규, 박준흠, 배순탁, 서영도, 서정민갑, 성우진, 송명하, 안병진, 안인용, 양일혁, 이경준, 이민희, 이수연, 이재훈, 이준희, 이창호, 이태훈, 정우식, 정호재, 정훈, 최규성, 최지선, 하종욱, 한준호, 한현우, 홍정택, 홍지민, 황정)

{ 기획 }

2010 가슴어워드 – 2010년을 빛낸 음반 & 노래 _ 박준흠

황보령(=SmackSoft) 인터뷰 _ 최규성

〈대중음악 SOUND〉에 대한 참을 수 없는 궁금함 _ 박준흠

진귀한 한국 대중음악 유물탐방 1 – 세시봉 골든디스크 _ 최규성

{ 뉴스 }

제8회 한국대중음악상 시상식 이모저모 _ 최규성

대중음악SOUND 3호

396 페이지 | 22,000원 | 2011년 8월 31일 발행 | 포노PHONO

396 페이지 | 22,000원 | 2011년 8월 31일 발행 | 포노PHONO

{ 커버스토리 }

대중음악SOUND 해설 '한국 대중음악 100년'

Ⅰ. 연대기로 살펴본 대중음악 100년 정의&정리 _ 박애경, 장유정, 이준희, 최규성, 김창남, 박준흠, 권석정, 홍정택

Ⅱ. 한국 대중음악의 판도를 바꾼 주요 사건 15개 _ 조원희, 김토일, 이영미, 배순탁, 최규성, 황정, 정호재, 송명하, 성우진, 홍정택, 이민희

Ⅲ. 한국 대중음악 장르별 정리 _ 이영미, 황덕호, 조일동, 하종욱, 최규성, 김창남, 성우진, 조원희, 김봉현, 이민희

Ⅳ. 한국 대중음악 '명예의 전당'에 추천하는 100인 _ 최규성, 권석정, 하종욱, 최재혁, 고경천, 조원희, 이영미, 이민희, 최정훈, 송명하

{ 특집 }

대중음악 현장인력 탐방

1. 음반기획 | 최진열(엔이알 엔터테인먼트 대표이사), 모 인디음악기획자 _ 홍정택
2. 공연기획 | 성시권(공연기획자, 대중음악평론가) _ 이태훈
3. 세션 | 조용필과 위대한 탄생(최희선, 김선중, 이태윤, 최태완) _ 권석정
4. 음반녹음 | 김시철(나인먼스아트워크 스튜디오 녹음실장) _ 홍정택
5. 음악방송기획 | EBS '스페이스 공감' 제작진(민정홍 PD, 정윤환 PD, 황정원 PD, 김이환 작가, 박다윤 작가, 변고은 작가, 김현준 기획위원, 박은석 기획위원) _ 권석정
6. 포털사이트 뮤직서비스기획 | 손형선(싸이월드 뮤직서비스팀 팀장) _ 배순탁
7. 음악출판기획 | 도서출판 한울 편집자(이교혜, 박근홍, 최진희) _ 이민희
8. 대중음악정책 | 최광호(한국음악콘텐츠산업협회 사무국장) _ 이민희

{ 기획 }

한국 대중음악 라이브홀릭 – 대중음악전문공연장 올림픽홀 '뮤즈라이브' 개관기념공연 _ 박준흠

생활음악축제(Community Music Festival)를 준비하자! | 김보성

진귀한 한국 대중음악 유물탐방 2 – 한국 최초의 음악잡지 '일동타임스' 창간호 _ 최규성

대중음악SOUND 4호

396 페이지 | 22,000원 | 2012년 1월 31일 발행 | 포노PHONO

{ 커버스토리 }

대중음악SOUND 제안 '2012 대중음악 대선공약 제안집'

Ⅰ. 대중음악과 정치, 음악정책
  1. 역대 정권별 대중음악 관련 정책 변화 _ 홍정택
  2. 역대 정권 지도자들의 음악적 취향 – 좋아한 음악, 뮤지션 _ 최규성
  3. 한국의 대중음악정책 사례 분석 _ 권석정
  4. 정치(또는 정치적 사건)와 연관된 노래나 앨범들 _ 최규성

Ⅱ. 대중음악인들이 바라는 대중음악 정책
  대중음악계 현안점검과 정책화 프로세스 연구를 위한 설문 조사&분석

Ⅲ. 대중음악계 현안점검과 정책화 프로세스 연구를 위한 좌담회 _ 박준흠

Ⅳ. 정책 집행 프로세스 제안 | '대중음악진흥위원회' 설립을 제안한다. _ 이동연

Ⅴ. 대중음악 진흥을 위한 100대 과제 제안 _ 박준흠

{ 특집 }

대중음악SOUND 선정 'Rookie Of The Year 2010~2011'

게이트 플라워즈 · 야광토끼 · 정차식 · 박아셀 · 조덕환 · 가을방학 · 글렌 체크 · 심규선(Lucia) · 얄개들 · 윤영배 · 텔레플라이 · 카입 · 강토 · 소울 트레인 · 히치하이커 · 장재인 · 미미 시스터즈 · 테테 · 슈퍼8비트 · 한강의 기적 · 희영 · 소리헤다 · 메타 & 렉스 · 최고은 · 하와이 · 강건너 비행소녀 · 바이바이 배드맨 · 조이엄 · 준 킴 트리오

{ 기획 }

2011 가슴네트워크축제 : 공연 프로그램 "실용음악대학 대표팀 향연" _ 박준흠
우파미학 '소녀시대'와 좌파상업주의 '2NE1' 사이에서 _ 정호재
1970년대 말 ~ 1980년대 초 '헤비메탈 이전의 하드록 씬' _ 권석정
진귀한 한국 대중음악 유물탐방 3 : 신유행창가(新流行唱歌) – 한국 대중가요의 효시로 거론되는 노래들의 악보와 가사가 수록된 진귀한 노래책 _ 최규성

가슴네트워크 기획 · 선정 「한국 대중음악의 현재」 시리즈

Vol.1 한국 대중음악 100대 명반 〈음반리뷰〉

박준흠 책임편집 | 2007년 8월 ~ 2008년 8월 '경향신문' 연재

필자 | 강일권, 김경진, 김영대, 김윤하, 김작가, 김창남, 김학선, 김현준, 나도원, 류형규, 문정호, 박은석, 박준흠, 배순탁, 배영수, 서정민갑, 서준호, 성우진, 송명하, 신승렬, 염신규, 우승현, 이세환, 이영미, 이주엽, 이태훈, 임진모, 조원희, 최규성, 최민우, 한상철, 황정

2007년 8월부터 경향신문에서 매주 절찬리에 연재한 '한국 대중음악 100대 명반' 기사모음이다. 52명의 각계 음악전문가들이 선정에 참여하여 공신력을 높였고, 32명의 음악필자들이 100장의 음반리뷰를 나누어서 꼼꼼히 작성한 획기적이면서 흥미로운 기획물이다. 이번 기획은 '당대 평가'라는 의미를 갖고 있고, 그래서 이 자료는 단순한 기사 차원을 넘어서서 '한국대중음악의 중요한 사료'이다. 왜냐하면 이를 통해서 현재 한국의 중요한 대중음악 작가(아티스트)들은 누구이며, 그들의 음악이 대중음악사에서 어떤 의미를 갖고 있는지를 밝혀주고 있기 때문이다.

Vol.2 한국 대중음악 100대 명반 〈인터뷰〉

박준흠 책임편집 | 2008년 3월 ~ 2008년 10월 '네이버 오늘의뮤직' 연재

필자 | 권오경, 김고금평, 김양수, 김영혁, 김윤하, 김작가, 김학선, 나도원, 박준흠, 서정민갑, 성우진, 송기철, 안인용, 이동연, 이지환, 최규성, 최민우

경향신문에 연재한 '한국 대중음악 100대 명반' 기사를 기초로 29명의 인터뷰 대상 뮤지션을 선정했고, 2008년 3월부터 네이버 '오늘의 뮤직' 코너에서 매주 1팀(명)씩 인터뷰로 다룬 화제의 기사모음이다. 17명의 음악평론가, 신문·잡지기자, 교수 등이 참여하여 강산에, 김두수, 김수철, 김현철, 넥스트, 루시드폴, 마이앤트메리, 못, 봄여름가을겨울, 사랑과평화, 송골매, 시나위, 신중현과 엽전들, 아소토유니온, 언니네이발관, 유앤미블루, 이상은, 이장혁, 이정선, 장필순, 조용필, 클래지콰이프로젝트, 패닉, 한대수, 한영애, 허클베리핀, DJ Soulscape, W와의 인터뷰를 생생하게 진행했다.

Vol.3 한국의 인디레이블

박준흠 책임편집 | 2008년 7월 ~ 2009년 2월 '경향신문' 연재

필자 | 강일권, 김민규, 김양수, 김학선, 박준흠, 배순탁, 성우진, 이대화, 차우진, 최규성, 최민우, 홍정택

2000년대 현재 활동하는 뮤지션들의 수와 그들 작품의 수준은 오히려 90년대를 능가하고 있다. 2002년 이후 인디씬에 정착한 '홈레코딩' 기반의 음반제작 환경은 뮤지션들에게 운신의 폭을 넓혀줘서 최소한 자본이 없어서 음반을 제작하지 못하는 시대를 종식시켰기 때문이다. 나아가 홈레코딩 관련 기술의 발전으로 뮤지션이 기술적인 능력만 있다면 일반 스튜디오 작업에 부럽지 않게 녹음하는 것도 가능하게 되었다. 그래서 많은 인디 뮤지션들은 스스로 자신의 음반사를 만들어서 앨범 제작을 하고 있다. 현재 인디레이블들은 나름의 음악적인 색깔을 갖는 것을 고민하면서 기획, 창작, 프로듀싱, 세션, 레코딩 등의 부분에서 진일보를 거듭하고 있다. 대중음악에서도 '역시 중요한 것은 창작'이라면, 이제라도 인디레이블에 대한 정확한 재조명이 필요하다.

Vol.4 한국 인디뮤지션 사진집

최규성 글 · 사진

스포츠한국 사진데스크, 한국일보 편집위원을 역임한 20여년 경력의 프로사진가 최규성이 2년 동안 촬영한 한국 인디뮤지션들의 생생한 사진과 설명 글. 그동안 그는 1997년 홍콩 중국반환, 2000년 제1차 평양 김대중 김정일 남북정상회담 등을 기록했고, 2001년 미국의 아프카니스탄 침공 때는 종군기자로 현지에 특파되어 역사적인 현장을 기록했다. 현재 최규성은 자신의 블로그 '최규성의 대중문화산책'(http://blog.naver.com/oopldh)에서 대중문화 아카이브와 대중음악 아티스트 사진 작업에 몰두하고 있다. 국내 최초로 발간되는 인디뮤지션 화보집이란 점에 그 의미를 부여한다.

<대중음악SOUND>는
대중음악기획그룹 '가슴네트워크'와 도서출판 선이 공동으로 발행하는 국내 유일의 대중음악 전문 무크지입니다.

all around music 대중음악
SOUND
vol.5 | 한국 대중음악 엔터테인먼트산업

발행인 김윤태, 박준흠
편집인 박준흠
편집위원 김규항, 김보성, 김창남, 최규성
기획위원 권석정, 하나, 하종욱, 홍정택
연구원 배수정, 이영규, 최지연
제작진행 이정은
필진 고건혁, 고정민, 권석정, 김경진, 김영수, 김재범, 박준흠, 박창현, 배수정, 성우진, 송명하, 양승규, 원종우, 이영규, 장유정, 정호재, 최규성, 최지선, 최지연, 홍정택
사진 박창현, 최규성 외
컨트리뷰터 고건혁, 김광현, 김병찬, 김진희, 류형규, 박권일, 박성진, 박정수, 박현호, 성기완, 송동훈, 신원수, 신종필, 안석준, 우승현, 윤석준, 이세환, 이종현, 정욱, 정일서, 조성진, 조은영, 최성욱, 최정훈, 하종욱

북디자인 디자인이즈

기획 가슴네트워크
출판 도서출판 선
후원 한국문화예술위원회 Arts Council Korea

등록번호 제15-201호
등록일자 1995년 3월 27일
초판 1쇄 발행 2012년 9월 20일
값 25,000원
ISBN 978-89-6312-460-5 04670

가슴네트워크
전화 : 031-946-2339
이메일 : sound@gaseum.co.kr
트위터 : http://twtkr.com/gaseum
홈페이지 : http://www.gaseum.co.kr

도서출판 선
주소 : 서울시 종로구 낙원동 58-1 종로오피스텔 1409호
전화 : 02-762-3335
팩스 : 02-762-3371